기업·조직상담 핸드북

직장에서의 상담적용

Handbook of Counselling in Organizations

Michael Carroll · Michael Walton 편저
이상희 · 김봉환 · 김혜경 · 류희영 · 서영석 · 손진희
왕은자 · 유현실 · 이동훈 · 이윤주 · 전재영 공역

학지사

Handbook of Counselling in Organizations
by Michael Carroll and Michael Walton

English language edition published by SAGE Publications of London,
Los Angeles, New Delhi, Singapore and Washington DC.

역자 서문

상담은 인간의 성장과 변화를 돕는 전문적인 영역이다. 그렇기에 사람에 대한 관심은 자연스레 상담에 대한 관심으로 이어지며, 사람들로 구성된 다양한 장면에서 상담을 도입하고 적용하려는 시도가 늘어 가고 있다. 매우 반가운 일이다. 특히 기업체나 공공기관에서 직원들을 위해 상담 서비스를 제공하는 것이 더 이상 낯설지 않을 만큼 기업 및 조직에서의 상담이 확대되고 있다.

그렇다면 과연 기업·조직상담은 무엇이고, 어떻게 이루어지는가? 그리고 일반 상담과의 차이점은 무엇인가? 이 질문들은 이 책을 번역하게 된 배경이기도 하다. 역자들은 대부분 우리나라에 기업상담이 시작된 초창기부터 현장에서 상담실무를 담당하고 있거나 학계에서 관련연구를 하고 있다. 상담자로서의 전문성을 갖추고 기업현장에 뛰어들었으나, 직장이라는 맥락 안에서 이루어지는 상담을 위해서는 많은 고민과 시행착오가 필요했다. 그동안의 상담수련을 통해 쌓은 전문성은 상담실 안에서 이루어지는 상담자와 내담자의 치료적 관계에 초점이 맞춰져 있었지만, 조직 안에서 상담을 실행하기 위해서는 상담실 밖의 조직역동을 이해하고 조직의 요구도 고려해야 하기 때문이다. 이 과정에서 기업의 가치가 상담의 가치와 충돌하기도 하고, 내담자인 직원과 비용을 지불하는 기업주의 이해가 상충되는 지점을 만나기도 한다. 상담실을 이용하는 절차나 상담 회기 수를 정하는 것부터 비밀보장의 이슈까지 일률적인 지침만으로는 풀기 어려운 민감한 사항들도 있었다. 상담자와 내담자의 이자관계를 다루는 일반상담과 달리, 기업·조직상담에서는 조직-상담자-내담자의 삼자관계를 다루는 것이 얼마나 중요한지를 뼈저리게 체감했다. 어느 한 곳에서 적용된 방식이 다른 곳에 동일하게 적용되지도 않았다. 내담자의 특성이 다양하듯이, 조직 환경의 생태와 문화도 다양하기 때문이다. 이렇게 기업 및 조직 상담에 대한 전반적인 고민을 해결하기 위해 '기업상담연구회'를 결성하여 경험을 나누고 선진 사례를 찾아보던 중 이 책을 접하게 되었다.

'Handbook of Counselling in Organizations'라는 제목의 이 책은 영국의 전문가들에 의해 1997년도에 집필되었다. 기업상담연구회를 거쳐 기업상담학회가 창립되던 즈음에 번역하기로 마음먹었는데, 당시로서는 이미 10여 년 전의 책이었지만 상담을 기업 상황에 적용하는 방식이 우리나라와 비슷하였고, 우리보다 앞서 고민하고 정리한 내용을 접할 수 있어서 시사하는 바도 컸다. 그렇게 시작한 번역이 느리게 진행되어 지금에서야 출간하게 되었다. 그동안 우리나라의 기업상담은 매우 확대되었고, 우리만의 독특한 특성을 띠고 성장 · 발전해 왔다. 비록 책이 쓰인 당시의 영국 상황과 오늘의 우리 상황에 20년의 시간차가 있지만, 기업 · 조직상담이라는 분야가 잉태되고 영글어 가는 과정의 치열한 고민을 담아내고 있기에, 이 책을 읽으면서 현재의 우리 상황과 비교해 보는 것도 흥미로울 것이다.

우리나라의 기업 · 조직상담의 발전은 3단계를 거쳐 온 것 같다. 상담을 기업 및 조직환경에 적용하려는 시도는 1990년 전후 생산성 향상과 이윤 추구를 목표로 하던 기업에서 인적자원 관리의 중요성을 인식하게 되면서 부서 관리와 의사소통 훈련 등의 교육에 상담적 접근을 적용한 것이 출발점이라 하겠다. 회사 안에 상담실이 독립된 파트로 설치되고 공식적으로 운영된 것은 1994년 삼성그룹 생활문화센터 상담실을 시초로 포항제철(현 포스코), LG, SK 등 국내 대기업을 중심으로 이루어졌다. 도입기인 이 시기에는 기업상담의 특수성이 발현되기보다는 조직 안에서 상담이 이루어지는 형태였다. 2000년대 초 · 중반 이후부터 내부 상담실을 설치하는 회사가 늘어나는 동시에 근로자 지원 프로그램Employee Assistance Program: EAP을 제공하는 전문 업체들이 설립되면서 중소기업 및 공공기관의 상담수요에도 적극적으로 대응하게 되었다. 확산기인 이 시기는 기업의 특성과 요구를 상담에 반영하면서, 다양한 형태의 상담 서비스와 운영방식으로 기업 · 조직상담이 확장되었다. 2010년 이후부터 기업상담의 정착 및 전문성 확립기에 들어서게 되는데, 기업상담학회가 출범하였고, 「근로자복지기본법」의 개정을 통해 근로자 지원 프로그램으로서 전문상담 실행의 법적 근거도 마련되었다. 특히 2012년 삼성그룹에서 상담사를 대규모 공개채용하면서 급속한 양적 팽창이 이루어지고 기업상담 내부모델의 특수성이 발현되었으며, 외부모델의 EAP 시장도 넓게 형성되면서 기업의 다양한 요구에 부응하는 상담 서비스를 제공하기 시작하였다. 또한 2010년대 중반부터는 기업상담의 다양한 주제에 대한 연구논문이 다수 발표되고 있어 학문분야로서도 서서히 체계를 갖추어 가고 있다.

이렇듯 20여 년의 짧은 기간 동안 우리나라 기업·조직상담은 매우 역동적으로 변화하고 성장·발전해 왔다. 이 과정을 거쳐 오면서 역자가 깨달은 것은, 기업·조직상담의 성공은 상담과 조직이라는 서로 다른 두 세계가 서로의 정체성과 경계를 유지하면서 얼마나 잘 소통하고 융합될 수 있는가에 달려 있다는 것이다. 이는 마치 서로 다른 삶의 배경을 지닌 두 사람이 만나 새로운 가정을 꾸리는 결혼관계와 유사하다. 서로 존중하고 소통하기 위해서는 상대방에 대한 이해가 필요하듯이, 기업·조직상담에서 상담자는 조직의 역동과 상담에 미치는 조직의 영향력을 이해하고 대응할 수 있어야 하며, 조직 역시 상담의 특성과 전문성을 이해하고 활용할 수 있어야 한다. 이러한 내용을 이 책에서 심도 있게 다루고 있어 관련 지식을 필요로 하는 많은 이들에게 큰 도움이 될 것이다.

이 책에서는 기업·조직상담의 행정적이고 조직적인 차원을 중요하게 다루고 있다. 우선, 상담 서비스를 공급하는 방식과 모델을 소개하고 있으며, 조직문화와 상담이 서로에게 어떻게 영향력을 주고받는지를 논하면서 이를 어떻게 관리해야 하는지를 제시한다. 아울러 조직에 상담을 도입하기 위한 사전 준비와 실제 운영과정을 안내하고 윤리적 이슈도 다룬다. 또한 도입된 상담 프로그램의 관리와 평가에 대해서도 논하고 있다. 다양한 연구도 제시하고 있는데, 상담이 무조건 효과적이라는 핑크빛 메시지만 전달하고 있지는 않다. 상담의 순수한 가치가 이익을 추구하는 기업환경에 뿌리내리기 위해 얼마나 갈등하고 충돌하는지, 이러한 과정에서 기업·조직상담의 정체성이 어떻게 형성되어 가는지를 가감 없이 보여 주는 연구들이 소개되어 있다. 마지막으로, 기업상담자의 역할과 한계, 기업상담 수련과 전문성 발달에 대해 논하고 있다.

이 책을 번역하면서 몇 가지 고민이 있었다. 우선, Counselling in Organization을 어떻게 표현하느냐를 결정하는 것이 쉽지 않았다. 조직에 상담을 도입한 것이 영국에서는 공공기관(예: 우정국Post Office과 국민건강서비스NHS)부터 시작되었으나, 우리나라의 경우 민간기업부터 상담을 도입하였기에 그동안은 '기업상담'이라는 용어로 통용되어 왔다. 이전의 다른 번역서에서 workplace counseling 혹은 counseling in workplace를 기업상담으로 표현한 것도 이러한 배경 때문이다. 그러나 최근 들어 기업뿐 아니라 정부조직이나 공공기관까지도 상담이 도입되고 있기에 이를 아우를 수 있는 용어가 필요했다. 오랜 논의 끝에 '기업·조직상담'이라는 용어를 사용하기로 했다. 이 책에서는 각 장마다 저자들이 달라 사용하는 용어도 workplace counselling, counselling at work, organizational counselling, EAP counselling, Employee counselling 등 다양하게 표현되었다. 이는 저자들의 서로 다른 경험세계가 반영된 것으로 여겨지는데, 이 책의 번역에서는 문맥에 따라 기업상담, 조직상담 혹은 기업 · 조직상담, 근로자 상담, 직장 내 상담, EAP 상담 등을 혼용하여 사용하였다. 특히 각 장마다 저자들에 따라 문체도 다르고 다양한 형태로 기술되어 있어서 번역문체를 하나로 통일하기는 어려웠다. 연구와 논문요약 형식이 있는가 하면, 경험에 근거한 수필식의 산문체도 있었다. 번역과정에서 일률적으로 통일시키기보다는 원문의 느낌대로 번역하는 데 충실하였다. 또한 영국과 우리의 시대적 상황이 달라 번역만으로 의미전달에 제한이 있는 경우는 '역주'로 설명을 보충하였다.

이 책은 기업 · 조직상담 현장의 상담자에게 직접적인 도움이 될 뿐만 아니라, 조직에서 상담실을 관리하는 담당자나, 조직에 상담 서비스를 도입할 계획을 가진 인사 · 복지 · 노무 담당자들에게도 많은 정보를 주리라 기대한다. 상담 서비스를 공급하는 EAP 기관 종사자들도 눈여겨볼 만한 부분이 많을 것이다. 물론 상담전공자 및 기업상담에 관심 있는 학도들에게도 상담을 조직의 관점으로 볼 수 있는 안목을 심어 줄 것이다.

역자 역시 이 책을 번역하면서 상담관계의 개인적 의미를 넘어서서, 상담에 직간접적으로 관여하는 조직의 영향력을 깊이 이해하고 조직문화에 대한 감수성을 기를 수 있었다. 상담이 상담실이라는 진공상태에 머무는 것이 아니라 내담자를 둘러싼 직장이라는 조직환경의 맥락을 고려할 때 직원 개인은 물론이고 조직을 건강하게 하는 데 기여할 수 있으리라 기대하면서, 기업 · 조직상담이 걸어가야 할 길을 가늠해 보게 된다.

마지막으로, 오랜 기간 동안 번역작업을 함께한 10명의 역자들에게 고마운 마음을 전한다. 우리에게 이 작업은 단순한 번역 이상으로 기업 · 조직상담에 대한 고민과 열정을 나누는 시간이었고 성장의 시간이었다. 또한 더디 진행되는 번역과정을 묵묵히 기다리며 이 책이 세상에 나올 수 있게 도와주신 학지사 김진환 사장님과 백소현 차장을 비롯한 편집부 직원들에게도 이 자리를 빌려 감사를 드린다.

2019년

역자 대표 이상희

편저자 서문

Michael Carroll and Michael Walton

놀랍게도, 상담 분야의 많은 문헌에서는 '관계'가 치료적 변화의 결정적인 요소라는 것을 지지하고 있다(Clarkson, 1995; Orlans, 1996). 많은 상담 학위 프로그램들이 이러한 믿음을 토대로 교육과정을 구성하고 있는데, 학생들은 내담자와 어떻게 관계를 형성하고 유지하며 종결하는지를 배우게 된다. 또한 상담 이론 및 상담자의 개인적인 발달 과정을 다루는 과목에서뿐 아니라, 구체적인 상담기술과 일반적으로 많이 활용되는 기법을 다루는 상담자 훈련 과정에서도 상담자가 내담자의 변화를 조력하는 법을 다룬다.

관계가 상담과 상담 훈련의 핵심인 것은 분명하지만, 상담에서 행정적이고 조직적인 차원이 지니고 있는 가치를 종종 간과하는 경향이 있다(Carroll, 1996). 상담 과정을 관리하고, 상담 조건이나 환경을 구비하며, 조직 내에서 상담을 어떻게 실행할지에 관해 당사자들과 협상하고, 상담 서비스가 몸담고 있는 조직을 이해하고 함께 일하는 것에 대해서는 상담 과목이나 훈련 과정에서 거의 주목을 받지 못하고 있다. 이러한 요소들은 일단 직업적인 상담사로 삶을 시작한 이후에 상담사가 배워야 하는 것으로 간주되곤 한다. 그러나 불행하게도 그 시점이 되면 너무 늦다. 상담사는 상담실에서 발생하는 것보다 더 많은 일들이 존재하고 발생한다는 점을 이해해야 상담이 발생하는 맥락에 대한 안목과 관점을 가질 수 있게 된다.

이 교재는 그런 맥락을 다룬다. 상담은 절대로 사적인 영역이 아니다. 개인적일 수는 있지만 사적이지는 않다. 비록 비밀보장을 약속하고 상담자와 내담자가 정기적으로 만난다고 하더라도, 그들의 만남이 이루어지는 맥락과 그러한 만남 이후 다시 돌아가야 하는 맥락은 분명 두 사람 사이에 일어나는 일(상담)에 영향을 미친다. 상담실은 두 당사자가 만나지만, 이들의 삶을 둘러싼 타인, 시스템, 집단과 조직이 함께 채워지는 곳이다. 이 책에서는 바로 이러한 것들의 영향력에 귀 기울이고, 이를 분리하고, 이해하고, 관리하는 데 초점을 맞추고자 한다.

비록 이 책에서는 직장이라는 환경에 관심을 두지만, 직장 내에서 상담을 어떻게 진행해야 하는지에 초점을 두지는 않는다. 강조하고 싶은 것은, 상담사가 상담이 발생하는 다양한 환경에 주목하는 것이 중요하다는 것을 알아야 한다는 것이다. 상담이 발생하는 맥락을 인지하지 못하거나 맥락을 고려하지 않고 상담하는 것은, 그러한 맥락이 행동에 미치는 엄청난 영향을 간과하는 것이다. 정신질환의 한 가지 징후는 맥락을 무시하는 것이고, 특정 맥락이 마치 다른 맥락과 비슷한 것처럼 행동하는 것이다. 예를 들어, 집에서 성관계를 하는 것과 분주한 공항에서 성관계를 하는 것 사이에 아무런 차이를 인식하지 못하는 것은 맥락의 중요성을 간과한 것이다. 맥락은 무엇이 적절한지 결정하고, 무엇이 수용할 수 있는 행동인지를 결정하며, 어떻게 옷을 입어야 할지, 무슨 말을 해야 할지, 어떤 언어를 사용해야 하는지를 결정한다. 비록 행동이 같거나 사람들이 비슷하다고 하더라도, 맥락에 따라 수용 가능한 행동이 되기도 하고, 범죄 행위가 될 수 있으며, 모욕이나 전문가답지 않은 행동이 될 수 있다.

상담은 특정 환경 안에서 이루어지며, 환경은 그 안에서 발생하는 현상에 의식적으로 그리고 무의식적으로 영향을 미친다. 이 책은 그러한 맥락 중에서 조직이라는 환경을 다루고 있다. 어떤 조직이 상담사를 고용해서 근로자에게 상담 서비스를 제공하게 했을 때에는, 조직은 이미 상담의 일부분이고 관계를 수립한 것이다. 따라서 다음과 같은 질문, 의문, 모호함이 발생하게 된다.

1. 조직은 공식적으로든 비공식적으로든 상담을 받는 근로자들을 어떻게 바라볼 것인가?
2. 상담을 받는 것이 근로자의 경력에 영향을 미칠까?
3. 사람들이 무슨 이유로 상담을 받으러 오는지에 대해 조직 내에서는 누가 알게 될 것인가?
4. 관리자가 상담을 이용해서 근로자를 해고하고, 근로자에게 좋지 않은 소식을 전달하고 근로자로 하여금 동조하게 만들 가능성은 없는가?
5. 내담자에 대한 어떤 정보를 누구와 공유할 것인가?
6. 조직은 상담실로부터 어떤 방식으로 피드백을 받을 것인가?
7. 상담사가 조직의 일원으로 비춰질 가능성은 없는가? 이것이 상담사의 신뢰도

에 어떤 영향을 미칠 것인가?
8. 상담사가 내담자와 조직에게 똑같이 충성한다면 어떤 일이 발생할까?

최근 많은 사기업과 공공기관에서 상담 서비스를 제공하고 있다. 거의 모든 대학에 상담센터가 있고, 많은 사기업에서 근로자를 위해 상담실을 설치했으며, 국민건강서비스NHS에서도 지난 5년간 상담 인력의 수가 증가했고, 근로자 지원 프로그램Employ Assistance Programmes: EAP을 제공하는 조직 및 기업의 수가 증가하고 있다. 영국에서는 개인적으로 사설 기관에서 돈을 지불하고 상담을 받는 사람들보다는, 근로자나 고객을 위해 상담 제도를 마련하고 있는 조직과 기업에서 상담을 받는 사람들이 더 많다. 이렇듯 조직에서 비용을 지불하는 상담 서비스에 접근할 수 있다는 것은 칭찬할만한 일이지만, 상담사들은 특정 조직이 상담 조건이나 환경에 미치는 영향에 대해서는 잘 모르고 있다. 더욱이, 왜 조직이 상담 서비스를 제공하려 하는지를 고민해 볼 필요가 있다.

기업 · 조직상담에서는 불가피하게 두 가지 종류의 세계, 즉 기업 및 조직이라는 세계와 상담이라는 세계가 만나게 된다. 올랜즈Orlans(1996)는 이 두 세계의 차이점을 지적한 바 있는데, 모든 조직이나 기업에 해당되는 것은 아닐 수 있다. 〈표 1〉에 몇 가지 차이점을 요약해서 제시하였다.

표 1 조직과 상담

조직	상담
통제하는	도와주는
객관적 경험	주관적 경험
사고하는(합리적인)	느끼고 사고하는
위계적인	자율적인
정치적인	개인에게 권한을 부여하는
경쟁적인	협력하는

서로 다른 두 세계가 지향하는 가치는 충돌할 가능성이 매우 크기 때문에, 조직 내에 상담이 자리 잡기 이전에 분명하고 구체적으로 협상이 이루어져야 하며, 이후에도 관련 사안이 발생할 때마다 지속적으로 논의를 해야 한다. 각각의 세계는 상대 세계를 이해함으로써 분리가 아닌 통합을 지향해야 한다. 그러나 많은 상담사는 조직 세계를 이해하도록 훈련받지 않았다. 오히려 이들은 기업 및 조직 내에서의 행위

(예: 이윤 추구)를 이념적으로 반대한다.

조직에서 일하는 상담사는 조직 안에서 작동하는 역동을 이해해야 한다. 이건Egan(1994)은 조직의 '그림자'를 언급하면서 그것이 조직의 의사 결정에 미치는 힘을 설명하였다. 파이퍼Pfeiffer(1994)는 경쟁적으로 이득을 발생시키는 데 있어서 근로자를 관리하는 것이 어떤 식으로 강력한 요소가 될 수 있는지를 언급하였다. 해리슨Harrison(1972)은 기업의 문화에 따라 나타나는 행동이 다르다고 제안하였다. 켓츠 드 브리스Kets de Vries와 밀러Miller(1984)는 개인의 삶에서처럼 조직에서도 병리pathology가 일부분이 될 수 있음을 보여 주었다. 조직이라는 맥락에서 상담할 때 이 같은 요소들을 고려하고 다루는 것이 상담사가 보내는 일상의 본질이다. 상담사가 내담자를 제대로 이해하면서 상담하기 위해서는 특히 그러한데, 이는 상담 서비스에 대한 재정적 책임을 담당하고 있는 사람들과 함께 일을 할 때에도 중요한 부분이다.

더불어, 상담사는 기업 및 조직에서 일을 할 때 전문적이고 윤리적인 측면을 고려해야 한다. 스트로브릿지Strawbridge와 울프Woolfe(1996: 608)는 상담에 대해 사회학적 관점을 취하는 것과 관련해서, "사회적이고 경제적이며 정치적인 구조 내에 상담이 자리매김할 것"을 강조하였다. 윤리적으로, 이 말은 조직이 그들의 책임을 회피하기 위해 어떤 식으로 상담을 활용하고 있는지에 대해 상담사가 고민해야 함을 의미한다. 문제를 개인에게 귀인하면서 실제로는 조직이 하고 있는 일의 책임을 개인에게 전가하는 것은 매우 쉬운 일이다. 스트레스를 이해하고 관리하는 것이 좋은 예다. 근로자가 과도한 스트레스를 느끼는 데 있어서 조직이 갖는 영향을 간과할 경우, (마치 스트레스를 관리하는 것이 전적으로 개인에게 책임이 있는 것처럼 생각해서) 상담사는 근로자로 하여금 스스로 스트레스를 관리할 수 있도록 조력할 가능성이 크다. 개인이 아니라 조직에게 정말로 도움이 필요한 때는 언제인가?(Clarkson, 1990) 부정, 불공정, 학대, 서툰 관리 등 근로자의 개인적인 문제를 야기하는 조직의 이슈와 주요 정책들에 대해 상담사는 언제 피드백을 제공해야 하는가? 이러한 문제에 대해서는 더 많은 고민과 논의가 필요하다.

기업 및 조직 환경에서 상담에 대한 인식이 증가하고 있다는 것은 의심할 여지가 없다. '상황별 상담Counseling in Context'을 제목으로 일련의 책들이 시리즈로 출간을 준비하고 있고 몇몇은 이미 출판된 것도 있다. 모든 책에서 상담이 활용되고 있는 특정 맥락을 검토하고 있다. 이미 출간된 책 중에는『자원봉사 영역에서의 상담』『사설 상담』『여성을 위한 상담』『의료 분야에서의 상담』『젊은 층을 위한 상담』등이 있다. 직장에 특화된 상담사의 직함이 등장하기 시작했는데, 예를 들면 '조직상담심리학자'(Gerstein and Shullman, 1992), 직업상담사, 근로자상담사 등이 있다. 또한 '사회치료사'(Whiteley et al., 1973, Clarkson and Porkorny, 1994에서 재인용)라는 용어가 등장했는데, 상담사 본연의 역할인 상담과 조직 안에서 상담사에게 특별히 요구되는 사회적 역할 간의 연계를 나타내는 용어로 이해할 수 있다. 신간 도서와 새로운 상담사의 직함이 의미하는 것은, 조직 내에서 상담의 역할뿐 아니라 조직 내 역학을 더 인식해야 한다는 것이다. 이것은 단순히 사적인 상담 행위를 조직으로 가져와서 재배치하는 것과는 다른 것이다.

이 책은 기업 및 조직에 이미 고용되어 일을 하고 있거나 미래에 고용을 희망하는 상담사들을 위한 내용으로 구성되어 있다. 조직은 교육 관련 기관, 의료 시설, 종교기관, 시민사회 기관, 사설 기관 또는 공공기관일 수 있고, 영리를 목적으로 하는 기관이거나 자선 단체일 수도 있다. 각각의 경우 조직은 나름의 방식으로 상담의 틀이나 형태에 영향을 미치게 마련이다. 또한 이 책은 자신의 근로자 또는 고객에게 상담 서비스를 제공할 것을 고려하고 있는 관리자들에게 도움이 될 것으로 사료된다.

지금까지 언급한 문제들에 대해서는 이 책에서 더 자세히 조명하고 탐색할 것이다. 이 책의 주요 목적은, 개인 내담자와 조직에 고용된 상담사, 그리고 조직과의 접점을 찾고 이를 살펴보는 것이다. 이 세 주체 중 어느 하나를 간과할 경우 전체 시스템의 붕괴로 이어질 수 있기 때문에, 이 책을 기술한 저자들이 이야기하고 있는 다양한 차원을 고려해야 한다.

참고문헌

Carroll, M. (1996). *Workplace counselling: A systematic approach to employee care*. London: Sage.

Clarkson, P. (1990). 'The scope of stress counselling in organisations', *Employee Counselling Today*, 2 (4), 3-6.

Clarkson, P. (1995). *The therapeutic relationship*. London: Whurr.

Clarkson, P., and Pokorny, M. (eds) (1994). *The handbook of psychotherapy*. London: Routledge.

Egan, G. (1994). *Working the shadow-side: A guide to positive behind the scenes management*. San Francisco: Jossey-Bass.

Gerstein, L.W., and Shullman, S.L. (1992). 'Counseling psychology and the workplace: the emergence of organizational counseling psychology', in R. Brown and R.W. Lent (eds), *The handbook of counseling psychology*. (2nd Edition). New York: Wiley. pp. 581-625.

Harrison, R. (1972). 'Understanding your organization's character', *Harvard Business Review*, 50 (23), 119-128.

Kets de Vries, F.R., and Miller, D. (1984). *The Neurotic organization*. San Francisco: Jossey-Bass.

Orlans, V. (1996). 'Counselling psychology in the workplace', in R. Woolfe and W. Dryden (eds), *Handbook of counselling psychology*. London: Sage. pp. 485-504.

Pfeiffer, J. (1994). *Competitive advantage through people*. Boston: Harvard Business Press.

Strawbridge, S., and Woolfe, R. (1996). 'Counselling psychology: A sociological perspective', in R. Woolfe and W. Dryden (eds), *Handbook of counselling psychology*. London: Sage. pp. 605-629.

Whiteley, J.S., Briggs, D., and Turner, M. (1973). *Dealing with deviants*. London: Hogarth.

차례

2부 기업 · 조직의 이해와 상담

5부 기업 · 조직상담자의 과제

기업 · 조직상담 핸드북

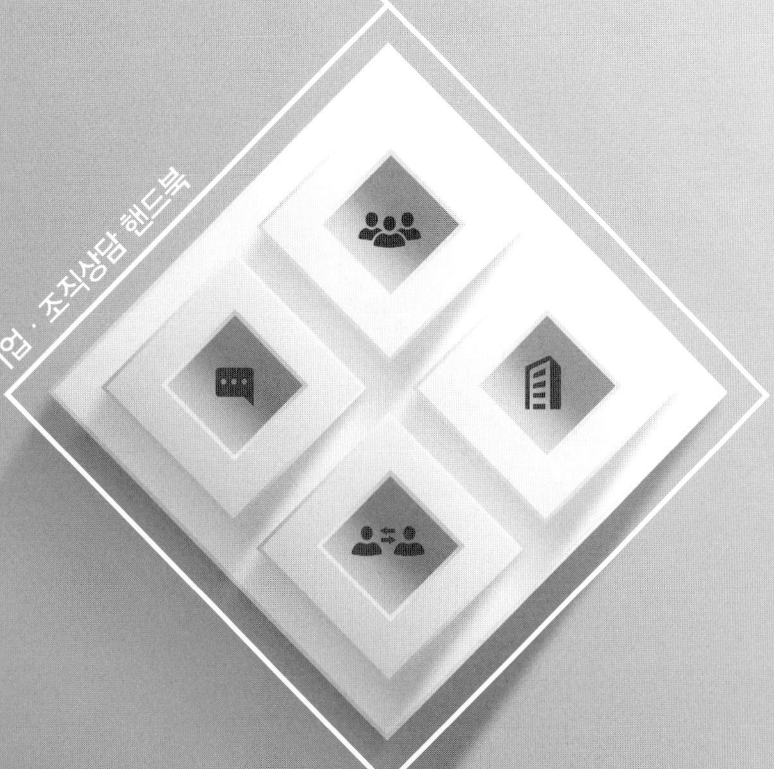

1부
기업 · 조직상담 모델

1부에서는 조직, 특히 직장에서 이루어지는 상담을 이해하는 데 초점을 맞추고자 한다. 또한 기업상담에 대해 생각해 보고, 이를 조직에 도입하는 것에 대해 다루고자 한다. 1장에서 마이클 캐롤Michale Carroll은 기업 · 조직상담에 관한 다양한 기준을 10가지 주제로 제시하였는데, 주제별로 각각 고유한 면이 있으며, 기업 · 조직상담이 지니고 있는 '예술적인 경지'에 관해서도 제시하고 있다. 2장에서 앤드류 불Andrew Bull은 다양한 기업 · 조직상담 모델을 살펴보는 것을 시작으로, 기업상담에 적용할 수 있는 두 가지 상담 모델을 제안하였다. 그는 조직에서 특정한 상담 접근법이 어떻게 적용되는지를 보여 줄 뿐만 아니라, 상담이 각 조직에 적절하게 정착될 필요가 있음을 보여 주고 있다. 1부의 마지막 세 장을 집필한 노린 테라니Noreen Tehrani, 기투 옴Geetu Orme, 마이클 레디Michael Reddy는 각기 다른 관점에서 조직상담을 도입하고 정착시킨 전문가들이다. 노린은 우정국Post Office 내 근로자 지원 체제employee support system를 이끈 사람으로 내부상담 모델의 전문가이다. 기투 옴Geetu Orme은 조직에서 일할 때 발생할 수 있는 문제들을 검토하고, 효과적으로 적용할 수 있는 다양한 제안과 시사점을 제공한 '프리랜서 기업상담자freelance workplace counsellor'이다. 한편, 마이클 레디Michael Reddy는 영국에 근로자 지원 프로그램EAP을 도입한 매우 경험 많은 전문가로, 조직 외부에서 상담을 제공할 때 제기되는 문제들에 대해 매우 면밀하게 검토하였다.

1장

기업 · 조직상담: 개관

Michael Carroll

> 90년대 조직과 기업의 가장 두드러진 특징으로는 변화를 꼽을 수 있을 것이다. 상담 이론과 실제는 변화를 다루는 모델에 근거하고 있다. 따라서 상담이 단순히 개인의 변화뿐만 아니라 조직의 변화를 위한 모델로 인정받는 것은 단지 시간문제일 따름이다(Reddy, 1993: 99).

산업 및 교육, 의학, 자원봉사, 공공 분야나 사기업 등 조직 상황에서의 상담에 관한 문헌을 살펴보면, 1900년대 초반 이후 다양한 조직에서 어떤 형태로든 상담이 이루어졌으나, 상담의 조직적 관점을 다루는 문헌은 놀랍게도 그리 많지 않다. 특히, 기업 · 조직상담에 관한 출판물은 날로 증가하고 있지만(예: 기업상담 분야의 Summerfield and Van Oudtshoorn, 1995; Carroll, 1996b, 교육 분야의 상담은 Cowie and Pecherek, 1994 and Cowie and Sharp, 1996, 의학 분야의 상담은 Rowland, 1989 and East, 1994), 조직이 상담에 미치는 영향과 각기 다른 조직에 적합하게 상담 서비스가 어떻게 달리 제공되는지에 관해서는 제대로 다루지 못하고 있다.

조직에서는 다음의 네 가지 차원으로 상담 서비스를 도입하고 있다.

1. 근로자를 위한 상담: 직장 내 상담workplace counseling이 증가하고 있다. 사기업이건

공공기관이건 점점 더 많은 조직들이 근로자상담을 위해 상담자에게 비용을 지불한다. 상담 서비스 유형으로는 상담자가 그 회사의 직원인 사내 상담과 근로자 지원 프로그램Employee Assistance Programmes: EAPs을 통해 상담을 제공하는 외부상담의 두 가지 형태가 있다.

2. 소비자를 위한 상담: 고등교육 기관에서 학생들을 위한 상담 서비스를 운영하는 경우가 이에 속한다.
3. 일반 시민을 위한 상담: 지방자치단체에서 설립한 청소년상담기관이 이에 해당된다. 이용 가능한 연령의 청소년이 의뢰되거나 자발적으로 이용하며, 상담 비용은 지방자치단체에서 지불한다.
4. 직접 상담 서비스를 이용: 상담기관에서 상담을 제공하고, 개인이 비용을 부담하거나 의사협회나 지역 공공기관과 같은 단체에서 비용을 지불할 수도 있다.

이상의 각 상담 서비스는 고유의 특정한 역학 관계를 지니고 있는데, 본 장에서는 앞의 세 가지 서비스에 초점을 맞추고자 한다. 특히, 첫 번째 형태인 고용주가 근로자에게 제공하는 상담 서비스를 집중적으로 다룰 예정이다. 앞의 세 가지의 공통된 특징은 조직이 상담 서비스를 제공하고, 그 비용을 지불한다는 점이다.

직장 내 상담이 과연 전문적 의미의 '상담'이라고 볼 수 있는가에 대한 논쟁은 끊임없이 있어 왔다(Reddy, 1987; Megranahan, 1989a, 1989b; Carroll and Holloway, 1993; Pickard, 1993; Nixon and Carroll, 1994; Nixon, 본서). 인사관리협회Institute of Personnel Management가 발표한『직장 내 상담지침서』에 따르면, 상당히 많은 직장 내 상담이 현대적인 의미의 상담으로 시작한 것이 아니라, 상담기술을 사용할 필요가 있는 상황과 관련이 있는 것으로 보았다(1992: 1). 즉, 관리자나 인사 관련 부서의 직원들이 현재 수행하고 있는 인사 관련 역할에 상담기술을 적절하게 통합시킬 필요가 있다는 것이다. 그러나 조직구성원과 치료적 작업동맹을 맺고 상담을 실시하는 직장 내 전문 상담자도 역시 필요하다.

본 장에서는 다음의 10가지 주제로 기업 · 조직상담을 개괄적으로 살펴보고자 한다.

1. 기업 · 조직상담에 대한 문헌
2. 기업 · 조직상담에 대한 이해
3. 기업 · 조직상담 모델의 강점과 약점

4. 조직과 상담의 가치 갈등
5. 기업 · 조직에서 상담자의 역할과 책임
6. 상담 서비스에 미치는 조직의 영향력
7. 기업 · 조직에서의 상담 운영
8. 기업 · 조직상담의 윤리적 쟁점
9. 기업 · 조직상담 연구
10. 기업 · 조직상담자를 위한 수련

기업 · 조직상담에 대한 문헌

기업 · 조직상담을 독립적으로 다룬 문헌 자료는 매우 적다. 일부 문헌들(Lewis and Lewis, 1986; Reddy, 1987; Megranahan, 1989a; Tehrani, 1994, 1995)은 상담기술의 도입이나 특정 조직에서 근로자 지원 제도를 확립하는 것, 또는 특정 문제 영역을 다루는 데 주안점을 두고 있지만, 조직에 상담을 도입할 때의 문제점과 요구 사항을 실질적으로 다루지는 못하고 있다. 상담을 도입하는 경우뿐만 아니라, 상담을 위한 조직평가, 상담과 조직문화의 매칭, 조직 안에서의 상담계약 및 상담평가, 조직에서의 상담 홍보나 상담 종결 등에 관해서는 거의 다루어지지 않았다. 최근 들어와서 이들 중 몇 가지만이 다루어지고 있다. 데버렐Deverall(본서 7장)은 조직평가 방법을 제안하였고, 섬머필드Summerfield와 반 오츠혼Van Oudtshoorn(1995)도 유사한 방법론을 제시하였다. 캐롤Carroll(1996b)은 조직 내에서 구성원을 위한 상담 과정을 준비－평가 및 진단－계약－도입(운영)－종결－평가의 6단계 모델로 설명하였다. 불Bull(1995)은 구매자인 기업과 공급자인 상담자에게 직장 내 상담에 관한 지침을 제시하고자 간단한 소책자를 발표했지만, 이 분야에 대한 보다 많은 관심이 필요하다.

조직에 상담을 도입하려는 목표와 목적은 여전히 불확실하다. 상담이 가치 있고 그 목표가 분명하다는 점에서는 암묵적인 동의가 있지만, 실제 상황에서는 그렇지 않은 실정이다. 조직의 목표와 정책, 절차를 상담의 목적과 목표에 맞도록 어떻게 부합시킬 수 있을지도 역시 불확실하다. 다양한 조직문화가 상담 서비스에 실제로 어떠한 영향을 미치는지에 대한 자료가 없으며 조직에서 실제 상담이 어떻게 이루어지는지에 대해 합의된 내용도 없다. 마도니아Madonia는 기업상담에 관한 문헌을 검토해 본 결과, “이 주제와 관련된 방대한 양의 문헌 자료에도 불구하고, 근로자 지원 및 정신건강에 대한 문헌은 단지 일화적인 수준에 머물러 있다"는 결론을 내렸다(1985: 588).

섬머필드와 반 오츠혼(1995)의 최근 저서는 직장에서의 상담기술에 초점을 맞추고 있는데, 인사관리 파트의 기존 업무에 상담을 통합하고자 하는 내용을 다루고 있다. 캐롤Carroll의 저서(1996b)는 조직 내 전문 상담에 대해 자세히 다루고 있는데, 영국에서 이와 관련되어 출간된 몇 안 되는 저서들 중의 하나이다. 『직장에서의 상담Counseling at Work』은 『상황별 상담Counselling in Context』 시리즈(Greenwood, 출간 예정) 중 하나로, 이 저서들은 전문 상담과 상담기술만을 사용한 경우의 차이점, 멘토링 또는 평가, 조직 발달 관련 역할과 상담의 차이점에 관한 토론의 장을 열어놓고 있다.

기업 · 조직상담에 특정 상담 접근을 적용하려는 시도들도 있었다(Gray, 1984a, 1984b; Gordon and Dryden, 1989; Hay, 1989; Sanders, 1990; Webb, 1990). 그러나 이러한 시도들은 조직과 상담이 만나는 접점에 초점을 맞추기보다는 특정한 상담 접근의 가치에 더 집중되어 왔다. 섬머필드와 반 오츠혼(1995: 86)은 여섯 가지의 상담 이론을 간략하게 검토하면서, 이를 직장에 적용할 때의 유용성과 비유용성을 검토하였다(예를 들어, 로저스Rogers의 인간중심상담 접근은 새로운 관계를 형성하고, 존중, 공감, 진정성을 증진시키는 데는 유용하나, 단기 문제해결에 초점을 맞추지 않고 전적으로 내담자 중심이며 종결 시점을 미리 정하지 않는다는 점을 유용하지 않다고 보았다). 이들의 연구는 각기 다른 상담 이론을 충분히 설명하기에는 너무 간략했지만, 기업상담에 각 상담 접근을 적용할 때 비판적으로 평가할 필요가 있음을 알려 주었다.

특정한 상담 접근을 사용하는 상담자들은 대개 사설 상담실에서건 조직 안에서건 자신이 선호하는 상담 이론을 동일한 방식으로 적용한다. 특정한 상담 모델을 가지고 조직을 평가하는 경우도 있는데, 예를 들어, 켓츠 드 브리스Kets de Vries와 밀러Miller(1984), 허쉬혼Hirschhorn과 바넷Barnett(1993)은 정신분석적 접근으로 조직 형태를 설명하였다. 크리츨리Critchley와 케이시Casey(1989)는 조직의 발달 단계 중 조직이 어떻게 정체되는지를 설명하기 위해 게슈탈트Gestalt 모델을 적용하였다. 스테인Stein과 홀비츠Hollwitz(1992)는 융Jung의 관점으로 조직을 살펴보았으며, 모리스Morris(1993)는 조직을 보는 패러다임으로 합리적 정서치료(RET)를 사용하였다. 그러나 대부분의 상담 접근은 특정한 유형으로 드러나진 않는데, 각 이론의 관심사는 여전히 개인에게만 집중되어 있으며, 상담이 이루어지는 조직적 차원에 대해서는 거의 무시되고 있다.

기업 · 조직상담에 대한 이해

아직까지 기업 · 조직상담에 관한 이론적인 기반은 없다. 어떤 상담 접근이 기업 · 조직상담에 적합한지에 관한 논의나 다양한 상담 모델을 특정한 조직 상황에 적용한 후 이를 평가한 자료도 역시 없다(Carroll, 1996b). 단기상담이 기업 · 조직상담의 주요 접근법으로 꾸준히 제시되고는 있으나(C. Carroll, 1994), 과연 어떤 형태의 단기상담을 의미하는 것일까? 정신역동적 접근(최근에는 단기 정신역동상담/심리치료를 사용한 문헌도 있다), 인본주의적 접근, 인지행동적 접근, 체계적 또는 통합적 접근 중 어떤 접근을 뜻하는지도 명확하지 않다. 이러한 이론적 접근들은 모두 상담에 많은 기여를 하지만, 조직 상황에 특정 상담 모델을 적용하는 이유는 그것이 조직에 가장 적합한지에 대한 연구나 사전 적용 없이 그 이론에 대한 상담자 개인의 충섬심에 의한 것일 수 있다. 즉, 어느 특정 상담 모델이 다른 모델에 비해 어떤 조직 상황에 더 효과적일 것이라고 단정 짓기는 어렵다

근로자상담의 정확한 목표는 무엇인가? 과연 그 목표가 사설 상담실에서의 상담 목표와 어떻게 다른가? 예거Yeager(1983)는 조직 상황에서의 상담은 다른 장면의 상담과 분명히 다르며, "…… 정신건강에 대한 전통적인 치료 기준을 기업 · 조직상담에 그대로 도입하는 것은 부적절하다"(1983: 133)고 한다. 그는 조직에서의 상담평가 기준을 '성과와 생산성'으로 보고, 상담자의 역할은 내담자/근로자의 업무 적응을 돕는 것이라고 하였다. 즉, 그는 조직 상황에서의 치료의 중요한 기준이 내담자/근로자의 '자기실현'을 돕거나 업무 수행과 관련되지 않는 개인적인 문제를 다루는 것이 아니라, "업무 성과에 문제가 되는 부분을 빨리 개선하는 것"이라고 강조하였다(1983: 137).

직장 내 상담의 목적과 목표는 다양한 견해를 연속선상에 놓고 살펴볼 수 있다. 예거가 제안한 "업무적인 측면이 상담 목표"(1983: 133)인 경우는 이 연속선의 양극단 중 한 쪽이 될 것이다. 또 다른 한 극단은 조직 상황의 상담일지라도 사설 기관의 상담처럼 철저하게 인간중심적인 접근으로 근로자를 상담해야 한다는 입장이다. 양쪽 측면을 얼마나 강조하느냐에 따라서 다양한 입장 차이가 발생할 수 있다. 어떤 회사는 회사 정책상 상담 회기를 한정하는 경우(예를 들어, 4~6회기)도 있고, 상담자에게 의뢰하기 전에 심리학자 또는 정신과 의사에게 먼저 진단을 위한 면담을 갖게 하는 경우도 있다. 즉, 이는 직장 내 상담의 목표와 목적이 명료하지 못하다는 것을

의미한다. 소더Sworder는 직장에서 발생되는 문제를 진단하기 위한 틀을 다음과 같이 제안하였다.

1. 개인에게 발생된 문제
2. 개인에게 영향을 미치는 조직의 문제
3. 개인이나 조직 외부에서 발생된 문제
   (a) 개인의 업무에 가시적인 영향을 미치는 문제
   (b) 개인의 업무에 가시적으로 영향이 드러나지 않는 문제(1977: 31)

이러한 세 가지 문제 영역이 '혼합'될 수 있다는 것을 인식한다면, 현재 문제가 기업상담을 필요로 하는 것인지, 기업상담 서비스 영역 밖의 문제인지를 판단하는 데 도움이 될 것이다.

기업 · 조직상담 모델의 강점과 약점

기업 · 조직상담은 두 가지 형태—내부상담 서비스와 외부상담 서비스—로 제공될 수 있다. 각 상담 제공 모델의 강점과 약점에 대한 자료는 부족한 편이다. 내부상담 서비스와 외부상담 서비스의 가치를 연구하거나, 어느 방식이 상대적으로 더 좋은지에 관한 연구도 거의 없다. 어느 회사에 어떤 공급자가 어떤 상담 서비스를 제공하는 것이 최선인지에 관해서도 여전히 정답은 없다. 섬머필드와 반 오츠혼(1995)은 내부상담 서비스가 분명히 더 많은 장점이 있다고 보았으나, 호스킨슨Hoskinson(1994)은 양측이 서로 보완적인 장점이 있기 때문에 어떤 방식이 더 나은가를 논의하는 것은 무의미하다고 하였다.

EAP가 직장 내 상담의 중요한 부분이지만, 상담이 조직 내부에서만 제공되는 것은 아니며 실제로 기업 · 조직상담이 이루어지는 방식은 다양하다. 즉, "근로자상담 서비스의 다양성은 사실상 무한하다"(Hoskinson and Reddy, 1989: 137)는 것이다.

외부상담 모델이란 조직의 외부에서 상담을 제공하는 것이다. 일반적으로 EAP의 형태로 외부에서 시행되고 관리된다. 외부상담 모델의 강점과 약점에 관해 〈표 1-1〉에서 간략히 서술하였다.

〈표 1-1〉에 제시된 강점과 약점들은 맥락에 따라 변할 수 있다. 즉, 어느 조직에

표 1-1 외부상담 모델의 강점과 약점

강점	약점
• 상담은 조직 정책과는 별개의 것이다. • 회사 내에서 당연한 것으로 여겨지는 것에 대해 문제 제기를 할 수 있다. • 상담뿐만 아니라 교육훈련도 제공한다. • 확실한 비밀보장을 제공한다. • 다양한 상담 서비스를 제공할 수 있다. • 다양한 배경과 기술을 지닌 많은 상담자를 제공할 수 있다. • 조직은 상담의 과실에 책임을 지지 않는다.	• 상담 서비스를 제공할 때 융통성이 적다. • 상담 서비스는 이윤을 창출해야만 한다. • 각각의 회사에 쉽게 적용하지 못할 수 있다. • 상담자가 의도치 않게 조직 정책에 관여할 수 있다. • 상담자가 조직의 문화를 이해하지 못할 수 있다. • 상담자는 내담자에게 '외부인'으로 보일 수 있다. • 상담자는 조직을 대상으로 상담이 무엇인지를 제대로 가르치지 못할 수 있다. • 상담자는 기업 · 조직상담의 경험이 없을 수 있다. • 상담자는 내담자가 속한 조직에 대해 모를 수 있다.

서는 강점인 것이 다른 조직에서는 약점이 될 수 있음을 기억해야 한다. 또한 여기에 제시된 강점과 약점이 모든 EAP에 적용되는 것은 아니다. 그동안 많은 상담자들이 제시된 잠재적 약점들을 극복해 왔다.

조직에서 활용되는 외부상담 서비스는 여러 가지 형태가 있다. 기존의 EAP 기관을 활용하는가 하면, 내부에 EAP 서비스를 구축할 수도 있고, 직원들에게 일정 회기 동안 상담하는 방식으로 상담자를 고용하기도 한다. 직장 내 상담의 외부 모델은 지난 10년 동안 증가해 왔으며, 앞으로도 지속적으로 확장될 것이다.

사내 상담 서비스는 많은 회사들이 일반적으로 채택한 모델이다(Reddy, 1993의 ICAS 연구 참조). 시간제 상담자, 전임 상담자 또는 상담팀이 근로자들을 상담하기 위해 고용된다. 상담 서비스를 기존 부서에서 담당할 수도 있고, 고유한 권한이 있는 독립된 부서를 구성하여 담당할 수도 있다. 〈표 1-2〉는 내부상담 모델의 잠재적인 강점과 약점을 보여 준다.

사내 상담 서비스는 다양한 방식으로 이루어질 수 있다. 사내 EAP 형태도 있고, 상담팀이나 한 사람의 상담자가 운영하는 경우도 있다. 또한 특정 부서의 한 파트로 포함될 수도 있으며, 독립된 부서에서 시간제 혹은 전임 상담을 실시하는 등 다양한 형태로 이루어질 수 있다.

내부상담 모델과 외부상담 모델이 결합될 수도 있다. 섬머필드와 반 오츠혼(1995)은 내부상담 모델의 장점을 주장하였지만, 우정국Post Office에서 채택한 외부 모델과 내부 모델을 결합한 통합 모델을 제시하기도 하였다.

표 1-2 내부상담 모델의 강점과 약점

강점	약점
• 상담자는 해당 기업 문화에 익숙하다. • 상담자는 다양한 조직 체제에 비추어 평가할 수 있다. • 상담자가 조직의 공식적, 비공식적 기구에 접근할 수 있다. • 상담자는 상담 서비스에 대해 보다 큰 신뢰를 구축할 수 있다. • 상담자는 상담을 통해 받은 피드백을 조직에 반영할 수 있다. • 상담 활동을 조직의 요구에 맞춰 적용할 수 있다. • 상담자는 내담자의 요구에 맞출 수 있는 융통성을 가진다. • 중재를 할 수 있다. • 상담자는 이미 얼굴이 알려진 친숙한 존재이다. • 상담자는 다양한 역할을 제공할 수 있다.	• 상담자는 자신의 평가에 더욱 주관적일 수가 있다. • 조직 개편에 쉽게 영향을 받는다. • 상담자는 조직이나 개인과 매우 쉽게 동일시될 수 있다. • 경영자에게 상담자가 직원과 동일시되는 것으로 비춰질 수 있으며, 그 반대일 수도 있다. • 상담실이 고립될 수 있다. • 상담자는 조직의 궂은일을 하는 데 이용될 수 있다. • 상담자는 조직의 정책에 연루될 수 있다. • 상담은 조직에 대항하는 개인에게 이용될 수 있다. • 비밀보장이 더 어렵다. 즉, 근로자들은 자신의 개인 정보가 누설될까 봐 염려할 수 있다.

조직과 상담의 가치 갈등

오버러Oberer와 리Lee는 기업 · 조직상담의 주요 문제를 명확히 밝혔는데, "기업의 일차적인 임무와 상담에서 추구하는 목표가 대립된다는 것이 가장 분명한 어려움"이라고 하였다(1986: 152). 기업의 목적 및 목표와 상담이라는 전문 영역의 목적과 목표는 근본적으로 모순되는 것인가? 상담자들은 기업 현장에서 일할 때 타협해야 하는가? 상담의 목적이 내담자의 성장과 자율성을 촉진하고 내담자 스스로 자신을 돌보고, 주도적이 되며, 잠재력을 개발하도록 격려하는 것이라는 데는 의심의 여지가 없다. 이러한 목표는 직원들이 자율적이 되기를 원치 않는 특정 조직의 목표와 일치하지 않을 수도 있다. 많은 조직들은 개인이 자신에게 집중하기보다는 협력하기를 원하며, 능동적인 사람보다 '순응적인 사람'을 요구하는 경우가 많고, 성장을 추구하는 근로자들은 권위적인 관리자들macho-managers과 의견 충돌을 일으키는 경우가 많다(Dutfield and Eling, 1990). 기터만Gitterman과 밀러Miller는 조직의 문제를 사회사업적 관점에서 다루면서, "경영진들은 자금 조달, 조직의 안정성, 규제 문제나 외부 정책 등에 관심이 있는 반면, 상담자들은 내담자의 문제와 이용 가능한 서비스에 주로 관심이 있다"고 지적하였다(1989: 154). 올랜즈Orlans는 일어날 수 있는 갈등을 다음와 같이 밝혔다.

> 조직 상황에서 상담할 때 한 가지 어려움은 상담(특히, 비지시적 상담)에 내포된 가치와 목표가 조직의 절차와 과정에 기초가 되는 경제적이고 합리적인 모델과 쉽게 조화를 이루지 못한다는 것이다. 조직의 중요한 기능이 근로자를 관리하고 통제하는 것인 데 반해, 상담은 개인에게 좀 더 넓은 의미의 자유를 제공하는 데 관심이 있다(Orlans, 1986: 19).

조직의 세계와 상담의 세계에 깔려 있는 상이한 가치나 철학, 정책으로 인해 발생하는 특정한 문제에 대해 다룬 문헌은 거의 없다. 이 두 영역이 함께 섞이고 결합되려면 지속적인 조화를 이루어야 한다는 것은 쉽게 추측할 수 있다. 협의 없이 회사에 상담을 도입하는 것에 관해 우려의 목소리도 있다(Lane, 1990). 어떤 조직은 상담 서비스를 받아들일 준비가 되어 있지 않을 수도 있고, 어떤 경우는 그릇된 목적으로 상담을 도입하는 경우가 있는데(Lane, 1990; Carroll, 1995), 이로 인해 불분명한 경계 문제가 발생되며, 경우에 따라서는 경영상의 결함을 덮기 위해 상담이 이용될 수도 있다.

나홀드Nahrwold는 상담과 기업의 대립의 역사를 추적하면서, 사회과학자들이 1960년대 중반에 기업을 어떻게 묘사하고 있는지를 보여 주었다.

> 사회과학자들은 기업에 대해 이익 창출을 위해 인간의 가치와 사회적 책임을 희생시키는, 비도덕적이고 탐욕적이며 타락하고 착취적인(심지어 파시스트적인) 조직으로 묘사하였다. 기업가들은 디킨스 소설의 악당처럼 묘사하는 이러한 비판에 맞서기 위해 사회과학자들이 자본주의를 뒤엎을 것을 바라는 철없이 선동하는 학자, 또는 자본주의를 반대하는 마르크스주의에 동조하는 사회운동가들이라고 규정하기도 하였다(1983: 110-111).

나홀드는 양측의 편견을 인정하면서도, 상담자들이 지닌 기업에 대해 적대적인 입장과 직업적인 오만함을 보이는 '반기업적antibusiness 태도'를 질책해 왔다. 그는 기업과 상담의 두 세계가 서로에 대해 잘 알게 되고, 조직의 정책을 알고, 서로의 역할을 받아들이고, 서로의 좋은 의도를 알게 된다면 평화적으로 공존할 수 있다고 제안한다.

내담자 개인과 기업조직 전체 중 무엇이 우선일까? 상담자는 일차적으로 개인을 다루도록 훈련받았으며, 개인의 복지를 더 중요하게 여긴다. 이 때문에 조직의 규범이나 정책과 충돌을 일으킬 수 있다. 개인의 가치와 조직의 요구 사이에 충돌이 생기면 '가치' 문제가 야기된다. 오버러Oberer와 리Lee는 이를 약간 다른 관점으로 보았는데, "이익 창출을 위한 근로자의 공헌보다 근로자의 복지를 더 우선할지 말지를 결정해야하는 상황에서 갈등이 일어난다"고 보았다(1986: 152). 그러나 레디Reddy(1993)는 근로자를 위한 혜택이 조직에 이득이 안 된다고 볼 수는 없다고 강조하였다. 근로자의 복지와 조직의 이익은 나란히 동반하여 추구할 수 있다는 것이다.

"외부 지향적인 기업의 가치와 내면 지향적인 인본주의적 가치를 통합하려는" (Puder, 1983: 96) 기업상담자에게 상담자, 내담자, 조직 및 사회와의 가치 충돌은 늘 직면하게 되는 문제이다.

기업 · 조직에서 상담자의 역할과 책임

조직에서 상담자의 역할이나 책임에 대해서는 많이 고려되지 않았다. 지금까지 분명하게 알려지지는 않았지만, 다른 상담 장면의 상담자들이 꺼리는 역할들을 수행하도록 요구받기도 한다. 조직에 고용된 상담자가 한 가지 역할만 하는 경우는 매우 드문 일이다. 그들은 상담자로서의 역할 외에 교육 진행자나 복지 담당자, 가정 방문자, 정보 제공자, 지지자, 관리자를 위한 자문가가 되거나, 개인적인 조언자뿐만 아니라 조직 변화의 주도자 역할도 요구받는다. 많은 사람들이 이렇게 무수히 많은 역할을 훌륭하게 수행하지만, 어떤 역할이 적절한지, 역할 갈등을 초래하는 것은 무엇인지를 선별하고 결정하는 데 도움이 되는 것은 없다. 캐롤C. Carroll(1994)은 사기업에 고용된 상담자의 역할과 책임에 대한 연구에서, 기업상담자들이 조직 내에서 매우 다양한 역할을 수행할 뿐만 아니라, 이를 매우 흥미진진하게 여기고 있다는 것을 밝혔다. 그녀는 사내 기업상담자employee counsellor[1]는 상담의 전문성과 경계를 유지하면서도, 다양한 역할에 관여해야만 한다고 결론지었다.

한 가지 분명한 사실은, 조직에서 상담자는 단순히 임상가의 역할만 수행하는 것

1) 역주: 'employee counsellor'는 근로자로서의 상담자, 즉 조직에 고용된 직원/근로자로서의 상담자를 의미한다. 본서에서는 문맥에 따라 사내 상담자, 사내 기업상담자, 근로자상담자로 번역하였다.

으로는 충분하지 않다는 것이다. 기본적으로 상담자의 다양한 역할과 책임에 대한 직무 분석이 필요하지만(Crandall and Allen, 1982), 아쉽게도 상담자의 역할과 책임을 알려 주는 가이드라인이 없다. 개인상담으로 내담자와 면담하는 것은 상담자의 분명한 영역이지만, 그 외의 업무에 대해서는 의견이 분분하다.

오시포우Osipow는 "[상담심리학자가] 우선 시도해 볼 수 있는 영역은 경력 개발 영역"이라고 보았다(1982: 20). 그는 상담심리학자들이 은퇴 준비, 조직 개발, 훈련 및 인사 선발, 컨설턴트 등의 다양한 영역에서 역할을 할 수 있으며, 정신건강에 기여할 뿐만 아니라 "개인, 집단 및 시스템 수준"(1982: 21)에서의 개입을 할 수 있을 것이라고 제안하였다.

훈련을 통해 상담자는 조직의 다양한 영역에서 중요한 기여를 할 수 있다. 그러나 그들이 조직의 모든 영역을 다루도록 하는 것은 상담자가 가장 잘할 수 있는 개인상담을 소홀히 하게 되는 결과를 초래할 수도 있다. 또한 상담자가 조직 내 수많은 활동에 관여하게 되면, '역할 갈등'을 인식하지 못할 수도 있다. 한 기업의 상담자가 타협하지 않고 양립해서 수행할 수 있는 역할은 무엇이며, 또 설혹 그들 자신에게는 유리하더라도 양립할 수 없는 역할은 무엇인지를 정확히 분별할 수 있어야 한다. 그레이Gray(1984a)는 역할 정의, 역할 스트레스, 역할 중복, 그리고 다른 사람의 역할의 중요성에 관하여 언급하였다. "조직과 함께 일하기 위해서 상담자는 그들의 역할을 재정립하거나 확장하는 시도가 필요하다"(Gray, 1984a: 171)고 보았다. 그는 조직에서 개인상담에만 주력하는 것은 시간을 허비하는 것이라고 단호하게 말한다. 그는 "상담자가 개인상담에만 시간을 소비하게 되면, 특정 신경증이나, 실존적 혹은 정신적 문제를 초래할 수 있는 조직 내 흐름을 자각하지 못할 수 있다"고 하였다(Gary, 1984a: 178). 따라서 사내 기업상담자는 조직 개발과 자문 및 훈련에서 개인과 조직에 시간을 어떻게 배분하고 어떠한 역할을 할지를 고려해야 한다.

상담 서비스에 미치는 조직의 영향력

조직이 상담 서비스에 미치는 영향에 대한 연구는 거의 없다. 최근에 오브홀저Obholzer와 로버츠Roberts(1994)는 정신역동적 접근의 몇 가지 연구를 요약한 바 있다. '조직문화'가 회사 안에서 일어나는 거의 모든 측면에 영향을 미친다는 것은 의심의 여지가 없지만(Pheysey, 1993; Egan, 1994; Hampton-Turner, 1994), 다른 유형의 문화가 상담 서비스에 영향을 미칠 것이라는 주장이 있음에도 불구하고(Hawkins and Shohet, 1989; Lane, 1990), 서로 다른 조직문화를 지닌 기업에 상담을 도입하기 위해 어떻게 준비하고 소개하고 유지하며 정착시켜야 하는지에 대한 자료나 연구는 거의 없다.

이건Egan(1993a, 1993b)은 조직의 '어두운 부분'과 그것이 효과적으로 관리되지 않을 때 미치는 영향을 검토하였다. 기터만과 밀러는 "조직이 도움 관계의 틀을 제공한다"고 분명히 밝혔는데(1989: 155), 그 틀은 매우 강력하다. 그들은 계속해서 "상담의 임상적인 결정이 모두 다 그런 것은 아니지만, 대체로 조직의 정책과 조항을 따를 수밖에 없다. 조직은 상담 서비스와 문제 정의, 평가와 개입, 내담자의 경력에 영향을 미치며, 순차적으로 상담자의 전문적 행위와 상담자 자신에 대한 관점에도 영향을 미친다"(1989: 151)고 주장했다. 크랜들Crandall과 알렌Allen(1982)은 '평행 과정(parallel process)'이라는 개념을 조직 맥락에 도입하였는데, 상담 상황에서 내담자는 소속된 조직을 반영한다고 보았다. 내담자는 그들 자신의 개인적인 문제뿐만 아니라, 조직에서의 경험까지도 상담에서 드러낸다는 것이다. 즉, 상담자는 내담자를 통해 그 조직을 만나게 되는 것이다.

모든 조직은 고유한 생태 환경과 분위기, 풍토, 근로자 또는 다른 조직과의 협업 및 상호작용방식이 있다. 레인Lane은 반 오츠혼(1989)과 해리슨Harrison(1972)의 연구를 언급하면서, "각기 다른 조직들은 서로 다른 유형의 상담 서비스를 중요하게 생각한다"고 보았다(1990: 542). 그는 조직문화를 권력 문화, 역할 문화, 성취 문화, 그리고 조력 문화 등 네 가지 유형으로 구분하고, 이들 각각이 상담을 어떻게 보는지, 그리고 상담 서비스에 대한 기대가 어떻게 다른지 밝혔다. 또 다른 연구자들은 다른 문화 유형들을 제안한다(Carroll, 1996b: 4장 참조). 조직의 생태를 이해하는 것은 특정한 조직 내에서 무엇이 기대되고 행해져야 하는지를 파악하는 데 도움이 된다. 이러한 평가에 따라, 상담자는 그러한 조직 분위기에서 일할 수 있는지 혹은 일할 준비가 되어 있는지 여부를 판단할 수 있을 것이다. 예를 들어, 권력 문화 조직이 상담 서비스를 도입한다면, 조직 변화를 허용하지 않는 범위에서 이루어질 것이며, 상담자가 더 헌신적인 구성원이 많아지도록 내담자와 일하기를 기대할 것이다.

클락슨Clarkson(1990)은 기업상담이 지닌 어려움을 이해하는 데 있어서, 조직 안에서의 상담에 관해 중요한 질문을 던진다. 상담은 성장하는 사람을 위한 것인가, 혹은 손상된 사람을 위한 것인가? 개인이 상담을 필요로 하는가, 아니면 조직이 변화를 필요로 하는가? 조직이 일하기에 건강한 환경인가, 아니면 근로자를 '병들게 하는' 환경인가? 상담자는 일반적으로 경영컨설턴트가 아니며, 조직의 복리나 근로자에게 미치는 조직의 영향을 평가할 수 있는 강력한 위치에 있지도 않다. 조직에서 상담자로 일하고자 한다면, 상담을 도입하려는 조직의 의도가 과연 상담이 근로자 문제에 대한 해답이 될 수 있는지를 평가할 수 있는 훈련이 필요할 것이다. 이건과 코완Cowan(1979)은 상류upstream 개입과 하류downstream 개입을 구별하였는데, 이는 기업에서 일하는 상담자에게 매우 적절한 제안이다. 이들은 이미 좌절의 늪에 빠져들고 있는 개인을 회생시켜서 또다시 조직의 피해자가 될 수 있는 '상류'로 복귀시키는 것은 큰 의미가 없다고 보았다. 오히려 상담자가 상류에서 조직 시스템이 더 이상 개인을 무능하게 만들지 못하도록 체제를 지원하는 역할을 담당하는 것이 더 낫다고 주장한다.

상담자는 훈련을 통해 대인 관계 차원에서 사고하지만, 조직 상황에서는 관계적인 차원뿐만 아니라 조직적인 차원에서도 사고할 것을 요구받는다. 이는 상당한 사고의 전환을 필요로 하는 어려운 일이다. 상담자는 대체로 개인보다는 조직의 이익을 위해 일하기를 요구받는다. 상담자는 자신의 관점을 확장할 필요가 있다. 즉, "근로자 상담은 단편적인 것을 두고 논쟁하기보다는, 조직 전체를 위한 긴밀하고 전반적인 전략을 수립하기 위해, 평가, 훈련 및 전문가로서의 노력이 긴밀하고 효율적으로 통합되어야 한다."(Clarkson, 1990: 4) 올랜즈(1992)는 상담 영역과 기업 간에 가교를 구축할 것을 언급하였다. 기터만과 밀러는 상담자의 입장에 서서, "내담자의 욕구, 근로자의 기능, 조직의 요구 면에서 세련된 중재" 용어를 사용하였다(1989: 159). 그러나 용어가 어떠하든, 사내 상담자는 어느 한쪽도 저버리지 않고 두 세계에 다리를 걸칠 수밖에 없다. 맥러드McLeod(1993: 273)는 비상담적인 조직에서 상담자가 직면하게 되는 도전들을 다음과 같이 제시하였다.

- 내담자보다는 회사가 기대하는 결과를 도출해야 한다는 압력
- 비밀보장의 경계 유지
- 상담 서비스 비용의 정당성 증명
- 고립 문제 다루기
- 동료들에게 상담의 목적과 가치를 교육하기
- 슈퍼비전 비용의 정당성 증명
- 많은 내담자들에게 압도되거나 조직의 대변인이 되는 것 피하기
- '실패' 사례로 인한 평판의 두려움 극복하기

- 내담자 면담에 한 시간씩 할애하지 못하는 동료들의 시샘에 대처하기
- 적절한 사무 공간과 접수 시스템 만들기

앞의 요구들을 살펴보면, 조직 상황이 상담 서비스에 얼마나 중요한 영향을 미치는지를 가늠해 볼 수 있다.

기업 · 조직에서의 상담 운영

직장 내 상담 서비스나 기업상담자의 특징을 설명하는 자료는 거의 없으며, 조직에서의 상담 운영에 대해서도 의견이 분분하다. 예를 들어, 회사에 상담을 제공할 때, 인사부, HR 파트, 또는 산업보건 부서 중 어느 부서에서 주관하는 것이 최선일까? 개인 정보나 뒷담화가 흘러나와 소문이 되고 개인의 사생활이 모두 밝혀질 수 있는 상황이라면, 비밀보장을 위해 어떤 부서/파트에서 운영하는 것이 더 효과적인가? 상담을 통해 회사로 정보가 누출될 수 있는 여지를 어떻게 다룰 수 있을까?

캐롤(1995)은 '기업상담에서 상담 과정을 운영할 때' 필요한 질문을 다음과 같이 제시하였는데, 상담 운영자는 다음과 같은 사항을 고려해야 한다.

- 내담자(고객)에게 비밀이 보장되는 상담을 위해 필요한 물리적 조성은 어떻게 할 것인가? 상담실 위치는 어디가 적합한가? 가구와 비품은 어떻게 할 것인가?
- 내담자(고객)가 상담 서비스를 어떻게 접하게 되는가? 타인이 의뢰할 수 있는가? 내담자 본인이 아닌, 동료, 관리자, 감독자, 징계위원회나 인사과 등 타인을 통해 의뢰되어 상담이 실시되는 것을 허용할 것인가?
- 상담 서비스를 어떻게 홍보하고 알릴 것인가?
- 상담자가 의뢰를 받아들일 수 없는 상황은 어떤 경우인가? 예를 들어, 관리자가 직원의 행동을 교정할 수 있도록 도와주거나 공식적인 경고를 해 주기를 바라는 것과 같은 경우 등
- 내담자(고객)가 상담 서비스를 신청하면 어떤 과정을 밟게 되나? 가장 먼저 만나는 사람은 누구인가? 상담을 처음 받기 위해 필요한 정보는 무엇인가?
- 내담자(고객)는 어떻게 평가되며, 의뢰 사유가 적절한가?
- 내담자(고객)와 관리자가 상담 서비스에 관해 알아야 할 것은 무엇인가?

- 내담자(고객)와 어떻게 접촉할 것인가?
- 내담자(고객)에 관해 보관될 기록은 어떤 내용이며, 어디에 보관할 것인가? 상담자 외에 이 기록에 접근할 수 있는 사람은 누구인가? 종결 후에는 상담 기록을 언제까지 보관할 것인가?
- 내담자(고객)가 상담을 종결하려 할 때 어떻게 할 것인가?
- 상담 서비스의 통계 수치를 어떻게 보관하고 알릴 것인가?
- 상담자는 상담, 홍보, 훈련 등에 시간을 어떻게 분배하여 사용(관리)할 것인가?
- 상담 회기 수를 제한할 것인가? 어느 정도의 장기상담이 가능한가?
- 상담 서비스 제공이 산재나 인사 등 특정 부서에 속해 있다면, 관련된 업무는 무엇이고 어떤 것들이 포함되어 있으며 각각의 관계는 어떤 것인가? 해당 부서가 내담자(고객)와 어떻게 접촉할 것인가? 어떤 경우에 해당 부서가 내담자에 관해서 알 필요가 있는가?
- 상담자는 의뢰 기관과 어떻게 접촉할 것인가?
- 상담 서비스를 평가하기 위해 어떤 방법을 사용할 것인가?
- 내담자에게 전문적인 도움을 주고자 의뢰를 요청하는 적절한 시기는 언제인가?
- 내담자의 동의하에, 혹은 동의가 없더라도, 상담자는 언제 의사, 정신과 의사 또는 사회복지사 등 다른 분야 전문가에게 문의할 것인가?
- 상담자를 위한 손해보험은 개인보험과 단체보험 중 어느 것이 적합할까?
- 상담자가 꼭 받아야 할 중요한 슈퍼비전은 무엇인가? 응급 상황에서 상담자가 할 일은 무엇인가?

본서 10장에서 타울러Towler는 조직에서 상담을 운영할 때 고려해야 할 여섯 가지 영역을 제안하였다. 그 영역이란 상담 서비스를 협상하고 정의하기, 조직 및 내담자와 계약 맺기, 내담자 집단을 명료화하기, 평가, 단기상담의 적용, 조직문화와 역동 탐색이다. 또한 서로의 경계를 분명히 유지하기 위한 세 가지 계약 형태, 즉 행정적 계약, 업무적 계약, 심리적 계약을 검토하였다. 기업 · 조직상담의 이러한 측면은 상담자에게는 내담자와 직접 상담하는 것보다도 더 어려운 측면이기도 하다. 상담자는 조직, 관료적 절차, 부서, 위원회, 경영자들과 함께 일해야만 한다. 또한 특정 부서에 소속된 일원이면서도 상담자의 업무 및 행정적 업무까지도 포함한 관리자로서, 내담자를 보호하면서도 조직의 요구를 충족시킬 수 있는 상담 운영 과정을 설정해야 한다.

기업 · 조직상담의 윤리적 쟁점

프라이어Pryor(1989)는 윤리적 딜레마의 한 예로, 회계사가 회사에는 발각되지 않은 횡령 사실을 상담 중에 이야기하는 것을 들었다. 이런 경우 상담자는 어떻게 행동해야 하는가? 상담자는 회사에 고용된 사람으로 회사의 이익에 중점을 두어야 한다. 그렇다면 그 직원이 자신의 금전적 어려움으로 인해 다시 횡령을 할 수도 있는 가능성이 (작건 크건) 있는 상황에서, 상담자는 이 정보를 담당 관리자에게 전달해야 하는가? 프라이어Pryor는 비숍Bishop과 드로자리오D'Rozario(1990)의 연구를 인용하면서 조직 상황에서 내담자를 평가할 때 지나치게 개인적인 관점을 취하고 있다고 보았다. 이들은 "집단 윤리 또는 조직 윤리의 개념은 거의 다루어지지 않고 있다"고 지적하였다(Bishop and D'Rozario, 1990: 215).

상담을 기업 현장으로 옮겨 놓으면, 상담하면서 발생하는 모든 종류의 윤리적 문제와 씨름해야 할 뿐만 아니라, 상담이 이루어지는 조직 내 상황이나 해당 조직과 상담자 사이에서 발생할 수 있는 온갖 종류의 쟁점들에 부딪히게 된다. 푸더Puder는 이러한 상황에서 상담자에게 "기업과 정신건강의 세계를 모두 넘나들 수 있는 '합리적이고 직관적인 통찰력'이 필요하다"고 제안한다(1983: 96).

여러 문헌에서 조직 내 상담에서 발생하는 다양한 윤리적 딜레마를 다루고 있는데, 그 예로 비밀보장(Bond, 1992; Salt et al., 1992; Walker, 1992), 조직목표와 상담목표 간의 불일치(Lee and Rosen, 1984; Orlans, 1986; Sugarman, 1992), 상담자의 기업에 대한 충성심(Carroll, 1995), 그리고 동일한 내담자가 가지고 있는 다른 역할 다루기(Carroll, 1995) 등이 있다. 라킨Lakin(1991)의 연구를 참조하여, 조직 내 상담에서 일어날 수 있는 윤리적 위험/딜레마를 정리해 보면 다음과 같다.

- 경영진이 상담 비용을 부담한다면, 상담자는 어떻게 직원의 권익을 보호할 수 있는가?
- 상호작용의 주요 대상인 직원이 상담 서비스 도입을 설계하는 데 동참할 수 있는가?
- 상담의 영향을 직접 받게 될 사람들에게 상담자는 목적하는 바를 어떻게 정직하게 설명할 수 있는가?
- 비밀보장에 대해서 어떻게 설명해야 하는가?

- 직원들은 불이익을 받을 염려 없이 상담을 거부할 수 있는가?
- 상담자와 직원이 상담을 통해 함께 의논한 경우, 직원은 관리자/감독자와 정면으로 대치하게 되는가?
- 상담의 결과에 따른 어떤 조치에 대해 불만이 있는 동료나 감독자들의 보복으로부터 내담자를 보호할 수 있는 안전장치는 무엇인가?

기업 현장의 상담자는 수많은 윤리적 딜레마에 직면하지만, 상담 현장에서 윤리적 의사 결정을 내릴 때 사용할 수 있는 분명하고 유용한 기준이 없다(M. Carroll, 1994). 대부분의 연구자들은 이러한 면에서 지속적인 효과를 내기 위해서는 슈퍼비전이 필수 요건이라고 보았다(Sugarman, 1992; Carroll, 1995). 슈가맨Sugarman은 상담자가 당면하게 되는 윤리적 쟁점에 대한 다섯 가지 중점 사항을 강조한다.

- 상담목표를 넘어서는 조직의 목표가 상담의 윤리기준을 얼마나 손상시키는지 확인할 것
- 상담 서비스가 조직에게는 유익하지만 개인에게는 손해가 되는 지점을 식별할 것
- 조직이 직원의 행동을 통제하고자 권리를 남용하는지를 확인할 것
- '비밀보장'이 함축하는 의미와 비밀보장이 유지 또는 유지될 수 없는 조건에 대해 협상할 것
- 긍정적인 방향으로 활용 가능한 적절한 재원이 충분한지를 확인하고, 상담목표에 영향을 줄 수 있는 재원의 출처를 확인할 것(Sugarman, 1992: 28)

윤리적 문제에서 우선순위를 정하는 것은 매우 어려운 일이다. 그러나 이 중에서 비밀보장은 조직 안에서 상담에 대한 신뢰를 결정하는 중요한 요인이라 할 수 있다. 비밀이 보장되지 않으면, 상담 서비스에 대한 신뢰가 무너질 수도 있기 때문이다(Puder, 1983; Megranahan, 1989b; Bond, 1992; Sugarman, 1992). 하지만 조직 내에는 비밀보장에 방해가 되는 여러 가지 요인(예를 들어, 직원들에 대한 정보를 원하는 간부, 관여하기를 원하는 인사 부서, 조직 방침에 유해한 자료를 가지고 있는 개인 내담자 등)이 있기 때문에 비밀보장을 유지하기란 쉬운 일이 아니다. 이러한 복잡성 때문에 각 회사마다 제공되는 상담 서비스에 맞는 윤리 강령을 세워야 할 필요성이 제기되고 있다(Puder, 1983).

기업 · 조직상담에 관한 연구

기업 및 조직에서의 상담 연구는 매우 적은 편이다. 메그라나한Megranahan은 "평가는 기업에서의 상담 서비스가 발전하는 데 오랜 기간 걸림돌이 되어 왔다"고 지적했다(1989b: 172). 올랜즈(1992)는 주로 알코올이나 스트레스 관련 상담에 중점을 둔 EAP 연구를 검토했다. 그러나 "상담 연구 결과를 논의에 포함시키지 않았는데, 그 이유는 관련된 요인들이 가시적이지 않고, 평가 연구가 구체적인 조직 상황에서 수행되지 않았을 가능성이 있기 때문"(Orlans, 1991: 10)이라고 밝혔다. 올랜즈는 직무 스트레스에 대해 단기심리치료의 효과를 확인한 퍼스Firth와 샤피로Shapiro(1986)의 연구를 언급하고 있다. 웨이트Waite(1992)는 「기업상담에서의 슈퍼비전 경험에 대한 연구」라는 논문에서 기업 · 조직상담과 기업상담자에 대한 슈퍼비전에 대한 연구 결과가 매우 적다는 점을 지적하였다.

1971년 영국경영연구소British Institute of Management는 200개 기업을 대상으로 한 조사에서 대상 기업들 중 5%가 직원들에게 개인상담을 제공하였음을 확인했다. 올랜즈와 시플리Shipley(1983)는 영국의 35개 대기업들을 조사한 결과, 세 곳을 제외하고는 모두 직업보건 시설을 갖추었으며 고용된 간호사들이 단기상담 훈련을 받았지만, 폭넓은 상담 교육이 이루어진 경우는 단 한 곳도 없었다. 이 조사에 따르면 직원 복지 담당자가 상담 훈련을 더 잘 받았고, 보다 분명하고 명확하게 상담자 역할을 하고 있는 것으로 확인되었다.

이후 두 번의 다른 조사(Hoskinson and Reddy, 1989; Reddy, 1993)에 따르면, 영국에서는 상담 서비스 제공이 증가하고 있다. 조직에서의 상담에 대한 몇 안 되는 연구 중 하나는 우정국Post Office에서 수행되었다(Cooper et al., 1990). 상담 서비스를 받은 내담자들은 첫 면담 때 설문지 한 부를 작성했고, 상담이 종결된 후 두 번째 설문지를 작성하였는데 그 결과 상담의 효과가 분명히 있는 것으로 나타났다. 즉, "상담 후 여러 영역에서 유의미한 향상이 있었는데, 내담자의 정신건강이 유의미하게 증진되었다. …… 마지막으로 이 모든 항목들에서 유의미한 향상은 내담자의 정신건강이 의미 있게 개선되었음을 의미하며, 또한 병가로 결근한 평균 일수가 상담 후 줄어들었다."(Cooper et al., 1990: 10)

조직 상황에서의 상담평가는 주로 개별 내담자에게 초점을 맞추는 편이다. 많은 기업상담자들은 내담자에 대한 자체적인 평가를 하고 있는데, 전체적인 상담 서비스나 그것이 조직에 미치는 효과—이를테면, 상담자의 컨설턴트 역할 평가—는 종종 간과되어 왔다. 불(1994)은 기업상담 평가에 대한 문헌을 간략하게 검토했다.

기업 · 조직상담이 경제적인 측면에서 얼마나 효과가 있는지를 밝혀내는 일은 가치 있는 일이다. 리치Wrich(1985)는 인적 및 재정적 면에서 효과를 보여 주는 통계 데이터를 가지고 있는 EAP를 도입한 미국의 세 개의 기업(General Motors, Control Data Corporation, United Airlines)을 연구했다. 예를 들어, 제너럴 모터스General Motors는 EAP에 투자된 1달러당 67달러의 이득이 있는 것으로 추산했다. 특히 고용주들은 상담 서비스를 제공함으로써 얻을 수 있는 금전적 보상에 더욱 고무될 것이며, 이를 뒷받침할 만한 지속적인 데이터를 원할 것이다. 미국우편공사US Postal Service는 EAP를 통해 연간 2백만 달러를 절약하는 것으로 추산된다(Kim, 1988). 하일리Highley와 쿠퍼Cooper(1994)는 미국에서 실시한 EAP의 비용 효율성에 대한 연구 세 건에서 모두 다 긍정적인 결과를 보고했다. 맥도넬 더글러스McDonnell Douglas는 EAP 이용으로 510만 달러 절약 효과를 본 것으로 추산되고, 미국 보건사회복지부에서는 EAP에 투자된 1달러당 7.1달러의 이득이 있었던 것으로 나타났으며, 디트로이트에 소재한 에디슨 컴퍼니Edison Company는 낭비 시간이 줄어들고 건강 보험 청구가 감소하였으며, 정직이 40% 개선되었으며, 직무 관련 사고에서도 유사한 개선 효과를 보였다.

코니Corney(1992)는 상담자, 내담자, 의사 모두가 제공된 상담 서비스에 대해 전반적인 만족을 나타냄으로써, 일반 보건 진료에서의 상담에 대한 주관적 평가가 매우 긍정적이었음을 보여 주었다.

기업 · 조직상담에 대한 최근 연구로는 사기업 사내 상담자가 자신의 역할과 책임을 어떻게 보는지에 대한 C. 캐롤의 연구(1994: 13장), 보건 환경에서의 EAP 관리자들에 대한 피셔Fisher의 연구(1995: 17장), EAP 상담자들이 당면하는 스트레스에 대한 그린우드Greenwood의 연구(1995: 15장)와 공기업 관리자를 위한 상담 훈련 효과에 대한 마틴Martin의 연구(1994: 14장) 등이 있다. 이 연구들은 모두 기업 · 조직상담에 대해 꼭 필요한 조사들을 포함하고 있으며, 이 연구들이 앞으로 기업 · 조직상담에 대한 후속 연구를 위한 선도적인 역할을 할 수 있기를 기대한다. 특히, 내담자와 상담 서비스에 영향을 미치는 상담 성과 및 조직의 영향과의 관계에 대해서도 후속 연구가 필요하다.

기업 · 조직상담자를 위한 수련

피카드Pickard는 기업상담자 수련 과정을 마련하는 데 도움이 될 수 있는 선례는 거의 없다고 보았다. 즉, "현재 기업 · 조직상담은 적절한 수련 모델을 찾고 있으며, 그 과정에서 영감을 얻기 위해 포괄적인 수련 모델에 의존하고 있다"고 진술했다(1993: 8). 하일리와 쿠퍼(1995)는 기업상담을 하는 상담자들을 위한 수련이 부족하다는 점을 지적했다. 올랜즈(1986, 1991, 1992)는 조직 상황에서 일하는 상담자들을 대상으로 한 전문적인 수련이 매우 부족하다고 밝혔다. 올랜즈는 상담자가 되는 것만으로는 충분하지 않다고 주장하며 다음과 같은 분야까지도 아우를 수 있는 일반적인 커리큘럼을 제안한다.

> 조직행동의 원리와 역동에 대한 평가, 근로자 지원 프로그램Employee Assistance Programmes: EAPs의 설계 및 실행을 위한 모델과 실제, 근로자상담employee counseling의 윤리와 책임, 조직의 건강, 법률의 역할, 직장 내의 스트레스 진단, 관리 및 예방, 특히 조직 상황에 적용하기 위한 AIDS, 약물 남용, 경력 상담 등의 특수 영역의 상담에 대한 이해와 앞의 프로그램에 대한 슈퍼비전, 수련 과정, 개별지도 및 적절한 평가 절차 또한 포함되어야 한다(Orlans, 1992: 21).

기업상담자 수련을 위한 종합적인 커리큘럼의 내용을 고민하는 연구자들(Osipow, 1982; Lewis and Lewis, 1986; Megranahan, 1989a; Gerstein and Shullman, 1992; Orlans, 1992; Carroll, 1996b)은 상담자가 모든 조직에 정통한 팔방미인이 되기를 바라는 경향이 있다. 기업상담자들은 전문 상담자, 조직 컨설턴트, 트레이너, 복리후생 담당자, 인사 담당자, 개인 수준의 업무(individual work)에서도 전문성을 갖춘 내부 또는 외부의 선도 요원, 집단의 역동과 인적자원의 관리자 역할을 모두 수행하기를 요구받는다. 이와 같이 기업상담자들의 업무가 포괄적인 것은 기업상담의 목표가 그만큼 명료하지 않다는 의미이기도 하다. 상담자가 조직에서 인정받으려면, 상담 고유의 직무에 포함되지 않는 역할을 수행해야 할 수도 있다.

현재 기업상담자로 일하고 있거나 앞으로 기업상담자로 활동하고자 하는 상담자들을 위한 수련 과정은 거의 없다. 지금까지 영국에서는 전문 기업상담을 위한 수련 프로그램이 극히 소수에 불과했다. 훈련개발협회의 기업상담 과정TDA Diploma in Counselling at Work, 로햄튼 대학의 조직상담 과정Rosehampton Institute's Diploma in Counselling in Organizations, 버밍엄 대학의 기업상담자 자격 과정Bermingham University's Certificate in Counselling at work, 브리스톨 대학의 기업상담 학위 과정Diploma in Counselling at work at the University of Bristol 정도가 포함된다. 이러한 수련은 비체계적인 단기 과정으로 주로 기존 담당 업무에 상담 기술을 통합하고자 하는 사람들을 대상으로 이루어지고 있다. 걸스타인Gerstein과 슐만Shullman(1992)은 미국 내 산업 현장과 관련된 상담심리학 수련을 간략히 소개하고, '직업상담심리학'과 '기업 및 조직에서의 상담심리학 세미나'라는 두 가지 과정에 대한 개요를 제시하였다. 후자가 응용 기술에 초점을 맞추었다면, 전자는 다음와 같은 주제를 다루고 있다.

- 기업 및 조직에서의 상담심리학 역사
- 성인의 직업행동(경력, 직무)
- 성인 직업에 대한 평가 전략
- 자문 및 프로그램 평가 모델과 기법
- 기업의 건강 및 안전 프로그램
- 근로자 지원 프로그램(EAP)
- 연구 쟁점 및 관련 주제
- 기업 분야의 주요 간행물

이상의 훈련 내용은 상담심리학자가 갖추어야 할 기술과 지식 영역을 보여 주며, 조직에 고용된 상담심리학자가 담당하게 될 역할을 시사한다.

피카드는 기업상담자 수련 과정을 검토한 후 발달 단계에 따라 다음과 같이 세 단계를 제안하였다(본서 19장).

- 1단계: 조직 안에서의 상담으로, 상담자는 상담자로서 훈련을 받고, 이를 조직 상황에서 적용한다.
- 2단계: 조직을 위한 상담으로, 상담 서비스와 조직의 요구를 결합한 조직을 위한 상담이다. 예를 들어, EAP가 이에 속한다
- 3단계: 조직상담으로, 상담은 직원 복지에 대한 철학을 제공하며 조직의 경영이념과 실천에 개념적으로나 이론적으로 잘 통합되어 있다.

이러한 구분은 기업상담자 수련을 위한 틀을 제공해 준다. 기업상담자의 역할과 책임을 아는 것은 적합한 교육과정을 만들기 위한 토대를 제공해 준다. 수련지도자들은 각 단계마다 해당 내용을 토대로 예비 기업상담자에게 실행 가능한 수련 과정을 만들기 위해 노력하고 있다.

결론

기업 및 조직에서의 상담이 점점 늘어나면서 어떤 상담 서비스가 필요한지를 파악하기 위해 기업 · 조직상담의 목표와 목적을 검토할 필요성도 커지고 있다. 목표와 목적이 명료할수록, 특정 조직에 가장 적합한 상담의 형태와 그 목표에 근거한 변화의 개념, 그리고 조직 상황에서 일하는 전문 상담자의 역할과 책임에 대해 더욱 명확하게 알 수 있다. 이를 통해 기업 · 조직상담 이론이 도출될 것이며, 조직의 상담자를 훈련하는 데도 도움이 될 수 있을 것이다. 장차 상담 분야는 매우 중요한 분야가 될 것은 자명한데, 본 장에서 살펴본 10개 항목은 더 논의하고 연구해야 할 주제를 제공할 것이다.

참고문헌

Bishop, B. and D'Rozario (1990). 'A matter of ethics? A comment on Pryor (1989)', *Australian Psychologist*, 25 (2): 215-219.

Bond, T. (1992). 'Confidentiality: counselling, ethics and the law', *Employee Counselling Today*, 4 (4): 4-9.

Bull, A. (1994). 'How effective is counselling in the workplace?', *Evaluation of Counselling Selected References*. Rugby: British Association for Counselling Publications.

Bull, A. (1995). *Counselling Skills and Counselling at Work: A Guide for Purchasers and Providers*. Rugby: British Association for Counselling Publications.

Carroll, C. (1994). 'Building bridges: a study of employee counsellors in the private sector'. MSc. dissertation, City University, London.

Carroll, M. (1994). 'Making ethical decisions in organizational counselling', *EAP International*, 1 (4): 26-30.

Carroll, M. (1995). 'The counsellor in organizational settings: some reflections', *Employee Counselling Today*, 7 (1): 23-32.

Carroll, M. (1996a). *Counselling Supervision: Theory, Skills and Practice*. London: Cassell.

Carroll, M. (1996b). *Workplace Counselling: A Systematic Approach to Employee Care*. London: Sage.

Carroll, M. and Holloway, E. (1993). 'Redundancy counselling: is it really counselling?', *Employee Counselling Today*, 5 (4): 14-20.

Clarkson, P. (1990). 'The scope of stress counselling in organisations', *Employee Counselling Today*, 2 (4): 3-6.

Cooper, C.L., Sadri, G., Allison, T. and Reynolds, P. (1990). 'Stress counselling in the Post Office', *Counselling Psychology Quarterly*, 3 (1): 3-11.

Corney, R. (1992). *Evaluating Counsellors in Counselling in General Practice*. London: Royal College of General Practitioners, Clinical Series.

Cowie, H. and Pecherek, A. (1994). *Counselling Approaches and Issues in Education*. London: David Fulton.

Cowie, H. and Sharp, S. (1996). *Peer Counselling in Schools*. London: David Fulton.

Crandall, R. and Allen, R.D. (1982). 'The organisational context of helping relationships', in T.A. Will (ed.), *Basic Processes in Helping Relationships*. London: Academic Press.

Critchley, B. and Casey, D. (1989). 'Organizations get stuck too', *Leadership and Organization Development Journal*, 10 (4): 3-12.

Dutfield, M. and Eling, C. (1990). *The Communicating Manager*. Shaftesbury: Element.

East, P. (1994). *Counselling in Medical Settings*. Milton Keynes: Open University Press.

Egan, G. (1993a). 'The shadow side', *Management Today*, September: 33-38.

Egan, G. (1993b). *Adding Value: A Systematic Guide to Business-Driven Management and Leadership*. San Francisco: Jossey-Bass.

Egan, G. (1994). *Working the Shadow-side: A Guide to Positive Behind the Scenes Management*. San Francisco: Jossey-Bass.

Egan, G. and Cowan, M. (1979). *People in Systems*. Monterey, CA: BrookS/Cole.

Firth, J. and Shapiro, D.A. (1986). 'An evaluation of psychotherapy for job related stress', *Journal of Occupational Psychology*, 59: 111-119.

Fisher, H. (1995). 'Plastering over the cracks?: employee counselling in the NHS'. MA dissertation, University of Keele.

Gerstein, L.W. and Shullman, S.L. (1992). 'Counseling psychology and the workplace: the emergence of organizational counseling psychology', in R. Brown and R.W. Lent (eds), *The Handbook of Counseling Psychology* (2nd Edition). New York: Wiley. pp. 581-625.

Gitterman, A. and Miller, I. (1989). 'The influence of the organisation on clinical practice', *Clinical Social Work Journal*, 17 (2): 151-164.

Gordon, J. and Dryden, W. (1989). 'Counselling employees: the rational-emotive approach', *Employee Counselling Today*, 1 (4): 14-20.

Gray, K. (1984a). 'Counsellor interventions in organisations', in W. Dryden and A.G. Watts (eds), *Guidance and Counselling in Britain: A 20-year Perspective*. Cambridge: Hobson.

Gray, K. (1984b). 'Postscript', in W. Dryden and A.G. Watts (eds), *Guidance and Counselling in Britain: A 20-year Perspective.* Cambridge: Hobson.

Greenwood, A. (1995). 'All in a day's work: how EAP/workplace counsellors cope with the stress'. Unpublished MSc dissertation, University of East London.

Greenwood, A. (forthcoming). *Counselling at Work*. Milton Keynes: Open University Press.

Hampton-Turner, C. (1994). *Corporate Culture*. London: Piatkus.

Harrison, R. (1972). 'Understanding your organization's character', *Harvard Business Review*, 50 (23): 119-128.

Hawkins, P. and Shohet, R. (1989). *Supervision in the Helping Professions*. Milton Keynes: Open University Press.

Hay, J. (1989). 'Transactional analysis as a counselling medium in a management development programme', *Employee Counselling Today*, 1 (4): 21-28.

Highley, C. and Cooper, C. (1994). 'Evaluating EAPs', *Personnel Review*, 23 (7): 46-59.

Highley, C. and Cooper, C. (1995). 'An assessment and evaluation of employee assistance and workplace counselling programmes in British Organisations'. Unpublished report for the Health and Safety Executive.

Hirschhorn, L. and Barnett. C.K. (eds) (1993). *The Psychodynamics of Organizations*. Philadelphia: Temple University Press.

Hoskinson, L. (1994). 'EAPs: Internal versus external service structures. The key differences and potential synergies'. Paper presented at the European EAP Conference, Augsburg, Gennany, October 1994.

Hoskinson, L. and Reddy, M. (1989). *Counselling Services in UK Organizations: An ICAS Report*. Milton Keynes: Independent Counselling and Advisory Service.

Institute of Personnel Management (1992). *Statement on Counselling in the Workplace*. London: IPM.

Kets de Vries, F.R. and Miller, D. (1984). *The Neurotic Organization*. San Francisco: Jossey-Bass.

Kim, D.S. (1988). 'Assessing employee assistance programs: evaluating typology and models', *The Clinical Supervisor*, 3 (3/4): 169-187.

Lakin, M. (1991). *Coping with Ethical Dilemmas in Psychotherapy*. New York: Pergamon Press.

Lane, D. (1990). 'Counselling psychology in organisations', *The Psychologist, Bulletin of the British Psychological Society*, 12: 540-544.

Lee, S.S. and Rosen, E.A. (1984). 'Employee counselling services: ethical dilemmas', *Personnel and Guidance Journal*, January: 276-280.

Lewis, J. and Lewis, M. (1986). *Counseling Programs for Employees in the Workplace*. Monterey, CA: Brooks/Cole.

Madonia, J.F. (1985). 'Handling emotional problems in business and industry', *Social Casework: The*

Journal of Contemporary Social Work, December: 587-593.

Martin, P.A. (1994). 'The effects of counselling training on public sector managers'. MSc dissertation, University of Surrey/Roehampton Institute, London.

McLeod, J. (1993). *The Organisational Context of Counselling*. Centre for Counselling Studies, Keele University.

Megranahan, M. (1989a). *Counselling: A Practical Guide for Managers*. London: Institute for Personnel Management.

Megranahan, M. (1989b). 'Counselling in the workplace', in Windy Dryden, David Charles-Edwards and Ray Woolfe (eds), *Handbook of Counselling in Britain*. London: Tavistockl Routledge.

Morris, G.B. (1993). 'A rational-emotive paradigm for organizations', *Journal of Rational Emotive and Cognitive Behaviour Therapy*, 11 (1): 33-49.

Nahrwold, S.C. (1983). 'Why programs fail', in James Manuso (ed.), *Occupational Clinical Psychology*. New York: Praeger.

Nixon, J. and Carroll, M. (1994). 'Can a line-manager also be a counsellor?', *Employee Counselling Today*, 6 (1): 10-15.

Oberer, D. and Lee, S. (1986). 'The counselling psychologist in business and industry: ethical concerns', *Journal of Business and Psychology*, 1 (2): 148-162.

Obholzer, A. and Roberts, V.Z. (eds) (1994). *The Unconscious at Work: Individual and Organizational Stress in the Human Services*. London: Routledge.

Orlans, V. (1986). 'Counselling services in organizations', *Personnel Review*, 15 (5): 19-23.

Orlans, V. (1991). 'Evaluating the benefits of Employee Assistance Programs'. Paper presented at the first EAP conference, London, April 1991.

Orlans, V. (1992). 'Counselling in the workplace: Part 1 - Counsellor perspectives and training', *EAP International*, 1 (1): 19-21.

Orlans, V. and Shipley, P. (1983). *A Survey of Stress Management and Prevention Facilities in a Sample of UK Organizations*. London: Stress Research and Control Centre, Birkbeck College, University of London.

Osipow, S.H. (1982). 'Counseling psychology: applications in the world of work', *The Counselling Psychologist*, 10 (3): 19-25.

Pheysey, D.C. (1993). *Organizational Culture*. London: Routledge.

Pickard, E. (1993). 'Designing training for counsellors at work', *Counselling at Work*, Autumn: 7-8.

Pryor, R.G.L. (1989). 'Conflicting responsibilities: a case study of an ethical dilemma for psychologists working in organisations', *Australian Psychologist*, 24: 293-305.

Puder, M. (1983). 'Credibility, confidentiality and ethical issues in employee counselling programming', in James Manuso (ed.), *Occupational Clinical Psychology*. New York: Praeger.

Reddy, M. (1987). *The Managers Guide to Counselling at Work*. Leicester: British Psychological Society.

Reddy, M. (ed.) (1993). *EAPs and Counselling Provision in UK Organizations: An ICAS Report and Policy Guide*. Milton Keynes: ICAS.

Rowland, N. (1989). 'Annual review of the CMS sub-committee on counselling in general practice', *Counselling in Medical Settings Newsletter*, 19: 14-16.

Salt, H., Callow, S. and Bor, R. (1992). 'Confidentiality about health problems at work', *Employee Counselling Today*, 4 (4): 10-14.

Sanders, G. (1990). 'Counselling models in the workplace', *Employee Counselling Today*, 2 (2): 25-28.

Stein, M. and Hollwitz, J. (eds) (1992). *Psyche at Work: Workplace Applications of Jungian Analytical Psychology*. Wilmette, IL: Chiron Publications.

Sugarman, L. (1992). 'Ethical issues in counselling at work', *Employee Counselling Today*, 4 (4): 23-30.

Summerfield, J. and Van Oudtshoom, L. (1995). *Counselling in the Workplace*. London: Institute of Personnel and Development.

Sworder, G. (1977). 'Counselling problems at work: where do we go from here?', in T. Watts (ed.), *Counselling at Work*. Plymouth: Bedford Square Press.

Tehrani, N. (1994). 'Business dimensions to organizational counselling', *Counselling Psychology Quarterly*, 7 (3): 275-285.

Tehrani, N. (1995). 'The development of employee support', *Counselling Psychology Review*, 10 (3): 2-7.

Van Oudtshoom, L. (1989). *The Organization as a Nurturing Environment*. Oxford: Van Oudtshoom Associates.

Waite, J. (1992). 'An investigation of the experience of supervision in the context of counselling at work'. MSc dissertation, University of Bristol.

Walker, V. (1992). 'Confidentiality-the personnel dilemma', *Employee Counselling Today*, 4 (4): 15-22.

Webb, W. (1990). 'Cognitive behaviour therapy: applications for employee assistance counselors', *Employee Assistance Quarterly*, 5 (3): 55-65.

Wrich, J.T. (1985). 'Management's role in EAPs', in S.H. Klarreich, J.L. Francek and C.E. Moore (eds), *The Human Resources Management Handbook: Principles and Practice of Employee Assistance Programs*. New York: Praeger.

Yeager, J. (1983). 'A model for executive performance coaching', in James Manuso (ed.), *Occupational Clinical Psychology*. New York: Praeger.

2장

기업 · 조직에서의 상담 모델

Andrew Bull

내담자가 도움을 요청할 때 가장 익숙한 상담자의 반응은 무엇인가?

> "업무에 빨리 복귀하지 않으면 당신은 직장을 잃게 될 거예요."
> "이야기를 들어 보니, 참 힘들겠어요. 상황을 정리하기 위해 며칠 휴가를 가세요."
> "당신의 파트너가 떠났고, 당신도 언제든 해고당할 수 있기 때문에 일에 집중할 수도 없고 걱정이 많으실 것 같아요. 그런가요?"

앞에 제시된 여러 가지 반응은 모두 직장의 상담 과정에서 일어나는 반응들이다. 그렇지만 이 중 마지막 반응만이 내담자의 이야기에 대해 적극적 · 공감적으로 경청하는 상담자의 반응이라고 할 수 있다. 그렇다면 조직상담이란 무엇인가? 일단 조직상담에 적합한 모델을 적용하기에 앞서, 그것의 본질이 무엇인지부터 이해할 필요가 있다. 본 장에서는 상담 모델 두 가지를 살펴보기 전에, 조직상담에서 상담 서비스를 제공받을 주요 대상이 누구인지, 또 어디에 초점을 맞춰야 하는지 등 기업상담을 구성하는 요소를 먼저 검토하고자 한다.

EAP 및 상담 서비스 제공에 관한 영국의 한 설문조사에 따르면, 응답자의 85%가 상담을 제공했다고 응답하였다. 그러나 상담이라고 응답한 내용에는 정보 제공이나 상담기술 훈련, 코칭과 멘토링 등의 활동들이 포함되어 있고, 은퇴, 정리 해고, 경력 개발, 중년의 위기와 스트레스 같은 다양한 영역까지 포괄하고 있었다(Reddy, 1993). 이들 중 오직 3%만이 상담자나 EAP가 제공한 진정한 사내 상담 서비스였는데, 휠러Wheeler와 라이언Lyon(1992)은 대부분의 관리자들이 상담을 조언이나 지시와 교육 사이의 뭔가로 이해하고 있기 때문이라고 보았다.

내가 직접 경험한 다음의 이야기는 조직상담을 구성하는 요소를 확인할 때 어떠한 어려움이 있는지를 보여 준다. 몇 년 전, 나는 상담자가 아닌 노동조합 대표들의 요청에 의해 사내 상담자의 입장에 대해 인터뷰를 했는데 그들은 나에게 다음의 문제에 대해 어떻게 반응할 것인지를 물었다.

> "한 여성 내담자가 명확하지 않은 문제를 가지고 상담자인 당신을 찾아왔다고 합시다. 하지만 당신은 그녀가 매장에서 일할 때 그녀의 몸에서 나는 악취 문제로 직장 동료들이 힘들어 하는 것을 이미 알고 있었습니다. 상담자인 당신은 이 문제를 어떻게 다루겠습니까?"

나는 그 주제가 상담 장면에서 내담자와 내가 다루기로 합의한 주제와 관련이 없다면, 그녀의 몸에서 나는 악취에 대해서는 다루지 않을 것이라고 답했다. 노동조합 대표들은 내가 가게 매장에서 일어나고 있는 그 문제를 '알고 있었기' 때문에 상담자로서의 이러한 나의 개입은 적절하지 않다고 말했다. '나는 이 문제를 어떻게 해결하는 것이 좋을까?'라는 큰 압박감을 갖고 노동조합 대표들과 그 문제에 대한 해결안을 도출하고 실행 계획을 만들기 위해 열띤 논의를 하였다. 그들은 상담을 의학적 모델처럼 진단-처치 방식의 일부로 보고 있었다. 내담자가 상담자에게 문제를 가져오면 상담자는 전문가로서 진단을 하고 그 문제를 해결하기 위한 전략을 처방한다는 것이다. 아마도 이것이 상담에 대해 일반적인 사람들이 가지고 있는 생각일 것이다.

직장 내 상담과 이론

직장 내 상담이 무엇인지 이해하기 어려운 이유 중 한 가지는 그 본질을 규정하는 이론이 거의 없기 때문이며(Albert et al., 1985), 직장 내 상담의 구성 요소를 정의하는 것 자체가 어렵기 때문이다. 이를테면, 직장 내 상담이 제공되는 방식은 매우 다양한데, 조직 내부에서 제공되기도 하고 외부상담 서비스 기관이나 근로자 지원 프로그램(EAPs)을 통해 이루어질 수도 있다. 상담자들은 이러한 상담 서비스 기관, EAP 기관, 내담자가 속한 조직에 직접 고용될 수도 있고, 프리랜서로 계약을 맺고 일할 수도 있다. 상담자의 역할이 치료를 제공하는 것인지, 평가 후에 전문가의 도움을 받도록 의뢰하는 게이트키퍼 역할을 하는 것인지(미국의 많은 서비스는 이러한 접근에 동의한다), 아니면 자신의 직무를 위협하는 문제를 가진 직원들을 징계하기 위한 대안의 하나로 사용되는 것인지는 불분명하다(Albert et al., 1985). 또한 다루어지는 주제도 매우 다양한데, 약물과 같은 특정한 문제에 초점을 맞추는 경우도 있지만, 보다 일반적이고 폭넓은 서비스를 제공하는 경우도 있다. 따라서 현실은 어떤 특정한 하나의 상담 이론을 사용할 때 전통이나 관습, 상당한 정도의 신화에 크게 영향을 받게 된다.

직장 내 상담에 관한 이론이 없으므로 근로자 지원 활동이 발전해 온 역사를 간단히 제공했는데 이를 통해 지원의 초점을 확인하고, 적용 가능한 모델을 찾을 수 있을 것이다. 이러한 것을 살펴봄으로써 그 역사가 근로자 지원에 대한 것은 분명하지만, 과연 이러한 지원이 개인에 대한 강조의 일환으로 확대되었는지 그렇지 않으면 직무 현장이나 조직에 대한 강조의 일환으로 확대되었는지를 살펴볼 것이다.

근로자 상담 서비스에 관한 최초의 기록은 1920년대 호손Hawthorne의 연구가 이루어진 웨스턴 전기회사Western Electric로 알려져 있지만 조직에서의 상담은 1940년대와 1950년대가 되어서야 '근로자 알코올 치료 프로그램'을 실시하면서 그 모습이 갖춰지기 시작했다. 당시에는 알코올중독자 자조모임Alcoholics Anonymous 모델을 사용했기 때문에, 내담자들의 문제는 질병 진행 과정의 일부로 여겨져 의학적 관점에서 다루어졌다. 알코올 문제에 대한 근로자 지원 프로그램이 성공적으로 다루어지자 알코올 의존증을 가진 근로자의 친척들에게까지 서비스가 확대되었고, 그다음에는 알코올 문제 외, 삶의 또 다른 문제에 대한 지원으로까지 서비스가 확대되었다. 이러한 변화가 큰 힘을 갖고 진행될 수 있었던 것은 이 일이 인도주의적 관점보다는 근로자들의 생산성 기여에 중점을 둔 경제적 관점에 따라 이루어졌기 때문이었다(Battle, 1988). 그러나 김수Soo Kim(1988)는 초기에는 인도주의적 차원에서 시작되었다가 시간이 흐르면서 경제적인 사안들이 고려되었다고 주장한다.

미국에서, 1970년대 공공기관에 소속된 근로자의 심리적 건강에 대한 의무 책임을 부여한 the Hughes 법이 시행되면서 근로자 지원 활동이 가속화될 수 있었다.

1980년대에는 건강 증진의 개념이 치료의 개념보다 우세해졌고, 이에 따라 치료와 일시적인 완화보다는 예방에 초점을 더 맞추었다. 더욱 최근에는 스트레스 방정식에 조직을 포함하지 않으면 조직의 생존이 위협받을 수 있다는 주장(Kets de Vries and Miller, 1984)에 근거하여 상담이 조직 그 자체에 적용되어야 한다는 주장이 제기되었다(Hawkins and Miller, 1994). 예를 들면, 워Warr(1996)는 업무에 대한 통제 수준[1], 즉 업무의 자율성, 업무에 대한 영향력, 권력과 의사 결정 수준이 낮을수록, 개인에게 심리적으로 해로울 수 있음을 확인하였다.

이러한 간략한 개관을 통해서 직장 내 상담은 네 단계의 발달을 거쳐 왔다고 볼 수 있다(Bull, 1992).

1. 질병 단계disease stage: 개인을 질병의 희생자로 보는 관점으로, 각 개인은 질병 관리를 위한 훈련을 해야 한다. 그 예가 알코올중독자 자조모임(AA)이다.
2. 내담자 중심 단계client-centered stage: 보다 폭넓은 접근으로 변화한다. 제2차 세계대전 이후 인본주의와 실존주의 상담이 발달하고, 이러한 접근들은 전통적인 접근과 함께 직원들 개개인이 자신의 욕구를 확인하고 충족시킬 수 있도록 해 주었다.
3. 근로자-직무 단계employee-work stage: 직장은 개인의 안녕에 영향을 주는 곳으로 인식된다.
4. 내담자로서의 조직 단계company as client stage: 기업 및 조직의 정책과 철학이 개인, 공동체, 사회 전체에 영향을 주는 것으로 인식된다.

그러나 직장 내 상담이 이 네 가지 발달 단계 중 어느 한 단계에서 운용된다는 견해를 지지하는 증거가 문헌상에 있는가? 불Bull(1993)은 온라인으로 문헌 조사를 실시하였는데, 3단계와 4단계에 대한 견해를 지지할 만한 증거는 거의 발견하지 못했다. 문헌상에서 가장 빈번히 나타난 서비스의 유형은 개인과 그들의 개인적인 문제에 초점을 맞추는 것이었다(Erfurt and Foote, 1977; Cairo, 1983; Jones, 1983; Putnam and Stout, 1985; Maiden, 1988; Megranahan, 1990; Mullady, 1991).

앞의 문헌 검토는 직장 내 상담에 관해, 다음과 같은 세 가지 핵심적인 요소를 보여 준다.

---

1) 역주: 업무 통제 수준은 개인이 전적으로 통제할 수 있는 것이 아니라 조직 전체와 관련되는 문제이다.

1. 직장 내 상담은 그 본질상 보통 3~6회기로 이루어지는 단기상담으로, 일반적인 상담 상황을 반영한다(Koss and Shiang, 1994). 상담이 몇 주, 몇 달, 몇 년에 걸쳐 이루어질 수 있다는 생각은 거의 신화에 가깝다.
2. 직장 내 상담은 문제해결 과정에 초점이 맞춰진다. 개인의 극심한 어려움을 극복하기 위해 상담 과정이 진행되는 것이 그 하나의 예시가 될 것이다.
3. 직장 내 상담은 근로자들이 업무로 복귀하는 것에 목적을 둔다.

따라서 직장 내 상담에 적합한 이론적인 모델은 본질상 단기상담이어야 하며, 내담자의 구체적인 고민에 초점을 맞추어야 한다. 내담자마다 갖는 구체적 문제들에 대한 실질적인 해법을 찾는 것이 다른 무엇보다도 중요하다.

이 단계에서 이론적인 모델에 대해 주의할 점은 하나의 상담 모델을 사용하게 되면 양극단의 서로 반대되는 입장 중에서 어느 하나의 입장만을 대변하게 될 수 있다는 점이다. 한쪽 극단에서는 실제에서 상담 모델의 역할을 과소평가하는 경향이 있는 반면, 반대쪽 극단에서는 이론적 모델의 역할에 너무 큰 중요성을 부여하여 상담자가 상담 서비스를 하는 데 있어서 엄격해지고 융통성이 떨어지는 경향이 있다(Cunningham, 1994).

이론적 모델이 미묘하게 늘 변화하는 인간의 욕구를 충족시키기에는 지나치게 경직되거나 결정론적이라고 보고 이를 거부하고 상담 실제만을 강조하게 되면 순전히 예감, 직관, 직감에만 의존할 위험이 있다. 상담 실제에서 이러한 관점이 중요한 위치를 차지하게 되면, 상담자는 상담 과정이 유지되는 방식과 문제를 다루는 방식이 무엇에 의해 방해받는지 그 본질에 대해 어떤 일관된 생각을 갖지 못하며, 자신이 진행하는 작업의 효과성을 관찰하거나 평가할 수 없다. 그러므로 이러한 '비-모델non-models'에서는 상담자가 옳은 것에 대한 직관과 바른 예견을 지녀야만 내담자를 도울 수 있다.

그 극단의 반대편에는 하나의 이론적 모델을 지나치게 고수하는 상담자들이 있는데, 그럴 경우 내담자가 모델의 요구에 종속이 되며, 내담자와 내담자의 문제를 그 이론에 비추어 설명한다. 그 이론의 결함들이 내담자의 단점으로 해석되기도 한다. 예를 들면, 자존감이 낮은 내담자들은 그들이 도움을 요청하기 위해 의지하는 바로 그 체계와 과정에 의해 그러한 감정이 강화된다. 그러므로 상담자들은 고통 속에 있는 타인에게 자발적 · 직관적 · 온정적으로 대하는 능력을 다져야 한다. 또한 그때그때의 상황으로부터 상담자 자신을 분리해서, 상담 과정에서 어떤 일이 일어나고 있는지, 그리고 어떻게 하면 내담자에게 최대의 도움이 될 수 있는지를 성찰할 수 있어야 한다. 이러한 조건을 염두에 두면서, 직장에서 유용하게 적용될 수 있는 상담에 대한 두 접근법을 살펴보고자 한다.

상담의 두 가지 모델

나는 어떤 상담 모델들을 제시할 것인가와 어떤 방식으로 그 모델에 관한 독자의 관심을 유도할 것인가에 대해 오랫동안 고심해 왔다. 나는 과학자의 관점으로 출발하여, 문헌을 탐색하고 명백한 객관적 증거인 사실들을 제시하려고 했다. 하지만 이러한 내 생각이 좌절되었을 때, 일의 시작을 미루었다(편집자들은 이것을 너무나 잘 알 것이다!). 나는 또한 등가성의 역설을 이야기한 스틸스Stiles 등(1986)의 논문이 생각났는데 그 논문에서는, 본질적으로 어떤 접근을 선택하든지 간에 효율성 측면에서 선택할 수는 없다고 보았다. 연금술처럼 일반 금속을 금으로 바꾸어 줄 수 있는 이상적인 모델을 찾고자 하는 나의 시도는 성과가 없었다.

그래서 나는 과학자로서의 객관적인 관점을 내던져 버리는 대신, 나에게 열정을 불러일으키는 일에 집중했다. 지금까지 상담과 관련하여 수많은 접근들을 읽어 보았고 경험해 왔지만 두 가지가 특히 나에게 깊은 영향을 주었다. 첫 번째는 내가 행동주의자로서 훈련받은 것이었고, 두 번째는 내가 가장 최근에 게슈탈트 방식의 상담에 열정을 느끼고 있다는 것이다. 지금은 내가 후자의 정체성을 가지고 있으나, 초기 행동주의의 정신이 내 관점에 스며들어 있다는 것도 알고 있다. 인지행동 접근은, 비록 앞에서 언급된 3회기에서 6회기를 초과하기도 하지만[회기를 포함하여 강박장애 치료에 관한 Rachman and Wilson, 1980의 논의 참조] 전적으로 집중적인 단기상담이라 할 수 있을 것 같다. 그러나 게슈탈트 방식의 상담은 어떤가? 자기 알아차림과 정서 표현의 속도에 대해 내담자가 결정할 수 있는 권리를 존중하는 치료 과정을 강조하는 게슈탈트 이론과 같은 인본주의-실존주의 접근의 사용을 생각하는 것은 예상 밖일 수 있다. 그러나 앞에서 언급했듯이, 엄격하고 융통성 없는 모델은 어려움을 겪는 사람들의 요구에 제대로 부응하지 못한다.

나는 이러한 어려움을 나 혼자 겪고 있는 것이 아니라는 것을 발견하고 안심하였다. 브라이언 손Brian Thorne(1994)은 학생상담센터에서 끝없이 늘어나는 대기자 명단에 대한 압박 때문에 한 가지 알려지지 않은 조치를 취했는데 그는 자신이 임시방편으로 내담자 중심 접근에 집중하는 방식의 단기 접근(3회기, 여기에 추수 집단 추가 가능)을 사용하는 데에 대한 자신의 두려움을 기록하고 있다.

> 내담자 중심 접근을 사용하는 상담자들은 단기상담의 개념 때문에 겁을 먹고 움츠러드는 경향이 있다. 고정된 회기 수를 가정하는 단기상담의 개념은 자기 결정권이라는 내담자의 핵심 권리를 침해하는 것으로 보인다. 고정된 회기 수는 상담의 모든 권한이 상담자의 손에 놓이게 하거나 비인격적인 상담 체계로서 내담자의 진정한 소망이나 욕구와 무관하게 상담이 종결되도록 한다(Thorne, 1994: 60-61).

나는 그의 실험이 명백히 성공했다는 글을 읽고 안도했다. 그러나 그가 자기 안에서, 또한 소중하게 가지고 있는 생각에 대해 상당한 유연성을 갖게 되었다는 사실이 매우 기뻤다. 상담 영역 밖의 문헌을 살펴보면, 인본주의–실존주의 접근 방식으로 적용된 아이디어들을 더 찾아볼 수 있다(Clark and Fraser, 1987; Nevis, 1987; Daldrup et al., 1988; Clayton, 1995).

이론과 실제 둘 다에 대한 완벽한 개관을 제공하는 것은 이 장의 범위를 넘어선다. 게슈탈트 상담의 이론과 실제에 대한 충분한 소개는 클락슨Clarkson과 맥퀸Mackewn(1993)에서 찾아볼 수 있다. 인지행동 접근에 대한 논의에 대해서는 드라이든Dryden과 골든Golden(1987)을 참고하기 바란다. 나는 두 접근의 원리에 대해 개요를 서술하고 어떻게 각각의 이론이 한 내담자를 도울 수 있는지를 예로 제시할 것이다.

인지행동치료

인지행동치료(CBT)를 고통을 다루는 유일한 접근 방법으로 기술하는 것은 잘못된 것이다. 인지치료와 행동치료(Wolpe, 1958; Ellis, 1962; Meichenbaum, 1977; Beck et al., 1979; Skinner, 1979)는 각각 독립적으로 발전했지만 둘 사이에는 많은 유사점이 있다. 둘 다 내담자의 현재 기능에 영향을 주는 문제들을 치료하는 것을 목표로 하며, 상담의 과정 동안 실제적이고 달성 가능한 목표들이 설정된다. 이때 과제가 주어지며, 요구되는 기술에 대한 반복적인 연습은 필수적이다. 내담자는 행동을 관찰하고 평가하는 것을 학습한다(Marzilier, 1980). 인지 및 행동 접근 둘 다 인간의 고통은 부적응적인 행동의 학습 결과로 발생한다고 본다. 정신역동과 인본주의 학파에서 각각 상정된 초기 삶의 경험, 심리 내적인 갈등, 혹은 자기자각이나 정서적 카타르시스의 차단에서 발생된 무의식적 결과로 보는 것과는 다르다.

인지 접근과 행동 접근이 하나로 이어진 계기는 사회학습 이론(Bandura, 1977)이다. 반두라Bandura는 개인이 개인-환경의 방정식에서 중요한 요소라고 주장했다. 개인은 환경에 영향을 주기도 하고, 환경에 의해 형성되기도 하는 등 끊임없이 환경과 상호작용하면서 자신에 대해서, 그리고 그들이 무엇을 하고 있는지에 대해서 생각한다. 그러나 전통적인 행동치료는 인간의 행동이 환경에 의해 결정되거나 환경에 따라 조건적으로 결정된다고 주장했다. 이것은 직장이라는 환경에서 본다면, 보상이 더 클 때 근로자들이 더 열심히 일할 가능성이 크다는 것을 의미한다. 그들 자신의 세계를 구축하고, 부분적으로나마 자신의 세계를 결정할 수 있는 사람으로서의 근로자의 중재자적 역할은 간과되었다. 순수하게 강화 원리의 학습을 설명하는 전통적 학습 이론과 달리, 사회학습 이론은 인간 행동이 다른 사람들이 과제를 수행하거나 활동하는 것을 관찰(대리 학습)하고, 자기조절 혹은 자기평가 과정에 의해 획득될 수 있다고 본다. 따라서 사회학습 이론은 개인이 인지적 과정에 의해 자신의 경험을 중재할 수 있다는 새로운 차원의 인식을 소개하였다.

영국에서 가장 흔하게 실행되고 있는 두 가지 CBT 접근은 엘리스Ellis(1962)와 벡Beck 등(1979)의 작업에 근거하고 있다. CBT에서는 개인의 사고방식이 그들의 감정과 행동을 조성하고 바꾼다고 본다(이러한 관점에 대한 하나의 비평은 Zajonc, 1984 참조). 여기서는 벡의 작업에 초점을 둘 것인데, 이것이 다른 방법들보다 우위에 있다는 가정 때문이 아니라 필자에게 익숙한 것이기 때문이다.

지금까지 장애는 역기능적 사고에서 비롯되었다고 알려져 있다. 벡의 이론에서는 개인의 부적응적 사고는 세계와의 관계에 대해 가지고 있는 자신의 가정에 근거하고 있다고 본다. 이러한 가정 혹은 도식은 종종 개인이 알아차리지는 못하지만 마치 진실인 것처럼 작용한다. 또한 그것은 개인과 세상에 대한 엄격하고 절대주의적인 결론을 이끌어 낸다. 예를 들면, 벡은 우울과 관련하여 다음과 같은 많은 부적응적인 '자동적 사고들'을 확인했다.

- 임의적 추론: 대안적인 설명을 고려하지 않은 채 하나의 경험에 대해 자신이 생각하고 싶은 대로 결론을 내리는 것
  예시) 상사가 나에게 심의 서류를 다시 쓰라고 하는 것은 그가 나를 탐탁지 않게 생각한다는 것을 의미해.

- **선택적 추론**: 맥락을 고려하지 않고 단일한 사건에 근거를 두고 결론을 내리는 것
  예시) 상사는 나를 해고하고 싶은 거야. 정기적으로 여는 회의인데도 지난번 회의를 취소했잖아.
- **과잉 일반화**: 제한된 경험의 예를 일반화하는 것
  예시) 이번에 승진하지 못했기 때문에 앞으로도 절대 승진할 수 없을 거야.
- **최소화**: 개인의 능력 혹은 성취에 대해 매우 과소평가하는 것
  예시) 내가 취직이 된 건, 형편없는 지원자들 중에서 그나마 가장 나았기 때문이야.
- **개인화**: 다른 사람의 행동 원인을 자신의 탓으로 돌리는 것
  예시) 상사가 오늘 기분이 좋지 않은 것은 나 때문이 틀림없어.
- **이분법적 추론**: 극도로 긍정적인 혹은 부정적인 것으로 행동을 분류하는 것
  예시) 만약 내가 이 일을 정해진 기일까지 끝내지 못하면 그것은 내가 일을 잘 하지 못한다는 증거야.

앞에서 서술된 부적응적 생각의 유형을 확인하고 변화시키는 것이 CBT의 핵심이지만 CBT는 그러한 생각들이 근거하고 있는 가정들을 확인하고 변화시키기 위해 노력한다. 예를 들어, 빌은 31세의 현장 감독으로서 자신의 삶이 싫증나고 지친다는 호소문제로 상담을 받으러 왔다. 그는 형이 23년 전에 죽었다고 했다. 빌은 형에 대해 이야기하면서 그의 기억 속에서 자신은 항상 두 번째였다고 했다. 그는 지금 자신이 절망적이고 매우 가능성이 없다고 보고 있다.

상담자는 빌에게 CBT에 대해 설명하면서, 그가 안 좋게 느끼고 있는 현재의 사건에 대해 물었다. 그는 새로운 작업 당번제가 시행되었으니 더 일찍 오라는 이야기를 들었을 때 공황 상태에 빠졌다고 하였다. 상담자는 그가 공황 상태에 빠졌을 당시, 어떤 생각이 머릿속을 스쳐 갔는지 물었다. 상담자의 세심한 격려를 받으며 그는 공황 상태 당시 자신에게 말했던 것을 기억해 낸다. '나는 가망이 없어, 나는 다 망치게 될 거야'. 이것이 바로 그가 변화시킬 필요가 있는 자동적 사고이다. 상담자는 빌과 함께, 빌이 다르게 반응할 수 있는 대안적 방법들을 찾아본다. 대안적 방법을 찾기 위해 그의 경험들이 가설에 부합하는지 꼼꼼히 검토한다. 검토 과정에서 빌이 예전에도 이런 경험을 여러 번 해 왔었고, 그가 대체로 부정적인 방식으로 그 과제에 접근하긴 했지만, 항상 성공적으로 일을 완수했다는 것이 밝혀진다.

빌은 '힘은 들겠지만 나는 전에도 이걸 해냈었어. 다시 할 수 있을 거야'와 같은 새

로운 생각을 시도해 보는 것에 동의한다. 그는 새로운 생각이 맘에 들지만 여전히 그것을 행동으로 옮기는 것에는 조심스러워 한다. 상담자와 빌은 새로운 당번제를 소개하는 그 회의를 예행 연습해 보기로 한다. 이러한 연습은 그에게 실제 상황을 접해 볼 수 있는 기회를 주고, 더 부정적인 자동적 사고들을 끌어내게 해 준다. 빌은 그의 생각들을 정리하기 위해 일기를 쓰는 것에 대해 배운다. 그는 또한 부적응적 사고와 대비되는 적응적인 반응들과 이러한 반응을 이끄는 상황을 상세하게 기록한다. 상담자는 그에게 긍정적 · 부정적 반응들에서 자신의 신념의 강도를 평가하고 또한 그의 기분이 변화한 수준을 측정해 보도록 한다. 그 자신의 행동을 돌아봄으로써 그는 강해지기 위해 다른 사람에게 의존하거나 자신의 부정적인 생각들의 포로가 되지 않고 오히려 스스로 피드백을 할 수 있게 된다. 시간이 흐르면서 적응적 인지가 증가하는 반면, 부정적인 사고의 강도는 줄어들어야만 한다.

빌의 '생각 일기'는 점점 더 가득 채워지고, 그는 자신의 생각을 알아 가는 게 더욱 정교해질 것이다. 또한 자신의 사고 패턴을 알게 되고, 기저에 있는 하나의 가정을 인식하게 될 것이다. 직장 생활에서 그의 생각의 대부분은 일을 수행하는 데 있어서 무능함과 관련되어 있는데, 이것은 일을 성공적으로 수행하지 못한다면 사랑받지 못할 것이라는 가정에 기반하고 있다. 하지만 이러한 가정을 알아차리는 것은 쉽지 않으며 이는 단기상담의 영역을 넘어설지도 모른다.

CBT는 심리 상태가 크게 심각하지 않은 사람들에게 스스로 생각을 되짚어 보고 정리하는 일련의 기술들을 갖추게 해 주는 단기 접근이 가능하다. 만약 CBT가 매주 연속해서 진행된다면, 그 유용성이 감소할 것이다. 예를 들면, 장기적인 기간 동안 2주 간격으로 세 번의 회기가 제공된다면 단기에 집중적인 작업에 적합할 것이다. 이상에서 살펴봤듯이 CBT는 사고와 행동에 초점을 두는 행동 지향적인 치료이다. 하지만 정서 혹은 감정을 직접적으로 다루지는 않는다. 나는 이제 감정과 자각을 중요한 초점으로 두는 접근을 다뤄 보고자 한다.

게슈탈트 이론

'게슈탈트'라는 말은 우리가 우리를 둘러싼 세계에 대한 정보를 받아들이고 이해하는 방식을 연구하는 실험심리학의 게슈탈트 학파에서 유래한 것이다. 게슈탈트는 우리의 지각에 의해 전달된 정보를 그것의 부분들의 총합보다 더 큰 완전한 경험으로 통합하는 과정을 의미한다(Clark and Fraser, 1987). 이 완전한 경험들은 게슈탈트로 지칭되며, 모든 인간들이 게슈탈트의 완성을 위해 유기체적인 노력을 행하고 있다는 것이 게슈탈트 이론의 가정이다. 예를 들면, 당신이 라디오에서 기억이 안 떠오르는 어떤 음조를 들었다면, 제목이나 전체 멜로디가 떠오를 때까지 머릿속을 떠나지 않을 것이다.

또한 게슈탈트 이론에서는 대상에 부여된 의미가 구조 그 자체에 의해서가 아니라 그것이 인식되는 환경과 작용하여 만들어진다고 본다(Paelett, 1991). 예를 들어, 내가 정원에서 일을 할 때에는 식물 하나를 별개로 따로 떨어져 있다고 보는 게 아니라 전체의 정원과 관련지어 바라본다. 즉, 나는 그것을 맥락 속에서 보는 것이다. 따라서 만약 그 식물이 병원 침대 옆 탁자 위 병에 담겨 있다면 완전히 다른 의미를 가질 것이다.

맥락에 의존하는 의미에 대한 견해와 상통하는 것이 있다면 맥락은 언제나 변한다는 개념이다. 앞의 예에서, 정원은 계절마다 변화한다. 정원에 대한 나의 경험은 부분적으로는 이 변화에 의해, 그리고 계절에 대한 나의 이전 경험들에 의해 결정될 것이다. 따라서 여름에는 정원이 매우 큰 기쁨과 희망의 장소다. 반면, 가을에는 겨울을 위한 준비로 식물들이 시들어 감으로써 침울한 분위기를 띤다. 어떤 사람도 어떤 환경도 고정된 독립체가 아니다. 그러므로 우리가 누구인지, 우리의 환경은 무엇인지 명확하게 정해진 것이 아니라, 영원히 변화하고 진화한다는 것을 의미한다. 그리스의 철학자 헤라클레이토스는 당신은 같은 강에서 같은 장소를 두 번 밟을 수 없다는 말로 이를 요약했다.

나는 봄에 식물을 심기 때문에 노동의 결실들을 바로 볼 수 없다. 그래서 여름에 그것이 어떤 모습으로 자라게 될지 상상한다. 즉, 불완전한 게슈탈트 혹은 소위 미해결 과제로 불리는 것에 대한 완결을 위해 애쓰는 것이다. 이때 여름에 대한 나의 상상은 내가 완성하기 위한 임의적인 방법이 된다. 중요한 것은 완결에 대한 욕구이며, 그것은 결코 사라질 수 없다는 것이다.

이러한 변화의 패턴은 게슈탈트의 형성과 소멸로 알려져 있는데, 다음 욕구가 출현하기 전에는 철수해서 휴지기에 있다가 자신의 욕구를 인식한 다음에는 준비를 해서 만족스러운 일련의 행동을 실행하는 하나의 순환과정으로 비유할 수 있다. 네비스Nevis는 이것을 "필요한 것을 찾아내는 것과 그것을 얻는 것에 관한 것"(1987: 2)으로 간결하게 요약하고 있다. 게슈탈트의 소멸은 긍정적이다. 왜냐하면 소멸되지 않은 것들은 갇힌 에너지나 미해결 과제로 다시 나타나기 때문이다. 순환의 단계는 다음에 제시되어 있다. 그리고 나는 이것을 근무를 위해 평일 아침에 일어나는 엘렌의 예를 들어 설명할 것이다.

- **철수**withdrawal: 엘렌은 휴식 상태에 있으며 주의 집중을 요하는 상태에 있지 않다. 그녀가 생기가 없는 것이 아니라 휴식을 취하며 미래에 있을지 모르는 행동의 가능성들에 대해 의식하고 있다.
- **감각**sensation: 엘렌은 무한정 잠에 빠져 있을 수 없다. 곧 게슈탈트가 형성되기 시작할 것이다. 이 단계에서 그녀는 뭔가에 주의를 기울일 필요가 있다는 감각을 갖게 된다. 그녀는 이른 아침의 잠을 방해하는 소음을 듣는다.
- **알아차림**awareness: 그 감각은 구분되거나 더 확연해지고 엘렌은 그 욕구의 특성을 식별할 수 있다. 알람이 울리고 있다.
- **에너지 동원**mobilization: 알아차림과 함께 일련의 가능한 행동들이 실현된다. 엘렌은 알람을 무시할 것인지 아니면 끌 것인지의 선택 중에서 고민을 한다.
- **행동**action: 엘렌은 알람을 끄기로 결심한다. 그리고 그녀의 전체 자아가 행동을 위해 조직화된다. 그녀는 알람이 어디에 있는지 기억한다. 끄는 스위치의 위치를 상상하고 손을 뻗어 그것을 끄기 위해 자신의 근육과 신경 체계를 움직인다.
- **완전한 접촉**full contact: 엘렌은 만족스럽게 이 에너지를 방출하고 목표는 달성이 된다. 이 정보는 그녀의 감각을 통해 자신에게 전달된다. 그녀는 스위치가 '꺼짐' 위치로 움직인 것을 느끼고 알람의 소음이 멈추는 것을 듣는다. 그녀는 침대 속으로 다시 들어간다.
- **만족**satisfaction: 엘렌은 게슈탈트가 소멸되고 배경에 합쳐지도록 게슈탈트를 완성할 수 있다. 그 만족감은 훌륭한 식사를 마치고 따라오는 기분 좋음에 비유될 수 있다. 엘렌은 침대 안에 다시 누워 알람 소리가 없는 더 없는 행복함을 즐길 수 있다.

이윽고 엘렌은 새로운 게슈탈트에 직면하게 될 것이다. 즉, 일어날 것인지 말 것인지라는 문제에 직면하게 될 것이다. 그래서 이 결코 끝나지 않을 알아차림과 경험의 순환은 계속된다. 게슈탈트는 빨리 완성될 수도 있는 반면에 수 주, 수개월 혹은 수년이 걸릴지도 모른다.

알아차림은 게슈탈트 이론의 가장 중요한 개념이다. 보기, 듣기, 만지기, 맛보기, 냄새 맡기 등의 알아차림은 우리 안에서 우리를 둘러싼 세계 내에서 무엇이 일어나고 있는지를 자각하기 위해 현재의 순간에 기민하고 주의를 기울이는 방식으로 우리의 감각을 사용하는 능력이다(Nevis, 1987). 우리의 감각에 주의를 기울임으로써 우리는 우리가 누구인지, 존재하는 방식이 무엇인지, 필요로 하는 것이 무엇인지를 자각하게 된다. 따라서 우리는 우리 자신과 우리가 살고 있는 환경을 위해 현명한 선택을 할 수 있게 된다. 이것은 우리 자신에게 필요한 모든 정보가 단순히 마음에만 저장되는 것이 아니라 신체에도 저장된다는 것을 의미한다. 따라서 게슈탈트 이론에서는 사람의 전체적인 것에 관심을 갖는 것이 중요하다. 여러 가지 면에서 게슈탈트 이론은 명백한 것에 주목한다. 하지만 슬프게도 우리에게 쉽게 인식되는 감각들은 거부되거나 차단되는데 아마도 그 이유는 너무 고통스럽기 때문일 것이다. 우리는 이러한 상황을 게슈탈트가 고착되었다고 일컫는다. 게슈탈트 이론은 자주 정서의 정화와 연결된다. 하지만 게슈탈트가 정서의 정화와 관련된 것이라고 단순하게 바라보는 것은 잘못된 것이다. 내담자들은 정서가 고착된 상황을 해결하는 방법, 즉 미해결 과제를 완성하는 방법을 찾을 필요가 있다. 이를 설명하기 위해 빌의 사례로 돌아가 보자.

빌은 23년 전에 죽은 형 마이크에 대해 상담자에게 아무렇지도 않는 듯 사실들을 이야기하고 있지만 손은 계속해서 건조한 눈을 문지른다. 그의 머리가 말하고 있는 것과 다른 무언가를 몸은 말하고 있다. 상담자는 빌의 행동의 의미에 대해 선입견을 갖고 있지는 않지만, 그의 행동에 매우 주목하고 있다. 그는 빌에게 그의 행동이 어떤 중요한 의미를 가지고 있는 것인지 아니면 일상적인 것인지를 설명해 주기를 요청한다. 예를 들면, 그는 단지 눈이 따가운 것일지도 모른다. 자연스럽게 되풀이되는 아무 의미 없는 피상적인 행동에 주의를 기울임으로써 빌은 그것의 더욱 깊은 의미와 접촉할 수 있을 것이다.

빌이 우연히 이렇게 된 것은 아니다. 빌은 형 마이크가 죽었을 때 자신의 우상이었지만 죽은 형에 대한 감정을 표현하고 생각할 여지가 없었다. 그는 어렸고 가족의 보호와 사랑을 필요로 했기 때문이다. 그래서 그는 합리적인 삶의 결정을 내렸다. 감정을 부인하기로 한 것이다. 그렇게 게슈탈트가 고착되었다. 삶은 이제 달라졌다. 빌은 자신의 삶과 지지 체계를 갖춘 성인이다. 그는 더 이상 어린 소년인 것처럼 행동할 필요가 없다. 단지 우는 것과 같은 감정의 정화 경험과는 다르게, 빌에게 성인과 소년으로 분리된 자신의 모습을 확인하고 마이크에게 이제 작별 인사를 할 수 있는 만족스러운 방법을 찾는 것은 도전일 수 있다. 상담자는 빌이 형에 대해 이야기하기보다는 오히려 상담이 이루어지는 현재에서 빌이 마이크를 향한 생각과 감정을 경험하도록 도울 것이다. 빌은 자신의 감정을 계속해서 억압하는 것을 선택할 지도 모른다. 하지만 미해결 과제를 완성하려는 욕구는 항상 나타나게 될 것이다.

게슈탈트 이론의 가장 중요한 목표는 내담자가 지지를 얻기 위해 환경에 과잉 의존하는 것으로부터 자기지지를 향해 가도록 돕는 것이다. 그래서 항상 상담자는 특정 내담자에게 가능한 지지의 정도를 확인할 것이다. 예를 들면, 상담자는 빌이 특히 오랫동안 억압했던 어떤 감정으로 힘들어 하거나 고통스러워할 때 숨을 규칙적으로 쉬고 있는지를 주의 깊게 관찰할 것이다. 이는 혈액에 적절한 산소를 공급하기 위해 필수적인 것이지만, 또한 매우 기본적인 형태의 환경으로부터의 지지이다. '보다 높은' 수준에서 상담자는 상담을 시작하기 전에 가정에서의 빌의 지지 체계와 같은 요소들(친구나 사랑하는 사람들)을 고려하게 될 것이다. 마지막으로, 빌은 상담실의 의자에 앉아 그 자신을 지지하는 것을 배울 수 있다. 의자에 깊숙이 앉은 다음, 발을 바닥에 충분히 접촉시킬 수 있다면 그는 문자 그대로 그 자신을 잘 지지하는 것이다.

자기지지가 목표이지만, 내담자가 때로는 환경으로부터 건강하고 비非조작적인 지지를 받고 싶은 욕구가 있다는 것을 무시하는 것은 아니다(Higgins, 1996). 자율성을 격려하는 지지와 내담자를 압도해 버리는 지지 사이에서 경계를 찾는 것이 균형 잡힌 행동이다. 만약 내담자가 지지받지 못한다고 느낀다면, 그는 새로운 존재 방식을 시도하지 않을 것이다.

업무 집단에 이론 적용하기

앞의 CBT와 게슈탈트 이론에 대한 개요에서는 직장 내 상담 장면에서 개인과의 작업이 주된 초점이기 때문에 여기에 초점을 맞추었다. 그러나 조직, 팀, 부서와 일을 하는 사람들도 있을 것이다. CBT를 가지고 '집단 사고groupthink'(Janis, 1972) 작업을 하는 것을 생각해 볼 수도 있지만, 나는 CBT를 집단 작업으로는 사용해 본 적이 없다. 그러나 게슈탈트 원리를 이용한 집단과의 작업 경험은 예로 들 수 있다.

나는 새로운 상품에 대한 디자인을 책임지고 있는 한 팀과 작업하고 있었다. 그들은 창의적인 생각을 진전시켜 나갈 수 없는 교착 상태에 빠져 있었다. 그들은 교착상태에서 벗어나려고 애를 썼으나 제자리에서 빙글빙글 돌고 있었다. 나는 그들이 알아차림의 순환 중 에너지 동원의 단계에서 수렁에 빠지게 되었다고 생각했다.

그들은 자신이 하고 싶은 것이 무엇인지 명확한 생각을 가지고 있었지만 결코 그것을 넘어서지는 못한 것처럼 보였다(경험의 순환에서 차단에 대한 논의는 Clarkson and Mackewn, 1993 참조). 나는 집단이 하는 이야기를 경청했고, 그 이야기 속에서 일관되게 그들을 가로막는 메시지를 알게 되었다. 만약 그 프로젝트가 성공한다면, 그들은 명성을 얻게 될 것이고 궁극적으로는 더 많은 업무를 하게 될 거라는 것이었다. 그들의 목소리에서는 흥분 대신에 고통이 느껴졌고 방 안에서는 긴장이 느껴졌다. 그들이 이러한 어려움을 사장에게 이야기할 때마다, 사장에게 듣게 되는 말은 이것이 믿을 수 없을 만큼 흥분되는 기회라는 것이었다.

이것이 바로 그들이 앞으로 나가지 못하도록 하는 교착 상태의 요점이었다. 나는 사장처럼 그들에게 더 잘하라고 권고하는 대신, 어떻게 해야 하는 것이 아니라 현재 상황에 머무르면서 그들의 현실을 존중하기로 결정했다. 비록 고통스럽지만, 그들은 이 게슈탈트가 완결될 때까지는 앞으로 나아갈 수 없을 것이다. 그들이 망설이며 자신을 표현하기 시작하자, 그 방 안에 있는 상당수의 사람들이 매장 육체노동을 하는 일에서 보수를 많이 받는 사무직으로 너무 빨리 전환되었음이 밝혀졌다. 이러한 변화의 속도는 그들이 감당하기에 너무 빨랐다. 그들은 자신들이 받고 있는 것보다 더 많은 것을 포기해야 하는 것으로 느꼈다. 이러한 상황은 무관심한 사장에 의해 더욱 악화되었다.

그들 중 몇몇에게는 실제로 고통이 있었다. 그들의 직업과 여건이 크게 변화했는데, 이것은 예전의 중요한 지지 체계를 잃어버렸다는 것을 의미한다. 그들이 살고 있는 지역사회는 오랫동안 있어 왔던 산업들이 쇠약해지면서 경기 침체의 결과로 엄청난 변화를 겪고 있었다. 또한 집단의 어떤 사람은 최근 가슴 아픈 사별로 고통을 겪고 있었다. 그들은 과거를 인정하고, 또 과거와 작별 인사를 하는 것이 필요했다. 그들이 고민을 함께 나눈 것은 이 집단이 처음이었다. 이전에 그들은 항상 업무에 초점을 두느라 너무 바빴다. 자신에게 무엇이 일어나고 있는지를 경험하도록 허용함에 따라, 그들은 서로를 지지하는 방법을 발견했고 과거에 묶여 있기보다는 수용하여 그것을 그들의 삶 속으로 통합하는 방법을 찾았다. 이러한 과정이 계속됨에 따라, 그들은 그 프로젝트와 함께 앞으로 움직이기 시작했다. 그리고 그들은 생산성을 내는 방향으로 시스템과 구조를 구축할 수 있었다. 이 집단은 설명과 안내에 의존하기보다는, 명백한 교착 상태에 주의를 기울이면서 앞으로 나아가는 만족스러운 길을 찾을 수 있었다.

결론

기업 · 조직 상담에 관한 명확한 이론이 부재한 상황에서 접근의 효용성을 위해, 이 장에서 CBT와 게슈탈트 두 가지 접근에만 초점을 맞추었다. 문헌을 고찰하고 난 후에, 조직상담에서의 발달 모델을 제안하였다. 또한 개인에게 초점을 맞추는 단기 접근으로 구체적인 문제를 다루도록 제안하였다. 어떤 이론이 조직 상황에서 적용될 때 성공 여부는 이러한 기준을 충족하는 능력에 주로 달려 있을 것이다.

이 장에서 제시된 예시는 더 확장될 수 있는 과정을 크게 단순화한 것으로 조직상담에서의 어려움을 부각시켰다. 여기서의 어려움이란 주어진 시간과 업무의 강도/수준 사이에 항상 존재하는 긴장감이다. 특히, 내담자가 극도로 고통받고 있을 때, 조직상담자들은 이러한 제약을 반드시 인식해야 할 것이다. 상담이 항상 엄격하고 과잉 통제된 존재 방식에서 사람들을 '떼어 내는' 수단으로만 생각해서는 안 된다. 사람들과 함께 일을 수행하게 하는 것 또한 매우 중요한 과제이다(상담에서 지지의 중요성에 대한 논의는 Kepner, 1995 참조). 따라서 상담자들은 중요한 정신건강 문제에 대한 지식뿐만 아니라 내담자들이 나중에 이용할 수 있는 지역사회 자원에 대한 지식을 가져야 한다. 댈드럽Daldrup 등(1988)과 코스Koss와 시앙Shiang(1994)은 내담자들을 상담하는 데 관여하는 요인들에 대해 이야기하고 있다.

조직 장면에 상담 모델을 적용하는 것은 이론가들에게 하나의 도전이다. 일반적인 상담 장면에서 기존의 내담자와 진행하게 되는 작업과는 다른 초점의 작업 방식을 개발하는 일이기 때문이다. 하지만 새로운 모델 개발과 같은 도전이 없다면, 상담은 선택된 소수를 위한 사치일 것이다. 이와 더불어 직장 내의 문제로 희생양이 되지 않도록, 그들의 삶에 의미 있는 변화가 일어나도록 돕는 것 역시 하나의 도전이다. 빌의 예에서, 그의 고통은 앞에서 제시된 문제들에서 기원했을 수 있지만, 어쩌면 근로자들의 존엄성을 짓밟고 사기를 저하시키는 조직의 관행과 가치관 때문일 수도 있다. 직장에서의 상담이 노동이 자본의 요구에 종속되는 풍토에 대한 일종의 보상으로 이용되어서는 안 될 것이다.

참고문헌

Albert, W.C., Smythe, P.C. and Brook, R.C. (1985). 'Promises to keep: an evaluator's perspective on Employee Assistance Programs', *Evaluation and Program Planning*, 8: 175-182.

Bandura, A. (1977). *Social Learning Theory*. Englewood Cliffs, NJ: Prentice-Hall.

Battle, S.F. (1988). 'Issues to consider in planning Employee Assistance Programs', *Employee Assistance Quarterly*, 3 (3/4): 79-83.

Beck, A.T., Rush, A.J., Shaw, B.F. and Emery, G. (1979). *Cognitive Therapy of Depression*. New York: Guilford Press.

Bull, A.D. (1992). 'Confidential counselling service: a new breed of EAP?', *Employee Counselling Today*, 4 (2): 25-28.

Bull, A.D. (1993). 'An exploratory study to measure satisfaction with the Confidential Counselling Service, and to identify factors associated with clients' satisfaction'. Unpublished MSc dissertation, University of East London.

Cairo, P.C. (1983). 'Counselling in industry: a selected review of the literature', *Personnel Psychology*, 36: 1-18.

Clark, N. and Fraser, T. (1987). *The Gestalt Approach*. Horsham: Roffey Park.

Clarkson, P. and Mackewn, J. (1993). *Fritz Perls*. London: Sage.

Clayton, S. (1995). 'Stepping into the wave', *Counselling at Work*, Winter (11): 3-4.

Cunningham, G. (1994). *Effective Employee Assistance Programs: A Guide for EAP Counsellors and Managers*. London: Sage.

Daldrup, R.J., Beutler, L.E., Engle, D. and Greenberg, L.S. (1988). *Focused Expressive Psychotherapy*. London: Cassell.

Dryden, W. and Golden, W.L. (1987). *Cognitive Behavioural Approaches to Psychotherapy*. London: Hemisphere Publishing Corporation.

Ellis, A. (1962). *Reason and Emotion in Psychotherapy*. Secaucus, NY: Lyle Stuart.

Erfurt, J.C. and Foote, A. (1977). 'Occupational Employee Assistance Programs for substance abuse and mental health problems'. MI dissertation, University of Michigan, Ann Arbor.

Hawkins, P. and Miller, E. (1994). 'Psychotherapy in and with organizations', in P. Clarkson and M. Pokorny (eds), *Handbook of Psychotherapy*. London: Routledge.

Higgins, J. (1996). 'In support of rescuing', *The Gestalt South West Newsletter*, 22: 20-21.

Janis, I.L. (1972). *Victims of Groupthink*. Boston, MA: Houghton Mifflin.

Jones, D. (1983). *Performance Benchmarks for the Comprehensive Employee Assistance Program*. Center City, MN: Hazleden Foundation.

Kepner, J.I. (1995). *Healing Tasks: Psychotherapy with Adult Survivors of Childhood Abuse*. San Francisco: Jossey-Bass.

Kets de Vries, F.R. and Miller, D. (1984). *The Neurotic Organization*. San Francisco: Jossey-Bass.

Koss, M.P. and Shiang, J. (1994). 'Research on brief psychotherapy', in S. Garfield and A. Bergin (eds), *Handbook of Psychotherapy and Behavior Change*. New York: John Wiley and Sons.

Maiden, R.P. (1988). 'EAP evaluation in a government agency', *Employee Assistance Quarterly*, 3 (3/4): 191-203.

Marzilier, J. (1980). 'Cognitive therapy and behaviour practice', *Behavioural Research and Therapy*, 18 (4): 249-258.

Megranahan, M. (1990). 'Employee Assistance Programmes - Part 2: Frameworks and guiding principles', *Addiction Counselling World*, 2 (1): 4-8.

Meichenbaum, D. (1977). *Cognitive Behavior Modification*. New York: Plenum.

Mullady, S.F. (1991). 'The Champion Paper Co. EAP, and major issues for EAPs in the 1990s', *Employee Assistance Quarterly*, 6 (3): 37-50.

Nevis, E.C. (1987). *Organizational Consulting: A Gestalt Approach*. New York: Gestalt Institute of Cleveland Press.

Parlett, M. (1991). 'Reflections in field theory', *The British Gestalt Journal*, 1: 69-81.

Perls, F., Hefferline, R.F. and Goodman, P. (1951). *Gestalt Therapy: Excitement and Growth in the Human Personality*. London: Souvenir Press.

Putnam, S.L. and Stout, R.L. (1985). 'Evaluating Employee Assistance Policy in an HMO-based alcoholism project', *Evaluation and Program Planning*, 8 (3): 183-194.

Rachman, S.J. and Wilson, G.T. (1980). *The Effects of Psychological Therapy*. Oxford: Pergamon Press.

Reddy, M. (1993). *EAPs and Counselling Provision in UK Organizations: An ICAS Report and Policy Guide*. Milton Keynes: ICAS.

Skinner, B.F. (1979). *About Behaviorism*. New York: Knopf.

Soo Kim, D.S. (1988). 'Assessing Employee Assistance Programs: evaluation typology and models', *Employee Assistance Quarterly*, 3 (314): 169-188.

Stiles, W., Shapiro, D. and Elliott, R. (1986). 'Are all psychotherapies equivalent?', *American Psychologist*, 41: 165-180.

Thome, B. (1994). 'Brief companionship', in D. Mearns (ed.), *Developing Person-Centred Counselling*. London: Sage.

Warr, P. (1996). *Psychology at Work*. Harmondsworth: Penguin.

Wheeler, S. and Lyon, D. (1992). 'Employee benefits for the employer's benefit: how companies respond to employee stress', *Personnel Review*, 21 (7): 47-65.

Wolpe, J. (1958). *Psychotherapy by Reciprocal Inhibition*. Stanford, CA: Stanford University Press.

Zajonc, R.B. (1984). 'On the primacy of affect', *American Psychologist*, 39: 117-123.

3장

내부상담 서비스 제공 모델

Noreen Tehrani

수년 동안 기업은 근로자들의 정서적인 문제와 사회적인 문제를 해결할 수 있도록 도움을 제공해 왔다. 원래 이러한 도움은 기업 내 복지 서비스들을 통해 제공하였다. 복지 서비스는 19세기 말경 영국에 처음 도입되면서 오랜 전통을 이어 오고 있다. 그러나 복지 서비스에 대한 기업과 사회 환경은 지난 50년 동안 엄청난 변화를 거듭해 왔다. 그 결과로, 근로자와 조직이 요구하는 지원에는 엄청난 변화가 있었다. 10년 전에 비해 직원들에게 전통적인 복지 서비스를 제공하는 조직은 줄어들고, 직원들에게 상담 서비스를 제공하는 조직은 더 많아지고 있다. 본 장에서는 기업복지 서비스의 기원과 역할의 변화 그리고 어떻게 이러한 서비스가 우정국Post Office[1] 내

1) 역주: 'Post Office'는 우리나라의 우정사업본부와 같이 영국에서 우편사업을 담당하는 기관으로, 현재는 로열 메일(Royal Mail)이 인수하여 우편 서비스를 제공하고 있다. 영국의 우편 서비스는 1516년 헨리 8세 때 왕과 귀족의 서신 전달 담당(royal mail)을 국가요직으로 임명하면서 시작되었고 이는 근대 우편제도의 효시로 인정받고 있다. 1660년 찰스 2세가 사회정치체제를 개편하면서 General Post Office(GPO)를 설립하고 전국민을 대상으로 하는 공공우편 서비스로 확대하였다. General Post Office(GPO)는 1969년 우정국법률안 개정으로 Post Office로 이름이 바뀌었고, 2001년 또 한 번의 법률안 개정으로 소유권이 Royal Mail Group Limeted(일명 '로열 메일')로 넘어갔다. 원래 로열 메일은 정부 기관이나 공기업으로 운영되는 공공 서비스였으나 2011년 USPS(Postal Services Act, 2011)에 따라 로열 메일의 주식 대부분은 2013년 런던 증권 거래소에 상장되면서 완전히 민영화되었다. 이 책이 저술된 당시 Post Office는 로열 메일의 민영화와 Post Office

에서 발전해 왔는지를 살펴보려고 한다. 내부 복지 모델 서비스의 장점과 단점에 대해 설명하고, 새로운 서비스인 근로자 지원 프로그램이 직원상담과 고용 지원을 조직적으로 이뤄 내기 위해 어떻게 심리학과 상담의 원리를 복지 서비스로 통합했는지에 대해 설명하려고 한다. 더불어 우정국에서 이뤄졌던 1차 상담first line counseling 모델을 설명하고, 이러한 상담 모델 방식에 대해 자세히 살펴보고자 한다.

복지 서비스의 기원과 변화하는 역할

직장 내 복지는 19세기에 영국의 계몽된 기업가들을 주축으로 이루어졌다. 기업가들에 의해 채택된 원칙들은 근로자들의 삶의 질과 안녕에 관한 관심을 보여 주었다. 최초의 복지 서비스는 로운트리스Rowntrees가 요크 공장의 복지담당관으로 임명된 1886년에 생겨났다. 이러한 소식이 알려지고 나서 1913년에 이르러 복지사연합회가 구성될 정도로 많은 복지사가 생겼다(Edmonds, 1991).

20세기 초에 이러한 상황은 근로자 복지와 고용법employment law 분야에 더 많은 영향을 미치기 시작했다. 1911년에 국가보장조약National Insurance Act은 질병으로 고생하는 대부분의 노동자들에게 보험을 적용해 주고, 실업자들을 위한 보험과 무료 의료혜택을 제공하기 위한 시스템을 도입했다. 1942년에 발간된 「비버리지Beveridge 보고서」에 따르면, 질병, 장애, 실업 그리고 노인들을 사회 안전망인 국가 체계 안으로 통합했다고 하였다(Thompson, 1960). 이러한 변화들은 영국인 모두를 위한 최소한의 사회 안전망을 제공했고, 결과적으로 근로자들의 기본적인 복지 욕구를 제공해야 할 기업의 책임이 줄어든 셈이 되었다.

당시 우정국위원회는 우정국의 근로복지 제도와 여러 다른 대규모 조직의 복지 제도를 비교하기 위해 벤치마킹을 하기로 결정했다. 벤치마킹 기관으로는 J. Lyons사(영국 레스토랑 체인 식품제조 및 호텔재벌), London Transport(런던 공공교통기관), Birmingham Corporation(버밍엄 코퍼레이션), Boots(영국 헬스&뷰티전문회사), Cable and Wireless(영국 통신회사), Debenhams(백화점 형식으로 운영되는 영국의 다국적 소매업체), Imperial Tobacco(영국 담배회사), Woolworths(식품 및 잡화 소매체인), W.

의 구조조정이 논의되는 과정에서 노조파업 등의 진통을 겪었던 시기로 추정된다. 이렇듯 우편사업기관인 Post Office는 운영주체가 바뀌면서 다양한 명칭으로 사용되었는데, 본 장에서는 '우정국'으로 번역하였다.

H. Smiths(간단한 먹을거리와 음료, 잡지, 책들을 파는 영국 서점), Raleigh Cycles(영국 자전거회사) 등이었다. 벤치마킹 보고에 따르면, 대부분의 기업들은 근로자들의 안녕에 책임을 질 수 있는 사람을 임명했고, 이러한 '복지담당관들welfare officers'은 직장 내 특정 복지 환경에 대한 책임을 맡았는데, 이를테면 구내 식당, 의류건조 시설, 휴게실 운영 등이 직원들의 요구를 충족시키는지를 확인하는 것이었다. 이뿐만 아니라 복지담당관들은 직원들의 내부 문제들에 대한 조언과 그 외 다른 문제들에 대한 조언을 제공했다(Post Office Welfare Study Group, 1944). 기업복지 서비스들이 수많은 활동을 도맡아 해 왔던 상황이라, 복지담당관들이 제공하는 서비스 역할에 대해 재규정할 필요가 있었다.

사회복지사연합회Welfare Workers Association는 이미 몇 차례 명칭의 변화가 있었고 1946년에 이르러 인사관리협회Institute of Personnel Management가 되었다. 이러한 변화로 복지 전문가들은 두 개의 그룹으로 점차 분리되었다. 하나는 조직을 대신하여 사람들의 문제를 관리하는 데 관심이 있는 그룹이고, 두 번째는 직원들의 개인적인 문제를 지원해 주고 도와주기 위한 복지 전문가 그룹이었다. 1966년까지 '복지welfare'의 역할은 새로운 '인사 전문가들'에게 더 이상 적절하지 않은 것으로 여겨졌다. 이들은 경영진으로서의 역할을 개발하는 데 더 관심이 있었고, 직원들의 사회적 요구를 살피기보다는 사업의 효율성과 인사 관리를 향상시키는 데 몰두해 있었다(Fox, 1966). 그런데 기업복지 서비스 내에서 남아 있기로 했던 복지담당관들은 "인사 경영자들은 근로자와 개인, 직장 문제들을 해결하는 데 안내, 조언, 도움을 제공해 주기보다는 사람들을 관리하는 데 더 관심을 두고 있다"(Martin, 1967: 270-272)는 마틴Martin의 말을 인용하면서 그들의 역할을 지속적으로 유지해 왔다.

오늘날에도 여전히 기업 및 조직 내에서는 다양한 형태와 수준의 복지 서비스들이 이뤄지고 있다. 에드먼즈Edmonds(1991)는 영국의 100개 회사의 복지 실태 조사 연구에서, 현대적 기업복지의 내용이 명확히 정의된 바가 없고, 근로자복지 서비스를 개발하고 제공할 책임이 어디에 있는지도 명확하지 않다고 밝혔다. 이처럼 근로자복지 서비스를 제대로 정의하지 못하고 있는 기업들은 복지와 상담 서비스를 제공하기 위해 다른 곳을 찾거나, 서비스를 완전히 포기할 가능성이 있다(Whitfield, 1995).

우정국의 복지 서비스

복지담당관들에게 기본 교과서인 『직장복지Welfare at Work』는 우정사업본부General Post Office의 복지고문으로 재임했었던 알렉 마틴Alec Martin이 저술한 것이다(Martin, 1967). 이 책은 우정국에서 선발한 사회복지사들의 역할, 책임, 선발 및 훈련에 대해 기술하고 있다. 복지담당관들의 역할에 대한 마틴의 설명은 오늘날의 복지담당관들이 수행하고 있는 전형적인 역할과 매우 유사하다. 복지담당관들은 다음과 같은 일에 개입한다.

- 근로자employee 자신의 문제들을 해결할 수 있도록 도와주는 것
- 개인적 문제 유형에 대해 사적으로 컨설팅을 해 주는 것
- 조직 내 집단복지 문제들(설비, 안전, 응급, 운동 및 사회적 활동)에 대해 조언하기
- 개인의 능력 향상 과정 지원해 주기
- 직원staff들과의 관계에 대해 조언해 주기

마틴은 복지담당관 업무의 주요 영역이 근로자들의 가족, 재정, 질병(정신적, 신체적), 사별, 거주 문제, 고용과 퇴직, 또는 사임의 어려움을 해결하는 것에 관련된 것이라고 했다. 오늘날 우정국 근로자들이 직면한 문제들은 1967년을 제외하고는 다른 대부분의 기업과 공통적으로 외상 후 스트레스와 관련된 문제들이 점차 증가하고 있다. 근로자들에게 제공된 우정국의 배려 문화와 지원의 결과로 우정국 근로자들이 겪는 스트레스 수준이 일반적으로 다른 조직의 직원들보다 덜한 편이다.

마틴은 복지담당관들의 중요한 능력으로 상담의 가치를 인정했다. 하지만 '특별한 종류인 면담'으로서 상담에 대한 그의 설명은 상담 그 자체에 대한 설명이라기보다는, 상담기술에 더 가까운 것이었다. 1990년대 초에 우정국 복지 서비스는 정서적이면서 심리적인 지원을 제공해 줄 필요성 증가에 대응하여 모든 복지담당관들에게 상담과 외상 후 스트레스를 보살필 수 있는 훈련 과정을 제공하였다(Conlon, 1991).

우정국은 영국에서 기업상담 프로그램을 도입하고 평가한 최초의 조직 중 하나이다. 사내 전문가 상담 서비스의 이점을 알아보기 위해 시작했던 평가 연구(Cooper et al., 1990)는 복지담당관들과 직업 보건간호사들이 우정국 직원에게 제공하는 1차 상담 서비스를 강화하기 위해 고안했던 것이다. 전문가 상담의 역할은 이

전에 외부 상담기관에 의뢰되었던 것보다 복잡하고 심각한 상태의 심리적 문제들을 다루는 것이었다. 연구자들에 따르면, 외부 상담 전문가들과 달리 내부 상담 전문가들이 전반적으로 조직 내부의 상황과 조직문화, 특히 업무와 관련된 문제들에 있어 근로자들을 훨씬 잘 도와줄 수 있는 장점을 지닌 것으로 여겨졌다. 이 연구는 4년 동안 지속되었고, 약 250명의 근로자들이 이 연구에 참여했으며, 근로자상담이 '직원/근로자'가 스트레스와 관련된 질병으로 결근할 경우 발생할 수 있는 손실을 직접적으로 줄일 수 있다는 몇 가지 증거들을 보여 주었다. 이 연구에 따르면, 6개월 이상의 기간 동안 약 102,000파운드 정도의 이득이 있을 것으로 추정되었다. 비록 전문가 상담 연구는 성공적이었지만, 우정국은 이 연구에서 추천한 전국적인 내부 전문 상담자 네트워크 도입을 선택하지 않았다. 그 대신 1차 상담과 복지 및 직업건강 서비스가 제공하는 다른 서비스를 개발하고 확대하는 데 주안점을 두기로 하였다(Welch and Tehrani, 1992).

우정국 복지 서비스의 강점과 약점

1993년과 1994년 사이에 복지 서비스에 대한 근본적인 검토가 진행되었는데, 이는 향후 5년간의 과제를 해결하기 위한 서비스를 준비하려는 것이었다. 이 검토는 세 부분으로 이뤄졌다. 첫째, 서비스 이용자들이 서비스에서 무엇을 원하는지를 설정하는 것, 둘째, 서비스 고객(즉, 서비스 비용을 지불한 우정국)이 복지 서비스에서 원하는 서비스에 대해 평가하는 것, 그리고 마지막으로, 이용자와 고객, 그리고 복지담당관 자신들의 필요를 충족하기 위해 서비스를 어떻게 개선할 것인지 복지 실무자들의 견해를 알아보았다.

이용자 요구에 대한 정보의 주요 출처 중 하나는 산업보건 및 복지 서비스에 대한 대규모 검토의 일환으로 1993년에 로열 메일이 실시한 독립적인 태도 조사에서 나왔다. 이 설문조사는 개인적인 문제를 가진 근로자를 의뢰하였거나, 자신이 내담자로 서비스를 이용했던 관리자들의 태도를 조사하였다. 태도 설문에 따르면, 관리자들의 서비스에 대한 만족도는 매우 높았다(〈표 3-1〉).

만족도가 높긴 하지만, 4분의 1 이상의 관리자는 서비스가 효과적이지 않다고 보았고, 약 10% 이상은 비밀보장이 안 되거나, 비전문적이거나, 불만족스럽게 본다는 사실을 복지담당관들은 발견했다. 설문에 참석했던 322명의 관리자들 중 67%만이

표 3-1 복지 서비스 이용에 대한 관리자들의 만족도

태도	만족도(%)
효과적이다	72
비밀보장이 된다	89
전문적이다	89
만족스럽다	87

실제 이 서비스를 이용했다. 서비스를 이용하지 않았던 관리자 중 72%는 서비스에 대한 필요성을 전혀 느끼지 않았거나, 15%는 아무도 자신들에게 서비스에 대한 의뢰를 요청하지 않았기 때문이었다.

복지 서비스가 어떠한 서비스를 제공하는지에 대해 관리자들에게 물어봤을 때, 그들은 〈표 3-2〉에 열거된 서비스들을 언급했다. 상담이 법률 자문, 병가에 대한 자문, 그리고 부채와 사별 상담 등과 더불어서 상당히 높은 비율(60%)로 나타나고 있음을 볼 수 있었다.

75% 이상의 관리자들은 이 서비스에 대한 명칭으로 '복지'라는 개념이 구태의연하고, 서비스에 대해 잘못된 인상을 심어 줄 수 있다고 보았다. 그러나 이 서비스를 어떻게 불러야만 하는지에 대해서는 합의된 바가 전혀 없었다.

태도 조사는 실제 이용자나 잠재적 이용자의 인지도의 약점을 강조했다. 이 서비스에 대해 알고 있는 관리자들은 50%도 미처 안 되는 실정이었다. 이 서비스에 대한 결과에서 보여 주듯이 만일 근로자들이 서비스를 통해 제공받는 게 무엇인지 모른다면, 실제로 활용했을 때 도움이 될 수 있는 서비스를 전혀 받지 못할 수 있다. 설문 연구자들은 복지 제도에 대한 전반적인 인식이 증진될 필요가 있으며, 특히 제공되는 실제 서비스와 그 결과에 대한 인식이 개선될 필요가 있다고 보았다.

1990년 초에 우정국은 자신들의 내부 공급자들을 주시하기 시작했고, 외부 공급자들에게도 이와 똑같은 수준의 서비스를 제공해 줄 것을 요구했다. 가장 큰 우정국 기업인 로열 메일에 의해 수행된 복지 서비스에 대한 검토, 즉 공급자에 대한 검토가 이루어졌다. 그리고 회사 고객에게 제공된 복지 서비스 방식에 도전하는 수많은 질문이 제기되었다. 가장 중요한 질문들은 다음과 같았다.

- 우리는 왜 복지 서비스를 해야만 하는가?
- 복지 서비스가 회사에 줄 수 있는 혜택은 과연 무엇인가?

표 3-2 복지 서비스에 대한 관리자들의 인식도

서비스	서비스에 대한 인식도(%)
상담	60
법률 자문	52
질병으로 인한 결근에 대한 조언	52
부채 상담	49
퇴직 상담	49
DSS 조언	44
연금 조언	41
직무 유기	39
의료문제로 인한 퇴사	38
스트레스 세미나	33
은퇴 세미나	32

- 복지는 어떤 종류의 서비스를 제공하는가?
- 경제적 가치를 얻을 수 있다는 것을 어떻게 알 수 있는가?

이러한 질문에 대답하기 위해서 복지 서비스가 회사의 필요성을 충족해 주는지 서비스의 강점과 약점을 살펴보기 시작했다. 관리자들은 복지 서비스 제공이 질병으로 인한 결근과 근태 문제를 줄이는 데 도움이 될 뿐만 아니라, 우정국이 직원들을 배려하는 접근을 하고 있음을 알게 되었다. 또한 관리자들은 자신들이 받았던 조언의 수준과 내용에 대해서도 대체로 만족했다. 주요 약점으로는 조직에 대한 서비스의 이점에 관해 경영진의 정보 부족이다. 근로자들이 복지담당관들에게 언제든 다가갈 수 있었던 '개방된open door' 복지 서비스 정책으로 인해 서비스 비용은 회사의 요구보다는 이용자들의 요구에 더 많이 영향을 받았고, 이로 인해 근로자의 사회적 및 심리적 안녕에 대한 예방적 접근보다는 사후 대응적인 반응을 하게 되었다. 서비스 내용에 대해 명확하게 정의된 목록(포트폴리오)이 부족하기 때문에 회사는 무엇을 제공받았는지도, 개별 서비스 내용과 비용도 알지 못했다. 다루어진 사례 수 기준이 아닌, 시간 기준으로 회사에 지불을 요청하는 청구 방식은 사례를 종결하는 데 시간이 오래 걸릴수록, 추가 시간의 효과와는 상관없이 더 많은 서비스 비용을 지불하게 되므로 생산성을 향상시키는 데 아무런 자극이 되지 않았다. 요컨대, 회사는

설령 복지 서비스가 가치가 있음에도 불구하고, 복지 서비스는 소비자와 공급자와의 효과적인 관계 발전에 필수적인 비즈니스적인 초점이 부족했다.

태도 조사와 회사 관점에 대한 복지담당관들의 응답을 얻기 위해, 1994년에 세 개의 분과회의가 개최되었다. 그 회의에서 복지담당관들은 그들 자신의 필요뿐만 아니라, 서비스의 필요성을 조사받았다. 그들은 그동안 밝혀진 취약점에 대응할 필요를 확인하였고, 이용자들과 고객의 욕구를 더 밀접하게 연결하기 위한 서비스를 개발하고자 하는 소망을 피력하였다. 자신의 역할에 대해 말한 바에 따르면, 근로자들과 일하는 것으로부터 보상을 받는다는 것이다. 특히 근로자를 도울 때나 질병으로 인한 근태 관련 문제를 줄이고자 할 때 그들의 서비스 가치는 내담자와 고객들로부터 오는 즉각적인 피드백에서 드러난다. 그리고 그들은 근로자들의 업무 수행 능력을 향상시켜 줌으로써 회사가 이득을 얻는다고 생각했다. 그러나 복지담당관들은 회사가 자신들의 기술을 항상 가치 있게 여긴다고는 생각하지 않았다. 그리고 자신들의 전문적인 이미지를 개발시키는 것이 중요하다는 것을 깨달았다.

근로자 지원–새로운 개념

1994년 10월 복지 분야에서 리더십의 변화가 있었다. 이 서비스의 새로운 수장은 산업조직 내에서 조직 운영 경험이 있는 산업심리학자이자 상담 자격을 갖춘 사람이었다.

서비스의 강점과 약점을 확인하게 된 작업은 고객(기업)과 이용자(직원, 근로자),그리고 실무자(상담 전문가)의 욕구를 충족하는 서비스를 개발하기 위한 출발점이 되었다. 비록 서비스의 전반적인 질적 수준을 향상시키기 위해 중요한 작업이 이루어졌지만, 고객의 요구를 충족하는 새로운 서비스를 발굴하는 '비현실적인' 접근보다는 기존의 서비스를 개선하는 데 더 초점을 맞췄다. 그 결과, 심리학과 상담의 전문성을 도입하여 기존 복지 서비스의 강점을 극대화하고 유용성을 높이는 서비스로 발전하는 계기가 되었다. 기업이 구성원들의 도덕적 · 법적 의무를 만족시키고, 복지 분야가 보다 확대되고, 전문화된 서비스를 갖추는 데 도움이 된 것은 분명하다.

첫 번째 과제는 돌봄 서비스를 제공하는 데 있어서 조직의 책임에 동의하는 것이었다. 본래 조직의 돌봄 서비스는 세 가지 형태가 있다. 첫째, 고용주는 근로자를 위한 법적 '지원 의무'를 지녔으며, 이러한 의무 사항을 법령으로 만드는 것이다. 근로자들은 자신들의 신체적 · 심리적 · 사회적 안녕을 위해 고용주들이 합당한 수준의 보살핌을 제공할 법적 책임이 있다고 기대한다. 만일 근로자들에게 이러한 기대를 채워 주지 못할 경우, 고용주들이 태만하다는 이유를 들어 근로자들은 피해 보상을 요구할 수 있다(Cooke, 1995). 조직의 법적 돌봄 의무 사항들이 구체적인 정관 형태로 영역별로 제시되어 있는데, 성적 · 인종차별적인 괴롭힘을 예방하고, 신체적 · 심리적으로 위험할 수 있는 작업 환경을 평가하는 것 등을 포함하고 있다.

두 번째 과제는 기업은 근로자들의 돌봄 개념을 조직의 미션 또는 회사의 가치로 구축함으로써 근로자를 돌보는 역할을 수행한다(Deal and Kennedy, 1982). 예를 들어, 마크스Marks와 스펜서Spencer는 사람들에게 좋은 작업 환경, 명확하게 기술된 직무, 정기적이면서 정직한 보상 그리고 상담 시설을 제공하는 것이 심리적 질병을 예방할 수 있다고 믿었다(Miller, 1992). 돌봄 문화를 발전시켜 온 기업에서는 이러한 가치가 조직 운영 방식의 일부가 된다. 또한 조직과 조직 인력 간의 법적 또는 도덕적 계약의 일부로 포함될 수도 있다.

마지막으로, 몇몇 기업들은 개인의 인사상의 문제들로, 특히 근로자의 업무 수행에 부정적 영향을 줄 수 있는 문제들을 도와줌으로써 직장 내 안녕을 증진하는 데 더 적극적인 역할을 했다. 근로자가 자신의 문제 원인을 파악할 수 있도록 도와주려는 조직은 정확하고 적절한 정보와 안내, 단기 상담과 지지를 제공하며, 이러한 지원이 조직에 경제적인 측면 이외의 또 다른 이점을 가져올 것으로 믿는다(Berridge, 1990). 법적 의무가 아닌 근로자 지원은 조직의 의무라기보다는 근로자 복리후생으로 여겨진다. 하지만 개인적 문제가 있는 근로자에 대한 지원과 상담 역할을 인정하는 조직에서 기업과 조직 양측 모두가 혜택을 받는다는 증거가 점점 더 많이 늘어나고 있다(Cooper et al., 1990). 세 가지 수준의 조직의 책임(〈표 3-3〉)은 서비스를 개발하기 위한 기초를 제공하는데, 이는 조직에 적절한 지원 범위와 수준을 제시해 줄 수 있게 고안되었다.

서비스가 조직의 법적 의무를 충족하도록 돕는 것은 확실히 중요하다(1수준). 이 수준에서는 실무자들이 조언, 평가, 상담, 교육 및 훈련을 담당하는 각 분야에서 유능하길 요구받는다. 적절한 수준의 도움을 제공하지 못하면 조직은 돌봄의 의무를 충족하지 못하는 것으로 간주되어 자칫 직원들로부터 고발을 당할 수 있기 때문이다. 2수준에서 우정국은 각 구성원들이 기여할 만한 가치가 있는 조직문화를 발전시켰다. 근로자들의 욕구를 인지하고 정책을 전개해 나가는 것은 조직문화를 유지하는 데 중요한 요소 중 하나이다. 2수준에서의 서비스의 역할은 조직 관리자들이

표 3-3 근로자의 심리적 안녕을 위한 조직의 책임 수준

기업의 책임 수준	책임에 대한 예시
1수준: 의무 법적 요건	직장 내 폭력 직무스트레스 성희롱 위기 평가
2수준: 필요 기업 이념과 가치	정책 개발 관리에 대한 조언 관리자 훈련 기업복지 프로그램
3수준: 혜택 개인적인 효과	문제 평가 정보 제공/안내 조언 상담과 지원

사회적 · 심리적 문제들을 구성원들이 해결할 수 있도록 정확하고 적절한 조언을 제공하고 직장 내에서 발생하는 사건을 다룰 수 있도록 관리자들을 훈련하고, 그리고 적절한 시기에 전문가의 도움을 의뢰할 수 있도록 지원하는 것이다. 정보 관리 management information 영역의 서비스로는 관리자에게 회사에서 우려하는 부분과 직원들을 어떻게 다룰지에 관한 의사 결정을 내리는 데 도움이 될 만한 정보를 제공한다. 3수준에서의 서비스는 개별 근로자들을 위한 지원을 제공하는 것이다. 이러한 지원은 직장에서의 업무 수행에 영향을 미치는 어려움을 해결하는 데 도움을 주는 것으로, 조직에 적합하고 효과적이며 관련성이 있어야 한다.

역량

보건안전 법규 요건에 충족되도록 정보나 조언을 제공하고, 개입할 때마다 조직은 조언과 지원을 제공하는 사람이 그럴 만한 능력이 있는지를 확인할 필요가 있다. 조직의 책임 수준에서 예시된 많은 영역은 조언과 지도를 해 줄 수 있고, 평가를 수행하고, 적절한 개입과 교육을 진행할 수 있는 훈련되고 경험이 풍부한 사람을 요구한다. 또한 조직에서의 서비스는 전문적으로 관리되고, 모니터링이 이뤄질 필요가 있다. 기존의 보건안전 정책 내에서 구성원들의 심리적 · 사회적 안녕을 책임지기 위한 요구가 증가함에 따라 조직은 전문가에게 심리적 · 사회적 조언을 구하는 것

이 중요하다는 것을 인식하였다. 스트레스, 트라우마, 소진과 관련하여 제공되는 상담 및 심리적 개입은 유능한 공인 심리학자의 모니터링을 받으며 전문적인 수련을 거친 후, 자격을 갖춘 전문가가 해야 한다. 근로자의 심리사회적 안녕을 지원하기 위한 조직의 요구 사항들이 변화하고 있기 때문에, 복지 서비스의 강조점에 있어서도 변화가 있어야 했다. 사회적 관심사에 초점을 두었던 것으로부터 근로자의 심리적 안녕을 아우르는 것으로의 변화가 그것이다.

이용자들은 복지가 서비스의 적합한 용어가 아니라는 견해를 표현했으므로, 복지의 실제적인 제공 영역을 정확하게 반영하는 이름을 가지고 새로운 유형의 서비스를 시작하는 것이 더 중요해졌다. 고객과 이용자들이 수용할 만한 이름을 선택하기 위하여 포커스 집단을 구성하여 가능한 이름들을 찾아보았다. 그 결과, 근로자 지원employee support이라는 이름이 타이틀로 부각되었다. 이것은 이 서비스 분야에서 착수되어야 할 일을 가장 정확하게 묘사해 주었다.

근로자 지원을 수립하기 위한 다음 단계는, 사실상 새로운 근로자 지원 서비스의 개발 과정을 구축하기 위한 것이었다. 근로자 지원 사업 계획에 있어 몇 가지 중요한 요소들은 다음과 같다.

- 보다 효과적인 서비스 제공 방법 소개
- 기업과 구성원들의 욕구를 충족하는 서비스 및 상품 개발
- 모든 실무자들의 역량 수준 평가
- 고객과 협력하여 서비스 수준 계약을 수립하기
- 서비스를 모니터링하고 평가할 수 있는 도구 개발하기

1995년 5월 복지서비스welfare service는 50주년을 기념한 전국학술대회에서 '근로자 지원'이라는 새로운 정체성을 출범시켰고, 새로운 서비스의 사명과 실천 강령code of practice을 승인했다. 이는 이 서비스에 사업 철학의 명확한 진술을 제공하기 위한 것이었다(〈표 3-4〉).

표 3-4 근로자 지원의 사명과 실천 강령

근로자 지원 사명 선언문

우리는 양질의 근로자 지원 서비스를 제공해 줌으로써 개인과 조직의 안녕을 증진하고, 유지할 것이다. 우리는 전문성, 객관성, 그리고 금전적 가치만큼이나 중요한 배려, 신뢰와 열정으로 우리 고객들의 변화하는 욕구에 맞추어 나아갈 것이다.

근로자 지원 실천 강령

- 우리는 윤리적일 뿐 아니라, 우리의 모든 고객, 기업, 개인과 그들의 대리인들을 위해 최고 전문 수준의 전국적인 서비스를 제공하며, 이들이 근로자 지원과 관련된 사안에 자신 있게 대처할 수 있도록 돕는다.
- 우리는 지식과 경험을 활용하여 회사와 긴밀한 동반자로 일할 것이며, 근로자 지원과 관련한 요구들을 찾아내고, 조언과 적절한 해결책을 제공한다.
- 우리는 모든 고객들의 안녕에 도움을 줄 수 있는 새로운 상품과 서비스의 개발/연구, 근로자 지원을 위한 훈련, 전문성 향상에 긍정적 기여를 하고자 한다.
- 우리는 근로자 지원 담당자에게 우리의 사명을 수행하고 그들이 번성할 수 있는 신뢰와 열정의 분위기를 조성하기 위한 기술적 자원과 기술을 제공할 것이다.

가치

- 지속적인 향상
- 고객 중심
- 전문성
- 객관성
- 배려
- 금전적 가치
- 적극적인 접근
- 민감성
- 신뢰
- 열정

근로자 지원 서비스의 제공

근로자 지원은 일곱 가지의 서비스들을 제공한다.

- 정보
- 평가
- 단기 개입
- 임직원 교육
- 관리자를 위한 정보 제공
- 관리자 교육
- 특수 서비스

각각의 서비스는 다양한 상품으로 나누어진다. 예를 들어, 근로자 지원으로 시행되는 평가 서비스의 경우, 사회복지 평가, 개인 스트레스 평가, 약물 남용 평가 및 부채 관리 평가 등이 포함된다. 각각의 평가 상품은 사양에 따라 정의되는데, 훈련 프로그램, 실무자 역량 요건, 서비스 제공 기준을 갖추고 있다.

근로자 지원은 매년 약 16%의 우정국 직원에게 서비스를 제공하였는데, 이 정도의 업무량은 서비스를 제공하는 데에 효율적이고 고객 중심의 프로세스를 필요로 한다. 고객사와 고객과의 협의에 따라 1995년 10월에 시작된 서비스 제공 프로세스는 직원이 사용하는 전화망을 이용하여 훈련받은 근로자 지원 자문가Employee Support Advisor: ESA가 직원의 욕구를 평가하고 법률적, 재정적, 혹은 사회적 정보를 필요로 할 경우 전화상담으로 도움을 제공하였다. 직원이 더 많은 도움을 필요로 하는 경우, 근로자 지원 자문가(ESA)는 평가 또는 기타 서비스를 위해 현지 근로자 지원 자문가와의 약속을 정해 준다. 서비스 제공 프로세스는 많은 장점을 갖고 있다. 첫째, 근로자들과 그 외 이용자에게 정보 데이터베이스와 전문 근로자 지원의 조언과 안내를 제공할 수 있다. 둘째, 근로자 지원 자문가가 초기 욕구 평가를 해서 특정한 근로자 지원 서비스를 예약할 수 있게 해 준다. 또한 이러한 과정은 현장 근로자 지원 전문가의 일을 계획하고 약속을 정할 수 있도록 해 준다.

근로자의 요구 사항이 근로자 지원에 적합하지 않는 경우에는 적절한 내부 혹은 외부 자원으로 연결해 주기도 한다. 기업을 위해, '개방형' 복지라는 문제를 다뤄야 하는데, 그 방법은 조언과 정보를 얻기 위한 전화망을 개방하는 것이고, 기업이 기꺼이 지원하고자 하는 서비스 유형과 수준을 고려할 수 있도록 선별 과정을 제공하는 것이다. 조직이 지불하고자 하는 서비스 범위를 벗어난 욕구를 가진 근로자는 그들의 욕구가 충족될 수 있는 외부의 지역사회 자원으로 의뢰할 수도 있다.

상담에 대한 정의

전문 직업으로서 상담은 상대적으로 새로운 활동이다. 그러나 보다 정확히 표현하자면 의사소통 기술로서의 상담기술은 인류가 존재했던 것만큼이나 오래되었다. 근로자 지원 활동의 모든 영역에 있어 높은 수준의 상담기술은 필수이기 때문에, 모든 근로자 지원 프로그램을 위해 상담기술 수련 과정은 실습 모듈로 포함되어 있다. 상담 서비스를 제공하기 위한 수련 과정 동안 근로자 지원 자문가가 상담기술에 필요한 역량을 보여 주지 못한다면, 근로자 지원 자문가는 상담기술에 대한 추가 교육을 받고 유능하다는 평가를 받기 전까지는 서비스를 제공하도록 허용해서는 안 된다.

상담에 대한 수많은 정의들이 있다. 영국상담학회BAC 윤리 강령에서 사용하는 것 중 하나는 "상담은 개인과 관련한 작업이며, 발달, 위기 개입, 심리치료, 지도, 혹은 문제해결과 관련이 있고, 상담의 임무는 '내담자'로 하여금 보다 더 만족스럽고 풍요롭게 살아갈 수 있는 방법들을 탐색하고, 발견하고, 명확히 할 수 있는 기회를 제공하는 것이다."(BAC, 1984)이다. 영국상담학회는 상담은 내담자로 하여금 그들의 어려움을 해결해 나갈 수 있는 방법을 발견하고 탐색해 나갈 수 있는 여지를 제공해 줌으로써 변화의 과정을 촉진하는 것이라고 강조하고 있다.

버크스Burkes와 스테플러Stefflre가 말하는 또 다른 상담에 대한 정의는 다음과 같다.

> 상담은 훈련된 상담자와 내담자 간의 전문적인 관계성이다. 평소 이러한 관계성은 개인 대 개인이지만, 때로는 두 사람 이상이 개입할 수도 있다. 이것은 내담자로 하여금 삶 속에서 그들의 생각을 보다 분명하게 하고, 이해할 수 있도록 도와주며, 감정이나 대인 관계에서의 문제해결과 유의미하고 올바른 정보를 통해 스스로 결정을 할 수 있도록 도와준다(1979).

버크스와 스테플러의 경우 전문적인 관계와 상담 과정에서 드러나는 행동에 중점을 둔다. 상담이 단기간에 이루어지는 조직에서는 상담에 대한 버크스와 스테플러의 접근 방식이 가장 적절할 수 있다.

기업상담 분야에서 어떤 종류의 상담이 가장 적절한가를 밝혀 주기 위한 연구는 거의 없다. 많은 기업들은 근로자들에게 제공되는 상담 유형에 영향을 줄 수 있는 요소들을 지니고 있다. 우정국 조직에서는 단기상담 모델(최대 4회기)을 원했고, 근로자들이 더욱 효과적이면서 생산적으로 일하도록 하는 데 초점을 두었다. 이러한 접근은 뿌리 깊은 개인적 문제를 다루기보다는 문제해결 자체에 중점을 두고 있다. 우정국 근로자들의 욕구를 충족하기 위해 개발된 상담 모델은 1차 상담First line counselling이다. 이 상담 모델은 수년 동안 개발되어 왔으며, 최근에는 조언과 전문 상담에 이르기까지 근로자 지원에 대한 통합 접근에 대한 우정국의 요구에 따라 도입하도록 재검토되었다.

1차 상담

복지사, 상담가, 심리학자의 전문 기술을 통합할 수 있는 서비스인 근로자 지원의 출현은 상담에 대한 전통적인 견해에 도전하였다. 만약 조직이 근로자들의 심리적 및 사회적 복지와 관련된 조직적 문제를 다룰 통합 시스템을 필요로 한다면, 복지 및 상담과 심리학의 지식과 기법, 도구를 결합하는 통합 상담 모델을 개발할 필요가 있음을 시사한다. 통합 상담 모델을 개발하려고 했을 때, 필자가 직면한 문제는 기업 및 조직상담 분야의 대부분의 연구자들이 조직과 근로자의 요구에 기반해서 기업상담 모델을 전개시켰다기보다는 기존의 상담 모델을 확인하고 수정하는 데 중점을 두었다는 것이다.

근로자들은 고용 지원 서비스 제공 과정을 통해 1차 상담 프로그램에 참가한다. 근로자 지원 자문가의 평가는 근로자들이 갖고 있는 문제의 요점이 무엇인지 물어볼 것이며, 그들이 근로자들의 요구를 만족시킬 수 없을 경우에는 근로자 지원 자문가에서 더 심도 깊은 평가를 진행할 수 있도록 약속해 줄 것이다. 이때 그 평가의 성격은 드러난 문제가 어떤 유형(개인 스트레스, 사회적 안녕, 채무 또는 약물 남용)인지에 따라 결정된다. 두 번째 평가 동안 근로자는 자신들의 문제의 특징을 훨씬 더 많이 인식하게 될 것이며, 자신들의 문제를 해결하기 위해 필요한 행동을 취할 것이다. 이러한 평가 이후, 근로자가 그들 자신의 어려움을 해결하지 못할 경우에 근로자 지원 자문가는 근로자들에게 1차 상담을 의뢰할 가능성을 고려해 볼 수 있을 것이다. 근로자가 1차 상담을 받기를 원할 경우 여기에서는 엄격한 선발 기준이 적용되는데, 이 경우 평가에 대해 충분히 교육받은 근로자 지원 자문가 모두는 이 프로그램에 적합한 내담자를 선발하기 위한 긍정적 · 부정적 지표를 살펴볼 것이다. 긍정적 지표들은 다음과 같다.

- 변화에 대한 강한 동기
- 명확한 문제
- 근로자의 변화가능성 수용
- 객관적으로 생각할 수 있는 능력
- 상담자와 작업동맹을 맺을 수 있는 능력
- 적절한 수준의 듣기 능력

1차 상담에 적합하지 않은 내담자도 많이 있는데, 다음과 같은 경험을 지닌 경우이다.

- 화, 애도, 죄책감, 슬픔 등에 압도된 상태
- 정신과적인 문제
- 극도의 폭력성
- 알코올 또는 약물 중독
- 자신의 상황에 대해 내담자 자신이 책임을 인식할 수 없는 상태
- 성 문제

1차 상담 모델은 근로자들이 자신의 문제들을 해결할 수 있도록 돕는 데 초점을 두는 4회기의 상담 과정으로 이뤄진다. 각 단계들은 1시간 정도 지속되며, 6주에서 8주 이상으로 갈 수 있다. 4회기는 매 회기마다 분명한 목표와 결과로 정의된다. 요컨대, 4회기 과정의 내용은 다음과 같다.

1회기

1회기는 다섯 단계로 이루어진다. 상담 장면을 소개하고, 상담의 '규칙'을 설명하게 되는데, 이를테면 비밀보장, 시간 소요, 상담이 이루어지는 방식 등을 소개한다. 소개의 목적은 근로자들에게 그들이 상담계약을 할지 말지에 대한 선택을 할 수 있도록 정보를 제공해 주는 데 있으며, 어려움을 해결할 수 있는 대안에 대한 선택권을 주려는 것이다. 이러한 소개는 평가 이후에 이어지며, 근로자들이 상담 중에 말하고자 하는 문제를 재확인하는 것이다. 두 번째 단계는 '문제에 대해 자유롭게 이야기'하는 시기로, 이때 상담자는 현재까지 근로자들이 이뤄 온 성공과 강점을 말해 볼 수 있도록 하기 위해 그들의 생애와 가족 관계를 살펴봄으로써 그들과 관계를 형성한다. 세 번째 단계에서는 근로자들을 성가시게 하는 문제가 언제 어떤 상황에서 문제가 되는지를 설명할 수 있도록 한다. 네 번째 단계에서 상담자는 근로자와 함께 그들이 문제를 처리해 갈 수 있도록 지원망과 강점을 설명해 준다. 마지막으로, 다섯 번째 단계에서 상담자는 이 회기에 대해 정리를 해 주고, 적절한 시점에 과제에 대한 동의를 구한다. 이렇게 하여 이 회기는 마무리된다.

2, 3회기

2회기와 3회기에서는 근로자로 하여금 1회기에서 동의했던 변화를 가져올 수 있도록 도와주는 것이 바로 상담자의 역할이다. 2회기와 3회기는 네 단계로 이뤄진다. 첫 번째 단계는 이 회기에 대해 소개를 하고, 과제를 검토하는 등 지난 회기 이후에 어떠한 일들을 점검해 본다. 두 번째 단계는 이 상담 단계에서 어떠한 영역에서 변화가 필요한지에 대한 설명을 해 나간다. 세 번째 단계에서 근로자는 자신들의 문제를 잘 대처했을 때를 직시하는데, 그것은 사람에 따라 상황에 따라 각각 다르다. 네 번째 단계에서 상담자는 근로자들에게 심리학적 포트폴리오, 상담, 교육, 정보 그리고 단회상담 자원의 일부로서 상담가가 활용할 수 있는 다른 개입 등 활용 가능한 최상의 지원 요소를 설명해 준다. 이 회기는 상담 동안 어떤 일이 일어났는지에 대한 정리와 과제에 대한 동의로 마무리한다.

4회기

4회기의 가장 중요한 측면은 상담 과정을 좋게 긍정적으로 마무리하는 데 있다. 첫 번째 단계는 회기에 대한 소개와 과정에 대한 점검으로 이뤄진다. 이어서 다음 단계에서는 아직 충족되지 않은 미해결된 문제가 어떤 것인지를 살펴보는 것이다. 세 번째 단계는 근로자가 상담 기간 동안 해 온 변화에 대해 다시 인지하고, 스스로에게 힘을 부여하는 데 초점을 둔다. 네 번째 단계는 전체 상담 과정에 대한 정리이다. 다섯 번째 단계는 상담자와 근로자가 종결에 대해 이야기를 하고, 공식적으로 상담 종결을 한다.

근로자 지원 서비스 모니터링과 평가

우정국은 근로자 지원 서비스 제공자들이 서비스 품질과 기준을 평가하고 모니터해 줄 수 있기를 기대한다. 이것은 오래전부터 서비스 품질과 기준에 대한 모니터링이 거의 없었던 근로자 지원의 경우 특히 중요하다. 근로자 지원에 대해 우정국이 모니터링하려는 목표와 기준은 다음과 같다.

- 근로자 지원 인력 및 자원의 생산성을 극대화하는 효과적인 서비스 제공 방법을 수립하는 것
- 근로자와 조직의 사회적 및 개인적 욕구를 충족하는 상품을 개발하고 평가하는 것
- 우정국 업무에서 고객 각각의 욕구를 충족하는 맞춤형 서비스를 제공하는 것
- 서비스 비용과 품질의 적절한 균형을 유지하기 위해 서비스 비용을 검토하는 것
- 서비스 개선 목표의 기반을 제공하는 서비스 운영, 고객 및 고객 만족도와 서비스 효율성에 대한 데이터를 발굴하는 것

근로자 지원은 이 모든 서비스를 명확하게 구체화하기 시작했다. 예를 들어, 모든 고객에게 전달되는 기준에 합의하는 과정을 밟았고, 특정 상품과 서비스를 제공하는 데 필요한 역할, 책임 및 역량 수준을 정의했다. 질병으로 인한 결근율, 의료문제로 인한 퇴사, 그리고 직원 만족도 질문지를 이용해서 측정된 만족도를 포함하여, 질적 · 양적 측정을 하는 데 동의함으로써 근로자 지원 서비스를 모니터링하였다. 평가 영역에서 근로자 지원은 우정국에서 개발된 외상 보고trauma debriefing 모델의 효과를 검토하는 많은 평가 연구에 관여하고 있으며(Tehrani, 1995), 앞으로 1차 상담 모델도 평가하게 될 것이다.

결론

본 장은 약 20만 명의 우정국 직원의 요구를 충족시키기 위해 이루어진, 영국 최대의 내부상담 서비스의 관점에서 기술되었다. 근로자 지원은 우정국의 일부분일 정도로 자랑스러운 것이며, 조직이 50년 이상 이어 온 지원일 정도로 가치가 높았다.

조직이 내부 서비스 운영보다는 핵심 사업에 더욱 집중해야 할 필요성을 가지고 있기 때문에, 내부상담 서비스의 미래는 불확실하다. 내부 근로자상담과 지원 서비스를 유지하는 것이 조직에 여러 가지 중요한 이점이 있지만, 우정국 경험에서 얻은 가장 분명한 사실은 우정국 근로자 개개인의 구체적인 욕구를 만족시키도록 기획된 상품과 서비스를 제공하는 방법을 지녔다는 것이다. 우정국의 규모와 복잡성 때문에 외부 상담기관이 근로자 지원의 범위와 유연성을 갖춘 프로그램을 어떻게 개발할 수 있을지 알기는 어려울 것이다. 조직의 직원이기도 한 자문가, 상담자, 심리학

자들을 활용함으로써 조직이 얻을 수 있는 이점은 엄청나다. 이러한 사업과 문화에 대한 그들의 인식은 관리자와 근로자가 제시하는 문제에 대해 통찰력을 제공한다.

비록 내부상담 모델과 외부상담 모델을 비교한 연구가 별로 없긴 하지만, 내부상담 서비스는 외부 경쟁 업체에 비해 회사의 요구를 충족하는 데 더 성공적인 것으로 나타났다(Highley and Cooper, 1996). 우정국은 근로자들에게 돌봄을 보여 주는 수단으로 근로자 지원 서비스를 제공하기를 진심으로 바라고 있으며, 이는 근로자 지원이 조직과 근로자들의 공통된 요구 사항을 충족하는 흥미롭고 중요한 프로젝트를 개발하는 아주 귀한 기회를 제공했다.

참고문헌

British Association for Counselling (1984). *Code of Ethics and Practice for Counsellors*. Rugby: BAC.

Berridge, J. (1990). 'The EAP – employee counselling comes of age', *Employee Counselling Today*, 2 (4): 14–17.

Burkes, H.M. and Steffire, B. (1979). *Theories of Counselling* (3rd Edition). New York: McGraw-Hill.

Conlon, P.G. (1991). 'The Post Office welfare service', *Employee Counselling Today*, 3 (5): 21–22.

Cooke, J. (1995). *Law of Tort* (2nd Edition). London: Pitman Publishing.

Cooper, C.L., Sadri, G., Allison, T. and Reynolds, P. (1990). 'Stress counselling in the Post Office', *Counselling Psychology Review*, 3 (1): 3–11.

Deal, T. and Kennedy, A. (1982). *Corporate Cultures*. Reading, MA: Addison-Wesley. Chapter 2.

Edmonds, M. (1991). 'Exploring company welfare', *Employee Counselling Today*, 3 (3): 26–31.

Fox, A. (1966). 'From welfare to organisation', *New Society*, 9 June.

Highley, J.E. and Cooper, C.L. (1996). 'An evaluation of employee assistance and workplace counselling programmes in British organisations'. Paper delivered at the 1996 Occupational Psychology Conference.

Martin, A.O. (1967). *Welfare at Work*. London: B.T. Batsford. pp. 270–272.

Miller, D. (1992). 'Work problems caused by mental ill health and their management', in R. Jenkins and N. Coney (eds), *Prevention of Mental III Health at Work*. London: HMSO/CBI Publications. pp. 59–66.

Post Office Welfare Study Group (1944). Post 64. Mount Pleasant, London: Post Office Archives.

Post Office Records (1855–1938). Post 64. Mount Pleasant, London: Post Office Archives.

Tehrani, N. (1995). 'An integrated response to trauma in three Post Office businesses', *Work and Stress*, 9 (4): 380–393.

Thomson, D. (ed.) (1960). *The Era of Violence 1898–1945. The New Cambridge Modern History.*

Cambridge: Cambridge University Press.

Welch, R. and Tehrani, N. (1992). 'Counselling in the Post Office', in R. Jenkins and N. Coney (eds), *Prevention of Mental Ill Health at Work*. London: HMSO/CBI Publications. pp. 67-82.

Whitfield, M. (1995). 'Employers recognise value of counselling', *People Management*, 21 December: 6.

4장

프리랜서 기업상담자: 카멜레온처럼 되기

Geetu Orme

프리랜서[1] 기업상담자workplace counselor 관점에서 기업상담 업무에 대해 글을 써 달라는 요청을 받았을 때 수많은 제목들이 머리를 스쳐 지나갔다. '기업상담–내가 시행착오한 것들' '당신은 기업상담을 할 준비가 되었나?', 그리고 심지어는 '만약 내가 지금 알고 있는 것을 그때 알았더라면'과 같은 제목도 떠올랐다. 이런 제목들은 기업상담자로서 거쳐 온 나의 여정을 보여 주는 것이다. 나는 기업상담을 잘하는 법을 알기 전에 기업상담 못하는 법을 먼저 배웠다. 내가 기업상담을 시작했을 때 나는 이 일을 할 준비가 전혀 되어 있지 않았었다. 물론 시간이 있었어도 당시에는 기업상담을 해 볼 생각을 전혀 하지 못했을 것이다. 그럼에도 불구하고, 나는 기업상담을 하고 나서 정말 많은 것을 배웠다. 앞의 제목을 선택하면서 나는 이런 모든 요소들이 담겨지기를 바랐다. 더불어서 '카멜레온' 이미지가 프리랜서 기업상담자의 다양한 '색채'와 역할, 그리고 다중적으로 연결된 관계들을 잘 반영해 주기를 바라고 있다. 카멜레온이 주변 환경 속으로 들어가기 위해 색깔을 변화시키는 것처럼 프리랜서 기업상담자들은 자신들의 업무와 관련된 맥락의 색깔과 모양을 취한다. 기업상담자에게는 카멜레온과 같은 유연한 특성과 적응성이 필요하다.

---

1) 역주: 원어 표현은 'freelance'이나 본 장의 전체 맥락을 고려하여 '프리랜서'로 표기하였다.

본 장은 실제적인 성격을 띠고 있으며 프리랜서 실무자의 관점에서 서술되었다. 본 장은 기업상담자 훈련에 포함되어야 할 몇 가지 아이디어, 실마리나 조언을 포함하고 있다. 또한 어느 순간에 갑자기 떠오른 통찰이나 도전해 볼 만한 목표들도 포함되어 있다. 그러나 전반부에는 프리랜서 기업상담자가 되어 가는 나의 여정과 나 자신에 대한 몇 가지의 내용들을 제시하였다.

나는 6년 넘게 다양한 상담 장면에서 일을 했다. 1990년에 나는 인적자원 상담기관에서 컨설턴트로 일을 시작해서, 유명한 공공 및 사설 센터에서 훈련자와 상담자로 일을 했다. 컨설턴트와는 다르게 나는 수련생을 지도하는 상담자 · 훈련자로서 일을 했다. 그리고 제한된 교육이나 훈련에 의해서보다는 '직접 일을 하면서' 독특하게 일을 배웠다. 지금 나는 이것이 매슬로우Maslow의 학습 모델에서 '내가 모른다는 것을 알지 못하는 단계인' '무의식적 무능'의 단계에 해당한다는 것을 안다. 나는 '전직 지원outplacement'과 '인사 배치placement'가 얼마나 다른지 이해하기도 전에 내가 전직 지원 상담을 하고 있다는 것을 알게 되었다. 나는 직장 폐쇄가 되던 회사(2,000여 명의 종업원을 고용하고 있는 회사)의 사내 지원센터in-house support centre에서 상담자로 일할 당시 이 둘을 혼동하곤 했다. 상담자들의 과업은 근로자가 자신의 이력서를 잘 작성하여 자신을 잘 '마케팅'할 수 있도록 도와주는 것이라고 생각했다. 가끔씩은 이런 상황이 잠재적 고용주들과 직접적인 접촉을 만들기도 하기 때문에 '인사 배치'로 혼동하기도 했다. 그리고 시간적 여유가 있을 때는 사람들이 다른 일자리를 구하면서 겪는 감정을 다룰 수 있도록 돕기도 하였다. 많은 기업들이 정리 해고가 가져올 수 있는 강한 상실감이나 감정적 격동을 인식하지 못한다는 점을 명심해야 한다.

나는 꽤 많은 사람들에게 상담 서비스를 제공했을 뿐 아니라, 내담자들과 일대일로 4~6회기 정도의 단기 경력상담career counseling도 하였다. 상담의 초점은 개인이 자신의 목표와 가치에 대해 생각하게 하고, 진로 과정에서 자신의 가치를 지키며 살 수 있는 방향으로 첫발을 내딛을 수 있도록 돕는 것이었다. 어떤 내담자들의 경우, 상담을 통해 그들에게 중요한 것이 무엇인지를 재정의하게 되었고, 또 어떤 이들에게는 경력과 직장에서 초점을 두는 데에 급진적인 변화가 일어나기도 했다. 다행히도 의식 있는 고용주가 양질의 상담 서비스는 숙련되고 자격을 갖춘 상담자만이 제공할 수 있다는 것을 인식하게 되면서 나의 '무의식적 무능' 단계는 끝이 났다. 그래서 나는 다른 상담자들과 함께 로햄튼 연구소Roehampton Institute 협력기관인 기업상담counselling at work 학위 과정에 등록하고 학위를 취득했다.

4년 전에 수련을 받는 동안 나는 '의식적 무능' 상태의 단계로 넘어가기 시작했는데, 그때서야 나는 내가 무엇을 모르는지를 알기 시작했다. 비밀보장이라는 윤리 문제부터 슈퍼비전에 대한 경계 이슈까지 그 과정 동안 여러 주제들을 다루면서, 나는 점차 나의 상담 개입의 한계를 인식하기 시작했다. 동시에 난 사별한 내담자의 집을 방문하는 국제적 사별 자원 상담자 조직인 크루즈 사별 돌봄 협회CRUSE Bereavement Care의 지방 지부에서 일하기 시작했다. 내가 속한 슈퍼비전 그룹에는 직장 안과 밖에서 장기적인 개인상담을 하는 상담자들도 있었다. 이 기간 동안에, 나는 기업상담과 다른 장면의 상담을 비교할 수 있었는데, 그 차이점은 매우 컸다. 1993년에 나는 수련을 마쳤고, 교육훈련, 상담 그리고 의사소통 분야에서 독립 상담자로서 일하기로 결정했다. 그리고 최근 2년 동안 기업 및 조직들에게 상담 서비스를 제공했다. 상담이 폭넓은 통합 프로그램의 일환으로 이루어지는 경우도 있지만, 임시적인 지원인 경우도 있다. 나는 이제 나의 훈련에서나 일을 용이하게 하는 데 의식적으로나 무의식적으로 상담기술을 사용하고 있다. 최근에 나는 NLP 경영 임상 자격증으로 나의 대인관계 역량을 확장했다.

'프리랜서'라는 용어를 사용함에 있어서, 나는 특정한 형태의 기업상담으로 정의하고자 한다. 프리랜서 상담은 독립적으로 일하며, 기업이나 조직과 직접 계약을 맺고, 해당 조직에 소속된 개인을 상담하는 것을 의미한다. 사실, 나는 '프리랜서'에 대한 인식이 엄격했었는데, 이 장을 쓰면서 '프리랜서'가 상담 프로젝트에 참여하는 다른 상담자들과 협력하고 상담자들을 관리하는 사람이라고 인식 전환을 하게 되었다. 프리랜서의 관점을 엄격한 의미의 '프리랜서'에서 상담 서비스를 제공하는 것까지를 포함한다는 것은 본 장의 내용이 상담 서비스를 운영하는 조직의 전일제 상담자들—예를 들어, 인적자원 컨설팅 및 EAP 제공 업체, 국민건강서비스National Health Service: NHS와 같은 대규모 조직 안의 상담자들—에게도 폭넓게 적용할 수 있다는 의미이다. 프리랜서 기업상담자의 특이점은 EAP 제공 업체와 같은 큰 조직에서 받는 지원과 인프라가 없기 때문에 잠재적으로 취약할 수 있다는 것이다. 따라서 기업상담자들은 자신의 상담 서비스를 어떻게 마케팅하고, 또 어떻게 설정하고 모니터링할지 주의를 기울여야 한다.

다음 단계는 기업상담을 다른 형태의 상담과 구별되게 만드는 것이 무엇인지 규명하고자 한다. 그런 다음에 앞으로 나아가기 위한 몇 가지 생각들을 제시하고자 한다. 해야 할 것과 생각해 보아야 할 것들, 그리고 프리랜서 기업상담자들을 위한 체크리스트에 포함되어 있는 것들을 살펴보고자 한다.

기업 · 조직상담은 예측이 어렵다

일반적인 치료 장면에서는 내담자가 스스로 상담을 신청하거나 다른 상담자들이 의뢰하여 상담에 오게 된다. 즉, 기껏해야 두 가지 관점—내담자가 자진해서 상담을 신청하는 경우에는 내담자 자신의 관점, 의뢰된 경우에는 다른 상담자의 관점—으로 상담이 이루어진다는 의미이다. 그러나 기업 · 조직상담에서는 상황이 매우 다르다. 직장에서 내담자에 대한 정보는 인사 부서, 내담자의 직속 상사, 현장 관리자의 비서, 혹은 컨설턴트사의 사례 관리자(이전에 그 내담자와 통화하거나 만나서 메모를 작성한 사람) 등의 다양한 경로를 통해서 받게 된다. 한번은 어떤 기업의 '임시 직원'에게서 전화로 상담 요청을 받은 적이 있었는데, 그는 관리자가 상담 소개서를 주어서 상담을 알게 되었다고 하였다. 그런 소개로 내담자가 받은 상담에 대한 정보는 사실 간접적인 쪼가리 정보에 불과하다. 최악의 경우에 이런 소개는 상담에 대한 가지각색의 관점과 편견, 숨은 의도를 포함하고 있어서 기업상담자가 모종의 조치를 취해야만 하는 경우도 있다.

내담자가 의뢰되는 경우, 상담 요청 사유를 포괄적인 '스트레스' 목록표에 표시할 수도 있다(상담이 필요한 상황, 이슈 및 행동 목록은 부록 1 참조). 내담자에 대한 정보를 미리 알 수 있더라도, 그것이 내담자가 첫 회기 동안에 다루고 싶어 하는 것들과 일치하지 않을 수 있다. 이와 관련된 몇 가지 예가 있다.

- 한 인사 담당자가 나에게 전화를 해서, 지방관청에서 중간관리자 집단을 대상으로 경력상담을 제공하고 싶다고 했다. 하지만 내가 이러한 지원을 받게 된 중간관리자들을 만나고 보니, 이들에게 제공되는 상담이 사실은 그들의 '퇴사'나 정리 해고 지원 프로그램의 일부라는 것을 알게 되었다.
- 한 석유기업의 자회사 운영 책임자는 최근 비극적인 회사 사고로 사망한 두 명의 직원 가족에게 회사가 외상 후 상담 서비스를 꼭 제공해 주고 싶다며 전화를 했다. 가족들과 만나 이야기를 나누면서 나는 그러한 상황에에서 두 가족 모두에게 필요한 것은 바로 지지라는 것을 알게 되었다.

이런 뚜렷한 인식 차이가 알려 주는 것은 첫 회기에 기업상담자들은 어떤 것도 당연하게 생각하지 말아야 한다는 것이다. 상담자들은 첫 회기 때 자신에게 알려진 정보(상담동기에 관한 정보일지라도)에 대해 내담자와 주의 깊게 의사소통하는 것을 연습할 필요가 있다. 그렇지 않으면 내담자들이 상담 과정을 신뢰하지 않을 것이다.

내담자와 조직 사이에 뚜렷하거나 미묘한 인식 차이를 보여 주는 것이 있다. 예컨대, 조직이 '골치 아픈' 근로자들(혹은 낮은 실적의 근로자들)을 다루는 데 처벌적 방법을 쓰는 상황일 경우, 기업상담자는 이런 상황을 직면하고 관련 정보를 개인 내담자에게 전달하는 역할을 담당하기도 한다. 나는 조직이 근로자들에게 처벌적인 의미로 상담을 제공하는 사례를 접하기도 했는데, 다음과 같은 상황에서 상담이 이루어지곤 했다.

- 동료들과의 관계가 좋지 않은 경우: 내담자가 공격적이고, 불친절하게 보여서 정리 해고 대상에 올라가 있음
- 가정에 아픈 부모가 있어서 지나치게 결근이 많은 경우
- 새로운 기술을 따라가지 못해 장차 '불필요한' 존재가 되는 경우
- 상사와 관계가 좋지 않아서 '문제' 있는 사람으로 알려진 경우

앞의 예들은 상담이 "수행력을 높이고 잠재력을 향상시키는 심리학의 관점보다는 문제가 있는 사람들을 골라내는 방법"(Lane, 1990: 542)이라는 레인Lane의 관점을 더욱 뒷받침해 준다. 조직이 문서로 상담을 보장한다고 해도, 넓은 의미에서 보자면 상담을 보장해 주는 게 아니다. 프리랜서로서 내담자들이 근무 공간과 떨어진 중립적인 장소에서 상담을 받게끔 하고 싶어서 근무지 밖에 상담실을 요청할 때, 나는 조직이 사전에 한 약속을 제대로 지키지 않는다는 것을 느꼈다. 비록 비용이 얼마 되지 않더라도 이런 중립적 장소를 요구하는 것이 조직 입장에서는 추가 비용으로 비춰질 수 있다. 만일 전문적이고 비밀스러운 상담 서비스를 제공하기 위해 상담자가 사용할 수 있는 유일한 장소가 유리문으로 된 사무실이거나(이 경우, '동료들'이 상담에 '보내진' 순진한 동료가 누구인지 다 알 수 있다), 개인의 근무 장소(그들이 행복하지 못하고 만족스럽지 못한)와 가까운 곳이라면, 과연 그 조직이 상담에 대해 진정한 책무를 다하는지 의문시되어야 한다.

요약하자면, 나는 기업상담workplace counselling을 공중 화장실(WC: 아이러니하게도 이 둘은 같은 이니셜을 갖고 있다)에 비유하고 싶다. 당신이 화장실에 들어가기 전까지는 뭘 하고 싶은지 분명하지 않을 수 있다. 어떨 때는 그곳이 깨끗하고 깔끔해서 볼 일을 보고 나가기도 한다. 하지만 어떤 때는 그곳이 아주 지저분하고 엉망이어서 손만

씻고 빠져나가고 싶을 수도 있다!

기업 · 조직상담의 목적

상담과 기업 · 조직상담 간 중요한 차이점은 상담자로서 갖는 상담의 근본적인 목표에 있다. 피셔Fisher 등(1991)은 협상에 대한 저서에서 '윈 · 윈win-win' 협상을 언급했다. 자기 계발 영역의 다른 전문가들 역시 관계나 갈등 상황에서 '윈 · 윈'을 성취하는 기술들을 말했다. 스티븐 코비Stephen Covey(1989)는 성공하는 사람들의 일곱 가지 습관으로 '시너지(synergy)'[2]를 제시했다.

하지만 기업 · 조직상담에서는 '윈 · 윈'으로는 충분하지 않다. 사실, 기업 · 조직상담의 진짜 목표는 '윈 · 윈 · 윈', 즉 '내담자의 '윈', 상담자의 '윈', 조직의 '윈'이다. 세 번째인 조직의 '윈'은 상담자가 무시해서는 안 되는 중요한 차원이다. 즉, 상담자는 내담자만을 상대하는 게 아니라, 적어도 내담자와 조직이라는 두 명 이상의 고객을 상대하고 있다는 것을 잊어서는 안 된다. 이 둘은 서로 다른 기대와 기준, 평가와 성공 기준을 가지며, 각자는 정보와 비밀보장 및 결과에 대해서도 서로 다른 욕구를 가지고 있다. 또한 정보와 비밀보장, 결과에 대한 상담자의 욕구 역시 다를 것이다. 세 집단의 서로 다른 욕구는 다음과 같다.

기업 · 조직의 욕구

- 기대: 적은 비용으로 높은 상담 성과
- 측정치: 내담자들의 기분 고양과 업무 성과 향상, 혹은 퇴사 후에는 '무소식이 희소식'
- 상담의 목표: 좋은 고용주로서 기업을 향상시키고, 내담자를 제대로 기능하게 하고, 문제를 수정하는 것
- 상담의 성공 기준: 주어진 예산과 시간 내에서 성과 내기
- 필요한 정보: 기간, 비용과 상담의 효과 등

---

2) 역주: 스티븐 코비가 제시한 일곱 가지 습관 중 하나로 전체가 각 부분들의 합보다는 더 크다는 것을 의미한다. 시너지의 고차원적인 형태 중 하나는 인간만이 가진 재능인 윈 · 윈 동기가 있다.

- 비밀보장: 기업은 상담 내용을 알고 진척 상황을 보고 받을 권리를 위해 돈을 지불함
- 결과물: 상담의 많은 이득은 구체적인 용어로 측정될 수 없음. "기업상담은 양적으로 이윤을 보여 줄 수 없다."(Megranahan, 1990b: 7)

내담자의 욕구

- 기대: 기대가 없거나 기대치가 적고, 회사가 숨은 동기를 가지고 있지는 않은지 궁금해함
- 측정치: 상담자와 있을 때 안전감과 편안함을 느낌
- 상담의 목적: 몇 가지 개인적인 이익을 얻는 것
- 상담의 성공 기준: '처음에 내가 어떻게 느꼈나'와 '마지막에 내가 어떻게 느꼈나'의 대조 혹은 면접에서의 성공이나 재취업 혹은 경력상담을 통한 승진
- 필요한 정보: 회사가 알고 싶어 하는 것이 무엇일까?
- 비밀성: 상담자와의 완전한 비밀보장
- 결과물: 뭔가 달라지는 것이 관찰되고, 감정의 변화가 있음

상담자의 욕구

- 기대: 조직은 상담에 대한 책무를 지고 내담자에 대해 최대한 진심으로 관심 갖기
- 측정치: 내담자와의 관계의 질, 내담자를 위해 제공되는 안전감과 '직면' 수준
- 상담의 목표: 내담자의 기능을 향상시키기 위해 도움을 제공하는 것
- 상담의 성공 기준: 관계에서의 변화의 정도, 내담자의 '감동' 정도
- 필요한 정보: 내담자에 대한 아주 세세한 것 모두
- 비밀보장: 내담자가 위험에 처하거나, 그들 자신 혹은 다른 사람들을 해치는 상황을 제외하고 전적으로 비밀보장을 지켜 주는 것
- 결과물: 내담자들이 더 충만하고 행복한 삶을 살게 함. 같은 회사와 상담계약의 지속

기업상담자의 과제는 세 집단의 서로 다른 욕구들을 조화시키고, 욕구들이 충돌

하는 곳이나 욕구들이 서로 부합하지 않는 곳에서 생기는 이슈들을 어떻게 다루느냐 하는 것이다. 예를 들어, 조직은 상담 내용을 자세히 알고 싶어 하지만 이것은 상담을 시작할 때 상담자와 내담자 간에 합의했던 비밀보장과 충돌한다. 내담자는 힘든 시간을 보내고 있지만 현재 진행 중인 일의 우선순위를 고려해서 수회의 상담 회기를 연기해 왔었다. 상담자는 상담관계적 측면에서나 내담자를 위해 이것이 최선이라고 생각하지만 조직은 상담에서 무엇이 진행되고 있는지, 왜 회기가 길어지는지에 대해 궁금해한다. 상담자가 본분을 다하고 있는지도 알고 싶어 한다. 핵심 이슈는 세 집단이 모두 '윈 · 윈 · 윈' 하도록 만드는 것이 무엇인지를 아는 것이고, 세 집단을 도울 수 있는 상담 지원 프로그램을 구축하는 것이다. 기업상담자는 카멜레온처럼 자신이 일하고 있는 내용과 환경을 기반으로 자신의 빛깔과 질감을 수정해 나가야 된다.

기업 · 조직상담 관리하기

프리랜서 기업상담자는 많은 영역에 대해 주의를 기울일 필요가 있다. 이것들은 프리랜스 실무로 자리 잡아 가는 발달 단계와 관련이 있다. 이 중 몇 가지를 제시한다.

- 마케팅 '노하우'
- 사전 상담 홍보
- 전략과 기법

마케팅 '노하우'

프리랜서 상담자들이 그들의 서비스를 어떻게 상품화할 것인지에 대한 몇 가지 선택지들이 있다. 첫째로, 상담자가 제시하는 '서비스 인프라'이다. 독자적으로 서비스를 제공할 것인가, 아니면 느슨하게 엮여 있는 프리랜서 단체로 서비스를 제공할 것인가? 이것은 상담자들이 제작하는 마케팅 책자뿐만 아니라 조직이 상담 서비스를 인식하는 방식에 영향을 미친다. 다른 상담자들과 연계하는 것은 확실히 슈퍼비전, 일과 아이디어를 나누는 데 있어서, 그리고 분쟁 중재 측면에서 이점이 있다. 다른 상담자들과 같이 일하면서 더 큰 상담 프로젝트를 지원할 수도 있다.

두 번째 중요한 결정은 기업상담을 묘사할 단어들을 선택하는 문제이다. 내담자들이 기업상담을 언급하기 위해서 선택하는 방식에 미묘한 차이가 있다. '근로자 지원' '상담' 아니면 '스트레스 관리'인가? 내가 올해 같이 일했었던 두 조직은 청구서에 '상담'이란 단어를 사용하지 말고 대신 '일대일 코칭'이라는 단어를 사용할 것을 특별히 요청했었다. 문자적인 의미가 무엇이든지 간에, 우리가 제공하는 지원은 상담이다. 조직이 '상담'이란 생각에 더 익숙해지는 동안, 초보 기업상담자는 조직을 위해 더 적절한 용어를 쓰고 동시에 서비스에 무엇이 포함되는지에 대해 명확히 하도록 해야 한다. 어떤 조직이라도 자신들이 상담이라고 생각하는 것과 상담자들이 제공하는 것 사이에 일치가 일어날 수 있도록 마케팅 책자에 다양한 용어를 사용할 것을 제안한다.

일단 상담 서비스에 대한 개요가 전달이 되면 프리랜서들은 그들이 제공하는 서비스가 무엇인지 상담 시작부터 명확히 하는 것이 중요하다. 서비스나 요금에 대한 설명서를 만들 때 다음 목록에 대해 유념하라. 프리랜서로 일한다는 것은 전문적인 서비스를 제공하는 것이므로 기업상담자로서 요구되는 기술이나 자질은 광범위하다. 다음의 내용은 상담자가 조직에 제출하기 위한 문서를 작성하거나 상담이 시작되기 전에 구두로 나누는 대화에 참조하면 유용한 것들이다.

자격 증명서

- 상담 자격증
- 다른 조직에 상담을 제공한 경험. 올랜즈Orlans(1992)는 기업상담에 대한 광범위한 참고 자료를 토대로 기업상담에 적합한 주제 목록을 다음과 같이 제시하였다. 이러한 경험들은 잠재 고객에게 상담 서비스를 홍보하는 데 적절한 '자격 증명'으로 간주될 수 있다.
  - 조직행동의 원리와 역동들
  - 근로자 지원 프로그램EAPs을 설계하고 실행하는 모델과 훈련들
  - 기업상담을 하는 데 따르는 책임과 윤리
  - 조직의 건강성
  - 법규 제정의 역할
  - 스트레스 진단, 관리와 예방
  - AIDS
  - 약물 남용

–진로상담

이 외에도 메그라나한Megranahan(1989)이 이야기한 자질과 기술의 목록(부록 2 참조)도 마케팅 정보에 포함시킬 수 있다.

- 기업이나 다른 관련된 분야에서 일을 해 보라. 기업상담의 담당자로서 당신이 조직에서 일해 봤던 경험을 설명하는 것은 필수적이다. 조직들은 특히 상담자들이 비슷한 조직에서 일해 봤는지에 알고 싶어 한다.
- 자신이 이전에 제공한 상담 서비스의 결과를 제시하라. 앞에서 언급한 것처럼 상담의 이점을 명확하게 보여 주는 것은 어렵다. 제공된 상담이 효과적이라는 것을 증명하기 위한 통계치가 부재한 상황에서, 나는 많은 사례 예시를 드는 것이 도움이 된다는 것을 알게 되었다. 예를 들어, 나는 부정을 저질러 해고된 근로자로부터 피소당한 한 직물기업 현장 소장에게 지원했던 외상 후 스트레스 상담에 대해 자주 언급한다. 5회의 상담 결과, 그 현장 소장은 훗날 고소인과 만났을 때 대처할 수 있는 전략을 갖게 되었고, 미래에 자신을 지킬 자기 보호 능력을 갖게 되었다. 이 두 조치 모두 폭력적인 공격을 당한 후에 이루어지는 평범한 지원(가족이나 동료들과의 대화)을 통해서는 얻지 못하는 것이다.

상담 서비스의 개요

- 제공된 회기의 길이와 횟수. 나의 기업상담 경험으로 볼 때, '50분'의 치료 회기는 전체적으로 기업 장면에는 적합하지 않다. 특히, 내담자가 미리 근무 중 시간을 빼야 하는 경우나, 상담자가 이동하는 거리와 시간이 걸릴 때에 그러하다. 단기 프로그램(4회기에서 8회기)에서는 프리랜서가 회기당 1시간 반 정도를 사용하고 싶어 할 수도 있다. 처음 상담을 논의할 때 차후 회기가 더 필요할 경우에 대해서도 언급하는 것이 유용하다(후에 회기가 더 필요할 경우를 위해). 어떤 조직은 합의된 횟수를 변경하면 안 된다고 할 것이다. 어떤 조직은 지원이 더 필요한지 어떤지에 대해 나중에 평가하는 방식을 더 선호할 수도 있다. 기업상담 상황에서는 상담자가 최소 4회기의 계약을 하도록 추천된다.
- 서비스 홍보를 위한 조치(다음 절 참조). 상담자의 책무는 내담자와 의사소통하기 위해 적절한 정보를 선정하는 것이고, 조직의 책무는 제공되는 서비스의 여러 측면에 대해 의사소통하기 전에 상담자와 함께 점검하는 것을 명확히 하는

것이 좋다(다음 절의 '서비스 홍보' 참조).

- 바쁠 때 다른 상담자들의 지원받기. 다른 상담자에게 내담자를 의뢰하거나 다른 동료 상담자들과 함께 업무를 나눌 필요가 있기 때문에 프리랜서 이름이나 연락처를 포함시키는 것은 중요하다.

상담의 질 보증

- 행동 규약: 당신이 채택하고 있는 전문적인 서비스 준거들을 나타내 주는 영국상담학회British Association for Counselling: BAC나 인력개발연구소Institute of Personnel and Development: IPD의 행동 규약을 언급하는 것이 중요하다. 가능한 곳에 행동 규약의 복사본을 비치하는 것이 유용하다.
- 슈퍼비전: 슈퍼비전이 무엇인지, 그것이 어떻게 이루어지는지, 그리고 상담의 효율성을 위해서는 슈퍼비전이 중요하다는 점이 제시되어야 한다.
- 전문적인 손해배상보험: 이것은 인력개발연구소(IPD)의 회원들에게 제공되며, 사실 IPD 컨설팅 서비스에 등록된 컨설턴트와 상담자들에게는 필수 조건이다. 다른 것들은 다른 전문가 단체들로부터 이용 가능하다. 보험은 상대적으로 저렴하며, 내담자나 내담자 가족이 업무상 과실로 상담자를 고소할 때 법적으로 대처할 수 있게 한다. 어떤 조직은 모든 계약자들이 보험을 들 것을 주장하기도 한다. 보험이 반드시 필요하지는 않지만, 프리랜서에게 조직과 협상하고 상담 서비스를 제공할 때 마음을 편안하게 해 준다. 또한 이것은 상담 서비스에 대한 전문적인 이미지를 제공하는 데 도움을 준다.

피드백과 정보의 흐름

- 비밀보장: 비밀보장이 무엇인지, 상담자와 내담자 간에 상담 초기에 서로 합의하는 '비밀보장 약속'의 세부 항목과 효과적인 상담을 위해 이것이 얼마나 중요한지에 대해 기술한다.
- 진행 중인 평가와 보고 방식: 회사는 상담자가 세부 사항까지 보고하기를 기대할 수도 있다. 상담자는 조직이 알 필요가 있는 정보(회기의 날짜, 회기의 기간)와 조직이 알 필요가 없는 정보(회기의 내용, 개인적 정보)를 구별해야 한다. 한 가지 예외가 있다면 내담자가 조직에게 어떤 정보는 줘도 좋다고 할 때이다.

이에 대한 한 가지 예를 들어 보자. 경력 개발 프로그램으로 잘 알려진 공공분야 조직의 중간 관리자에게 상담을 제공한 적이 있었다. 상담을 시작할 때부터 마지막 회기에는 내담자, 상담자 그리고 비용을 지불하는 조직 대표가 앞으로 내담자가 취할 주요 행동에 대해 말할 수 있도록 삼자가 함께 만나기로 합의되었었다. 처음부터 이렇게 진행되면, 삼자 모두 피드백을 받아들일 가능성이 더욱 높아지면서 진정으로 삼자 모두 윈 · 윈 · 윈 할 수 있는 상황이 될 것이다. 이것이 시작할 때 합의되지 않으면 나중에 문제가 생길 수가 있다. 예를 들어, 조직이 상담자가 제공하는 서비스에 만족하지 못한다면, 내담자는 난처한 상황에 처할 수도 있고, 상담 회기 내용에 대해 여러 가지 질문을 받을 수 있다. 아니면, 상담자는 내담자의 직속 상사로부터 부하 직원의 시간을 왜 그렇게 많이 빼앗는지에 궁금하다는 전화를 받을 수도 있다. 이러한 모든 상황은 처음부터 어떤 정보를 누구와 소통해야 하는지에 대해 명확하게 합의함으로써 관리할 수 있을 것이다.

요약하면, 자격 증명서, 상담 서비스의 개요, 상담 서비스의 질 보증, 피드백과 정보의 흐름, 이 네 분야는 상담자들이 내담자들에게 말해 주는 공식적인 '제안서'와 상담 서비스를 설계하면서 조직과 비공식적으로 논의할 때 사용될 수 있다.

사전 상담 홍보

사전 상담 홍보는 첫 회기가 이루어지기 이전에 내담자가 접하게 되는 정보를 말한다. 이에 대한 두 개의 시나리오가 있다.

첫 번째 시나리오는 내담자들에게 상담이 제공되고 있으며 모든 내담자들이 이를 알고 있는 상황이다. 이런 경우 기업상담자는 조직을 방문하여 내담자들을 만나고 제공될 서비스에 대해 간략하게 소개하는 비공식 브리핑 회기를 마련하는 것이 유용하다. 이것은 두 가지 측면에 도움을 준다. 하나는 상담자에 대한 개인적인 두려움을 낮추는 데 도움을 준다('그래. 그들도 사람일 뿐이야'). 다른 하나는 서비스의 비밀보장을 명확히 해 준다('내가 말했던 모든 것이 인사 부서로 바로 가지는 않을 거야!'). 여기에는 다음과 같은 내용이 포함될 수 있다.

- 상담이란 무엇인가?(내담자들에게 문답을 통해 말해 줌으로써 상담에 대한 두려움을 낮추는 데 도움이 된다)
- 상담의 범위(무엇이 포함되는지, 제공될 수 있는 외부 지원이 무엇인지)

- 실행 계획(상담이 어디서 진행될 것인지, 언제 시작할 것인지, 상담 횟수, 어떻게 시작될 건지, 내담자가 상담 개시를 결정할 수 있는지, 아니면 미리 정해져 있는 것인지 등)
- 비밀보장
- 조직에 대한 피드백
- 상담자에 대한 접근성(언제, 어디서 그리고 어떻게 상담자를 접촉할 것인지)
- 질문에 대한 답변

상담 회기가 끝날 때 연락 가능한 전화번호를 포함해서 앞선 정보들을 정리한 한 페이지 정도의 요약 정보를 준비하여 제공하는 것도 유용한 팁이다. 45분의 브리핑 시간을 갖는 것은 대체로 유익하다. 공식적인 발표를 하고 끝나는 게 아니라 내담자들과 직접 대화하는 방식을 고려해 보라.

두 번째 시나리오는 조직이 선별한 내담자에게 상담 서비스를 제공하는 경우이다. 이 경우 상담자가 각각의 내담자들에게 전화를 해서 자신을 소개하고 첫 회기를 주선하는 것이 더 효과적이다. 이것은 서먹한 분위기를 깨고 내담자들이 여러 가지를 알게끔 하는 데 도움을 준다. 첫 번째 시나리오에 사용 가능한 앞의 목록 이외 다른 항목들이 첫 회기 때 논의될 수 있다.

더 큰 규모의 EAP의 경우에는 브리핑 회기를 갖는다든지, 전화상으로 서비스에 대해 알려 주는 것이 어려울 수 있다. 그렇더라도 상담 서비스가 우연적으로 이뤄지지 않도록 하는 게 중요하다. 또한 인사 부서에게 이 일을 맡기지 않는 것도 중요하다. 왜냐하면 상담 서비스에 대한 기대와 관심은 초기에 형성되기 때문인데, 특히 조직 대표가 외부 상담자와 합의되지 않은 용어로 자신들의 '내부 고객'에게 상담 서비스를 설명하는 경우에는 더 문제가 될 수 있기 때문이다. 기업상담자가 자신의 영향력을 행사하기 어려운 상황에서는 첫 상담 회기의 초반에서 앞선 정보들이 꼭 다루어질 필요가 있다. 이것은 내담자들이 자발적으로 참여하는 치료적 상담 환경보다는 내담자가 자발적으로 상담에 오지 않을 가능성이 큰 직장 환경에서 더 중요하게 고려되어야 할 것들이다.

전략과 기법

기업상담자가 수련을 마칠 때쯤이면, 훗날 상담 프로젝트에 사용할 수 있는 기법들을 구사할 수 있게 되는데, 공감, 적극적 경청, 재진술과 요약 같은 기법들이다.

이 핵심 기술의 중요성을 폄하하는 것은 아니지만, 다음과 같은 부가적인 전략과 기법들은 기업상담자가 남을 돕는 데 새로운 수준의 라포와 그 효과를 얻도록 도움이 될 것이다.

여기서 다뤄지는 많은 기술들은 NLP(Neuro-Linguistic Programming)에 기원을 두고 있고, 이것들은 직장에서 이루어지는 상담에도 효과적으로 적용 가능하다. 최근 상담 분야에서 제기된 NLP에 대한 부정적 평가에 반해(Summerfield and Van Oudtshoorn, 1995: 87), NLP에서 발견한 특정한 접근들이 기업상담자들에게 '돌파구'를 제공할 수 있다. 다음 목록은 나이트(Knight)(1995)가 제시한 것들이다.

잘 설정된 성과 목표

상담 관계가 시작될 때, 내담자가 상담 목적을 명확하게 갖도록 하는 것이 좋다. 구체적인 여러 질문을 통해 내담자를 안내함으로써 내담자들이 적극적으로 상담 성과를 달성하는 데 관여하게 만들 수 있다. 이는 기업상담자가 상담 종결 시 목표 달성 여부를 평가하는 데도 도움이 된다. 이것은 전통적인 목표 설정 방식(예를 들어, SMART한 목표 설정: 구체적(Specific)이고, 측정 가능하고(Measurable), 성취할 수 있고(Achievable), 타당하고(Relevant), 시간 제한이 있는(Time-scaled) 목표 설정)과는 다른 점이다.

다음에 제시한 상세한 질문들이 긍정적인 상담 성과를 도출하는 데 기여할 수 있다. 상담에서 내담자가 목표 달성을 위해 더 열심히 노력할수록 성취 가능성은 커진다. 다음의 상세한 질문들은 어느 기업상담 상황에서든지 내담자들이 목표 달성을 위한 노력을 격려하는 데 사용될 수 있다. 사람들은 목표를 마음속에서 만들어 내고 현실 속에서 실현하는 것이라고 말을 한다. 내담자들이 그들의 목표를 마음속에 만들지 않는다면 이를 현실에서 성취할 가능성은 적어진다.

- 당신이 진정으로 원하는 것은 무엇입니까? 대답은 긍정적으로 진술되어야 한다. 내담자들은 자신이 원하지 않는 것이 아니라 진정으로 원하는 것을 구체화한다.
- 당신이 그것을 얻었다는 것을 어떻게 알 수 있습니까? 성공의 증거로 당신은 무엇을 보고, 듣고, 느끼며 다른 사람들은 무엇을 보고, 듣고, 느끼게 될까요? 성과에 대해 감각적이고 구체적인 증거를 만들게 하라.
- 그것을 언제 어디서 누구와 달성하기를 원합니까? 당신이 그것을 성취했을 때 무슨 일이 일어날까요? 성과를 언제, 어디서 그리고 누구와 함께 이룰 것인지 세부적으로 관련짓게 하라.

- 이런 성과는 누구에게 달렸나요? 그것을 얻기 위해 어떤 자원이 필요한가요? 성과를 스스로 유지할 수 있도록 하라. 다시 말해, 내담자 스스로가 시작하고 유지할 수 있도록 하는 것이다.
- 그것을 달성하게 되면 당신에게 어떤 이익이 있을까요? 노력할 가치가 있나요? 이 성과물이 당신 삶의 다른 부분에 어떻게 영향을 미칠까요? 이것은 성과물이 생태학적으로도 의미가 있고, 내담자의 삶의 다른 분야와 부합하고 윈 · 윈 상황을 제공하는지에 대해 검토하는 것이다.
- 성과를 달성하기 위해 첫 번째로 해야 될 일은 무엇인가요? 소요되는 시간은 얼마나 될까요? 이것은 우선적으로 할 일과 노력할 시간을 점검해 준다.

비언어적 의사소통에 반응하고 이끌기

앨버트 머라비언Albert Mehrabian의 연구에 따르면, 우리의 의사소통에서 55%가 신체언어를 통해 이루어진다고 한다. 하지만 기업상담자의 훈련에서 이 부분이 충분히 강조되지 않는 것 같다. 내담자와 조직 그리고 상담자 등의 세 그룹이 관여된 기업상담에서 상담자가 초반에 친밀한 관계를 형성하는 것은 중요하다.

이것은 내담자와의 의사소통에서 제스처, 앉는 자세, 호흡 속도 등 비언어적 표현을 통해 이루어진다. 내담자의 세부적인 비언어적 표현에 잘 집중하여 관찰하면서 그들의 비언어적 메시지를 조심스럽게 따라가고, 이런 비언어적 메시지에 잘 조응하다 보면 내담자들은 편안함을 느끼고 상담 시작부터 '안전감'을 느끼게 된다. 상담자가 어느 정도의 라포를 형성하게 되면 내담자는 이를 비언어적인 메시지를 통해 표현하고 상담자를 따르게 될 것이다.

나는 두 번의 역할 연습 상담 회기 초반에 이것을 실험한 적이 있다. 역할 연습으로 이루어진 상담에서 나는 적극적인 경청과 동시에 핵심 상담기술을 사용하면서, 내담자의 비언어적 의사소통에는 의도적으로 조응시키지 않았다. 그 차이점은 정말 놀라웠다. 두 내담자는 질문에 대해 매우 불편해했고, 공감을 형성하는 데 많은 시간이 걸렸다.

비언어적 표현의 다른 분야에는 복장 규정이 있다. 기업의 복장 규정에 따라 상담자가 맞추는 것이 중요하다(특별히 근로자가 이 상담자가 조직에 맞는지를 평가하는 초기 회기에서 더욱 그러하다). 카멜레온 기술이 드러나기 시작하는 부분이다. 기업의 기대에 얼마나 부합하고 동시에 상담 역할을 얼마나 잘할지를 보여 준다. 특정 조직의 복장 규정을 따르는 것은 중요한데, 왜냐하면 조직마다 복장 규정이 다를 수 있기 때문이다. 나는 프랑스어로 북아프리카 내담자와 하는 상담 프로젝트에 같이 할 일단의 상담자들과 한 인터뷰를 기억한다. 한 기업상담자는 아랍계 관리자와 만날 때 존중의 표시로 그녀의 머리를 천으로 가린다고 말했다. 그 조직 입장에서는 이것이 진실하지 않고 수용할 수 없는 무례함의 표식으로 받아들여졌다. 따라서 카멜레온으로서 상담자는 환경의 욕구에 민감하면서 동시에 자신의 선입견을 보류할 필요가 있다.

표상 체계

표상 체계는 근로자들이 그들의 내부 세계를 연결시키는 선호하는 감각들이다. 내담자는 그림으로(시각), 소리로(청각) 아니면 감각으로(촉각) 생각하며 이것은 그들이 상담자와 대화할 때 사용하는 단어를 통해서 표현된다. 내담자가 감정과 정서를 표현하기 시작할 때, 상담자는 내담자가 사용한 표상 체계를 알고 내담자와 같은 표상 체계를 사용해서 반영하고 재진술하고 요약해 주는 것은 매우 강력한 효과가 있다. 내담자의 표상 체계에 주의를 두면 상담자는 친밀한 관계를 만들 수 있고, 높은 수준의 적극적 경청을 할 수 있고, 재진술, 요약이나 반영의 효과를 높일 수 있다. 다음의 예는 이를 보여 준다.

내담자: 제 머리에서 들려오는 모든 목소리들이 제가 잘못된 직업을 갖고 있다고 말하고 있지만 다른 일을 한다는 것을 생각하는 것조차 견딜 수가 없어요. (듣는다, 말하다=청각; 견디다=운동감각)

상담자: 내면에서는 다른 무언가를 할 수 있다고 말하지만, 당신은 변화가 없을 것이라고 느끼고 있는 것처럼 들리네요. (소리가 말하다, 들리다=청각; 느끼다=운동감각)

앞의 예에서, 내담자는 청각 및 운동감각 언어를 사용하고 있고 상담자도 비슷한 표상 체계를 이용해 응답하고 있다. 더 많은 표상 체계에 대해서는 나이트(1995)의 글을 참조할 수 있다.

다양한 입장에서 생각하기

직장의 여러 가지 상황은 내담자가 자신들 주위의 사람들에게 미치는 영향력까지 고려하도록 요구한다. 다양한 입장에서 생각하기는 주어진 상황에서 더 많은 선택을 할 수 있도록 한다는 점에서 기업상담자들이 사용하면 좋을 유용한 기술이다.

이것은 상담자들이 사용하는 '빈 의자 기법'과 비슷한 것이다. 하지만 감각적이고 구체적인 질문을 통해 내담자들이 보다 다양한 위치에서 여러 사람의 입장을 경험할 수 있도록 해 주는 것이다.

이것은 4단계 과정으로 구성된다. 첫 번째 단계는 내담자들이 무엇을 보고, 듣고, 느끼는지를 경험하도록 요청하는 것이다. 내담자가 이 '첫 번째 단계'를 잘 수행하면 두 번째 위치(그 상황과 관련된 다른 사람의)를 취하도록 요청하고 그들의 관점에서 상황을 경험하게 한다(그들이 무엇을 보고, 듣고, 느끼는지). 일단 내담자들이 각 입장을 충분히 경험하게 되면 내담자들에게 세 번째 입장을 취하도록 요청한다. 세 번째 단계는 내담자들에게 제3자 입장에서 그들이 무엇을 보고, 듣고, 느끼는지에 대해 묻는다. 사람들이 그 상황에서 어떤 것을 필요로 하고 객관적인 관점에서 어떤 통찰을 할 수 있는지 생각해 보게 한다. 일단 모든 입장이 경험되고 나면, 네 번째 마지막 단계는 상담자가 내담자에게 원래의 위치로(그들 자신으로) 돌아와서 그 상황에 포함된 모든 사람들의 욕구를 충족하는 윈 · 윈을 달성하기 위한 어떤 새로운 선택들이 있었는지 기술하도록 한다.

요약하면 잘 설정된 성과 목표, 비언어적 의사소통에 반응하고 이끌기, 표상 체계, 그리고 다양한 입장에서 생각하기라는 4개의 NLP 전략은 직장 밖의 환경에서 일할 때 쓰이는데, 이 모두는 초보 기업상담자에게나, 숙련된 기업상담자에게나 두루 추천되는 것들이다.

결론

마침내 본 장의 제목인 '카멜레온처럼 되기'를 모두 살펴보았다. 기업이라는 장면에서 서비스를 제공하기로 한 상담자들에게 말하고 싶은 것은, 당신 자신을 윈 · 윈 · 윈을 달성하기 위해 내담자와 기업에게 모양과 색깔을 맞출 필요가 있는 카멜레온이라고 생각하라는 것이다. 초보 기업상담자는 자신이 처하는 상황에 적응할 수 있도록 유연성을 기르고 당신이 접하는 상황과 환경에 필요한 것들을 미리 획득하려고 노력하라.

모든 기업상담자들은 카멜레온에서 배울 것이 많지만, 내담자들의 욕구에만 맞추다 보면 우리 자신의 시각을 잃을 수도 있다. 중요한 것은 일하는 모든 환경과 맥락 속에서 기업상담자로서의 자신의 정체성과 가치, 신념들이 손상되지 않도록 유지하면서 카멜레온처럼 바꾸고 변화하는 것이다. 도전을 하면, 그만큼 얻는 이익은 지대할 것이다.

> 만약 상담이 주요 전략 도구로 인식되기 위해서 상담을 하는 사람들은 외부자들이 보기에는 사소한 문제일지라도 어려움에 처한 개인에게 엄청난 무게를 가질 수 있다는 것을 빨리 알아차릴 필요가 있다. 기업상담은 고통받는 개인이 제자리를 찾도록 하는 상담을 훨씬 넘어선다. 기업상담은 어려움을 겪고 있는 회사를 바로잡는 것만큼이나 심오한 것일 수 있다(Cary Cooper와의 인터뷰에서, 1990: 8).

부록 1 상담이 필요하다는 신호가 될 수 있는 상황/이슈/행동

상담이 필요하다고 인식되는 상황

- 사람들이 자신의 평상시 기준에 따라 일을 하지 않음
- 계속되는 지각
- 명확하지 못한 의사소통
- 팀의 일원으로 기능하지 못함
- 비정상적이거나 달라진 행동
- 결정을 하거나 수용하는 데 어려움
- 개인적인 환경의 변화
- 직장 환경의 변화

내담자들이 가지고 오는 이슈

- 부부 문제
- 사별
- 음주
- 약물 사용
- 건강
- 감정 조절
- 상황 대처 불능
- 기술이나 활동성 부족
- 진로 위기
- 성격 문제

상담이 필요한 행동

- 아첨하려고 하고, 자신이 뭔가 하기보다는 도움을 바라고, 성공을 받아들이지 못하고, 실패에 대해 끊임없이 걱정하고, 다른 사람들에게 의존적이고, 우유부단하고, 책임을 피하고, 항상 새로운 일을 찾고, 마감 시간을 맞추지 못하고, 습관적으로 회의에 참석한다.
- 공격적으로 말하고, 듣지 않고, 남에게 보스 행세를 하고, 고집이 세고, 유연하지 못한 안목과 시야를 갖고 있고, 독재적이고, 권한을 넘기는 것을 싫어하고,

비판적이고 남에게 모욕을 주고, 부당하고, 질투심이 많고, 비판을 받아들이지 못한다.

- 일을 적절하게 조직하지 못하고, 남을 계속 비난하고, 일을 끝내기 어려워하고, 방어적이고, 비밀이 많고, 친구가 거의 없고, 비이성적이고, 자주 공포에 사로잡히고, 개인적 접촉을 피하고, 비협조적이고, 조직에 심하게 반대하고, 비망록을 사용하고, 일을 미루고, 걱정한다.

—Sidney and Philips(1991: 56)에서 발췌

부록 2 효과적인 상담자의 자질과 기술

능력

- 단기상담을 할 줄 알아야 한다(6회 정도의 횟수나 더 적은 횟수).
- 위기 상담을 할 줄 알아야 한다.
- 대처 기술과 정신건강을 평가할 줄 알아야 한다.
- 약물/알코올 의존을 평가하고 적절한 개입을 할 줄 알아야 한다.
- 조직 안에서 상담을 활성화할 수 있어야 한다.
- 단체나 프로그램 관련 정책을 개발할 줄 알아야 한다.
- 프로그램 평가를 할 줄 알아야 한다.

다음의 사항에 익숙해지기

- 조직의 구조, 직업에 대한 설명, 업무 수행 기대들과 훈련 과정
- 기업 관계자들과 노조 대표
- 피고용인들을 위한 보험이나 연금 체계
- 사회적 서비스 기구들과 건강 관리 체계들

그 외 기술들

- 전문적인 윤리와 법적 의무에 대한 지식
- 재정 문제에 대한 상담기술
- 합법 및 불법 약물에 대한 지식

- 훈련 기술과 공개적인 발표 능력
- 글쓰기 기술
- 자문 기술
- 개인 시간 관리 및 조직 기술

—Megranahan(1989: 259)에서 발췌

참고문헌

'Counselling in the workplace-is UK management ready?' (1990). interview with Cary L. Cooper, *Employee Counselling Today,* 2 (1): 5-8.

British Association for Counselling (1985). *Code of Ethics and Practice for Trainers*. Rugby: BAC.

British Association for Counselling (1989). *Code of Ethics and Practice for Counselling Skills*. Rugby: BAC.

British Association for Counselling (1992). *Code of Ethics and Practice for Counsellors*. Rugby: BAC.

Carroll, M. (1993a). 'Making ethical decisions in organisational counselling', unpublished paper.

Carroll, M. (1993b). 'The counsellor in organisational settings: some reflections', unpublished paper.

Carroll, M. and Holloway, E. (1993). 'Outplacement/redundancy counselling: is it really counselling?', unpublished paper.

Covey, S. (1989). *The 7 Habits of Highly Effective People*. New York: Simon and Schuster.

Crandall, R. and Allen, R.D. (1982). 'The organisational context of helping relationships', in T. A. Will (ed.), *Basic Processes in Helping Relationships*. London: Academic Press.

Egan, G. (1990). *The Skilled Helper*. Belmont, CA: Brooks/Cole.

Fisher, R., Ury, W. and Patton, B. (1991). *Getting to Yes: Negotiating an Agreement Without Giving In*. Kent: Century Business.

Gitterman, A. and Miller, I. (1989). 'The influence of the organisation on clinical practice', *Clinical Social Work Journal,* 17 (2): 151-164.

Knight, S. (1995). *NLP at Work*. London: Nicholas Brealey Publishing.

Lane, D. A. (1990). 'Counselling psychology in organisations', *The Psychologist, Bulletin of the British Psychological Society*, 12: 540-544.

Megranahan, M. (1989). *Counselling: A Practical Guide for Employers*. London: Institute of Personnel Management.

Megranahan, M. (1990a). 'Employee Assistance Programmes: frameworks and guiding principles', *Employee Counselling Today*, 2 (3): 28-32.

Megranahan, M. (1990b). 'The organisational value of employee assistance', *Journal of Managerial Psychology*, 5 (2): 3-8.

Orlans, V. (1992). 'Counselling in the workplace: Part I-Counsellor perspectives and training', *EAP International*, 1 (1): 19-21.

Sanders, G. (1991). 'Counselling models in the workplace-taking NLP into counselling', *Employee Counselling Today*, 3 (1): 13-20.

Shaw, G.H. and Sugarman, L. (1990). 'Can people be sent for counselling?', *Employee Counselling Today*, 2 (1): 9-13.

Sidney, E. and Phillips, N. (1991). *One-to-one Management: Counselling to Improve Job Performance*. London: Pitman Publishing.

Summerfield, 1. and Van Oudtshoom, L. (1995). *Counselling in the Workplace*. London: Institute of Personnel and Development.

5장

외부상담 서비스 제공 모델

Michael Reddy

근로자 지원 프로그램EAP은 잡동사니로 가득 찬 보따리와 같다. 외부적으로나 내부적으로 제공되는 이 프로그램들은 여러 가지 형태를 가질 수 있다. 3장에서 노린 테라니Noreen Tehrani는 아주 특수하게 우정국에 적용되는 내부 제공 서비스의 철학과 실천을 상세히 설명하였다. 그것은 우정국의 역사와, 특히 보건 전문가들의 조직 내 영향성을 보여 주었다. 만일 내부 EAP 형태의 서비스를 제공하고 있는 British telecom(영국 통신회사), Shell International(에너지회사), Motorola(미국 전자제품 및 통신산업관련 회사), Inland Revenue(국세청), Polygram(네덜란드 음반회사)과 같은 다른 회사에서 작성했다면, 전혀 다른 내용의 장이 되었을 것이다. 물론 외부 EAP 서비스와도 매우 다르게 보일 것이다.

본 장은 근로자 지원 프로그램들뿐만 아니라 상담, 훈련과 근로자 지원 서비스와 같은 폭넓은 서비스들을 제공해 주는 개별 상담 및 조력 서비스Independent Counselling & Advisory Services: ICAS[1] 방식을 살펴보고자 한다. ICAS는 다른 상황에서는 상담 기업으로 분류될 수 있을지 모른다. ICAS는 내가 가장 잘 알고 있는 EAP 제공 업체인데, 본

1) 역주: 개별 상담 및 조력 서비스(Independent Counselling and Advisory Services: ICAS)는 1987년에 설립된 영국의 전문 심리 서비스 기관이며, 24시간 연중무휴 전화상담 서비스로 EAP를 제공하였는데, 1990년

장은 이 회사의 인프라와 프로그램이 제공하는 서비스 범위, 직업적 가치와 근로자뿐만 아니라 고용주를 후원해 주는 방식을 기술하고 있다.

내부 서비스 제공자들 간에도 운영의 형태와 양식이 다양하듯이, ICAS와 그 외의 외부 EAP 제공자들 사이에도 주목할 만한 차이점들이 있다. 내부 제공자들과 비교했을 때, 이런 차이점들은 각각 프로그램의 직업적 근원과 많은 관계가 있다. 그리고 이런 차이점들은 직원 부문에, 구조 및 관리 방식에, 그리고 소비자 조직을 위한 서비스 선택과 결과의 유형에 반영된다. 다음에 나오는 것들 중 몇 가지는 EAP 제공자들의 특징을 보여 줄 것이고, 다른 몇 가지는 ICAS에 초점을 둔 것이다. 외부 제공자들 사이의 차이점들이(내부 제공자들 사이에서와 마찬가지로) 때에 따라서 겉으로 보이는 공통점보다 더 중요하기도 하므로, 그것을 다른 방식으로 쓰는 것은 불가능할 것이다.

EAP 설계

문화적 맥락

내부적이든 외부적이든 EAP 제공자들은 서로 크게 차이가 날 뿐만 아니라, 특히 영국의 EAP는 다른 나라들과 큰 차이점을 보인다. EAP는 환경의 산물이다. 예컨대, 호주에서는 고용주가 내는 분담금을 국가가 보조해 준다. 그러한 사실이 EAP의 대중적 인기에 큰 영향을 끼쳤다.

EAP는 다양하게 변화해 왔는데, 이러한 점으로 인해 EAP에는 단일한 모델이란 없다는 사실을 깨달을 수 있다. 즉, 영국의 EAP는 미국에서 물려받았다기보다는 상당 부분 영국 전통의 소산이다.

대 중반 영국 EAP 시장을 이끌었다. 1998년 네덜란드에 첫 번째 국제사무소를 개설한 이후 200개 지역의 글로벌 네크워크를 구축하였고, 2007년에는 건강관리사업을 확대하기 위한 글로벌 전략의 일환으로 AXAA PPP Healthcare Group에 매각되어 현재는 AXA ICAS이라는 이름으로 EAP 사업을 운영하고 있다.

배경

EAP '역사 이전의' 원형은 알코올 남용이나 음주 습관 때문에 직무 수행에 영향을 받는 직원에 집중되어 있었다. 마약이나 알코올 남용에서 시작되었든 혹은 호주에서 했던 것처럼 재무 협력에서 시작되었던건 간에 그렇게 좁은 의미에서의 EAP가 지금 폭넓은 서비스로 꽃을 피우고 있다는 것은 누구나 아는 사실이다. 대다수 사람의 문제는 수많은 원인이 관계되거나 혹은 원인은 같지만 다양한 양태를 띠고 있는 문제들이기 때문에, 단일한 초점을 가진 서비스들로는 수요자 욕구를 제대로 맞추기가 쉽지 않다. EAP는 전형적으로 도입되는 방식과 그 활용의 폭이 다양하기 때문에 사용 빈도가 높다. 평균 노동력 20% 이상이 이용하고 있다. 하지만 단지 알코올 남용에만 근거한 EAP가 현재 영국의 문화적 분위기에서 1%에라도 미칠 수 있을지 의심스럽다.

그 이유는 영국의 EAP가 상이한 시대와 다양한 변화에 부응하기 위해 고안된 것이기 때문이다. 예를 들어, 맨 처음 EAP가 등장한 것은 미국이 금주법 시행에서 벗어나던 때이고 알코올중독자 익명법을 만들어 내던 환경에서이다. 그것은 업무 수행 관리가 다소 느슨했을 때 성장했다. 그것은 미국이 바로 그때 제2차 세계대전에 핵심 인력들을 보내고 있었다는 사실 이외의 다른 어떤 이유 때문도 아니었다. 훗날 1960년대부터 EAP의 성장은 명백하게 의회로부터 굳건한 뒷받침을 받았다. 의회는 처음에는 알코올, 나중에는 마약이나 도박에 대해 강력한 법안을 입법하고자 했다. 같은 50년 동안 이 중에서 영국과 관련된 것은 아무것도 없었다.

1990년대 후반 영국의 EAP

영국에서 우리가 직면하고 있는 것은 유래 없는 문화와 조직의 변화 시대이고 글로벌 경제의 완전히 새로운 도전들이다. 또한 이 모든 것들이 근로자들의 업무와 개인적 삶에 주는 충격을 다루어야 할 요구들에도 직면하고 있다. 이와 같은 새로운 환경들은 직업 불안정성, 장시간의 노동 시간, 일-가정 양립의 어려움, 지속적인 기술의 발전, 구조와 실천에서의 끝없는 변화 등인데, 이 모든 것은 전반적으로 생활이 더 복잡해지고, 지원 체계가 약화되기 시작한 시기에 일어났다. 그동안 우리는 전화가 일상생활의 일부가 되는 것을 보았고, 이미 이용 가능한 정보량이 폭발적으로 증가하는 것을 보았다. 그런 까닭에 1990년대 영국의 외부 EAP 형태는 전화가 핵심이었다. 실제로 일부 EAP 제공은 처음부터 합법적인 헬프라인helpline[2]에서 성장했다.

이와 대조적으로, 미국식 EAP는 전통적으로 전화가 직접적인 도움의 수단이기보다는 교환기나 교환소로서 많이 사용되었다. 이런 점은 영국 EAP를 미국식과 비교함에 있어 유사점만큼이나 차이점이 크다는 것을 보여 준다. 예를 들어, ICAS 전화상담 창구telephone helpdesk를 전담하고 있는 사람들은 자격을 갖춘 전문 상담가팀들과, 사례 관리자들과 폭넓은 경험을 지닌 전문가들이다. 또한 그 전문가들은 심리학, 간호학, 사회활동, 정보 조사, 자금 관리, 외상 후 스트레스, 상담, 유아 돌봄과 노인돌봄, 소비자 서비스, 경력 관리, 인재 관리 등의 분야를 다룬다. 이와 같은 인프라와 현장에서의 운영 과정들로 인하여 고객의 요구 사항들이 확인되고 '원스톱 매장(one-stop shop)' 개념이 압도적으로 늘어남에 따라 도움 창구를 통해 접근할 수 있는 자원들이 계속해서 확대될 것으로 예측할 수 있다.

영국의 복지 전통

미국 모델과 영국 ICAS 방식의 두 번째 주요한 차이점은 영국의 모든 EAP 제공자는 내부적이든 외부적이든 다른 곳에는 잘 알려지지 않은 근로자 지원 전통과 부에 기반을 두고 있다는 점이다. 특히, 공공 분야와 규모가 큰 가족 소유의 소매업에서 많은 거대한 조직을 가진 경우, 많은 수의 복지 기반 서비스들이 수십 년 동안 유용했다. 그리고 그것들 중 몇몇 서비스는 오늘날 쉽게 하나의 EAP로 인정받는 것으로 변모되었다. 많은 수의 신세대 복지담당관은 더 새로운 상담기술 훈련을 받고 있고, British Telecom처럼 몇 가지 복지 서비스들의 이름은 '직원상담 서비스'로 바뀌었다. 이 모든 것 중에서 전형적인 것은 다음과 같은 점이다. 즉, 수십 년 동안 그 서비스들은 개개인의 직원들에게 질 높은 도움을 주었다. 개별 직원의 요구 사항들을 너무 심각하게 바라보는 관리자의 귀에다 대고 한마디 하는 것이든, 아니면 전체 조직을 통해서 정책과 실천을 변화시키고자 시도하든 간에, 그동안 조직 안에서는 어떤 일들을 일어나게 만드는 자기들 입장의 이점을 취하고 있었다.

ICAS의 몇몇 인적자원은 이런 전통에서 나왔다. 따라서 그것은 개개인에게 직접적으로 도움을 주는 것과 더불어서 조직 전체에게 같은 서비스를 제공하는 ICAS 철

2) 역주: 외부의 독립적인 제3자에게 위탁하여 운영하는 익명의 제보 시스템을 통칭하여 일컫는 말이다.

학의 일부이다. 그런 메커니즘 중 하나는 고객이 조직 내부에 있는 내부 EAP 교섭 그룹이다(다음 내용 참조).

외부 EAP 모델

구조

ICAS의 전문적 운영은 임상 서비스와 기업 서비스로 나누어진다. 주요 활동은 개인에 초점을 맞춘 서비스와 조직에 초점을 맞춘 서비스로 구분되는데 전문적인 배경이 아주 다른 별개의 팀으로 운영되고 있으며, 이는 ICAS가 그 미션과 목적을 지키는 데 중요한 핵심 요소이다.

물론 외부 EAP 모델로서 내부 EAP의 서비스 구조와 비교했을 때 차이점들이 있을 것이다. [그림 5-1]에서 바로 확인할 수 있는 것처럼 외부 모델 서비스는 공모한다는 의심을 피하거나 비밀보장을 쉽게 이행할 수 있다고 보며, 반면에 내부 모델 서비스는 직원의 문제들을 상황의 전후 맥락에서 살피고, 필요한 경우 그 정황을 통해 다루기에 더 수월할 것이라고 본다.

외부 EAP 제공 업체에 있어 바로 후자가 난제이다. 좋은 EAP 서비스는 조직 내에서 다양한 접촉을 통해 다수의 목소리에 귀를 기울일 것이고, 현재 상황에 대해 알아야 할 필요가 있는 것을 상담가들에게 전달할 것이다. 그리고 동시에 관련 정책

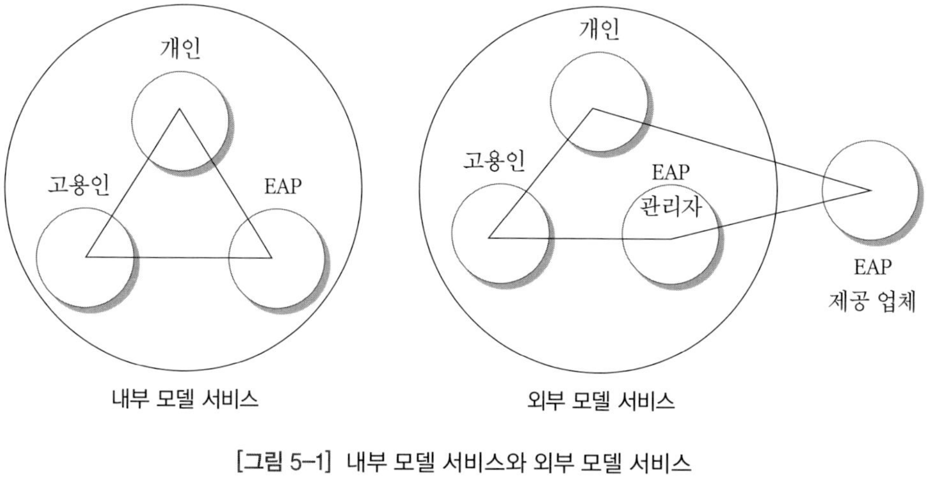

[그림 5-1] 내부 모델 서비스와 외부 모델 서비스

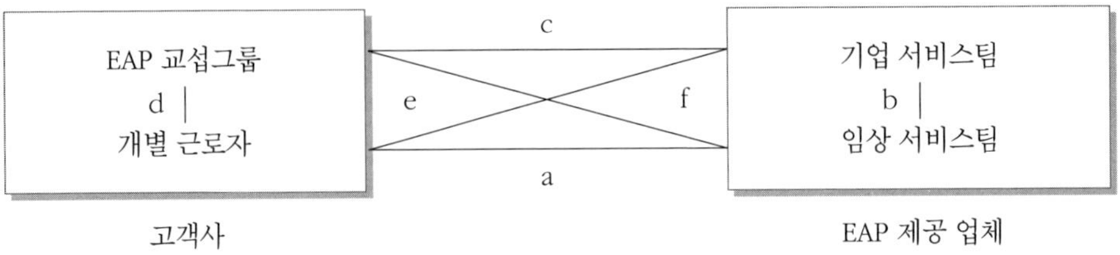

a. 개인과 상담가와의 철저한 비밀보장 관계
b. 고객사와 EAP 제공 업체 간의 관계는 적절히 보호되어야 하지만 드물게 개인의 생명, 공공의 안전 혹은 법, 질서를 위협할 경우 적절히 걸러서 알아야 할 정보는 알려 줘야 하는 관계
c. 전반적인 고객사와 EAP 제공 업체 간의 양방향 채널 소통 방식
d. 고용주와 개별 근로자 간의 일반적인 소통 채널
e와 f. 대각선 채널은 비밀보장을 위해 폐쇄된 상태임

[그림 5-2] 외부 EAP의 구조

개발에서 조직을 지원하게 되는데, 한편으로는 자체적인 전문 경험을 공유하기도 하고 지속적으로 수집한 풍부하고 유용한 관리 정보를 통해서 이루어진다.

외부 EAP 제공 업체에게 효과적인 구조는 이와 같이 [그림 5-2]에서처럼 관계의 삼각형 조합보다는 사각형 조합을 지향한다.

임상 서비스

자원

전국적인 EAP 제공 업체들을 통해 전개된 자원들이 이미 상당하리라는 점은 분명할 것이다. ICAS의 경우를 보더라도 전화상담원, 정보 전문가 그리고 1년 내내 하루 24시간 대기하는 다양한 팀들로 구성되었는데, 여기에 700명이 넘는 일반 상담가들과 전국적인 조직망을 갖춘 전문 상담가들이 동원되었다. 이런 상담가들은 10년이 넘는 기간 동안에 걸쳐 천천히 정성 들여 선발되어 왔다. 그들이 증명해야 할 것은 다음과 같다.

- 전문성
- 작업 시 단기 문제해결 접근법의 사용 능력
- 다양한 조직적 맥락들과 기꺼이 관계를 맺을 수 있는 능력

- 필요성을 조기에 평가할 수 있는 능력
- 지속적인 전문성 개발과 슈퍼비전에 대한 열의
- 공인된 윤리 및 실천 강령 준수
- 상담 만족도에 대한 증빙
- 작업장의 적합성
- 모범이 될 만한 EAP 제공 업체에서 강조하는 적절한 사례 관리와 기획안에 대한 수용성

또한 어떤 상담가들은 사별, 대인 관계, 마약과 알코올, 정신적 외상이나 금전 관리와 같이, 그들만의 전문화된 영역을 가지게 될 것이다. 근로자 지원 분야에서 그런 자원의 깊이는 영국의 경우 완전히 새로운 것이고, 거기에 또한 훈련과 컨설팅하는 역량이 추가되어야 하는데, 그런 것은 보다 전문적이면서 확실한 제공자가 개발해야 할 것들이다.

10년 전에, EAP가 사실상 알려져 있지 않았을 때, 영국인들은 상담을 고려해 두지 않았다고들 했다. 하지만 사실 1990년대 후반 영국의 상황을 분석해 보면, 오로지 ICAS 상담자들이 이끌어 가는 것만으로도 연중 매일 40에서 50개 사이의 상담 회기가 이루어짐을 알 수 있다. 게다가 그것은 전화상담창구와 접촉하는 것보다 세 배나 많았다. 오늘날 우리는 광범위하게 변화된 장면을 보고 있다. 그리고 태도와 서비스 제공에서 혁명으로 간주되어야 하는 것이 무엇인지를 보고 있다.

서비스

완벽한 EAP 제공 업체에서의 네 가지 주요한 전달 시스템 중 두 가지는 전화를 통한 돕기와 상담자들 간의 네트워크이다. 이런 자원들은 추가적으로 EAP 형식을 넘어 전개될 수 있는데, 실제로 종종 그렇게 되고 있다.

기업 고객은 순전히 예산상의 이유로 응급 서비스나 전화상담 서비스만을 원할 수 있다. 이와 달리 현장 관리자를 위한 의뢰나 기존의 내부 서비스를 보완하기 위해 면대면 상담만을 요구하는 경우도 있다. 또 다른 경우는 단지 ICAS 심리학자들이나 전문 슈퍼바이저인데 사례 관리자들의 전문적인 식견을 듣고 싶어 할 수도 있다. 그것은 어려운 사례들 혹은 그들이 속해 있는 인사 관리자들의 2차적인 견해를 듣기 위한 것이다. 다른 기업 고객들은 관리자를 위한 스트레스 관리 훈련이나 새

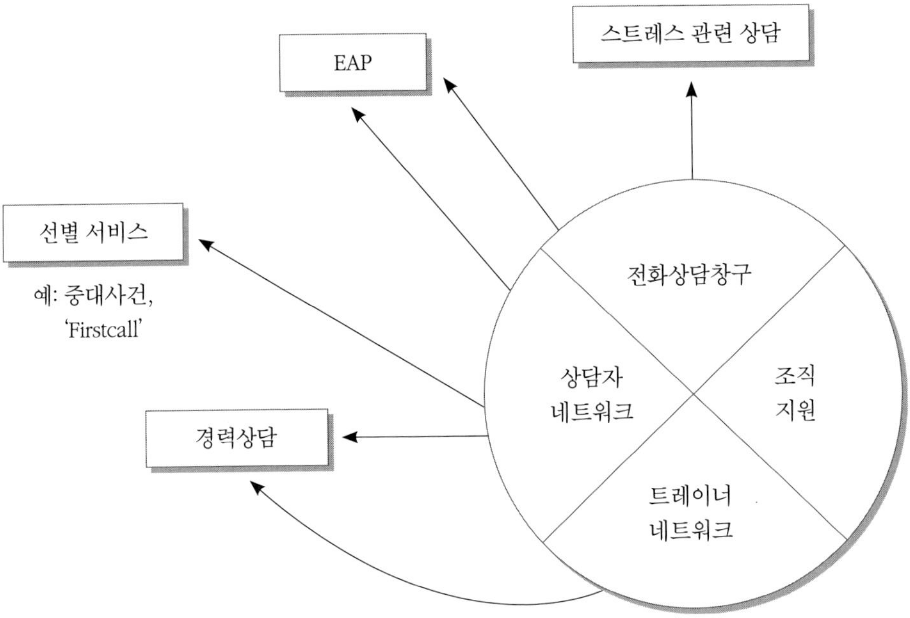

[그림 5-3] EAP 제공 업체의 임상 서비스

로 전개되는 성희롱 정책 실시에 대한 지원 등을 받기 바라는데, 이런 주제들은 다음에 거론된다. [그림 5-3]은 임상 서비스가 어떻게 상이한 형태들을 취하는지 보여 준다.

ICAS는 상담 서비스 제공 업체로 자리매김했고, 법률 및 회계와 같은 다른 전문 분야처럼 결국에는 상담 '회사'로 알려질 수 있는 선구자로 항상 자처해 왔다. 초창기 설립자들은 근로자 지원 프로그램EAP과 그것이 언젠가는 대서양을 건너 확산될 가능성을 잘 알고 있었다. 사실, ICAS는 이런 전환을 촉진하는 데 유독 적극적이었고, 오늘날 EAP는 이 사업 분야에서 가장 실질적인 단일 부분을 이루고 있다. 하지만 항상 전체 사업이 어떤 단일한 서비스 모델보다 더 활용 폭이 넓다고 생각해 왔다. [그림 5-3]은 개인 지원, 응급대응을 위한 Firstcall, 사내 게이트키퍼를 통한 선별 상담 서비스 등과 같이 EAP 영역 안에 이미 함축되어 있는 광범위한 서비스를 보여 준다.

확실하게 증명할 수는 없지만, 시간이 지나면서 광범위한 ICAS 전국 제휴 상담자 네트워크 안에는 전문 훈련을 받은 위기대응팀, 경력상담자, 재무관리 컨설턴트, 정신병리 및 알코올/약물 평가자, 이사회 수준에서만 운영되는 전문팀 등 많은 전문가 그룹이 형성되었다.

기업 서비스

지금까지 언급된 서비스에서 EAP 제공 업체의 운영 범위를 제외하면 주목할 만한 것이 별로 없을 것이다. 하지만 ICAS에서 상담역량은 여전히 전체 중에서 단 하나의 주요한 측면이다.

적절한 방법으로 개별 근로자를 지원함으로써 얻는 이득이 종종 조직에게는 수익이 확대되는 것을 관찰하게 되면서 ICAS는 탄생의 영감을 얻었다. 원래의 사명선언문에는 개인에 관해서는 언급하지 않고, 단지 회사가 '상담의 장점과 가치, 기술을 조직에 폭넓게 제공하기 위해서' 설립되었다고만 말했다. 상담은 다양한 관련 서비스의 약어로 이용되었다. 그것의 원래 명칭은 직업상담, 컨설팅 및 정보 서비스였으나, 이것은 너무 말이 많았다. ICAS는 인사 전문가들을 핵심에 두고 있었기 때문에, 그 영향에 상당히 부응하게 되고, 그에 따라 서비스의 범위와 깊이를 넓혀 갔다. 예를 들어, 임상적 초점은 개인을 대부분 염두에 두고 있지만, 인사관리자의 주 관심은 HR파트나 산업보건 부서의 특정 업무, 각 직급별 현장관리자, 최고경영자 및 관리자를 지원하는 것이다.

이와 같은 전문가의 기여는 많은 분야에서 분명히 드러난다.

프로그램 통합

오랫동안 이어 온 복지 전통에서 성장해 온 내부 EAP는 그 활동들을 다른 관리나 인사, 산업보건 주도의 활동과 통합하는 데 많은 기회와 경험을 가지고 있다. 외부 EAP 제공 업체는 이렇게 하기 위해 더 열심히 일해야 하지만, 많은 경우 그렇게 하지 않는다. 그 이유는 능력이 없어서가 아니라, 전형적인 영국식 EAP는 비용이 너무 저렴했기 때문에 충분한 자원을 갖춘 EAP라면 갖출 수 있는 연결망, 지원, 훈련 및 컨설턴트 구성 요소들을 유지하기 어려웠기 때문이다.

영국에서는 EAP가 복리후생 제도의 '필수품'이 되었다. 그 점은 유감스러운데, 단순히 EAP의 가치를 떨어뜨리기 때문이 아니라 다른 상품들과 마찬가지로 가격이 유일한 차별화 요소가 되어 버리기 때문이다. 그런 상황에서 구매자들은 공급자들 사이의 차이점을 알 수가 없다.

그래서 최근 1, 2년 동안 구매자들은 자기들이 찾는 최소 수준의 서비스가 뭔지도 모르게 되었으며 공급자들 간 차이가 없다는 것을 안다고 해서 놀라지도 않았다. 더구나, 비용에 의해 서비스가 결정된다는 것을 알게 되었고 비용을 낮추는 과정에서 서비스 질 또한 낮아지게 되었다. 하나의 EAP 평균 비용은 전체 고용 비용의 1%의 10분의 1이다. 커피 기계보다도 비용이 더 낮다. 그래서 충분히 자원을 갖춘 EAP의 잠재력이 실현되지 않을 가능성이 점점 더 확실해졌다.

한편으로, 다양한 제공 업체들이 '사례 관리' '회계 관리' '편익' 같은 용어를 알게 되었다. 그것은, 일반적인 구매 전문가들은 말할 것도 없고, 비교적 안목 있는 구매자들마저 비슷한 볼트와 너트 구성품처럼 대략 비슷한 방식에 가격만 약간씩 다르게 구성된 기본 상품을 만나게 된다.

실제에서는 EAP 도입이 조직이 운영되는 방식과, 조직이 자신을 포함하여 대중에게 조직을 설명하는 데 중요하고 필수적인 추가 사항이다. 새로운 EAP를 실행한다는 것은 그것을 제대로 하기 위한 단 한 번의 기회라 할 수 있다. 관리자에게는 자신의 역할을 의미 있게 지원하는 것으로 여겨질 수도 있고, 직원들에게는 조직이 자신들과의 관계를 어떻게 구축하는지에 관해 중요하고 새로운 뭔가를 말해 주는 것으로 볼 수도 있다. 이런 점에서 그것이 잘못 운영되게 되면 나중에 되돌리기는 더 어렵게 될 것이다. 만일 분위기가 주로 낙심과 불신으로 이뤄진다면, EAP의 입지는 더욱 빈약해지면서 도움이 되지 않을 것이다.

반면에 긍정적인 도입이 이루어지면 상당한 기회가 있을 것이다. 거의 틀림없이, 진짜 중요한 다른 일들이 동시에 일어나게 될 것이다. 다양성이나 기회 균등, 금연, 성희롱, 건강 교육 등등에 관한 새롭고 유관한 정책들을 도입하는 것을 고려할 수도 있다. 대다수의 노동력에 엄청난 변화를 초래하는 주요한 구조조정이 진행 중일 수도 있다. 만일 이 시점에서 EAP가 사후 고려 사항이나 요구할 게 거의 없는 설명 방식이 아니라, 직원의 요구에 대해 계획적이고 체계적인 대응의 일부로 도입된다면 차이를 만들어 낼 것이다. ICAS 기업 서비스 전문가는 서비스에 대한 회계감사와 점유율이 최대한 넓게 퍼져 있는지 확인하여 서비스가 최대한 활용되도록 한다.

검토

기업고객이 인정한 ICAS EAP의 가장 가치 있는 점은 자료수집 과정과 매우 적절한 관리 정보가 유용하게 분석되고 제시된다는 점이다. 한 인사관리자는 첫 1년간의 서비스에 대한 전체 검토를 살펴보고, "우리가 진작에 이것을 가지고 있었더라면 그 사례를 다루는 데 어려움이 없었을 것이다. 이것만으로도 가치가 있다"고 말했다.

이러한 검토는 부분적으로는 통계를 기반으로 하며, 특정한 기업고객의 독특한 요구를 충족시킬 수 있도록 설계된 맞춤형 소프트웨어를 통해 도출하기도 한다. 이를테면, 지속적인 대응을 위해 조직이 필요로 하는 질적 데이터나 동향을 추출하고자 임상팀과 기업팀 간에 협력하여 결과물을 제시하기도 한다.

이러한 검토의 본질은 ICAS 인사 전문가들과 조직 내부의 관련부서 구성원 간의 지속적인 접촉이 얼마나 균등하게 이루어지느냐에 따라 달라지는데, 이러한 접촉은 조직과 개인의 이익을 한번에 그리고 동시에 고려해야 하는 여러 상황을 해결하기 위해 이루어진다. 또한 동일하게 이루어지는 지속적인 접촉은 양 당사자에게 새로운 상황, 동향 및 사건들에 주의하도록 경고하는데, 이는 개인이 비밀보장을 위협받지 않고 EAP와의 접촉을 통해 최선의 도움을 받는 데 악영향을 미칠 수 있다.

교육

ICAS는 처음부터 상담 서비스와 교육기관으로 시작하였다. 기업 고객이 조직에서 쓰일 기술을 구매할 때 사내 기술 수준을 향상시키도록 도와줌으로써, 그 사명을 실현하게 한다는 것이 비전의 일부였다. 상담 자체의 근본 철학은 고객이 스스로 할 수 없는 만큼만 하는 것이다.

따라서 ICAS는 모든 영역—기본 상담기술, 정리해고, 트라우마와 외상 후 스트레스 장애, 재정 관리, 경력개발, 직장 내 괴롭힘, 심리평가, 약물 및 알코올 치료, 스트레스 관리, 사별, 대인 관계 기타 등등—에 자체 상담사를 배치하고 있으며, 아울러 회사 내 전문가도 앞에서 기술한 것과 같은 일을 동일하게 일할 수 있도록 교육을 제공해 왔다.

성과 관리

적어도 미국은 1970년대부터 EAP를 채택했는데 일부 사람들은 이것이 건강보건 전문가나 제공자들에 의해 채택되었고, 지난 10년 동안에는 관리의료Managed Care 운동에 의해 거의 압도되었다고들 말을 한다. 따라서 영국인들이 보기에, 특히 영국의 강력한 인력 관리 전통에 비추어 보면, EAP가 아주 명백히 건강과 복지 기능에 속한다는 점은 전혀 놀라운 일이 아니다. 이 과정에서, 성과 관리의 본래 역할에 대해 아는 사람은 영국에 거의 없다. EAP는 1940년대와 1950년대의 풀뿌리운동이었다. 성과가 저조한 직원(보통 '문제 있는' 직원이라고 함)들도 먼저 욕구를 평가하고 적절한 치료가 이루어지는 재활 과정을 통해 도움을 받을 수 있다는 것을 확인하게 되면서 시작되었는데, 적절한 도움을 받으면 결과적으로 업무에 서서히 복귀하는 데 도움이 된다는 것을 보여 준다.

미국인들이 일선 관리자나 중간관리자라고 부르곤 하는 슈퍼바이저들은 이 전체 과정에 필수적이었다. 이 과정에서 자신의 역할을 이해하고 그 역할을 수행하도록 슈퍼바이저들을 훈련시키는 것이 EAP의 핵심 내용이다.

영국에서는 EAP의 이런 본래의 핵심 기능을 잃었거나 거의 본 적이 없다. 영국의 대규모 조직에서는 관리자가 개인적 · 정서적 안녕과 관련된 측면에서 직원들을 지원하기 위해 국민건강서비스NHS뿐만 아니라 인사/복지/산업보건 서비스를 제공하는 데 익숙하다. 약 50년 전에 EAP를 통해서 미국이 유사한 메커니즘을 만들어 낸 것은 혁명에 가까웠다. 자원 서비스들이 약화되고 있는 영국에서 그것은 새로운 타당성을 가진 혁명이다. 그리고 일선 관리자는 근로자의 신체적 · 정신적 건강과 안전에 대해 궁극적인 책임이 있음을 그 어느 때보다도 또렷하게 인식하고 있다. 물론 어떤 관리자에게는 별로 하고 싶지도 않고 그럴 시간도 재능도 없는 업무일 수도 있다. EAP 도입은 좋은 성과 관리 기법을 다시 상기시켜 줄 수 있는 기회인 동시에, EAP가 어떻게 관리자의 역할을 지원하는지, 그리고 자신의 이득을 위해 EAP를 어떻게 바라보고 사용해야 하는지를 보여 준다.

ICAS는 이러한 교육을 EAP의 연장선에서 제공하며, 별도의 교육이 없더라도 특정 사례를 다루기 위한 관리자의 개별적인 요청에도 대응할 것이다. 이러한 지원은 미국에서 '감독컨설팅supervisory counsultancy'에서 시작되었는데, 이 역시 EAP에 당연히 포함되는 부분이다. 이는 내부 인사 전문가들에게도 제공되며 ICAS 임상 서비스팀이 제공하는 기업 서비스 부문의 임상 슈퍼비전에 대한 보완책이기도 하다.

자문

기업고객이 주요 변화 프로그램으로 씨름하게 되면서, 새로운 정책 및 전략 수립에 대한 기업 지원이 점차 늘어 감에 따라 개인에 대한 이러한 자문도 병행해서 이루어진다. ICAS는 10년 넘게 운영해 오면서 근로자 지원, 기회균등, 괴롭힘 등에 대

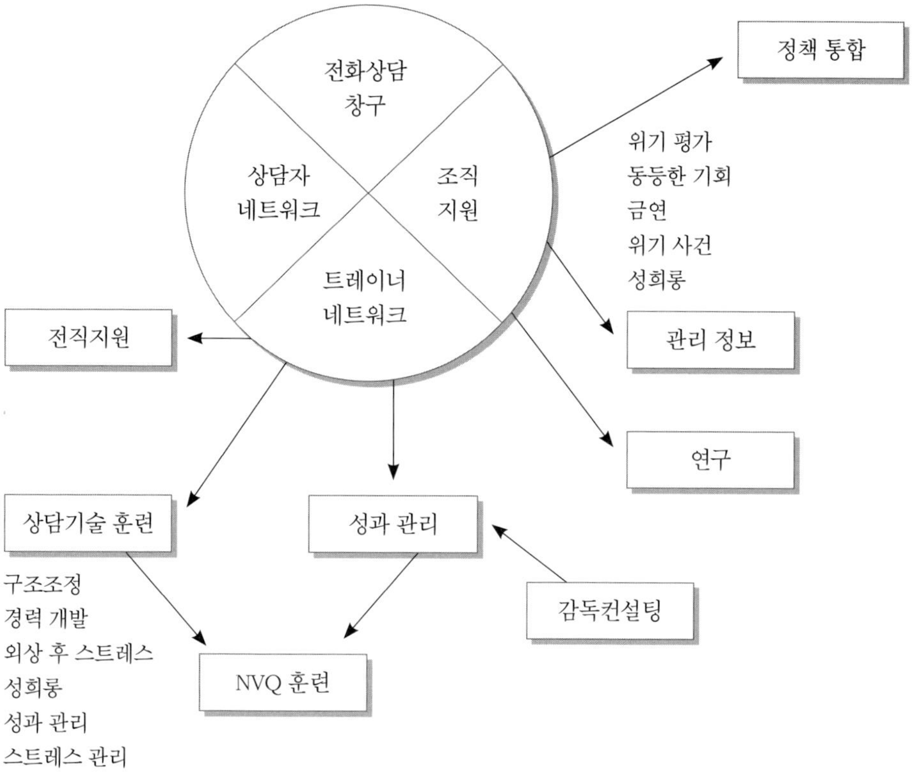

[그림 5-4] EAP 제공 업체의 기업 서비스

한 새로운 정책 및 실행 시스템을 탄생시켰다. 경력상담이나 구조조정 교육에 관여한다는 것은 전문적인 전직지원outplacement 팀을 구성한다는 의미이다. 이러한 모든 경험은 동일한 영역에 진입하는 신규 고객에게 매우 귀중한 것으로 입증되고 있다. 이런 경험은 세미나 및 브리핑, 연구 보고서 의뢰를 통해, 그리고 책으로 나온 『최선의 실무와 방침 안내Best Practice and Policy Guide』를 통해 퍼져 있다. [그림 5-4]는 임상 기반 서비스가 어떻게 다른 형태를 취하는지 보여 준다.

EAP와 그리고 ……

…… 건강 관리

EAP가 건강 관리 분야에 중추적인 역할을 수행한다는 점은 자명할 것이다. 그리고 여러 해 동안 미국에서 그러했듯이, 영국에서 주요 건강 관리 제공 업체가 이미 EAP 제공자들과 한 가지 이상의 제휴 관계를 맺고 있다는 것은 전혀 놀라운 일이 아닐 것이다.

몇 년 전에는 미국의 건강 관리 경험을 미국 특유의 것으로 여길 수 있었다. 하지만 지금은 더 이상 그렇지 않다. 우리는 전통적으로 국민건강서비스NHS에 독특하게 의존하고 있기 때문에 이중 경로의 건강 서비스를 이미 가지고 있다는 것을 알고 있으며, 그 방향으로 더 나아가게 될 것이다. 정부(납세자)가 끊임없이 확장되는 의료기술 비용을 점점 더 감당하기 어려워진다는 것은 당연한 일이다. 의료기술을 필요로 하는 생애 초기와 노년기의 무소득자를 비롯해 전체 인구는 점점 더 늘어 가고 있기 때문이다.

비록 불쾌하게 여겨질 수도 있겠지만, 결과적으로 의료 서비스가 점점 더 많이 배급되더라도 더 많은 비용을 지불한 사람에게 더 많이 제공될 것이다. 어떤 사람에게는 특정 유형의 의료 서비스—음주자를 위한 간이식, 흡연자를 위한 심장수술—가 거부될 수도 있고, 대기명단에서 낮은 순위에 배정되기도 한다. 이는 자신의 건강은 개인에게 일차적인 책임이 있다는 것을 강조하기 위한 방법이다. 그러나 건강 관리 자금의 가장 큰 변화는 고용주의 방침에 달려 있다는 것은 분명하다. 고용주는 근로자의 건강(정신건강 포함)을 보호하는 것이 좋은 사업 감각이라는 목소리가 커져 가고 있음을 이미 직면하고 있다.

정부는 건강보험을 포함한 보험료 인상은 물론이고, 법정 병가 수당을 제정하도록 압력을 넣고 있으며, 최근 영국 보건안전청 가이드라인에 신체건강뿐 아니라 정신건강에 대한 위험 평가를 추가하도록 압력을 가하고 있다(그리고 어떤 노선의 정부라도 같은 종류의 일을 계속할 것이다). 그리하여 기업의료보험회사들은 온갖 종류의 매력적인 상품을 만들어 내느라 분주한데, 충분히 이해가 가는 일이다. '관리의료' Managed Care를 위한 미국식 모델이 점점 더 빠른 속도로 대서양을 건너 영국으로 들어오고 있다.

관리의료

관리의료의 과정은 확인 가능한 구성 요소들로 이루어졌으며, 표준 치료방식을 유지하고 개선하는 데 있어서 가능한 최저 비용으로 의료 서비스를 제공하도록 설계되었다. 관리의료가 양측 모두에게 성공적이었는지 여부는 면밀히 검토되어 온 문제이다. 아마도 가장 좋은 점은 관리의료가 지금까지 일부 이루어졌고 몇 가지 교훈을 얻었다는 점이다.

관리의료의 전체 프로그램은 단순 청구처리를 제외하고는 네 가지 요소로 구성되어 있다. 그 내용은 다음과 같으며 특별한 우선순위가 있는 것은 아니다.

- 기업고객의 (재정적으로) 높은 위기 영역을 정확히 파악하기 위한 자료 수집과 분석. 이는 조직 전체의 의료 서비스 전략을 지속적으로 수정하도록 해 준다.
- 모든 치료의 게이트키핑 시스템. 이는 '사전승인'이라고도 불리우는데, 행정인력과 간호인력으로 구성되어 있다.
- 선호하는 제공 업체와의 네트워크를 개발하고 예상되는 다양한 치료 범위의 통합요금 협상하기
- 가장 경제적인 비용으로 합의된 품질기준에 따라 이루어지도록 하기 위해 진행 중인 치료의 사례 관리. 정신과 치료의 경우, 주간병동과 입원치료를 선택하는 데 영향을 미칠 수 있다.

EAP는 이러한 과정의 거의 모든 지점에서 핵심 요인이다. 첫째, 상대적으로 접근의 용이성과 전화의 익명성 때문에 더 많은 사람들이 더 빨리 도움을 요청할 수 있으며, 따라서 나중에 더 심각하고 비용이 많이 드는 심리치료의 필요성을 미연에 방지한다는 것이다.

EAP가 이러한 역할을 충족시키고 있다는 것을 보여 주는 증거는 많다. 미국에서 일부 그룹보험제도는 EAP가 시행되는 기업의 경우 기업보험료를 할인해 줄 것이며, 한 단계 더 나아가 관리의료체계에서 게이트키핑 과정의 막바지에 EAP 도움창구Helpdesk와 명시적으로 통합할 수 있다.

둘째, 임상가가 배치된 EAP 제공 업체는 정신과적 치료의 사전 승인에서 핵심적인 역할을 할 뿐만 아니라, 유효성과 비용 견제를 위해 치료 과정을 모니터링할 수 있다. 또한 치료가 종료된 후 개인을 업무로 복귀시키는 것이 급선무일 때 추가 지원을 제공할 수 있다. 그 지점에서 EAP의 임상 부서는 복귀 프로그램을 준비하는 개인 관리자들과 접촉할 수 있는 회사 동료들에게 인계될 것이다.

셋째, 우수한 자료 수집 시스템을 갖춘 EAP는 매우 귀중한 정보를 축적할 것이다. 이러한 정보는 광범위한 전략을 수립할 때 최고경영진의 관심을 얻을 뿐 아니라, 관리의료의 예방 및 대상 선정의 핵심이 되는 의료 기반의 통계를 보완해 준다. 마지막으로, EAP는 지역보건의보다 초기 단계에서 문제를 찾아내므로, NHS 의료

진의 부담을 줄일 수 있다. 의사들 스스로는 그들이 다루는 많은 문제들이 의학보다 상담에 더 적절하다고 말하지는 않을 것이다. 그러나 사례 관리가 잘 이루어지는 우수한 EAP에서 상담이 내실 있게 이루어진다면, 건강 관리라는 난제에 대한 경제적인 대응책이 된다.

…… 스트레스 관리

오늘날 기업고객이 자신들의 EAP 접근 방식을 구축하는 데 있어서 강조점의 변화가 있었다. 핵심어는 근로자 지원보다는 스트레스 관리이다. 문의자는 인사 업무보다는 보건 및 안전 관련 담당자일 가능성이 많고, 문의의 요점은 최근의 영국 보건안전청 가이드라인을 중심으로 이루어질 수도 있으며, 이를 통해 고용주가 작업장의 신체적 및 정신적 위험을 평가할 의무를 수행할 수 있다. 따라서 주요 관심사는 '조직 스트레스 관리'이며, 더 넓은 소관은 조직의 시스템과 관행에 내재된 스트레스 요소를 무시한 채 개인에게 책임을 떠넘기는 일부 스트레스 관리 프로그램에 대한 비난에 대응하게 된다.

질문은 주로 두 가지이다. 스트레스 징후를 더 빨리 확인하고 적절하게 다룰 수 있도록 관리자를 훈련시킬 수 있는가? 그리고 조직 차원에서 스트레스를 측정하고 사전 예방 전략을 개발하는 방법들이 있는가? 이것은 어느 정도 주의를 기울일 만한 내용이라 할 수 있지만, 지금까지 일반적으로 널리 퍼져 있던 것과는 다른 생각이다. 큰 마음을 먹고 스트레스 감사를 할 준비가 되어 있는 조직은 거의 없다. 왜냐하면 통제할 수 없는 시장 압력의 본질을 고려할 때, 조직 운영에서 속수무책이라고 여겨지는 측면을 강조할 위험이 있기 때문이다. 지나치게 기대치를 높이는 것을 경

표 5-1 조직 스트레스 관리의 개입 수준

1차	2차	3차
제도	예방	치료
• 정책 개발 • 정신건강 평가 • 제도 분석-조직문화, 구조와 과정	• 건강과 복지-전직원 교육 (예: 금연, 음주, 스트레스 등) • 건강과 운동시설 이용 • EAP와 상담 서비스 • 관리자 훈련	• 직업건강 서비스 • 관리자 및 인사 부서 의뢰를 통한 EAP와 상담 • 고충 및 징계 절차 • 소송에 대한 대처

계해야 하긴 하지만, 초기 전략을 착수하기 전에 세 가지 가능한 개입 수준(1차, 2차 및 3차 개입)으로 구분하는 것이 여러 조직에 도움이 되었다. 〈표 5-1〉은 이러한 내용을 요약한 것이다.

〈표 5-1〉은 EAP의 잠재적 역할에 훨씬 더 만족스러운 전망을 갖게 한다. 그동안

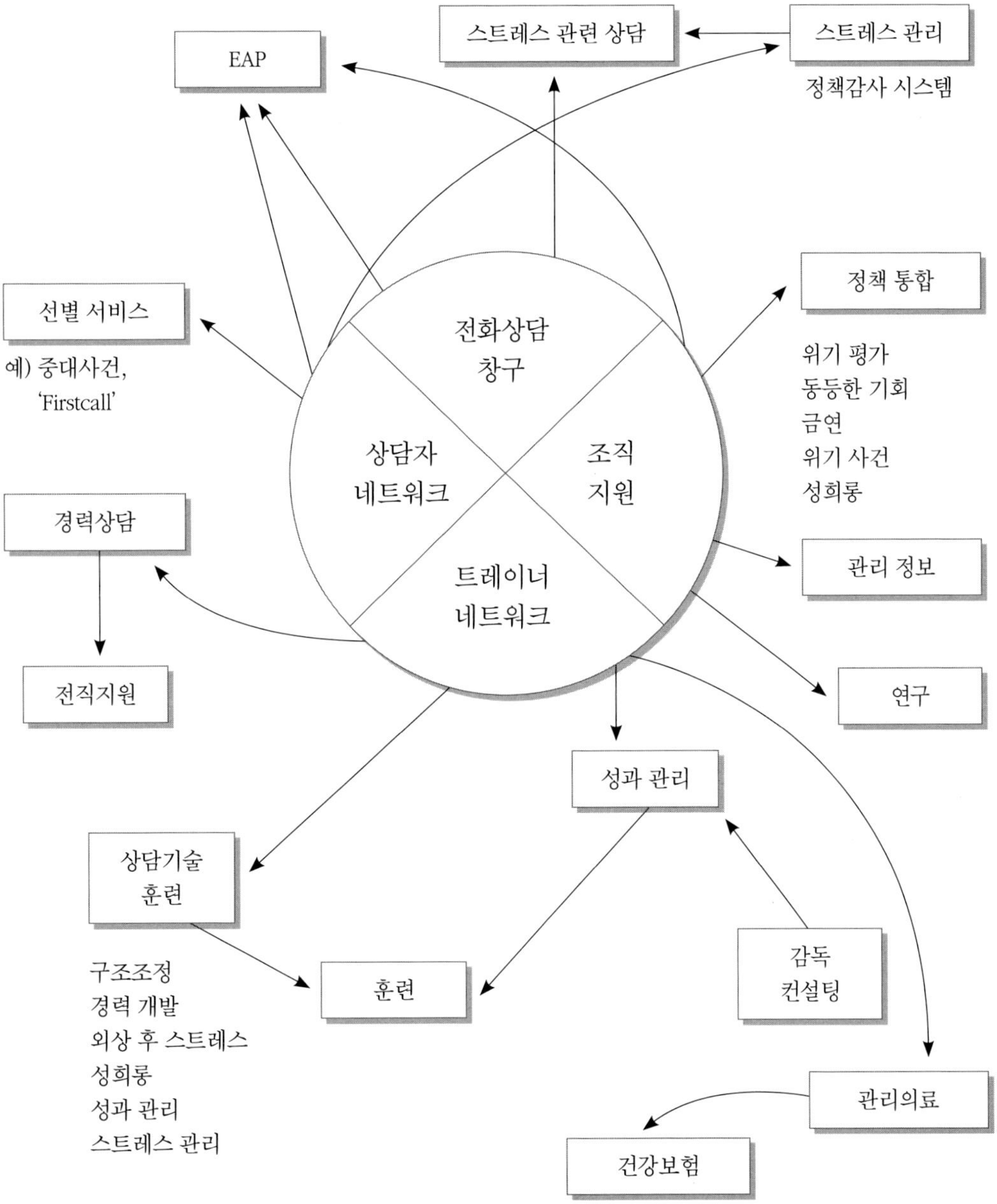

[그림 5-5] EAP 제공 업체의 전체 서비스

EAP는 너무 자주 3차 개입으로 간주되곤 했는데, 어떤 일이 일어난 후에야 찾게 되는 해결방안이나 그저 단순한 안전망으로 보는 경향이 있었다. 그러나 EAP가 초기에(2차 수준 개입에서) 문제가 확대되는 것을 방지하는 역할을 하는 것이 평가절하되고 있는 것은 분명하다. 이 단계에서는 적절한 실무지침과 간단한 상담만 있으면 된다. 또한 성과 관리에서 교육과정 및 개별 사례에 대한 지원을 통해 EAP가 현장관리자와 인사관리자를 뒷받침해 왔던 선제적인 역할도 저평가되었다. 한편, 이 모델은 전략적인 조직 변화를 지원하는 데 있어 1차 수준의 개입에서 EAP의 역할을 강조한다. 정책 및 전략에서의 변화를 수정하기 위해서는 조직이 필요로 하는 지속적인 관리 정보의 추이뿐만 아니라, 고객 조직에 대한 긴밀한 지식을 바탕으로 유연하고 경제적인 맞춤형 스트레스 감사를 수행할 수 있어야 한다.

따라서 완전한 EAP 제공자의 최종 형태와 범위는 [그림 5-5]와 같다.

EAP의 내부 모델과 외부 모델의 비교: 덧붙이는 말

이 주제는 본 장 전반에 걸쳐 예시를 통해 도움이 되었다. 국내외에서 내부 서비스나 외부 서비스에 대한 장단점을 두고 이루어진 무익한 논란들은 두 가지 모두의 진정한 공헌을 가리고 있다. 간단히 말해, 각각의 역학이 다르다. 내부와 외부 서비스 모두 거의 항상 아주 독특한 역사적 문맥과 문화에서 나왔으며, 그들의 상대적인 강점과 약점은 경쟁이라기보다는 상호 보완의 문제이다.

역학에 있어서의 차이는 때때로 비밀보장의 문제에 집중되었고, 외부 제공자가 보안을 유지하는 데 상대적으로 용이하다고 보기 쉽다. 하지만 비밀보장은 중심 내용에서 벗어나는 것이다. 어떤 경우이든, 비밀보장은 실제로 그러했는지의 문제인 만큼이나 어떻게 지각하느냐의 문제이기도 하다. 그리고 일부 내부 서비스의 비밀보장은 비난의 여지가 없다. 사실, 일부 내부 서비스는 비밀보장을 고수하고자 고용주의 일반적인 요청도 요구를 들어주지 못한다고 비난을 받기도 하니 아이러니하다.

논쟁의 핵심은 단지 비밀보장에 대한 것이라기보다는, 근로자와 고용주 간의 정당한 권리와 이해 관계 및 기대에 관한 것까지 연결되어 있다. 이러한 논쟁 안에는 고충 및 징계절차의 정책과 관행이 포함되며, 여기에는 통상적으로 갈등이 내재되어 있다. 또한 고용의 다양성과 기회균등이라는 고용권은 기관 주주들이 만족해하는 권리와 대립되는 것으로 여겨지는데, '현실'에서는 상업적으로, 정치적으로 또는 이념적으로 영향을 받아 그 경계가 끊임없이 변화하고 있다.

직원뿐만 아니라 고용주를 위해서도 일하는 EAP 전문기관으로서, ICAS는 내부 서비스보다 더 줄타기를 해야 할 것으로 예상된다. 외부 전문가로서의 장점을 극대화하게 되면, 비밀보장에 대한 위협에 저항할 수 있고, 어떤 직원들은 조직과 분쟁이 있을 때 자신들을 대표할 것이라는 기대를 하게 된다. 동시에 핵심 업무도 지속적으로 수행하는데, 고민에 빠져 곤혹스러워하는 개인을 철저한 비밀보장하에 지원하고, 일선관리자와 사무관리자들에게는 전문적인 지침을 제공하며, 수준 높은 관리 정보도 제공할 뿐만 아니라, 가능하다면 기업의 전략 개발에 영향을 미치게 된다.

결론

이상의 검토에서 다음과 같은 사실이 분명해진다. EAP는 단순하게는 직원 복리후생으로 유지될 것은 자명한 사실이다. 이와 동시에 잠재적 활용 가능성의 상당 부분은 여전히 개발되지 않은 채로 남아 있을 것이다. 하지만 EAP가 지닌 자원과 메커니즘을 새롭게 시도하고 검증하면서 체계를 갖추어 한다면, 앞으로도 건강 관리, 성과 관리, 위험 관리 등의 새로운 도전에 대응할 수 있을 것이고, 과거에 필적할 만큼 밝은 미래가 전개될 것으로 보인다.

2부

기업 · 조직의 이해와 상담

2부는 상담과 상담자가 조직 내에서 어떻게 작동하고 있는지를 이해하는 데 있어서 중요한 조직적 쟁점을 주로 다룬다. 상담자가 단지 조직 내에서뿐만 아니라 조직과 함께 효과적으로 일하기 위해서는 조직과 조직문화에 대한 이해가 매우 중요하다. 이것이 바로 6장의 주제이다. 마이클 월튼Michael Walton은 조직문화를 심층적으로 개관하며, 문화를 이해하고 이를 기반으로 일하는 능력이 조직에서 상담자가 습득해야 할 얼마나 필수적인 기술인지를 설명하고 있다. 미셸 데버럴Michele Deverall은 상담자의 관점으로 이동하여 상담의 도입에 앞서 실질적인 평가가 선행되는 경우에 상담자가 조직과 밀접하고 조화로운 관계에서 일을 해야 할 필요성을 포착하여 '상담컨설턴트counselling consultant'라는 새로운 표현을 만들어 냈다. 마이클 월튼은 조직 변화의 한 형태로서 상담에 초점을 맞춰 2부를 마무리하였다. 이 또한 상담 전문가들의 고민을 통해 오랫동안 현안이 되어 왔던 개념이다. 상담이 가지고 있는 모든 잠재력을 실현하고자 한다면, 변화를 위하여 조직 내 개인을 조력하는 것은 물론 조직을 조력하기 위한 방법으로서 상담 이론과 개념, 개입 전략을 사용하는 것이 미래의 주제가 될 것이다.

6장

조직문화가 상담에 미치는 영향

Michael Walton

상담은 사적이고 독립된 공간에서 이루어지는 개인 간의 일이라고 간주되어 왔다. 하지만 그것은 착각이다. 상담 환경은 어떤 일이 일어날지에 대해 매우 강력한 영향력을 행사하며, 상담 관계에 있는 한쪽 또는 다른 쪽 사람이 조직에 속해 있을 경우, 즉 그 조직에서 상담 비용을 지불하는 경우 그 조직 또한 상담에서 일어나는 역동의 영향력 있는 일부가 된다. 기업상담에서 내담자, 상담자, 조직은 상담의 '체계'를 구성하는 핵심 요소들이다. 이 세 가지 실체는 서로 상호작용을 하며, 개인의 사설 상담 장면에서 상담자가 만들어 내는 역동과는 또 다른 역동을 만들어 낸다. 우리가 좋건 싫건 간에 조직문화는 인지할 수 없을 정도로 혹은 눈에 띌 만큼 상당히 상담실 내부에까지 스며들어 있기 때문에 비용을 대는 주체의 조직문화는 직장 내의 상담 장면에 충분히 영향을 미치고 있다.

내담자가 직장에서 상담자를 찾아와 만날 때 그들은 그 조직에서 일하는 것이 어떠한 의미인가에 대한 자신의 경험을 어떤 방식으로든 반영하게 된다. 이러한 영향은 그들이 직장 내에서 상담자를 대면할 때 행동으로 드러나게 될 것이다(Crandall and Allen, 1982 참조). 조직문화라는 개념은 조직이 직원들의 행동에 작용하여 영향을 미치는 방식을 설명할 때 종종 사용되곤 한다. 직장 내에서 일하는 상담자들이 상담 시간 동안 그들에게 주어진 자료에 최대한 몰입하려 한다면, 이러한 해당 조직의 문화에 명확히 주의를 기울이는 것이 필요하다.

본 장에서는 상담자들이 상담 실무에서 활용할 수 있도록 '조직문화'라는 모호한 개념에 대한 몇 가지 관점을 설명하고 있다.

조직문화의 개념

조직 생활이라는 복잡한 개념을 받아들이기 위한 노력의 일환으로, 지난 20여 년간 직업 교육가, 경영 사상가, 교육훈련 기관들에 의해서 조직 생활을 설명하는 다양한 방식들이 전개되어 왔다. 이 중 가장 명료하고 고무적인 설명은 사회학적 관점이 적용된 시각으로, 각각의 조직을 독특한 생명체로 바라보며, 그 자체로서 '문화'라고 하는 고유의 역사와 전통, 특성, 내적 역동성을 가지고 있다는 관점이다.

'조직문화'라는 개념은 조직이 공식적으로 본연의 업무를 하는 데 있어서 관측되는 것에 관심을 둘 뿐만 아니라 실제로 어떻게 결정이 이루어지고 사람들이 일에서 서로를 어떻게 대하는가에 영향을 주고 있는, 다소 불분명하고 내재된 비공식적 특성들에 주목한다. 조직 구성의 중요한 부분으로 점차 인정되고 있으며 직원들의 안녕이나 행동에 영향을 주는 것이 바로 이러한 조직 생활의 비공식적이며 잠재적이고 내재된 측면이다.

하지만 '조직문화'라는 개념은 우리가 조직에서 보고 경험하는 것을 보다 엄밀하게 바라볼 수 있도록 하는 부가적인 참조의 틀을 제공할 뿐 아니라, 직무행동에 대한 보다 미묘하고 깊은 의미를 감추거나 숨기고 있을 수 있다. 맥린McLean과 마샬Marshall은 다음과 같은 홀Hall의 견해를 참조하고 있다.

> 문화는 드러나 보이는 것보다 훨씬 많은 부분이 감추어져 있고, 신기하게도 숨겨진 부분이 무엇이건 간에 그 문화에 속한 사람들에게 매우 효과적으로 감춰져 있다. 수년간의 연구를 통하여, 정말 해야 할 일은 외국 문화를 이해하는 것이 아니라 우리 자신의 문화를 이해하는 것임을 확신하게 되었다. 조직문화는 우리의 행동에 깊이 영향을 미치며, 이미 우리 안에 광범위하게 숨어 있다. 문화에 관심을 기울이는 것은 우리가 오랫동안 너무도 당연하게 받아들여 왔던 움직이는 세상의 모습들을 한 발짝 물러서서 재평가해 보는 기회를 마련해 준다. …… 문화를 바라보는 데 있어서는 미래에 어떤 일이 발생할 것인가에 관심을 두기에 앞서 지

금 무슨 일이 일어나고 있는지에 관심을 두는 것이 매우 중요하다(Hall, 1959).

기터만Gitterman과 밀러Miller는 이 주제를 상기시키며 다음과 같이 설명하고 있다. "우리가 잘 알고 있는 것이 때로는 가장 모르는 것이기도 하고, …… 조직 생활의 진실이라고 받아들여 온 당연한 것들이 가끔은 신화라는 것을 깨닫게 된다."(1989: 162) 이것은 직장 내의 상담자가 상담 서비스를 제공하고 있는 그 조직의 문화에 대해 지각하고 정보를 갖추어야 한다는 점을 주지시키는 중요한 통찰이다. 이러한 인식이 없다면 기업상담자들은 내담자가 가져온 일부 자료의 중요한 의미를 놓칠 수 있고 그 의미를 잘못 이해할 수도 있다.

조직은 계속 변하고 있음에도 때로는 정적이고 불변하는 것처럼 논의될 수도 있다. 문화의 개념을 적용하게 되면, 관찰자는 실제로 조직이 어떠한 작용을 하는지 더욱 자세히 들여다볼 수 있고 일어나는 과정과 실제에 대한 의미와 중요성을 고찰할 수 있게 된다. 지난 20년간 조직문화에 관한 저술은 양적으로 증가하였으며 조직에 관한 이러한 사고방식은 다음과 같이 다양하게 기술되고 있다.

> 어떠한 단체, 기업, 종족 또는 국가에서도 문화는 아무것도 없는 무에서 시작되는 것이 아님이 입증되었다. 그들의 구성원에게는 신념과 주장이 주입될 필요가 있다(Hampden-Turner, 1994: 13).

> …… 문화의 본질은 겉으로 보이는 것이 아니다. 그것은 집단의 사람들이 세상을 해석하고 이해하는 공유된 방식이다. …… 만약 사업가들이 어떤 업종에 종사하건 간에 그들 회사의 목표, 정책, 제품 또는 서비스에 대한 이해와 충성도를 증대시키고자 한다면, 그들은 각기 다른 문화에서 관리나 여타 모든 측면들이 무엇을 의미하는지 알아야 한다(Trompenaars, 1993: 3).

> 문화라는 개념의 힘은 조직 생활의 다양한 측면들, 특히 표면 아래의 측면을 반영하며 일상의 토대와 형태를 구성하는 요인들을 밝혀 줄 수 있다는 점에 있다(McLean and Marshall, 1988: 2).

> 강한 문화는 사람들이 대체로 어떻게 행동할 것인지를 상세하게 설명하는 비공식적인 관습 체계이다. 사람들의 예상되는 행동 양상을 정확히 앎으로써, 종업원

들은 주어진 상황에서 어떻게 행동할지 결정해야 할 때 시간을 덜 낭비할 수 있다 (Deal and Kennedy, 1982: 15).

…… 이는 사람들이 사회 환경이라고 단정짓는, 당연하게 받아들여지고 공유되는 의미들이다(Wilkins, 1989: McLean and Marshall, 1988: 2에서 재인용).

조직을 '문화'로 바라보는 것은 기업상담자로 하여금 내담자가 보여 주는 액면 그대로의 행동과 행위 그 이상을 바라볼 수 있도록 한다. 기업상담자는 그 조직에서 당연시되는 양식, 규범, 행동 방식, 전해 들은 가치들을 재검토하기 위해 이러한 조직문화의 개념을 활용할 수 있다.

상담심리학자와 조직문화의 관련성

어떠한 경우라도 조직에서 일한다는 것은 중립적인 활동이 아니다. 어떠한 조직도 무(無)에서 시작하지 않으며, 조직에 영향을 미치는 요인들로는 조직의 역사, 현재의 이슈와 딜레마 그리고 현재 그 조직에서 일하는 사람들의 구성비와 성향이 있다. 조직 내에서 한 개인의 역할, 직무 명칭, 직위, 그가 접촉하는 사람 등은 조직문화 안에서 그 개인의 위치를 결정짓는 데 있어서 결합하고 통합될 것이다.

기업상담자가 통찰력과 행동의 적절성을 갖추고 내담자를 보살피고자 한다면, 자신이 속한 조직의 전통, 문화, 현재 임무에 대한 충분한 이해와 인식이 필요하다. 또한 기업상담자는 조직 내에서 자신이 상담하는 사람들이나 자신이 행정적으로 교류하는 사람들이 갖고 있는 기회와 제약에 대해 인식할 필요가 있다. 기업상담자가 만약 직원과 조직 그리고 상담자 자신에게 최선을 다하고자 한다면, 그 조직의 문화를 진단할 수 있는 역량을 갖출 필요가 있다. 논리적인 견지에서 말하자면, 자신이 일하는 곳의 조직적 역동을 충분히 고려하거나 제대로 파악하지 못하고 있는 기업상담자는 그들이 해야 할 일들의 기본적인 수준에서 실패했다고 할 수 있다.

[그림 6-1]에 기업의 조직문화 특성에 대한 햄든-터너Hampden-Turner(1994)의 관점이 제시되어 있다. 조직에 대해 논의할 때, 일반적으로 거론되는 통상적인 특징에 관해서는 논의하지 않는다. 논의는 대부분 목표, 목적, 직무 등급, 작업 흐름 문제, 관리 방식에 더 초점을 맞출 것이다. 그런데 만약 문화가 조직 내에서 일어나는 많

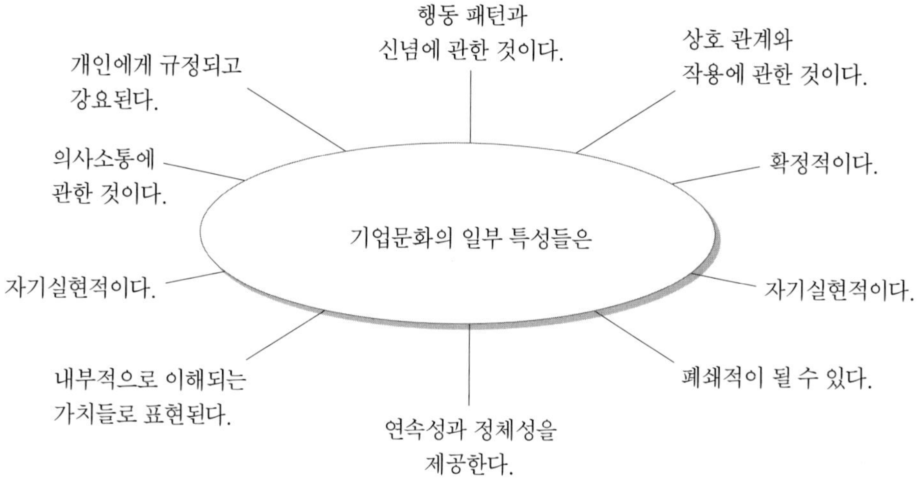

[그림 6-1] 기업문화의 특성[1)]

은 것들을 결정짓는다고 한다면, 기업상담자를 찾아온 내담자와 그들이 가져온 이슈에 영향을 미치는 것이 바로 문화라고 생각할 수 있다. 이러한 내용은 [그림 6-1]에서 언급된 고려 사항들을 통해 반영되고 있다.

상담자가 내담자로부터 경험하는 것들은 그 조직 안에 살아 있는 폭넓은 이슈와 상황들이 다양한 수준에서 반영된 것이다. 따라서 기업상담자는 내담자로부터 끄집어낼 수 있는 것이 무엇인지 그리고 그것이 보다 넓은 조직적 이슈의 반영이라는 점을 충분히 인식할 필요가 있다. 기업상담자는 직원들을 통해 간접적으로 드러나게 되는 보다 큰 조직의 제약, 기회, 특색, 딜레마에 대해 주의를 기울여야 한다. 하지만 기업상담자는 직원의 경험 속에서 나온 표현들이 그들이 그 사건에 대해 추정하는 해석과 의미에 의해 편향되거나 영향을 받고 있다는 점도 고려해야 한다.

또한 기업상담자는 조직에서 일한다는 것이 무엇을 의미하는지에 대한 자기 자신의 경험과 관점을 갖게 될 것이며, 이것을 내담자가 보고하는 업무 경험과 비교하는 데 사용할 수 있다. 이러한 개인적인 경험과 종업원으로서 직장에서 일하는 것이 어떠할 것이라는 '감각'은 기업상담자가 조직 내에서 상담자 자신의 효용성을 인정하고 확인하며 발휘하는 데 있어서 매우 중요하다. 개인적 경험과 직장인으로서의 감각은 조직이 이렇다거나 이래야 한다는 바람과는 대조적으로 조직이 실제로

1) 역주: 원서의 그림에서 '자기실현적이다(are self-fulfilling)'는 중복되어 나온다.

어떻게 움직이는지에 대해 상담자가 보다 완벽한 그림을 구축할 수 있게 해 준다 (Argyris and Schon, 1974 참조).

조직문화에 대한 이러한 관찰과 해석은 상담자가 그 조직에 대한 정보와 통찰을 통합하는 자로서 자리매김하게 한다. 기업상담자가 이러한 시각을 활용할 수 없다면, 기업상담자로서 내담자에게 어떻게 영향을 미칠지에 대한 이해가 부족할 수 있고 상담자로서 전문성을 발휘하는 데 충분히 효과적이지 못할 것이다. 이에 나는 효과적인 기업상담을 위한 필수적인 측면들 중 기업상담자가 관여할 수 있는 몇 가지 사항을 제시한다.

- 주관하는 상위 조직의 주요 특성에 주목하기
- 조직문화를 설명하기
- 기업상담의 제공을 통해 유발될 수 있는 영향을 고려하기
- 상담의 실제에 관련된 문제에 있어서 개인적인 영향을 예상하고 고려하기
- 특정 개인에게 있어서 이러한 문화의 영향을 확인하고 이해하기

이를 위해 다음의 사항들이 요구된다.

- 조직문화와 전통을 설명하고 이해하며 살펴볼 수 있게 하는 틀과 방법
- 상담자의 역할과 책임에 관한 상담자 자신의 명료성
- 조직을 파악하고 설명하기 위한 틀
- 조직, 기업상담자, 직원 간의 상호작용을 인식할 수 있는 명시적인 계약
- 조직 내의 조직적인 절차나 과정에 관한 지각

조직문화 모델

이러한 과제를 충족하기 위해 기업상담자들은 각기 다른 조직에서 일할 때 자신의 경험을 비교하는 데 사용할 수 있는 몇 가지 틀을 가지고 있어야 한다. 다음의 두 단락에서는 기업상담자의 조직적 업무에 돕는 데 사용할 만한 몇 가지 틀을 제시한다.

수년간 사용되어 오고 있는 조직문화 모델 중 하나는 찰스 핸디Charles Handy가 처음으로 언급하고 로저 해리슨Roger Harrison(1993)이 제안한 모델로, 조직은 네 가지 기본

적인 문화 유형 중 어느 한 가지가 강조되어 드러난다고 본다([그림 6-2]). 해리슨(1972, 1993)은 각 조직이 네 가지 특성—**권력**, **역할**, **성취**, **조력**—의 조합으로 보일 수 있으며, 이들 중 조직이 가장 우선시하는 특성을 알아차리는 것이 당시 그 조직에서 무슨 일이 일어나고 있으며 무엇을 중요하게 바라봐야 하는지를 이해하는 데 도움이 된다고 제안한다. 즉, **권력 문화**에서는 영향력의 효율적인 관리 및 실행이 특히 중요할 수 있는데 반해, **역할 문화**에서는 역할의 명료성과 조업 규정을 따를 필요성이 보다 중요할 것이다. **성취 문화**에서는 업무의 완성이 다른 어떤 것들—사람들의 감정, 형식적인 계층 구조, 사람들의 노고 등—에 비해서 우선할 것이다.

해리슨의 틀은 이러한 네 가지의 서로 다른 특성이 조직에 부여되고 있는 상대적인 가중치에 대한 정보를 제공해 준다. 네 가지 조직문화 유형은 각기 긍정적인 측면과 부정적인 측면을 가지고 있으며, 어떠한 조직도 네 가지 특성 중 단 한 가지 모습만으로 드러나지는 않을 것이다. 예를 들어, 확고하고 강력한 리더십이 특징인 조직을 갖추는 것은 생산적일 수 있지만, 이러한 장점은 공포 문화를 초래할 수 있으며, 만약 권력과 개인적 영향력이 최우선적으로 고려되는 상황에 이르게 되면 권한을 가진 자에게 비위를 맞추기 위한 많은 일들이 자행될 것이다! 예를 들어, 판매 조직과 같은 조직에서 높은 수준의 성취를 위해 전념하는 것은, 개인의 활동을 명확히 규정하고 있는 최종 결과로 향하도록 집중한다는 점에서 건설적이다. 그러나 이 또

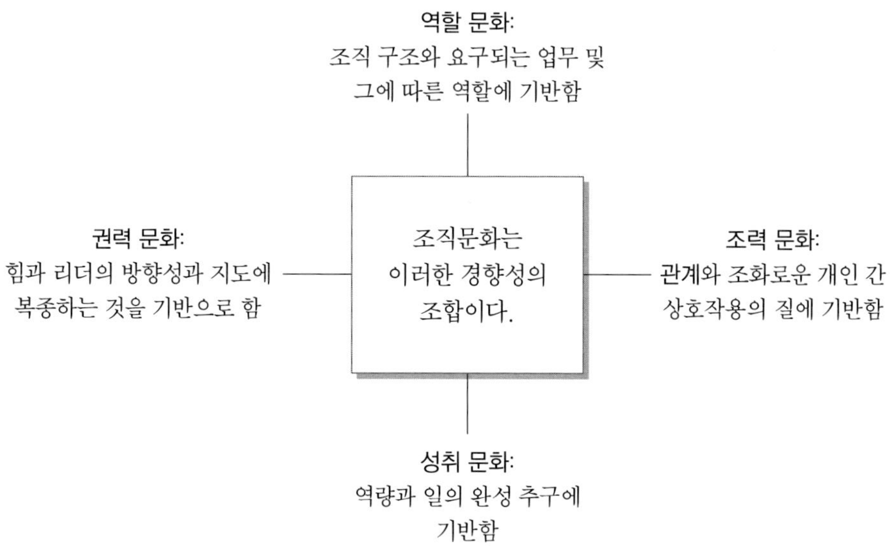

[그림 6-2] 해리슨의 조직 변화 모델

한 성취 지향성이 개인의 삶을 잠식하거나 또는 최종 목표를 정당화하는 어떠한 것도 수용하게 되는 경우에는 부정적일 수 있다.

실제로 조직에서는 해리슨의 유형이 혼재되어 있고, 이것도 조직마다 다를 것이다(아마도 같은 조직 내에서조차 부서별로 다를 것이다). 기업상담자들은 조직 내에서 사람들의 행동 방식과 일을 할 때 사람들 사이에서 일어나는 상호작용의 유형을 반영하는 근거로서 이러한 설명들을 활용할 수 있을 것이다. 기억해야 할 중요 사항은 조직이 문화를 가지고 있다는 개념이 가상으로 설정된 개념이라는 것이다. 이를 통해 기업상담자는 자신이 일하는 조직에 대해 더 많은 이해를 하는 데 도움이 될 수 있고, 내담자에 대한 자료를 더 잘 설명해 내고 더 많은 의미를 부여할 수 있다.

커민스Cummins와 호겟Hoggett(1995)은 기업상담의 정책에 관하여 고찰하였고, 역기능적인 조직문화의 부정적인 결과가 지속되거나 또는 반대로 개선되는 데 있어서 기업상담자가 의도하건 의도치 않건 간에 어떻게 관여할 수 있는지에 대하여 주목하였다. 그러한 작업과 관련하여 해리슨(1972, 1993) 또한 각각의 문화 특성에 있어서 긍정적이거나 파괴적인 측면 모두에 대해 관심을 두었고, 그 어떤 동시대 사람들보다도 조직의 어둡고 역기능적이고 비합리적인 측면에 대해 경고해 왔다(Kets de Vries, 1991; Egan, 1994; Walton, 1994a 참조).

햄든-터너Hampden-Turner(1990)에 따르면, 조직문화는 업무적인 딜레마가 어떻게 다루어지는가에 대한 결과로서 드러나게 되며, 그 과정에서 기업 조직의 합리성이나 관습보다는 오히려 경영진 같은 조직의 가장 영향력 있는 사람들에 의해 설정된 각인된 형태의 신념(embedded patterns of belief)에 의해 결정된다(Walton, 1994b).

조직에서 강조되는 것, 즉 문제시되고 중요시되는 것을 알아차리게 되면 기업상담자는 그 조직의 기본적인 우선순위에 대한 단서를 얻게 된다. 이는 연례 보고서에 언급되거나 회사의 강령에 새겨진 문장과는 사뭇 다르다. 예를 들어, '사람이 우리의 최대 자산'이라는 말의 진정성은 직원들이 실제로 어떻게 대우받고 관리되는지와 관련해서 무신경하고 오만하게 결정한 사례들로 인해 다소 무뎌지거나 허위로 간주될 수도 있다(Argyris and Schon, 1974 참조). 어느 한 회사에서는 인사 책임자가 회의석상에서 '더 이상 인원 감축은 없다'고 했으나 3주 후에 결국 추가적인 감축인원이 고지되었다!

기업상담자는 사전에 받게 되는 모든 공식적인 정보와는 상관없이, 업무하는 곳의 게시판이나 안내 표지의 위치(또는 없을 수도 있음)에서부터 분위기, 낌새 그리고 상태에 이르기까지 조직문화와 관련된 엄청난 정보에 포격당한다. 조직에서 내담자들과 함께 작업한다는 것의 핵심은 바로 조직에서 존재하는 것이 무엇인지를 안다는 것이고, 기업상담자들은 그곳에서 자신들이 알아차릴 수 있는 정보에 대해 탐색하고 이를 의식적으로 주목해야 한다. 이런 모든 정보들을 이해하기 위하여 기업상담자들은 부수적인 관점과 차원을 이끌어 낼 수 있는 상담자 고유의 자료 사용법과 정리 방법을 개발할 필요가 있는데, 이러한 방법들은 기업상담자가 내담자의 문제와 고민을 알아차리고 조직 **그 자체**에 보다 민감하게 그리고 정통한 방법으로 관여하며 기업상담자 자신의 일하는 방식이 정확한지를 검증할 수 있도록 해 준다. 상담자에게 있어서 도전 과제는 기업의 정책 **그 자체**를 변화시키고자 하는 것이 아니라 어떤 정책들이 효과를 발휘하는지, 정책들은 어떻게 적용되며, 해당 기업 내에서 그러한 정책이 의미하는 바가 무엇인지를 명확히 앎으로써 현지 상황의 실제에서 일하도록 하는 것이다. 그러나 비록 기업상담자들이 변화의 필요성을 인식한다고 해도 기업상담자들의 소관 업무 및 계약 사항이 그러한 개입을 허용하지 않는다면, 조직 내 기업상담자의 역할과 위상에 있어서 긴장과 혼란이 발생할 것이다.

조직문화에 대해 관심을 갖는 것이 중요한 이유는 이를 통해 기업상담자가 조직적인 일에 대해 보다 포괄적인 접근을 할 수 있고, 기업상담자들로 하여금 현재의 업무 관행에 대한 전통, 가치, 금기의 영향을 검토하고 또한 조직 내에서의 개인의 복지, 내담자가 가져온 문제 등을 살펴볼 수 있도록 한다는 데 있다. 조직에 문화라는 개념을 적용하게 되면 조직에서 진행되는 일들에 대해 보다 깊은 이해와 지식 그리고 제기될 수 있는 많은 문제들에 대해 매우 풍부한 근거를 얻을 수 있다.

조직의 내부 문화는 현재 무슨 일을 진행할지, 그리고 바꿀 수 있는 것과 바꿀 수 없는 것이 무엇인지를 결정할 수 있는 힘과 영향력을 가진, 공식적 및 비공식적 지위에 있는 사람들에 의해 구현되고 수호되어 왔다. 그들은 **현 상황**을 변화시키려는 시도에 대해 매우 큰 영향력을 행사한다. 그들은 과거를 수호하는 자의 역할을 하는데, 바로 이 때문에 제대로 성과를 내지 못하는 조직을 변화시키는 방법으로 종종 '젊은 피의 수혈'이 검토되곤 한다.

조직의 변화 관리(7장 참조)는 여전히 조직의 가장 중요한 임무이고 조직 개발에 관한 문헌의 대부분을 차지하고 있기 때문에 조직을 변화시키려는 시도로서 조직문화에 대한 연구부터 조심스럽게 시작해야 한다는 점은 중요하며, 심지어 논리적인 것처럼 보일 것이다. 그러나 조직 변화에 관한 문헌 연구를 검토해 보면 알 수 있듯이, 그러한 사례는 예상 외로 별로 없다. 경영 이론은 일반적으로 변화를 시작하고 촉진하기 위한 합리적이고 인지적인 전략을 강조해 오고 있는데, 비록 이러한 접근이 그 자체로는 제한적 성공을 가져다주는 것으로 드러났지만 여전히 조직 변화를 촉진하는 데 있어서 유효한 토대가 되어 왔다. '조직문화'라는 개념의 출현은 조직 생활의 정교하고 다층적인 특성을 보다 충분히 인식하도록 하는 하나의 방식이다. 그것은 기업상담자로 하여금 자신이 일하고 있는 조직에 대한 명시적인 혹은 내재된 영향을 고려할 수 있도록 돕는다.

조직에 대한 고찰

조직에서 이루어지는 상담은 상담자–내담자 사이의 역동과 긴장에 관심을 두어야 하고, 내담자에게 의미 있고 중요하고 민감한 것들로 가득 찬 직장 내에서 일어나는 일에도 관심을 두어야 하기 때문에 복잡한 일이다. 상담자들은 이러한 부수적인 역동과 관점에 대해 명심하지 않으면, 내담자와 가장 효과적으로 관계를 맺을 가능성이 적어진다. 더불어 조직 내에서 신뢰로써 관계하는 것도 불가능할 것이다.

이는 조직이라는 추가적인 차원이 존재하지 않는 사설 상담과는 전혀 다르다. 기업상담 장면에서 상담자가 만약 개인상담에서라면 당연히 기능할 것으로 생각하는 작업을 선택한다면, 그 상담자는 내담자에게 영향을 주고 있는 압박과 취약성의 전체적인 부분을 이해하기 어려울 수 있고, 내담자와 비용을 지불하는 조직 내에서 상호작용을 하는 다른 사람들로부터 신뢰할 수 있는 전문가 또는 실무자로서 인식되지 않을 위험이 있다. 조직에 대한 그리고 조직적인 삶의 본질에 대한 서로 다른 방식의 관점들은 직장 내에서 일하는 상담자가 염두에 두고 활용할 수 있으며, 상담자와 마찬가지로 내담자에게도 관심의 대상이다. 다음에 기업상담자가 적용하고 활용할 만한 조직에 대한 서로 다른 관점을 드러내는 세 가지의 개념틀을 소개한다.

그러나 한 가지 중요한 점은 어떤 조직 모델도 단지 조직의 상이한 측면을 표현하기 위한 방법일 뿐이라는 것이다. 이와 같은 모델이나 개념틀은 일이 이루어지고 있는 상황을 표현할 수 있는 차원과 과정에 관심을 둔다는 점에서 가치가 있다. 그러나 어떤 모델도 일어나고 있는 일의 전부 또는 관련된 문제의 복잡성을 충분히 설명해 낼 수는 없다. 따라서 다음에 설명되는 모델이 제공할 수 있는 최고의 의미는 우리가 다루고 있는 것에 대한 근사치와 진행되는 상황에 대한 보다 충분한 이해를 제공한다는 데 있다. 이것은 기업상담자가 활용하여 적용하기 위한 개념틀이며, 드러나는 업무 조직에 관한 자료들을 정리해 내는 개념틀이다. 이러한 점에 유의하며,

세 가지 모델은 다음을 위한 개략적인 개념틀을 제시한다.

1. 직장 내에서의 상담 경험을 정리하고 변화시키기
2. 조직이라는 더 큰 맥락에서 상담의 관점을 관련짓기
3. 내담자, 상담자, 조직의 세 가지 관점을 통합하기

당신이 읽고 경험하고 스스로 생각한 것들을 통해 당신은 자신의 조직 모델을 구축하고 싶을 수 있는데, 우리는 다만 본 장이나 다른 책에서 드러난 자료를 이용하여 조직 모델을 구축하는 데 도움을 줄 수 있을 것이다. 첫 번째 단계는 세 가지 개념틀을 사용하여, 당신이 속한 기업상담의 실제에서 자신이 받은 통찰을 확인하는 것이다. 이것은 당신이 하고 있는 기업상담에 대하여 안내하고 정보를 제공하는 본인만의 기업상담에 대한 개념틀의 기초를 구축할 수 있도록 한다.

세 가지 조직 모델

조직을 바라볼 때 우리는 그 조직 활동의 지침이 되는 핵심 기능에 대하여 생각해 볼 수 있는 개념틀을 가지고 있어야 한다. 나는 조직을 바라보는 서로 다른 관점인 세 가지 조직 모델을 선택하였다. 당신은 기업상담자의 입장에서 조직을 더 자세히 바라보고, 조직이 어떻게 기능하며 내담자의 문제가 그 조직과 어떻게 연관되어 있는지를 짐작하는 데 있어서 어떤 조직 모델이 도움이 되는지 결정할 수 있다.

어떠한 조직이라도 조직의 핵심은 우선 사람들을 한데 모으는 근거를 명확히 하는 것인데, 그것이 바로 일work인 것이다. 이러한 초점을 잃거나 또는 일의 완성을 조력하기 위한 방법으로 시작된 것들이 시간이 지남에 따라 일 그 자체보다 더 중요하게 될 때, 일반적으로 문제가 발생된다. 해리슨의 모델을 적용해 보면, 이러한 예는 효과적이고 효율적으로 일하는 것보다 '옳은' 방식(역할 문화)으로 일하는 것이 더 중요해질 경우 발생될 수 있으며, 이때 일을 하는 데 있어서 따라오는 규정화된 과정과 세부 업무가 해야 할 실질적인 작업을 완료하는 것보다 더 중요하게 될 것이다.

나는 조직행동에 대해 들은 내용이 혼란스러우면, 마음속으로 그 자료를 그 부서의 핵심 목적과 연결하려고 노력한다. 때로는 관리자에 대한 것이 될 테고, 그때 나

는 관리자의 입장에서 부서의 목표 달성을 위해 해야 할 일이 무엇인지 또는 관리자로서의 역할이 무엇인지를 연관시켜 보려고 노력한다. 이렇게 하는 것이 들려오는 자료로부터 사안을 정립하는 데 도움이 될 수 있다. 그것은 나에게 ① 나의 내담자가 제시한 문제, ② 추정되는 근본적인 문제와 쟁점, 그리고 ③ 조직이 있는 그대로의 모습을 얼마나 엄격하게 보여 주고(줄 수) 있는가 등에 대해 더 깊이 생각할 수 있는 출발점을 제공한다.

기업상담자는 내담자와의 상담에서 더욱 깊이 있는 인식과 이해를 하기 위해 이러한 조직적인 고려 사항을 염두에 두어야 한다. 당신이 일하고 있는 조직이 어떻게 구성되어 있는지 바라보고 비교할 수 있는 보기로서 다음에 요약된 세 가지 모델을 사용할 수 있다. 이러한 모델들을 통해 당신은 내담자에게 일어난 몇몇 조직문제들이 왜 발생했는지를 확인할 수 있다. 이를 통해 내담자의 안녕에 영향을 미칠 수 있는 내부의 구조적인 역동에 대하여 더욱 깊이 있는 통찰을 제공받을 수 있다.

갤브레이스Galbraith의 조직 적합 모델(1977)

'조직'이란 것은 많은 사람들에게 여러 가지 의미가 있다. 이것은 정의하기 어려운 개념일 수도 있다. 수백만 파운드의 거래나, 또는 한 사람의 작은 사업을 묘사하는 데도 사용될 수 있다. 하지만 어떤 규모이건 간에 공통된 몇 가지의 차원이 있다. [그림 6-3]에서는 다섯 개의 영역을 강조하고 있는데, 각각은 그 자체로서도 중요하

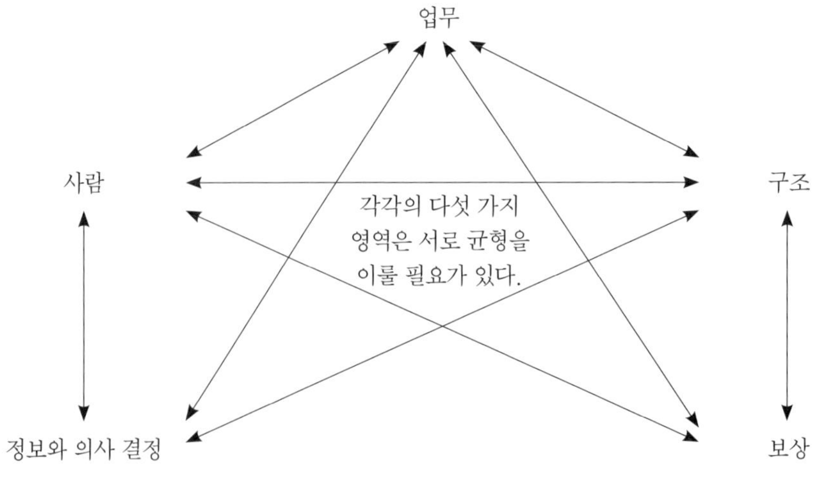

[그림 6-3] 갤브레이스의 조직 적합 모델

지만 함께 통합되어 있는 경우에는 '조직'이 내부 결속과 성공을 위해 기능하도록 해준다.

갤브레이스 조직 모델에서 흥미로운 점은 조직이 기능하는 데 핵심적인 다섯 가지 영역의 상호 관계를 강조하고 있다는 점이다. 그는 만약 이 영역들이 서로 '적합'하지 않으면 조직은 그 자체의 균형이 깨지고 문제가 발생하기 때문에 각각의 영역이 성공하기 위해서는 서로 양립할 필요가 있음을 제시한다.

효과적인 조직의 중심에는 수행해야 할 '작업(또는 업무)'의 명확성이 있는데, 이는 조직의 다른 모든 것들의 출발점이 되어야 한다. 일단 작업 유형이 명확히 정립되고 나면, 논의는 원하는 결과를 달성하는 데 필요한 조직의 **구조**에 대한 유형으로 자연스럽게 옮겨갈 수 있다. 그다음으로 조직과 수익을 이루기 위해 필요한 **사람**에 대한 논의와 사람들의 수행을 공고히 하기 위한 적절한 **보상**(금전적, 비금전적)에 대한 논의가 이어진다. 조직이 효과적이고 효율적으로 기능하도록 하려면, 실용적이고 생산적으로 사업을 유지시키는 **정보와 의사 결정**의 장치를 구체화하는 데 주의를 기울여야 한다.

이러한 각각의 주요 조직적 차원들은 서로가 영향을 미치고 있고, 결과적으로 이 중 어느 한 가지가 변화했을 때 다른 일부 혹은 전체에 연쇄적인 반응이 일어날 것이다. 이 모델은 잘 정돈되고 성과를 내는 조직이라면 상호 의존과 서로 보강하는 방식으로 기능하는 각각의 차원들이 있다는 점과, 만약 이 중 한 가지를 변화시키고자 결정한다면(예를 들어, 구조 또는 중요 인물을 변경하고자 한다면) 조직 내에서는 보다 광범위한 영향이 있을 것이라고 예상해야 함을 시사한다.

갤브레이스의 모델을 염두에 두면, 기업상담자들은 내담자가 상담실로 가져온 근본적인 조직적 어려움과 이와 관련된 쟁점들에 대해 더 잘 이해할 수 있을 것이다.

맥킨지McKinsey 7-S 모델

피터스Peters와 워터맨Waterman(1982)은 『초우량기업의 조건In Search of Excellence』에서 성공적인 기업의 실제 및 효과적인 조직에 연관되는 다양한 아이디어와 관점을 강조했다. 연구를 통해 그들은 조직에 대한 인지적인 접근이 최소한 7개의 상호 의존적인 변수들—구조, 전략, 사람, 스타일, 시스템과 절차, 제안된 개념과 공유 가치(예: 문화), 현재와 향후 기대되는 회사의 강점이나 기술—을 포함해야 함을 제시하였다. 그들은 이러한 요인들을 보다 발전시켰고, 맥킨지 7-S 모델([그림 6-4])로 알려

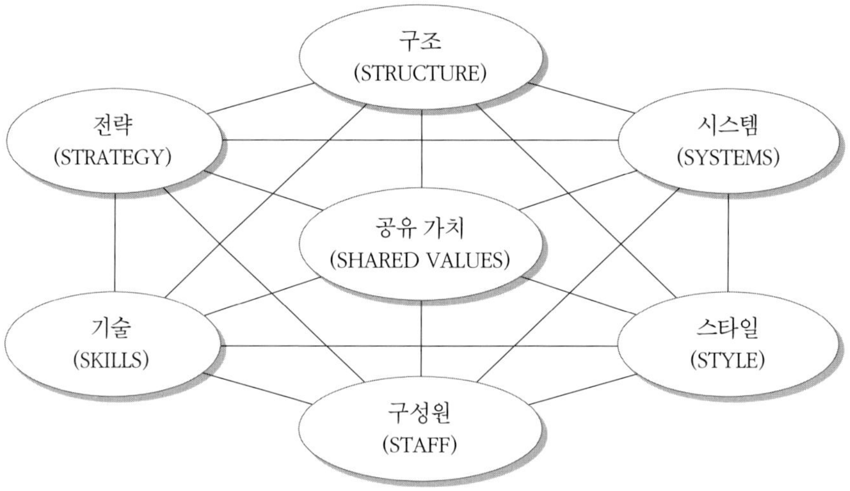

[그림 6-4] 맥킨지 7-S 모델(Peters and Waterman, 1982)[2)]

지게 되었다.

이 모델의 가장 중요한 부분은 '공유 가치'나 '스타일'과 같은 보다 무형적인 측면의 조직 관리와 전체적인 조직문화를 강조하고 있는 점이다. 다시 말해, 조직의 이러한 서로 다른 측면들이 개별적인 효과를 발휘하려면 각각은 그 나머지 측면들과 양립하여 조화를 이루어야 하고, 만약 어느 하나가 변화되면 다른 일부 혹은 전체에도 연쇄 반응이 일어날 것이다.

문화에 관한 갤브레이스의 모델에서는 문화가 다양한 영역들 간 전체적인 상호작용의 결과로서 결정된다고 보는 반면, 여기서는 주로 '공유 가치'나 '스타일'의 차원을 통해 문화가 드러나는 것으로 본다.

2) 역주: 공유 가치: 맥킨지 7-S 모델의 상호 연결 중심에 있는 것으로 공동의 목표나 조직 이념
구조: 조직의 하부 단위가 상호 연관되어 있는 방식(중앙집권, 분권화, 매트릭스, 네트워크 등)
전략: 사업의 목적과 조직이 경쟁 우위를 강화하고자 하는 방식
기술: 조직의 핵심 역량 및 차별화된 능력
구성원: 조직의 인적자원, 인구통계, 교육 및 태도 특성
스타일: 최고 경영자의 리더십 스타일과 조직의 전체적인 운영 관리 스타일
시스템: 조직 관리를 위해 사용되는 공식적인 절차와 과정들

웨이즈보드Weisbord의 여섯 상자 모델

웨이즈보드는 자신이 나타내고자 했던 조직의 모든 기능들을 적절히 포괄하는 다른 어떤 개념틀도 찾지 못하자 스스로 이 모델을 개발하였다(1978). 그는 자신이 보아 온 모든 것들을 포괄하지 못할 만큼 협소하거나 추상적이며 개념적이 되지 않도록 하기 위해 조직에 대한 많은 이론을 살펴보았다. [그림 6-5]는 그가 조직의 공식적 및 비공식적 기능을 모두 고려하기 위해 사용한 여섯 상자 모델을 나타낸다.

이는 복잡하지 않은 개념틀로, 그 유용성을 설명하기 위해 사용한 비유는 우리가 일하고 있는 조직을 탐지하고 정의하는 '레이더 화면'이다. 이 모델은 기업상담자들에게 여섯 가지 상자 각각이 조직에 대한 귀중한 정보와 통찰을 제공하고 있기 때문에, 각각의 여섯 상자에서 나타나는 문제들에 대해 경계를 늦추지 말아야 함을 시사한다. 웨이즈보드는 기업상담과 관련하여 조직의 이러한 차원들로부터 어떠한 정보가 드러날지 알 수 없기 때문에 자신이 하고 있는 일에 대해서도 경계를 늦추지 말 것을 이야기한다. 조직의 어떠한 단적인 측면도 독립적으로 보여질 수 없고, 레이더 화면을 통해 정보가 유추되듯이 여섯 개의 상자 각각은 서로 다른 유형의 유추

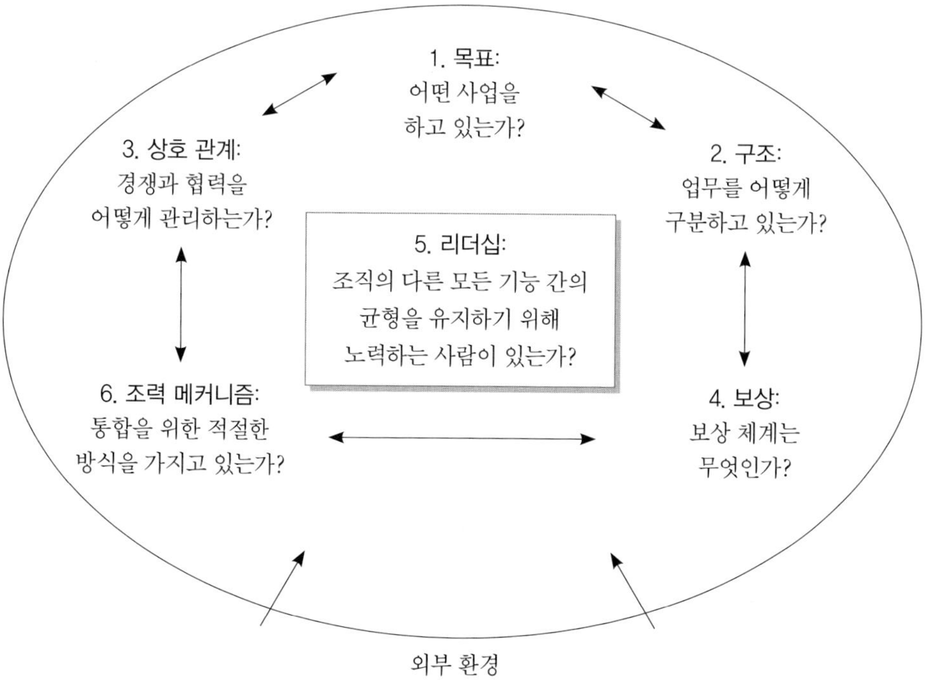

[그림 6-5] 웨이즈보드의 여섯 상자 모델

된 정보를 제공하는데, 이러한 여섯 가지 부분에서 당신이 다루고 있는 것에 대한 정확한 관점이 확립될 필요가 있다.

이러한 모델들의 개념은 조직 내에서 내담자의 삶에 대한 더욱 분명한 시각을 제공하며 내담자가 드러내는 자료의 일부로부터 당신이 보다 많은 이해를 하도록 도울 것이므로, 직장에서의 이슈와 드러난 관심사를 정리하고 규정하는 데 이러한 모델의 개념을 사용하라.

조직의 공식적인 측면

조직에 대해 설명을 요구하면 직원들은 대부분 관리 구조, 직무, 보고 관계, 직급, 직책과 같이 공식적인 측면들을 설명한다. 이러한 것들이 때로는 일이 진행될 수 있는 기반을 제공하기 때문에 조직의 중요한 측면이다. 상담실에 온 내담자가 초반에 직장에 대한 이슈와 문제를 이야기하는 데 집중할 때에는 이러한 것들이 중요할 것이다. 조직에서의 주요 어려움과 논쟁거리들은 평가 또는 임금 분쟁, 역할 혼란과 보고의 의견 차이, 공적인 힘에 대한 경쟁, 공평, 기회균등, 선배들의 편애나 부당한 대우에 대한 항의, 왕따에 대항하기와 같은 식으로 표현된다. 그러나 이처럼 많은 염려들의 중심에는 그 조직에서 그/그녀 자신의 권리를 가진 개별적인 구성원으로서의 가치, 위상, 지위에 대한 불안감이 존재한다. 이러한 근본적인 염려들은 그 직원이 특정한 업무를 수행하는 데 필요한 능력을 넘어선 그 이상의 것이다. 일에서의 이러한 심리적인 측면은 매우 중요한 고려 사항으로 점차 인식되고 있다. 이것은 이제 관리자들 사이에서 더욱 중요한 깨달음이 되었는데, 만약 그들이 이를 방치한다면 조직의 성과와 능력에 악영향을 끼치게 될 것이기 때문이다. 직원과 고용주 사이의 '심리적 계약'(Hay, 1992)의 개념은 현 시대의 중요한 고찰로서 다시 떠오르고 있는데, 아마도 1990년대 고용 시장이 어렵게 되면서 고용주들에 의한 종업원의 열악한 처우에 관한 공식적인 보고 사례가 증가함에 따라 촉발되었다. 결국 이러한 상황은 고용 시장의 어려움 이후에 더 적은 인원의 직원으로 점점 더 엄격해진 재정적 기준에 맞춰서 조직 내 높은 수준의 압박과 긴장을 유발하는 높은 수행 목표를 충족하고자 직원들에게 가해지는 압박이 증가함에 따라 더욱 악화되었을지도 모른다. 따라서 상담자는 회사에 대해 다음과 같은 이해를 가지고 있어야 한다.

- 조직 구조
- 조직에서 핵심적인 역할
- 의사 결정의 위계는 어떻게 작동하는가
- 공식적인 권한 수준
- 적용 중인 임금 및 보상 체계
- 최근의 조직 변경 또는 다른 변화들

상담자들은 계약 기간과 고용 조건 그리고 가치 선언문이나 강령으로 존재하는 어떤 정보들이 있다면, 이 복사본을 가지고 있어야 한다. 상담자는 그 회사의 사업을 규정하는 공식 문서와 그것이 무엇을 의미하는지에 대해 알고 있을 필요가 있다. 이 자료들은 회사가 스스로를 어떻게 규정하고 있는지에 대한 많은 것들을 기업상담자들에게 알려 준다. 이는 그 조직의 문화에 대한 매우 중요한 단서를 제공하는데, 특히 공식적으로 제시된 것과 실제로 일어나는 일이 대조적인 경우에 그렇다. 이러한 지식 분야에 대한 인식은 만약 상담자가 조직을 이해하고 조직이 어떻게 기능하는지, 그리고 결과적으로 거기에서 일하는 직원들에게 조직이 어떻게 영향을 미치고 있는지를 이해하고자 한다면 필수적이다.

기업상담자들은 일하는 조직 내의 공식적인 조직 구조(조직이 작동해야 하는 방식)와 비공식적인 조직 구조(조직이 실제로 작동하는 방식) 사이에 알게 모르게 차이가 있음을 발견할지도 모른다. 불일치에 대한 인정을 용인하지 않거나 논의가 일어나는 것을 심하게 금기시하는 사업장일수록 이러한 불일치는 직원들에게 매우 높은 긴장과 스트레스의 원인이 될 수 있다.

조직의 덜 공식적인 측면

조직 구조가 어떻게 작동하는지를 보여 주기 위해 신중하게 표현된 사례들로 뒷받침이 되는 정돈된 조직 구조를 갖고 있는 것은 매우 편리한 일이다. 그러나 조직은 자체적으로 비공식적인 작동 방식을 개발하는데, 이 중 일부는 조직의 공식적인 면과 일치하기도 하고 일부는 이에 역행하기도 한다.

조직 내에서 직원들은 영향력, 힘, 권위에 관한 자신들의 비공식적인 패턴을 개발한다. 조직에 합류하게 되면, 대개의 경우 신참자들은 믿을 만한 지도와 지원을 위해 누구와 함께 할 것인지 그리고 조직 내에서 비공식적인 리더가 누구인지를 매우 빨리 확인하곤 한다.

조직의 공식적인 모델은 본 장의 앞부분에서 조직을 무엇으로 바라볼 수 있을 것인가 그리고 의사 결정, 행동, 전략의 지침을 위해 권위와 영향력의 위치에 있는 것들이 무엇인가에 초점을 맞춰서 소개하였다. 예를 들어, 조직 내에 일을 하기 위해 필요로 하는 적절한 구조와 사람들이 있다는 것은 공식적으로 명시되어 있지만, 이는 실제로 항상 그렇지만은 않다. 상황이 나빠진 이유가 무엇이건 간에 갑자기 보상 구조가 일부 직원들로 하여금 다른 부서를 조력하지 않는 방식으로 일을 하도록 만들거나 혹은 관리자들이 마치 자신의 직원들을 단지 기계의 톱니바퀴처럼 대하면서 성과 지향적으로 고무되는 모습을 볼 수게 된다.

우리는 또한 해리슨의 저서(1972, 1993)를 통해 그가 제안하는 문화 유형들에는 어떠한 생산적이거나 파괴적인 면들이 있다는 것과, 그래서 생산적이고 건설적인 조직의 관습과 정책이 극단적으로는 역기능적이며 잠재적으로는 파괴적이 될 수 있다는 것을 알고 있다. 아마도 우리는 햄든-터너(1994)의 주요 관심사 중 하나인 딜레마의 관리로 되돌아온 것이다! 이러한 모든 가능성은 그 조직에서 만나는 내담자들에게 영향을 주고 있기 때문에 기업상담자들에게도 관련이 있다.

기업상담자들은 조직 내의 역기능적 행동의 잠재성과 이면에 존재하는 내면적 기류에 대해 어느 정도 알고 있을 필요가 있다. 많은 조직들은 반문화counter-culture를 가지고 있고, 내담자들이 가져오는 회사 내의 삶과 경험으로부터 충분한 정황을 구축하기 위하여 기업상담자들은 조직이 작동하는 이러한 측면들에 대한 이해가 필요하다. 이러한 이해가 없다면, 그 체계 내에서 내담자로부터 도출되는 의미 있는 것들에 대해 충분한 이해가 부족하게 되어 기업상담자의 작업 중 일정 부분이 진공 상태로 남게 된다.

그러나 회사의 정책, 절차, 규약 등에서 쉽사리 드러나지 않거나 제시되지 않지만, 마찬가지로 역동적이고 중요한 조직행동의 결정 요소가 있다. 실제로 이러한 다른 강력한 조직적인 영향 일부는 인식되지 않고 드러나지도 않는데, 어쩌면 자기가 그 일부에 있는 사람임에도 불구하고 심지어 이를 부정할지도 모른다.

[그림 6-6]은 조직 생활의 세 가지 '측면'을 제안하고 있다. 먼저, 회사에 설정된 보다 공식적인 방식으로 회사를 조직화하고 운영하기 위한 정형화된 방식이다. 다음으로는 무엇인가를 해내기 위해서 때로는 공식적인 제도들을 조정하는 방식이 반영된 비공식적 조직이 있다. 가장 주의를 끄는 것이 이 두 가지 차원으로, 내담자

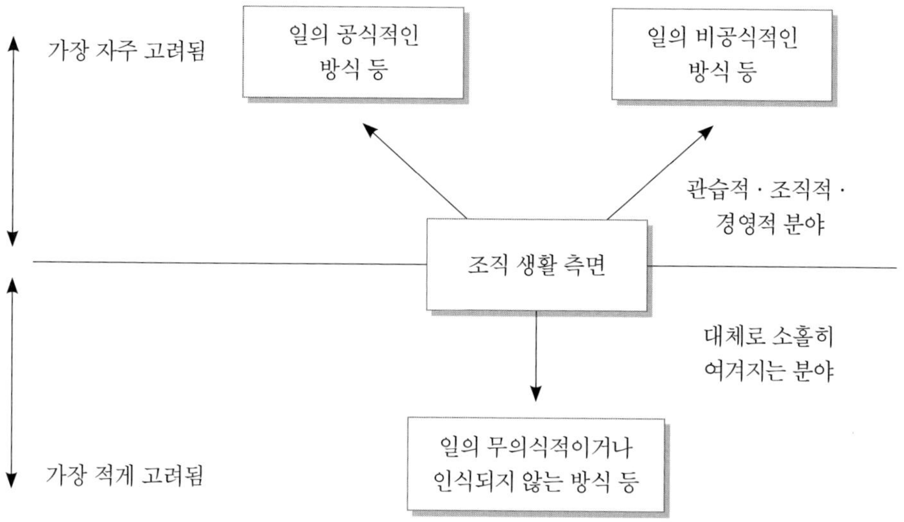

[그림 6-6] 조직 생활의 세 가지 '측면'

가 상담자에게 가져오는 직장 문제의 한 부분으로서 바로 이러한 측면들이 드러날 것이다. 그러나 [그림 6-6]의 수평선 아랫 부분인 세 번째 관심 영역은, 이 또한 기업상담자에게 조직문화와 그 안에서 일어나고 있는 일에 대한 가치 있는 정보와 통찰을 제공하곤 한다.

이러한 측면들은 때로는 가동될 수 있거나 가동하고는 있지만 정의하기에는 매우 모호하고 관찰과 연구에 국한된 숨겨진 과정과 역동이다. 예를 들어, 트리스트Trist와 머리Murray(1990)는 불안에 대한 방어 기제로서 사회 구조와 조직문화가 어떻게 무의식적으로 활용될 수 있는지 그리고 개별 구성원의 내면적인 갈등이 자신이 일하는 조직에 어떻게 투사될 수 있는지를 밝히고 있다. 만약 그렇다면 조직의 어떠한 변화는 이러한 투사를 방해하게 될 것이므로, 이는 개인의 정체성을 유지하는 데 있어서 중요하다. 그들은 심리적인 방어 기제로서 사회 구조에 관한 이러한 통찰이 어떻게 즉시 파악되어 오지 않고 어떻게 여전히 조직행동에 관한 대다수의 연구에서 무시되어 왔는지 관찰해 왔다. 이러한 일이 일어날 수 있는 가능성은 기업상담자에게 있어서 그 조직에 고용된 내담자들을 상대로 작업한다는 점에서 상당히 중요한 의미가 있다.

직원들에게 조직은 단지 보수를 위해 직장을 다닌다는 것보다 훨씬 더 많은 의미를 갖는다. 어떤 직원들은 회사를 위해 살며, 일에 자신의 많은 것들을 투자하는 모습에 대해서도 기사가 많이 나와 있다. 직원들은 회사와 매우 강력한 동일시를 할 수 있어서 심지어 표면상으로는 어떤 변화가 자신들의 관심사일 때조차 그 변화에 저항하게 될 것이다. 이와 같은 경우, 기업상담자는 조직의 명확한 과정뿐 아니라 조직 전체와 개별 구성원의 인식과 행동에 영향을 미치고 있는 조직의 무의식적인 과정에 관한 가능성도 고려할 필요가 있다. 다시 말해, 이러한 가능성을 염두에 두었을 때 기업상담자는 내담자가 제시하는 어떠한 문제와 관심사에 대해 더 깊이 있고 적절한 탐색을 하게 된다. 그러나 일의 무의식적인 과정에 관한 가능성을 허용하지 않는다면, 상담자는 조직 생활의 공식적 및 비공식적 측면에 대한 주요한 반영을 축소시키게 될 것이고, 결국 상담자들은 조직문화와 조직문화가 어떻게 직원들에게 영향을 미치고 있는지를 살펴볼 수 있는 세 번째의 중요한 방식을 놓치게 될 것이다.

페니헬Fenichel(1945)의 견해에 따르면, 한 기관의 구성원이 그 조직에 강력하게 동일시하는 만큼 그 구성원의 성격 구조는 영향을 받게 된다. 잘레즈닉Zaleznik(1970)은 무의식적인 불안의 형태가 어떻게 조직 생활의 정략적인 일들에 영향을 미치는지 그리고 어떻게 탁월한 리더 역할을 하고 있는 사람들에게 도움과 조언을 받아들이지 못하도록 하는지 설명하고 있다. 얼핏 보기에는 무의식적 과정의 가능성이 고려되기 전까지는 이러한 행동이 이상하고 혼란스럽게 보일 수 있다. 하지만 무의식적인 과정의 가능성이 고려된다면, 이는 기업상담자로 하여금 이러한 과정은 무엇이고 어떤 영향이 있을지 그리고 그들의 내담자에게 미치는 영향이 무엇인지를 생각하게 한다.

개인으로서 우리는 자신의 미해결되고, 무의식적이며, 인지되지 못한 과정에 의해 영향을 받는데, 이를 통해 우리의 생각, 감정 그리고 행동이 형성된다. 어디를 가든지 우리가 얻게 되는 개인적인 역사의 보고와 지식 창고를 감안한다면, 어떤 단계에서 우리가 조직의 상호작용에 놓이게 되는 것은 불가피하다. 우리의 정신역동적인 요소는 의식적이거나 무의식적으로 일에서 개인의 인식과 경험을 좌우하고, 우리가 단지 일부만 알고 있을 수도 있는 조직행동에 영향을 미칠 것이다. 우리 자신의 이러한 측면들은 결국 상담실 안으로 자신의 자리를 찾아가게 될 것이다.

모건Morgan에 따르면, "기업문화를 형성한다는 의미는 무의식적인 중요성을 또한 내포하고 있으며, 조직을 묶고 있는 공통의 (무의식적이고 표현되지 않은) 관심과 (수집된 의식적인 지각의 표면 아래 숨어 있는) 미해결 과제에 근원을 두고 있다."(1986) 기업상담자들이 내담자가 제시하는 자료들을 가지고 작업하는 과정에서는, 공식적으로 드러난 조직의 문화 측면을 고려하여 다른 차원들에 대해 살피는 것뿐만 아니라 조직의 무의식적인 과정과 역동에 대해서도 살펴보는 것이 필요하다.

'관리'의 측면

효과적이기 위하여, 기업상담자는 두 개의 서로 다른 기반에서 요구하는 바를 충족시켜야 한다. 첫째는 내담자를 위해 기업상담자가 전문적인 조치를 제공하는 것이고, 둘째는 기업상담자들이 일하고 있는 조직의 관점에서 현실적이고 실용적인 방법으로 상담의 책무를 행사하는 것이다. 일의 방식에 있어서 부조화를 이루거나 부적절할 수 있는 여지가 존재하는데, 이를 방지하기 위해 기업상담자는 주관회사의 '관리'의 본질에 대한 이해를 넓힐 필요가 있다. 전통적으로, '관리'는 일의 편성, 직원들이 함께 일하는 데 필요한 합의, 그리고 실적과 성과를 공식적으로 만들어 내기 위한 토대를 의미해 왔다. 이것들은 모두 '공식적인' 조직의 일부로서 바라볼 수 있는 측면들이다. 그러나 기업상담의 관점에서는 이러한 것들이 비록 상담이 제공되고 있는 구조의 일부이긴 하나 그 자체가 기업상담자의 주요 관심사는 아니다. 상담자는 [그림 6-7]에서의 쟁점이 되는 관리 유형들에 관심을 갖게 될 가능성이 높다. 어떤 면에서 이러한 관리 유형들은 내담자가 개인으로서 다른 사람들과 관계하는 방식이지만, 그것은 또한 조직문화가 '구성원들이 어떻게 바라볼 것인가'를 결정하는 방식이기도 하다.

조직에서 일하는 것이 무엇을 의미하는지에 대한 사람들의 많은 경험의 측면들은 어떤 방식으로든 해당 조직에 의해 영향을 받는다. 그리고 여전히 사업 관리와

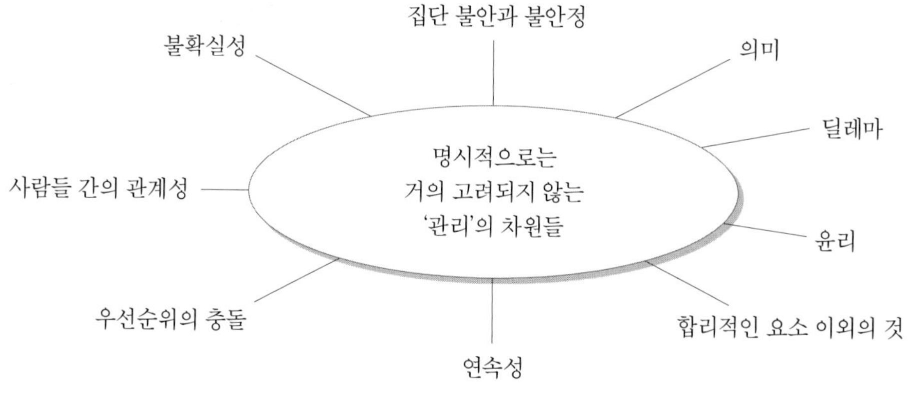

[그림 6-7] 거의 고려되지 않는 관리의 차원들

조직행동의 측면은 종종 업무의 논리적 · 합리적 측면의 중요성을 인식하지 못하게 한다. 이처럼 인식하지 못한 결과의 한 가지는 직원의 복지에 영향을 주는 사항들이 무시되는 것이고 이러한 결과의 일부는 기업상담자에게도 드러날 수 있다. 해당 조직에서 기업상담자는 내담자의 경험을 파악하고 이해할 수 있는 입장에 서기 위해 [그림 6-7]에 제시된 사항들이 어떻게 처리되는지를 알 필요가 있다.

결론

상담의 제공에 있어서 조직문화의 영향은 심오하고, 기업상담자가 조직문화에 관한 정보를 알아 갈수록, 기업상담자는 더욱 좋고 풍부하며 확실한 기반하에서 내담자에게 상담 서비스를 제공할 수 있게 될 것이다.

조직문화는 사람들이 자신의 전문적인 일을 해내는 방식, 조직 내에서 자신의 후원자나 업무적인 동료와 맺고 있는 관계의 질, 그리고 신중하고 전문적인 방식으로 자신의 일을 수행해 내는 수준에 영향을 미칠 것이다. 기터만과 밀러가 지적한 바에 따르면, "일부 임상가들(여기서는 기업상담자들)은 자기가 속한 조직과 스스로 거리를 두는데, 이것은 마치 조직 상황에서 개인적인 실무를 하고 있는 것처럼 보인다. 그들의 일은 내담자와 접촉을 유지하는 바로 그 일이다. 그러나 과연 그러한가? 조직적으로 고립되어 있는 존재가 내담자나 심지어 상담자 자신에게 이익을 제공할 수 있는가?"(1989) 그들은 조직과의 과도한 동일시와 같은 관계상의 다른 가능성이 존재할 수 있음을 고려하면서, 상담자는 견인력, 압력, 그들이 일하고 있는 조직을 특징짓는 것들에 대한 이해와 행동 방식에 대해 깨어 있고 개방적일 필요가 있다고 결론 내리고 있다. 따라서 이를 위해 기업상담자는 자신이 일하는 조직의 중요한 특징들을 이해하고 가치 있게 여길 필요가 있으며, 기업상담자의 전문적인 독립성과 진실성을 유지하는 동시에 이러한 특징들이 직원들에게 어떠한 영향을 줄 수 있는지를 인식해야 한다.

참고문헌

Argyris, C. and Schon, D. (1974). *Theories in Practice*. San Francisco: Jossey-Bass.

Crandall, R. and Allen, R. D. (1982). 'The organizational context of helping relationships', in T.A.

Will (ed.), *Basic Processes in Helping Relationships*. London: Academic Press.

Cummins, A-M. and Hoggett, P. (1995). 'Counselling in the enterprise culture', *British Journal of Guidance and Counselling*, 23 (3): 301-312.

Deal, T. and Kennedy, A. (1982). *Corporate Cultures*. Reading, MA: Addison-Wesley.

Egan, G. (1994). *Working with the Shadow Side*. San Francisco: Jossey-Bass.

Fenichel, O. (1945). *The Psychoanalytic Theory of Neurosis*. New York: Norton.

Galbraith, J. (1977). *Organization Design*. Reading, MA: Addison-Wesley.

Gitterman, A. and Miller, I. (1989). 'The influence of the organization on clinical practice', *Clinical Social Work Journal*, 17 (2): 151-164.

Hall, E.T. (1959). *The Silent Language*. New York: Doubleday.

Hampden-Turner, C. (1990). *Corporate Culture for Competitive Advantage: Management Guide*. London: Economist Publications.

Hampden-Turner, C. (1994). *Corporate Culture*. London: Piatkus.

Harrison, R. (1972). 'Understanding your organization's character', *Harvard Business Review*, May-June.

Harrison, R. (1993). *Diagnosing Organizational Culture*. San Diego, CA: Pfetffer.

Hay, J. (1992). *Transactional Analysis for Trainers*. Maidenhead: McGraw-Hill.

Kets de Vries, M. (1991). *Organizations on the Couch*. San Francisco: Jossey-Bass.

McLean, A. and Marshall, J. (1988). *Cultures at Work*. Luton: Local Government Training Board.

Menzies, I. (1959). 'The functioning of social systems as defence against anxiety', *Human Relations*, 13: 95-121.

Morgan, G. (1986). *Images of Organization*. Beverly Hills, CA: Sage.

Peters, T. and Waterman, R. (1982). *In Search of Excellence*. New York: Harper and Row.

Trist, E. and Murray, H. (1990). *The Social Engagement of Social Science*. London: Free Association Books.

Trompenaars, F. (1993). *Riding the Waves of Culture*. London: Nicolas Brealey.

Walton, M. (1994a). 'Designer clothes and labels-or those that "fit"?' in R. Casemore, G. Dyos, A. Eden, K. Kellner, J. McAuley and S. Moss (eds), *What Makes Consultancy Work - Understanding the Dynamics*. London: South Bank University Press.

Walton, M. (1994b). ' "Being" in Organizations', *School of Psychotherapy and Counselling*, Regent's College, London. Unpublished MA dissertation.

Weisbord, M. (1978). *Organizational Diagnosis*. Reading, MA: Addison-Wesley.

Wilkins, A. (1989). *Developing Corporate Character*. San Francisco: Jossey-Bass.

Zaleznik, A. (1970). 'Power and politics in organizational life', *Harvard Business Review*, 48: 47-60.

7장

조직평가에서 상담컨설턴트의 역할

Michèle Deverall

상담을 위해 조직을 평가하는 것은 상담조직counselling organization[1]으로 대표되는 개별적인 조직과 잠재적인 내담자로 대표되는 조직 간의 자문 관계의 발전을 포함하는 과정이다. 이는 이후 조직 내에서 발생하는 상담 관계 그 이상은 아닐지라도 상담 관계만큼 중요한 관계이다. 상담 서비스 제공 조직의 대표자를 상담컨설턴트 counselling consultant[2]라고 부르기로 한다. 고용하는 조직과 맺고 있는 상담 자문 관계의 특성과 강점은 전체 상담 과정을 효과적으로 촉진시킨다. 이 두 관계의 병렬적인 특성 안에 내재된 딜레마 때문에 이를 관리하는 것은 항상 쉬운 것은 아니다. 이는 상담자가 상담컨설턴트이기도 한 경우에 특히 분명히 드러나며, 자문 관계의 본질은 상담 관계의 본질과 현저히 다르기 때문에 발생한다. '(상담컨설턴트와 상담자라는) 두 가지 역할'의 필요성은 긴장을 내포하고 있음이 입증되고 있다. 하지만 그것은 또한 상담 서비스의 효과적인 활용을 원활히 한다는 점에서, 상담조직과 내담자 조직 간의 관계의 측면에서는 가장 생산적이다.

---

1) 역주: 상담조직은 상담 서비스 구매조직(예: 기관, 기업)에 상담 서비스를 제공하는 조직이다.

2) 역주: 상담컨설턴트는 상담 서비스를 이용하는 조직이나 상담자와 내담자 관계에 대한 자문, 평가 등을 수행한다. 상담조직의 대표자일 수 있고, 대표자인 동시에 상담 실무를 수행하는 상담자일 수도 있다.

본 장은 이 두 조직 간의 자문 관계 및 자문 과정에 초점을 맞추고 있다. 전통적인 경영컨설턴트는 조직에 대한 공식적 · 비공식적 정보를 수집하는 데 반하여, 같은 정보를 수집하고 있는 상담컨설턴트는 공식적 · 비공식적 정보뿐만 아니라 조직세계의 무의식적인 정보, 즉 설명되지 않는 정보에 대해서도 찾는 노력을 기울이고 있다.

전반적인 평가는 합리적이고 의식적인 조직과 비합리적이고 무의식적으로 보이는 조직세계를 감안할 필요가 있다. 컨설턴트의 판단은 중요하며, 조직을 다룰 때 '무슨 일이 일어나고 있는지'를 직감적으로 아는 능력이 그 과정의 핵심이다. 컨설턴트의 평가가 정확할수록 해당 조직을 위한 가장 적합한 상담 서비스를 만들기가 더 쉬울 것이다.

그러나 아무리 선의의 조직이라도, 그 조직은 궁극적으로 상담이 조직 내의 개개인보다는 조직 자체의 이익을 위해 활용되기를 고민할 것이다. 만약 그 서비스가 조직이 필요로 하는 결과를 제공하지 않는다면, 상담 서비스는 계속될 수 없을 것이다. 당연히 상담컨설턴트는 조직이 왜 상담을 원하는지 그 이유를 확인하고, 상담이 조직문제에 대한 최선의 해결책인지의 여부를 판단할 필요가 있다. 그러한 문제에 대해 냉소적이거나 해결하지 않고 상담 업무를 계속 추진하게 된다면, 나중에는 결국 상담자의 문제로 귀결될 것이다. 이것은 상담의 평판에 어느 쪽으로도 도움이 되지 않는다.

평가 과정은 네 가지 영역의 조사와 분석을 함께 다루어야 한다. SWOT 분석은 이에 대한 유용한 방법이다([그림 7-1]). 이것은 현재 드러나고 있는 강점, 약점, 기회, 위협 요인의 관점에서 조직을 평가하기 위한 방법이다. 이를 통해 상담컨설턴트

[그림 7-1] SWOT 분석

는 그 당시 조직에 내재되어 있는 긴장과 갈등을 파악할 수 있을 뿐만 아니라, 조직의 변화 과정에 대한 몇 가지 아이디어를 얻을 수 있을 것이다. 이를 위해 상담컨설턴트는 조직과 관련된 정보들을 수집해야 하고, 얻어진 정보를 강점, 약점, 기회, 위협 요인으로 구분해야 한다.

조직문화

도움을 청하려고 결정한 대부분의 정신적 스트레스나 어려움의 원인이 내담자의 세계에 일어난 어떠한 변화 때문이라고 주장할 수 있다. 사실, 대부분의 조직들이 현 세기를 관통하며 겪게 된 변화들은 실로 놀랄 만하다. 이러한 변화는 성장과 기술 진보, 그리고 이후의 침체기를 겪으며 일을 해 온 동일한 고용인 집단에도 영향을 끼쳐 왔기 때문에 지난 10년간의 변화는 특히 어려움이 있었다. 조직이 겪고 있는 변화의 속성을 평가하는 것은 조직이 도달한 단계의 특성을 평가하는 것만큼이나 항상 간단치만은 않다. 그러나 이러한 평가는 조직문화를 정의하고 문화가 침식되고 있는 정도를 정의하는 데 도움이 되기 때문에 중요하다. 조직문화가 위협을 받는 경우는 일반적으로 조직에 생존을 위한 변화가 필요하기 때문이다. 일부 조직은 다른 조직들이 받아들이는 변화에 저항한다. 양쪽 모두 어려움이 있겠지만, 상담컨설턴트는 자신이 일하는 조직의 유형을 잘 알아야 한다. 개별 내담자도 마찬가지로, 변화를 위해 적극적으로 애쓰는 내담자보다 저항하거나 고착된 내담자와의 작업이 일반적으로 더 어렵다.

나는 문화를 파악하는 데 도움을 얻고자 이탈리아 정치철학자인 빌프레도 파레토Wilfredo Pareto의 방식을 활용하고자 한다. 왜냐하면 그의 접근 방식은 변화의 측정치를 제공할 뿐 아니라 변화의 역동을 강조하고 있고, 매우 경직된 범주를 적용한 분석이라는 편견이 있을 수 있는 지나치게 복잡한 분류 방식을 생성하지 않고도 행동에 대한 고찰 방식을 제안한다는 점에서 유용하기 때문이다. 근본적으로 파레토는 변화 과정에서 80/20 비율의 중요성을 인식한 최초의 이론가이다. 그는 이 통계를 변화가 일어날 가능성에 영향을 미칠 수 있는 조직 내의 성격 유형과 연관시켰다.

파레토는 조직을 필연적으로 변화가 수반되는 것으로 간주하고, 조직들이 발달의 여러 단계에서 조직 내 각기 다른 유형의 행동들을 이끌어 낸다고 주장하고 있다. 기본적으로 조직의 가장 중요한 행동은 변화에 대한 태도와 궁극적으로 관련이 있다. 미래 지향적이며, 창조적 · 비구조적 · 모험적 · 혁신적인 행동은 '여우fox'에 속하는 것으로 보고, 과거 지향적이고, 고지식하고, 구조적 · 위험회피적 · 반응적인 행동은 '사자lion'에 속하는 것으로 본다. 그의 견해는 사람들의 서로 다른 유형의 차이뿐만이 아니라 각기 다른 구조로 인해 어려움이 있는 조직에서 발생된 긴장, 절차, 각 유형에 따른 행동 방식이 변화를 초래하고 난 후 문제를 야기한다는 것이다. 나는 파레토의 여우-사자 비유Pareto's fox/lion analogy를 사용하여 조직문화를 탐색하고 조직의 변화에 대한 태도를 평가하는 데 도움을 받을 것이며, 내 작업에 이 개념을 끌어들일 것이다.

일반적으로 여우는 유연한 환경에서, 사자는 관료적인 환경에서 발견되며, 여우는 젊은 경향이 있고 사자는 보다 기성조직인 경향이 있다. 조직의 20%가 여우로 구성되어 있을 때, 그들은 사자를 전복하고 조직을 인수한다. 동일한 상황이 사자에게도 적용된다. 예를 들어, 아니타 로딕의 바디숍Anita Roddick Body Shop과 같이 지난 30년간 성공을 거두어 온 많은 회사들이 처음에는 여우회사로 시작했을 수 있다. 초창기 멤버들은 이따금 사업이 창립자 개인의 열정과 소수 인원의 지원으로 움직여졌던, 회사의 초기 시절을 회상하곤 한다. 창립자는 종종 애정을 가지고 있던 자신의 회사 초기 시절을 형식도 거의 없고 일은 너무 많았으며 많은 실수들이 일어났던, 하지만 전체적인 집중력과 헌신은 만족스럽고 즐거웠다고 언급한다. 오로지 마감에 도달하기 위한 전쟁 같은 이야기들과 성공을 위한 모든 종류의 드라마가 만들어졌다. 여우의 성향은 이처럼 목표가 성공적으로 달성되고 실질적으로 확립되는 급격한 변화 환경에서 활약한다. 미래는 두려움을 내포하고 있지만 약속으로 가득 차 있다.

반면, 사자의 성격은 위기와 대비해야 할 위험으로 가득 차 있는 미래에 대해서 그다지 편안하지 않다. 사자는 안전을 위해 과거를 살핀다. 일이 처리되는 방식에는 항상 확실성과 안전성이 도입된다. 사자는 관례적인 일을 좋아하고, 여우의 방식으로 일을 처리하는 것을 상당히 불안정하다고 본다. 일단 조직이 확립이 되고 나면, 조직은 조직을 안정화하고 실수를 방지하기 위한 구조와 절차를 필요로 한다. 흥미롭게도 많은 조직들은 더 많은 형식을 필요로 하는 지점에서 실패를 한다. 이것은 대부분 이러한 운영 방식에 대한 여우의 본능적인 반감 때문이다. 성공한 조직들은 그 조직을 체계화하기 위해 사자를 도입할 필요가 있다는 것을 인식하기 때문에 그렇게 하는 경우가 있다. 그러나 여우를 억압하는 바로 그 조직의 체계와 과정이 결국에는 대부분의 여우 성향의 사람들을 떠나보내게 된다. 그리고 여우가 떠난 빈자리는 사자에 의해 대체된다. 파레토는 조직의 20%가 사자일 때, 그들이 조직을 통제하고 시간이 지나면 여우를 쫓아낸다고 추정한다.

조직에 대한 이러한 관점은 1980년대와 1990년대에 일반적인 조직의 장면들을 기술할 때 특히 유용하다. 많은 전통적인 조직은 한쪽으로 치우쳐 완고하게 변했고 따라서 포식자에게 취약해졌다. 또 다른 조직들은 경쟁력을 유지하기 위해 경영스타일 변경의 필요성을 인식하게 되었고, 이러한 사자조직들은 이를 실행하기 위해 여우를 끌어들였다. 다시 그 여우는 변화를 초래할 임무를 맡게 될 더 많은 여우들을 데리고 왔다. 사자의 관리적 접근 방식을 참지 못한 현직의 많은 고위 사자들도 떠나게 되었다. 남은 사자들은 그들에게 강요된 변화에 의해 위협을 받게 될 것이며, 이러한 예는 매우 성공한 조직인 WPP그룹에서 볼 수 있다. 슈퍼마켓 쇼핑바구니 제조사인 WPPWire and Plastic Products, Hastings는 사치Saatchi의 공격적인 재무 담당 이사인 마틴 소렐Martin Sorrell에 의해 인수되었다. 그는 이를 지주회사로 하여 월터 톰슨J. Walter Thompson과 오길비 앤 마더Ogilvy and Mather와 같은 통신 부분 사업에서 전통적이거나 새로운 사업의 인수를 지속하였고, 1986년부터 1989년까지 3년 사이에 세계에서 가장 큰 업체가 되었다. 이러한 업체들은 초기에는 여우조직이었을 테지만, 반세기가 지나는 동안 창의성이 없었기 때문에 그들의 관리 방식 안에서 조직은 한쪽으로 치우쳐 다소 완고하게 변하게 되었다.

파레토의 연구에서는 다양한 유형의 사람이 서로 다른 방식으로 다양한 사건, 환경, 상황에 의해 스트레스를 받는다고 주장하고 있다. 예를 들어, 사자가 지난 한 해 동안 경험한 주요 생활사건을 선택하라는 설문조사를 하게 되었고, 이때 두 개 이상을 선택할 수 있었다면, 이들은 아마 큰 스트레스를 경험했었음을 알게 될 것이다. 왜냐하면 사자들은 모든 종류의 변화를 스트레스이자 혼란으로 인식하기 때문이다. 반면, 똑같은 설문지에 응답하는 여우는 이러한 주요 생활사건의 그 어떤 것도 경험하지 않았을 때 오히려 스트레스를 느낄 것이다. 이렇듯 사자에게는 변화를 경험하게 되는 조직이 높은 스트레스가 있는 환경이다. 사자는 일상적인 일과 절차에 익숙하지 않다면 통제불능의 감정을 느낄 것이다. 여우는 사자의 경직성에 대해 좌절할 것이다. 시간이 지나면, 조직은 모두 여우가 된다. 여기에서 생겨난 역동과 창의성은 활력과 즐거움이 될 것이다. 그러나 결국 여우는 예측가능성에 대해 지루해할 것이고, 사자를 닮은 여우는 일어난 혁신으로부터 창출된 이익을 활용하기 위하여 어떠한 구조가 필요하다는 것을 이해하기 시작할 것이다. 보다 통제된 환경에서 작동되는 전망은 여우에게는 매력적이지 않지만, 이들은 주요 기능을 실행하기 위해 사자를 고용할 것이다. 이것은 처음에는 잘 작동하지만 사자의 수가 증가하게 되면, 여우는 회사가 더 이상 자신이 함께할 곳이라고 느끼지 않게 된다. 그들은 지루하고 제한되어 있다고 느끼기 시작할 것이고 다른 환경으로 표류하여, 결국 다른 사업을 하기 위해 사자조직을 떠나게 된다. 그리고 이러한 반복적인 주기는 계속된다.

상담 서비스 제공에 대한 시사점

스트레스에 대한 사자의 반응과 여우의 반응이 다르기 때문에 주어진 상황에서 건설적인 역할을 하고 살아남고자 한다면, 제공되는 상담 서비스의 유형은 문화의 다양한 유형들을 반영할 필요가 있다. 평가를 위해 특히 어떤 형태의 상담 서비스를 선택하고 어떤 수준에서 운영할지를 결정할 때, 조직이 여우와 더 유사하게 되어 가고 있는지, 혹은 사자와 더 유사하게 되어 가고 있는지가 중요하다. 80/20 비율은 매우 유용한 지침이며 많은 상황에서 효과적인 듯하다. 그러나 이것은 어디까지나 단지 하나의 기준이므로, 어떠한 평가방법으로서 지나치게 중시해서는 안 된다.

사자의 문화와 달리, 여우조직에서의 상담은 기본적으로 개인에게 초점을 맞추었을 때 더 효과적인 경향이 있다. 주어진 관료 구조에 순응하지 않으려는 여우는 형식적인 상담 서비스에 대해 신뢰하지 않을 것이다. 여우의 경우 신중함은 뭔가 새로운 것을 시도하는 모험보다 덜 중요하다. 상담이 여우조직에 받아들여지는 정도는 다른 조직적 요인들에 달려 있다. 주요 결정요인은 조직에 의해 제공되는 제품이나 서비스, 개인이 일하고 있는 부서, 사람들이 겪게 되는 사적인 위기들이다. 많은 여우들은 개인적인 발전을 자신의 성공에서 가장 중요한 것으로 본다. 따라서 그들은 건강하지 못하다거나 역기능이 있다는 것을 내포하고 있는 '상담'의 접근을 환영하지 않는다. 이들은 자신의 잠재력을 최대한 발휘하는 것이 목표인 자기계발적 접근방법을 선호한다. 평가 단계에서 확인될 필요가 있는 것은 조직의 이러한 측면이다.

내 고객 중 일부는 회장이나 최고경영자이고, 그들은 그들 회사 내의 나의 유일한 고객인 경우가 있다. 이러한 경우, 나는 조직에 대한 평가를 실시할 필요는 없다. 그러나 점점 더 많은 조직들이 지원 방법을 모색할 때 전체 고위간부 그룹에 초점이 맞추곤 한다. 여우 내담자는 상담 과정에 대해 사자 내담자와 매우 다른 관점을 가지고 있는 경향이 있다. 여우는 종종 경계심에 대해 조심스럽지 않으나, 과정에 대해서는 신중하다. 상담을 투자로 보기 때문에 그것으로부터 가치를 얻기 원하며, 상담 서비스를 제공하는 상담자만큼 가치를 창출하는 데 있어서 그들도 책임을 느끼고 있는 것처럼 보인다. 사자는 초기에 더욱 신중한데, 전문가인 상담자의 손 안에 자신을 맡기는 것을 선호한다. 그들은 보다 구조화된 방식, 메모하기, 조언을 구하기, 심지어 안건을 적어 오는 방식으로 상담에 임한다!

사자는 위험 회피 경향이 더욱 높기 때문에 조직과 분리된 외부상담 서비스의 익명성을 더 선호한다. 사자조직은 상담을 발달의 측면으로 볼 수 있다는 것에 대해 수용하기를 꺼려 하는데, 어떠한 '다른' 행동도 역기능적인 것으로 보고 별도의 전문가에 의해 조치되기를 선호한다. 사자조직이 상담에 대해 품고 있는 우려는 상담 서비스가 가져올 수 있는 부작용을 중심으로 드러난다. 공통적인 우려는 상담을 받은 개인들이 조직을 떠나고 싶어 할 가능성이 있다는 점이다. 여우들은 누군가가 긍정적인 마음을 가지고 조직을 떠난다면, 그는 기존 조직의 훌륭한 대변자가 될 수 있을 것이라고 생각하기 때문에 이를 덜 위협적으로 바라보는 경향이 있다. 반면, 사자는 떠남을 위협으로 느낄 것이다. 물론 보통의 사람이라면 누가 조직에 남고 싶어 할까?

조직이 어떠한 상담 서비스를 요구하는지 가늠하고자 한다면, 두 가지 종류의 정보를 조합할 필요가 있다. 한 종류는 잠재적인 사용자조직에 관한 것이고, 다른 하나는 상담조직이나 상담자에 관한 것이다. 이러한 종류의 자료는 두 부류가 관심을 갖고 있는 동기로부터 정보를 찾아서 역동적인 과정에 비추어 탐색할 필요가 있는데, '여우와 사자의 80/20 조직'인 경우에는 이 두 부류가 사용자조직과 상담조직이다.

어떠한 상담 서비스를 필요로 하는 대부분의 조직에서는 변화가 조직 내 개인의 행동에 가장 큰 영향을 주는 인자가 되어 왔다. 많은 조직들은 완전히 새로운 경영 스타일과 태도로 변화하기 위해 노력해 왔고, 이러한 변화를 가져오는 데 있어서 많은 어려움을 경험해 왔다. 조직 내의 저항은 종종 큰 편이며, 조직 내부의 고통은 매우 극단적일 수 있다. 여우와 사자의 80/20 분석은 이를 평가하는 데 유용하다. 비록 일부 구성원에게만 드러나는 경우라 할지라도 건강한 조직행동으로 추정되는 조직행동을 이해하기 위하여 모델을 사용하는 것은 중요하다. 그러나 변화를 겪고 있는 많은 사자조직들은 전형적인 신체적 · 정신적 스트레스 증상을 보이는 직원에 관한 문제를 경험할 것이며, 그렇기 때문에 사자조직은 직원들이 경험하는 자신의 고통을 치유하기 위하여 상담 서비스가 필요하다는 관점을 갖도록 권장할 것이다. 여우의 환경은 공격적인 행동과 높은 이직률을 경험할 가능성이 많다.

조직을 평가하기

SWOT 분석으로 다시 돌아가 보자. 우리는 상황, 특히 스트레스와 갈등 상황에 대한 조직 자체의 견해가 무엇인지 살펴볼 필요가 있다. 이것은 다루고 있는 조직의 유형을 평가하거나 평가를 시도하고자 할 때 도움이 될 것이다. 왜냐하면 개인 내담자에게 흔히 보이듯이, 개인분석을 받고자 자신이 가져온 문제는 상담 중에 드러나는 진짜 문제와 매우 다르다는 것이 종종 증명되기 때문이다. 컨설턴트는 조직이 조직의 실제 문제에 대해 얼마나 진정으로 알고자 하는지 또는 어느 정도의 수용 가능한 진단일 때 만족하는지에 대한 감이 있어야 한다. 일부 조직은 조직 자체에 문제가 있을 가능성에 대해 합의하는 것을 어려워하며, 조직 내의 특정한 개인에게 문제가 있다고 믿고 싶어 한다. 만약 컨설턴트가 이를 인식하고 있다면, 조직과 더욱 효과적으로 관계를 유지하기가 쉬워진다. 컨설턴트는 실제 문제를 끄집어내려 하는 경우에는 언제나 민감해야만 한다. SWOT 분석을 수행하기 위해 조직에 관한 자료와 문화에 관한 자료 모두를 확보할 필요가 있다. 이것은 여우/사자로 분류할 때 특히 도움이 된다. 다른 특성의 문화 요인들 또한 가치가 있다.

조직의 연대와 역사

이것은 조직에 내재된 전통을 평가하기 위해 중요하다. 예를 들어, 나의 고객사 중의 하나는 100년 전에 설립되어 '평생직장', 직원을 위한 종합적인 복리후생, 가부장적이고 높은 도덕적 경영스타일 등의 전통을 이어 왔었다. 회사는 인간관계 경영대학원the Human Relations School of Management의 협력을 받아 그러한 기조를 항상 유지하며 운영되고 있었다. 여기서 인간관계 교육과정의 중요한 요소는 행복한 노동자가 생산적인 근로자이고, 따라서 직원의 복지를 돌봄으로써 생산성이 유지될 수 있다는 신조였다.

최근 이 회사는 공격적인 미국 회사에 의해 인수되었다. 회사의 개인은 새로운 권력자들의 요구에 적응하느라 큰 어려움을 겪고 있다. 태도와 행동에 있어서 빠른 변화가 필요했기 때문에 변화를 가져오기 위하여 미국 회사가 선택한 관리자들은 공격적이고 역동적이며 미래 지향적이다. 역사에 대한 관념과 역사에 대한 자부심을 영국 기업이 품어 왔기 때문에 변화를 더 어렵게 만들었다. 예를 들어, 나는 조직문화에 대한 감을 얻기 위해 이사회의 주요 구성원들과 몇 번의 토론 자리를 만들었다. 마케팅 이사는 우연히 신규 광고 캠페인의 잠재력에 대한 이야기를 하게 되었다. 제안된 광고는 회사 자체에 대한 짧고 환상적인 이야기를 담고 있었다. 그의 부서 중 일부, 특히 미국 회사 출신은 그 광고에 대해 열광하였지만, 영국 회사 출신인 마케팅 이사는 광고가 마치 자기만족적인 것처럼 보일 것이라고 우려했다. 그는 자신의 회사를 사회적 책임이 있는 태도로 항상 자부심을 주는 조직으로 여겼는데, 광고가 다른 사람들을 만족시킬 수 있도록 설계되어야 함에도 불구하고 회사의 가장 만족스러운 장점을 보여 주지 못한다고 보았다.

사회적 책임과 진지함이 매우 중요했던 이러한 조직에서 일반적인 상황에서의 상담 서비스는 회사의 복지 기능의 일환으로 운영되는 공식적인 별도의 서비스가 될 것이다. 그러나 새로운 회사의 목표와 목적은 문화의 변화를 초래하는 것이었고, 그래서 사람들은 사람 관리를 위한 자신의 전통적인 접근 방법이 오늘날의 과도한 경쟁 시장에서는 더 이상 가능하지 않으며, 새로운 조직 관리 방식과 절대 호환되지 않는다는 것을 알아차릴 수 있었다. 그들에게 이상적인 상담 서비스는 새로운 방식으로 거듭나는 것에 대해 어려움을 경험하고 있는 고위층의 개인들에게 기본적으로 초점이 맞춰질 것이다. 일어나고 있는 문제를 이해하는 능력과 그들의 태도는 상황을 다룰 수 있는 수단을 획득하도록 하기 때문에 대응방식을 선택할 수 있게 된다.

조직은 무엇을 하는가

서비스 조직인가? 또는 제조업 조직인가? 영업, 마케팅, 제품 또는 기술 주도적인가? 노동집약적인가 혹은 자본집약적인가? 노동집약적이라면, 어떤 유형의 사람들이 성과를 위해서 결정적인가? 이 같은 면들을 잠재적인 내담자 조직을 바라보는데 있어서 주목할 필요가 있다. 사실, 지금의 회사는 종신고용에 대한 무언의 약속을 기반으로 생산해 오고 있었다. 이러한 부분은 최근 몇 년 동안 생산 과정의 자동화로 변화함에 따라서 노동집약보다는 자본집약적으로 되고 있다. 성과를 창출하는 데 결정적이었던 사람들이 지금의 경영진이다. SWOT 분석을 통해 드러난 시사점은 조직이 직면하고 있는 위협과 도전이 경영의 의사 결정에서 발생한 것이며, 경제적으로 어려운 시기를 겪으면서 경쟁시장에 의해 점차 발생되었다는 것이다.

조직은 얼마나 성과를 잘 내고 있는가

여기서는 (특히 영리 중심의 조직이 아닌 경우) 과거 실적 및 여론 모두를 시장의 관점에서 재정적으로 평가할 필요가 있다. 조직은 예전만큼 성과를 내지 못하고 있고 경쟁사들의 제품과 차별화가 쉽지 않았기 때문에 조직의 미래 성과는 관리능력과 의사 결정에 크게 의존하게 되었는데, 예를 들어 관리능력과 의사 결정이 제품의 차별성과 신제품 개발에 영향을 주고 있다. 또한 재무 실적은 회사의 미래에 대한 조직 내의 자신감과 믿음에 영향을 미칠 것이다. 조직에 대한 신뢰 부족으로 사기가 저하된다면, 여우는 아마도 자신의 관심사를 추구하기 위해 다른 곳으로 떠날 것이며, 반면 사자는 꼼짝 않고 사태를 보다 주시하는 경향이 있어서, 그들은 경험하는 스트레스로 인해 전혀 효율적으로 기능하지 못하는 경우가 종종 있다.

조직의 규모와 지리적 분포는 어떠한가

이 사례에서 조직은 상당한 국제적인 명성을 유지하고 있었지만 새롭게 합병한 회사의 주요 거점들은 런던에 본사 기능을 나눈 채 미들랜드에 있는 전통적인 제조현장에 근거지를 두게 되었다. 관리 문제는 조직의 미래 성과에 중요하다고 판단이 되었기 때문에 고위 경영진들을 대상으로 상담을 하기 위해 가장 주로 이용된 곳은 다름 아닌 런던에 위치한 본사였다.

다양한 인사 통계치가 필요할 것이다

여기에는 지역적이고 계층적인 직원의 수와 분포가 포함될 것이다. 사무직인가, 생산직인가? 전문직인가, 기능직인가? 주요한 교육적 그리고 사회적 이력은 무엇인가? 그 외의 인사 통계치는 노동이동률(퇴사자와 신규 노동자의 비율), 평균 복무 기간, 보수 등이 포함된다. 고용계약은 조직마다 다양하며, 조직의 태도와 문화에 대한 좋은 지표이다. 예를 들어, 어떤 조직은 서비스의 제공이나 과업의 완수에 대하여 개인에게 보상함으로써 개인에 대한 조직의 책임은 끝났다고 생각한다(주로 여우조직). 반면에, 그 연속선상의 반대편에는 평생고용의 기대를 갖고 있는 사람들을 모집하는 조직이 있다(사자조직). 이러한 고용주들은 종종 자신이 직원들을 위한 의무가 있다고 믿으며, 특히 직원들에게 복지 지향적인 서비스와 혜택의 한도를 제공한다. 전통적인 일본의 대기업이 이 모델의 전형적인 예이며, 영국에서는 공무원과 군 조직이 그러하다. 최근 이러한 유형의 조직에서 고용주는 직원들이 삶의 근본적인 불안정성을 인정하기를 바라면서, 직원들에게 갖고 있던 관심으로부터 점차 벗어나려는 경향이 있다. 나는 그 당시 익숙한 조직들에서 경험되는 대부분의 스트레스는 헌신과 관련이 있다고 생각한다. 고용주는 여전히 자신이 1980년대에 그랬던 것처럼 직원들이 열심히 일하기를 기대하지만, 그에 알맞은 동등한 수준의 보상이나 실질적 수준의 고용 유지를 제공하지는 않는다. 직원들은 예전 관계에서 존재했던 상호 헌신이 점차 없어지고 있다는 점에서 어려움을 겪고 있다.

조직의 경영스타일은 무엇인가

문화를 어떻게 설명할 것인가? 이것은 직원들이 스스로를 바라보고 자신에 대해 책임지는 방식에 큰 영향을 줄 것이다. 종종 사자조직에서 나타나는 것처럼 가부장적인 조직의 직원들은 마치 아이와 같아서 자신에 대한 책임을 거의 지지 않을 것이다. 반면, 더 공격적이고 개인주의적인 문화의 전형적인 여우조직에서는 고성과자들이 회사가 자신의 경력적인 요구를 충족시켜 주지 못한다고 느끼는 경우, 퇴사함으로써 자신의 의사를 표시하곤 한다. 이는 이들 기업이 '능력주의 사회'를 의도했지만, 많은 경우 '평범한 사람들의 사회'로 끝날 위험이 있음을 의미한다.

대규모의 국제적이고 전문적인 제휴는 최고의 고성과자들을 잃지 않고자 하는 지속적인 노력을 포함하고 있다. 흥미롭게도 이것은 고성과자들을 보살피는 것만 포함하는 것이 아니라, 심지어 가장 성과가 낮은 사람들을 지원하는 것도 포함한다. 아마도 조직의 연령대가 매우 젊고 직원들의 사회적 · 교육적 배경이 비슷하기 때문에 그들이 어떤 식으로든 자주 부당한 대우를 받았다고 인식하는 공동체 안에서는 개인의 열정이 종종 주변 동료에 대한 관심이 되기도 할 것이다. 이러한 뛰어난 성과자들은 그 회사 밖에서 매우 인기가 높은데, 만약 그들을 결국 떠나보내게 된다면 내담자의 발달이나 미래의 채용 측면에서 그들을 훌륭한 회사의 대표자로서 떠나보내는 것이 중요함을 깨닫게 되었다. 이처럼 직원들을 지원하는 것에 대한 필요성의 일환으로, 다양한 종류의 상담이 가능하다. 개인적이고 경력적인 어려움들을 확실하게 경험한 사람들에 대한 치료적인 측면과 진로 발달적인 측면에서도 최고의 성과자들은 중요시되고 있다.

조직은 인수합병 또는 이동의 대상이 되어 왔는가

조직은 시장의 요구를 충족시키기 위해 조직의 운영관리 스타일을 변경하기로 결정해 왔는가? 분명 이것은 매우 중요할 것이다.

국적

이를 고려하는 것은 매우 중요하며, 언어적 어려움이 있는 경우에 특히 중요하다.

기타 정보

만약 조직의 사명 선언문이 있다면, 여기에 포함될 것이다. 사명 선언문이 존재하지 않는다면 이 또한 중요한 요인으로 탐구되어야 할 것이다. 조직은 계획을 가지고 있는가? 만약 있다면, 3개년, 5개년, 10개년 계획인가, 혹은 앞으로 20년의 계획인가? 조직의 목표는 무엇인가? 어디로 가게 될 것인지에 관한 명확한 전망을 가진 조직은 어디로 갈지 더듬거리고 헤매는 조직보다 목표에 도달하기까지 더 잘 통제될 것이다. 실제로 어디를 향해 가고 있는지 그리고 거기에 잘 도달하기 위해 어떻게 하고 있는지에 중점을 두지 않는 조직은 아마도 좋은 모습이 될 수 없을 것이다. 그렇긴 해도 국내의 많은 회사들은 미래에 대한 명확한 계획을 가지고 있지 않으며, 만약 사명 선언문을 가지고 있다고 해도 그것은 립 서비스의 역할에 지나지 않음을 인식해야만 한다.

상담 서비스의 후원자[3] 평가

마지막으로, 상담컨설턴트는 상담 서비스의 후원자에 대한 관점을 가지고 있어야 한다. 상담컨설턴트는 이 후원자와 일을 할 수 있는가? 후원자는 조직의 어떤 지위에서 움직이는가? 그러한 제도 도입에 대한 후원자의 동기는 무엇인가? 후원자들은 어떤 문제를 해결하려 하기보다 단지 문제를 개선하기 위해 노력한다는 수준의 립 서비스로 제공하고 있지는 않은가? 후원자들의 동기는 개인적인가, 또는 회사의

3) 역주: 조직 내에서 상담 서비스의 도입과 관리를 책임지고 있는 사람이다.

최선의 이익을 위한 것인가? 여러 정보의 가장 중요한 점은 이것이 조직의 동기와 관련이 있다는 것이다. 정말 상담 서비스의 제공을 원하는가? 무엇이 문제라고 간주되고 있는가? 이러한 문제들은 어떻게 적절히 공식화되어 있는가? 다른 어떤 해결책이 이제까지 고려되어 왔는가? 조직은 다른 해결책에 대한 고려를 준비하고 있는가? 만약 그렇다면 그 해결책들은 무엇인가?

기존의 경영진이 변화에 책임이 있는 경우, 이러한 변화가 초래되는 데에 따른 어느 정도의 불편감, 자책감 그리고 책임감이 대부분 존재한다. 변화가 주어질 때 갈등이 유발되는 지점을 알아차리는 것은 중요하다. 개인이 스트레스를 받고 있는 지점은 스트레스 유발 원인과 동일한 경우가 거의 없다. 컨설턴트가 조직을 평가할 때 이것을 고려하는 것이 중요한데, 왜냐하면 만약 컨설턴트가 상담을 필요로 하는 것처럼 보이는 모든 사람들에게 상담을 제공하고자 한다면, 이것은 결국 스트레스 유발 원인과 함께 더 잘 근무하도록 하는 '구급용 반창고'의 기능 이상은 아니기 때문이다.

일단 이러한 모든 정보를 수집했다면, 그다음 단계는 강점, 약점, 기회, 위협 측면의 SWOT 분석을 통한 평가이다. 예를 들면, 널리 알려진 제품이 있고 명성이 잘 확립되어 있는 회사는 이러한 평판이 강점(S)이다. 만약 시장 점유율을 잃는다면, 회사는 약점(W)을 가지게 된다. 만약 제품군을 다양화하고자 한다면 그것은 기회(O)이고, 인수되기 쉬운 상황에 노출되어 있다면 현재의 형태를 유지하는 데 있어서 위협(T)이 된다. 그러나 위협은 종종 기회가 되기도 한다. 인수합병은 더 효과적으로 경쟁하는 데에 필요한 강점을 제공하기도 한다. 이것은 회사의 성장 가능성을 평가하는 데 있어서 컨설턴트에게 회사에 대한 실질적인 감을 제공하는 데, 조직은 동일한 방식으로 생각할 수도 또는 그렇지 않을 수도 있다.

컨설턴트가 상담자의 역할을 수행하든 그렇지 않든 간에 개별적인 개인 내담자에 대해 동일한 의사 결정 과정이 포함된다. 그러나 상담컨설턴트가 상담을 수행하기 위해 다른 상담자를 활용하게 될 경우, 상담자들과 그들이 제공하게 될 서비스를 재검토하는 것은 내담자 조직과의 조합이 상담의 효과성 측면에서 좋을지 아닐지를 평가하는 데 있어서 필수적일 것이다.

수집된 모든 정보를 [그림 7-1]의 SWOT 격자에 배치하면, 당신이 속한 조직의 특성과 상태에 대해 더욱 명확한 개념을 갖게 된다. 전반적인 검토는 상담 제공을 논의하고 평가하는 데 있어서 필수적이다.

상담 서비스 제공 조직

상담을 제공하는 조직을 평가하기

상담을 제공하는 조직에 대해 몇 가지 질문들이 제기될 필요가 있다. 이러한 질문에 대한 답은 상담조직이 상담 서비스를 할 준비가 되어 있는지 또는 아닌지를 평가하는 데 있어서 매우 중요하다. 어찌 되었건, 잠재적인 사용자 조직은 상담조직을 평가하기 위하여 분명 이러한 질문들을 제기할 것이다. 이 질문들은 또한 상담계약을 작성하는 데 도움이 될 것이다.

상담 제공을 위한 계약 작성하기

여기 몇 가지의 핵심 질문들이 있다.

1. 얼마나 많은 상담자가 활용 가능하며, 그들의 유용성은 어떠한가? 이것은 상담조직이 상담 수요를 충족할 수 있음을 확신시켜야 할 필요가 있는 대규모 또는 다양한 현장을 가진 조직의 경우에 특히 관련이 있다. 마찬가지로, 사용자 조직도 이에 대한 동일한 확신을 필요로 한다.

2. 상담자들은 어디에 위치하고 있는가? 상담자들이 조직까지 가는 통근 거리 안에 위치하고 있는가? 회사는 잠재적인 시간의 지연이나 추가적인 이동 비용에 매우 민감하다. 상담자들도 당연히 마찬가지이다. 만약 상담자들이 이동시간에 대한 적절한 보상이 이루어지지 않는다고 느낀다면, 상담조직은 불필요한 내부 갈등에 직면할 수 있다. 컨설턴트 조직에서의 갈등은 내담자 조직으로 누출될 위험이 있다.

3. 상담은 어디에서 이루어지는가? 상담자는 조직으로 이동하는가, 혹은 상담조직이 자체적인 건물을 보유하고 있는가? 만약 그렇다면 단일의 또는 다중의 위치인가? 그리고 그곳마다 얼마나 많은 상담을 위한 공간이 있는가? 위치의 접근가능성은 어떠한가? 상담에 수반된 민감성 때문에 상담을 받는 사람들은 상담실이 상시적으로 운영되고 있지 않다고 느끼면 자신의 회사에 불평하는 경향이 더 크다. 때로는

상담자와 상담을 약속하는 것은 용기가 필요하다. 상담이 예약된 시간과 실제로 상담하는 시간 사이에 불필요한 지연이 있거나, 이용 가능한 공간이 없거나, 막바지에 장소를 변경하는 것은 때로는 상담 서비스가 비판받는 결과를 초래하기도 한다.

4. 상담조직은 상담자를 고용하는 데 얼마의 비용을 지불할 수 있는가? 내담자 조직과 상담의 실행 여부를 논의할 때, 상담자에 대한 비용과 경비를 염두에 둘 필요가 있다. 너무나 빈번하게 상담조직들은 경쟁사보다 매우 낮은 견적 비용을 산출하곤 한다. 상담조직이 때로는 교육기관과 협약을 맺고 지도감독하에 있는 상담전공 학생들을 상담자로 활용하기 때문이다. 이는 상업적인 시장에서 상담에 대한 평판에 불리한 영향을 미칠 수 있다. 상담조직은 사업을 제안하기 전에 신중히 상담시장에 대한 진지한 검토를 해야 한다. 그들은 다른 상담조직과 사업을 위해 경쟁해야 할 수도 있다는 것을 염두에 두어야 할 뿐만 아니라, 상담 서비스를 이용하려는 조직은 상담 이외에도 다른 해결방법을 사용할 수 있다는 것을 중요하게 고려해야 한다. 만약 상담조직이 경영컨설턴트나 심리검사 또는 의료 서비스를 활용할 가능성이 있는 경우 이들 비용을 비교할 필요가 있는데, 대체 서비스들이 이미 구축되어 있고 좋은 평판이 구축되어 있는 경우에 특히 그러하다. 단지 서비스가 싸다고 해서 사용되는 것은 대부분 신중히 검토되지 못한 데에 따른 서비스 자체의 위험을 무릅써야 할 뿐 아니라, 직업으로서의 지위를 확립하려고 하는 상담계에 어려움 또한 가중하게 된다. 상담을 제공하는 조직이 상담시장에 대해 제대로 된 이해를 갖는 것은 매우 중요하다.

상담자 고용에 대해 상담조직이 지불할 비용을 평가하는 다른 이유는 상담컨설턴트의 시간을 사용하기 위해 활용할 수 있는 충분한 자금이 있는지 확인하기 위함으로, 서비스 계약에서 중요할 수 있다.

5. 상담자의 자격 요건은 무엇인가? 어떠한 상담자가 특히 사용자 조직과 관련된 전문적인 지식과 경험을 가지고 있는가? 회사는 종종 자격증을 요구한다. 회사는 모든 상담자가 정신역동적이라는 점을 알고 싶어 하는 것은 전혀 아니며, 이것은 회사로서는 큰 의미가 거의 없기 때문이다. 회사는 상담자들을 안심하고 신뢰할 수 있다는 단순한 확신이 필요할 뿐이고, 만약 수련을 받았고 자격이 있다는 것을 보증할 수만 있다면 회사는 이에 대해 알 필요가 있다. 동시에 회사는 조직의 상담자들이 갖고 있는 상담 외적인 경력에 더 깊은 인상을 받는 것 같다. 이러한 경력은 흔히 관

련 업종이나 관리업무에서의 경험, 심지어 예를 들면, 조합 같은 특별한 유형의 조직구조에 대한 경험과 관련이 있다. 그런데 조직이 점점 국제화됨에 따라 언어 능력이나 국제적인 경험의 관련성도 점차 높아지는 추세이다.

근본적으로 조직은 상담자가 '현실 세계'에 살고 있다는 것을 확인하고 싶어 한다. 상담자의 세계관이 비현실적이라는 인식은 상담직종의 발달에 따라 줄어들고 있긴 하지만 아직도 여전히 존재하고 있다. 비록 조직의 구성원들이 "내 아내는 지금 상담 과정을 밟고 있어요"라는 이야기를 할 때가 종종 있는데, 조금 더 알고 보면, 이 말은 아내가 직장생활의 미묘한 부분을 이해하는 데 있어서 현실적이고 실무적인 입장을 그대로 따르지 않는다는 점에서 상담에 대한 수용적인 태도를 나타내는 것이 아닐 수 있다. 상담자는 흔히 조직 환경에서 일할 수 없는 개인으로 보이곤 하며, 그래서 의심의 눈초리를 받기도 한다.

상담자의 관점에서, 상담자 자신의 선호도는 내담자와의 상담 성과에 영향을 줄 수 있다. 특정한 조직 구조나 경영스타일에 자연스럽게 끌리는 상담자라면 자신의 선호도와 동떨어진 조직의 사람을 다루는 데 어려움이 있을 수 있다.

6. 상담자의 자격은 단일한가, 다양한가? 상담자의 이론적 입장과 깊이가 상담 결과에 영향을 미칠 수도 있기 때문에 상담조직은 이를 알 필요가 있다. 예를 들어, 내담자를 환자로 바라보는 상담자는 공공연하게 또는 암묵적으로 건강한지 또는 건강하지 못한지의 관점으로 행동을 바라보는 경향이 있을 것이다. 그 환경에 적합한 행동을 하는 상담자와 다른 환경에서 더 적응적으로 행동하는 상담자는 내담자와 함께하는 경험이 서로 다를 것이다. 상담을 병리적인 행동을 다루기 위해 필요하다고 간주하는 이론적 입장은 내담자를 정상 상태로 되돌리려는 의도를 갖고 있으며, 이러한 관점과 일치하는 상황에서 일할 때 가장 효과적일 것이다. 마찬가지로, 상담을 치료보다는 발달로 간주하는 상담자라면 이에 적합한 업무 환경의 선택이 필요할 것이다.

7. 상담자들의 가치체계는 무엇이며, 이는 획일적인가 다양한가? 상담조직은 여우조직인가, 사자조직인가? 그들은 유연하게 일할 수 있는가, 아니면 일을 하기 위해 형식적인 절차와 과정에 기반한 근거를 필요로 하는가?

8. 어떤 종류의 서비스가 제공되는가? 이러한 이슈는 상담자의 활용성과 서비스의

범위를 포함하고 있다. 서비스는 하루 중 일부 시간에 혹은 하루 중 아무 때라도 전화로 신청할 수 있는가? 서비스는 치료적인가, 혹은 발달적인가? 장기상담을 제공하는가, 또는 단기상담을 제공하는가? 아니면 이러한 이슈에 대해 유연한가?

이러한 질문에 대한 대답은 활용되고 있는 상담자의 유형과 인원수에 큰 영향을 미칠 것이다. 동일한 질문은 만약 상담자가 동시에 컨설턴트인 경우에도 고려될 필요가 있다. 이 경우에 제공되는 서비스의 범위는 상담자가 다룰 수 있는 내담자 수에 따라서 제한될 가능성이 있다. 그러나 만약 상담자가 놓인 틈새시장, 특정 자질 및 제공되는 기술의 확립과 함께 서비스 자체의 특성도 확립하기 위해 주의를 기울여 왔다면, 서비스의 성격은 훨씬 더 유연하고 조직에는 매우 큰 가치가 있을 것이다.

예를 들어, 나의 전문 분야는 이사진과 그 아래 단계인 고위 경영진 관리이다. 단지 예외적인 경우이거나 또는 더 넓은 내담자 층까지 자세하게 명기되는 경우라면, 나는 조직에서 더 아래쪽에 있는 개인들이 포함된 내담자에 대한 상담 업무를 떠맡을 수 있을 것이다. 이는 조직의 성과가 크게는 고위 경영진의 태도 및 유능함에 의해 결정되며 이 사람들은 조직 내에서 다소 고립된 위치에 있기에 더 도움을 필요로 할 것이라고 생각하는 나의 가치체계에 부합한다. 그들은 성취, 독립성, 개인의 강점을 강조하기 때문에 도움을 요청하기가 더 어렵다고 알려져 있고, 따라서 특히 이러한 사람들을 대상으로 하는 개별적인 서비스가 매우 유익하다는 것이 증명되었다. 이것은 또한 나의 이전 조직 경험과도 일치한다.

이 시점에서, 상담컨설턴트는 상담자들과 내담자 조직 간의 적합성을 가늠해 보는 예리한 감각을 갖고 있어야 한다. 만약 업무를 맡기로 결정했다면, 내재된 이슈를 더 세밀하게 탐색할 때 성공할 가능성은 더 많아진다. 그 과정에서 조직과의 조정기간을 갖게 되고, 일어날 수 있는 많은 문제를 미리 경고받을 수 있기 때문에 조직은 더욱 안심할 수 있을 것이다. 마찬가지로, 상담컨설턴트와 상담을 후원하는 사람과의 관계는 상담 서비스와 그 상담 서비스를 이용하는 사람들의 복지를 지켜 가기 위해 충분히 발전되어 갈 것이다.

핵심적인 성공의 준거

본 장의 서두에서 언급한 바와 같이, 상담 업무의 성공은 상담자가 조직 내의 주요 접점에서 맺고 있는 업무 관계에 따라 크게 달라질 것이다. 그리고 그 업무 관계의 성격은 상담 수행을 위해 합의된 계약 조건에 따라 크게 달라질 것이다. 예를 들어, 비밀보장에 대한 이슈와 일반적이거나 구체적인 피드백에 대한 이슈에 있어서, 특히 피드백이 권장되는 경우에는 업무 관계를 맺고 있는 양 당사자 모두 주의해야 한다. 피드백에 대한 요구를 잘못된 것으로 간주해서는 안 된다. 상담자는 자신의 판단력을 활용하여 합리적인 수준 안에서 조직을 신뢰할 수 있어야 한다. 만약 상담자가 그럴 수 없다고 느낀다면, 그들은 서비스를 제공해서는 안 된다. 이것은 조직이 상담 서비스를 감당할 만큼 충분히 성숙되고 책임을 다할 수 있는지에 대해 컨설턴트가 신중히 검토해야 할 이슈 중 하나이다.

문제가 인지되었을 때 변화할 준비가 되어 있는 조직은 어떤 피드백도 원하지 않는 조직보다 많은 경우에 더 나은 '고객'이다. 상담자는 자신이 어떤 개인에게도 해를 주지 않으면서 궁극적으로는 조직에 도움이 될 수 있다는 책임감을 가지고, 조직의 대표가 피드백에 대한 정보를 다룰 수 있을 만큼 충분히 성숙했는지에 대해 평가해 보아야 한다. 예를 들어, 나는 부하 직원에게 거만하고 고압적인 태도의 관리자와 함께 일하도록 요청받은 경우가 한두 번이 아니었다. 나는 내담자나 주요 접점의 사람들에게 있어서 개인적인 변화가 일어날 때 그 개인이 속한 부서가 그 과정을 의도적으로 방해할 수도 있다는 점을 인식하는 것이 중요함을 알게 되었다. 오랫동안 어려운 상사를 견뎌 낼 준비가 된 사람들은 분명 그를 여전히 어려운 사람으로 남겨 두려고 한다. 고민이 있는 개인을 돕는 데 있어서 그 조직 내의 다른 어떤 누군가의 지원은 가끔 매우 유용하며, 심지어 변화가 일어난 후에도 상담의 효과가 지속되게 한다. 어떤 유형의 조직은 다른 조직보다 이 같은 변화 관리를 더 잘할 수 있다. 예를 들어, 거대한 관료조직은 상담 서비스에 대해 거의 관여하지 않는 편이 나을 것이다. 그들은 개인이 전문가의 수중에서 안전하게 되는 것을 선호하며, 상담 중에 나오는 문제들을 다루는 것이 어렵다는 점을 알고 있다. 그 과정으로부터 거리를 두는 것이 '(개인의 문제가 조직의 문제로) 오염'되는 것으로부터 조직을 안전하게 보호하는 방법이다. 다른 분야의 전문성에 대한 자연스러운 존중이 거리를 유지하도록 할 것이다. 그러나 이러한 입장이 건강한 거리 두기를 나타내는 것인지 또는 그 문제에 대해 발을 빼고자 하는 것인지, 즉 상담자에게 그 문제를 던져 버리고 싶은 것인지에 대한 평가는 확실히 할 필요가 있다.

사람들의 이슈에 관심을 두는 성숙한 조직에서, 피드백은 회사가 자신들의 경영 스타일과 의사소통 과정이 효과적인지를 확인하는 데 매우 유용할 수 있다. 피드백을 구성한 것이 무엇인지를 면밀히 살필 필요가 있는데, 출처를 알 수 있건 없건 간에 내담자의 동의를 얻지 못한 개인정보가 포함되어서는 안 되며, 내담자는 가능한 피드백의 성격에 대해 인식하고 있어야 한다. 하지만 이 부분에 대한 정립은 상담자에게 매우 익숙한 일이며, 개인적이 아닌 피드백에서는 인식할 필요가 없다.

정작 스트레스 유발자는 상담을 필요로 하지 않는다는 사실을 조직에 납득시키는 능력은 상담자의 신뢰도나 설득의 기술뿐 아니라 조직이 문제해결의 필요성을 진정으로 인식하고 있는가에 전적으로 달려 있다. 예를 들어, 대부분의 갈등은 기존의 문화와 새로운 문화가 공개적으로 충돌하는 상위 중간관리 수준에 존재할 수 있다. 이는 많은 경우에 기존 문화가 도태되지 않고 회사의 최상층에만 존재할 정도로 남아 있기 때문이다. 그러나 이들은 전투에 관여하여 자신의 상황에 대해 뭔가를 시도하려고 하기 때문에, 실제로 스트레스 증상이 나타나는 사람들은 조직의 더 아래쪽에 있는 경우가 있다. 왜냐하면 그들은 자신의 통제력 밖에서 진행되는 것들을 그저 바라볼 수밖에 없는 상황이지만, 승리와 패배가 그들에게는 심각한 영향을 미칠 수 있다는 것을 알기 때문이다. 조직의 외부, 즉 다른 어떤 관리팀이 변화에 대한 책임이 있는 경우, 이들은 기존 직원들이 처한 곤경에 대하여 보다 실용적이면서도 덜 민감한 태도를 보이는 경우가 많다. 조직의 문제나 스트레스에 대한 이 두 가지 태도는 선호하는 상담 서비스의 종류에 크게 영향을 미친다. 마찬가지로, 회사의 목적과 목표 및 동기에 동의하지 않는 상담자라면 그러한 임무를 떠맡지 않는 것이 좋다.

컨설턴트의 판단은 평가 과정에서 자신의 가장 유용한 도구이다. 암시적인 문제와 무의식적인 요인의 존재에 대한 컨설턴트의 민감성은 그들로 하여금 조직이 어떠한 종류의 상담 서비스를 준비할지 결정을 내리는 데 있어서 도움이 될 것이다. 조직이 컨설턴트와 상담 서비스를 존중하는 것 또한 중요하다. 존중을 기반으로 하는 관계가 아니라면, 가치는 거의 실현되지 않을 것이다.

동일한 문제 제기는 컨설턴트가 동시에 상담자이기도 한 경우에도 고려될 필요가 있다. 이 경우에는 제공되는 서비스의 범위가 제한될 가능성이 있지만 특히 조직에 대한 이해가 상담의 기술과 결합되면서 서비스의 질, 피드백의 일관성, 건강한 업무 관계 측면에서의 장점이 매우 크다. 일의 성공은 조직 내 핵심 인력과의 업무 관계에 따라 크게 좌우될 것이다.

상담보다 더 나은 해결책이 있는가? 나는 조직에서 상당한 비율이 상담을 필요로 하는 것처럼 보이는 경우라면, 이때 상담은 효과적인 해결책이 되지 못할 것이라고 생각한다. 내 경험에 의하면 이것은 10~20%의 범위 근처다. 파레토에 따르면, 20%가 중요한 지점이다. 분명히 조직 자체는 더 큰 문제를 가지고 있고 스트레스가 발생되고 있다. 따라서 만약 상담이 적어도 이러한 환경에서 실시된다고 하면, 상담은 더 큰 해결책의 일부여야 한다. 예를 들어, 주요한 국제적인 첨단기술 그룹의 자회사인 한 조직(내담자로서의 조직)이 부실한 정리 해고 프로그램으로 인해 근로의욕과 관련된 문제가 발생하여 상담 서비스를 시도하기로 결정하였다. 이는 그 분야의 대체고용 부족과 부실한 퇴직수당 문제와 함께, 상담 서비스에 대한 요구가 과도하게 될 것임을 시사하고 있었다. 나는 이 상황을 조직 관리의 문제라고 느꼈고, 이로 인해 고위 관리자에게 보다 개별적으로 접근하는 방식이 더 좋겠다고 생각했기 때문에 이 서비스에 대한 입찰 기회를 거부했다. 전무이사는 발달적 상담의 개념을 이해하지 못했으나 일단 상담을 받는 것에 동의했다. 그는 가치 있는 경험을 하게 되었고 자신을 상담할 후보군을 선택하는 것을 조건으로 서비스 도입에 합의하였다. 이 때문에 그 서비스는 명성을 얻었다. 출처가 확인되지는 않았으나, 향후 사업전략의 개발에 매우 중요하다는 피드백도 있었다. 이후 또 다른 상담 서비스가 직원들의 스트레스를 다루기 위해 도입되었다. 이것은 초기에 매우 인기가 있었지만, 제도화가 되고 복지 기능의 한 부분으로 보이게 되자 몇 달 후에는 거의 활용되지 않았다. 그러나 그 몇 달 동안은 가치가 있었고 과정이 끝나면 철수하는 것이 이상적이었다. 레인Lane(1990)은 다수의 상담 프로그램이 요구 조사나 직원의 의견에 관한 설문조사의 이점을 활용하지 않고 개발되는 것에 대해 문제를 제기한다. 나는 정보수집을 위한 적절한 수단을 사용하는 것이 보다 중요하고, 공식적인 정보 수집 과정이 취할 수 있는 최선의 방식은 아닐 수도 있다고 주장하곤 한다. 중요한 것은 조직의 문화를 이해하는 것이다. 설문 방식은 복지 분야의 일부로 상담 서비스를 제공하는 것을 목표로 하고 있는 관료적인 환경에서 잘 작동하지만, 보다 유연한 환경에서는 직관적인 접근이 종종 더 성공적이다.

결론

본 장에서는 상담컨설턴트의 역할에 초점을 맞추었다. 논의는 이러한 개인이 취하는 중요한 역할과 컨설턴트가 동시에 상담자이기도 한 경우에 취해야 할 두 가지 역할에 의해 발생되는 긴장을 다루어 보았다. 가장 중요한 것은 역시 상담컨설턴트의 판단에 있다. 이러한 개인이 객관적으로 조직을 평가하는 능력뿐 아니라 조직의 일원으로서 조직의 상태를 직관적으로 이해하는 능력은 상담컨설턴트가 조직과 성공적인 관계를 맺는 데 있어서 핵심이다. 이 장에서는 또한 조직을 평가할 때 고려되어야 할 다양한 요인들과 이러한 점에서 SWOT 분석을 완성해 보는 것의 유용성을 검토하였다. 그 중요한 요인들은 조직의 연대와 역사, 제품이나 서비스, 성과, 규모 및 지역적인 분포, 경영스타일, 국적 및 인사 통계치이다. 변화를 정상적인 것으로 가정하면, 파레토의 80/20 비율의 여우와 사자 모델이 변화 과정에 있는 조직을 파악하는 데 유용하다. 이 분석은 상담조직들로 하여금 상담이 조직에 가장 적합한 해결책이 될 수 있는지의 여부를 평가하는 데 있어서도 도움이 된다. 상담 서비스를 제공하는 상담조직은 자체의 사람들과 기술의 측면에서 그들이 누구인지에 대한 명확한 이해가 있을 때 서비스 제공의 가능성 여부를 더 잘 평가할 수 있을 것이다.

이 장에서는 또한 직업으로서 상담에 대한 평판을 보호하는 것과 상담컨설턴트와 조직과의 온전한 관계를 유지하는 것, 그리고 상담이 최선이건 아니건 간에 혹은 적합하건 적합하지 않건 간에 회사의 경영 문제에 대한 해결책으로서의 역할을 살펴보았다. 상담이 수행되는 형식도 매우 중요했다. 상담을 제공하기 위한 두 가지 시나리오는 치료적인 도움을 목적으로 하는 별도의 외부 서비스와 경영스타일이나 조직구조의 측면에서 조직에 유용한 조언도 제공하는 발달적 서비스이다. 상담컨설턴트와 조직의 주요 접점의 관계는 서비스의 성공을 위해 매우 중요하게 고려되어야 하고, 서비스의 효과적인 활용을 보장하기 위해서는 관련된 사람이 충분히 고위급이거나 영향력을 갖고 있는 것이 중요하다.

조직은 중요한 집단이고 개인의 삶의 모습들을 나타낸다는 점에서 심리치료 관점으로 조직을 생각하는 것이 도움이 될 수 있다. 개인치료에 있어서 개인에 관한 내 경험에 의하면, 그 가족은 염려되는 개인에게서 나타난 어떤 변화로 인하여 위협을 받을 가능성이 있고, 가족은 그에게 어떻게든 도움 받기를 권할 수도 있다. 이는 동일하게 조직에도 적용이 된다. 따라서 접근의 핵심 포인트는 어떤 한 사람이 변화하고 있을 때, 그의 주변에 있는 나머지 사람들이 대부분 변화에 저항하려 하거나 또는 자신들에게 요구되는 변화를 받아들이는 데 있어서 지원이 필요함을 중요하게 인식하는 것이다. 개인이 처한 환경은 개인의 발전에 매우 중대한 영향을 끼치며, 조직과 좋은 관계를 갖게 될 때 개인은 조직이 작동하는 방식에 영향을 미칠 수 있는 좋은 기회를 갖게 된다. 이것은 상담의 기능이 관련된 모든 사람들에게 실제로 부가적인 가치를 제공할 수 있는 부분이다.

참고문헌

Handy, Charles B. (1988). *Understanding Organizations* (3rd Edition). Harmondsworth: Penguin.

Lane, David A. (1990). 'Counselling psychology in organizations', *The Psychologist, Bulletin of the British Psychological Society,* 12: 540-544.

Pareto, W. (1996). *Sociological Writings.* Selection introduced by S. E. Finer, translated by D. Mirfin. London: Pall Mall.

8장

조직의 변화를 가져오는 상담

Michael Walton

상담을 조직에 도입하면, 조직에 변화가 생기게 된다. 기업 · 조직상담은 직원들을 위한 지원 서비스인 동시에 위협이 되기도 한다. 조직이 비판받을 수 있는 경험이나 문제, 즉 기업이 문제를 인식하고 조치를 취하기보다는 이를 무시하거나 회피 혹은 부정하고자 했던 메시지나 통찰들을 전면에 부각하고 드러낼 소지가 있다는 점에서 위협적이기도 하다.

직장상담은 직장이 허용하는 범위 내의 전문적이고 비밀이 보장되는 상황에서 직원들이 개인적인 문제를 상담할 수 있는 기회를 제공한다. 또한 개인의 변화를 위한 가능성과 개인적인 발전의 범위를 넓힐 수 있는 기회를 제공한다. 내담자에게 자신의 직장 경험을 재검토하고 만약 변화해야 할 사안이 있다면 이를 기꺼이 고려할 기회를 제공한다. 그리고 기업 · 조직에서 상담은 내담자 자신의 미래를 변화시키기 위하여 가지고 있는 생각을 행동에 옮기게 하기도 한다. 이렇듯 직장상담은 회사가 상담실을 제공하여 얻을 수 있을 것이라고 기대한 것보다 훨씬 많은 성과를 제공한다.

직장상담은 사설 상담실에서 이루어지는 것과는 매우 다른 유형의 상담이다. 상담과 심리치료는 개인 자신에 대한 이해와 변화의 역동을 가장 중요하게 고려한다. 직장상담에서 상담자는 내담자 개인의 자기이해를 다룰 뿐 아니라 내담자의 자기 이해는 전체 조직 안으로 영향이 전달될 수 있으며 상담자는 조직에 대한 피드백도 제공한다. 기업 · 조직상담자는 단지 그곳에 있는 것만으로도 조직에 영향을 미친다. 기업 · 조직상담은 그 직장 안에서 활동하는 것 자체로 간접적 영향을 미치는 동시에 기업의 변화 가능성을 자극하는 적극적인 영향을 미친다. 이러한 '적극적' 영향은 내담자와 합의로 작업하게 되는 개인상담의 목표와 전략에 따르면서 개인상담 작업과 조화를 이루어야 한다.

기업 · 조직상담자는 절반은 조직 내부적, 나머지 절반은 조직 외부적 역할을 담당하고 있다고 할 수 있다. 기업 · 조직상담자는 기업의 지원을 받아 서비스를 제공해 주는 사람으로서의 준기업적인 역할을 가지고 있는 동시에 상담자와 내담자 간에 있을 수 있는 개인적 서비스를 담당하는 역할도 가지고 있다. 그러나 내담자 개인과의 상담에서 도출되는 정보가 기업상담을 통해 축적된다면, 그 기업 전체의 복지에 상당한 중요성을 가질 수 있다. 기업 · 조직상담자의 가장 큰 딜레마는 내담자를 보호하고 비밀을 유지하는 등 전문가 윤리를 지켜 나가면서 기업상담을 지원하는 기업체의 정보 제공 요구에 어떻게 대응하느냐 하는 것이다.

책임의 균형 맞추기: 개인과 기업 간의 균형 맞추기

기업 · 조직체들은 여러 가지 이유로 기업상담 체제를 도입한다. 기업들은 기업상담을 통하여 직장 생활의 질을 높일 수 있고 긍정적인 내부 변화를 촉진할 수 있으리라는 것을 잘 알고 있다. 어떤 기업에서는 기업상담은 어려움에 처한 직원들이 전문 상담사와 기밀 사안을 이야기하고 나눌 수 있다는 점에서 직장이 제공하는 부가 서비스라고 이해하기도 한다. 어떤 기업은 합병, 적대적 인수 같은 큰 충격이나 사건 등으로 기업체가 충격 속에 있다는 인식을 하게 됨으로써 기업상담 도입을 결정하기도 한다. 또 어떤 경우는 종전의 관리팀 직원 수를 줄이고 새로운 기술이나 다중 기술 등을 도입하면서 직원과 고용주 사이에 있었던 심리적인 유대가 약화되었다는 것을 인식하게 됨으로써 기업상담을 지원하게 되는 경우도 있다(Schein, 1980). 또한 수많은 정리 해고에서 살아남았지만 '생존자증후군'을 겪는 사람들의 사기가 떨어진 것이 상담 도입의 계기가 되기도 했다.

각 기업의 특성과 여건에 따라 상담실을 도입하는 이유는 다를 수 있지만 가장 근본적인 목표는 직원들에게 상담 서비스를 제공한다는 것이다. 어떤 경우에 기업체는 기업 · 조직상담자에게 상담의 책임 이외에 정기적으로 기업 체제에 대한 상황 인식insight summary을 제공해야 한다는 것을 계약조건으로 제시할 수도 있다. 기업 · 조직상담자는 개인 내담자에 대한 책임감을 가지고 시간과 노력을 투입하여 내담자와의 작업으로부터 중요한 문제를 모으기도 하고 동시에 당시의 조직 상황에 대한 인식이나 전체적인 상황을 파악하기도 한다. 이를 통하여 기업상담을 지원하는 경영자는 기업 내에서 일어날 수 있는 문제점이나 관심사를 파악하게 된다.

상담을 통해 기업 · 조직상담자는 그 기업의 수행에 영향을 미치고 있는 사안이나 전면에 드러나지 않은 문제들에 접근할 수 있게 되는 것이다. 이런 문제들은 그 기업의 역사나 문화에 깊이 자리한 문제일 수도 있고 최근에 단행된 고위층의 결정에 대한 반응일 수도 있다. 어떤 쪽이든 기업 · 조직상담자는 내담자의 세계에 접근할 수 있는 특권을 가진 것 외에도 그 직장 안의 다른 사람들은 접근할 수 없는 조직 자체에 관한 통찰력을 가지게 된다. 상담을 통해 얻어지고 축적된 정보를 어떻게 처리하는가는 기업 · 조직상담자가 가지는 첨예한 이슈라 하겠다. 기업에 상담이 도입되는 단계에서 상담자가 조직과 계약을 맺을 때 앞서 언급한 '상황인식 보고' 같은 것을 제공한다는 사항이 포함되어 있지 않았다면 고민은 더 힘든 것이 될 것이다. 이러한 경우 기업 · 조직상담자는 어떻게 해야 하는가? 계약을 재검토해야 하는가? 보고해야 할까, 아닐까? 개인적인 상담자–내담자 관계에만 집중해야 할까? 곧 조직의 전면으로 떠오를 수 있는 큰 문제를 무시할 것인가?

기업 · 조직상담자는 기업이 어떤 절차를 실행할 때 그것이 조만간 내담자에게 알려지게 된다는 것을 가늠하게 될 수 있을 것이다. 또한 전반적으로 조직체의 특정 부분이 내담자뿐 아니라 다른 직원들의 안녕에 부정적인 영향을 끼친다는 것을 알게 되기도 한다. 이와 같은 경험을 통해 기업 · 조직상담자는 내담자가 제기한 문제들이 보다 더 광범위한 조직의 변화를 통해서 해결될 수 있다는 생각에 이르게 될 수 있다. 이건Egan과 코완Cowan(1979)은 ① 내담자를 지지하고 마음의 평정, 자신감, 신뢰 등을 되찾을 수 있도록 하는 것, ② 내담자에게 스트레스를 느끼게 하는 근본 원인을 알아내어 변화를 유도하는 것이 어떻게 다른가에 대하여 논의한 바 있다. 이들은 상담자의 상담개입을 물의 흐름에 비유하여 상담자가 '하류의 개입(이미 어떤 식으로든 피해를 본 사람들에 대해 상담자가 선택적으로 돕는 방식)' 또는 '상류의 개입(직장인들이 스트레스를 받기 전에 문제가 될 핵심 사안을 잡아서 작업하는 방식)'으로 중재할 수 있다는 것을 강조하였다.

전자, 즉 하류의 개입 방식은 기업 · 조직상담자의 전통적인 내담자 중심 관계를 더 많이 요구한다. 상담자는 기업상담 도입의 동기 여부와는 상관없이 개인 내담자와 작업하기 위하여 존재한다. 후자, 즉 상류의 개입 방식은 기업·조직상담자의 위치를 다른 시선으로 본다. '상류' 작업은 기업·조직상담자가 개인 상담자의 역할뿐 아니라, (조직 내의) 변화를 가져오는 역할을 담당할 수 있음을 의미하기도 한다. 기업 내에서 내담자의 스트레스 원인을 파악하고, 수집된 데이터(익명의 데이터 포함)의 '상황인식 보고'를 제공함으로써 기업·조직상담자는 자신을 변화를 주도해 가는 사람으로 재인식하게 된다. 그 결과, 기업·조직상담자는 그들의 노력과 관심을 어디에 어느 정도까지 쏟아야 하는 것인가 하는 첨예한 고민에 당면할 수 있다. 예를 들어, 기업·조직상담자는 직장에서 상처를 입고 상담실에 온 내담자의 힘든 마음을 이해하고 보듬어 주는 일, 즉 하류의 개입에 주력해야 할 것인가? 아니면 상담자의 역할을 전략적으로 변화시켜 기업 내부적 손해를 적게 입고 조직적인 피해를 덜 받을 수 있도록 하는 회사 정책에 영향을 끼치는 일, 즉 상류의 개입에 집중해야 할 것인가? 만약 기업·조직상담자가 후자의 일을 한다면 내담자들은 상담자에 대해 의심과 두려움을 가득 가지고 경영진과 잘 지내는 사람이라고 생각하게 될 것인데, 이것이 어떤 결과를 가져올 것인가? 상담자가 정기적으로 인사팀에 출입한다는 것을 알게 된다면 내담자들은 무슨 상상들을 하게 될 것이며 이런 사실은 상담 과정에서 어떤 영향을 미칠 것인가? 내담자들은 기업·조직상담자들이 상담자로서의 일에 집중하는 것인지, 경영진의 일부가 되고 싶은 욕구를 가지고 있는 것은 아닌지 의심하게 될 것이다.

기업·조직상담자들에게 가장 어려운 문제는 대다수가 상담 훈련이나 임상 수련이 거의 전적으로 개인상담 구조 안에서 이루어졌으며, 사설 상담소에서 상담자로 일할 때나 EAP Employee Assistance Program의 일원인 상담자로서 일을 할 때에도 역시 개인상담에 초점이 맞춰져 있다는 것이다. 그러나 기업·조직상담자는 자신이 일하고 있는 조직의 환경 속에서 일하고 조직 환경으로부터 영향을 받는다. 작업실의 환경에서 가구, 사무실 색조, 사무용품, 사무용품의 부족 여부, 직원들의 상호 호칭이나 스타일 등 기업·조직상담자는 어떤 의미에서는 '조직의 일부'가 되며 또 그것에 영향을 받는다. 기업·조직상담자는 자신이 속해 있는 기업 환경의 특정한 패턴이나 장면, 사건 등에 자신을 맞추게 된다. 다른 직원들처럼 기업·조직상담자도 자신의 내담자가 되는 직원들과 마찬가지의 직장 적응 과정을 겪는다. 그러나 기업·조직상담자가 가지는 가장 현저한 차이점은 그 조직에서 일어날 것이라고 생각되는 것을 좀 더 많이 자각하고 인식하고 공유하려고 한다는 점이다. 조직에서 일어나는 여러 일과 그 과정은 기업 · 조직상담자가 기업 정책이나 실행에 대해 지식과 이해를 증진하는 것 등과 연관되어 있다.

그 결과로, '조직에 대해 잘 아는' 상담자일수록 조직에 너무 밀착되어 있어서 그 조직에 대해 거리를 둔 시야를 견지하기가 어려울 수도 있다는 위험이 상존한다. 상담자들이 기업이나 직원에 대하여 더 많이 안다는 것은 효과적이고 민감한 기업 · 조직상담자가 가져야 할 중요한 전제 조건이기도 하지만 동시에 상담자가 조직에 너무 흡수되어서 그 일부분이 되어 버릴 위험도 가지고 있기 때문이다.

상담자가 조직으로부터 적당한 거리를 유지하는 것과 자신이 일하고 있는 조직에 적절하게 통합되고 조직에 복잡하게 얽혀 있는 일들을 이해하는 것 사이에서 어떻게 균형을 잡을 수 있는가는 기업 · 조직상담자가 가지는 딜레마다. 캐롤Carroll은 이것을 위태로운 줄타기에 비유하였다. 기업 · 조직상담자가 내담자와 조직체 사이에서 일함에 있어 상호 간 균형을 유지하면서 상이한 당김과 압력을 감당하고 있는 상황은 팽팽한 긴장의 연속이기도 하다는 것이다. 기업 · 조직상담자가 균형을 유지하기 위해서는, ① 개개인 내담자와 작업하기, ② 기업에 문제가 될 수 있는 사안들을 제기하기, ③ 근로자 정책에 기여하기, ④ 기업의 문화에 너무 흡수되지 않기, ⑤ 한곳에 치우치거나 태도나 입장에 균형 감각을 잃지 않기 등을 동시에 지켜야 한다.

줄타기로 비유한 것 같은 상충되는 압력과 요구는 언제나 함께 존재한다. 이것은 기업 · 조직상담자에게 큰 영향을 미친다. 기업 · 조직상담자가 자신의 내담자들과 효율적인 상담을 계속해 나가려면 상담자로서의 효과성을 스스로 관리하고 점검할 수 있어야 하며 동시에 지원하는 기업에도 상담자가 유용하고 경쟁력을 갖춘 전문가로 보여야 한다.

기업 · 조직상담자의 네 가지 중요 임무

기업 · 조직상담자는

1. 개별 내담자의 수준에 맞추어 일해야 한다.
2. 조직이라는 맥락 안에서 일해야 한다.
3. 조직 후원자와 협력하여 일해야 한다.

4. 상담자로서 자신의 전문성을 관리해야 한다.

앞의 사항은 기업 · 조직상담자의 역할에서 매우 중요한 부분이며 각각의 항목을 충족할 수 있으려면 많은 생각, 관심, 관리 등이 필요하다. [그림 8-1]에서 1번과 4번은 상담자에게 매우 친숙한 내용일 것이다. 그러나 기업 · 조직상담과 사설 상담의 차이를 만들어 내는 것은 2번과 3번이라고 할 수 있다.

조직 변화를 위한 동력으로서의 직장상담자 역할이 개인상담에서 상담자-내담자의 기본적인 책임관계와 겹치게 되면, 직장상담의 서로 다른 차원에서 작용하는 다양한 요구에 균형을 맞추어야 한다는 압력도 높아진다. 기업 · 조직상담자가 다른 측면으로 갑자기 조명을 받게 되기도 한다. 조직의 고위인사에게 강력한 메시지를 전달할 잠재력을 가지며, 회사 내에서 '보다 큰 차원'에서 일할 수 있게 된다.

특히 다루기 까다로운 경계선은 상담자와 내담자 간, 상담자와 조직의 후원자 사이다. '조직의 후원자'란 기업상담자나 기업상담을 담당하는 부서가 기업상담에 관한 보고를 하는 대상이나 체제를 말한다. 이는 기업상담에 대한 자금과 지원을 담당하는 책임을 가진 부서의 간부급 직원들을 일컫는다. 상담 서비스가 특정 부서에 배치되어 있다면 그 사람이 바로 직속상관일 수도 있다. 조직의 후원자는 직장상담자들이 말하고 싶은 바를 전달하는 기회를 가지게 할 수도 혹은 박탈할 수도 있는 대단히 중요한 위치에 있는 사람이다. 기업상담에서 이들과의 상하 관계 속에서 기업 · 조직상담자로서의 전문성을 유지한다는 것은 매우 중요한 일이다. 조직의 후원자는 기업 · 조직상담자가 '상황인식 보고'를 제출하는 부서 혹은 담당자일 것이다. 상담자가 정책 변화의 필요성을 제안하거나, 직원이나 기업의 안녕을 꾀하고 보호하기 위하여 새로운 정책이 고안되어야 한다고 제안할 수 있는 사람들이 이들이다.

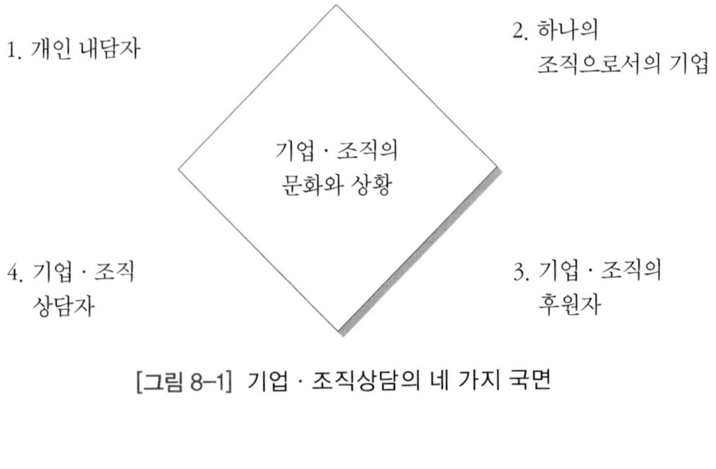

[그림 8-1] 기업 · 조직상담의 네 가지 국면

깊이 자리 잡고 있지만 숨겨져 있던 어떤 사안이나 관련된 단서가 상담자–내담자의 상호작용을 통해 나타날 수 있을 것이다. 내담자에게는 상담에서 갖게 되는 경험이 자신이 직장 조직 안에서 겪었던 경험의 복사판처럼 보일 수 있다. 이때 상담자가 내담자의 문제와 정보를 가능한 한 '평행과정parallel process'[1]으로 검토한다면, 내담자의 문제와 정보의 즉시성을 넘어서는 통찰, 더 넓은 조직에 대한 통찰이 가능해진다. 개인 내담자가 그 조직을 비추는 '거울'처럼, 작은 소우주처럼 보인다고 표현하는 것은 다소 과장된 것일 수도 있겠지만, 기업의 상담자는 이런 가능성을 항상 염두에 두고 있어야 할 것이다. 상담자에게 대두되는 몇 가지 문제들은 분명히 개인 내담자들이 가지고 있는 문제임과 동시에 직장 자체가 가진 보다 큰 문제의 반영일 수 있기 때문이다.

개인 내담자의 문제가 조직 전체의 문제일 가능성이 있다는 것을 상담자가 알고 받아들일 때 조직체의 향방을 점검하고 가능한 변화의 핵심으로서의 기업 · 조직상담자의 영향력이 강화되는 것이다. 이 과정 속에서 상담자는 헤쳐 나가야 할 또 다른 문제를 만나게 된다. 예를 들면, 내담자가 말하는 부분에서 어떤 것이 내담자 개인에게 속한 문제인지, 어떤 것이 직장에 관해 우회적인 의미나 반응을 담은 것인지를 구분하는 것이다. 어떤 문제는 둘 다에 해당될 수 있지만, 상담자가 어떻게 이를 구분할 수 있을까? 또한 어떻게 상담자가 첫째로 자신이 직접 만나는 내담자의 문제에 관하여, 둘째로 기업 · 조직상담자로서 겪는 그 자신의 경험에 관하여, 셋째로 전체적으로 조직을 위하여 문제를 제기하고 반영해야 할 것은 무엇인가에 관하여 충분히 적당한 거리를 유지하며 객관성을 유지할 수 있을까 하는 것이다. 이는 정말 어려운 문제일 것이다. 이런 태도를 가지고 내담자의 문제에 개입할 때 기업 · 조직상담자는 자신의 일에 대해 가지는 마음가짐에 중요한 전환이 있어야 할 것이다.

사설 상담 장면에서의 기본적인 상호작용은 내담자로부터 상담자에게로, 또 상담자로부터 내담자에게로 오고가는, 수평적인 연속체를 따라 일어나는 상호작용이다. 그러나 앞에 언급된 조직 후원자와의 중요한 관계와 더불어 기업이 가진 문제가 겹치게 되면 상황은 근본적으로 변화하게 된다. 갑작스럽게 상황이 훨씬 더 다각도

1) 역주: 평행과정이란 상황 A에서 a와 b 사이의 상호작용이 상황 B에서 a와 c의 상호작용에서 유사하게 나타나는 것을 의미한다. 내담자가 직장 상사와의 관계에서 겪는 역동을 상담에서 상담자와의 상호작용에서 유사하게 재연하게 되는 것이 그 예다. 상담자는 상담자가 내담자에게 보여 주는 역동을 내담자가 모델링하여 직장 상사와 만나는 장면에서 유사하게 되풀이하도록 영향을 주는 방식으로 평행과정을 다루고 활용할 수 있을 것이다. 이 두 가지의 평행과정이 되풀이될 때 내담자는 대인 관계에서 성장할 수도 있다.

로 분석되고, 예측이나 이해, 조정하는 것이 훨씬 더 어려워지게 된다. 복잡하기 때문에 기업 · 조직상담자는 개인상담 장면에서 상담자-내담자의 상호작용과는 분명히 근본적으로 다른 치료적-조직적 입장을 가져야 한다.

[그림 8-1]에 나타난 네 가지 국면은 각각 다른 국면과 연관하여 조정되어야 한다. 그러므로 기업 · 조직상담자는 자신의 내담자와의 관계를 고려해야 할 뿐만 아니라 상담적 · 치료적 관계 그 이상의 부분을 담당하는 사람이라는 것을 고려해야 한다. 직장상담자를 조직에 대한 비판적 관점과 변화의 동력원으로서 인식하는 관점은 [그림 8-1]의 네 부분마다 다르게 보일 것이다. 기업상담의 이런 상이한 관점들을 모두 수용할 수 있는 길을 찾는 것은 직장상담자에게 항상 존재하고 끊임없이 변화하는 도전과제이자 위험이다.

전통적으로, 상담과 심리치료는 개인적 차원에서 자기 자신에 대한 성찰, 변화를 위한 잠재력의 발견을 다루는 것이지만, 통합적이고 체계적인 변화 역시 중요하게 다루고 있다. 결국 상담자가 내담자로 하여금 자신에 대한 통찰과 '변화'를 가져오도록 할 수 있고, 개별 직원이 전체 조직체의 한 부분이라고 한다면 기업에서의 상담적 접근 역시 기업 차원에서의 변화를 가져오는 것임이 분명하다. 그러기 위해서는 필수적으로 상담적 통찰, 상담 방법, 관점 등을 조정하고 적용할 수 있어야 하고 이것들을 직장 내 조직에서 활용하도록 해야 한다. 그러므로 기업 · 조직상담자가 이론적인 지침에만 집착하다 보면 관련 사안을 중재하는 것과는 상이한 진단이나 판단을 할 수밖에 없다. 예를 들어, 섬머필드Summerfield와 반 오츠혼Van Oudtshoorn(1995)은 기업상담에 적용 가능한 다양한 방법이나 관련 적용 방법에 관하여 간략한 지침들을 제시하였다.

변화와 기업상담자

기업 · 조직상담자가 조직의 변화에 관련되면 상담자의 역할은 단지 치료적 관계를 위해 개인적으로 내담자와 작업하는 것을 넘어서 훨씬 더 커진다. 그러나 기업에 변화의 필요성을 적극적으로 제기하건 혹은 기업에 비판적 검토가 필요한 하나의 자극 정도로 여겨지건 간에 기업 · 조직상담자는 비판을 받을 위치에 처할 수밖에 없다. 기업 · 조직상담자의 역할을 개인 내담자와의 상담 업무에 확고하게 집중하는 것을 기본으로 할 수 있으며 따라서 이것으로부터 이탈하는 것은 적절하지도 전문적이지도 않다고 생각하게 될 수 있다. 조직의 변화를 가져온다는 것은 개인상담과는 매우 달라서 개인상담과는 다른 기술들을 필요로 하고 따라서 기업 · 조직상담자들에게 조직의 변화라는 것은 연못에서 '물장구치는' 격으로 부적절하다는 비판을 받을 수 있다. 또한 내담자의 데이터를 모으는 일이나 조직 담당자에게 '관리할 수 있는 정보'를 알려 주는 것은 적절하지 못하다는 비판을 받을 수 있는데, 이는 결국 그 정보가 개인 내담자에게서 나온 것이기 때문이다. 개인 내담자의 데이터가 사용되는 데 대해서는 완전하게 비밀보장을 약속받고 있더라도 기업의 일련의 변화가 이런 내담자 정보의 합에 의해 영향을 받을 위험, 그로 인한 비난의 우려가 있다. 타당한 비난들인가 하는 점을 차치하더라도, 기업 · 조직상담자와 함께 직장 내 상담실에서 비밀보장이 된 상태에서 상담하는 내담자들이 직장 내 행동의 변화를 가져올 수 있고 이러한 변화에 대해 기업 · 조직상담자가 책임을 져야 할 가능성이 있다는 점은 심각하게 생각해 보아야 할 문제이다. 개인 내담자의 데이터 사용은 비밀이 보장되는 상담자-내담자 관계의 기본적인 존중을 손상시키거나 더 나아가 위협할 수 있게 된다.

일부 기업 · 조직상담자들에게는 그들의 일이 변화를 촉발할 수 있는 폭넓은 잠재력이 있다는 것은 아마도 그들이 기업에서 일하기로 결심한 이유일 수 있다. 어떤 상담자들은 기업상담이 실제로는 모두 '변화'와 관련되어 있고 기업 경영의 사고나 행동에 영향을 줌으로써 직원들의 복지를 위하여 지렛대 역할을 할 수 있고 주장하기도 할 것이다. 한편으로, 어떤 상담자들에게는 더 넓은 영향력을 가진다는 것이 매우 두렵게 느껴질 수도 있다. 상담 장면에서 나눈 개인 내담자와의 상담의 영향이 상담을 한 내담자도 아니고 상담자가 잘 알지도 못하는 다른 사람의 작업 환경에 직접적으로 영향을 미칠 수 있다는 사실은 두려운 일이다. 이런 상담자들은 그들이 함께 작업하는 대상은 개인 내담자이고 그들 책임의 시작과 끝은 바로 그 부분이라고 주장할 것이다. 상담실 밖에서 어떤 일이 일어나든 내담자가 그 문제를 상담 장면에 가지고 오지 않는 한, 상담 장면을 벗어난 일이며 상담자와는 관련이 없는 일이라는 것이다.

또한 기업 · 조직상담자는 그들의 개인내담자와의 상담이 조직 안에서 가질 수 있는 더 넓은 영향을 받아들이려면 스스로 감수해야 할 책임들에 대해 두려움을 느낄 수 있다. 결국, 상담실이라는 작은 캡슐 안에서 논의되었던 내담자와의 문제는 별개의 것이지만 만약 내담자가 상담에서 얻은 통찰을 조직이라는 캔버스 위에 적용하려 한다면 문제는 전혀 달라진다. 같은 상담 결과로 같은 일이 일어나더라도 사설 상담소에 찾아온 개인 내담자의 경우와 그 내담자의 고용주에게서 지원받아 운영되는 기업 · 조직상담자를 찾아온 개인 내담자의 문제는 상담자에게 전혀 다르게 경험된다. 그러므로 기업상담에 있어 기업이라는 조직은 내담자가 직장 문제를 상담 장면에서 이야기하는가 아닌가에 상관없이 상담 관계에 있어 매우 중요한 부분을 담당하고 있는 것이다.

어떤 상담자들은 조직의 건설적인 변화에 기여할 수 있는 부분이 있다는 사실이 기업상담이 제공할 수 있는 주된 매력이라고 생각한다. 이는 앞에 언급한 '상황인식 보고'를 위한 내용을 제공하기도 하고 상담자가 이건과 코완(1979)이 제시한 '상류전략'에 기여할 수 있는 기회를 제공하기도 하기 때문이다. 그러나 기업 · 조직상담자는 그들이 좋아하든 아니든 간에 기업의 조직 평가나 변화에 사실상의 주요 요인이 된다. 기업상담을 직장에 도입하겠다는 결정이 이루어지자마자 수많은 여러 가지 기대, 입장, 감정, 가능성 등이 점쳐지고 그 조직에 즉각적으로 영향을 미칠 수 있도록 촉발될 수 있다. [그림 8-2]는 기업상담을 도입하려는 결정이 있을 때 조직 내에서 일어나리라고 예상되는 반응들이다.

변화는 개방, 발전적 성취, 자기성찰, 전환을 가져올 수 있는 잠재력을 가진다. 그렇지만 변화는 또한 파괴, 혼란, 분열, 후퇴 등을 가져올 위험성도 동시에 가진다. 기업 · 조직상담자가 역할의 균형을 잘 맞추어야 하는 중요한 이유가 바로 이것이다. 기업에 대한 통찰력을 풍부하게 하고 큰 차원에서의 변화에 대한 잠재력을 상승시키는 것은 기업 · 조직상담자가 가져야 할 중요한 임무이며 직장 내 상담으로부

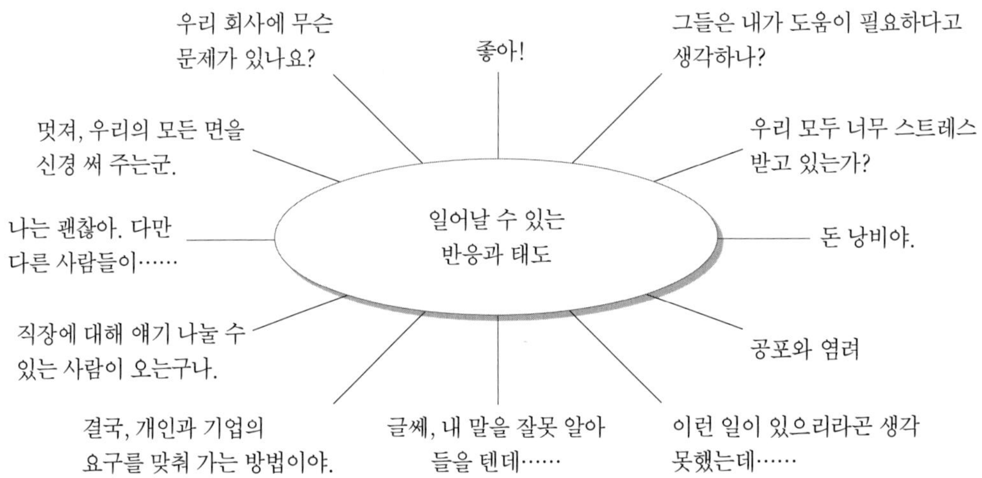

[그림 8-2] 기업 · 조직상담 서비스에 나타날 수 있는 반응과 태도

터 얻어진 통찰력은 변화 추진을 원하는 조직체가 옳은 방향으로 나아갈 수 있는 방법을 제시해 준다.

기업상담으로 얻어진 통찰은 건설적인 변화를 추진하는 잠재력을 가지는 동시에 조직 내에 깊숙이 존재하던 비생산적이고 방어적인 반응들을 유발하기도 한다. 모든 조직체가 현재의 상태를 유지하고 있는데 이는 여러 면에서 그 조직이 지속적으로 원해 온 상황이기 때문이라는 것이다. 만약 그렇지 않다면 조직체는 변화해야만 한다. 예를 들어, 기업 · 조직상담자가 회사 규칙이나 경영 방침에 위협을 가할 수 있는 정책, 절차, 경영 방침 등에 관심을 쏟는다면, 지금 그대로의 상태를 선호하는 사람 누구라도 좋아하지 않을 것이다.

조직에 소속된 사람들이 역기능적이고 무관심하며 부적절한 행동을 하는 이유는 조직 안에 있는 강력하지만 드러나지 않은 긴장과 그로 인한 영향 때문이다. 기업 · 조직상담자는 자신의 상담 작업을 통하여 가려진 역기능적인 영향에 대해 통찰하게 된다. 상담자들이 그들이 만날 수 있는 문제들을 드러내어 조명하려고 할 때 문제들이 제기되거나 언급되고 변화하는 것을 원치 않는 다른 부서의 격렬한 저항이나 반대를 만나게 된다.

기업 · 조직상담자는 조직적 평가와 변화의 과정 속에서의 참여자이다. 그러나 변화의 필요성을 제기할 때 만약 상담자가 자신이 속한 기업이 어떻게 움직이고 있는지, 그 변화가 직원들에게 심리적으로 어떤 의미로 다가갈 것인지에 대한 민감한 통찰력이나 판단 등이 선행되지 않는다면 이는 책임감 없는 행위로 여겨질 것이다. 기업 · 조직상담자가 책임감을 가지고 도전을 시도하려면 자신이 속한 조직에 대해 다음과 같은 것을 잘 알아야 한다.

- 내부적으로 현 체제가 잘 유지되고 있는가
- 내부적인 차별, 분열, 딜레마를 어떻게 조정하는가
- 하나의 조직체로서의 위치를 어떻게 설정하는가
- 외부적인 위협이나 체제 분열 등으로부터 현 체제를 어떻게 보호하고 유지하고 있는가
- 조직을 스스로 어떻게 조직화하고 체계화하는가
- 기업의 정책과 권력은 어떠한가

조직행동 분야, 직업심리학, 조직발달 등의 영역에서의 연구는 이 글의 논외이지

만 이 분야는 기업 · 조직상담자가 알아야 할 분야이며 기업상담 장면에서의 직무와도 연관되어 있음을 알아야 할 것이다.

기업 · 조직상담자가 자신들의 지원체제나 다른 사람들에게 '상황인식 보고'를 해 주어야 한다는 것을 알게 된다는 것은 어떤 의미인가? 기업 · 조직상담자에게 이것은 하기 어려운 일인데도 피드백을 해야만 하는 것인가? 다음에 직장 관련 문제를 내담자가 제기했을 때 분류할 수 있는 내용 항목들이 나열되어 있다.

- 조직의 구조나 조직체에 관한 내용
- 경영 실제에 관한 내용
- 특정 부서에 관한 내용
- 윤리에 관한 내용
- 비윤리적 행동에 관한 내용
- 부적절하거나 잘못 사용된 정책에 관한 내용
- 특정 직원에 대한 조치 필요성에 대한 내용

어떤 특정한 내용은 직장 내에서의 성희롱, 따돌리기, 또는 일부 상사의 비이성적이거나 착취적인 행동일 수도 있다. 또한 직원들의 소외문제나 따돌림, '아무도 나에게는 관심이 없어'라는 문제를 취급할 수도 있다. 이것들이야말로 시장체제의 전면에서 살아남으려고 노력하는 기업의 심장부를 건드리는 일이다. 어떤 조직체가 징계 중심적이어서 실수나 잘못을 인정하는 것이 매우 위험한 일인 경우에는 여러 가지 노력이 업무 완수보다는 자기보호로 기우는 경우도 있을 것이다. 이 예는 기업 · 조직상담자들이 내담자의 문제를 평가하고 수합할 때 조직 후원자들과 의사소통하고 싶은 주제나 문제 형태가 어떤 것인지를 보여 준다. 물론 상담자가 보고하는 메시지 중 몇 가지는 환영받지 못할 것이며 상담자의 지위나 명성에 해가 될 수도 있는 위험성이 있어 이를 제기함으로써 위험에 빠질 수도 있을 것이다.

사람들과 마찬가지로, 기업 · 조직 역시 보다 긍정적인 뉴스를 선호하고 부정적인 언급에 대하여 스스로를 보호한다. 전반적으로 기업의 이윤이라는 측면에서 본다면 특히 기업 · 조직상담자는 기업에서 이런 사안들이 어떻게 소통되는지 주의 깊게 고려해야 한다.

주요 사항에 대하여 논의하기

기업 · 조직상담자가 기업에 전달하는 메시지는 어떤 면에서는 매우 비판을 받을 수도 있고 논쟁거리가 될 수 있다. 만약 '상황인식 보고'가 원하는 바의 긍정적인 결과를 가져온다는 보장이 있을 때, 긍정적인 변화를 촉진하는 그 사안들을 어떻게 중요한 문제로 전달할 수 있을 것인가? 민감하고 감정적으로 개입되기 쉬운 문제를 다룰 때에는 주요 문제를 잘못 이해하거나 의도가 잘못 전달되기가 쉬우며 이를 받아들이는 사람의 입장에서는 방어적이 될 수 있어서 상대가 말하는 바의 의도를 제대로 알아듣지 못할 수도 있는 것이다. 전달되는 메시지가 감정적인 문제를 야기하는 것일수록 의사소통할 때 방어가 더욱 커질 가능성이 있다. 그 결과로, 상호 혼란이나 오해를 불러일으킴으로써 건설적인 변화의 기회를 놓쳐 버리게 될 수 있다.

기업 · 조직상담자가 겪는 두 가지의 도전이 있다면, 그중 첫째는 전달하려는 메시지를 어떻게 상대방이 잘 이해할 수 있게 그리고 가치 있게 전달하느냐의 문제이고, 둘째는 메시지를 전달받는 사람이 가장 주의를 기울이는 부분에 맞추어 메시지를 조율하여 전달하는 문제이다. 혼란, 에너지의 낭비, 대립, 의견 불일치 등은 전달하려는 정보가 잘못 전달되거나 경영자가 원하는 바의 정보가 아닌 것이라면 당연히 나타날 수 있는 결과들이다. 상담자가 경영진에게 중요한 메시지를 전하는 것과 경영진이 이것을 듣고 경청하고 이해하도록 도움을 주는 것은 서로 다른 이야기이다.

예를 들어, 기업상담계약의 한 부분으로 기업의 현안과 연관되어 있는 일에 관해 상담자가 내담자와의 상담 작업으로부터 인식한 것들을 분기마다 보고를 하겠다는 공식적인 합의가 있었다고 가정해 보자. 보고해야 할 주제들은 여러 내담자로부터 나온 것일 것이고 그 정보들은 기업에 대한 일련의 문제나 사건, 우려, 걱정 등으로 재구성될 것이다. 기업 · 조직상담자는 상황인식 보고서를 작성할 준비를 하는 과정에서 본인이 진단한 결과에 대해 실제로 증명할 수 있는 정보들을 수집하려고 할 것이다.

그렇다면 어디서부터 시작해야 할까? 어떤 사안을 먼저 다루어야 하는가가 아니라 상담자로서 공유하고 싶은 정보를 소개할 때 어느 것에 중점을 두어야 할 것인가를 생각해야 한다는 점을 강조하고 싶다. 예를 들어, 해고에 관한 정책이 필요하다는 사실을 내담자와의 상담에서 알게 되었을 때 정책 설계를 하는 데 필요한 정보를 제공할 것인지, 정책 실행의 시기에 대하여 이야기할 것인지, 기업강령에 나타나 있는 바와 같이 기업이 채택한 가치에 전반적인 해고 정책의 가치를 연관시킬 것인지의 문제인 것이다.

때때로 의사 전달이 상호 간에 같은 주파수로 이해되지 않기 때문에 어려움이 발생하는데, 이때 어려움이 발생했다는 것을 감지조차 하지 못할 수도 있다. 예를 들어, 만약 나는 사과에 대하여 이야기하고 있고 당신은 배에 관하여 이야기하고 있지만 두 사람은 서로 다른 것을 이야기하고 있는 줄도 모르고 있을 수 있다. 우리가 서로 다른 과일에 대하여 이야기하고 있는 줄 알게 되면 큰 혼란은 줄어들 것이며 먼저 사과에 대한 이야기를 하고 다음에 배에 대한 이야기를 하자고 하는 등의 결정을 내릴 것이다. 또 다른 가능성은 우리가 어떤 주제의 한 측면을 너무 중요시하여 듣거나 가장 중요하다고 생각하는 가치적 언급, 비용 문제 등에 집착함으로써 함께 정보를 나누고 있는 다른 사안들에 대한 전반적인 형평성을 잃어버릴 수도 있다는 것이다. 상담자가 상반된 이해를 하는 부정적인 소통에서 벗어날 수 있는 방법은 그들이 어떤 측면에 관하여 이야기를 시작하고 있는가, 어떻게 주제의 다른 측면들을 언급하는가에 대하여 분명히 하는 것이다.

아마도 나와 마찬가지로 대부분의 사람들이 의견대립으로 긴장이 팽팽하게 상승하는 장면에 노출된 적이 있을 것이다. 대화 당사자들이 서로 다른 이야기를 하고 있는데 나중에서야 이 당황스러움의 원인을 이해할 수 있는 격렬한 불일치 때문에 서로 감정이 격해지는 상황을 겪은 일이 있을 것이다. 각 편이 서로의 입장을 주장하는 것을 멈추면 두 입장 간에 근본적인 의견의 불일치는 없다는 것을 깨닫게 되고 서로 같은 주제의 다른 측면을 이야기하고 있었다는 것을 깨닫게 된다. 상호 소통되고 논의되는 주제가 직원들이 기업 안에서 일에 대하여 어떻게 느끼고 경험하는가에 관한 피드백과 같은 감정적인 부분이 많을 때 이러한 감정적 격앙은 훨씬 고조된다.

각 편이 서로 같은 문제에 대한 소통을 한다는 정확한 보장이 없다면 혼란을 겪고 서로 좌절할 가능성은 매우 높다. [그림 8-3]은 논의가 필요한 여섯 가지 상이한 수준의 관심사를 구분하여 보여 주고 있다. 이 그림은 기업·조직상담자가 ① 각 편이 동시에 같은 주제에 대하여 이야기하고 있는지, ② 특정 수준에서 충분한 관심이 제대로 기울여지고 있는지를 분명히 하는 데 도움을 줄 것이다. 각 수준에서의 논의는 다른 것들과도 양립할 수 있어야 한다. 예를 들어, 직장 내 성희롱에 대한 정책을 제시할 때 제시 가능한 자원이 없다거나 실행할 수 있을 것으로 이해되는 수치가 하나도 없다면 이 제안은 훌륭하지 못하다는 것이다. 또는 상담자가 방향제시를 할 수는 있지만 최고 경영진은 실행 가능한 시점에 그것을 실시하려고 할 것이다.

1. 전반적인 철학	기본적으로 주어짐
2. 따라야 할 전략	별 관심을 받지는 못함
3. 채택해야 할 전술	기본적으로 주어짐
4. 필요한 자원	가장 관심을 받음
5. 실행해야 할 시기	기본적으로 주어짐
6. 따라야 할 절차	별 관심을 받지 못함

[그림 8-3] 논의의 위계

[그림 8-3]은 논의 중인 주제의 여러 가지 다양한 측면에 집중되는 관심을 확보하는 것을 도울 뿐 아니라 기업·조직상담자가 어떤 사항을 중요한 것으로 결정할지를 가늠할 수 있게 한다. 예를 들어, 경영진의 직무 과실 등에 대한 정책의 필요성을 논의할 때 먼저 그런 일이 일어날 때에 대한 경영진의 철학에 중점을 두는 것이 좋은지 이런 정책을 실행하는 실제 계획에 우선을 두는 것이 좋은지 하는 문제이다. 어느 수준에서 논의할 것인가가 결정된다면 어디에서 시작하든 상관이 없다. 이와 같이 참고할 수 있는 틀을 가진다는 것은 상담자나 기업이 기업·조직상담자가 제기한 민감한 사안에 대하여 규정된 틀을 가지고 볼 수 있다는 것이다. 이 위계 구조는 논의할 주제를 옆으로 밀어 두거나 무시하기보다는 확실히 함께 논의하고 해결하도록 도움을 줄 것이다.

기업의 어떤 사안에 관해 감정적으로 함축하고 있는 바를 타당한 것으로 받아들이기는 상담자에게도 경영진에게도 쉬운 일이 아닐 것이다. 경영진은 상담자가 잘 해결할 것이라고 믿고 싶고, 상담실에 찾아오는 직원들이 어느 정도 신경과민이거나 정신적으로 문제가 조금 있거나 회사에 대한 오래된 불만 등을 가지고 있어서 그들이 하는 말을 신뢰하기 어렵다고 생각하고 싶어 할 것이다. 어떤 기업은 회사에 비판적인 주제를 제기하는 것이 은혜를 모르는 직원들의 아우성을 표현하는 것으로 보는 반면, 어떤 기업에서는 대규모 구조적 변화의 필요성에 대한 분노나 실망을 제기하는 것으로 볼 수도 있다. 기업·조직상담자는 어떤 반응이 일어나든지 이를 적절히 조절할 수 있는 준비가 필요하다.

논의되는 주제에 대한 반응에 대처하기

조직의 변화에 기여하는 사람으로서 가치를 가지려면 기업 · 조직상담자는 변화할 필요가 있는 것이 무엇인지를 아는 통찰력이 있어야 하며 이러한 통찰이 없었다면 사람들이 간과했을 부분을 탐색하도록 사람들을 돕는 능력도 필요하다. 상담자가 자신이 가진 기업 · 조직에 대한 통찰을 경영진에게 전달할 때 강한 방어 반응이 일어날 수 있다. 이 반응은 우리가 일상에서 감정적으로 부담이 되는 정보를 접하게 되었을 때 겪는 반응과 유사하다. 기업경영의 맥락에서는 이 문제가 조직에 영향을 주는 부분을 함축하기 때문에 더욱 힘든 문제가 될 것이다. 기업 · 조직상담자가 받는 메시지의 예시는 다음과 같다.

- 조직을 위하는 관계를 유지하라.
- 상담자로서 내담자를 중심에 두는 업무 태도를 유지하라.
- 어떤 방식으로든 조직 후원자의 입지와 역량이 반영되도록 하라.
- 상담자를 취약하고 위험한 상황에 두라(결국, 상담자는 자신의 일을 잃고 싶지 않을 것이다).
- 그 기업의 실제로 드러나지 않은 부분을 노출시켜라(사람들이 잘 적응하는 것처럼 말하거나 그런 척하는 것에 반하여).

앞의 메시지 중 어떤 것들은 상충된다. 개인의 이익과 조직의 이익이 상충될 때 이를 조정하고 맞서기 위한 노력을 하는 동안 상담자는 심각한 압력을 받게 될 것이고 이를 변화시키거나 약화시키기를 강요받게 될 것이다. 기업 · 조직상담자는 회의 장면에서 극단의 반응을 보일 수도 있다. 예를 들어, 말없이 묵인하거나 소극적인 수용, 또는 극심한 반대나 공격적인 행동 또는 양극단 사이에 있을 수 있는 모든 반응들이다. 어떤 일이 일어나고 있는지를 충분히 파악하고 유지해 나가기 위해서는 상담자는 다음과 같은 일을 해야 한다.

- 메시지를 전달할 때 이를 받아들이는 사람이 이해하고 연관시킬 수 있는 방법으로 전달하라.
- 메시지를 받는 사람의 반응을 예측하고 어떤 부정적인 반응이든 잘 무마할 수

있도록 준비하라.

- 그 기업의 속성에 대한 접근 방식을 숙지하고 연관된 정치적 권력 관계에 관해 주의하라.
- 실제 행동을 통해 자신의 메시지를 전달하라(예를 들어, 팀을 촉진하기, 조직의 정책을 정리하여 제시하기 등).

기업 · 조직상담자가 가지는 이점은 상담자 자신의 업무에서의 불안감과 상담에서 내담자가 이야기하는 불안감을 함께 경험하는 것이다. 기업 · 조직상담자는 기업 · 조직 내부에서나 주변에서 어떤 일이 일어나는지를 어느 정도는 경험하거나 알 수 있는 위치에 놓인다. 그리고 기업 · 조직상담자는 자신이 제기한 문제가 고려할 만한 가치가 있음을 증명하기 위해 이런 반응들을 근거로 이용할 수 있다.

기업 내에서 변화 주도권에 대한 반응을 연구하여 핑크Fink 등은 네 가지 주요 반응 단계에서의 개인적인 적응과 변화의 형태 및 양식을 정리하였다(〈표 8-1〉). 유사한 반응이 기업 · 조직에도 적용될 수 있으며 이 틀을 통하여 내담자가 보일 수 있는 다양한 반응을 파악할 수 있다. 기업 · 조직상담자가 자신이 속한 기업에 대한 파악에 도움이 되는 것들과 익숙해지게 됨으로써 다른 사람이 느낄 수 있는 생각들을 끄집어내거나 제안할 수 있게 된다.

여기에는 반복되는 기본적 순환과정이 있다. 먼저, 기업 내에서 많은 직원들이 불안이나 걱정을 유발하는 경험들을 한다. 둘째로, 직원들은 상담자를 만나고 그 당시에는 어떤 심각한 호소문제이건 상담에서 계속 다룬다. 개인상담 장면에서 이 두 가지 과정이 연속적으로 일어난다. 그러나 기업상담 장면에서는 다른 단계가 있다. 셋째, 기업 · 조직상담자는 내담자와 함께하는 상담 작업 과정에서 기업 · 조직의 특정한 문제를 인식하게 된다. 넷째, 기업 · 조직상담자는 인식한 문제를 어떤 식으

표 8-1 조직 변화에 대한 네 가지 반응 단계

반응 단계	개인적인 경험	생각
충격	위협	부정, 이해하지 않으려 함
방어적인 후퇴	방어	전복 계획
지각	불편함과 불쾌함 '그렇지만……'	'그래, 그런데, 어떻게 해야 할지 말해 달라고'
적응과 변화	안전하다는 생각이 생김	좀 더 긍정적인 계획을 세움

로든 기업에 피드백할 수 있다. 즉, 내담자로부터 순환적으로 반응을 이끌어 내고 기업에 대한 제안이나 변화에 대한 부분을 창출해 내게 된다는 것이다. 기업상담에 있어서 네 가지의 순환과정은 장기간에 걸쳐 계속해서 일어난다.

두 가지 요구 사항, 즉 ① 제공할 통찰력을 가지기, ② 핵심 관리자가 다루어야 할 문제에 당면하고 해결할 수 있게 하기 등을 충족함으로써 기업 · 조직상담자는 적절하고도 건설적인 변화가 일어나도록 도울 수 있다. 기업에 피드백을 제공함으로써 기업 · 조직상담자는 직원의 보호와 복지를 위한 새로운 정책 도입을 촉진하고 역기능적인 작업 관행 혹은 절차에 초점을 맞출 수 있으며 직원 사기의 저하, 내부의 어려움에 주의를 이끌어 낼 수 있다. 내담자 개인과 작업하는 상담 업무를 넘어서는 기여를 통하여 기업 · 조직상담자는 조직이 가능한 변화에 미리 대응하고 방해요인을 미리 예상할 수 있게 도울 수 있는 것이다.

정치적 · 윤리적 제반 문제

그럼에도 불구하고 이 모든 문제의 가장 중심점에 있는 것은 기업 · 조직상담이 조직의 변화에 견인차 역할을 할 수 있느냐 없느냐의 문제가 아니라, 그런 역할을 하는 것이 과연 적절한가 하는 것이다. 아마 가장 중요한 문제는 기업 · 조직상담자가 그 기업의 평가절차의 과정에 참여하는 것이 윤리적이냐의 문제일 것이다. 내담자가 심각한 문제라고 생각되는 특정 사안에 대해 계속하여 문제를 제기한다고 하더라도 기업 · 조직상담자는 어디까지로 선을 그어야 할 것인가? 상담자는 [그림 8-1]에서 보인 경계 사이를 어떻게 중재하고 조정해 나갈 것인가?

그러나 만약 기업 · 조직상담자로서의 업무가 더 넓은 차원, 기업과 회사에 대한 역할을 고려해야 하는 어쩔 수 없는 입장에 놓여 있다면, 기업 · 조직상담자는 가능한 한 기업에 관하여 알아야 하고 이해할 필요가 있다. 내담자가 제기한 문제가 의미하는 바를 알고 이해하기 위해서 기업 · 조직상담자는 그 기업의 업무 맥락에서 내담자의 특정 문제가 어떻게 연관되어 있는지를 알 필요가 있다는 것이다.

기업은 광고나 최고 경영진이 우리에게 믿도록 하는 그대로의 변함없고 합리적이며 잘 조율된 기계가 아니다. 반대로 기업은 이익과 견고한 개인적 지위로 가득한 역동적이며 정치적인 실체다. 시간이 지나면서 각 기업은 그 기업이 가지는 문화를 진화시키고 그 기업체의 독특한 이념을 구축하게 된다. 기업들은 시대에 뒤떨어지거나 모순점이 받아들여지지 않았거나 실행하는 것이 환영받지 못했기 때문에 문제 제기를 하지도 못하고 아무런 조치를 취하지 않은 채 남아 있는 부적절한 자신들만의 이미지나 개념을 구축하고 유지하려 하기도 한다.

기업 · 조직에 있어 변화란 '정치적인' 사건이며 기업 · 조직상담자는 논의해야 할 민감한 사안을 제기함으로써 그 조직에 있어 정치적인 것은 무엇인지, 민감한 사안이나 터부시되는 것은 무엇인지를 파악할 수 있는 기회를 가진다. 상담자는 발견하기 어렵거나 다루기 위험해서 기업체가 부정하거나 의도적으로 위장해 놓은 사안에 대하여 알게 되거나 노출시키게 된다. 예를 들어, 동등한 승진 기회 정책을 채택한다고 공언한 기업이 실제로는 일정 집단은 중간관리자 이상으로 진급할 수 없는 곳이라면 이는 현 상황뿐 아니라 핵심 관계자의 정치적 제휴, 그리고 기업 공동의 환상을 위협하는 것이 될 수 있다.

또한 기업 · 조직상담자는 상담 상황의 특성상 다른 사람들에 의해 조종되기 쉬운 위치에 있으므로 자신이 하는 일의 이와 같은 측면을 자각하고 이에 민감해야 한다. 전반적으로 그 기업 · 조직에 대하여 더 많이 알게 됨으로써 기업 · 조직의 맥락을 이해하고 기업 내부 역동이나 정책에 말려들게 되는 일을 줄일 수 있게 된다. 그러나 그럴 때에도 "기업의 옳지 않거나 비인간적인 경영체제를 유지하고 위장하는 데 이용될 수 있는 상담"에 대해 커민스Cummims와 호겟Hoggett이 경고하고 있다(1995: 310).

기업 · 조직상담자의 역할이나 업무가 완전히 중립적이지는 않다. 기업 · 조직상담자의 역할은 복잡하고 정치화된 조직 시스템인 기업에서 실행된다. 기업상담은 상담에 대한 지지자와 그렇지 않은 반대자가 존재하며 상담이 그 기업 내에서 이용되고 활용된다는 부분에서 자유롭지 못하다. 그렇다면 '기업의 변화에 기업 · 조직상담자가 관여하는 것이 윤리적인가?' 하는 의문이 다시 제기된다. 예를 들어, 걸스타인Gerstein과 슐만Shullman(1992)은 비밀보장, 정보의 이용, 분석의 범위와 같은 윤리적 문제에 대하여 조명하고 기업 · 조직 내에서는 "조직 차원 상담에서는 정보 공유에 대한 압력이 있으며, 좋은 의도라 하더라도 적절하지 못한 정보 공유는 직원, 부서, 전체 조직에 해가 될 수 있다"고 지적하였다(1992: 615).

상담자가 가지는 윤리적 딜레마는 내담자의 정보가 개인적으로 쓰이는 것이 아닐지라도 내담자가 누구인지 알 수 있는 어떤 정보도 공개되어서는 안 된다는 점을 분명히 하는 것이다. 실제적인 딜레마는 전하려는 메시지가 잘 전달되고 받아들여질 수 있는 상황에서 경영진에게 이런 사항을 전달하여야 한다는 것이고 개인적인 딜레마는 기업 · 조직상담자 역시 상대적인 독립성을 확보하고 전문 상담자로서의 전문성을 유지해야 한다는 점이다.

개인 내담자와 작업할 때와 마찬가지로, 기업 · 조직도 그 조직적 특성에 초점을 맞춤으로써 이미 너무 고정되거나 다른 문제를 볼 수 없게 되고 당면한 어려움이나 딜레마 때문에 극복할 수 있는 가능성을 인식하지 못하게 된다. 기업 · 조직상담자는 기업 내에 존재하는 고정관념이나 행동에서 벗어날 수 있는 방법을 제시할 수 있어야 한다. 또한 기업상담 서비스가 설치되고 관리되는 과정이야말로 기업 변화의 과정에 큰 역할을 할 수 있는 것이다. 예를 들면, 내담자가 상담 서비스 속에서 대우받고 존중받는 방식, 기업과의 경계선을 상담에서 다루는 방식, 그리고 상담 서비스가 조직되고 운영되는 방식은 조직에 보다 순기능적인 롤모델로서 제공될 수 있을 것이다.

결론

본 장은 기업 내에서 기업 평가와 변화의 추진체로서의 기업상담의 위치와 자세에 관한 것으로 정치적인 문제, 역동성 등 기업 · 조직상담자가 제기할 수 있는 문제와 영향 등에 관하여 논의하였다. 내담자의 비밀보장을 확보하고 정보 공개에 대한 압력에 저항하고 '변화의 첨병'이 되지 않으면서도 기업 · 조직에 굴복하거나 함락되지 않고 이용당하지 않는 것은 기업 · 조직상담자가 충분히 인식하고 대처해 나가야 할 중요한 사안이다.

본 장은 기업 · 조직상담자의 역할, 한계, 기업상담에 대한 실질적인 기대 등을 명백하게 하기 위하여 어떤 기업상담 서비스를 제공할 수 있는지에 대한 공식적인 계약이 반드시 필요하다는 점을 일깨워 준다. 이런 사실을 명백하게 제시하지 않는다면 기업 · 조직상담자는 기업 · 조직 내의 정치적 요소나 압력에 영향을 받기 쉬워지고 상담자로서의 역할이나 내담자, 기업, 상담자 자신에게 부과된 책임에 대하여 혼란스러워진다.

기업 · 조직상담자가 기업에 특별히 기여할 수 있는 여러 부분이 있는데, 그중 한 부분이 기업의 변화에 기여할 수 있다는 것이다. 기업 · 조직상담이 직장 생활에서 느끼는 혼란과 기업에 나타나는 문제점과 불확실성 등을 건설적이고 적절한 방식으로 변화시키는 데 기여할 수 있을 것이며 이는 기업 · 조직상담 서비스를 어떻게 정의하고 유지하여 나가는가에 달려 있다.

하인드Hind 등은 조직에서 회복탄력성의 중요성을 연구한 논문에서 "변화의 시기에는 심리적인 협약에 대한 재검토가 필요하다"는 점을 언급하였다(1995: 3). 그들은 개인이나 조직 내에서 변화에 대처하는 중요한 요소로서 이를 중요하게 생각하고 있다. 아마도 기업 · 조직상담 서비스를 실행함으로써 기업은 그들의 직원을 보호하고 미래를 위하여 그들 자신을 보호하는 방법을 강구하게 될 것이다. 기업 · 조직상담자에게는 여전히 도전과 긴장이라는 딜레마가 존재한다.

참고문헌

Carroll, M. (1996). Personal communication.

Cummins, A.-M. and Hoggett, P. (1995). 'Counselling in the enterprise culture', *British Journal of Guidance & Counselling*, 23 (3): 301-312.

Egan, G. and Cowan, M. (1979). *People in Systems*. Monterey, CA: Brooks/Cole.

Fink, S., Beak, J. and Taddeo, K. (1971). 'Organizational crisis and change', *Journal of Applied Behavioral Science*, 13 (1): 15-41.

Gerstein, L. and Shullman, S. (1992). 'Counselling psychology and the workplace: the emergence of organizational counselling psychology', R. Brown and R.W. Lent (eds), *Handbook of Counselling Psychology*. New York: Wiley.

Hind, P., Frost, M. and Rowley, S. (1995). 'The resilience audit and the psychological contract', City University Business School, London.

Schein, E. (1980). *Organizational Psychology*. Englewood Cliffs, NJ: Prentice-Hall.

Summerfield, J. and Van Oudtshoom, L. (1995). *Counselling in the Workplace*. London: Institute of Personnel and Development.

3부

기업 · 조직의 상담 도입

3부에서는 기업 · 조직에 상담을 도입하려고 할 때 파생될 수 있는 문제들을 중심으로 고려해야 할 몇 가지 주제를 다루고자 한다. 마이클 캐롤Michael Carroll은 상담을 도입하도록 기업 · 조직을 교육하는 주제로 연구를 하였다. 그에 따르면, 이 과정은 일방적으로만 이루어져서는 안 되며 상담 제공자도 기업이 요구하는 바를 이해하기 위해 어떤 교육이 필요한지를 알아야 한다. 존 타울러John Towler의 논문에서는 기업 · 조직에 상담을 도입할 때 상담 서비스가 어떻게 관리되고 운영되어야 하는지에 관하여 중점적으로 논의하고 있다. 그는 기업 · 조직 관점에서의 상담에 대한 이해뿐 아니라 상담 도입을 위한 계약과 협상에 관한 주제로 논의를 전개하였다. 캐서린 시어Catherine Shea와 팀 본드Tim Bond는 기업 · 조직 상담에서 제기되는 윤리적인 문제에 초점을 맞추고 잘 인식되어 있지 않지만 반드시 고려해야 할 문제에 대해 논의하였다. 마지막으로, 캐롤린 하일리-마칭턴Carolyn Highley-Marchington과 캐리 쿠퍼Cary Cooper는 상담을 기업 · 조직에서 어떻게 평가할 수 있는지를 살펴보았다. 그들은 기업 · 조직상담 평가의 주요 지표를 제안하는 주목할 만한 공헌을 하였다.

9장

상담을 도입하는 기업 · 조직 교육하기[1]

Michael Carroll

기업 · 조직에서 상담 서비스를 시작하고 유지하는 일은 이것이 직장 내 서비스이건 외부 서비스이건 간에 신중한 계획이 필요하다. 조직에 상담을 도입한다는 것은 조직과 상담이라는 두 세계를 통합하는 것이라 할 수 있다. 성공적으로 통합을 추진한 사람들이 그렇듯 통합에는 상호 세계를 이해하고 발생 가능한 사안에 대해 신뢰할 만한 예상을 하고 확실하게 협상하는 과정이 필요하다. 두 문화가 합쳐질 때 둘 중 하나가 다른 하나를 파괴할 수도 있고 두 문화의 합병으로 인해 제3의 문화가 출현할 수도 있다. 이것이 바로 교육이 양방향으로 이루어져야 하는 이유이다. 상담 서비스를 하는 상담자 자신도 한 부분을 차지하는 그 조직에 관하여 잘 알아야 하고 조직 역시 상담문화와 상담관리에 대하여 알아야 한다.

이 장에서 말하는 '교육'이란 '학습에 대한 관리'라는 말로 정의될 것이다. 이는 개인을 위한 것이든 조직체를 위한 것이든 이 과정의 모든 요소가 학습 과정을 돕는 데 사용될 것이기 때문이다. 교육에는 개인과 조직이 어떻게 학습하는지, 학습에 필요한 조건을 어떻게 갖추어야 하는지를 이해하고 있는 좋은 교사가 필요하다. 만약

1) 이 장의 일부는 M. Carroll. (1996). *Workplace Counselling: A Systematic Approach to Employee Care*. London: Sage에서 가져온 것이다.

'모든 학습이 학습자의 참조틀에서 시작한다면', 좋은 교사란 그들이 가르치려 하는 것을 알 뿐만 아니라 그들이 가르치는 학습자의 참조틀도 알고 있어야 한다. 조직 및 기업상담의 실제에서 이는 기업이 어디쯤 있었으면 하고 바라는 지점이 아니라 실제로 어느 지점에 기업이 있는가를 받아들이고 그 지점에서 시작한다는 의미를 가진다. 이는 상담자가 개인 내담자와의 상담에서 공감을 촉진하는 과정과 유사하게 기업 · 조직에 대해 공감을 공유하는 변화 과정도 필요하다는 것이다. 이렇게 하기 위해서는 끊임없는 관찰, 경청, 상호 의사소통, 경영진의 주요 인물과의 관계 구축이 수반되어야 한다. 주요 인물 중 몇 사람은 새로 구축될 상담 서비스 시스템에 관여하거나 밀접한 연관을 가질 소지가 있는 사람들이다. 또는 그 조직에서 권위나 힘을 가진 사람일 수도 있다. 경영진의 주요 인물과의 우호적 관계를 유지하는 기술을 배우기 위해서는 상당한 시간과 관계구축을 위한 인내심이 필요하지만 성공적인 상담 서비스를 구축하기 위해서는 필수불가결한 것이다.

상담이 어떤 것인지 근본적인 의미를 잘 이해하지 못하는 조직은 상담을 효과적으로 이용하는 데 실패하는 경우가 많다. 이러한 일들은 직원들을 위하여 상담을 도입하는 데 민감한 다국적 금융 기업에서 흔히 일어난다. 이런 기업들, 특히 이러한 경우에 보통 그 업무를 담당하는 인사 부서들은 상담에 대하여 거의 알지 못해서이거나 혹은 상담이 '수행되어야 할 업무' 항목에서 그리 높은 순위를 차지하고 있지 않기 때문에, 사내 상담자를 고용하여 상담자에게 상담실로 쓸 사무실을 하나 내어주고 업무를 시작하게 할 수도 있다. 어떤 상담자가 적절하게 임명되었지만, 상담자를 선출하는 면접위원 중에 상담 관련자는 없는 상황에서, 그 상담자는 몇 주 지나지 않아 그 조직 속에서 미미한 존재가 되어 버린다. 예를 들어, 임명된 상담자는 정신분석학 수련을 받았고, 상담 실무 경력은 길지만 장기상담 접근으로 몇 안 되는 수의 내담자를 만났을 뿐이다. 이 상담자의 주된 관심은 비밀보장에 있었고 따라서 상담자는 자신을 그 기업의 업무 등에 전혀 개입시키지 않았다. 상담자는 기업 연수에 참여하거나 기업 내 어떤 위원회 등에도 참석하려고 하지 않을 뿐 아니라 이러한 활동이 내담자와의 관계를 위태롭게 할 수도 있다는 주장을 하며 어떠한 기업 정책 결정 업무에도 관여하지 않으려고 한다. 이렇게 되면, 몇 달 이내로 일단 사내 상담실에 가면 최소 6개월 이상의 장기상담을 받게 될 것이라는 소문이 돌 것이다. 이러한 상황이 계속 되면 많은 사람이 상담실을 찾지 않게 된다. 그렇게 되면 다음 해에는 상담 서비스가 지속될 수 없게 된다.

기업 내 상담실 운영 정책에 대한 실용 가능성이나 지침, 기업 내 상담 도입에 대한 절차나 상담 부서에 대한 손익계산 등의 충분한 검토가 없다면 문제는 반드시 일어날 수밖에 없다. 조직 내에서 효과적인 상담 서비스를 도입하고 잘 유지할 수 있는 가장 중요한 요건은 상담이 과연 무엇이고 어떻게 이루어지는지, 어떻게 조직문화와 융합할 것인지, 상담 서비스로 인해 기대하는 것은 무엇인지, 이런 가능성과 가치를 어떻게 평가할 것인지 등에 대해 조직이 이해할 수 있도록 하는 교육과정을 거치는 것이다. 이 장에서는 이러한 교육적 절차의 몇 가지 단계를 살펴보게 될 것이다. 이는 다음과 같은 몇 가지 가정에 기초를 두고 있다.

- 해당 조직과 그 조직의 주요 인사들은 대체로 상담이 어떤 것인지에 대하여 정확히 이해하지는 못한다. 상담이 조직에 도움이 되리라는 막연한 합의가 있고 상담이 직장 생활에 문제가 있는 사원을 분류하는 것부터 불필요한 직원을 '상담으로 솎아 내는' 것까지 담당할 수 있으리라는 정도의 기대를 가진다. 교육은 잘 알지 못하는 문제에는 도움이 되지만 태도의 문제일 경우에는 그렇지 않다. 무지는 알게 됨으로써 해소되는 것이지만 상담에 대한 태도는 알게 됨으로써 해결되는 것이 아니다.
- 어떠한 조직 체계에 상담을 도입하려 할 때 발단이 된 기본 동기에 대한 검토가 필요하다. 상담 서비스를 유사한 기업 · 조직들에 있는 것과 똑같은 것, 즉 기업 · 조직이 제공하는 '특전'으로서 제공하고, 지나친 스트레스에 시달리는 직원들의 제소를 피한다든가 해고 프로그램을 원활하게 운영하는 데 도움이 될 것이라든가 등 위기에 대한 조건반사와 같은 응급처치적인 요소는 기업 · 조직이 직장에 상담을 도입하는 일차적 이유들이다. 상담이 도입되는 초기에 관련인사들이 하는 발언들을 통해 조직이 가지고 있는 상담에 대한 다양한 사고방식과, 또한 조직 내에서 그것이 무슨 의미를 띠고 있는지도 밝혀낼 수 있다. 데버럴Deverall은 다음의 예시를 들어 이를 설명하고 있다.

  "공인회계사가 있는 국제적 기업의 경우에 상담 도입을 위한 사전 모임에 단 두 사람만이 나타났다. 그중 한 사람은 자신의 회사가 취약한 사람들로 구성된 조직이 아니며, 상담 서비스를 필요로 하지도 않고, 이용하지도 않을 거라고 주장했다. 그는 비용관리에 중점을 두었고, 개인적인 문제에 대해 오랫동안 이야기할 수 있는 기회를 얻고자 하는 사람들은 어떤 경우에도 조직이 원하는 부류의 사람이 아니라고 여겼다. 한편, 조직에 막대한 영향력이 있는 인사 담당 책임자인 다른 한 사람은 오히려 그러한 태도가 상담 도입이 필요하고 상담에 대한 인식이 바뀔 필요가 있음을 말해 주는 거라고 보았다. 전자와 같은 태도가 퍼져 있는 조직은 보통 상담 서비스를 받아들이는 데 적당하지 않지만 경영 담당자나 인사 담당자 중에서 특별히 상담에 대해 잘 인식하고 있는 사람들이 있고 그 외 다른 직원들의 태도 변화를 원하는 경우라면 상황은 많이 달라진다. 이런 조직에 상담 서비스를 도입하게 되면 초기 몇 달 동안 상담 서비스 이용량은 상당할 것이고 초기 내담자 중 한 사람이 반대를 제기했던 사람일 수도 있을 것이다."

- 교육과정은 양방향 과정이다. 상담자와 상담 서비스는 그 조직의 문화, 위계질서, 감춰진 부분, 조직의 정치적인 부분이나 역동 등에 관하여 알아야 할 뿐 아니라 그 조직 역시 상담에 대하여 이해하고 어떻게 할 때 상담 서비스가 그 조직에 가장 도움이 될 것인가에 대해 열린 자세를 가져야 할 필요가 있다. 이것은 시간과 인내를 요하는 일이다.
- 상담을 이해하고 도입하려는 조직을 돕기 위한 교육의 시작과 교육과정은 잘 계획되고 점진적인 과정으로 이루어져야 하고 개인상담이 조직에 소개되기 전에 시작되어 상담 서비스가 그 조직에 존속하는 한 계속되어야 한다.

상담 서비스를 조직에 효과적으로 도입하고 잘 이용하기 위하여 조직을 교육하는 과정은 조직 내에서 상담 과정을 관리하는 여섯 가지 단계로 이루어진다(Carroll, 1996). 여섯 가지 단계는 다음과 같다.

제1단계: 기업 · 조직상담 준비하기
제2단계: 기업 · 조직상담 진단하기
제3단계: 기업 · 조직상담 계약하기
제4단계: 기업 · 조직상담 도입하기
제5단계: 기업 · 조직상담 평가하기
제6단계: (기업 · 조직과 상담 제공자의) 관계 종결하기

이 장의 다음 부분에서는 기업 · 조직 교육방법에 초점을 두어 각 단계를 설명할 것이다.

제1단계: 기업 · 조직상담 준비하기

기업 · 조직에서의 상담에 대한 준비 단계는 보통 어떤 생각에서 시작된다. 그 조직의 어떤 사람이나 부서, 위원회가 어떤 위기 사건이나 일련의 위기 등을 겪을 때 이러한 사건은 조직이나 그 조직의 주요 결정권자들이 직원이나 고객 등을 위하여 상담 서비스를 조직에 도입함으로써 생길 장점을 생각하기 시작하는 계기가 된다. 바로 이 단계에서 교육이 시작된다. 상담자나 상담 제공자가 조직이 상담에 대하여 이해하고 어떻게 상담을 다양한 방식으로 조직에 적용할 수 있는지를 배우도록 도울 것이다. 조직 내 상담 서비스 제공 경험이 한 번도 없었던 조직은 상담 서비스를 도입하는 목적을 신중하게 생각하고 시작하는 것이 좋다는 것을 강조하고 싶다. 이는 다음과 같은 방법으로 행해질 수 있을 것이다.

- 해당 조직에 적절한 상담 서비스를 제공하기 위해 논의하고 검토하는 일을 전담할 수 있는 조직 내의 소규모 대표팀을 구성한다. 이 팀이 전체 구성원의 대표성을 가지는 것은 매우 중요한 일이며 임원협의회나 노동조합에 속해 있는 사람을 포함하면 팀의 대표성을 확보할 수 있다는 점도 염두에 두어야 한다.
- 팀과 함께 일하면서 기업 · 조직이 원하는 바를 진단하는 데 도움을 줄 수 있는 (상담에 어느 정도 이해를 가진) 독립된 컨설턴트를 활용한다. 이 컨설턴트는 상담제공자가 고용해서도 안 되고, 조직 측에서 상담 업무에 직접 관여하는 사람이어서도 안 된다. 컨설턴트는 정직하고 공정하게 전 과정을 검토하고 이후에 상담 서비스에 대해 공정하게 평가할 수 있는 사람이어야 한다. 이 단계에서 컨설턴트는 기업 · 조직이 알고자 하는 정보를 탐색할 수 있도록 도움을 주고 필요한 교육을 제공하는 중요한 역할을 담당한다.
- 조직이 상담을 도입하여 얻고자 하는 점이 무엇인지, 상담 서비스를 조직 내부에서 제공할 것인지 외부에서 제공할 것인지 아니면 두 가지 형태를 통합할 것인지, 상담자에게 요구할 수 있는 최소한의 것은 무엇인지, 상담자의 자격 요건은 무엇이며, 상담 서비스를 제공하는 데 필요한 시설들은 어떤 것인지, 상담 서비스를 유지하는 데 필요한 경비는 얼마나 될 것인지, 상담 서비스가 조직이 유지되고 변화하는 데 어떤 기여를 할 수 있을지에 대해 검토한다. 상담부서가 우수한 관리체계에서 튼튼한 입지를 구축하고 있는 것으로 보이는 것

은 매우 중요한 일이다.

- 상담 비용을 검토하고 상담 관련 업무에 드는 비용도 조사한다.
- 조직의 주요 인사가 상담 업무에 대하여 얼마나 기여할 수 있는가를 검토한다. 호스킨슨Hoskinson은 이에 대해 다음과 같이 말했다. "기업 · 조직상담에 있어 가장 중요한 요소 중의 하나는 조직이 체계적이고 일관된 전문 상담 서비스를 제공하기 위하여 상담에 얼마나 투자를 하거나 몰두를 하는가 하는 것이며, 어떻게 상담 서비스가 직원의 안녕과 기업의 사업 성과 달성이라는 두 가지 목적을 충족시킬 수 있는 위치를 차지하는가 하는 것이다."(1994: 3) 노동조합이나 특정 부서뿐만 아니라 경영진의 주요 인사로부터 적극적인 지지를 이끌어 내는 것이 상담 서비스의 성공 가능성을 보장하는 효과적인 방법이다.
- 채용 면접할 상담자의 명단을 작성한다. 이미 상담 서비스를 실시하고 상담자를 고용하고 있는 타 회사에 문의하여 가능한 상담자를 찾을 수도 있고, EAPA Employee Assistance Providers Association에서 상담자 정보를 얻어 활용할 수도 있다. 상담 제공자를 구하는 것 이외에도 유사한 조직체계에서 상담 서비스가 실제로 어떻게 이용되고 있는가를 검토해 보는 것도 중요하다. 전례를 검토하는 것은 항상 다른 사람의 경험으로부터 많은 것을 배우고 거듭되는 실수를 하지 않게 해 주는 좋은 방법이다.

초기 단계, 즉 상담 서비스 제공자를 구하기 전에 조직이 해야 할 일은 상담에 어떤 의미를 둘 것인지를 명확하게 하는 것이다. 즉, 상담을 조언, 복지, 정보 등의 요소를 포함하는 폭넓은 서비스에 포함시킬 것이지, 아니면 상담 서비스만을 독립적으로 설치할 것인지에 대하여 충분히 검토하고 결정하여야 한다. 또한 조직이 상담 서비스를 도입하려는 동기를 고려해 보아야 한다. 조직이 상담 제공자를 구하기 위한 검토를 시작하고 진단 단계에 들어섰다면 이미 그 조직은 기업 · 조직상담에 대한 목적과 나아가야 할 방향에 대한 분명한 개념을 가지고 있다고 할 수 있다.

조직과 함께 진단과 협상의 단계로 진입하기 전에 상담 제공자(EAP 제공자이거나 상담자 그룹 또는 개인상담자일 수도 있다)는 조직에게 상담 서비스가 제공할 수 있는 것을 알리기 위한 기본적인 틀을 제시하고 협상의 기본을 제공하여야 한다. 이 틀은 다음과 같은 내용을 포함한다.

- 상담 서비스가 (이론적으로) 어떻게 이루어지는지에 대한 설명

- 제공될 프로그램에 대한 명확한 제시
- 슈퍼비전 방식
- 통계를 내고 피드백을 전달 유지하는 방법
- 내담자, 상담자, 조직 간의 관계에 대한 합의와 유지 방법
- 계약 관련 사항의 명료화
- 보험 관련 사항의 명료화
- 의뢰, 응급 상황 시의 조치 등에 대한 문제
- 그 외의 역할

실제적인 진단과 논의 과정이 시작되기 전에 앞과 같은 내용을 포함하는 사전 준비는 상호 간에 생길 수 있는 오해를 방지하고 적절한 가이드라인을 제공해 줄 것이다.

상담 제공자는 상담의 목적, 상담으로 제공할 수 있는 내용, 금지 사항이나 한계점, 재정적인 부분 등을 포함하는 상담 방향에 관한 요약된 내용의 문서를 제시해야 한다. 라이트Wright(1985)는 EAP에 필요한 정책과 절차에 대한 개요를 제시하였는데 이는 일반적인 상담 서비스에서 적용 가능한 것이다. 상담 정책에 대한 개요는 다음의 것을 포함할 때 이상적이다.

- 상담의 목적
- 조직의 상담 철학에 관한 진술, 직장에서 상담 서비스가 어떻게 이익을 줄 것이며, 왜 필요하며, 직원 개인이나 기업 양자에 어떤 이익을 제공할 것인가?
- 조직 내 상담 서비스를 제공하는 데 필요한 것－조직 주요 간부의 지지, 예산, 전제 조건, 추진위원회, 조직 내의 직원 접촉, 상담자를 위한 슈퍼비전, 홍보물 인쇄 등
- 조직 내에서 상담 서비스가 연수, 자문, 복지 등의 다른 서비스를 어떻게 지원할 것인가?
- 상담 서비스의 대상이 되는 사람은 누구인가?(직원, 가족, 부양가족, 특정 고객층 등)
- 의뢰가 이루어지는 방법－자기 의뢰, 타인 의뢰, 추천이나 강제
- 비밀보장에 관한 정책－언제 비밀보장 원칙이 깨어질 수 있는지, 내담자의 동의가 필요한 때와 그렇지 않을 때 등을 구분
- 응급 상황 시의 조치
- 상담 서비스에 대한 평가 방법

- 상담자의 교육 배경이나 훈련에 관한 기준과 자격 요건
- 인사 부서 등 다른 담당 직원들의 역할과 책임 사항—추진위원회, 상담자, 경영자, 타 부서, 직원 등
- 상담자가 제시한 상담 서비스 및 상담 윤리 규정—상담 윤리 규정이 있어야만 고의적인 상담 악용에 무방비인 여러 상황에 도움이 될 수 있다(상담실 설치 윤리 규정을 제정할 때 참고할 자료로는 Clarkson, 1995 참조).

상담 정책에 대한 진술은 충분히 이해할 수 있도록 명확해야 하고 각종 상황에 잘 대처할 수 있을 정도로 유연해야 한다. 상담 제공자는 표본이 될 수 있는 정책들을 제시함으로써 조직의 전문적인 사안에 대하여 고려하고 협상을 준비하고 있다는 것을 보여 주어야 한다.

기업 · 조직과 상담 제공자가 상호 명확한 협상을 위한 협력을 통해 긴 여정을 함께하는 것이야말로 가장 좋은 준비 과정이다. 이 과정에서 각자 맡은 바 임무를 얼마나 진지하게 수행해 나가느냐를 보여 줄 수 있다. 사전 준비는 조직이나 상담자가 그들이 원하는 것과 제공할 수 있는 것에 관해 충분히 생각하도록 하고 이런 사항들을 규정이나 정책에 반영하여 문서화하도록 해야 한다. 준비 단계의 교육과정은 조직이 기업 · 조직상담이라는 측면에서 상담, 상담 제공자, 상담의 실제 적용 예들을 이해하는 과정이다. 동시에, 앞으로 상담 업무를 맡게 될 상담자가 조직에 대하여 이해하고 어떻게 그 조직의 특별한 문화에 잘 적응하여 가장 최선의 상담 서비스를 제공할 수 있을 것인가를 알아 가는 과정이라 할 수 있다.

제2단계: 기업 · 조직상담 진단하기

이 단계는 기업 · 조직에 상담을 도입하는 데 있어 매우 중요한 단계이다. 이 단계에서 기업 · 조직은 상담자에 대해 진단하고 상담자는 그 조직에 대하여 진단한다. 기업 · 조직상담자나 기업 · 조직은 이 단계에서 적용할 수 있는 몇 가지 역량과 기술이 필요하다.

- 각 조직이 가진 특수성에서 나오는 요구를 잘 인식하여 그 조직의 규모, 문화, 조직 운용 방식, 조직의 지리적 특성, 특정 직원 등에 적절한 맞춤식 상담이 필

표 9-1 적절한 기업 · 조직상담 도입을 위한 질문(Summerfield and Van Oudtshoorn, 1995: 16)

1. 누가 또는 어떤 일이 상담 서비스 도입을 주도하게 되었는가?
2. 고위 관리자가 상담 서비스에 기대하는 바는 무엇인가?
3. 인사관리 부서에서 상담 서비스에 기대하는 바는 무엇인가?
4. 조직의 관리자와 개인 직원들이 자신들을 위하여 상담 서비스에 기대하는 것은 무엇인가?
5. 앞의 세 집단에서 어느 집단을 우선순위에 둘 것인가?
6. 이미 갖추어져 있는 조직이나 지원 체계가 있는가?
7. 설비 과정이나 경제적인 제약은 어떤 것인가?
8. 어느 정도의 질적 보장을 원하는가? 질적인 부분은 어떻게 평가할 수 있는가?
9. 상담 프로그램을 어떻게 홍보할 것인가?
10. 상담 프로그램을 어떻게 평가할 것인가?
11. 상담 프로그램이 조직문화에 적합하게 하려면 어떻게 해야 할 것인가?

요하다. 모든 것을 다 적용할 수 있는 특정 모델이 있는 것은 아니다. 이미 상담 서비스를 운영하고 있는 조직체의 예를 살펴봄으로써 도움을 받을 수 있을 것이다.

- 상담 부서에 영향을 미칠 수 있는 중요 의문 사항에 대하여 명확하게 진단하고 적절한 해답을 찾아야 한다. 섬머필드Summerfield와 반 오츠혼Van Oudtshoorn(1995)은 어떤 조직이 최적의 상담 서비스 도입에 착수할 때 도움이 될 수 있는 11가지 질문을 〈표 9-1〉에 제시하였다.

이러한 여러 가지의 영역은 특정한 조직에 상담 서비스를 도입하고 구축하기 위한 최상의 결정을 하는 데 꼭 고려해야 할 요소들이다. 다음과 같은 질문을 함으로써 적절한 상담 유형을 결정하는 데 도움을 받을 수 있을 것이다.

조직문화는 어떠한가

조직에서 조직문화는 어떻게 나타나는가? 해당 조직은 상담 서비스에 어떻게 반응할 것인가? 그 조직이 어떤 문화를 가지고 있는지를 파악할 수 있다면 그 조직이나 직원에게 가장 적합한 상담 유형이 어떤 것일지를 규명하는 것이 가능해질 것이다(4장 참조). 조직문화를 진단하는 데는 여러 가지 방법이 있다. 조직 내에서 시간을 보내는 것, 다양한 단체나 직원들과 이야기를 하는 것, 기업 정책이나 규정들을 검토하는 것, 그 기업 조직의 의사 결정 과정을 아는 것, 권력구조를 이해하는 것은 그 조직의 이념이나 조직 환경에 대한 '감'을 잡을 수 있는 방법들이다. 보다 심리적인 측정 방법도 가능한데, 예를 들어 『조직 문화 조사The Organizational Culture Inventory』[Verax(Human Synergestics), 1991], 『조직 문화 진단Diagnosing Organizational Culture』(Harrison and Strokes, 1993) 등을 참고할 수 있다. 여러 가지 이유로 상담 서비스를 조직에 구축할 당시에 특정 조직문화는 상담의 도입을 꺼릴 수도 있으며 그러한 시도가 직원들에게 부정적인 반응을 초래할 수도 있을 것이다. 예를 들면, 극심한 스트레스를 조절하는 데 대한 책임을 회피하고 싶은 관리 책임자가 상담 서비스를 관리 도구로 사용한다고 생각될 경우이다.

직원들이 상담 서비스에 요구하는 바는 무엇인가

상담에 대한 요구를 검토할 때는 직원들이 당면한 문제, 즉 작업 환경에서 받는 스트레스, 직장에서 발생한 사적인 문제 등에 대한 것들이 다루어져야 한다. 이는 또한 기업 · 조직상담이 직원들의 요구에 적합할 것인지 아닌지를 평가하는 데도 도움이 된다. 어쩌면 기업 내의 '조직의 변화' 컨설턴트가 현안에 대하여 더욱 효과적으로 대처할 수 있거나 외부상담 서비스 기관이 보다 효과적으로 문제를 해결할 수도 있을 것이다.

쿠퍼Cooper와 카트라이트Cartwright(1994)는 조직의 요구를 효과적으로 진단하는 방법의 하나로 '스트레스 검사stress audit'를 제시하였다. 이것을 하는 한 가지 방법은 『직무 스트레스 지표Occupational Stress Indicator: Management Guide』(Cooper et al., 1988)를 사용하는 것으로, 직무스트레스를 진단하는 도구로 사용되고 있다. 이 검사의 결과를 통해 직원의 요구를 진단하고 상담이나 교육, 또 다른 어떤 것이 직원들의 요구를 충족시키는 데 적합한 것인지를 파악할 수 있다.

왜 지금 이 시점에서 해당 조직이 상담을 도입하려고 하는가, 현안에 대해 상담 부서가 어떻게 영향을 미칠 것인가

이 두 가지 질문에 대한 대답은 상담이 어느 특정한 분야(예를 들어, 무장 강도의 침입에 대처해야 하는 직원들의 복지에 관심을 가진 건물 관리 회사)를 위해 필요한 것인지, 어떤 상담 형태가 가장 적합할 것인지(예를 들어, 외상 후 스트레스 장애 상담) 가늠할 수 있게 해 준다.

조직이 상담을 어떻게 이해하고 있는가

상담이 어떤 것인지를 알게 되면 상담에 대한 환상(예를 들어, 상담은 더 행복한 직원을 창출한다는 등)을 없애는 데 도움이 될 것이며, 또한 상담 부서의 설치로 인해 무엇을 얻을 수 있으며 그렇지 못할 것이라는 현실적인 기대와 비현실적인 기대를 직면하는 기회를 제공할 것이다.

최고 경영진은 상담 부서를 어떻게 지원하는가

리치Wrich는 기업 · 조직상담 도입에는 최고 경영진의 지원이 매우 중요하다는 점을 강조하고 "…… EAP를 구축하려는 많은 시도들은 그 조직 최고 경영진의 적극적인 경영지원이 부족할 경우에는 결코 이루어질 수 없다"(1985: 171)는 점을 분명히 하였다. 그는 또한 최고 경영진의 지원이란 단지 상담을 도입하는 데 반대하지 않는 정도를 의미하는 것이 아니라 '적극적인 옹호' '긍정적으로 찬성표를 던지는 것' '실질적인 지원 등을 제공하는 것'이라고 표현하고 있다. 또한 상담을 도입하고자 하는 아이디어를 처음 제공한 개인 혹은 집단을 확인하는 것도 매우 중요한데, 그들의 적극적인 지지가 이후에 매우 귀중한 요소가 될 것이기 때문이다. 이렇게 함으로써 그저 상담을 유지하는 것보다 실제 상담을 도입하려는 이유를 알아낼 수 있을 것이다. 또한 직원들이 최고 경영진이 도입하려는 상담을 어떤 시각으로 보고 있는가를 이해하는 것도 매우 중요한 일이다. 경영진에 의한 상담의 도입이 어떤 경우에는 직원들에게 사회적인 통제를 위한 수단으로 보일 수도 있고 감원 등과 같은 주요한 변화에 대비해 직원들을 준비시키려는 방법으로 보일 수도 있다.

상담 제공을 위하여 어떤 설비가 필요한가

내담자를 만날 수 있는 상담실, 비서 업무 지원, 비밀보장 체제, 예산 등은 조직이 신중하게 고려해야 할 부분이다. 조직은 상담 서비스가 효과적으로 운영되기 위해서 재정적으로 필요한 것은 무엇인지를 잘 알고 있는가? 리치(1985)는 상담 구축과 운영에 필요한 적절한 재정이 필요하다는 점을 지적하면서 다양한 규모의 조직들에 대해 어떤 상담 서비스가 비용 대비 가장 효율적인가에 대한 조언을 제시하였다. 상담컨설턴트는 조직의 경제적 압력에 대해 반드시 이해하고 숙지해야 할 필요가 있다.

상담 서비스에 접촉하는 조직 내 인사는 누구인가

상담 서비스가 내부에 있다면 누가 직속 관리자가 될 것이며 외부 서비스일 경우 어떤 사람과 접촉하게 될 것인가? 상담 서비스를 잘 관리하는 것은 서비스가 잘 운영되도록 하는 핵심 요소이다. 호스킨슨(1994)은 이런 상담실 관리 역할을 '자문위원회'가 담당하는 것이 적절하다고 제안하였다.

조직 내 상담이 성공하는 데 가장 중요한 요소 중 하나는 상담 서비스를 연결해 주는 조직 내 인사다. 이 직원이 상담 서비스의 업무범위, 운영체계 등을 이해하고 어떻게 피드백을 받고, 비밀보장이란 어떤 것이며 상담자와 직원 간의 관계에서 제기될 수 있는 문제들은 어떤 것일지 등에 대해 잘 이해하는 것 등은 필수불가결한 요소이다.

상담이 어떻게 조직 내에 통합될 수 있는가

상담 서비스는 자칫하면 조직 내에서 그 기관 자체로 조직에 통합되기보다는 조직의 부속 기관처럼 되기가 쉽다. 기업 · 조직상담은 위기에 처한 개인을 돕는다는 차원을 넘어 더 많은 것을 조직에 제공할 수 있으며 이는 조직의 변화를 이끌어 내는 과정이 될 수 있다(2장 참조).

데버럴(본서, 7장)은 조직이 상담을 도입하려는 시도를 할 때 반드시 검토해야 할 주요 영역의 항목을 제시하였다. 이는 〈표 9-2〉에 요약되어 있다.

이 진단 단계에서 상담 제공자는 여러 가지 입장 중 하나를 선택할 수 있다. 첫째, 해당 회사가 상담 서비스를 위한 준비가 되어 있고 협상을 진행시킬 만큼의 기반(태도, 동기, 직원, 예산, 시설 등)을 체계적으로 갖추고 있는 경우이다. 두 번째는, 해당 조직이 상담 서비스를 공급할 준비는 되어 있지 않지만 상담의 의미를 이해하고 어떻게 상담을 기업 조직 내에 통합시킬 것인가에 대해 알기 위하여 컨설턴트의 더 많은 도움을 필요로 하고 있는 경우이다. 이 과정에서 상담 제공자가 당시의 상황이 잘못되어 있고 상담 서비스가 별로 성공적이지 못할 것이라는 판단이 선다면 상담 서비스를 제공하는 것을 거절할 수 있는 선택권을 가지는 것이 매우 중요한 일이다.

표 9-2 조직진단(Deverall, 본서, 7장)

1. 조직의 설립연도 및 연혁
2. 조직이 하는 업무
3. 조직 업무는 재정적으로 타 조직과 비교하여 잘 운영되고 있는지, 과거의 업무 성과나 여론은 어떠한가? (특히 영리기관이 아니라면)
4. 조직의 규모와 지역적으로 영향을 미치는 범위
5. 직원 통계(예: 직원 이직률, 급료 체계 등)
6. 조직 규약, 정책, 추진 계획
7. 조직의 경영스타일
8. 조직이 조직인수의 주체가 되었던 적이 있는가?
9. 상담 제공자와 접촉할 사람은 누구인가?

상담 영역에 관한 진단

상담자가 해당 조직에 대해서나 상담 서비스 도입의 진척 사항을 알고 싶어 하듯이 조직 역시 상담을 제공할 상담자나 상담자 집단에 대하여 진단하고 싶을 것이다. 조직이 알고자 하는 바가 무엇인가? 좋은 상담 제공자는 조직에 적용 가능한 정보를 이미 확보하고 제기될 문제를 명확히 하고 적합한 정보나 해답을 줄 수 있을 것이다. 데버럴(본서, 7장)은 상담자 진단에 관한 영역을 다음과 같이 제안하고 있다.

- 몇 명의 상담자를 제공할 수 있으며 그들을 어떻게 활용할 수 있는가?
- 상담자의 자격 조건은 어떤가?
- 상담자들은 조직에서의 근무 경험이 있는가?
- 상담자들의 자격 조건은 동일한가, 다양한가?
- 상담자들의 가치체계는 어떤 것이며 상담자 각각 다른가, 동일한가?
- 상담자들은 어디에서 근무하는가?
- 상담은 어느 장소에서 이루어지는가?
- 어떤 형태의 서비스가 제공될 것인가? 24시간 서비스 체제인가? 치료적 접근인가, 발달적 접근인가? 장기상담인가, 단기상담인가?
- 조직에서 지불할 비용은 얼마인가?

간단히 말해, 조직 측에서의 상담에 대한 진단 과정은 중요한 교육적인 영역을 포함한다. 상담자와 기업 · 조직이 상호 각자의 활동체계와 업무 스타일을 보다 더 잘 이해하게 될 때 효과를 얻을 수 있을 것이다. 이런 진단 과정을 통해 상호 간에 있을 수 있는 충돌이나 문화, 가치, 윤리적 입장, 실질적인 고려 사항 등에서 나타날 수 있는 위험들을 발견할 수 있을 것이다. 이러한 상호교육과정은 해당 기업 · 조직에 적절한 상담 서비스를 구축할 수 있는 계약이 이루어질 수 있도록 해 줄 것이다.

제3단계: 기업 · 조직상담 계약하기

앞서 진단 단계는 상호 각자에 대한 정보를 얻고, 적합성에 대하여 기초적인 판단을 할 수 있도록 해 준다. 다음 단계는 보다 공식적인 계약과 합의 단계에 해당되는데 이 단계에서는 함께 업무를 해 나가기 위한 실제적인 문제와 역할, 책임 소재 등을 논의하게 된다. 대부분의 기업 · 조직은 계약 관계를 담당하는 노련한 법적 절차를 위한 부서를 두고 있어서(예를 들어, 다른 상담계약의 예 등) 도움이 될 만한 것을 상담자들에게서 제공받으려고 할 수도 있을 것이다(Carroll, 1996).

계약은 상호 원하는 바를 최대한 또는 최소한으로 포함시킬 수 있다. 보통 계약은 기본 사항만을 제시하는 경우가 많으며 일반적으로 다음과 같은 것들을 포함한다.

- 상담 서비스의 철학: 프로그램의 목적, 포함된 내용, 이용하는 사람, 비밀보장에 대한 정의 및 이해, 상담자의 자격 요건 등
- 달성 목표
- 정책
- 절차
- 조직 내 접촉 인사와 추진위원회
- 상담 서비스의 홍보: 프로그램에 대한 소개를 포함, 개별 직원을 위한 홍보물
- 조직과 상담제공자의 책임
- 슈퍼비전과 지속적인 훈련 제공
- 상담 서비스, 자료 보관, 보고서, 피드백에 관한 평가, 개별적인 평가 방법
- 상담 예산과 재정적 책임
- 회사 정책과의 통합
- 상담 서비스에 대한 윤리 규정

표 9-3 기업 · 조직상담 서비스의 구축(Bull, 1995)

- 직원과 기업 · 조직의 요구 명확히 하기
- 대안적인 전략 비용과 상담 서비스 비용을 비교하기
- 제공될 서비스에 동의하기
- 기업 · 조직 내의 주요 인사와 그룹의 지지 얻기
- 의뢰형식 등의 서비스 이용 방법 지침 수립하기
- 책임 소재에 대한 지침 수립하기
- 비밀보장에 관한 경계 설정하기
- 자료수집과 기록보관에 대한 방법 계획하기
- 상담을 위한 적당한 장소 확보하기
- 상담 서비스를 홍보하기 위한 지속적인 계획 수립하기
- 지역에서 의뢰할 수 있는 지역망 확보하기
- 상담 회기에 대해 합의하기
- 행정적 지원 확보하기
- 상담 서비스 실시 가능 시간 합의하기
- 외부 임상 슈퍼비전 체제 확보하기
- 상담자의 전문적인 손해 보장보험 가입 확보하기
- 품질 보증 시스템 구축하기
- 상담 서비스 평가하기

불Bull(1995)은 상담 서비스를 구축할 때 고려해야 할 사항을 다음과 같이 요약하였다. 상담 서비스를 도입하려는 조직은 이 목록을 유용하게 사용할 수 있을 것이다(〈표 9-3〉). 이 단계에서 가장 중요한 것은 상담 제공에 합의한 양측이 기업 · 조직상담 서비스를 실행하는 데 나타날 수 있는 모든 상황들에 대해 논의하고 협상하였다는 사실에 만족할 수 있어야 한다는 점이다.

헤이Hay(1995)는 에릭 번Eric Berne의 논문을 인용하여 기업 · 조직상담에 적용 가능한 계약의 세 차원에 대하여 논의하였다.

1. 행정적인 계약: 책임 소재, 지불 방식, 시간, 홍보 등의 문제들에 대한 다양한 합의를 규정한다.
2. 업무적인 계약: 다양한 개인과 그룹의 정책, 목표, 직무와 역할, 실행과 평가의 방법 등을 포함한다.
3. 심리적인 계약: 상호 존중과 신뢰에 바탕을 두고 이와 관련된 다양한 관계를

고려한다. 간혹 건강하지 못한 심리적인 계약이 체결되는 경우가 있는데 이는 행동에 영향을 미치는 기본 역학이나 정책 등으로 인해 일어난다. 심리적인 계약은 개인이건 집단이건 혹은 의식되건 가려져 있건 간에 계약 당사자들이 프로그램에 해를 끼칠 수 있는 장벽들을 다룰 수 있어야 한다.

이들 중 심리적인 계약은 무시되기 쉬운 부분이지만 결국 가장 큰 영향을 미치는 항목이다. 상담 서비스 실행에 관련된 협상을 진행할 때는 이 세 단계 모두를 충분히 고려해야 할 것이다.

제4단계: 기업 · 조직상담 도입하기

상담 서비스를 조직에 도입하는 계약을 맺었으나 이는 아직 시작에 불과하다. 지금부터 조직에 상담을 소개하는 전략을 수립하고 실행하는 가장 힘든 작업이 시작된다. 이 단계는 앞으로 일어날 상황에 대해 조직을 교육하는 것 등을 포함해 많은 영역을 포함하고 있다.

상담 과정 관리하기

대부분의 상담자들은 임상에서는 잘 훈련되어 있지만 다른 시스템에서 어떻게 상담 서비스 시스템을 구축하고 실행하는가의 문제인 상담관리에 별로 전문적이지 못하다. 기업 · 조직상담자에게는 개인이나 그룹과 치료적 관계로 작업하는 것 이상의 기술이 필요하고 조직에서 상담 업무를 체계적이고 실제적으로 파악할 수 있는 사고력이 요구된다. 또한 상담관리는 기업 · 조직상담자를 위한 훈련인 동시에 상담 서비스를 제공하는 조직을 위한 교육적 절차의 일부분이 되어야 한다. 상담관리의 영역은 다음과 같은 것들을 포함한다.

- 이 체제에서 내담자에게 비밀보장이 되는 상담을 제공하는 데 필요한 물리적인 장치는 어떤 것인가? 상담실은 어디에 배치될 것인가? 가구 배치는 어떻게 할 것인가? 클라레이치Klarreich(1985)는 상담의 비밀보장과 상담실 위치 선정이 기업 · 조직상담이 성공하는 중요 요소라고 평가한 바 있다. 적당한 상담실과

적절한 사무 공간은 상담 서비스 그 자체는 물론 상담 서비스의 이미지도 고양할 수 있다. 사무실이나 회의실 근처에서 서성거리는 내담자를 보고 왜 '여기'에 있느냐는 질문에 유리문으로 만들어진 방에서는 프라이버시가 지켜지지 않는다고 대답하는 것을 들은 적이 있다.

- 내담자들은 어떻게 상담 서비스와 접촉하는가? 다른 사람들을 통한 의뢰가 가능한가? 상담자는 내담자가 아닌 다른 통로, 즉 동료, 관리자, 슈퍼바이저, 징계위원회나 인사과 등에서 오는 의뢰나 약속을 접수할 것인가? 또한 이런 의뢰는 어떤 상황일 때 이루어지는가?
- 상담 서비스를 어떻게 홍보할 것인가?
- 어떤 상황에서 상담자는 의뢰를 거절할 수 있는가? 예를 들어, 관리 담당자가 그 직원에게 공식적인 경고를 주기를 원하거나 그 직원의 행동을 변화시키기를 원해서 상담에 의뢰하는 경우
- 내담자가 상담실을 이용하려 할 때 어떻게 일이 전개되는가? 가장 처음으로 맞아 주는 사람은 누구인가? 첫 이용 시 요구되는 정보는 어떤 것인가?
- 내담자를 어떻게 평가할 것이며 어떻게 의뢰하는 것이 적절한가?
- 내담자(또는 담당 관리자)가 상담 서비스에 관하여 알고 있어야 할 것은 무엇인가?
- 내담자와 어떤 계약을 맺어야 하는가?
- 내담자의 어떤 기록을 보관해야 하며 어디에 보관해야 하는가? 상담자 외의 누가 이 기록에 접근할 수 있는가? 기록은 상담 종결 후 언제까지 보관해야 할 것인가?
- 상담 서비스 통계 자료는 어떻게 보관하며 어떻게 홍보할 것인가?
- 상담자는 내담자의 입장을 고려하여 홍보, 연수, 상담 등에 시간을 어떻게 안배할 것인가?
- 회기 수를 제한하여 내담자와 만날 것인가? 장기상담을 허용할 것인가?
- 만약 상담 서비스가 어떤 부서(예를 들어, 보건 부서나 인사과 등)에 속해 있을 경우, 부서 내 상호 관계는 어떻게 할 것인가? 그 부서는 내담자와 어떤 접촉을 하는가? 만약 있다면 내담자에 대하여 부서 직원들이 알아야 할 점은 무엇인가?
- 상담자는 의뢰인 혹은 의뢰 부서와 어떻게 접촉해야 하는가? 언제 전문가의 도움을 받기 위한 의뢰가 이루어지는가?
- 상담 서비스에 대한 평가는 어떻게 하는가?
- 상담자가 다른 전문가(예를 들어, 의사, 정신과 의사, 사회복지사 등)를 내담자의

동의하에서건 혹은 아니건 만나야 할 때는 어떤 경우인가?

- 상담자가 보유해야 할 보험이나 보장은 어떤 것이 적절한가? (개인적으로나 직업적으로) 어떤 것이 보장되어야 하는가?
- 상담자에게 제공되는 슈퍼비전 체계는 어떻게 하는 것이 가장 이상적인가?
- 위기 상황이 발생할 경우 상담자가 할 수 있는 일은 무엇인가?

상담을 시작하기도 전에 이런 과정을 헤쳐 나가야 한다는 것이 상담자에게는 매우 어려운 일일 것이다. 그러나 여기에 제시한 것들 외에도 상담 서비스를 구축하는 데 필요한 다른 많은 영역이 있다. 이러한 사실에 대한 충분한 검토나 해결 방안에 대한 연구가 없다면 상담 영역에서 문제가 생길 것이고 내담자는 불안전하고 신뢰할 수 없다고 느끼게 될 것이며 상담자는 상황이 초래하는 결과에 대한 해답을 강구해야 할 것이다. 상담 관리는 내담자를 만나는 것만큼이나 좋은 상담 서비스를 제공하는 데 선행되어야 할 조건이며, 좋은 상담 서비스가 제공할 수 있는 전반적인 안전 구조를 구성해 주는 한 부분이기도 하다. 상담 훈련 과정에는 대인 관계기술뿐 아니라 상담 관리에 관한 훈련도 필요하다는 것을 알아야 할 것이다.

상담 서비스 홍보하기

조직에 상담 서비스를 도입할 때 상담 서비스에 대해 직원들이 아무것도 알지 못하고 서비스를 도입하려는 의도를 파악하고 있지 못하다면 조직 내 상담 서비스는 거의 무의미한 일일 것이다. 피셔Fisher는 그의 연구에서 상담 서비스가 피해야 할 몇 가지 시각에 대하여 언급하였다. "아직도 개인상담에 대해 많은 회의suspicion가 있는 것이 사실이고, 상담이 필요한 사람이라는 것 자체로 그를 실패자로 간주하기 쉬운 것도 사실이다. 상담에 대하여 사람들이 가지는 바로 이런 이미지가 '십자가와 마늘이 있는 곳이 어디냐'고 묻게 하고 사람들을 궁지로 몰아가는 것이다."(1995: 34) 이런 면에서 볼 때 상담 서비스를 홍보하는 것은 매우 중요한 일이다. 누구를 위하여 상담 서비스를 도입하며 어떻게 서비스를 이용할 수 있으며 무엇을 제공할 수 있는가에 관한 것들을 분명하게 해 줄 수 있어야 한다. 기업 · 조직은 의사소통을 위한 사내 광고판이나 사내 인쇄물들을 제공할 수 있는 체제들을 갖추고 있는 경우가 많다. 이런 것들을 홍보에 이용하고 상담자와 접촉할 수 있는 수단으로 사용할 수 있다.[2)]

공식적으로 상담 서비스와 업무 담당자를 소개하는 '홍보의 날'이나 이벤트를 개최하는 것도 꼭 필요한 일이다. 어떤 회사에서는 의료 서비스의 총괄 책임자의 명의로 발행된 편지를 전 직원에게 발송하기도 한다(Klarreich, 1985). 홍보는 상담이 어떤 일을 하는지에 대해 설명해 주는 방법이 되기도 한다. 직원들은 자신이 상담실을 찾아갔을 때 어떤 일이 전개될 것인지, 상담 서비스의 한계는 무엇인지, 비밀보장이란 어떤 의미인지 등을 알아야 할 필요가 있다. 프란첵Francek은 EAP를 홍보하는 것은 매우 까다로운 과정이며 고려해야 할 많은 요인들이 간과되고 있음을 지적하였다. "홍보 분야 전문가의 유연성과 적용가능성에 대한 고려, 해당 조직의 다양성이나 복합성 등의 문제들이 복잡하게 결합되어 있어서 불가능해 보이지만 의외로 간단한 해결책을 만들어 낼 수 있는 역동적인 상호작용이 필요하다."(1985: 24) 그는 특정 기업의 문화 속에서 어떤 홍보가 효과적인지를 이해하기 위하여 해당 기업에 대한 진단이 이루어져야 한다고 조언하였다. 그 기업의 전형적인 의사소통 방식은 어떤 것인가? 어디에서 직원들과 부서들이 만나는가? 기업 내에 떠도는 정보를 포착할 수 있는 최상의 방법은 무엇인가? 정확한 진단이 이루어지면 개인적으로 또는 부서를 통해, 소식지, 만남 등의 방법들 중 어떤 것이 최상의 홍보 방법인지 알 수 있게 된다. 이는 또한 상담이 어떤 것이며 어떻게 의뢰하는지를 알아야 할 필요가 있는 기업의 중요 인물들이 누구인지를 파악할 수 있게 해 준다. 프란첵(1985)은 기업 내에 있는 경영진과 전 부서를 망라하여 상호 관계를 구축한다는 의미로 '조직적 네트워킹'을 언급한 바 있다. 기업 내의 드러나지 않은 주요 인물과 일하는 것은 상담 서비스를 한층 발전시키는 데 필요한 전술이라 하겠다(Egan, 1994).

홍보의 전략도 명확하게 해야 할 필요가 있다. 알려야 할 것은 무엇인가? 각 부서와의 최상의 의사소통 방법은 무엇인가? 어떻게 표현해야 할 것인가? 홍보를 위해 특별히 중점을 두어야 할 부서가 있는가? 회사마다 사정이 다를 것이다. 기업 · 조직의 규모가 홍보 방법에 대한 하나의 변인이 될 수 있다. 전략이 분명해지면 이를 실행하고 잘 진행되고 있는지를 검토해야 한다. 홍보에 대한 평가를 통해 상담자는 서비스에 관한 정보가 어디에서 영향을 미치는지 알 수 있을 것이다. 만약 주로 여사원이 상담실에 온다면 남자 사원을 대상으로 한 홍보에 주력해야 할 것이다.

상담의 가시적인 성과와 좋은 효과는 최고의 홍보수단이다. 피셔의 인터뷰에 참여했던 사람들이 상담 서비스를 홍보하는 방법에 관하여 다음과 같이 이야기했다.

---

2) 역주: 이 외에도 플랜카드를 붙일 수 있는 곳이나 배너를 세울 수 있는 곳, 홍보 브로슈어를 배부할 수 있는 적절한 장소와 기회 등을 찾아 홍보에 활용해야 한다.

"우리는 보다 많은 상급 관리자들과 일련의 긍정적인 관계를 가져야만 한다고 생각한다. 될 수 있는 한 많이 기업 내의 중요 인사들에게 알려지는 것이 우리의 업무 중 가장 중요한 일이라는 것을 알고 있다."(1995: 65) 장기적으로 보아, 상담에 만족한 내담자가 상담 홍보의 중요한 역할을 하게 되고 내담자 자신이 상담을 의뢰하는 것이 가장 이상적인 일이다. 그러나 또 다른 전략도 가능하다. 정기적인 정보 공개를 통해 최신의 정보를 제공하는 것도 중요하다. 이는 개인이나 부서를 통하여 또는 기업 내 사내 홍보물을 통해서도 가능하다. 기업 내 여러 부서의 직원에게 상담 서비스에 대한 프레젠테이션을 하는 것도 홍보의 주요 수단이 될 수 있으며 이는 인적 관계를 구축하는 계기가 될 수도 있다. 상담 서비스가 회사 정책 방향—기회균등 정책, 성희롱 대처 문제, 스트레스 관리, 건강 및 안전 정책 등—에 따르는 것은 상담 서비스가 전체적으로 기업에 어떻게 통합되었는가를 보여 주는 지표가 된다.

상담을 기업에 어떻게 홍보하느냐 하는 것은 매우 중요한 문제이다. 적절한 홍보는 의도하는 바를 잘 보여 줄 수 있을 것이다. 상담 서비스를 홍보하는 업무에 대한 교육은 상담 수련 과정에서는 거의 다루어지지 않는다. 홍보 작업에 필요한 기술이 내담자와 상담하는 일과 동일할 수는 없다. 홍보를 할 때 필요한 것들은 다음과 같다.

- 적절한 형식을 이용하여 문서를 작성하는 능력: 안내 책자, 소책자, 보고서 등
- 상담 서비스를 설명할 수 있는 언어적인 표현 능력
- 기업 · 조직 내의 중요 인사와의 관계를 이어 가고 개인적 접촉을 이끌어 가는 대인 관계 기술
- 상담 서비스의 높은 성과를 명확하게 주장하는 기술
- 기업 · 조직상담 홍보에서 최상의 방법을 평가하는 전문적 기술

제5단계: 기업 · 조직상담 평가하기

평가는 상담 업무의 중요한 요소이다. 이는 상담의 효과를 검토하여 내담자가 효과적인 상담 서비스를 받고 있는가를 판단하는 방법이 될 뿐 아니라 기업 · 조직이 비용에 걸맞는 가치를 얻어 내고 있다는 것을 확신하는 데도 도움을 주는 일이다. 그러나 기업 · 조직상담에서 상담 서비스에 대한 공식적인 평가는 거의 없는 편이다(Highley and Cooper, 본서 12장). 마시Masi(1992)는 미국 내 EAPsthe Employee Assistance

Programmes를 이용하는 기업의 1% 이하가 서비스에 대한 평가를 받았을 뿐이라고 하였다. 상담 서비스를 어떻게 평가하는가를 기업에 교육한다는 것은 굉장한 가치를 가진 것일 수도 있다. 레디Reddy(1993)는 평가에 초점을 맞추기 위한 질문들을 제공한 바 있으며 이는 다음에 제시되어 있다.

- 하고자 하는 목표를 달성하였는가?
- 상담 서비스가 성공적인 것으로 입증되었는가?
- 비용 대비 가치를 얻었는가?
- 질적인 변화라는 면에서 EAP의 영향을 측정할 수 있는가?
- 비용 대비 효과의 비율을 수량화할 수 있는가?

기업들이 그전에는 겪지 못했던 경제적 압력에 시달리고 있다면 그 자체가 서비스에 대한 평가를 해야 하는 동기를 유발하는 자극제가 될 것이다.

기업들은 전반적인 상담 서비스에서 평가가 매우 중요한 부분이라는 것을 알아야 할 필요가 있다. 상담 제공자는 기업이 상담 서비스의 가치에 대해 신뢰할 수 있는 실제적인 증거와 방법들을 제공하여야 하고 상담 서비스가 어떻게 실행되는가를 이해할 수 있게 해야 할 것이다. 상담에 대한 평가 절차를 이행하는 데 기업이 알아야 할 사항들은 다음과 같다.

- 일련번호나 연령별 그룹 등 신뢰할 수 있는 효과적인 기록 보관 시스템
- 개인 내담자에 대한 평가 절차: 개인 내담자는 기업이 제공한 상황 속에서 직접 경험한 상담 서비스를 평가한다.
- 상담에 대한 조직적인 평가: 이 형태의 평가는 조직 내에서 상담자의 또 다른 역할이나 책임 등을 재검토하는 것을 포함할 수 있다. 상담 부서원들의 수행에 대한 평가, 조직 내 다른 직원들의 상담 서비스에 대한 평가, 상담 서비스가 조직에 미친 영향 등 전반적인 것들이 포함된다. 상담 서비스에 대한 평가를 통하여 상담이 직원들의 직무 수행, 예를 들어 무단결근 등의 문제에 어떤 영향을 미쳤는가를 검토할 수 있다.
- 조직 평가에 통합될 수 있는 슈퍼바이저 평가
- 과정에 대한 평가: 상담 서비스가 그 자체의 목표와 일치하는지와 상담 과정에 대하여 재검토하는 방법

이러한 과정을 통하여 조직은 평가의 목적을 보다 명확히 할 수 있다. 또한 누가 평가를 담당할 것이며, 어떻게 평가하고, 평가의 결과를 어떻게 적용하여 더 나은 상담 서비스를 제공할 수 있을 것인가 등이 보다 명확해진다.

제6단계: 기업 · 조직상담 종결하기

계약은 갱신되거나 종료된다. 어떤 경우에는 상담 서비스 전체가 종료되기도 하는 데 이는 여러 가지 이유로 발생한다. 회사가 상담 서비스 체제를 변경하기로 결정하였다든가, 상담자가 재계약을 원치 않았다든가, 회사 합병이 이루어지거나 회사가 폐업을 결정한 경우 등이다. 원인이 무엇이든 기업 · 조직이 상담 서비스의 효과적인 종결을 준비할 수 있도록 하는 것이 매우 중요하다.

개인 내담자와의 상담 종결은 특히 신중하게 고려해야 한다. 공식적인 계약이 종료되었다고 하더라도 상담이 진행 중인 내담자를 위한 상담 서비스는 제공되어야 한다. 일반적으로 종료 일자를 협상하고 그 결과, 의뢰를 할 수도 있을 것이다. 윤리적인 측면으로 볼 때 개인 내담자가 만족할 수 있고 잘 조정된 방식으로 상담을 종결하는 것이 바람직하다.

종결 시점은 피드백을 주고받을 수 있는 최적의 기회를 제공한다. 회사는 왜 상담 서비스를 계속 유지하려 하지 않는지, 상담자들과의 작업을 어떻게 받아들였는지 등 상담 서비스에 관한 질문을 받을 수 있다. 마찬가지로, 상담자들 역시 함께 일하면서 어떤 것을 배우게 되었는지에 관해 회사에 피드백을 줄 수도 있을 것이다. 만약 양측의 계약과 상호 관계가 원활하였다면 이미 이러한 주제에 관해 많은 의견을 나누었을 것이며 새삼 놀랄 일이 많지는 않을 것이다. 이는 기업이나 상담자 양측이 얻은 경험으로부터 많은 것을 배우게 되는 매우 유익한 교육적 기회가 된다.

직원들은 상담 서비스가 종결된다는 정보를 들을 수 있어야 한다. 상담 서비스가 공식적으로 시작되었던 것처럼 종료 역시 공식적으로 이루어져야 한다. 최고 경영자나 사장이 편지를 발송하여 종료 결정을 내릴 수밖에 없었던 이유에 대한 설명을 하며 서비스의 종결을 알릴 수도 있을 것이다.

실제적인 종결 작업을 원활하게 하기 위하여 소규모 그룹이 만들어질 수도 있다. 기록과 파일은 어떻게 할 것이지, 누가 무엇을 보관하고, 어떤 상담자가 회사로부터 가져갈 수 있는 권리를 갖는지 등을 논의할 수 있다.

결론

조직 장면에서의 상담 구축은 상담을 소개하는 것과는 다른 차원의 것이다. 조직 내에 효과적인 상담 체제를 구축하기 위해서는 조직이 상담이 과연 어떤 것인지를 배우게 되는 교육적 과정이 필요하다. 상담이란 어떤 것이며, 어떻게 활용하고 평가할 것인지, 상담 서비스를 조직의 부수적인 일부 정도가 아니라 조직에 꼭 필요한 부분으로 만들기 위해서는 어떻게 해야 하는지 등을 이해하는 과정이다. 상담컨설턴트와 상담 제공자는 자신들의 업무에서 이런 측면의 중요성에 주의를 기울이며 잘해 나가야 한다. 조직과 조직문화에 가장 적합한 상담 서비스를 어떻게 선택하는가에 대해 조직을 교육하는 일은 장기적인 결과를 보여 줄 것이다. 이해와 경계, 역할과 책임을 둘러싼 문제, 조직과 상담자 간의 상호 관계 등에서 파생되는 문제들은 문제로 인한 침해를 받기 전에 예상되고 처리되어야 한다. 이러한 과정을 통하여 조직과 상담이라는 두 세계가 상호 충돌하는 것이 아니라 상호 통합될 수 있을 것이다.

참고문헌

Bull, A. (1995). *Counselling Skills and Counselling at Work: A Guild for Purchasers and Providers*. Rugby: British Association for Counselling.

Carroll, M. (1996). *Workplace Counselling: A Systematic Approach to Employee Care*. London: Sage.

Clarkson, P. (1994). 'Code of ethics for the office', *Counselling*, 5 (4): 282-283.

Cooper, C.L. and Cartwright, S. (1994). 'Healthy mind, healthy organization - a proactive approach to occupational stress', *Human Relations*, 47 (4): 455-471.

Cooper, C., Sloane, S.J. and Williams, S. (1988). *Occupational Stress Indicator: Management Guide*. Windsor: NFER-Nelson.

Egan, G. (1994). *Working the Shadow-Side: A Guide to Positive Behind-the-Scenes Management*. San Fracisco: Jossey-Bass.

Fisher, H. (1995). 'Plastering over the cracks?: employee counselling in the NHS'. MA dissertation, University of Keele.

Francek, J.L. (1985). 'The role of the occupational social worker in EAPs', in S.H. Klarreich, J.L. Francek and C.E. Moore (eds), *The Human Resources Management Handbook: Principles and Practice of Employee Assistance Program*. New York: Praeger.

Harrison, R. and Stokes, H. (1993). *Diagnosing Organizational Culture*. San Diego, CA: Pfeiffer.

(Available from Roffey Park Management College, Forest Road, Horsham, West Sussex, RHI 2 4TD.)

Hay, J. (1992). *Transactional Analysis for Trainers.* Maidenhead: McGraw-Hill.

Hoskinson, L. (1994). 'EAPs: internal versus external service structures: the key differences and potential synergies'. Paper presented at the European EAP Conference, Augsburg, Germany, October 1994.

Klarreich, S.H. (1985). 'Stress: an intrapersonal approach', in S.H. Klarreich, J.L. Francek and C.E. Moore (eds), *The Human Resources Management Handbook: Principles and Practice of Employee Assistance Program*. New York: Praeger.

Masi, D.A. (ed.) (1992). *The AMA Handbook for Developing Employee Assistance and Counseling Programs*. New York: American Management Association (AMACOM).

Reddy, M. (1993). 'The counselling firmament: a short trip round the galaxy', *Counselling*, 4 (1): 47-50.

Summerfield, J. and Van Oudtshoorn, L. (1995). *Counselling in the Workplace.* London: Institute of Personnel and Development.

Verax (Human Synergistics) (1991). *Organizational Culture Inventory*. Hampshire: Verax.

Wrich, J.T. (1985). 'Management's role in EAPs', in S.H. Klarreich, J.L. Francek and C.E. Moore (eds), *The Human Resources Management Handbook: Principles and Practice of Employee Assistance Program*. New York: Praeger.

Wright, D.A. (1985). 'Policies and procedures: the essential elements in an EAP', in S.H. Klarreich, J.L. Francek and C.E. Moore (eds), *The Human Resources Management Handbook: Principles and Practice of Employee Assistance Program*. New York: Praeger.

10장

기업 · 조직에서의 상담 운영과 관리[1]

John Towler

상담자가 조직에서 상담을 운영하고 관리하기 위해서는 상당한 성실성과 전문지식이 필요하다. 상담자는 관리자, 컨설턴트, 단기치료 상담자가 될 수도 있고, 또한 조직과 개인 모두를 위한 중재자, 홍보자, 전문적인 이슈에 대한 모니터요원, 평가자가 될 필요가 있다. 또 항상 자기 자신과 타인에게 웃을 수 있는 능력을 갖추고 있어야 한다. 상담자에게 요구되는 역할은 다음과 같다.

- 다면적인 역할을 최대한 효율적으로 다루기
- 명확하게 정의된 계약 내에서 다양한 초점을 유지하기
- 경계선과 책임감을 유지하기
- 모든 당사자들 간의 상호작용과 영향에 관한 정보를 당사자와 조직에게 제공하기
- 정기적이고 만족스러운 슈퍼비전 확보하기

1) 역주: 본 장의 원제목은 'Managing the Counselling Process in Organizations'이다. 일반상담에서 상담 과정이라고 하면 상담 회기 내의 과정을 의미하는데, 본 장에서는 조직에서 상담이 운영되는 전 과정이라는 의미로 사용되고 있다.

모든 당사자의 상황은 항상 독특하기 때문에 상담 과정 관리는 늘 도전적이고 흥미진진하며 때로는 혼란스럽고 버겁기도 하다. 기업 · 조직상담자는 끊임없이 개척자다운 탁월함을 보여야 한다.

상담과 상담이 이루어지는 조직 사이에는 밀접한 상호작용과 연관성이 있다(Crandall and Allen, 1982). 나는 다양한 조직상담자의 슈퍼바이저와 Human Needs Consultancy의 상담자, 조직상담 교육자, 상담 서비스 관리자로 일한 바 있는데, 이 경험을 토대로 의견을 제시하고자 한다. 나는 가능한 한 많은 이슈를 포함하여 큰 그림을 그리고자 하지만, 지면이 한정된 관계로 상담 과정 관리에 좀 더 초점을 맞추고자 한다. 상담 과정 관리에서 다양한 요소들이 상담 방향성과 어떠한 관련이 있는지에 대해서는 다루지 않을 예정이다.

상담 과정 관리란 상담 서비스 제공counselling provision과 관련된 요소들을 안전하고 명료하게 준비하고 용이하게 만드는 것을 의미하는데, 서비스를 제공하는 데 필요한 모든 정보를 포함한다. 상담 과정 관리로 다음과 같은 여섯 가지 영역을 다루고자 한다.

1. 서비스의 정의와 협상
2. 조직 및 내담자와의 계약: 윤리적 고려 사항
3. 내담자 확인
4. 내담자 평가, 적절한 조치 결정 및 상담 종결에서의 이슈
5. 단기상담의 특징 탐색
6. 조직문화와 역동의 영향 탐색

앞의 영역들을 다루면서, 관련된 핵심 주제와 파급효과도 각기 논의할 것이다. 전체적으로는 상담 과정 관리와 상담이 일어나는 맥락 사이의 암묵적 그리고 명시적 연관성에 초점이 맞추어질 것이다.

1. 서비스의 정의와 협상

스펙트럼의 양쪽 측면에서 볼 때, 상담 서비스를 도입함으로써 조직이 얻고자 하는 것은 직원들의 건강을 증진하기 위한 것인가 아니면 일시적인 미봉책인가? 이

같은 질문은 냉소적으로 보일 수도 있지만, 이 질문에 대한 솔직한 답변은 도입하게 될 상담 서비스의 효과에 큰 영향을 미친다. 누가 처음 상담을 도입하려고 하는가를 알아보는 것도 중요하다. 이는 조직이 상담 서비스를 통해 얻고자 하는 목적이 무엇인지를 명확히 파악할 수 있는 첫 번째 단계이다.

서비스 도입 이유

조직이 상담 서비스를 도입하고자 하는 이유는 다양하다. 예를 들면, 다음과 같다.

- 1994년 블룸스버리 보건당국 사건Bloomsbury Health Authority Case처럼 심각한 스트레스에 시달리던 직원이 제기하는 법적 소송이 증가하면서 기업들이 자연스레 이 사안을 심각하게 받아들이게 되었다.
- 상담이 무단결근을 줄여 직원의 사기를 높이고 현실적 이익률을 유지시키는 하나의 방편으로 인식되기 시작하였다(Douglas, 1995).
- 상담이 경영의 한 도구로 간주되면서, 기업정책을 실행하고 직원들이 '회사 방침에 따르도록' 유도하는 정당한 방편으로 인식되기 시작하였다.

이러한 사항을 고려하게 되면서, 자연스럽게 '조직이라는 맥락에서 상담의 의미는 무엇이며 바람직한 상담은 무엇인가?'라는 질문을 하게 된다. 조직에서의 상담은 다음과 같이 광범위하게 이루어진다.

- 업무 수행에 영향을 주는 당면 문제에 대해 직원들 스스로 해결책과 방법을 찾도록 지원하기
- 스트레스 및 관련 이슈에서 벗어나도록 하기
- 직원들의 개인적 문제뿐 아니라 조직 내 업무 관련 문제를 더욱 효과적으로 관리하도록 지원하기
- 직원들이 사별, 집단 따돌림 또는 휴직을 요하는 문제 등의 위기에서 벗어나 "회복할 수 있도록 유도하기"(Douglas, 1993)

영국상담학회British Association for Counselling: BAC는 상담을 "내담자가 더욱 만족스럽고 슬기롭게 삶을 영위할 수 있도록 기회를 제공하는 것"(BAC, 1993: paragraph 3.1)이라고

정의하였는데, 이는 상담의 잠재력을 잘 표현해 준다. 조직은 상담 서비스를 마련할 때 잠재적인 내담자들이 이러한 '기회'를 활용할 수 있도록 분위기를 조성해야 한다. BAC(1993)는 이러한 상담 활동이 우호적/지지적 관계나 기타 동맹전략에서 상담기술을 사용하는 것과는 다르다고 구분하였다. 조직의 상담자는 종종 내담자가 누구인지—즉, 과연 내담자란 무엇인지, 조직의 역기능은 무엇인지—를 결정해야 하는 딜레마에 부딪히게 된다.

조직의 역기능이란 경직된 경영 관행 때문에 조직 내 개인이 끊임없이 스트레스를 받고, 개인의 성과에 대한 조직의 기대가 너무 비현실적이며, 조직이 문화적 변화를 거부하는 것을 말한다. 한 예로 대규모 공공기관의 한 직원은 15년간 고위험 직무를 수행하느라 트라우마가 누적되어 '정상 업무'에 적응하지 못하자 감원 조치되었다. 관리자와 내담자들은 '잘 맞지 않음' 또는 '성격 차이' 때문에 그 직원이 해고된 것으로 이야기할 것이다. 애덤스Adams(1992)는 조직에서 그 사람을 용납하지 않기로 결정했기 때문에, 회사를 그만두게 된 수많은 사례들을 인용하였다.

조직에 상담 서비스를 도입하고자 한다면, 상담이 무엇을 제공할지에 관해 조직이 기대하는 바를 명확하게 정의해야 하는 도전적인 과제에 직면하게 된다. 올랜즈Orlans(1986)는 직원을 통제하려는 조직의 기대와 개인의 자기조절력과 개인적 자율성을 향상시키려는 상담의 기능이 잠재적으로 갈등을 야기할 수 있음을 강조한다. 직속상사들은 부하직원의 행동이 하루아침에 변해서 말 잘 듣는 직원이 되기를 기대하면서 '행실이 나쁜' 직원들을 상담자에게 의뢰하기도 한다. 서비스를 협상하는 데 있어서 상담자의 역할은 다음과 같다.

- 조직의 기대 사항을 가늠한다.
- 단기상담에서 실현 가능한 범위를 관리자와 슈퍼바이저에게 교육한다.
- 상담 서비스를 독립적인 경영관리 수단으로 알린다.
- 기업 담당 주치의, 산업보건 담당자, 인사관리자 등 조직의 다른 관련 부서와의 관계를 정립한다.

상담자에게 미치는 영향

그렇다면 이러한 딜레마에 직면하는 상담자들은 어떠한 영향을 받는가? 상담자들은 다음과 같은 반응을 보일 수 있다.

1. 조직의 역기능에 편승하는 것을 거부한다.
2. 조직의 행동이 미치는 영향에 대한 교육에 조직의 참여를 유도한다.
3. '창조적 긴장' 상태에서 조직과 내담자 모두에게 관심을 유지하며 일한다.

슈가맨Sugarman(1992)은 상담 서비스 도입 시 고려할 수 있는 상담의뢰의 원리를 다음과 같이 구분하였다.

1. 강제의뢰: 관리 차원에서 통제할 목적으로 활용되는 의뢰로, 상담의 본질인 자발성이라는 이상과 충돌이 있을 수 있다. 슈가맨은 고용 해지나 정직 징계가 유일한 대안인 경우 이러한 강제의뢰가 '정당화'될 수 있다고 본다.
2. 권고의뢰: 조직 외부에서 발생하는 개인적 문제로 인해 내담자의 업무 수행 성과가 떨어지는 것으로 보일 경우, 관리 차원에서 권고되는 의뢰이다.
3. 자발적 의뢰 또는 자체 의뢰: 상담 서비스의 안전성, 진실성, 전문성에 대한 신뢰를 바탕으로 내담자 스스로 선택하는 경우다.

조직에서 상담자를 임명할 경우, 다음과 같은 요인들을 신중히 고려할 필요가 있다.

- 관리자나 산업보건 담당자 혹은 인사관리자 등의 관련자들과 상담자 간에 업무중복, 역할 갈등, 역할의 모호함 등을 방지하기 위해 경계를 분명히 한다.
- 고용주는 규정된 전문성, 시간, 재정적 한계 내에서 가능한 것과 가능하지 않은 것이 무엇인지를 명확히 한다.
- 상담자들이 과도하게 많은 상담으로 압도되지 않도록 적정한 내담자 수를 모니터링하는 조치를 한다.
- 상담 서비스에 대한 신뢰가 깨지는 것을 피하기 위해, 상담자는 고용주와의 관계에서 책임의 경계를 인식하고 있어야 한다.
- 교육, 예방, 자문, 복지 담당자 등, 상담자가 수행해 주길 기대하는 다양한 역할에 대해 인식한다.
- 상담자에게 슈퍼비전 및 전문적 지원이 제공되도록 하기 위해 적절한 재원과 시간을 합의한다.
- 상담자는 조직에서 일하는 것의 의미를 충분히 이해하고, 주도적으로 일하고, 자신감을 유지하며, 서비스를 평가하는 데 익숙해지도록 한다(McGill, 1986:

Sugarman, 1992에서 재인용).

- 상담자는 특히 단기 상황에서 필요한 상담기법을 구사할 수 있어야 한다.

서비스를 처음 도입하고 정의할 때 상담 과정 관리를 신중하게 탐색하고 협의가 이루어져야 한다. 상담자로 고용되면 상담 윤리에 위배되지 않으면서도 유연성을 발휘하는 의지와 변화에 능동적으로 대처하는 능력을 어느 지점에서 발휘하고 협상할지를 고려해야 한다(Rogers, 1983).

2. 조직 및 내담자와의 계약: 윤리적 고려 사항

이건Egan은 계약 체결의 본질에 대해 다음과 같이 언급하였다. "만약 도움(상담)이 공동의 협력사업이 되기 위해서는 당사자들이 각자의 책임이 무엇인지 이해해야 한다."(1994: 62) 조직교류분석협회School of Transactional Analysis in Organization의 잉글리시English(1975), 헤이Hay(1992) 및 미촐트Micholt(Hay, 1992에서 재인용)는 '삼자계약three-cornered contract'에 관여하는 계약당사자들을 개별 내담자, 상담자, 조직으로 구분하였다. 조직은 조직 내부 또는 조직과 기능적인 관계를 맺고 있는 1명 이상의 제3의 당사자라고 할 수 있다. [그림 10-1]은 계약당사자 간의 관계를 보여 준다.

헤이(1992)는 계약에 관련된 세 가지 측면을 다음과 같이 나타내고 있다.

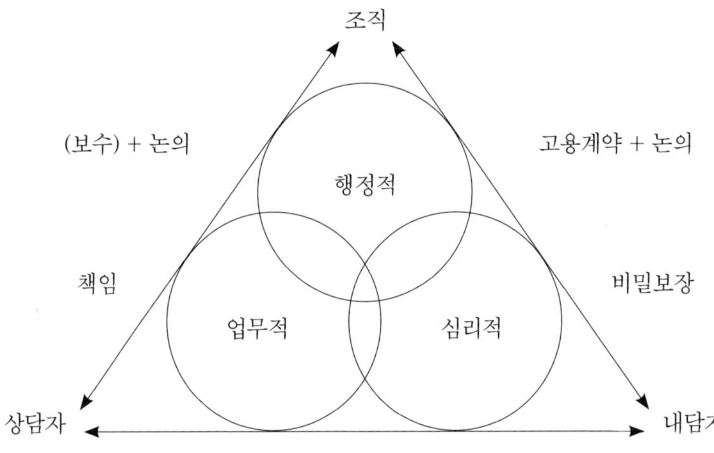

[그림 10-1] 삼자계약

1. 행정적인 측면
2. 업무적인 측면
3. 심리적인 측면

상담 서비스의 협상 및 실행 과정에서 이러한 측면들이 명확하게 고려되어야 한다.

1. 행정적인 계약

상담자는 상담이 안전하고 비밀보장이 가능하도록 물리적 환경을 조성해야 한다. 홍보물에는 상담 서비스를 어떻게 이용할 수 있는지를 명확하게 제시한다. 처음 서비스를 이용하기 위해서는 별도의 '접수 절차'를 거쳐 상담자에게 연결되는 형태에서부터, 방문 즉시 상담자가 상담할 수 있는 형태까지 다양한 방식으로 이루어질 수 있다.

상담실 개방 시간, 내담자의 범위, 트라우마/위기 관리 절차, 상담 횟수를 설정하고, '사안별 협의 사항', 예를 들면, 정직처분을 받고 징계절차를 기다리는 직원에 대한 상담, 또는 인사 부서와 같은 다른 인력에 대한 상담 관계 등을 명확히 할 필요가 있다. 사내 상담자가 한 명일 경우, 연차 또는 장기 병가를 받을 수 있는 조치가 마련되어 있는지 확인해야 한다. 조직은 이러한 경우에 EAP를 활용할 수 있다.

상담인력에게 전문적 지원이 필요하다는 것도 조직이 알아야 할 사항이다. 조직에서는 상담자 슈퍼비전을 위한 BAC 윤리규정 요건(6시간 상담 시 1시간 슈퍼비전)만큼 지원할 수 있는 충분한 시간이나 재원을 제공하지 못할 수도 있지만, 상담자들은 최소한의 기본 슈퍼비전을 받을 수 있어야 한다. 예를 들면, 두 개 회사의 상담자는 2주일에 1.5시간, 대규모 공공기관의 상담자는 개별 슈퍼비전 1시간 및 그룹 슈퍼비전 1시간을 격주로 받을 수 있도록 해야 한다. 상담자들은 자신들의 상담 활동에 대해 조직이 보상을 보장해 줄 것을 요구해야 한다. 협상 단계에서 이러한 사안을 해결하는 것이 실행 단계에서 문제가 발생하는 것을 방지하기 위해 매우 중요하다.

2. 업무적인 계약

업무적인 계약이란 상담자와 내담자 간에 이루어지는 상담 과정의 본질에 관한 것이기도 하며, 다른 한편으로는 정보를 어느 정도 공유할지, 그리고 조직의 변화와 발전가능성은 어떠한지 등 조직에 대한 책임accountability에 관한 것이기도 하다. 일부 조직에서는 비밀보장의 내용, 범죄행위, 학대, 금융부정 등 조직이 알 필요가 있는 내담자의 정보공개 범위와 제공되는 상담 횟수, 약속에 오지 않았을 경우 등과 관련된 규정을 간략히 서술한 '양해설명서statement of understanding'를 도입하였다. 이러한 사항은 첫 상담에서 상담자와 내담자 간에 합의가 이루어지고 날인서명을 하게 된다. 상담계약이 외부 기업에 의해 체결되는 경우, 비밀보장을 위반하는 최악의 사태를 방지하기 위해 이 설명서는 당초에 협상된 계약 사항을 반영해야 한다.

상담 측면에서 업무적 계약이란 모든 당사자의 기대를 공유하고, 상담 목표를 협의하는 것, 초과업무, 상담 회기 수, 기업주치의 및 산업보건 담당자 등의 기타 관련 부서와의 관계를 포함한다. 또한 상담에서 다루지 않을 내용, 예를 들어 장기상담을 필요로 하는 내담자의 관련 이슈는 구체적으로 다루지 않는다는 식의 내용도 포함한다.

3. 심리적인 계약

내담자들도 상담자처럼 자신들의 요구가 상담 관계에 어떻게 반영될지를 생각하면서 상담실에 오게 된다. 일부 내담자는 '당신의 문제를 해결하세요'라는 처방을 받고 상담실에 의뢰되기도 하지만, 징계 과정의 일환으로 상담실을 오는 내담자도 있다. 경로가 어떠하든 내담자, 상담자, 조직의 기대 사항이 명확해지면 상담이 무익하고 장기화되는 결과를 최소화할 수 있다.

사례연구

다음의 내담자는 관리자가 의뢰한 상담 사례이다.

브라이언은 50세 백인으로, 첨단기술회사의 대형트럭 운전사다. 브라이언은 출근율이 저조하고, 주기적으로 술냄새를 풍기며 출근하기 때문에 관리자에 의해 상담에 의뢰되었다. 직속상사가 그를 돕고자 하였지만, 다른 직원들과 회사 고객의 건강과 안전도 책임져야 하기 때문에 브라이언을 회사 상담자에게 의뢰하게 되었다.

상담자는 브라이언과 6회기의 상담을 진행했고, 브라이언은 술을 마시지 않고 출근하게 되었다. 상담은 순조롭게 이루어졌다.

이후 브라이언은 독감으로 다시 결근하게 되고, 이로 인해 직속상사는 상담자에게 연락해 브라이언의 고용 해지를 고려하고 있다고 말한다.

슈퍼비전에서 상담자는 브라이언이 해고될 경우 브라이언의 건강이 악화될 수 있다고 우려를 표명한다. 상담자는 브라이언의 직속상사가 부당하게 행동할 것이라고 느꼈다. 상담자와 내담자는 술을 완전히 끊는 것이 목표가 아니라, 술을 마시지 않고 출근하는 것이 상담 목표였는데, 직속상사는 상담 목표를 다르게 생각하고 혼선이 생긴 것이다.

상담자는 브라이언의 동의하에 합의된 계약 사항을 정리한 서신을 직속상사에게 보냈는데, 상담자-직속상사-인사관리자들 간에 사례회의 가능성을 열어 둘 것과 브라이언의 해고로 인한 잠재적인 영향에 대해 우려를 표명하였다.

윤리적 이슈

이 사례는 중요한 윤리적 이슈를 담고 있다. 내담자의 상담 동기, 비밀보장의 범위, 내담자에 대한 조직과 상담자의 권한 행사, 내담자에게 상담의뢰의 의미, 상담자에게 거는 조직의 비현실적인 기대 등 상담자가 수행해 주길 기대하는 다양한 역할—협상자, 상담자, 변호인, 교육자, 직속상사 지원—과 관련하여 중요한 윤리적 이슈를 포함한다. 이렇게 각기 다른 영역의 경계를 유지하는 것은 마치 저글링[2] 곡예를 하는 것과 같다. 내담자와 조직의 필요를 존중하면서도 균형을 유지하는 것이 상담자가 해야 할 가장 어려운 일 중의 하나이다. 미촐트(Hay, 1992에서 재인용)는 내담자, 상담자, 조직 간에 동등한 '심리적 거리'를 유지한다는 개념을 도입하였다.

미촐트의 모델을 활용하면, 세 가지 왜곡 형태를 그림으로 잘 나타낼 수 있다. [그림 10-2]는 상담자가 내담자와 연합되어 있음을 나타낸다. [그림 10-2]에서 상담자는 주로 관리자/의뢰인 등과 같은 제3자라 할 수 있는 조직과 결탁하는 데는 그다지 협조적이지 않을 것이다. 그 결과, 상담자는 책임감이 줄어들 수 있고, 내담자와 상담자 모두 조직과 조직의 정책절차에서 소외된다. 상담자가 브라이언에 공감하게 되면서 그와 가까워지고, 브라이언을 해고하려는 조직의 결정이 부당하다고 우려하게 된다.

2) 역주: 저글링juggling은 공 같은 물건을 세 개 이상 공중으로 던져서 받는 서커스 묘기로, 상담자가 다양한 역할을 동시에 곡예하듯이 하는 것을 비유하여 사용한다.

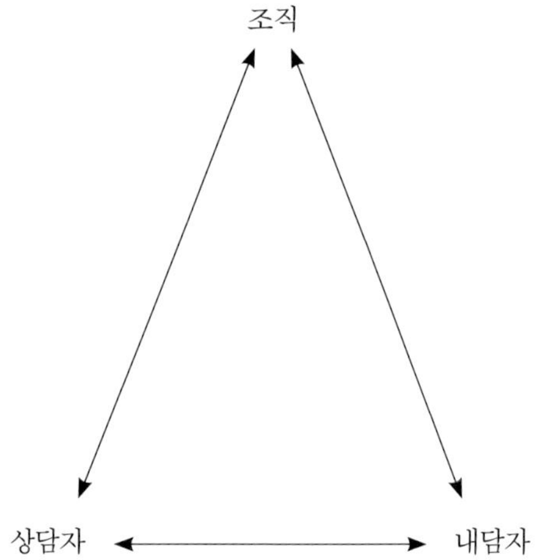

[그림 10-2] 상담자가 내담자와 긴밀하게 연합

[그림 10-3]은 상담자가 조직과 연합되어 있음을 보여 준다. 이 그림에서는 상담자가 조직을 옹호하고 그 결과, 상담자가 내담자와 거리를 두어 치료적 관계에서의 신뢰 수준을 떨어뜨리게 된다. 상담자는 브라이언의 직속상사와 전화 통화를 하면서 직속상사를 지지하게 되고 상담자가 내담자를 해고하려는 회사의 결정을 지지하는 쪽으로 공감대가 형성된다.

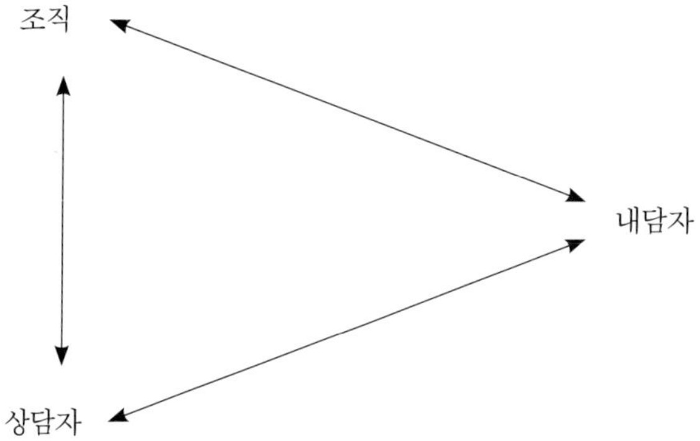

[그림 10-3] 상담자가 조직과 긴밀하게 연합

[그림 10-4]는 조직이 내담자와 연합되어 있는 것을 보여 준다. 이 그림은 내담자와 조직(제3자)이 의식적으로나 무의식적으로 상담자에 대항할 때, 상담자가 내담자와 조직(제3자)으로부터 소외될 수 있는 상황을 보여 준다. 이를테면, 조직이 직원

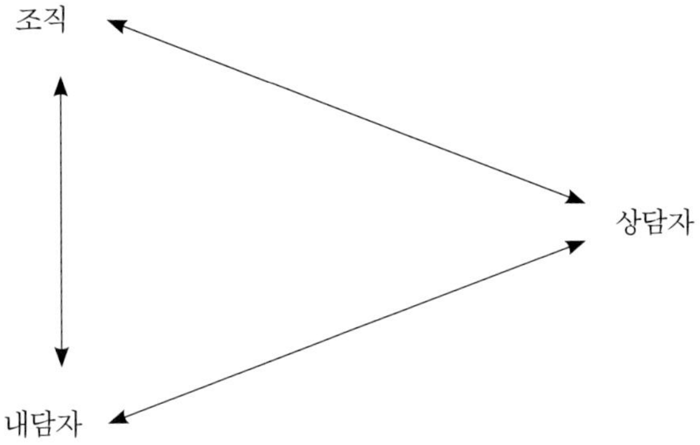

[그림 10-4] 조직이 내담자와 긴밀하게 연합

을 해고하는 과정에서 상담자를 활용하거나, 조직의 입장을 지지하기 위한 '복지'보고서를 요구하는 경우가 이에 해당된다.

이상의 왜곡 형태는 브라이언의 상담자가 슈퍼비전에서 호소했던 혼란을 반영한다. 상담자는 [그림 10-1]에 제시된 바와 같이 '심리적 거리'를 동등하게 유지하려고 노력할 필요가 있다. 시간을 들여 신중하게 계약을 하게 되면, 상담자와 개인 그리고 회사와의 신뢰 수준을 높일 수 있다. 또한 [그림 10-2]~[그림 10-4]에 제시된 왜곡을 줄여 줄 수 있으며, 이로 인해 상담자가 내담자와 조직의 필요를 충족시키는 데 균형점을 세심하게 유지할 수 있을 것이다.

3. 내담자 확인

내담자가 개인인지 조직인지를 확인해야 할 때, "조직보다는 직원이 내담자, 즉 치료가 필요한 당사자가 될 가능성이 높다."(Hopkins, 1994: 13). 홉킨스Hopkins는 이와 같이 상담자가 직면하게 되는 질문의 핵심을 정확하게 언급하고 있다. 브라이언의 사례에서 우리는 조직의 입장을 대표하는 직속상사 및 인사관리자도 또 하나의 내담자로 확인할 수 있었다.

기업 · 조직상담에서는 종종 제3자의 개입이 일어난다. 따라서 상담자는 의뢰인과 관련 부서와도 명확하게 합의가 이루어져야 하는데, 이는 내담자와 조직에 대한 상담 과정과 결과에 영향을 미칠 수 있기 때문이다.

다음에 제시된 대규모 국가 공공서비스 기관의 사례는 상담자가 한 내담자에게 서비스를 제공하는 과정에서 그 자신이 제외될 수도 있으며, 또한 여러 사람을 다루도록 요구받을 수도 있다는 것을 보여 준다.

사례연구

다이앤은 주로 범죄 피해자의 사진을 찍는 공공사진사이다. 다이앤이 최근 끔찍한 범죄현장 사진 촬영 중에 감정을 주체할 수 없을 정도로 힘들어하자, 부서장이 그녀를 상담에 의뢰하였다.

상담자는 다이앤이 잠을 못 자고, 끔찍한 사건을 목격하게 되는 것에 대한 두려움 때문에 업무에 복귀하길 꺼리고 있으며, 갑작스러운 울음을 주체할 수 없는 등 외상 후 스트레스 장애의 증상을 보인다고 진단하였다. 상담자는 외상 후 스트레스 장애의 증상을 완화하고 업무에 복귀할 수 있도록 하기 위해 6~8회기의 상담을 진행하기로 다이앤과 합의하였다.

상담자는 다이앤의 동의를 받고 그녀의 부서장과 면담하였는데, 그녀에게 최대한의 업무 지원과 특히 처참한 사건 현장은 가지 않아도 되는 자유를 줄 것을 권하였다. 또한 다이앤이 사진 촬영시간에 업무를 수행하지 못하더라도 부서의 비난이나 압력 없이 해당 업무에서 빠질 수 있도록 제안하였다.

이러한 조치는 2주간 효과가 있었다. 그 후 상담자는 다이앤의 부서장으로부터 연락을 받았는데, 부서장은 인원이 부족하기 때문에 이러한 합의 사항을 그대로 지속할 수 없다고 불만을 토로하였다. 상담자는 상황은 이해되지만, 다이앤이 업무 책임을 전적으로 맡을 준비가 되어 있지 않다고 강조하였다.

다음 상담시간에 다이앤이 왔을 때, 관리자들이 '남자다움을 과시하며' 비아냥거리고 압박을 가한 데 대해 불안함과 분노를 느끼고 있었다. 그래서 다이앤은 자의 반 타의 반으로 이직을 심각하게 고려하게 되었다.

상담자는 다이앤이 보기에 공격적이고 상담에 비협조적이며 그녀가 처한 상황에 경직된 태도를 보이는 그 관리자들을 만나 보기로 하였다.

내담자인 다이앤이 일시적으로 무력한 상태에 있는 것임에도 불구하고, 관리자들은 이로 인해 그녀의 삶이 더 큰 위험에 빠졌다는 듯한 식의 태도를 보였다. 여기서 우리는 다음과 같이 내담자가 세 명임을 확인할 수 있다.

1. 다이앤: 외상 후 스트레스 장애를 겪고 있음.
2. 직속상사: 유연하게 인력운용을 할 수 없는 좌절감을 표출함.
3. 조직: 스트레스를 받고 있는 직원이든 아니든 모든 직원에게 최대한의 성과를 요구하며, 방어적이고 저항적으로 보임.

상담자는 모든 당사자, 즉 내담자인 다이앤과 직속상사 모두와 상담을 진행해야 하는 딜레마에 직면한다. 상담자는 내담자와 상담을 진행하면서 동시에 관리자들이 직면한 딜레마를 해결할 수 있도록 관리자와도 몇 차례 만남을 가진다. 상담자에게 관리자들과 관련되지 말 것을 조언할 수도 있지만, 그렇게 되진 않았다.

조직에서 어떠한 일이 발생하였고 그 일이 상담 과정에 어떻게 영향을 미치는지 주의를 기울이는 것이 중요하다. 슈퍼비전을 하면서 지배적인 조직문화가 관리자들의 행동 방식에 작용하고 내담자인 다이앤에게도 영향을 미치는지 알게 되었고, 그 영향이 상담자와 슈퍼비전 그룹에까지도 어떤 식으로 표출되는지 상호관련성을 파악하게 되었다. 이것이 바로 '평행과정parallel process'의 한 예이다(Crandall and Allen, 1982). 관리자들도 짜증스러워하고, 초조해지고, 상급자에게 과민해졌으며, 다른 방식으로는 일할 수 없을 것 같은 통제불능의 느낌, 스트레스의 영향을 덜 받으려고 업무 방식의 변화를 거부하는 등, 외상 후 스트레스 장애의 증상을 보였다. 조직 차원에서 상담자의 서비스 책임자는 다이앤의 부서장들을 만나서 관리자들의 행동이 미치는 잠재적 영향력을 설명하고, 그들을 위한 지원 수준을 주의 깊게 제시하였다.

내담자로서의 조직

조직을 묘사할 때 거식증이나 중독 등의 정신병리학적 용어를 사용하는 경우가 점점 늘어나고 있는 것에 우리는 관심을 갖고 주목하게 된다. 이러한 묘사는 개인 내담자가 그렇듯이 조직도 대응이 필요한 내담자의 한 부류라는 것을 나타낸다. 직속상사나 어느 한 팀, 또는 부서나 한 사업부 등 조직 자체가 또 하나의 내담자일 수 있다. 상담 과정을 관리하는 데 있어서 중요한 이슈는 상담자가 조직의 스트레스와 역기능의 원인을 밝히고, 이것이 내담자와 그의 역기능에 어떻게 영향을 미치는지, 또 적절한 대응 방법이 무엇인지를 찾는 데 도움이 되는 역할을 한다는 것이다.

조직은 내부 상담 프로그램이나 외부 EAP를 시행함으로써 조직의 어려움이나 변화를 제대로 관리하지 못한 책임을 간단하게 줄일 수 있다. 이런 맥락에서 체계론적

치료systemic therapy에서 제시하는 '확인된 내담자identified patient'라는 개념이 의미가 있다. 제3자인 조직은 내담자에게 투사적 동일시를 하는데, 조직은 내부의 고통을 직면하기 어려워서 이미 취약해진 직원에게 그 고통을 투사하기 때문이다.

4. 내담자 평가, 적절한 조치 결정 및 상담 종결에서의 이슈

내담자 평가에서 필수요소를 결정할 때, 많은 학자들이 다음과 같이 서로 다른 중요한 측면에 주의를 기울인다.

- "평가가 제대로 이루어지지 않으면, 불필요한 부분에 많은 시간과 노력을 낭비하게 되는 결과를 초래할 수 있다."(Carroll, 1995: 28)
- 초기 평가 회기는 기존의 첫 회 상담보다 더 길게 진행될 수도 있다(Nelson-Jones, 1991).
- 이러한 평가는 학습과정에 기여함으로써, 내담자가 잠재적으로 선택할 수 있는 대안이 늘어날 수 있다(Egan, 1994).
- 탐색을 위한 질문으로, '지금 이 사람은 무엇 때문에 이런 식의 삶을 유지하고 있는가?'라는 질문이 유용하다(Lewis and Lewis, 1986).

다음 질문에 대한 답변이 내담자가 왜 도움을 구하는지를 알 수 있는 중요한 단서가 된다.

- 왜 업무 현장에서 상담이 필요한가? 예를 들어, 어떤 내담자는 자신이 부적격자이거나 업무실적이 저조한 사람 또는 아픈 사람이라고 명백하게 낙인찍힐 수 있는 측면을 조직에 간접적으로 말하려는 것일 수 있다. 반대로, 왜 외부 상담이 필요한가? 예를 들어, 어떤 학생은 대학교의 상담 서비스가 '안전'하지 않기 때문에 더 독립된 외부 서비스를 활용하기로 결심했는지도 모른다.
- 왜 바로 지금인가? 직장이나 집 등 어떤 곳에서의 사건이나 경험 때문에 내담자는 도움을 구하게 된다. 예를 들어, 파트너와의 불화, 직장에서 눈물 흘린 것, 절교, 절도 등이다.
- (스스로 왔건, 조직이 위탁의뢰해서 왔건 간에) 상담을 받게 된 것이 내담자에게는

어떤 의미가 있나? 내담자는 자진해서 오기도 하지만, '자신의 문제를 해결'하라고 관리자가 보내서 왔다면 거부감이 있을 수 있다.
- 내담자가 자신의 삶에서 변화하고자 하는 동기 수준은 어떠한가? 내담자는 상담계약이 삶의 변화와 차이를 추구한다는 점을 염두에 두고 있어야 한다.
- 내담자를 돕기 위해 어떠한 지원 전략을 사용할 것인가? 코칭, 기술 훈련, 실제적인 도움, 의료지원 등 다양한 옵션이 있다.
- 조직이 정한 시간 및 비용으로 내담자의 기대를 충족시킬 수 있나? 상담 목표는 명확하고 현실적이어야 하며, 내담자와 상담자, 그리고 필요하다면 조직도 포함하여, 목표에 대해 서로 합의가 이루어지고 계약이 이루어져야 한다.
- 내담자의 상황을 변화시키면 내담자의 문제가 더 잘 해결될 수 있나? 내담자의 문제가 명백히 다른 사람의 문제 때문이라면, 상담을 권하는 것은 비현실적이고 비윤리적이다.
- 내담자의 문제가 '사내'에서 관리 가능한가? 아니면 조직 외부로 의뢰해야 하나? 상담자는 내담자의 문제가 상담자의 능력으로 해결할 수 있는 문제인지 결정할 필요가 있다. 만약 그렇지 않다면, 내담자가 다른 도움을 얻을 수 있도록 외부에 의뢰하는 것을 고려할 필요가 있다.

이상의 질문에 답을 하면서 상담자는 평가를 통해 더 많은 정보를 얻을 수 있고, 평가 내용도 심화된다.

내담자의 단기상담 적합성 평가

상담자는 평가하면서 지속적으로 '이 내담자가 단기상담에 적합한가?'라는 딜레마에 빠지게 된다. '내담자의 문제가 개인의 패턴이나, 개입에 둔감하거나 명료하지 않은 사고방식 등 내담자의 역기능으로 인한 것은 아닌지, 또는 사별이나 질병과 같은 가정의 어려움, 집단 따돌림이나 조직의 비현실적인 기대와 같은 직장의 다른 요인 때문은 아닌지'에 대해 의문을 갖게 된다. 임상 경험에 따르면, 평가 회기와 6회기의 상담 회기(추가로 6회기까지 연장 가능)가 단기상담으로 적당하다는 의견이다. 평가할 때 다음과 같은 측면을 염두에 둘 필요가 있다.

- 내담자는 정신질환이나 경계선상에 있지 않고, 정신과 의뢰가 필요하지 않다.

- 내담자는 장기상담에 적합하진 않지만, 단기상담을 할 정도의 동기는 있다.
- 상담이 행동, 선택, 통찰력 등으로 변화의 역동에 명확하게 초점을 두고 있다.
- 합의된 성과는 행동, 인지, 정서 등 어떤 측면이건 간에, 현실적이고 구체적이며 다룰 수 있고 측정이 가능하다.
- 상담자는 상담 과정에서 드러난 과거를 활용하되, 지금-여기에서의 내담자 문제를 다루게 된다.
- 단기상담은 그 자체로 유효한 것으로 보며, 장기상담을 위한 준비 작업으로 행해지는 것이 아니다.

몇 회기로 합의했든 간에, 시간제한은 내담자의 상담 성과에 영향을 주는 중요한 요인이다.

상담에서 누가 내담자를 평가하는가

상담에서 내담자를 평가하는 주체는 다양하다. 상담자 이외에 다른 평가자를 활용한다는 것은 다음과 같은 의미를 지닐 수 있다.

- 내담자 입장에서 상담이 '두 차원에서 시작'되면, 치료적 동맹이 깨진다.
- 이럴 경우 내담자에게 상담자에 대한 저항이 생긴다.
- 많은 상담자들이 자신의 평가를 믿으므로, 반복적인 평가 실시로 인해 귀중한 상담 시간을 허비할 수 있다.

EAP와 같은 많은 상담기관에서는 이 역할을 수행하기 위해 별도의 상담자를 둔다. 외부 의뢰가 가능하다면, 내담자가 거절받는다는 느낌 없이 인계되도록 세심한 주의를 기울여야 한다.

대부분의 조직에서는 내담자가 상담을 받을 수 있는 횟수에 제한을 둔다. 어떤 경우에는 시간제한을 두지 않고 단기간(예를 들어, 1년 동안)에 상담을 마치는 것에 일차적인 관심을 두기도 한다. 상담자의 평가 외에 PF16 또는 SL90 같은 심리검사를 추가하는 것도 유용한데, 이러한 '과학적인' 도구는 직원들을 위해 상담 서비스에 돈을 지불하는 조직에게 신뢰를 줄 수 있다.

조직 내부의 상담자들은 복지, 산업보건 등 다른 역할을 병행하는 경우가 있다.

따라서 정보 제공, 자문, 변호, 실제적이고 정서적인 지원, 코칭 또는 멘토링 등, 상담자가 어떠한 상담 접근과 전략을 사용할지 결정하기 위해서 내담자 평가는 필수적이다. 그래야만 내담자에게 정확하게 대응할 수 있으며 혼란을 피할 수 있다.

의뢰의 속성

외부기관에 내담자를 의뢰하는 데 너무 많은 시간이 걸려서 상담자가 좌절스러운 경우도 있다. 내담자가 잘 인계될 때까지 상담자가 '잠시 동안 맡고' 있는 경우도 빈번하다. 기업상담자들은 조직 내 기업 주치의와 같은 동료 전문가들과 효율적인 관계를 맺기도 하며, 시민 상담소citizens advice bureau, 알코올중독 상담 서비스alcohol advisory service 등과 같은 지역 내 연계 기관 리스트를 마련하기도 한다. 어느 공공기관의 상담자는 내부의 정신과 서비스에 지속적으로 어려움을 겪기도 했다. 정신과 의사가 보낸 의뢰서에는 '심리학 용어만 난무하고', 상담자가 장기간의 정신병리 문제를 지닌 내담자를 도울 것이라는 암묵적인 기대가 담겨 있다. 다른 전문가들도 가능한 많은 사례를 처리하라는 압박을 가하기 때문에 상담자는 자기도 모르게 희생자가 될 수 있다.

많은 내담자들이 자신에게 필요한 전문치료를 받을 여유는 없고, 조직은 점점 더 비용을 부담하지 않으려는 상황에 놓여 있다. 내담자 개인의 문제가 직장에서의 업무와 책임 때문에 비롯된 것이라면 이러한 조직의 행태는 매우 부당한 것이다.

상담 종결

상담을 종결하면서 딜레마에 빠질 수 있다. 예를 들어 보자. 한 내담자가 계약된 9회기 중에 마지막 회기에 와서 자신이 아동 성폭행의 희생자임을 밝혔다. 상담자는 내담자의 용기 있는 고백이 사실임을 확인하고 내담자를 위한 상담 여정이 남아 있다고 판단하였고, 내담자가 상담을 마무리하고 다음 단계를 결정할 수 있도록 내담자를 대신하여 회사에 3회의 추가 상담을 협상하였다.

첫 회기에서 상담 종결에 대해 명확하게 설명하면, 내담자는 상담 목표를 향해 의식적이건 무의식적이건 자신의 속도를 맞추어 간다. 상실과 헤어짐을 다루고, 학습이 극대화되고, 자기효능감이 증가하게 되는 등 정상적인 상담종결 과정에서 조직 상황이 다음과 같은 어려움을 야기시키는 경우도 있다.

- 상담이 종결되어 가고 있는데, 조직이 내담자의 고용을 해지하는 경우
- 조직의 역기능으로 인해 위기가 재발하는 경우(예를 들어, 내담자의 기능이 충분히 회복되기도 전에 업무에 복귀하도록 압력을 받는 경우)
- 내담자의 드러난 문제들 중에서 극히 일부분만 해결하고 업무에 복귀하게 되는 것에 대해 조직이 상담자에게 많은 염려를 보이는 경우

이러한 경우 상담자가 내담자의 변호인처럼 행동하게 되거나, 이로 인해 상담이 연장되기도 하고, 조직의 행동을 변화시키기도 한다.

- 내담자가 상담을 연장해 줄 것을 요구하여 의식적으로나 무의식적으로 조직을 응징하는 경우(상담 연장으로 회사에 추가비용이 발생하게 됨)

이러한 경우 상담자는 내담자의 왜곡된 신념에 맞서야 하는 책임이 있다.

- 조직이 보기에 내담자가 기대했던 성과를 달성하지 못했다고 인지하는 경우

이를 명확히 하기 위해 조직과 추가 협의가 필요할 것이다.

이와 같은 중요한 요소들 때문에 계약은 명확해야 하고, 초기 평가는 철저하게 이루어져야 하며, 상담자는 유연하게 대처해야 한다.

5. 단기상담의 특징 탐색

상담에서 조직과 전문가가 겪게 되는 갈등은 '단기상담이 개인의 변화에 정말 효과가 있는가? 그리고 조직에도 유익한가?'이다. 전자는 '단기' 또는 잠시 동안의 의미에 대해 생각하게 되고, 후자는 특정 조직에 '유익하다'는 의미가 무엇인지를 묻게 된다.

'단기'상담이란 무엇인가

단기치료 관련 문헌은 1~40회기 중 어떤 회기의 상담도 단기상담이 될 수 있음

을 보여 주었다(de Shazer, 1985; Hobson: Barkham, 1989에서 재인용; Firth-Cozens, 1992; Malan and Osimo, 1992). 드 세이저de Shazer(1985: 5)는 단기상담이 그 자체로 타당하다는 전제하에, 단기상담을 시간제한이 있는 단기치료와 문제해결 방식으로서의 단기치료로 구분하였다. 단기치료란 한정된 시간 안에 작업을 한다는 것이라기보다는 내담자가 가능한 빨리 기능적인 삶을 회복하는 데 목표를 둔다. 드 세이저가 지적하듯이 단기치료를 하게 되면 상담자는 동일한 기간에 더 많은 내담자를 상담할 수 있으므로, 조직은 비용 효율이 높은 이러한 문제해결 중심의 접근을 점점 더 요구하게 된다.

단기상담은 두 가지 요소—목표를 설정하는 것과 매 회기마다 목표에 초점을 맞추어 가는 것—에 지속적인 관심을 기울여야 한다.

단기상담의 특징

상담자의 상담 접근 방식이 무엇이든 간에 단기상담은 다음과 같은 다양한 특징을 지닌다.

- 단기상담은 사고나 감정의 변화, 행동에서 달성 가능하고 측정 가능한 성과에 초점을 맞춘다.
- 단기상담은 보다 더 해결 중심적이다.
- 변화나 발전은 내담자의 업무 복귀가 가능하다는 지표가 되기도 하며, 장기치료로 넘어갈 수 있다는 전조라고 볼 수도 있다.
- 단기상담은 내담자가 근무 상황을 더 효과적으로 관리할 수 있도록 도와주며, 결근율을 감소시키고, 조직의 사기를 올리고, 효과성 및 효율성을 높여 조직의 이익이 증가한다.

계약-목표와 초점대상

평가와 계약은 상담이 실제로 이루어지면서 더욱 중요해진다. 상담자는 내담자의 현재 문제에 귀를 기울이면서도, 현재의 문제를 보다 잘 이해하기 위해 내담자의 과거 경험을 탐색할 수도 있다. 따라서 목표는 명확하고 달성 가능한 용어로 표현되어야 하며, 내담자도 중요하게 여기는 목표여야 한다. 또한 구태의연하고 부정적인 용어보다는 참신하고 긍정적인 용어로 기술되어야 한다(de Shazer, 1990). 당사 내담자였던 브라이언의 사례(p.232)는 이를 잘 보여 주는 예라고 할 수 있다.

사례연구

브라이언은 해고되지는 않았지만, 상담자는 브라이언의 진전에 관해 알고 싶어 하는 인사관리자와 직속상사의 연락을 받게 된다. 상담자가 외부의 알코올중독 전문 컨설턴트에게 브라이언을 위탁하였지만, 처음에 상담 서비스를 도입한 것은 인사 부서였다. 브라이언을 위탁하자, 외부 컨설턴트는 인사부에 '일상 보고서(usual report)'를 제출할 것이라고 말했다.

상담자는 부담스럽고 혼란스러운 마음으로 슈퍼비전을 받게 되었는데, 내담자에게 뭔가를 지시하는 것이 마치 조직의 권위를 대변하기 원하는 조직의 기대에 따르는 것 같고, 조직에 이용당하는 것처럼 여겨졌으며, 이로 인해 내담자와의 관계가 손상되는 것으로 느껴졌다. 슈퍼비전을 받으면서 상담자는 다음과 같은 질문을 제기한다.

1. 나의 내담자는 누구인가?
2. 내담자, 인사관리자, 내담자의 직속상사, 컨설턴트와의 비밀보장의 한계는 어디까지인가?
3. 외부 컨설턴트와 조직의 비밀보장의 한계는 어디까지인가? (따라서 '일상 보고서'가 누구에게 보내지는지, 뭐라고 기술하는지, 내담자가 동의한 것인지 등에 대해 주의를 기울여야 한다.)
4. 이러한 것들이 상담의 역동적 관점에 어떻게 영향을 주나?
5. 내담자와 조직 간에 상충되는 것으로 보이는 목표는 어떻게 다룰 것인가? 최근에 인사관리자는 상담자와의 전화통화에서, '브라이언이 음주 문제가 있다'며, 브라이언이 주말에도 음주를 하지 않기로 동의해야 한다고 주장해서, '상담 목표를 바꾼' 것처럼 보였다.

조직은 6회기의 상담을 제공했고, 향후 3개월간 6회기를 더 제공할 것인지를 검토하기 위해 추가 상담 1회를 제공하였다. 브라이언은 그의 직속상사가 상담을 의뢰한 경우다. 브라이언이 합의한 상담 목표는 주중에 음주를 관리할 수 있도록 하는 것, 즉 음주 후에도 업무가 가능하도록 음주 수준을 관리할 수 있도록 하는 것이다. 상담자와 내담자 모두 이러한 목표가 조직이 기대하는 것과 동일하다고 생각하였다. 상담자와 직속상사와의 계약 내용에는 상담자가 직속상사에게 상담출석 상황을 알리도록 되어 있다. 상담자와 인사관리자 간에는 명시적 계약은 없었다. 상담의 주요 접근은 행동치료에 기반한 인간중심 상담이었다. 상담자는 직속상사에게 정보를 전달하는 역할을 하였고, 계약이 종료되어 감에 따라 브라이언의 변호인 역할도 하게 되었다. 상담이 진행되던 중에 인사관리자는 브라이언이 평일뿐만 아니라 주말에도 음주관리가 되길 바라면서 합의했던 상담 목표를 변경하였다.

이로 인해, 브라이언은 자신감에 위기를 맞이하게 되고 자존감이 결여되어, 자신의 문제를 다른 사람이 해결해 주길 기대하는 만성적인 패턴에서 벗어나지 못하게 되었다.

상담에 관련된 모든 당사자들 간에 경계를 유지하는 과정에서, 상담자가 겪는 딜레마는 다음과 같다.

- 상담자는 조직의 새로운 구성원으로 자신의 능력을 증명해야 한다.
- 상담자는 내담자와 조직 모두에 대한 책임이 있다.
- 상담자는 점점 더 '규율을 시행하는 조직'의 대변인인 것처럼 느낀다.
- 상담자는 내담자와 사전에 협의하지 않은 정보를 공유함으로써 내담자와의 관계가 쉽게 위태로워질 수 있다고 느낀다.
- 상담자는 외부 컨설턴트 서비스를 이용하기 위해 조직이 어떠한 형태의 계약을 체결했는지 알지 못한다.

계약이 명확하게 이루어지면 내담자의 목표가 조직의 목표가 부합된다는 것을 확인할 수 있으므로, 이러한 어려움을 최소화할 수 있다. 조직이 상담 목표를 변경함으로써, 브라이언을 해고하기 위해 상담자를 이용한다는 의심이 생겼을 수도 있다. 상담자와 내담자, 상담자와 조직 간에 체결되는 '양해설명서'와 같은 양식이 이러한 딜레마로 인한 최악의 상황을 완화하는 데 도움이 될 수 있다.

단기상담자는 자신이 내담자를 가장 잘 알고 지속적인 신뢰를 유지하면서도, 상담 목표는 현실적으로 다룰 수 있는 정도로 설정할 수 있게 내담자를 도와야 한다.

상담자는 슈퍼비전에서 상담 목표가 조직의 목표와 일치하는지 여부가 걱정이 된다고 말하곤 한다. 조직의 기대와 상충되는 것처럼 보이는 변화라면, 상담자가 변화를 막을 것이 아니라 내담자로 하여금 그러한 변화의 잠재적 영향에 대해 생각해 보도록 도울 것을 제안한다. 왜냐하면 행동과 결정은 내담자의 몫이기 때문이다.

6. 조직문화와 역동의 영향 탐색

모건Morgan(1986)은 조직을 이해하는 데 있어서, '시스템 접근'을 바탕으로 우리가 고려할 만한 세 가지 실용적 이슈를 제시한다.

1. 조직은 진공상태로 따로 존재하지 않는다. 즉, 조직은 환경의 일부이며 환경과 연관되어 있다.
2. 조직은 상호 연관된 수많은 하위체계sub-system로 구성된다.
3. 조직이 발전하기 위해서는 하위체계 간의 내적 조화가 이루어져야 한다.

상담 서비스는 조직 하위체계의 하나이다. 따라서 조직은 상담이 인간중심적이고 타인을 배려하고 지지적이며 협조적인 것으로 여기며, 조직의 '산물'인 상담의 가치와 신념을 지지할 수 있다.

문화란 "의미를 공유하고, 이해를 공유하며, 상황파악을 공유하는 것으로 …… 특정한 사건이나 행동, 대상, 언급된 말, 상황 등을 특정한 방식으로 보고 이해하도록 하는 현실구성의 과정"(Morgan, 1986: 128)이라고 정의되어 왔다. 레인Lane(1990)은 과도한 스트레스나 높은 결근율 등의 역기능이 있는 조직에 상담 프로그램을 도입하면 조직의 역기능이 지속될 수 있다고 주장한다. 증상보다는 원인에 초점을 맞춘 조직 차원의 개입이 상담을 통해 증상에 대응하는 것보다 장기적으로는 더 효과적일 수 있다.

조직문화와 상담 프로그램의 관계

반 오츠혼Van Oudtshoorn(1989)은 상담 프로그램을 실행하는 데 영향을 미치는 조직문화에 관심을 두었는데, 조직문화에 따라서 상담 프로그램의 네 가지 역할을 다음과 같이 설명하였다.

1. 권력 문화: 상담이 조직문화에 거의/전혀 영향을 미치지 못함.
2. 역할 문화: 상담이 별도의 활동으로 유지되며, 조직에 피드백이 거의/전혀 주어지지 않음.
3. 성취 문화: 상담이 결과에 따라 평가되고, 조직문화에 제한적인 영향을 미침.
4. 조력 문화: 상담이 복지의 필수적인 부분으로 인식되어, 조직문화에서도 중요한 것으로 인식됨.

예방 및 교육

홉킨스(1994)는 서비스 제공자와 전문가들 사이에서는 회사가 외부상담 서비스를 임시방편이나 문제사원 집합소로 활용할 위험성에 대해 점점 더 우려하고 있다고 보았다. 내담자와의 상담에서 파악된 상담주제와 추세를 조직에 피드백해 주면서, 예방적 교육 프로그램을 실행하는 것도 상담자에게 점점 더 요구되고 있는 역할이다. 이를 통해 조직의 역기능 문제를 해결할 수 있고, 유의미한 변화로 이어질 수 있다. 이와 같이 천천히 조금씩 이루어지는 진전 과정은 존중과 비판단, 신뢰를 바탕으로 다양한 수준의 경영진과 협력하며 이루어져야 하는데, 이는 조직을 상담하는 과정이기도 하다. 이러한 이슈를 다루지 못한다면 이중 잣대를 사용하게 되고, 윤리적으로 위협을 받게 된다. 예를 들어, 직원들은 집단 따돌림의 두려움 때문에 조직에서 서서히 밀려날 수 있으며, 관리자의 비현실적인 기대로 인해 심각한 어려움을 겪거나 소진될 수 있다.

앞서 예시한 다이앤의 상황(p. 236)은 상담자의 역할과 조직에 만연한 '권력 문화'가 조화를 이루지 못한 전형적인 예이다. 결국, 내담자는 냉정한 근무 환경에 남아 있거나 회사를 떠나거나 둘 중 하나를 선택해야 하는 상황에 놓이게 되었다. 성격 차이를 다루거나, 집단 따돌림에 대처하는 데 있어서, 조직이 직원의 행동을 교정하도록 요구하게 되면, 상담자는 조직과 갈등 상황에 놓일 수 있다. 그런 경우, 상담자는 어디까지 도움을 줄 수 있을지 내담자와 조직에게 '솔직해질' 필요가 있으며, 경우에 따라서는 외부로 상담을 의뢰하는 것도 제안해 볼 수 있다.

내담자 명명하기

경험에 따르면, 비록 내담자를 위해서라 하더라도, 내담자를 '정신의학적 평가'가 필요한 사람으로 명시하게 되면, 조직은 내담자를 심각한 질병이 있거나 조직 내에서 취약한 사람, 요주의 인물, 또는 퇴출대상자로 인식하는 경향이 있다. 상담자는 자신이 조직 내에서 내담자들에 대해 어떻게 말하고 있는지 신중히 생각해야 하며, 예방적 상담을 시작하는 방법에도 주의를 기울여야 한다. 또한 상담자는 상담 서비스를 제공하기 시작하면서 일어날 수 있는 여러 상황에 대해 조직이 방어적이 될 수도 있다는 것을 명심해야 한다.

평행과정

상담자는 내담자를 통해 조직과 만나게 되는데, 임상 슈퍼비전 영역의 개념인 '평행과정'을 경험하게 된다(Crandall and Allen, 1982). 여기서 상담자와 내담자의 관계는 슈퍼바이저와 상담자 관계에서 '발현'되거나 '반영'된다. 다음의 예는 이러한 개념이 실제에 어떻게 적용되는지를 보여 준다.

사례연구

어느 유능한 조직상담자가 젊은 직원 사례를 발표하였는데, 내담자는 고객을 함부로 대하는 바람에 회사 규정을 어겨서 상담에 의뢰된 경우이다. 회사는 이미 이 내담자에 대한 징계절차가 시작된 상태였다.

상담자는 슈퍼비전에서 내담자를 설명하면서 상당한 불안과 적개심을 드러냈는데, 슈퍼바이저 역시 동일한 경험을 하였다. 더 많은 개입과 탐색을 통해 알아본 결과, 내담자와 상담할 때 상담자 역시 이러한 불안과 적개심을 경험했다는 것을 알 수 있었다.

이와 같이 슈퍼비전의 과정을 주의 깊게 살펴보면, 상담자와 내담자, 그리고 조직 내에 흐르는 무의식적 과정을 자세히 알 수 있다. 모건(1986)은 조직문화가 조직의 무의식을 드러낸다고 보았다.

크리츨리Critchley와 케이시Casey(1989)는 게슈탈트 치료gestalt therapy의 아이디어를 가져와서, 개인과 조직에 익숙한 주제인 '고착상태'를 설명하고 있다. 그들은 조직도 개인처럼 게슈탈트 형성주기[3]의 다양한 지점에서 '고착'된다고 주장한다. 조직의 '고착상태'는 내담자와의 상담 과정에서도 저절로 드러나며, 내담자에게도 고착상태가 드러나게 된다.

어떤 슈퍼바이지는 슈퍼비전 과정에서 상사와 허심탄회하게 대화하는 것에 지속적으로 두려움과 불안감을 드러냈다. 좀 더 탐색해 보니, 그는 자신의 아버지와 가족과 비슷한 성향을 지닌 상사와 조직문화를 줄곧 선택해 왔다는 것을 알게 되었다. 그 조직문화는 "행동 단계에서 접촉을 차단하는 두렵게 하는 조직"이었다(Critchley and Casey, 1989: 7). 슈퍼바이지는 허심탄회하게 대화하는 것이 두려워 항상 피하려고 했던 것처럼, 자신이 아버지와의 관계에 '매여서', 상사와의 관계에서도 '매여' 있는 것을 알게 되었다. 상사나 슈퍼바이지 모두 서로에게서 각자가 원하는 것을 얻지 못했던 것이다. 슈퍼바이지는 항상 다른 자리를 찾는 것으로 이러한 상황을 회피하곤 했는데, 이러한 방식이 어릴 적에는 유용했지만 이제는 유효기간이 지난 방식이라는 것을 처음으로 인식하게 되었다. 조직 상황에서 처리해야 할 사안이 많은 경우, 결단력 있게 행동하기 어렵다는 것도 알게 되었다.

요약

조직 상황에서 상담 과정을 관리한다는 것은 상담자에게는 도전적이면서도 복잡한 과업이다. 상담자가 '제3자'라고 할 수 있는 조직과 현실적인 계약을 맺을 수 있도록 주의를 기울이고 준비를 잘하면, 비교적 온전하게 상담이 이루어지면서, 내담자가 상담에서 다룰 수 있는 범위와 기대 수준을 설정하는 데 도움이 된다.

개인과 조직의 무의식적 · 의식적 과정을 알아내고, 이를 다루는 것은 종종 복잡하고 혼란스러운 일이다. 어느 분야에서건 슈퍼비전이 있지만, 기업 · 조직상담에

---

3) 역주: 게슈탈트 형성주기gestalt cycle는 알아차림-접촉 주기로, 배경-감각-알아차림-에너지 동원-행동-접촉이라는 6단계로 설명된다. ① 배경에서, ② 욕구나 감정이 신체감각으로 나타나고, ③ 이를 알아차려 게슈탈트를 형성하여 전경으로 떠올리고, ④ 이를 해소하기 위해 에너지(흥분)을 동원하여, ⑤ 행동으로 옮기고, ⑥ 환경과의 접촉을 통해 게슈탈트를 해소한다. 건강한 유기체는 알아차림-접촉 주기를 자연스럽게 반복하면서 성장해 가지만 접촉경계혼란으로 말미암아 알아차림-접촉 주기가 단절되면 미해결 과제가 쌓이게 되고 심리적 장애를 일으키게 된다.

서는 상담자가 역할을 잘 수행하기 위해서 슈퍼비전이 더더욱 중요하다. 조직 내에 상담자가 적을수록, 상담자는 소외감을 느끼며, 상대적으로 저평가되거나 오해를 받는 경우가 빈번하다.

계약에 신중한 관심을 기울이게 되는 평가, 이를테면 내담자의 동기부여 수준, 조직의 영향력(특히, 의뢰된 상담의 경우), 관리 가능하고 현실적인 목표 수립, 적절한 종결 시점 등은 내담자와 조직의 요구를 충족시키는 데에 있어 매우 중요하다. 성과가 무엇이든, 그 성과는 반드시 내담자가 선택한 것이어야 한다.

개별 내담자가 받을 수 있는 상담 횟수는 회사마다 다르지만, 시간제한은 중요한 경계를 설정해 준다. 상담자는 조직의 기대와 개입이 상담시간 제한에 어떻게 영향을 주는지 주지하고 있어야 한다.

조직은 하위체계들로 구성되어 있으며, 각 하위체계들은 의식 및 무의식의 과정이 섞여 있다. 바로 이러한 상황이 상담 과정을 운영하기 위한 맥락이라는 것을 인지하고 있으면, 상담실에서 일어나는 일들이 이러한 다양한 에너지와 과정이 서로 얽혀 있으며 연관되어 있다는 것을 이해할 수 있다. 많은 성분이 혼합된 음료수는 쉽게 취하고 심지어 중독성도 있다. 따라서 조직에서 상담자가 역할을 잘 수행하기 위해서는 정기적으로 양질의 슈퍼비전을 받는 것이 매우 중요하다. 상담자가 상담한 것을 조직에게, 그리고 조직이 상담자에게 적절한 피드백을 주고받는 메커니즘은 내담자–상담자–조직 간의 삼자계약(English, 1975)에 포함된 본질적인 연관성을 드러내 준다.

참고문헌

Adams, A. (1992). *Bullying at Work: How to Confront and Overcome it*. London: Virago.

Barkham, M. (1989). 'Exploratory therapy in two-plus-one sessions. I – Rationale for a brief psychotherapy model', *British Journal of Psychotherapy*, 6 (1): 81–87.

British Association for Counselling (1993). *Code of Ethics and Practice for Counsellors*. Rugby: BAC.

Carroll, M. (1995). 'The counsellor in organizational settings – some reflections', *Employee Counselling Today*, 7 (1): 23–29.

Crandall, R. and Allen, R.D. (1982). 'The organizational context of helping relationships', in T.A. Will (ed.), *Basic Processes in Helping Relationships*. London: Academic Press.

Critchley, B. and Casey, D. (1989). 'Organizations get stuck too', *Leadership and Organization Development Journal*, 10 (4): 3–12.

de Shazer, S. (1985). *Keys to Solution in Brief Therapy*. New York/London: W.W. Norton.

de Shazer, S. (1990). 'Context. From Problem to Solution: A Conference with Steve de Shazer and Insoo Kim Berg', 10-11 May.

Denton, M. (1993). Personal communication with the author in supervision group.

Douglas, D. (1995). 'Beyond the bottom line', *Journal of Counselling at Work*, Summer: 11.

Egan, G. (1994). *The Skilled Helper* (5th Edition). Monterey, CA: Brooks/Cole.

English, F. (1975). 'The three cornered contract', *Transactional Analysis Journal*, 5 (4): 383-384.

Firth-Cozens, J. (1992). 'The effectiveness of short-term counselling'. Occasional paper.

Hay, J. (1992). *Transactional Analysis for Trainers*. London: McGraw-Hill.

Hopkins, V. (1994). 'Is counselling for the organization or employee?', *Journal of Counselling at Work*, Spring: 13-14.

Lane, D. (1990). 'Counselling psychology in organizations', *The Psychologist, Bulletin of the British Psychological Society*, 12: 540-544.

Lewis, J. and Lewis, M. (1986). *Counselling Programs for Employees in the Workplace*. Monterey, CA: Brooks/Cole.

Malan, D. and Osimo, F. (1992). *Psychodynamics, Training and Outcomes in Brief Psychotherapy*. London: Butterworth-Heinemann.

Morgan, G. (1986). *Images of Organization*. London: Sage.

Nelson-Jones, R. (1991). *The Theory and Practice of Counselling Psychology*. London: Cassell.

Orlans, V. (1986). 'Counselling services in organizations', *Personnel Review*, 15 (5): 19-23.

Rogers, C. (1983). *Freedom to Learn in the 80s*. Columbus, OH: Charles E. Meril Publishing.

Sugarman, L. (1992). 'Ethical issues in counselling at work', *Employee Counselling Today*, 4 (4): 23-30.

Van Oudtshoorn, L. (1989). *The Organization as a Nurturing Environment*. Oxford: Van Oudtshoorn Associates.

11장

기업 · 조직상담의 윤리적 이슈

Catherin Shea and Tim Bond

상담자와 내담자는 비밀보장하에 상담하지만, 상담실의 닫힌 문 바깥에 상담 관계를 침해할 수 있는 세력이 있음을 인식하지 못할 가능성이 있다. 만일 상담자가 전적으로 내담자 본인이 돈을 지불하는 개인 내담자만을 상대하는 독립된 개업상담사라면, 상담실이 전적으로 비밀보장이 이루어지는 공간이라는 환상은 어느 정도 현실성이 있다. 그러나 상담이 조직 환경에서 이루어질 때, 상담윤리는 훨씬 더 복잡한 일이 된다. 제3의 존재인 조직은 다양한 사람으로 이루어져 있으며 이자관계를 삼각관계로 확대하고, 심지어는 보다 복잡한 관계의 집합체로 확대한다. 본 장에서는 세 번째 실체라 할 수 있는 조직이 비록 상담자와 내담자처럼 상담실에서 항상 가시적인 존재는 아니지만, 상담 관계에서 이러한 보이지 않는 존재가 지닌 윤리적 함의를 무시하는 것은 현명하지 못하다는 사실에 대해 논의할 것이다. 조직은 상담비용을 지불하는 데 막대한 기여를 하고 있기 때문에, 상담 관계의 윤리 기준이나 치료 관계를 향상시킬 수도, 훼손시킬 수도 있는 힘을 가지게 된다.

조직의 영향력은 서로 다른 수준에서 작용하는데, 세 가지 유형으로 분류해 볼 수 있다. 첫 번째 수준은 금방 눈에 띄는 이슈를 포함하는데, 이 이슈들은 윤리 지침이 논리적이고 체계적으로 명시되어 있는 전문가 윤리강령으로 쉽게 해결될 수 있다. 영국상담협회British Association for Counselling: BAC, 영국심리학회Brirish Psychological Society: BPS

의 상담심리분과Counselling Psychology Division, 그리고 영국심리치료협회United Kingdom Council for Psychotherapy: UKCP의 강령들이 특히 이에 해당된다.[1] 두 번째 수준은 좀 더 미묘한 것으로 조직의 윤리정신(ethos)과 관련이 있다. 윤리정신은 조직에 잠재되어 있는 기본 철학, 가치, 신념, 태도 등으로 조직과 조직 안에서 이루어지는 상담의 일상 업무에 영향을 주며, 명시적인 윤리기준을 조성한다. 이 수준이 얼마나 가시적으로 드러나느냐는 조직들마다 다르지만, 상담자는 조직의 윤리정신을 그리 어렵지 않게 알아차리고, 내담자의 정보를 개방하는 데 미치는 영향을 감지할 수 있다. 세 번째 수준은 더 많이 가려진 것으로, 의문을 갖지 않고 지나치도록, 눈에 띄지 않게 하는 데 꽤 많은 힘을 지닌 부분이다. 우리는 이 수준을 조직의 무의식organizational unconscious이라고 본다. 각 수준의 윤리적인 의미를 고려하기 이전에, 조직이라는 상황에서 상담윤리가 현재 어떠한 지에 관해 우선 탐색할 필요가 있다.

상담 및 상담윤리는 영국 상황에서 다른 유사한 관련 영역들에 비하면 둘 다 상대적으로 역사가 짧다. 상담은 1960년대에 미국에서 영국으로 소개되었다. 상담윤리에 대한 첫 성명서는 1980년대 초기에 최초로 발간되었으며, 이는 1984년에 BAC에 의해 처음 강령으로 출판되었다(BAC, 1984). 이 강령은 1980년 후반에 주요 개정을 거쳐서 개정판이 1990년에 출판되었고, 1993년에는 약간의 개정이 한 번 더 있었다. BAC의 표준 및 윤리위원회 회원의 심사는 강령을 작성한 많은 자들이 조직체, 특히 교육단체, 자원봉사 단체, 보건 서비스 및 사회단체에서 상담을 제공한 경험이 있음을 밝히고 있다. 이와 비교해서, 영리 기관이나 근로자 복지 서비스, 그리고 근로자 지원 프로그램EAPs 등에서 일하는 상담자들이 비록 전혀 없었던 것은 아니지만 이들은 상대적으로 매우 소수였다. 이는 몇 가지 윤리적인 사항들을 충분히 고려하지 못했기 때문일 수 있다. 그러나 우리가 보기에 상담윤리에 관해 현시점에서 가장 큰 생각의 차이는 조직풍토(에토스)[2] 및 조직의 무의식과 관련되어 있기 때문이라고 본다. 이들의 영향력은 다양한 민간 분야에서 보다 더 명백하게 드러날 수 있다.

상담 분야에서 발표된 가이드라인의 가장 큰 괴리는 조직 상황에서 일하는 치료자와 상담자와 연관되어 있는데, 특히 같은 조직에서 일하는 동료 전문가에게 공개

1) 역주: 우리나라의 경우 한국상담학회와 한국상담심리학회의 윤리강령, 그리고 한국상담학회 산하 기업상담학회의 윤리강령 등이 있다.

2) 역주: 원문의 ethos는 사람의 성격이나 습관, 사회나 집단의 기풍이나 정신 등을 뜻한다. 여기에서는 집단의 구성원이 공유하는 가치관과 이상을 뜻하는 의미로 ethos가 사용되었는데, 문맥에 따라 풍토, 분위기, 정신, 윤리의식 등으로 번역하였고, 원어 그대로 에토스로 사용하기도 하였다.

하는 것에 대한 윤리적 여건과 관련이 있다. 이러한 사실은 조직 맥락에서의 상담윤리가 상대적으로 초기 단계의 발달 과정에 있음을 나타내는 것일 수 있다(p. 260 '비밀보장' 참조). 비록 본 장이 상담을 주관하는 조직 내에서의 딜레마와 차이에 집중하고 있지만, 비밀보장 관리에 있어서 BAC, BPS 및 UKCP의 가이드라인과의 괴리는 상담과 심리치료에 대한 규정을 마련하고자 하는 조직 안에 조직적 괴리가 존재한다는 것을 시기적절하게 상기시켜 주고 있다. 이러한 괴리는 상담과 심리치료에 조직의 풍토와 무의식적 세력이 있다는 것을 보여 주는 증거가 된다. 이는 독립된 개업상담가들을 위한 가이드라인과 비교해서, 조직 내 상담에서는 윤리적으로 결합될 수 없는 것으로 여겨진다. 조직 안에서 상담 서비스 제공이 증가하는 것은 우리의 윤리적 성숙도를 실험하는 것일 수도 있다. 왜냐하면 개인상담자들이 조직 내 동료들에 대해 더 큰 책무성과 가시성에 대처해야 하고, 조직이라는 존재를 고려해야 하기 때문에 생겨나는 복잡성은 더 커지기 때문이다. 상담자 전체를 대표하는 전문가 단체로부터 제시된 지침과 조직 현실과의 불일치는 조직 맥락에서의 상담이라는 전문 영역이 아직 발달 단계의 초기에 있음을 나타낸다고 할 수 있다.

상담 및 직업윤리에 깊은 관심을 가지고 있는 저자들로서, 우리는 딜레마를 어떻게 해결할 것인가에 대해서만 지나치게 국한하지 말고, 조직 내에서 상담을 제공함으로써 야기되는 윤리적 문제에 대한 인식을 증진해 가길 원한다. 이러한 목적을 위해 우리는, 특히 캐서린 시어Catherine Shea는 실제적으로 상담하는 과정에서 직면하는 딜레마들의 종류의 예를 수집하였고 윤리 문제를 조명하기 위해 이를 무기명으로 요약했다. 이러한 딜레마들이 어떻게 제거되고 해결되었는지 설명하는 것은 우리의 영역이 아니다. 이 단계에서 상담자와 고용조직 양쪽에서 그들이 제공하는 상담 서비스의 효과를 적극적으로 주장하기 위하여 미리 알기를 원하는 그러한 이슈를 전면으로 부각시키고자 하는 것이 우리의 의도이다. 우리는 상담 전문가 윤리강령 내에서 가장 쉽게 고려되는 문제들을 가지고 논의를 시작할 것이다.

기존의 윤리 원칙과 지침

공표된 강령과 지침은 상담자들이 윤리적인 결정을 함에 있어 내담자들의 이익을 다른 무엇보다도 중요한 것으로 설정하였으며, 이는 조직에서 일하는 상담자들에게 중요한 문제들을 일으킨다.

누가 내담자인가

조직에서 일하는 상담자가 직면하는 중요한 문제들 중의 하나는 '누가 진짜 내담자인가?'이다. 상담자의 서비스에 대해 비용을 지불하는 조직의 대표가 내담자인가? 그래서 상담자와 내담자와 조직의 삼자관계에서 내담자가 가장 강력한 참여자인가? 조직이 많은 사람으로 구성되어 있다고 해서 조직이 상담의 내담자일 수 있다는 것을 배제하지는 않는다. 조직은 그 자체의 힘으로 사회적인 유기체로 간주될 수 있다. 이는 조직 내에서의 과정과 상호작용을 전반적으로 검토해 보면 가장 잘 이해될 수 있다. 상담의 맥락에서 내담자로 간주하는 선례들이 있다. '기업상담'에서, 상담자의 주요한 목표는 그 안에서의 어느 개인의 성공보다는 조직 전체의 성공이다. 비밀은 한 명의 직원과 상담자 간에 존재하기보다는 조직과 상담자 사이에 존재한다. 또한 학생 상담자의 내담자는 상담자를 찾아온 특정한 개인이기보다는 교육기관이라는 것이 논의되어 왔다. 이러한 시각은 상담자가 염려하는 상당한 문제들을 야기하는데, 왜냐하면 이는 상담자를 찾는 학생의 사생활과 비밀보장을 위협하기 때문이다. 실제로 상담에 호의적인 윤리적이고 법적인 논의들이 더 힘을 얻고 있으며(Bond, 1992; 1993: 184-189), 법과 윤리에 있어서 상담자의 주요한 책임은 도움을 원하는 개인을 돕는 것이라는 것이 분명하다.

상담자의 도움을 구하는 개인을 윤리적으로 우선시하는 것은 직장상담자에게 다음과 같은 의무를 창출하는데, 조직에서 구축된 그들의 관계를 기반으로 개개인 내담자에 대한 상담자의 주요 임무를 인지하는 것이다. 어떤 조직의 특성은 내담자를 윤리적 1순위로 두는 것에 제한된 조건을 필요로 한다. 예를 들면, 건강센터에서 일하는 상담자는 주로 그곳 환자나 직원이 위험할 수 있는 한계 사항에 직면한다. 경찰에 고용된 상담자는 아마 경찰에 의해 저질러진 범죄행위에 관해서는 한계를 가질지도 모른다. 중공업 분야에서는, 직원 및 대중의 안전과 연관된 합법적인 제한사항들이 있을 것이다. 전부는 아니지만, 일부 조직들은 조직 그 자체에 반하여 지시되는 심각한 범죄행위를 배제한다. 우리가 아는 한, 상담 전문 영역 안에서 수용할 만한 한계를 설정하는 것에 대해 어떠한 결정도 내려진 바가 없다. 이미 확립되어 온 것처럼 보이는 것들은 조직의 핵심적인 활동으로부터 직접 발생한 것이며, 잠재적인 위험을 막고자 한 것으로, 합리적이고 명확하게 규정될 수 있다.

이러한 한계가 존재한다면, 상담자와 조직은 합의된 범위 안에서 이러한 한계들을 분명하게 설정해야 하며, 내담자들에게도 알려야 한다.

기본 원칙

조직에서 상담자가 직면하는 그다음 질문은 '나의 윤리적인 결정 과정을 안내해 주는 원칙들은 무엇인가?'에 관한 것이다. 본드Bond(1993)는 네 가지 중요한 원칙들을 암시하는 논문들을 광범위하게 써 왔다. 이는 다음과 같다.

- 자율성의 존중: 모든 사람들에게 있어 자신의 선택을 이행하는 것과 관련된 기회를 극대화하는 것은 무엇인가?
- 선행: 최고의 선을 성취하는 것은 무엇인가?
- 해악금지: 손해를 최소화하는 것은 무엇인가?
- 정의: 상담을 제공하는 데 공정한 분배는 무엇인가?

이상의 내용은 현재의 상담자강령을 만든 사람들의 생각에 제일 먼저 자리 잡고 있는 원칙들이다(BAC, 1993). 하지만 이는 완벽한 것이 아니며, 조직에서의 상담은 현재 강령으로는 충분히 다룰 수 없는 측면이 있고, 직무 수행 규정을 적절히 포함하지 못하고 있다는 점에서 논쟁의 여지가 있으므로, 추가적인 원칙을 고려할 필요가 있다. 앤드류 톰슨Andrew Thompson(1990)은 아주 자세한 정보를 제공하는 『심리치료에 대한 윤리 실제』에서 다음의 추가적 내용을 포함하는 여섯 가지 원칙에 대한 논의를 전개하고 있다.

- 충실성: 상담자는 명시적으로 혹은 묵시적으로 무엇을 약속하고 이러한 약속은 어떻게 지켜져야 하는가?

이러한 원칙에는 이중 관계에 대한 것(p. 262 참조)과 비밀보장에 관한 약속이 포함된다. 이는 상담 관계에서의 신뢰와 진정성에 주목하게 된다. 우선순위에 있어서 이 원칙은 그에게는 최상의 가치인 자율성의 원칙과도 아주 밀접하다.

톰슨의 여섯 가지 원칙에 있어서, 가장 놀라운 것은 아마도 '자기이익self-interest'으로 규정된 것이다. 그는 상담자의 자기이익이 드러나지 않아 알려지지 않은 것보다 훨씬 더 공공연히 고려되며, 윤리적 의사 결정에 있어서 보이지 않는 힘으로 작용한다고 주장한다. 자기이익은 이기심과는 다르며, 상담자가 효과적으로 기능하기 위해 요구되는 것으로, 상황에 대한 적절한 인식을 의미한다.

각각의 다른 원칙들은 자기이익의 내용을 정의하는 데 적절하다. 예를 들어, 자기이익의 구성 요소는 다음을 포함한다.

- 자율self-autonomy: 직업적인 자율성을 추구하는 것
- 자아 충실self-fidelity: 스스로가 자신과 한 약속의 신뢰를 지키는 것
- 자아 정의self-justice: 전문가로서 그리고 직업들 간의 경쟁 내에서 적절한 보상을 추구하는 것
- 자아 선행self-beneficence: 자신에 대해 적절히 선하고 자기발전을 위한 기회를 추구하는 것
- 해악금지non-maleficence: 물리적이고 심리적인 위해 또는 불필요한 소송으로부터 자신을 보호하는 것

우리는 이러한 원칙에 대해 관심을 두었는데 왜냐하면 이는 특히 조직에서 일하는 상담자들에게 해당되기 때문이다.

상담자가 자원과 지위를 얻기 위해 조직에 의존하는 상황이라면, 내담자나 상담자, 또는 조직의 불이익을 야기하는 공공연한 이해관계의 갈등을 잠재적으로 만들게 된다. 하지만 좀 더 다른 미묘한 힘들이 작용하여 비슷한 효과를 만들어 내는데, 이는 상담자의 적절한 '자기이익'이 윤리적인 의사 결정 과정에 포함될 때, 조직의 풍토나 무의식도 더 강력하게 고려되기 때문이다. 따라서 이러한 원칙들은 특히 조직 내에서 관련이 있는데 이는 상담자가 전체 역동에서 별개의 존재가 아니라, 중요한 요인이기 때문이다.

최고 가치인 자율성

상담의 본질은 하나의 원칙이 다른 모든 것들보다 우선한다는 것을 의미한다. 내담자의 자율성을 존중하는 것은 상담의 직업윤리를 구축하는 시금석이다. 이는 매우 중요한데, 왜냐하면 상담은 내담자의 적극적인 참여에 의해서만 가능한 활동이기 때문이다. 다음과 같은 다소 진부한 농담은 중요한 진실을 담고 있다.

> **Q**: 전구를 바꾸는 데 필요한 상담자는 몇 명입니까?
>
> **A**: 한 명입니다. 그러나 전구가 진짜 바뀌길 원해야만 합니다.

치료 과정은 내담자의 자율성, 자기 통제 능력, 상담 관계의 안과 밖을 강화하는 것이다. 내담자의 자율성에 대한 존중의 원리에 전문적으로 헌신하는 것은 많은 상담적인 결과를 낳게 된다.

1. 상담은 자발적인 활동이다. 조직의 상담자들은 때때로 상담을 받으라고 상담실로 보내진 사람들을 맞이하게 된다. 이러한 경우 두 가지 방식으로 대응할 수 있다. 상담자는 그들이 진정으로 상담받기를 원하는지 아닌지를 평가하고, 이에 따라 내담자가 자율적인 선택을 할 권리를 확립할 수 있도록 시간을 준다. 또한 상담자는 내담자를 '보낸 사람' 혹은 조직을 대상으로 상담에 의뢰하는 적절한 방식을 교육하려고 노력할 수도 있다.
2. 상담 관계에서 내담자가 충분히 정보를 얻고 자유롭게 선택할 수 있게 하는 것은 매우 중요하다. 이는 내담자가 상담 방법을 선택하기 위해 필요한 정보를 얻을 수 있고, 다른 상담 방법이나 다른 상담자도 선택 가능하며, 이러한 결정을 주기적으로 검토할 수 있다는 것을 확실히 한 후 상담이 이루어져야 한다는 것이다.
3. 상담자와 내담자 간의 계약은 명확히 이루어지는 것이 중요하다. 일반적으로 약속을 잡거나 지키는 것, 상담료의 지불방식, 그리고 가능한 상담 회기 수의 제한 등이 계약의 내용이 된다. 비밀보장은 조직 내에서 반복되는 관심사이니, 특히 주의를 기울여야 한다(다음 절 참조). 종종 이러한 내용들은 개별적으로 협상하기보다는 상담정보 안내지에 제시하기도 한다. 그러나 치료 목표 역시 계약의 일부인데, 이는 내담자와 개별적으로 협의가 이루어져야 한다. 내담자의 치료적 기대치를 상담자가 명심하고 상담 과정에서 주기적으로 검토함으로써, 상담 관계에서 개인의 자율성을 존중할 수 있게 된다.
4. 상담자와 내담자는 각자 분명한 책임의 영역이 있다. 내담자는 자신의 삶에서 상담을 하게 된 것에 대한 책임을 가진다. 이는 결과에 대한 책임을 의미하기도 한다(Rowan, 1983). 상담자는 상담에서 사용하는 방법에 책임을 지며, 이것이 내담자와 합의한 치료적 요소에 적합하게 사용되고 있는지 주의를 기울여야 한다. 각자의 책임 영역이 있다는 것은 상담자가 '돌파구를 마련'해 주거나, 내담자를 '치유하는' 책임을 지는 것이 아니라는 의미이다. 비록 상담자가 이를 용이하게 해 줄 수는 있다 해도, 궁극적으로는 내담자 스스로 해야 하는 일이기 때문이다.

5. 비밀보장을 위해 노력해야 한다. 상담 관계 안에서 명확한 경계를 유지하는 것(특히, 내담자를 착취하지 말 것)과 대외적으로도 (특히, 이중 관계) 경계를 분명히 해야 한다. 이러한 행위들은 내담자의 안전감과 자발적인 행위능력에 악영향을 미칠 뿐 아니라, 별도로 고려해야 할 중요한 윤리적 문제들이다.

비밀보장

비밀보장 관리는 조직에 있는 상담자가 가장 많은 관심을 갖는 사항일 것이다. 내담자들은 직장 동료나 고용주뿐만 아니라, 외부인에게 자신의 개인정보를 보호하는 데 관심을 기울인다. 상담이 그럴 만한 가치가 있도록 내담자가 충분히 마음을 열고 솔직해지기 위해서는 개인의 프라이버시와 비밀보장이 필요하다. 반면에, 상담자는 내담자를 의뢰한 사람이나 다른 전문가들로부터 내담자의 진전에 대한 정보를 공유하라는 압력을 받을 수 있고, 상담자가 사용한 시간과 자원에 대해 조직에 설명하기 위해 결과 보고서를 제출해야 하는 압력을 받을지도 모른다. 물론 내담자를 도우려는 선한 의도로 비밀정보를 공개하라는 압력을 받을 수도 있다. 반면에, 어떤 경우에는 선의가 아니라, 징계위원회 등과 같이 내담자의 결점을 밝히기 위해 정보를 요구할 수도 있다. 경험상 말하자면, 상담자는 내담자의 이익에 반하건 도움이 되건 간에, 내담자를 식별할 수 있는 개인정보는 동일한 기준으로 다루는 것이 중요하다.

비밀보장에 대한 일반적 원칙들은 잘 정립되어 있다. 일반적으로 비밀보장은 지켜져야만 한다. 내담자에 관한 비밀정보는 특정한 상황에 대해 계약이나 협상이 이루어졌더라도, 내담자가 충분히 설명을 듣고 자유로이 동의한 경우에만 공개되어야 한다. 이상적으로는, 비밀정보를 공개하는 것은 내담자가 직접 하는 것이 좋으나 이것이 항상 가능하지는 않다. 혹은 상담자는 내담자가 누구인지 확인해 달라는 요청을 받기도 한다.

상황에 따라서는 다른 방식의 반응을 필요로 하는데, 다음과 같이 구분될 수 있다.

1. **제3자에게 정보 공개:** 내담자의 동의 없이는 이것은 금지되어 있다.
2. **팀 구성원에게 정보 공개:** 예를 들면, 상담자들은 상담팀의 일원으로 일할 수도 있고, 여러 분야의 전문가들로 구성된 팀의 일원으로 일할 수도 있다. 각 전문가집단에서 요구되는 최소한의 직업윤리는 차이가 있다. BAC 내담자의 동의

를 필요로 하거나, 최소한 내담자에게 이러한 의사소통에 대해 사전에 알릴 것을 요구한다(BAC, 1993: ss. B4.3, 4.6). BPS는 비록 상담심리학자들이 더 엄격한 가이드라인을 가지고 있지만(BPS, 1995: s. 1.5), 동료에게 공개하는 것에 대해 단순히 사전에 내담자에게 알리려고 '노력할' 것만을 요구한다(BPS, 1993: s. 4.2.). UKCP는 내담자의 최선의 이익을 우선한다는 전문적인 판단하에 동료에게 공개할 것인지를 결정한다. 그러나 내담자의 담당의와 관련 정신의학 서비스 기관에 공개하는 것에 대해 내담자가 알아야 하는 부분에 대해서는 애매한 입장을 취하고 있다(UKCP, 1993: s. 2.5.). 우리의 견해로는, 내담자의 사전 동의를 구하지 못한다면 그 어떠한 것도 충실성과 자율성의 원칙을 손상시키므로, 이를 설득할 만한 윤리적 해명이 필요하다.

3. **내담자를 지원하는 곳에 정보 공개:** 이는 두 가지로 구분할 수 있다. ① 다른 기관이나 단체에서 전문적으로 내담자를 의뢰한 경우, 진행 사항에 대해 약간의 피드백을 요구한다. 내담자에게 이러한 피드백의 내용을 알리는 것은 바람직한 행위로 여겨지며, 내담자가 원하는 바에 따라 이러한 피드백 내용은 조정할 수도 있다. 자발적으로 찾아온 내담자들의 경우 이러한 문제를 야기하지는 않는다. ② 내담자에게 도움이 될 만한 다른 기관에 의뢰할 경우, 내담자에게 충분한 정보를 주고 사전 동의를 얻게 된다. '정보를 충분히 얻는다'는 뜻은 비밀보장에 대한 기관의 정책과 이용 가능한 도움의 종류를 내담자가 충분히 인지한다는 것이다. 상담자는 내담자의 정보를 드러내지 않고 이러한 정보를 얻기 위해 기관과 사전에 협의를 해야 할 수도 있다.
4. **내담자의 비밀보장 권리를 넘어서는 윤리적이고 법적인 규정:** 당연히 예상할 수 있는 비밀보장의 한계는 안내 팸플릿이나 내담자와의 계약서 안에 포함되어야 한다. 대부분의 전문 윤리강령에서는 내담자를 심각한 자기위해self-harm로부터 보호하는 의무(BAC, 1993: s. B4.4; BPS, 1995: s. 4.3; UKCP, 1993)와 심각한 위해로부터 타인을 보호하는 의무(BAC, 1993: s. B4.4; BPS, 1995: s. 4.3)가 비밀보장의 의무보다 우선한다는 것을 인정하는 편인데, 분명히 그렇다. 법적이고 윤리적인 요구 사항은 복잡하며, 어디에서든 광범위하게 토론되어 왔다(Bond, 1993, 1994a).

조직에서 효과적인 비밀보장 방침을 관리하기 위해서는 상담자(그리고 보조직원)의 고용계약서, 기록보존에 관한 규정, 내담자에게 자신의 권리에 대한 정보를 제공하는 안내문, 조직이 동의하고 지지하는 보다 포괄적인 규정, 내부 불만 사항 처리 과정과 직원훈련 계획 등에 보다 관심을 기울여야 한다. 알코올 및 약물 서비스를 위해 개발된 일부 권고 사항은 직접적으로 조직 내의 모든 상담에 적용된다(Standing Conference on Drug Abuse/Alcohol Concern, 1994).

내담자와의 관계에서 경계선 존중

내담자와의 경계 설정 문제는 조직에서 특히 중요한데, 이는 상담자가 크건 작건 간에 내담자의 근로 환경을 구성하는 한 부분이기 때문이며, 그 반대의 경우도 마찬가지이다. 상담에서 내담자를 금전적으로, 성적으로, 정서적으로, 또는 어떤 방식으로든 착취하지 않아야 할 의무는 잘 확립되어 있다. 현재 또는 이전 내담자와의 성적 관계가 위험하다는 것이 상담자들 사이에서 잘 알려져 있지만(Pope et al., 1993; Russell, 1993; Bond, 1994b; Jehu, 1994), 대다수의 다른 직원들에게는 잘 적용되지 않는 것 같다. 금전적인 것에 관한 경계는 조직에서 더 문제가 된다. 내담자가 아닌 제3자가 비용을 지불함으로써 관여하게 되면, 내담자에게 불리하게 적용될 수 있는 이익갈등을 야기할 가능성이 커진다. 예를 들어, 물자 사용 내역을 설명하는 방식에서 직접적으로 내담자의 이름을 공개하거나, 간접적으로 내담자의 신상을 추론할 수 있는 정보를 요구받게 되면, 내담자의 비밀보장을 손상시킬 수 있다. 이는 윤리적으로 바람직하지 않다.

이중 관계는 조직 안에서 빈번하게 일어난다. 내담자들 중 어느 한 사람과 동시에 여러 다른 관계를 유지할 경우, 상담자는 이중 관계를 맺게 된다. 또한 상담자가 조직 안에서 다른 역할을 수행할 때, 이를테면 교육, 인사 및 복지 관련 정책에 참여하게 되면, 이중 관계를 맺을 가능성은 더 많아진다. 각각의 모든 상황에서 내담자나 상담 관계에 잠재적인 해를 끼칠 가능성은 없는지 늘 주의 깊게 살펴야 할 필요가 있다. 이 문제들과 관련된 몇 가지 논의는 헐리히Herlihy와 코리Corey(1992)의 저서에서 찾아볼 수 있다. 때때로 상담자들은 징계절차의 한 과정으로서 내담자를 만나보라는 요청을 받기도 한다. 이러한 방식은 종종 선한 의도로 징계절차의 대안으로 제시된다. 하지만 상담자와 처벌자의 두 가지 역할을 모두 제대로 유지하는 것은 매우 어렵다. 고용주는 내담자에게 무엇을 기대하는지를 명확하게 말해 주어, 징계 과정을 상담과 구분하는 것이 훨씬 낫다. 관련 고용주는 내담자를 돕기 위해 상담을 제공할 수도 있지만, 징계절차는 직원이 상담에 임하든 아니든 간에, 별개로 이루어져야 한다.

상담 슈퍼비전

상담 경험이나 훈련 수준과 상관없이, 상담자가 정기적이고 지속적인 슈퍼비전을 받아야 한다는 윤리요건은 영국에서는 전통적인 관례다. 이러한 요건은 국내 및 국외의 유사한 직종에서 점점 더 많이 채택되고 있다. 슈퍼비전 활동이 이루어져야만 하는 데에는 많은 이유가 있는데, 상담 관계 및 상담의 전 과정에서 겪는 어려움에 대한 슈퍼비전이 필요하고, 늘 타인의 고통을 다루면서 받은 개인적 영향을 경감시킬 필요가 있으며, 상담 실무에서 더 노력하고 단련을 해야 할 필요성이 있기 때문이다.

인스킵Inskipp과 프록터Proctor(1989)는 슈퍼비전의 과제를 다음과 같이 구분하였다.

1. 형성formative: 새로운 이론과 기술의 습득, 경험에 대한 성찰, 내담자에 의해 제기된 특정한 문제에 관한 지식을 전하는 것
2. 규범normative: 윤리 기준의 이행, 상담의 품질 유지 및 내담자로부터 받는 피드백에 대한 고려 등에 대한 모니터링
3. 회복restortaive: 상담으로 인해 야기된 개인적인 문제와 스트레스를 다루고, 성과를 입증하는 것

내담자와 조직 양쪽과의 관계를 고려해야만 상담자가 겪는 어려움은 또 다른 과제가 요구된다는 것을 의미한다.

4. 전체적 관점perspective: 상담과 조직, 그리고 내담자에게 도움이 될 만한 다른 자원 간의 관계를 탐색하는 것

특히, 이 마지막 과제는 조직 안에 잘 보이지는 않지만, 상담자와 내담자를 침해하는 강력한 힘이 상담 과정을 운영하는 데 위협이 될 때, 매우 중요한 의미를 갖는다. 이에 관해서는 다음 두 절에서 자세히 다루게 될 것이다.

조직풍토와 관련된 문제들

상담윤리에서 조직풍토에토스, ethos에 관한 사항들은 제대로 관심을 받지 못해왔다. 이러한 에토스는 조직 내에 공유된 특징적인 태도와 조직 안에서의 상호작용을 알려 주는 믿음과 가치에 의해 확인할 수 있다. 이 글을 작성하기 위해서 우리는 상담자들로부터 실제 사례들을 수집하였는데, 상담윤리와 조직풍토의 관계가 단순하지 않거나 쉽게 예측할 수 없다는 것을 알 수 있었다. 그러나 우리는 상담윤리에 실제적인 함의를 찾기 전에 몇 가지 예비조사 내용을 개괄하고자 한다.

첫 번째 조사는 이전 장에서도 밝혀진 바와 같다. 상담 분야는 상담 전문가 단체에서 합의하여 제시된 고유한 윤리의식을 가지고 있으며, 이러한 상담윤리는 훈련과정을 통해 전수받고, 관련 문헌에서 강조되고 있다. 영국의 경우, 상담은 집단보다는 개인에게 가치를 두고, 행동에 대한 객관적인 기술보다는 주관적인 경험에 더 관심을 두며, 조직에서의 성공과 성과보다는 구성원의 고통과 어려움에 더 반응하는 것이 더 중요한 가치가 있다고 보는 것이 일반적인 풍조이다. 주요 치료 접근과 전국 전문가 단체가 강조하는 부분이 다소 차이가 있긴 하지만, 개인의 자율성과 비밀보장을 중시하고, 이중 관계에 대한 주의를 강조하는 기존 원칙들은 상담에 스며 있는 기본적인 윤리의식을 천명하고 있다. 외부에서 보면, 상담정신은 당혹스럽거나, 조직문화에 반하는 것으로 보일 수 있다. 비판적인 입장에서는 이러한 상담정신이 사회적 맥락을 무시하는 개인주의적인 것이며, 조직 내의 정치와 권력에 대해 순진하고 개인적인 문제를 파내려고 집착하고 필요 이상으로 비밀스럽다고 볼 수 도 있다. 조직 안에 이러한 관점이 존재한다는 것은 대개 상담정신과 조직풍토에는 차이가 존재한다는 것을 의미한다.

상담과 부합되는 풍토에서 일하기

상담정신에 잘 부합되는 조직에서 합법적이고 윤리적인 문제의 원인이 되는 상황이 발생할 수 있다. 예를 들어, 조직 내에서 가치 있게 여기는 개념과 언어가 상담에서의 접근 방법과도 지나치게 일치한다면, 어떤 내담자들에게는 이 자체가 억압적일 수 있다.

사례연구

영업상무 이사인 빌은 점점 더 자신의 업무에 환멸을 느끼면서 더욱 의기소침하게 되었다. 아마도 그는 인생에서 새로운 의미를 가져올 변화를 감지할 수 없다고 느끼는 중년의 위기를 겪고 있는지도 모른다. 직원 건강 부서의 상담자는 실적 위주의 영업을 하는 조직문화와 가장 양립하는 모델로서 문제관리를 위한 동기개발 접근과 해결중심치료만을 전적으로 사용하고 있다. 상담자와 내담자 모두 내담자의 문제가 동기부여를 하고자 하는 언어와 개념에 대해 염증을 느끼고 있기 때문이라는 사실을 깨닫지 못했고, 상담을 할수록 그는 더 우울해졌다. 그가 자신의 삶과 관계, 그리고 영성에서 뭔가를 더 원하고 있다는 알 수 없는 감정은 그가 급성 정신병동에 입원하기 전까지는 인식되지 못했었고, 그는 이제 대안적인 치료 접근법을 사용하고 있다.

이 사례는 상담과 조직의 풍토(에토스)가 지나치게 일치할 때, 상담자와 내담자 둘 다 중요한 문제를 놓칠 수 있고, 때로는 내담자를 얼마나 심각하게 무력화할 수 있는지를 보여 주고 있다. 상담에서 반문화적인 요소가 내담자와 조직에게 이득이 될 수 있다고 추론하는 것은 너무 앞서가는 것일 수 있다. 하지만 상담과 조직의 에토스가 매우 높은 수준의 양립성을 유지하고 있다면, 상담자와 슈퍼바이저, 그리고 조직은 보이지 않는 사각지대가 있을 가능성을 고려할 필요가 있다.

주체인 조직과 상담의 에토스가 양립하는 것은 실제보다 훨씬 더 분명하다. 예를 들어, 공유된 언어는 오해의 소지가 있다.

사례연구

병원에서는 환자상담을 위한 간호사 교육과 동료들에게 동료상담을 제공하기 위해 제라드 이건Gerard Egan(1994)이 개발한 3단계의 문제관리 접근법을 선택했다. 이 모델을 선택한 이유는 간호사들이 이미 교육을 받은 환자 간호의 3단계 모델과 부합되며, 간호에서 환자중심 접근이 강조되고 있기 때문이다. 이후에 간호사들에 의해 이루어진 상담 슈퍼비전을 살펴보니 이 모델에서 필수적인 요건인 개인적인 자질은 도외시한 것으로 밝혀졌는데, 이는 간호와 상담에 의학적 접근이 흡수되었기 때문이다. 상담 슈퍼비전은 위계적인 의료계 풍토에 적합하게 수정되었는데, 감정을 드러내는 것, 특히 상담자의 개인적 취약점을 드러내는 것을 삼가도록 하였다.

이 사례에서처럼, 언어와 개념이 유사한 경우 우세한 의료계 풍토가 승리함으로써, 서로 다른 에토스의 충돌을 은폐하게 된다. 아마도 간호 모델과 상담 모델의 잠재적 차이를 더 많이 인식하고, 지배적인 문화에 도전하려는 시도가 있었다면, 상담을 받는 환자와 동료의 이익을 위해 상담정신을 더 효과적으로 이행했을 수도 있다. 상담정신과 간호정신의 차이가 더 컸더라면, 몇 가지 문제가 가시적으로 드러나서 이러한 과정에 도움이 되었을 것이다.

상담과 다른 풍토에서 일하기

풍토(에토스) 간의 차이 역시 상담자에게는 도전이다. 몇몇 사례는 조직 안의 다른 풍토가 상담의 윤리적인 실천과 모순이 되는 경우가 있는데, 특히 내담자의 자율성에 대한 태도에 있어서 그러하다.

사례연구

학교상담자가 절망의 순간에 자살을 시도한 12세 학생을 상담하고 있다. 아이는 이 사실이 다른 사람, 특히 부모와 선생님에게 알려지지 않을까 안절부절못했다. 상담자는 부모나 선생님 누구에게도 성급히 이를 알리면 아이의 절망감만 더 깊게 할 뿐이라고 판단하였다. 하지만 상담자 역시 일반적으로 학교에서 어린아이들을 보호해야 한다는 에토스를 알고 있었고, 이러한 중대 사안에 대해 부모와 교사가 알고자 하는 기대가 있다는 것도 인식하고 있다.

이러한 예는 아이들을 보살피는 조직에서 일하는 상담자가 직면하는 많은 상황 중에서 전형적인 경우이다. 상담윤리가 발전해 가는 데 스며든 이러한 에토스는 자율적 성인에게 적절한 가치와 신념체계이다. 어린이들에게 적합한 윤리 원칙에는 상대적으로 관심이 적었는데, 특히 조직의 맥락에서는 더욱 그러하다. 상담자가 이러한 딜레마에 직면하게 되면, 윤리적이고 법적인 지침의 원칙은 어린이의 복지가 되어야 하고, 이에 대한 평가 역시 아이들이 요청하는 비밀보장을 고려해야 한다는 것을 인식해야 한다. 그러나 이러한 비밀보장을 요청하는 일이 있고, 또 중요한 일이지만, 성인들과 비교해서 같은 비중으로 다루지는 않는다. 비밀보장의 요청에 담긴 중요성은 아이의 성숙도와 이해도에 따라 증가하지만, 궁극적인 원칙은 아이들의 최선의 이익에 함께하는 것이다. 비록 이러한 원칙은 말로는 쉽지만, 특정 상황에 적용할 때는 종종 문제가 된다. 이런 상황이 되면, 상담수는 상담자와 학교 안의 다른 핵심인물들, 특히 교장선생님과의 관계에 따르게 될 것이다. 서로 존중하고 서로의 능력에 신뢰를 기반으로 관계를 맺고 있다면, 학생과의 상담에서 적절한 결정을 내릴 가능성이 더 크다. 그러나 관계가 신뢰가 덜 하다면, 자해에 관한 모든 내용을 공개해야만 하는 대원칙을 만들거나, 상담자가 비밀을 적절히 보호하지 못하는 부적절한 단계로 후퇴하도록 만든다. 결국, 이로 인해 몇몇의 아이들의 경우 불필요하게 상처받게 된다.

어떤 내담자들은 실제로 자율적인 의사 결정을 내릴 수 있는 권한을 포기해야 하고 보호받지 못한다고 의심하는 것으로 여겨질 때도 있다.

사례연구

피터는 상담자에게, 회사 사장의 돈을 자신의 이익을 위해 빼돌리는 방법을 알아냈고, 오랜 기간 마약을 구입할 금액을 얻기 위해 이렇게 해 왔다는 사실을 고백했다. 상담자와 내담자 간에는 사전 계약이 없었고, 상담자와 피터의 사장(상담비용을 지불하는 고용주) 간에도 이러한 상황에서 비밀보장의 한계에 대한 사전 협약도 없었다. 상담자는 이러한 횡령과 비밀보장의 제한 사항이 없는 이유가 회사 안에 서로에 대한 신뢰가 매우 높은 풍토로 인한 것이라는 것을 깨달았다.

상담자는 난처한 상황에 처해 있다. 직업윤리를 엄격하게 적용하자면 그녀는 비밀을 지켜야만 한다. 그러나 그렇게 하는 것은 피터가 신뢰를 남용한 것처럼 그녀 역시 고용주의 신뢰를 배반하는 것이고, 도덕적으로 공범이 된다는 것을 인식하고 있다. 이 사례는 도덕적 딜레마가 법칙보다는 에토스와 관련된 것임을 보여 준다. 아마도 선견지명이 있는 상담자라면 이러한 상황을 예측하고 고용주 및 내담자와 명확한 계약을 협상할 것이다. 그러나 이러한 합의가 없다면, 상담자는 신뢰를 중시하는 가치 및 신념과 신뢰를 배반하는 것 사이에서 좌불안석이 될 것이다. 어떤 상담자들은 내담자 그룹이 성범죄자들처럼 전체적으로 도덕적인 불신을 받는 조직에서 일한다. 이러한 조직의 분위기(에토스)는 모든 내담자들에게 비밀보장이나 사생활의 권리를 포기할 것을 요구한다. 이러한 경우 상담자에게는 문제가 될 수 있다. 왜냐하면 상담 전문 분야는 전체주의적 관점으로 개인을 불신하는 어떤 것도 거부하려는 풍토이기 때문에, 이러한 근로 환경의 풍토와는 매우 다르기 때문이다.

서로 다른 문화의 조직에서 일하는 상담자들은 간혹 상담에서 알리는 가치와 신념을 넘어서는 중대한 도전에 직면한다. 어떤 문화는 가족이나 지역 혹은 사회적 집단에 기반을 둔 집단 정체성이 훨씬 더 강하다. 이러한 환경에서, 개인의 자율성에 기반을 둔 직업윤리는 '서구화'로 여겨질 수 있고 전문 직업윤리의 기반으로 이해받지 못할 수 있다. 어떠한 문화는 성과 성생활에 대해 매우 다른 태도를 지니고 있다. 다시 말해, 영국의 어떤 백인 상담자는 조직이나 내담자의 문화와는 매우 대립되는 직업문화에서 일한다는 것을 깨달을 것이다. 사회가 문화적으로 다양해질수록, 상담자와 내담자, 조직 간에 우선순위가 바뀌기도 하고, 이러한 차이를 조정하는 일이 많아지게 된다. 모든 상담자들이 인종 및 문화의 차이에 민감해지고 부응할 수 있게 훈련하기 위한 관점들이 점차 잘 정립되고 있다(Largo and Thompson, 1996). 문화적 다양성과 이것이 근로 환경에 미치는 영향을 고려하게 되는 국제통상 분야에서 상담이 배울 수 있는 부분도 많을 것이다(Hofstede, 1980).

기업상담윤리에서 조직풍토의 차이가 가지는 윤리적 의미

몇 가지 예비적인 결론을 나열하면 다음과 같다.

1. 우리는 조직풍토(에토스)의 차이가 가지는 속성과 이것이 상담윤리에 어떤 의미를 가지는가를 이해하는 데 있어서 비교적 초기 단계에 있다. 조직에서 일하는 상담자들은 종종 고립되어 일하거나 상대적으로 수가 적기 때문에, 비록 에토스를 변화시키는 것이 적절하다고 여겨져도 그렇게 하기에는 상대적으로 힘이 없다. 현시점의 상담윤리는 조직이나 내담자가 지닌 에토스에서 야기된 문제에 대해 어떻게 대응해야 하는지에 관한 구체적인 지침을 제공해 주지 못하고 있다.
2. 상담자들 중에는 상담이 고유한 정신(에토스)를 가지고 있다는 것에 대해 인식이 부족할 수 있고, 이런 경우 상담자들 간의 다양한 차이에 대해서도 부적절하게 독단적이고 무감각해질 수 있다. 상담자들 중에 우세한 인종과 계층(예:

백인 지식인 중산층)이 상담자, 내담자, 조직 그리고 상담 분야의 문화가 지닌 에토스가 변화할 수 있는 가능성을 보지 못하게 만들 수 있다.
3. 에토스와 상담의 신념 및 가치가 매우 잘 맞는다고 해서, 윤리적 딜레마를 피할 수 있으리라고 생각하는 것은 너무나 단순한 생각이다.
4. 에토스와 상담윤리의 관계에 대해서는 연구해 볼 만한 여지가 크다. 특히, 조직 내에서 상담이 이루어지는 경우에 더욱 그러하다.

조직의 무의식

조직은 그들만의 삶을 특징적으로 나타내는데, 이는 개별적인 업무담당자들이 이루어 낸 업적보다 훨씬 더 지속적인 것이다. 조직은 사회구조물로서, 내적 역동을 지닌 사회적 실체로 볼 수 있는데, 이 역동은 조직을 만들고 유지하는 개인들의 심리사회적 역동과 유사하다. 의식적인 요소는 조직을 결속시키는 명시적 규정과 조약에 담겨 있기에, 상담자가 대체로 쉽게 이해할 수 있다. 에토스와 관련된 사항은 금방 눈에 뜨이거나 상담자가 주의를 기울이면 쉽게 인식할 수 있는 것으로, 조직의 상호작용의 표면 위 또는 바로 아래에 있다. 반면에 조직의 무의식이나 최소한으로나마 감지할 수 있는 부분은 의식화되기에는 너무 감추어져 있기 때문에, 표면에 드러나기 위해서는 더 지적이고 더 정서적인 노력을 필요로 한다. 무의식은 파악하기 어렵고 모호해서 잘 드러나지 않는다. 조직에 무의식이 존재한다는 것은 상담윤리에는 중대한 의미가 있다. 조직의 무의식이 명시적인 윤리강령을 지지하거나 훼손하는 추진력과 흡인력을 갖고 있기 때문이다. 개인들과 마찬가지로, 조직의 심리는 좀처럼 통합되거나 조화로운 전체가 될 수 없다. 오히려 때때로 서로 대립되는 분야에 관여하고 에너지를 쏟기 때문에 서로 분리되고 단절되면서 분열되기 쉽다. 몇몇 사례들은 상담윤리에 조직의 무의식이 가지는 중요성을 보여 주고 있다.

영구 존속을 향한 노력

조직이 자신을 존속시키려는 것은 조직의 기본 동력이다.

사례연구

산업보건 분야에서 일하는 한 상담자는 회사의 한 부서에서 스트레스와 관련된 질병의 발병률이 더 높다는 것에 주목했다. 그녀는 관련된 개인들에 대해 점점 더 걱정되기 시작했는데, 이들 중 몇몇은 자살에 이를 수도 있었다. 상담자는 회사 전체가 인수될 위기에 있고, 이 부서의 생산성이 떨어지는 것은 회사의 독립적인 위치를 위협하는 것이라는 것도 알게 되었다.

이러한 예는 비교적 많은 조직에서 볼 수 있는 일반적인 시나리오이다. 만약 회사의 다른 부서가 살아남고 회사 경영이 낙관적이고 목적의식이 있다면, 직원들은 어려운 역할을 감당하는 데 추가적인 지원을 받을 수 있다는 긍정적인 기대를 할 수 있을 것이다. 상담자의 역할은 직원들이 이러한 자원을 스스로 동원하도록 돕는 것일 수 있다. 왜냐하면 스스로 존속하고자 하는 조직의 건강한 의지는 내담자와 상담자의 자산이기 때문이다. 그러나 이 내담자들은 지치고 고립되고 탈진하여 살아남으려는 의지를 상실한 조직의 현 상태를 가시적으로 보여 주는 징후일 수 있다. 이러한 점에서, 개인의 자살사고는 조직에 퍼져 있는 문제를 나타내는 징후이다. 이러한 상황에서 내담자에게 제시되는 선택안은 좀 달라야 하는데, 만일 상담자가 낙관주의를 불어넣게 되면, 불가항력적인 것에 적응하는 건강한 과정을 지연시키거나 막게 될 수 있다. 물론 상담자가 조직의 미래를 평가하는 위치에 있지는 않다. 그러나 만일 그러한 위치에 있다면, 내담자의 이익을 위해 일하는 것이 상담자의 직업윤리이며, 이는 내담자에게 어떻게 반응할지를 결정하는 것과도 관련이 있다.

때때로 조직은 자신을 존속시키려는 동력으로 인해, 회사 안의 비윤리적 행위를 무의식적으로 보지 못할 수 있다.

사례연구

상담자는 내담자들을 통해 한 부서의 관리자가 특정인 몇 명을 조직적으로 괴롭힘으로써, 부서원들에게 상당한 정신적 고통을 가하고 있다는 것을 알게 되었다. 이 부서는 생산성을 유지하고 있기 때문에, 경영진은 이 까다로운 관리자를 유능한 사람이라고 보고 있다. 그러기에 목표 달성을 이루고 있는 조직의 이 부서에 끼어들고 싶어 하지 않았다. 부서원들은 경영진에게 상황의 심각함을 알렸지만, 불평불만 정도로만 받아들이고 믿지 않았다.

조직 내 괴롭힘에 대한 연구는 이러한 사례가 걱정스러울 만큼 많아지고 있다는 것을 보여 준다(Adams, 1992). 하우스House는 "조직행동의 많은 역기능적인 부분이 조직 안에 존재하는 진짜 어려움과 갈등을 회피하고 모두가 부인한 결과"(1996: 43)라고 하였는데, 앞의 예시는 이를 드러내 주는 사례 중 한 가지에 불과하다. 내담자에게 해가 되는 역기능적 행동에 대해 상담자가 조직에 알리는 책임을 얼마나 공유할 것인가의 문제는 이후에 다루고자 한다.

파괴적인 역동의 잠재력

조직을 기능과 숙련도에 따라 하위 그룹으로 나눌 필요가 있다. 대부분의 조직들은 하나의 단일체로 기능하기에는 너무 크다. 부서가 생기면 조직의 무의식의 다른 측면이 작동하게 되는 이상적인 환경이 마련된다. 조직 내 그룹들은 부정적 이미지의 투사대상이 되기도 한다. 어떤 그룹은 다른 그룹과 경쟁적인 상대라는 생각과 전체조직에 대해 가지는 음모설이나 무의식적 편집증 때문에 결속되기도 한다.

어떤 경우에는 상담자들이 종종 조직의 무의식의 일부 측면을 인식할 수 있는 위치에 있다. 대부분의 상담자들은 무의식 과정의 잠재력에 민감하게 반응하는 이론체계를 가지고 있다. 집단역동, 특히 큰 집단의 역동에서 훈련받은 상담자들은 직장에서 무의식 과정을 파악하는 데 특히 적합하다. 그러나 비록 긍정적인 결과가 예상된다고 해도, 상담자가 조직의 무의식을 조직에게 밝혀내는 역할을 어느 정도로 해야 하는지에 대해서는 윤리적인 의구심이 있다. 이러한 역할을 수행하는 것은 비록 일시적이라고 해도, 조직 내에 있는 개인보다는 조직이 내담자가 되기 때문에 일의 초점이 바뀌는 것이다. 그 결과, 상담자는 개인 내담자와 이중 관계를 맺게 되는데, 왜냐하면 상담자는 내담자가 환경에 대해 자신의 영향력을 행사하도록 힘을 북돋우는 동시에, 내담자의 업무 환경을 적극적으로 변화시키려고 하기 때문이다. 내담자가 이중 역할에 대해 분명히 지지하고 사전 동의가 있다면, 내담자의 자율성을 훼손할 필요가 없다. 그러나 주의해야 할 또 다른 이유가 있다.

상담자는 그들이 일하는 조직에서 독립적이지 않다. 조직에서의 역할을 받아들임으로써 그들은 조직체계와 권위에 어느 정도 동의해 왔다. 의식 수준과 무의식 수준 모두에서 다른 사람들은 이러한 명백한 동의에 의미를 부여하게 되는데, 무의식에 대한 상담자의 의견이 인식된 동의를 배반하거나 조직구성원으로서의 기득권에서 나오는 것으로 여겨질 수 있다는 것이다. 이로 인해 중요한 메시지를 똑같이 잘 알고 있고, 외부인으로서 말할 수 있는 독립적인 컨설턴트에 비해, 사내 상담자는 신중하게 고려하지 않을 가능성이 있다. 이러한 반대에도 불구하고, 상담자가 조직생활에 역기능적인 측면을 최소화하거나 수정하려고 현명하게 개입하는 것이 적절한 상황이 있을 수 있다. 어떤 조직에서는 상담자에게 조직 내 정책을 개발하는 데 경영진과 협력하여 일할 것을 기대하기도 한다. 이러한 방식으로 일하는 상담자들은 대개 개인 내담자, 특히 그들이 조직의 직원일 경우, 개인정보 보호와 비밀보장을 위한 보호 장치를 가지고 있다. 그러나 충분한 보호 장치가 있다 하더라도, 자신의 역할에 대해 제한적인 견해를 가진 상담자에 비해 조직의 무의식에 있어서 다른 환상을 갖게 된다. 어느 쪽이든 상담자의 효과는 부분적으로는 자신과 자신의 역할에 관한 조직의 환상에 대한 민감도에 달려 있고, 또한 이것이 내담자와 조직 자체와의 관계에 어떻게 영향을 미치는지에 달려 있다.

마지막 사례연구는 앞에 제시한 것처럼 상담자가 심리적 거리를 유지하는 것을 어렵게 만드는 무의식적인 심리역동의 특별한 측면을 드러내 준다. 이는 조직의 역전이counter-transference라 불리는 현상이다. 우리는 특정한 내담자 그룹에게 상담을 제공하는 것이 존재이유raison d'être인 조직에서 이러한 역동적인 작용을 목격했는데, 상담이 보조적으로 제공되는 조직에서도 이러한 역동이 어느 정도 존재한다. 전자의 경우, 상담자와 내담자의 개별적인 관계에서 자주 일어나는 역전이가 조직문화에 확대되어 나타날 수 있다. 예를 들어, 강간이나 성적 학대를 당한 사람들과 일을 하다 보면, 상담자는 내담자의 구세주 혹은 좋은 부모가 되려는 메시아적 충동부터 박해받는 감정에 이르기까지 광범위한 역전이 반응이 일어날 수 있다. 조직문화에서 이러한 역전이들은 내담자와 그들에게 제공되는 서비스에 대해 화려한 미사여구에 중점을 두게 되는 긍정적인 역전이와, 경영진과 직원 간에 일어나는 부정적인 역전이로 '분리'될 수 있다.

사례연구

알코올 및 마약 사용자들에게 상담 서비스를 제공하는 봉사단체에서는 이 그룹의 내담자들과 상담할 때, 유사한 보건당국 서비스의 '공격적인' 의료 모델과는 달리, 인간중심 접근을 권장한다. 홍보자료에서나 내담자들을 대하는 데 있어, 약물 남용자들에게 붙여진 일반적인 부정적인 편견(예를 들어, 이들이 거짓투성이고, 여간내기가 아니며, 사기성이 있다는 고정관념)을 물리치려고 애를 많이 썼다. 그러나 조직의 역사를 살펴보니 경영진과 직원들 간에는 불신이 만연해 있고, 점점 독재적이고 공격적인 경영 전략을 구사해 왔음이 드러났다. 이는 상담실에서 따르던 '인간중심의' 풍토(에토스)와는 매우 상충되는 것이다. 또한 직원이 사기, 기만, 불복종으로 기소된 징계위원회도 증가되어 왔다. 경영진은 직원의 충성도와 역량에 의구심을 가지게 되는 반면에, 상담자들은 내담자에게 인간중심의 풍토를 제공해야 할 필요성을 느끼면서도 이 가치를 부정하는 환경에 놓여 있는 자신들을 발견하게 되면서 권리를 박탈당한 것 같은 느낌을 갖게 된다. 그들은 대항하기에 무력감을 느꼈고, 병가를 낼 만큼 아팠으며, 편집적이거나 공격적이 되었다. 상담자들의 상태는 내담자들이 경험했던 다양한 면을 유사하게 드러내기 시작했다.

이 사례연구는 본 장에서 다룬 여러 가지 문제점을 요약해 준다.

- 다방면의 혹은 부서 간 업무에서 공통적인 특징으로 '분리'를 중시한다.
- 다른 접근법을 따르는 것과는 대치되는 것으로 여겨지는 상담풍토(에토스)를 채택한 결과를 보여 주고 있다.
- 상담실에서 인간의 행동에 대해 지나치게 '긍정적인' 관점(상담자나 내담자에게 적용된)을 채택하는 무의식적 조직역동의 결과를 보여 준다. 부정적인 경험들은 배제되고 왜곡되며, 상담자나 다른 부서가 희생양이 될 수 있는데 특히 악의적인 힘이 다른 곳으로 투사된다.
- 조직역동에 주의를 기울이는 것의 중요성을 피력한다. 왜냐하면 이렇게 함으로써 상담실이라는 사적인 공간에서 (비슷하게 때로는 더 증폭되어) 벌어지는 일을 형성하고 그에 반응하는 무의식적 힘을 일으키고 밝혀 준다.

조직의 무의식이 가지는 윤리적 의미

윤리적 의미는 다음과 같이 정리할 수 있다.

1. 조직역동의 힘은 상담자 윤리 지침에서는 크게 주목받지 않고 지나쳐 왔지만, 사례들을 보면 상담자와 내담자에게 상당한 정도로 나쁜 영향을 미치고 있음

을 알 수 있다. 조직의 무의식은 윤리적 환경과 치료적 환경에 유익하거나 파괴적인 영향력을 미치면서 상담실의 사적 공간을 침해한다.

2. 상담자가 조직역동에 대응하는 것이 문제가 될 수 있고, 조직에 속하지 않은 사람이 그 역할을 하는 게 더 나을 때도 있지만, 일부 상담자는 조직역동을 인식할 수 있는 자리에 있게 된다. 몇 가지 유용한 통찰과 제안은 다른 곳에서 찾아볼 수 있다(Obholzer and Roberts, 1994).
3. 직장에서의 역동을 설명할 때 우리는 비록 정신역동 용어를 사용하고 있지만, 다른 대부분의 치료 모델도 조직역동을 밝혀 주는 개념과 상담 관계를 침해하는 세력을 설명하는 언어를 제공한다.

결론

본 장에서는 일반적인 규정이나 전문가 규정으로 쉽게 설명되는 문제들을 넘어서서, 상담자의 복잡한 윤리적 평가를 포함하는 문제까지, 상담윤리의 일반적인 논의의 범위를 확장하고자 하였다. 조직에서 일하는 상담자들은 내담자와의 이자관계에서부터 조직이 포함되는 삼자관계에서 발생되는 복잡한 문제에 부딪히게 된다. 게다가 조직풍토와 조직역동은 윤리적 결정을 내리는 데 중요해진다. 이러한 맥락의 문제들은 기업 · 조직상담에서 무시될 수 없으며, 근본적인 윤리적 질문을 제기한다. 상담자는 자신의 능력 범위 안에서 일해야 한다. 이는 대개 상황맥락적인 문제에 대한 민감성을 가지고 내담자와 작업하도록 교육 측면에서 고려된다. 상담자들을 실습시킴으로써 우리에게 제시된 문제는 직업으로서 몇 가지 중요한 문제를 제기한다. 조직에서 일하는 상담자가 조직풍토 및 조직역동에 대한 훈련 없이 유능하다고 여겨질 수 있을까? 상담자가 공표된 행동 강령과 지침의 윤리조항과 함께 조직풍토나 조직역동을 고려하지 않고 윤리적 의무를 완수할 수 있을까? 사례연구에서 보는 바와 같이 내담자에 대한 의무는 조직이라는 맥락에서 분리해서는 충분히 고려될 수 없다. 이는 조직에서 일하는 상담자에게는 당연한 일이다.

조직에서 일하는 상담자들이 당면하는 어려움은 동시에 두 방향을 보는 것으로 묘사할 수 있는데, 즉 내담자와 조직을 다 고려해야 하는 것을 말한다. 이는 너무 단순화하는 것으로 여겨질 수 있는데, 조직의 의식적이고 무의식적인 힘이 실제로 드러나는 내담자와 조직과의 관계에서 또 다른 제3자의 관점으로 상담자를 필요로 하기 때문이다. 조직에서 일하는 상담자는 중립적이지도 않고 비가시적인 존재도 아니며, 윤리적인 의사 결정을 고려해야 한다. 상담자와 내담자, 조직이 함께 추는 춤은 상담의 윤리 및 치료적 근간을 강화할 가능성도 있지만, 이들을 훼손할 여지도 있다. 이것이 조직 내에서 상담할 때 매일 겪는 윤리적 도전이다.

참고문헌

Adams, A. (1992). *Bullying at Work: How to Confront and Overcome It*. London: Virago.

Bond, T. (1992). 'Ethical issues in counselling in education', *Symposium: Ethics in Counselling Practice, British Journal of Guidance and Practice,* 20 (1): 51-63.

Bond, T. (1993). *Standards and Ethics for Counselling in Action*. London: Sage.

Bond, T. (1994a). *Counselling, Confidentiality and the Law*. Rugby: British Association for Counselling.

Bond, T. (1994b). 'Ethical standards and the exploitation of clients', *Counselling, Journal of the British Association for Counselling*, 4 (3): Stop press 2-3.

British Association for Counsellors (1984, 1990, 1993). *Code of Ethics and Practice for Counsellors*. Rugby: BAC.

British Psychological Society (1993). 'A code of conduct for psychologists', *Code of Conduct, Ethical Princpi les and Guidelines*. Leicester: BPS.

British Psychological Society (1995). *Guidelines for the Professional Practice of Counselling Psychology*. Leicester: BPS.

Egan, G. (1994). *The Skilled Helper: A Problem-Management Approach to Helping*. Monterey, CA: BrookS/Cole.

Herlihy, B. and Corey, G. (1992). *Dual Relationships in Counseling*. Alexandria, VA: American Association for Counseling and Development.

Hofstede, G. (1980). *Cultures Consequences: International Difef rences in Work Related Values*. Beverly Hills, CA: Sage.

House, R. (1996). 'General practice counselling: a plea for ideological engagement', *Counselling, Journal of the British Association for Counselling*, 7 (1): 40-43.

Inskipp, F. and Proctor, B. (1989). *Skills for Supervising and Being Supervised*. St Leonards on Sea: Alexia Publications.

Jehu, D. (1994). *Patients as Victims: Sexual Abuse in Psychotherapy and Counselling*. Chichester: John Wiley.

Lago, C. and Thompson, J. (1996). *Race, Culture and Counselling*. London: Sage.

Obholzer, A. and Roberts, V.Z. (1994). The *Unconscious at Work: Individual and Organizational*

Stress in the Human Services. London: Routledge.

Pope, K.S., Sonne, J.L. and Holroyd, J. (1993). *Sexual Feelings in Psychotherapy: Explorations for Therapists and Therapists in Training*. Washington, DC: American Psychological Association.

Rowan, J. (1983). *The Reality Game-A Guide to Humanistic Counselling and Therapy*. London: Routledge Kegan and Paul.

Russell, J. (1993). *Out of Bounds: Sexual Exploitation in Psychotherapy and Counselling*. London: Sage.

Standing Conference on Drug Abuse/Alcohol Concern (1994). *Building Confidence-Advice for Alcohol and Drug Services on Confidentiality Policies*. London: SCODA.

Thompson, A. (1990). *Guide to Ethical Practice in Psychotherapy*. New York: John Wiley.

United Kingdom Council for Psychotherapy (1993). *Ethical Guidelines*. London: UKCP.

12장

기업상담 프로그램의 평가와 감사

Carolyn Highley-Marchington and Cary L. Cooper

미국에서는 스트레스 관리가 경제적으로뿐만 아니라 다른 여러 가지 이득을 준다는 것이 널리 알려져 있다. 『포춘(Fortune)』지가 선정한 500대 기업들 대부분이 상담자를 고용해서 근로자들에게 상담 서비스를 제공하고 있다. 오늘날 영국 기업들도 근로자들이 스트레스를 대처하도록 돕는 것이 결근을 줄이고, 근로의욕을 고취하고, 궁극적으로는 수익률을 높인다는 것을 인정하고 있다. 근로자 지원 프로그램EAPs과 기업상담 프로그램은 직무스트레스로 인해 개인과 조직이 입는 손실을 막는데 도움을 주는 인적 자원 전략이다. 영국 조직들이 점차 상담을 수용하고 상담을 활용함에 따라 기업상담 프로그램의 효과성에 대한 정보를 요구하는 움직임이 늘어나고 있다.

어려움에 처한 개인에게는 상담이 정신건강을 향상시키고, 일의 수행력을 높이고, 직업과 삶에 대한 만족도를 높이는 잠재적 이점이 있다. 한편, 조직에게는 상담이 근로자들의 병가, 강제 전보와 사고율을 줄이고, 사내 소통을 향상시켜 줄 수 있다. 또한 건강과 안전에 대한 인식을 높이고, 외부에는 근로자를 살피는 기업으로 이미지 홍보를 할 수 있게 된다. 이에 따라 영국의 가장 큰 기업은 상담을 부가적인 비용이 아니라 투자로 보기 시작했다. 영국에서는 아직 상담이 주는 이득에 대한 명확한 평가가 이루어지지 않았지만 이득적인 면에 대해 인식하기 시작한 것은 분명하다. 영국에서는 이에 대한 확실한 평가가 아직 이루어지지 않았기 때문에 일부 고용주들은 특히 스트레스 상담이 경제적으로 이득이 있는지에 대해 여전히 회의적이다.

EAP는 조직이 근로자에 대한 책무가 있다는 관점에서 창안되었고 이윤을 내야 하는 조직에게 비용을 부담하게 하기 때문에, 성과 연구들이 많이 산출되었을 것이라고 기대할 것이다. 하지만 사실 이 분야의 연구자들(Knott, 1986)은 성과 연구에 대한 정체성, 방향성, 방법론과 정보 등을 여전히 찾고 있는 것처럼 보인다. 대부분의 EAP들은 다양한 방식으로 근로자들을 지원하려고 하며, 같은 사람에게 동시에 여러 가지를 지원하기도 한다. 따라서 불가능한 것은 아니지만 명확한 '성과 지향적 개입' 모델을 만들기는 어렵다. 근로자들에게 다양한 개입과 서비스가 이루어질수록 개입의 효과와 성과가 무엇인지 규명하는 것이 더 모호해진다.

영국에서는 이용률에 대한 수량적 통계치로 평가를 하기보다는 대개 질적인 방법으로 평가하려는 경향이 있다. 그러나 미국에서는 EAP 효과에 대한 일화적인 증거를 찾는 것으로부터 비용 편익 비율cost-benefit ratio로 평가하려는 것으로 이동하고 있다. "EAP를 운용하는 미국의 거의 모든 기업들은 비용 대비 편익, 유용성, 성공률과 같은 용어로 효과성을 보고자 한다. 다양한 종류의 근본적인 질문들이 제기되고 있다."(Bickerton, 1990). 차후에는 이런 식의 까다로운 평가 방식이 영국 기업에서도 일어날 것이다.

미국 연구들

다양한 수준의 과학적 엄격성을 띤 많은 평가가 미국에서 수행되었다.

비용 편익 평가cost-benefit evaluation에 대한 가장 야심차고 정교한 연구 중 하나는 미국 보건복지부Department of Health and Human Services의 '직원상담 서비스Employee Counseling Services: ECS' 프로그램에 의해 수행되었다. 이것은 미국 전역의 16개 단위 지역에서 운영하는 ECS 프로그램의 협력하에 이루어졌는데, 보건복지부 15,000명의 직원들에게 서비스를 제공하는 것이었다. ECS 상담자들은 30개월의 평가기간 동안 2,500여 명의 어려움에 처한 근로자들을 만났다. 이 평가는 다음과 같은 몇 가지 중요한 측면을 담고 있다. 이를테면, 내담자에 대한 비밀이 보장되었고, 기존 정책과 절차 속에서 이루어졌다. 또한 EAP 직원에게 최소한의 부담만 주어졌고, 의사 결정을 돕기 위해 경영진에게 피드백이 제공되었다. 아울러, 신뢰할 만한 결과 산출을 위해 엄격한 연구 설계를 했다. 성과(즉, 비용 편익)가 연구 초점이었다. EAP를 이용하지 않았던 근로자들은 통제집단이었는데, 사업장 크기, 성, 나이, 급여 수준으로 선발되었다. 비용 편익 분석 결과는 다음과 같았다. 내담자 1인당 추정된 비용은 991달러, 6개월간 예상 이익은 직원 1인당 1,274달러였고, 6개월간의 수익률은 1달러당 1.29달러였다. 최종적으로 프로그램 투자 1달러당 투자수익은 7.01달러였다(Maiden, 1988).

맥도널 더글라스McDonnell Douglas(1989)는 비용 편익에 대한 경제적 효과 연구를 수탁했다. 이 연구는 과학적으로 타당한 설계를 통해 독립적으로 수행되었다. 연구에서 EAP 개입 전과 후의 4년 동안(1985~1988)에 건강보험 청구와 결근에 관련된 비용에 대해 종단분석이 이루어졌다. 각 내담자는 6개의 인구학적 변인에 대해서 다른 10명의 근로자와 매칭하여 적절한 통제집단을 구성하였다. 연구는 객관적이고 구체적으로 측정할 수 없는 요인에 대한 경제적 효과는 측정하지는 않았다. 생산성, 작업 수행 수준, 대체 노동비용과 다른 주관적인 데이터는 무시되었다. 따라서 그 결과는 가장 최소치의 성과라고 볼 수 있다. EAP 참여자들(통제집단과 비교해서)에 대해서 전체적으로 5.1백만 달러의 비용 절감이 있었고, 1달러당 4달러의 투자수익이 있었다.

맥클레란McClellan(1989)은 오하이오 주의 EAP에 대한 종합적인 평가의 일환으로 비용 편익 연구를 수행하였다. 건강보험 비용이나 병가 기간이 줄어든다거나 병가나 직원 이직율이 감소하지 않았다. 통제집단은 없었다. 무엇보다 오하이오 주 EAP의 화폐적 가치는 주정부가 지출한 비용을 상쇄하지는 못했다. 그러나 직원들은 이 서비스에 대해 매우 만족했고, 직원들에게 이득이 되었다는 점에서 가치가 있었다.

나돌스키Nadolski와 산도나토Sandonato(1987)는 디트로이트 에디슨 회사에서 6개월 동안 EAP 상담에 의뢰된 직원들의 근무실적을 조사하였다. 사용된 측정치들은 일을 하지 못한 사유와 일수, 건강보험 청구, 경고조치와 사고 등이었는데, 이것들은 일반적으로 근무실적의 측정치로 받아들여지는 것들이다. 또한 업무 생산성 척도도 개발되었다. 종단적인 비교연구가 진행되었으며, 이는 EAP가 맨 처음 도입 시기(해당 시점부터 6개월)부터 이후 상담 개입 후 6개월 동안 근로자에 대한 데이터가 수집되었다. 67명의 근로자가 피험자로 참여했는데 31명은 감독자로부터 의뢰되었고, 36명은 자발적으로 찾아온 경우이다. 연구 결과, 작업 손실이 있었던 경우가 18% 줄어들었고, 결손 일수는 29%가 줄어들었다. 건강보험 청구는 26% 줄어들었고, 서면 경고가 13% 증가하였다. 또한 정직이 40%, 업무와 관련된 사고율이 41% 개선되었다. 부가적으로, 업무의 질은 14%, 작업량은 7%, 동료 관계는 7%, 감독자와의 관계가 13% 개선되었다. 아쉽게도 이 연구에서 통제집단은 사용되지 않았다.

시카고 벨Chicago Bell은 사고 예방을 위해 활용한 EAP가 낮은 업무 수행률을 28%에서 12%로 낮췄다고 했다. 1984년에는, EAP가 병이나 여러 가지 이유로 발생하는 결근을 줄이면서 500,000달러를 절약했다(Pope, 1990). 마시Masi(1984)는 전체적으로 'EAP는 달러당 3:1'의 투자수익을 발생시키는 것으로 요약하였다.

영국 연구들

미국의 연구 결과가 대체로 긍정적인 결과를 나타내었지만, 양질의 독립적 평가 연구에 대한 요구가 증가하고 있다. 상담 서비스의 잠재적인 이익이 높음에도 불구하고 여전히 영국에서는 기업상담 서비스에 대한 정보가 부족하며, 연구들이 점차 많아지고는 있지만 엄격한 설계에 의한 효과성을 보여 주는 연구는 활발히 진행되지 못하고 있다.

영국에서 이루어진 첫 번째 평가 연구 중 하나는 우정국Post Office에서 수행되었다(Cooper and Sadri, 1991). 이 연구는 우편 종사자들인 말단 직원부터 중견 관리자에게 이르기까지 스트레스에 대한 상담의 영향을 체계적으로 측정하였다. 연구 결과는 다음과 같았다. 상담 사전-사후 평가에서 병가 일수, 사고건수, 임상적 불안 수준, 신체화 불안과 우울증이 감소되었고 자기 존중감은 높아졌다. 연구에 참여한 250명의 우편 종사 근로자들은 1년 넘게 상담을 받았다. 통제집단에게는 변화가 나타나지 않았다.

영국의 EAP와 기업상담 프로그램에 대한 첫 번째 전국 단위의 독립적인 평가가 맨체스터 경영학과에 의해 실시되었다(Highly and Cooper, 1995). 이 연구는 보건안전청Health and Safety Executive의 수탁과제로 개인과 조직 수준에 대한 상담의 효과를 평가하기 위한 것이었다. 이 연구는 16장에 자세히 제시되지만, 결과는 여기서 언급하고자 한다.

내담자의 정신 및 신체 건강은 상담 개입 이전보다 사후에 의미 있게 향상되었다. 그러나 직업 만족과 일에 대한 지각된 스트레스 효과는 나타나지 않았다. 비매칭 통제집단에서도 정신 및 신체 건강에서 의미 있는 차이는 나타나지 않았다. 내담자의 정신 및 신체 건강은 상담 이후에 나아진 반면, 통제집단에서는 나타나지 않았다.

내부 및 외부 상담 서비스 결과는 몇 가지 차이가 있었다. 특히, 이 연구 자료는 내부상담 서비스가 큰 효과가 있다는 것을 보여 주었다. 상담 이전과 이후 전체 결근율과 사고율에 있어 유의미한 감소가 있었지만 통제집단에서는 나타나지 않았다.

직관적으로, 만약 근로자 중의 상당수가 상담 초기에 가지고 있던 심각한 문제를 해결하고 일터로 돌아왔다면 이것 자체가 최종적인 결과를 나타내 주는 것이 아닐까라고 생각할 수 있다. 순수하게 양적인 증거를 얻는 것은 현실적으로 불가능하다. 그리고 EAP 혹은 기업상담 프로그램을 제공할지에 대한 의사 결정은 평가를 통해서보다는 신념에 의해 이루어진다. 영국의 많은 고용주들이 투자수익에만 관심을 갖는 것은 아니다. 많은 영국 기업들은 일차적으로 인간 요인에 대해 더 많은 관심을 갖고 있다.

평가

기업상담 프로그램 평가의 중요성은 아무리 이야기해도 지나치지 않다. 프로그램들은 경우에 따라 외부 당국에게 존재 이유를 증명해야 하기 때문에 평가되어야 하며, 이것이 전부는 아니더라도 프로그램이 목표를 달성하는지를 확인하고 프로그램의 효과성을 향상시키기 위한 방법을 찾기 위해서라도 평가는 이루어져야 한다. 조직이 목표 달성 여부를 평가할 수 있도록 기업상담 서비스나 EAP 목표들은 처음부터 분명하게 제시되어야 한다.

성과평가/효과

기업상담 프로그램은 상담 서비스가 잘 제공되면 곤란을 겪고 있는 근로자들을 도와주게 되고 결과적으로 조직을 돕는 것이므로, 장기적으로는 조직이 근로자들을 위해 비용을 지불한다는 가정에 근거를 둔다. 그러나 이런 가정은 자동적으로 이루어져서는 안 되는데, 모든 조직이 처한 맥락이 서로 다르기 때문이다. 앞에서 언급한 가정이 관련된 특정 조직에서 정말로 타당하다는 것을 보여 주기 위해서 '전체 서비스'를 평가하는 것이 필수적이다. 성과평가는 서비스가 조직에 맞게 설계되고 해당 조직과 근로자들의 요구를 충족시키는지 확인하기 위해서 필요하다. 여기에 포함되는 것은 병가와 강제 전보와 같이 조직이 갖고 있는 인사 자료가 포함되는

데, 근로자상담과 인사고과 기준 사이의 관련성을 살펴보는 것이 필요하기 때문이다(Reddy, 1993). 성과평가는 효과, 비용 편익, 비용 효율, 비용 효과에 대한 평가를 포함하는 모든 범위의 활동을 포괄할 수 있다.

메이든Maiden(1988)은 지속적으로 성장하는 이 분야의 중요한 관심사 중 하나는 EAP나 기업상담의 비용 편익과 비용 효과를 입증할 수 있는 포괄적인 프로그램 평가의 필요성이라고 믿는다. 기업상담이 영국에서 일상적으로 이루어지게 됨에 따라 조직들은 점차적으로 비용을 지불하는 정당성에 대한 증거를 기대하며, 따라서 평가가 필수적이라고 기대한다.

상담의 효과effectiveness of counseling는 처치를 받은 사람이 향상되었는지에 대해 관심이 있다. 상담 사전-사후 비교는 효과를 평가하는 한 가지 방법인데 이는 상담을 실시하고 난 후 변화가 일어났는지를 보여 주기 위한 것이다. 그러나 변화를 오직 상담에만 귀인할 것인지에 대한 어려움이 있다. 왜냐하면 상담만이 변화를 야기하는 것이 아니라 다른 요인들도 변화에 영향을 주기 때문이다. 이것을 해결하기 위한 방법이 적합한 통제집단을 설정하는 것이다(Barkham, 1991).

비용 편익 분석cost-benefit analysis은 경제용어로 비용과 편익을 평가하는 데 목적이 있다. 그러나 심리적인 성과를 경제용어로 전환하는 것이 타당한지 회의적이다(Barkham, 1991). '객관적인' 데이터와 '주관적인' 데이터를 구별하는 것은 유용하다. 객관적인 데이터(예: 결근과 수행 수준)는 양적으로 나타낼 수 있지만 주관적인 데이터(내담자의 양적 · 질적인 자기보고 측정치)는 타당화하기가 쉽지 않다. 그러나 타당화는 내담자의 관점 이외에 제3자 자료 제공자를 활용해서도 이루어질 수 있다.

비용 효율cost-efficiency은 구체적인 성과(예: 개인을 업무에 복귀시키는 것)를 달성하기 위해 투입되는 비용이 두 개 이상의 개입에 차이가 있는지를 비교하는 것을 포함한다. 그리고 **비용 효과**cost-effectiveness는 덜 구체적인 성과(예: 심리적 복지)를 보는 것이다. 후자의 목적은 어떤 개입이 주어진 실행비용으로 최상의 치료 결과를 달성하는지를 확인하는 것이다.

상담 회기가 지속됨에 따라 수확 체감의 관점에서 볼 때(Howard and Szczerbacki, 1988), 상담을 얼마나 더 할지에 대한 의사 결정은 근로자들에게 제한된 자원으로 최상의 치료적 효과를 성취할 수 있는 지점을 통해 이루어져야 한다(Barkham, 1991).

상담 서비스/EAP에 대한 평가는 학문적으로나 사업적인 영역에서나 모두 필요하다(Megranahan, 1993). 상담을 제공하는 입장에서는 상담이 효과가 있다는 것과 조직이 상담 서비스를 구매할 만한 이득이 있다는 것을 수량화하여 입증하고 싶어 한다. 이러한 동기는 앞서 인용한 많은 미국 연구를 유발했고, 그 결과 많은 연구들이 방법론적으로 약하고, 특정 결과를 보여 주고자 하는 조직에 의해서 수행되었기 때문에 다소 편파적이기도 했다(Megranahan, 1993). 학계에서는 과학적으로 상담 과정을 측정하고자 하며, 무형의 활동에서 유형화할 수 있는 뭔가를 보여 줌으로써 상담의 가치를 일깨우려고 한다.

과정평가/감사

기업들은 EAP나 기업상담 프로그램들이 순조롭게 운영이 되고 있는지, 서비스의 효율성이나 품질이 최상으로 이루어지는지 알 필요가 있다. 그런 **과정평가** 혹은 **감사**audit는 서비스의 지속된 향상이나 발전을 위한 필수적인 기반이 되지만 상담 서비스의 효과를 성과평가처럼 하거나 '금전 가치'로 평가하지는 않는다.

감사는 서비스의 운용을 평가하는 데 관심이 있고, 절차가 세심한지 어떤지, 상담자들은 충분하게 잘 훈련되었는지, 조직은 어떻게 돈을 지불하지 등을 점검한다. 이와 같은 감사는 매우 가치 있는 일이지만 서비스 제공자나 조직과는 독립적으로 수행되어야 한다. 감사는 서비스의 질을 모니터링해서 적재적소에 필요한 변화가 일어나도록 한다. 기업상담 프로그램은 얼마나 잘 운용되고 있는지를 적합성, 효과성과 효율성으로 평가되거나 감사될 필요가 있다. 미국에서는 모든 EAP가 정기적으로 감사를 받고 있다. 영국에서도 몇몇 조직들 역시 감사를 의뢰하고 있다.

이런 형태의 감사는 일관적이고 효과적인 서비스를 전달하는 질 높은 기업상담 프로그램이 서비스를 실행하고 운용하기 위한 정책, 절차 및 서비스들을 조화롭고 표준화할 필요가 있다는 전제에 기반한다. 이런 것들은 조직의 욕구나 프로그램 대상자들에 맞춰서 개발될 필요가 있다. 이러한 방식으로 설계된 프로그램은 조직과 근로자들에게 실행 가능하고 효과적인 것으로 입증되어야 한다. 감사는 이것이 사실인지 확인하는 것과 관련이 있다. 감사는 기업상담 프로그램의 질과 효과를 향상시키는 데 도움이 된다.

서비스를 제공하는 스태프의 인원과 자격은 프로그램의 요구 사항과 일치해야 하며, 모든 스태프는 자신들의 업무를 수행할 자격을 갖추고, 책임과 역할이 명확하게 정의되어야 한다. 제공되는 상담 서비스의 질은 전문적인 자격과 상담자로서의 훈련과 경험에 달려 있다. 스태프의 유능성은 프로그램 성공에 결정적이다. 무엇보다 문제가 있는 것으로 지목된 내담자에게 문제에 부합하는 개입을 지지적으로 할 줄 알아야 한다. 정확한 측정, 개입이나 혹은 의뢰는 근로자들의 복지 수준을 높이고 업무능력을 향상시킬 것이다.

기업상담 프로그램은 인적 서비스와 조직 분야에서 최상의 이득을 가져다주는 것으로 인식될 필요가 있다. 서비스 기능이 조직과는 독립적이지만 동시에 통합적이기도 하다는 것을 입증할 필요가 있으며, 변화 과정에 관계된 모든 존재들의 발달을 지원한다는 것이 보증되어야 한다. 서비스는 조직에 매우 효과적일 수 있고, 모든 경영진으로부터 지지와 인정을 받을 수 있는 것으로 자리매김되어야 한다. 기업상담 프로그램은 내부 조직구조와 완전히 통합될 때 최상으로 작동된다. 조직 내부와 연결되는 것은 프로그램 효과성을 극대화한다. 이런 모든 이슈들은 감사의 포괄적인 일부분으로 다루어진다.

평가와 관련된 방법론적이고 실천적인 문제

일단 평가를 진행하기로 결정하면 극복해야 할 장애물이 많다. 엄격하게 설계되지 않은 평가는 다음과 같은 이유로 다른 결과와 비교하기가 어렵다.

- 문제는 어떤 것을 문제로 정의하느냐이다.
- 상담 과정의 특성이 다양하다.
- EAP와 기업상담 프로그램은 서로 본질적인 차이점이 있다.
- 성공에 대해 보편적으로 받아들여지는 정의가 없다.
- 서비스가 비용을 지불하는 방식은 다양하다.

소넨스툴Sonnenstuhl과 트라이스Trice(1986)는 상담평가 연구가 부족한 이유를 열거하고 이런 다양한 이유가 이해할 만하다고 하였다. 평가 연구는 시간과 비용이 많이 들고, 상담자들은 일반적으로 연구보다는 치료에 더 편향되어 있다. 그리고 비밀보장과 관련된 이슈는 외부 연구들이 프로그램을 평가하는 데 어려움을 준다. 평가가 부족한 또 하나의 이유는 연구자들이 프로그램에 접근하는 데 어려움이 있기 때문이다. 상담 서비스는 특히 민감한 연구 분야이다. 프로그램 스태프, 관리자, 노조 대표와 내담자들은 모두 외부 평가자의 접근에 저항하는 경향이 있기 때문이다. 직업 상황에서 연구를 수행하려는 사람들은 종종 상대적으로 복잡한 관계로 얽혀 있는 대상들과 협상해야 하는데, 이 과정에서 자주 연구가 연기되기도 한다. 평가 연구는 연구자와 조직 및 상담 서비스 제공자들 간의 협력과 노력이 필요하다. 또한 연구자는 근로자들의 익명성과 사생활 보호에 대한 권리를 보장해야 하는 의무가 있다는 것을 인식할 필요가 있다. 그러나 연구자들이 관리자, 근로자들과 상담자들에 대한 일상적인 접촉을 하지 못한다면 기업상담 서비스에서 일어나고 있는 것을 이해할 수 없으며, 실무자들에게 현실을 반영하고 있는 유용한 개념을 발달시킬 수 없다. 무엇보다 상담 서비스 제공자들이 종종 자신의 프로그램을 평가하려고 하지만 이는 어려운 일이다. 왜냐하면 자신의 프로그램을 좋은 것처럼 보이고 싶은 유혹을 견디기 어렵기 때문이다.

홀로스코Holosko(1988)는 관련 문헌을 꼼꼼히 살펴보고 기업상담이 효과적인지 아닌지를 밝히는 데에 명백히 관심이 부족하다는 것을 발견했다. 보다 구체적으로는 과학적으로 진행된 기업상담에 대한 평가와 관련된 문헌이 부족하다는 것이다.

조직에서 상담평가 연구를 수행하는 데 부딪치는 중요한 실제적인 문제는 다음과 같다. 질문지 실시, 비교집단 선정, 비밀보장, 기업이 갖고 있는 자료로부터 '객관적인' 자료를 뽑아야 하는 점, 서비스 제공자와 조직에 대한 면접 등이 그것이다.

질문지

비록 자기보고 측정도구들이 상담의 효과를 평가하는 유용한 수단이기는 하지만 너무 다양한 측정도구가 사용된다면 다른 서비스와 비교하는 게 어려워진다. 표준적인 자료를 활용할 수 있게끔 '핵심 질문지'(예: 직업 스트레스 지표Occupational Stress Indicator, 일반건강 질문지General Health Questionnaire)를 고안할 필요가 있다(Barkham, 1991).

평가 질문지를 설계할 때 피험자들로부터 수집하는 정보의 깊이와 질문지 문항 수에 대한 균형을 맞출 필요가 있다. 만약 질문지가 너무 길면 프로그램 제공자와 조직 그리고 상담자들의 응답률이 낮을 수 있다. 다변량의 추리통계를 효과적으로 사용하려면 표본 크기가 커야 한다. 유의한 통계치를 얻으려면 상담 과정에 참여하는 사람들이 많아야 의미 있는 통계적 분석이 가능하기 때문이다.

상담을 이용한 사람들로부터 피드백을 받는 것은 서비스에 대한 사용자들의 관점(상담자로부터 받은 지각된 도움, 제공된 서비스에 대한 품질인식, 가정과 일터에서 얻은 긍정적 이득 등)을 수집하는 것이다. 일부 상담자들은 이런 피드백을 상당히 회의적으로 여기기도 하는 데, 자신의 업무 수행 성과를 모니터하는 데 사용될 수 있다고 믿기 때문이다.

통제집단

복지증진을 목표로 하는 프로그램 효과 평가 연구가 가장 많이 받는 비판 중 하나는 처치 프로그램 자체보다는 다른 많은 요인들이 결과에 영향을 줄 수 있다는 점이다. 이런 비판은 특히 비교집단이 사용되지 않은 경우에 더 타당하게 제기될 수 있다. 따라서 평가가 방법론적으로 탄탄하기 위해서는, 이로운 점이 있다는 연구 결과를 보여 줘야 할 뿐만 아니라, 그 효과가 상담에 의해서 일어난 것이라는 점을 입증해야 한다. 프로그램을 이용하지 않은 사람들에 대한 자료가 없으면 상담을 받은 개인 변인과 상담 과정으로 일어난 효과를 구별하기 어렵다.

통제된 실험적 접근은 의학 분야의 임상 연구와 비견할 만하다. 이런 접근법을 사용하려면 연구자는 통제집단에는 처치를 하지 말아야 하고, 통제집단과 임상집단에 피험자들을 무선할당해야 한다. 특히, 기업상담 프로그램이 자발적 내담자에게 제공되는 경우, 내담자들이 스트레스를 받고 있는 상황이라는 점이 이들에게 처치를 제공하지 않을 수 없는 상황이 된다.

이에 통제집단이 있는 상황에서조차 비교하기 어려울 수가 있다. 상담의 긍정적인 결과가 유지되는지 어떤지를 알기 위해서는 필요할 때마다 반복적으로 측정하는 종단연구가 이뤄질 필요가 있다.

샤피로Shapiro 등(1993)은 기업상담 평가 연구의 전망이 밝기는 하지만, 확실하지는 않다고 보았다. 이들은 그 이유를 통제집단이 없거나 부적합한 통제집단 때문이라고 하였다. 심리적 도움을 구하는 사람들은 시간이 지남에 따라 어려움을 겪는 양상이 많이 달라진다. 이들은 자신의 기능이 최악이 되었을 때 도움을 요청한다. 따라서 시간이 지남에 따라 상담을 받는지 여부에 상관없이 기능 수준이 나아지기도 한다. 도움의 효과를 입증하기 위해서는 비슷한 시기에 비교집단이 필요하다. 그러나 이들 연구자들은 도움을 요청하지 않은 비교집단을 사용하는 것에 대해 좋지 않게 생각한다. 이런 자발적이지 않은 사람들은 심리적으로 더 건강하기 때문에 시간에 따른 기능향상이 많이 일어나지 않기 때문이다. 연구자들은 이런 유형의 비교집단은 처치효과에 대해 알려 주는 것이 매우 적다고 주장한다. 샤피로 등(1993)은 도움을 요청하는 사람들을 두 그룹, 즉 즉각적인 또는 지연된 도움을 받는 그룹 중 하나에 무선할당하는 연구가 더 많이 이루어져야 한다고 주장한다. 그러나 영국의 기업상담 프로그램은 자발적이고 즉각적으로 상담에 임할 수 있도록 운용되고 있기 때문에 이는 매우 어려운 일이다.

스완슨Swanson과 머피Murphy(1991)는 기업상담 프로그램을 운영하는 조직의 모든 구성원은 통제집단 대기자라고 생각한다. 왜냐하면 이들도 언제든 상담을 받을 수 있으며, 상담에 오지 않는다고 해서 스트레스를 덜 받는다고 볼 이유가 없으며, 자유로운 선택 상황에서 상담으로 도움을 받을 수 있는 모든 사람이 이 서비스를 이용하는 것은 아니기 때문이다. 이상적으로는 같은 조직에서 유사한 업무를 하고 있고, 서비스가 제공되지 않는 비슷한 규모의 사업장에서 하나 이상의 통제집단이 필요하다. 이것이 가능하지 않다면, 표준적인 데이터베이스가 성과 측정을 위한 적합한 비교집단이 될 수 있다. 그러나 이런 경우 각의 사례에 대한 특수한 조직요인들은 무시될 것이다.

바크함Barkham(1991)은 상담 전에 각 내담자들에 대해 최소 한 번의 기초선 측정이 이루어진다면 내담자 자신이 통제될 수 있다고 하였다. 오직 한 번의 사전 측정치만 존재한다면, 그 측정이 얼마나 안정적인지를 결정하기 어렵다. 반면, 두 번의 사전 측정은 내담자의 상담에 대한 기대 때문에 변화가 일어났는지 아닌지를 측정할 수 있어서 변화에 대해 말을 할 수가 있다. 특히, 바크함은 상담 전에 세 번의 측정치가 이상적이라고 보는데, 변화에 대한 안정성을 평가하는 데 더 많은 정보를 주기 때문이다.

따라서 비교집단을 선정해서 평가에 활용하는 것은 연구에서 중요한 문제이다. 더구나, 서비스 제공자가 회사 자료에서 개인을 선정하는 것을 꺼리거나 할 수 없는 경우도 많은데, 서비스를 이용하지 않는 사람들의 이름과 주소를 얻어야 하기 때문이다. 비교집단을 사용할 때, 질문지는 근로자의 집으로 배달되어야 한다. 이는 근로자들이 상담 서비스를 받는 것에 대해 다른 구성원들이 오해하지 않도록 하기 위함이다. 그리고 다른 사람들이 질문지를 보고 잘못된 결론을 내리지 않도록 하기 위해서다.

비밀보장

종단적인 연구설계는 윤리적인 이유에서 문제가 있다. 이것은 엄격한 평가설계의 주요 장벽인 비밀보장의 이슈와 관련이 있다. 서비스가 비밀보장이 된다는 신뢰감은 기업상담 프로그램이 성공하는 데 핵심적이다(Feldman, 1991). 근로자들은 자신의 자료가 다른 사람으로부터 보호되는 비밀보장을 받을 권리가 있다.

발고팔Balgopal과 파츠너Patchner(1988)는 연구자들이 평가를 수행하는 데 많은 장애물을 만나게 된다고 하였다. 이 중 가장 어려운 문제는 비밀보장과 근로자의 사생활 보호 문제이다. 많은 문제들에 대한 사회적인 인식 때문에 근로자들은 상담 도움을 받는 것을 기꺼워하지 않는다. 자신들의 자료에 대한 완전한 비밀보장에 대한 보증이 없다면 이런 주저함은 더 배가될 것이다.

비밀보장에 대한 보증이 서비스의 성공에 결정적이기 때문에 많은 서비스 제공자들은 연구자들에게 근로자들의 민감한 자료 제공을 매우 경계한다. 마시(1984)는 만약 근로자들이 평가를 부정적으로 지각한다면, 프로그램의 명성이 손상될 수 있다는 사실을 강조하였다. 비밀보장 원리를 엄격하게 고수하는 것은 어떤 점에서 평가자가 얻을 수 있는 자료의 양을 제한한다. 그러나 이는 근로자, 제공되는 프로그램과 연구자들의 신의를 지켜 주는 것이기도 하다.

비밀보장을 유지하고 근로자의 사생활을 존중하는 한편, 평가 과정에서 연구목적은 충분히 설명되어야 하며 개방적으로 이루어져야 한다. 평가 결과는 근로자가 누구인지 드러나지 않도록 해야 한다. 비교집단의 내담자들이 타인들에게 내담자로 인식될 수 있는 것도 문제가 될 수 있다. 따라서 연구에 참여하고 있는 모든 개인을 보호하는 것이 필수적이다. 안타깝게도 이런 절차는 상담자들이나 프로그램 참가자들이 평가 연구에 참여하도록 하는 데 저항하도록 만드는 귀찮은 일로 인식된다. 연구의 이점이 모두를 위한 보상이 된다는 점을 전달하는 것이 가장 쉬운 해결책이 될 것이다.

조직 수준의 자료

조직 수준에서 평가를 하기 위해서는 근로자들의 결근/병가율을 활용하는 것이 바람직하다. 왜냐하면 주관적이고 자기보고 자료에 의존하는 것의 위험성을 줄이고 평가의 엄격함을 높일 수 있기 때문이다. 그러나 수많은 영국 조직들은 결근율을 모니터링하지 않았다. 아서 앤더슨Arthur Anderson이 진행한 1991년 조사 연구는 영국의 40% 정도 기업들이 이 항목을 누락했음을 보여 주었다. 영국 산업이 연간 결근 비용으로 60억 파운드를 산정하고 있음에도 말이다. 기업이 제공하는 '객관적인' 자료가 없다면 적절한 평가가 객관적으로 이루어질 수가 없다. 조직이 제공하는 자료는 요약된 형태조차도 유용하다.

기록이 이용 가능하다고 할지라도 근로자들의 개인 기록에 대한 접근은 윤리적인 문제 때문에 조직이 언제나 허용하지는 않는다. 그런 까닭에 기록에 대한 접근을 허락받는 데 큰 어려움이 있다. 만약 자료에 대한 접근이 허락된다고 할지라도 누가 자료를 추출해야 하는지에 대한 몇 가지 논쟁이 있다. 자료를 추출하는 것이 매우 어려우므로 서비스 제공자, 조직, 노조, 기타 관계된 사람들이 이에 대해 상세히 논의를 해야 한다. 사내 상담 서비스는 이런 점에서 이점이 있다. 사내 상담자들은 조직에 고용된 사람들로서 개인 자료에 대한 접근이 쉬워 내담자에 대해 필요한 자료를 추출할 수가 있다. 이들은 또한 비교집단을 선정하는 데 좋은 입장에 있기도 하다. 이들이 두 집단을 일치시키기 위한 특성들을 알 수 있기 때문이다. 그들은 또한 암묵적인 윤리강령을 따르므로 비밀보장이 보증된다.

서비스 제공자와 조직에 대한 면접

전통적으로 미국과 영국의 EAP 서비스 제공자들은 상담 성과를 수량화할 수 없다고 하면서 어떤 형태의 평가에도 저항해 왔다. 이에 대해 맥도널 더글라스는 "이런 신화는 서비스 제공자가 결과가 바람직하지 않을 것을 두려워하기 때문에 지속되고 있다"(1989)라고 하였다.

미국의 EAP를 평가하는 노트Knott(1986)는 EAP 제공자들에게 말을 할 때 '저항의 벽'과 마주친다고 하는데 이는 아마도 평가가 그들에게 내재적으로 위협적이기 때문이다. 상담자/서비스 제공자들은 성과를 평가하는 데 주저할 수 있는데, 이는 프로그램 결과가 긍정적이지 않을 수도 있다는 사실을 염려해서이다. 발고팔과 파츠너는 "이런 역동이 연구에 편견을 갖게 할 뿐만 아니라 노력에 장애가 되기도 한다"(1988)라고 하였다. 스완슨과 머피(1991) 역시 EAP 제공자들이 외부 연구자들에 의해 평가되는 것을 꺼린다고 하였는데, 평가가 그들의 사업에 위협이 되기 때문이라고 하였다. 게다가 소넨스툴과 트라이스(1986)는 EAP 제공자들이 종종 EAP의 효과성을 자동적으로 확신하기 때문에 EAP 인사부에서 프로그램 평가 필요성에 낮은 순위를 두는 것 같다고 하였다.

커츠Kurtz 등(1984)은 서비스 제공자들과 상담자들이 서비스에 대한 평가를 그들이 할 일로 생각하지 않는다고 하였다. 그들은 자신들이 받은 전문적인 훈련과 책무에 비추어서 자신들이 제공하는 서비스의 효율성을 확신하여, 서비스의 타당성을 검증하려는 필요성에 우선순위를 두지 않는다. 커츠 등은 "만약 평가가 그들 일의 전문성을 이해하지 못하는 외부 인사들에게 맡겨진다면 이들의 열정이 식을 수 있다"(1984)라고 하였다. 만약 프로그램 제공자가 진짜로 연구에 참여하고 싶어 하지 않는다면, 연구에 대한 그들의 헌신은 약할 수밖에 없다. 서비스 제공자/상담자들이 자료 수집에 완전히 협력할 것이라는 보장이 없다.

올랜즈Orlans(1991)는 서로 다른 프로그램의 전체적인 목표가 같을지라도 목표가 달성되는 방식—서비스 제공자, 자발적 내담자인지 의뢰된 내담자인지, 측정도구,

실행방식—은 다를 수 있다는 것을 지적하였다. 여러 프로그램이 경쟁하는 상황에서 프로그램 제공자들은 자신들의 것을 다른 것과 차별화하는 것이 필요하다. 어떤 프로그램도 같은 것은 없다. 경쟁적인 상황에서 생존하기 위해서, 그리고 서비스를 효과적으로 제공하기 위해서는 제공하는 서비스가 개인들의 욕구에 민감하고 조직의 욕구에 맞아야 된다. 이런 모든 요인들이 있을 때 그 효과에 대한 획일적인 평가는 통제할 수 없는 오염요인들의 영향에 노출되고 복잡해진다. 그것은 또한 어떤 서비스 제공자들의 경우 정보가 타인들에게 노출될 수 있다는 걱정 때문에 독립적인 연구자들이 그들의 조직 속으로 들어오는 것을 꺼리는 것을 의미하기도 한다. 따라서 연구자들은 특히 비밀보장에 대한 신뢰성을 보여야 한다.

내담자로서의 조직

조직도 연구에 참여하는 것을 주저할 수 있다. 이들의 주저는 매우 다양한 염려에 기인한다. 어떤 조직은 '그들이 근로자들을 잘 돌본다는 것을 보여 주기' 위해서 상담 서비스를 제공하다 보니 상담의 효과에 대해 관심이 없을 수 있다. 어떤 조직의 경우에는 특정 개인들에 의해 상담 서비스의 유용성이 심하게 조장되기도 한다. 이런 사람들은 상담 서비스가 운영되도록 하는 데 매우 열심이다. 이런 사람은 서비스가 비효과적이거나 비용에 비해 가치 있지 않다는 것이 드러나면 잃어버릴 것이 많은 사람들이다. 앞에서 논의한 것처럼 '비밀보장'이 문제가 될 수 있다. 내담자 비밀보장의 이슈와 상관없이 어떤 조직은 조직의 이름이 연구와 연결되지 않을까 염려한다. 왜냐하면 외부로부터 '스트레스가 심한 조직'으로 인식되기를 바라지 않기 때문이다. 또한 대부분의 조직은 프로그램이 효과적이라는 것을 당연하게 생각한다. 그들은 서비스 제공자로부터 상담이 효과적이며, 굳이 평가에 투자할 필요가 없다고 하면서 보증을 받기도 한다.

마시(1984)는 비밀보장이 평가에 대한 방어막으로 사용될 수 있다고 하였다. 사람들은 평가받는다는 생각에 위협을 느낄 수 있기 때문에 평가를 할 수 없다는 이유를 열심히 만들어 낸다. 그녀는 "프로그램은 효과를 보여야 한다는 압력을 가하는 사람들과 효과에 대한 입증은 불가능하다고 주장하는 사람 간에 중요한 싸움이 일어난다"(Masi, 1984)고 하였다. 안타깝게도 서비스 제공자들은 평가를 하는 것이 자신들의 프로그램을 '세일즈 하는 데' 도움을 줄 수 있다는 것을 알지 못한다. 서비스 제공자들은 가치 있는 서비스를 제공하고, 평가는 서비스의 가치를 보여 주는 데 도움을 줄 수 있다.

질적 자료 대 양적 자료

과학적으로 상담을 평가하려고 할 때 내재된 문제와 부적절함 때문에, 일부 연구자들은 정량적인 접근과 함께 보다 질적인 접근 방식을 채택할 것을 요구하고 있다. 올랜즈(1991)는 평가문헌들이 연구들 간의 차이를 이해하거나 이를 체계적인 방식으로 연구 결과와 관련시키는 데에 충분한 자료를 제공하지 못한다고 생각하였다. 인간 존재의 여러 가지 측면과 경험은 객관적이지 않거나 쉽게 계량화될 수 없으며, EAP/상담 서비스는 바로 이 수준에서 운영되고 있다. 따라서 다루는 대상에 대한 통찰을 얻으려면 질적인 연구 방법에 주의를 기울여야 한다고 하였다. 그녀는 분명하지 않은 요인들이 관련되어 있을 때, 쉽게 파악될 수 있는 요인들에만 집중하는 것은 바람직하지 않다고 믿는다. 이러한 분명하지 않은 요인을 무시하게 되면 기업상담의 효과를 제대로 평가하지 못하게 된다. 모호한 요인을 측정하기가 어렵긴 하지만, 그렇다고 상담효과를 평가하려는 연구 범위를 벗어나는 것은 아니다. 스트레스에 관한 일반적인 관점은 보는 사람의 눈에 달려 있다는 것이다. 그러므로 올랜즈에 따르면, 우리는 관련된 사람들과 이야기하고 그들의 관점으로 보고 통찰력을 얻게 되므로, 그것을 신뢰할 수 없게 만들거나 한쪽으로 치워서는 안 된다. 테람Teram(1988) 또한 질적인 연구 방법론과 질적 자료의 가치를 매우 강조하고 있는데, 왜냐하면 EAP가 대개 제대로 정의되지 않은 성공 기준으로 여러 가지 개입을 하고 있기 때문이다.

평가에 대한 조직적 틀

일부 연구자들은 상담 서비스가 도입되기 전에 연구가 더 이루어져야 할 필요성을 강조하였다. 김Kim(1988)은 대부분의 평가 보고서가 EAP 구성 요소의 특정 측면에 너무 많은 관심을 가지고 있어서 평가의 전체적인 측면과 맥락 및 틀을 보지 못하는 경향이 있다고 말한다. 이용률을 사전에 측정된 욕구(즉, 서비스 도입 이전의 문제발생률)와 비교할 수 있다면, 이용률 분석은 더 많은 정보를 제공해 주고, 평가적인 도구로 유용하다. 만약 우리가 조직에서 어려움을 겪고 있는 직원들이 얼마나 되고, 이들이 무엇을 필요로 하는지를 안다면, 프로그램이 직원의 욕구를 잘 충족시키고 있는지에 대해서만 현명하게 물어볼 수 있다.

따라서 성과평가는 영국에서 EAP/기업상담의 질 향상과 금전적 가치를 높이는 데 중요한 기여를 할 수 있다. 그러나 조직이 어느 정도 완벽한 평가를 요구하는지는 처음 상담 서비스를 조직에 시행하려고 했던 이유에 따라 달라질 것이다. 어떤 조직은 기업상담이 '회사의 이득'이 되며 기업 이미지에 도움이 된다고 본다. 그런 경우에 기업은 성과연구에 대한 필요를 느끼지 않거나 서비스 비용을 정당화할 필요를 느끼지 않을 수도 있다. 그럼에도 불구하고 평가 이유가 무엇이든, 기업은 그들이 돈을 지불하는 만큼 상담 서비스가 가치 있는지, 서비스가 효과적으로 이루어지고 있는지, 서비스가 조직과 근로자들의 필요를 가장 잘 충족시키는 방식으로 설계되었는지를 확인해야 한다.

결론

마이어스Myers(1984)는 기업상담 프로그램을 개발하고 실행하는 데는 바쁘고 열정적이면서, 평가계획은 무시되거나 할 일의 목록에서 우선순위가 밀리고 있다고 보았다. 프로그램의 전례 없는 성장과 인기로 인해 평가의 중요성은 일시적으로 간과되고 있는 것 같다. 그러나 이러한 움직임의 초기 신선함과 흥분이 가라앉으면, 기업상담의 이점에 대해 문서화된 증거를 요구하는 일일 늘어날 것이다.

연구는 EAP와 기업상담의 성장에 박차를 가하는 데 도움이 될 수 있다. 커츠 등(1984)은 다음과 같이 요약하여 말했다. "결국, 기업상담 프로그램의 질 평가는 연구자가 그들의 직업적 맥락에 적용시키려고 하는 정도까지만 발전할 것이다. 그리고 프로그램 제공자는 연구자가 정치적으로 위험한 기업을 탐색할 수 있도록 지원하고, 조직의 리더는 이러한 평가를 일상적인 책무로 수용하게 될 것이다."

참고문헌

Arthur Anderson Survey (1991). 'Absence rate is EC worst', *Independent on Sunday*, 20 October.

Balgopal, P.R. and Patchner, M.A. (1988). 'Evaluating Employee Assistance Programs: obstacles, issues and strategies', *Employee Assistance Quarterly*, 3 (3/4): 95-105. (Special Issue: Evaluation of Employee Assistance Programs).

Barkham, M. (1991). 'Understanding, implementing and presenting counselling evaluation', in R. Bayne and P. Nicholson (eds), *Psychology and Counselling for Health Professionals*. London: Chapman and Hall.

Bickerton, R. (1990). 'Why EAPs are worth the investment', in L. Stern (ed.), *Business and Health*, pp. 14-19.

Cooper, C.L. and Sadri, G. (1991). 'The impact of stress counselling at work', *Journal of Social Behaviour and Personality*, 6 (7): 411-423. (Special Issue: Handbook on Job Stress, ed. P.L. Perrewe.)

Feldman, S. (1991). 'Trust me: earning employee confidence', *Personnel*, 68 (2): 7.

Highley, J.C. and Cooper, C.L. (1995). 'An assessment and evaluation of employee assistance and workplace counselling programmes in British organizations'. Unpublished report for the Health and Safety Executive.

Holosko, M.J. (1988). 'Perspectives for Employee Assistance Program evaluations: a case for more thoughtful evaluation planning', *Employee Assistance Quarterly*, 3 (3/4): 59-68. (Special Issue: Evaluation of Employee Assistance Programs.)

Howard, J.E. and Szczerbacki, D. (1988). 'Employee Assistance Programs in the hospital industry', *Health Care Management Review*, Spring.

Kim, D.S. (1988). 'Assessing EAPs: evaluation, typology and models', *Employee Assistance Quarterly*, 3 (3/4): 169-187. (Special Issue: Evaluation of Employee Assistance Programs.)

Knott, T.D. (1986). 'The distinctive uses of evaluation and research: a guide for the occupational health care movement', *Employee Assistance Quarterly*, 1 (4): 43-51.

Kurtz, N.R., Googins, B. and Howard, W.C. (1984). 'Measuring the success of occupational alcoholism programs', *Journal of Studies on Alcohol*, 45: 33-45.

Maiden, R.P. (1988). 'EAP evaluation in a federal government agency', *Employee Assistance Quarterly*, 3 (3/4): 191-203. (Special Issue: Evaluation of Employee Assistance Programs.)

Masi, D.A. (1984). *Designing Employee Assistance Programs*. New York: AMACOM.

McClellan, K. (1989). 'Cost benefit analysis of the Ohio EAP', *Employee Assistance Quarterly*, 5 (2): 67-85.

McDonnell Douglas (1989). 'McDonnell Douglas Corporation's EAP Produces Hard Data', *The Almacan*, August: 18-26.

Megranahan, M. (1993). 'Editorial', *Employee Counselling Today*, 5 (5): 3.

Myers, D.W. (1984). *Establishing and Building Employee Assistance Programs*. Westport, CN: Quorum Books.

Nadolski, J.N. and Sandonato, C.E. (1987). 'Evaluation of an Employee Assistance Programme', *Journal of Occupational Medicine*, 29 (1): 32-37.

Orlans, V. (1991). 'Evaluating the benefits of Employee Assistance Programmes', *Employee Counselling Today*, 3 (4): 27-31.

Pope, T. (1990). 'EAPs: good idea, but what's the cost?', *Management Review*, 79 (8): 50-53.

Reddy, M. (1993). *EAPs and Counselling Provision in UK Organizations: An ICAS Report and Policy Guide*. Milton Keynes: ICAS.

Shapiro, D.A., Cheesman, M. and Wall, T.D. (1993). 'Secondary prevention - review of counselling and EAPs', Paper presented at Royal College of Physicians Conference on Mental Health at Work, 11 January, London.

Sonnenstuhl, W.J. and Trice, H.M. (1986). *Strategies for Employee Assistance Programs: The Crucial Balance*. Key Issues, No. 30, NY State School of Industrial and Labor Relations, Cornell University: ILR Press.

Swanson, N.G. and Murphy, L.R. (1991). 'Mental health counselling in industry', in C.L. Cooper and I.T. Robertson (eds), *International Review of Industrial and Organisational Psychology*, Vol. 6. Chichester: John Wiley. Chapter 7: 265-282.

Teram, E. (1988). 'Formative evaluation of Employee Assistance Programs by studying role perceptions and organisational cultures', *Employee Assistance Quarterly*, 3 (3/4): 119-128. (Special Issue Evaluation of Employee Assistance Programs.)

4부

기업 · 조직상담 연구

4부는 기업 · 조직상담 분야에서 이루어진 최근 연구를 소개하고 있다. 5개의 장 중에서 4개의 장은 석사학위논문으로 작성된 것이다. 캐서린 캐롤Catherine Carroll은 12명의 사내 상담자를 대상으로 면접을 실시하여 조직 내 상담자의 역할과 책임에 대한 그들의 관점을 기술하였다. 피터 마틴Perter Martin은 상담 훈련가로서 공공부문의 관리자들을 대상으로 상담기술 훈련을 실시하고 이 훈련의 결과로 개인 생활과 직장 생활에 어떠한 효과가 나타나는지를 조사하였다. 아네트 그린우드Annette Greenwood는 EAP 상담자들이 자신의 일에서 어떻게 스트레스를 경험하며 기업상담자가 되는 것과 스트레스를 연결시키는 방법을 탐색하였다. 캐롤린 하일리Carolyn Highley와 캐리 쿠퍼Cary Cooper는 영국 전역의 기업상담에 대한 조사 결과를 발표하였다. 마지막으로, 헬렌 피셔Helen Fisher는 국민건강서비스National Health Service: NHS에 소속된 4명의 EAP 관리자를 면접하여 그들이 스스로의 역할과 서비스를 어떻게 보는지에 대한 주제와 패턴을 도출하였다.

13장

민간 부문 사내 상담자 연구: 상담과 조직을 연결하기

Catherine Carroll

나는 개인적이고 전문적인 관심에서 연구를 시작하였다. 5년 동안 한 다국적 회사의 런던 지사에서 사내 상담자로 있었다. 그 5년의 시간은 고된 작업과 도전, 불안과 흥분, 그리고 탈진과 만족감으로 채워졌다. 의학적 · 상담적 경력이 풍부함에도 불구하고, 나는 종종 마치 내가 미지의 영역을 걸어가고 있는 것처럼 느껴졌다. 내가 받은 상담 훈련을 경제적 이익을 추구하는 조직 환경에 적용하기 위해서는 상당한 조정이 필요했다.

나 자신의 이러한 경험이 민간 부문의 근로자상담에 대해 많은 질문을 불러일으켰기 때문에, 비슷한 일을 하고 있는 다른 상담자들은 어떻게 그들의 지식과 기술을 이러한 조직 맥락에 적용하였는지가 궁금했다. 기업상담이 성장하고 있는 분야이긴 하지만, 민간 부문에서 사내 상담 서비스는 아직까지 적은 편이다. 사내 근로자상담을 하고 있는 소수의 상담자들은 자신들을 '1세대' 기업상담자라고 부를 만하다. 하지만 1세대라는 것은 자동적으로 그들을 안내하는 지도가 부족하다는 것을 의미하며, 어떤 면에서 미래를 위한 개척자라고도 할 수 있다.

이런 이유로 이 연구가 시작되었다. 나는 1세대 사내 상담자의 경험을 1세대의 관점에서 말하고 기록하고 이를 토대로 그들의 작업을 타당화하는 데 기여하고 싶었다. 다른 한편으로, 나는 이 연구가 미래 세대의 상담자에게 새로운 분야를 개척하기 위해 사용할 수 있는 지도, 혹은 적어도 어떤 이정표가 될 수 있기를 희망하였다. 이 연구는 다양한 회사만큼이나 여러 형태가 존재하는 기업상담 서비스에 대한 것이 아니다. 이 연구는 사내 상담자에 대한 연구이며 그들이 가진 생각과 감정, 가치와 원리들, 그리고 견해와 관점에 대한 것이다.

질적 연구 방법은 민간 부문의 사내 상담자들의 내적이고 주관적인 세계로 들어가는 과제를 수행하는 데 가장 적합한 방법이기에 선택하였다. 질적 연구 방법은 전통적인 양적 연구 방법에 비해 본 연구에 몇 가지 이점을 제공해 주었다. 첫째, 가설을 세우지 않기 때문에, 즉 무엇이 발생할 것인지 혹은 어떤 결과가 나올 것인지에 대해 미리 전제하지 않기 때문에 현상에 무엇이 있는지를 분명히 볼 수 있었다. 둘째, 상황이나 대상에 대한 조작이 없었다. 면접에 참여한 상담자들은 그들 자신에 대해 말했으며 그들의 인식이 연구자료가 되었다. 셋째, 질적 방법은 연구의 과정이 상담 그 자체와 일치하는 것으로 보였다. 말하자면, 연구자와 연구 참여자는 함께 의미를 발견하고 이해하기 위해 노력하고 탐색하며 패턴을 발견하기 위한 탐구를 하였다. 이러한 것들이야말로 상담의 가장 중요한 요소이다. 질적 연구자들은 객관적인 연구자라기보다는 공감적 탐색을 위해 돌보는 동반자로 비유되어 왔다.

20,000단어로 이루어진 학위논문을 6,000단어로 요약하는 것은 곤혹스러운 일이었다. 나는 연구에서 가장 풍부하고 영향력 있는 부분은 사내 상담자들이 자신들의 생각을 말한 내용이라고 판단하여 여기에는 그 내용을 가급적 그대로 제시하였다. 나는 12개의 민간 회사에서 일하는 12명의 사내 상담자(남성 6명, 여성 6명)를 면접하였다. 연구 당시에는 이 12개 회사 외에 사내 상담자를 고용한 회사는 거의 없는 것으로 알고 있었다. 반구조화된 면접 방식을 사용하였으며 연구 참여자인 사내 상담자들에게 다음과 같은 질문을 하였다.

1. 사내 상담자로서 자신의 역할과 책임은 무엇이라고 생각하는가?
2. 조직과 상담자 간의 접점을 어떻게 바라보는가?
3. 사내 상담자로 활동하는 데 필요한 훈련과 요구 사항은 무엇이라고 생각하는가?

면접은 약 1시간 15분 정도 진행되었으며 모두 녹음되었고 면접 후에는 녹음된 내용을 곧바로 전사하여 녹취록으로 만들었다. 녹취록을 해당 연구 참여자에게 보내 원한다면 바꾸거나 수정할 수 있도록 하였다. 녹취록은 근거 이론에 따라 부호화되었다(Strauss and Corbin, 1990). 면접 내용에 최소 의미단위를 찾아 명명하고 이를 범주로 축소하였다. 이러한 범주/주제들이 실제 자료에 부합하는지 (질적 자료 분석의 전문가를 통해) 감수하는 과정을 밟았다. 다음에 연구 참여자와의 면접 자료에서 도출된 범주와 주제들을 제시하였다. 연구 참여자들의 말을 그대로 인용한 부분은 '붙임표(–)'를 넣은 뒤 고딕체로 표시하였다. 범주 및 하위범주들의 개요는 〈표 13–1〉과 같았다.

표 13–1 범주 및 하위범주 개요

1. 역할과 책임
    - 1.1 다중 역할
    - 1.2 내담자와의 작업
        - 1.2.1 상담 접근
        - 1.2.2 지지
        - 1.2.3 내담자 이슈
    - 1.3 변화의 주체
    - 1.4 다중 역할에 대한 개인적 반응
2. 상담자 자질
    - 2.1 유연성
    - 2.2 개척정신
    - 2.3 자기주장 능력
    - 2.4 대처 전략: 슈퍼비전과 네트워킹
3. 조직과 상담의 접점
    - 3.1 조직문화
    - 3.2 상담 서비스에 대한 이면의 동기
    - 3.3 내담자는 누구인가?
    - 3.4 중재
    - 3.5 비밀보장
    - 3.6 내담자의 기록은 누가 소유하는가?
4. 요구되는 상담 훈련
    - 4.1 개인적 자질
    - 4.2 일반적인 상담 훈련
    - 4.3 전문 영역 훈련
    - 4.4 전문적 자질

1. 역할과 책임

사내 상담자들이 자신의 직업의 일부로 생각하고 있는 역할과 책임은 네 개의 주제로 나눌 수 있었다. 이 네 개의 주제는 다중 역할, 내담자와의 작업, 변화의 주체, 다중 역할에 대한 개인적 반응이었다.

1.1 다중 역할

이 연구에서는 12명의 연구 참여자들이 모두 그들이 소속된 조직 안에서 다양한 역할들에 관여하고 있는 것으로 나타났다. 그중에서 주요 역할들은 다음과 같았다. 괄호는 참여자의 수이다.

- 상담 서비스 보장(12명 모두)
- 문제를 겪는 근로자에게 일선 관리자가 다가가는 방법에 대한 조언(12명 모두)
- 근로자상담(10명)
- 훈련과 건강교육(10명)
- 조직 정책에 관한 조언(6명)
- 관리적인 책임(6명)
- 복지(5명)
- 사례 관리 및 슈퍼비전(4명)
- 조직 변화 촉진(3명)
- 위기 사건 디브리핑de-briefing(3명)
- 연구(1명)
- 기회균등에 대한 조언(1명)

상담 서비스 자체에 내재된 다른 역할들의 목록도 있었다.

- 상담 서비스 제공에 대한 홍보
- 직원들에게 상담의 기능(역할)에 대한 교육
- 상담 제공의 향상

- 효과 모니터링
- 행정
- 의뢰
- 내담자와 조직 간의 중재

1.2 내담자와의 작업

11명의 연구 참여자들은 자신의 주요 업무가 직원들을 위한 상담 서비스를 보장하는 것이라고 강조하였다. 의료사회복지사medical social worker인 열두 번째 연구 참여자만이 공식적인 상담을 부차적인 업무로 보았다.

–내가 꾸준히 하는 일은 상담이라고 생각해요.
–내가 하는 역할 중 가장 중요한 것은 개인상담입니다.
–나는 내 직업이 비밀이 보장되는 개인상담을 제공하는 것이라고 생각해요.

1.2.1 상담 접근

11명의 연구 참여자는 인본주의를 토대로 하는 절충적 상담 접근을 선호하였다. 열두 번째 연구 참여자는 외상 후 문제를 다룰 수 있는 인지행동 접근을 사용하였다. 대부분의 연구 참여자들이 자신들의 절충적 입장이 한 가지 이론을 선호하는 순수주의자들로부터 비판을 받을 수 있다고 느끼고 있었다. "우리가 절충적이라고 말하는 것은 오만하게 들릴 거예요. 절충적이라는 건 사례에 맞지 않는 것들을 뒤죽박죽 섞어 놓은 것에 대한 변명처럼 들릴 수 있기도 하지요." 그러나 연구 참여자들은 내담자들과 문제들의 범위가 이러한 이론적 접근을 정당하게 만든다고 굳게 믿고 있었다. 대부분의 내담자들은 위기를 경험하고 있을 때 상담실을 방문하고, 촉진적이고 집중적인 단기 작업을 필요로 한다.

–우리는 특정 문제 영역들에서 여러 가지 다른 접근법을 사용합니다. 예를 들어, 이건Egan, 머레이-파크스Murray-Parkes, 퀴블러-로스Kubler-Ross, 하임러Heimler 등의 방식을 내담자와 그들의 필요에 따라 사용하죠.
–제 생각에 각각의 접근법은 내담자가 무엇을 제시하고, 어떠한 자원을 가지고 있는지에 따라 알맞은 자리에 적용될 수 있는 것 같아요.

연구 참여자들에게 대부분의 내담자들은 장기 치료보다는 단기간의 문제해결적 치료를 위해 찾아왔고, 이는 기업상담에 적합한 것으로 생각되었다. 내담자들 또한 단기상담이 중요하고 적합한 것으로 인식하고 있는 것으로 참여자들은 지각하였다.

-내 내담자 중에는 한두 번의 상담 회기를 하고, 그것이 그들의 인생에서 가장 즐거운 경험이었다고 말하는 경우가 있어요.
-대부분의 내담자들은 자신의 성격을 근본적으로 재구성하기를 바라지 않아요.

네 명의 상담자들은 필요하고 정당한 경우 내담자들과 장기간의 상담 작업을 할 수 있는 자율권을 가지고 있었다. 대부분의 연구 참여자들은 내담자와 진정성 있는 치료적 상담 관계를 형성하는 것을 강조하였다.

-나는 상담자로서 개인적 자질에 좀 더 초점을 맞춥니다. 내담자와 그들의 문제에 대한 경청의 자세, 민감성, 연민, 비판단적인 태도와 같은 것들입니다.
-나는 상담실을 찾아오는 사람들과 진실하고 진정한 연결이 이루어지지 않는다면 내가 지금 하고 있는 일을 할 수 있을 것이라고 생각하지 않아요.

상담 관계는 내담자에게 경계가 있고 정서적으로 안전한 환경을 제공하는 것으로 간주되었다.

1.2.2 지지

몇몇의 연구 참여자들은 '지지적인 역할'을 제공하는 것의 중요성에 대해 이야기하였다. 이들은 다른 상담자들은 아마 이 역할을 '단지 버티게 해 주는' 거라고 말하면서 탐탁하지 않게 생각할 것이라고 추측하였다. 그러나 기업 환경에서 내담자들은 가끔은 그저 지지와 '모든 걸 내려놓을 수 있는 안전한 공간'을 필요로 하기도 한다. 이러한 지지는 내담자가 힘든 시기를 버틸 수 있도록 도와준다(상담은 때때로 그저 지속적인 지지예요. …… 어떤 사람들은 그런 상담에 대해 콧방귀를 뀔지 모르겠군요. 나는, 음, 만약 그러한 상담이 내담자로 하여금 계속 일할 수 있게 하고 기능할 수 있게 한다면, 업무를 위해 그러한 상담을 갖는 것은 가치가 있다고 생각합니다). 연구 참여자들은 그들 자신이 치료적 상담 관계를 제공할 뿐 아니라, 때때로 매우 인간적이지 못한 조직 안에서 보다 인도주의적인 공간과 오아시스를 제공하고 있다고 생각했다.

한 연구 참여자는 상담이 때때로 군에 소속된 성직자의 활동과 유사하며, 또는 반창고를 붙여서 돌려 보내는 것처럼 빠르고 단호한 개입이 요구되는 거친 환경에 있는 '육군 이동식 외과병원'의 부대에서 일하는 것과도 비슷하다고 비유하였다. 이러한 비유는 모든 연구 참여자들에게 들어맞는데, 그들은 모두 자신들이 위기 상황에 처한 내담자와 자주 작업한다고 보고하였으며 이러한 경우에는 신속하지만 정확한 평가와 이후 적절한 개입이 요구된다고 하였다.

–나는 평가와 진단에 관해 많은 경험을 가지고 있고, 그게 우리 일에서 핵심적인 것들 중 하나라고 생각해요. …… 이 작업은 위기 상황에서 이루어지며, 당황하지 않아야 합니다.

이러한 위기들은 개인적인 것일 수도 있고, 무장 강도사건처럼 직업상의 위험을 다루는 것과 같이 직접적으로 일과 관련된 것일 수도 있다.

1.2.3 내담자 문제

연구 참여자들이 제공하는 서비스들은 개인적인 문제부터 업무 관련 문제에 이르기까지 다양한 범위를 아우른다. 이 범위에는 개인적인 관계나 직장 관계, 건강 문제뿐만 아니라 가족까지 포함되었다. 법적 문제나 재정 문제도 포함되어 있었고 이 경우에 적합한 의뢰 절차가 있었다. 그러나 이러한 기능이 이루어지도록 하는 '문지기' 역할을 수행하는 것이 상담자의 과업이었다.

한 연구 참여자는 상담과 조언이 편안히 공존할 수 있을지 의문을 가졌다(당신은 사람들에게 '내가 당신을 도울 수 있다. 나는 지식을 가지고 있으며 당신에게 무엇을 해야 하고 어디로 가야 하는지 말해 줄 것이다'라고 말해요. 한편으로는 '하지만 나는 상담자로서 그렇게 하지 않을 것입니다'라고 역설적으로 말하는 거예요). 반면에, 대부분의 프로그램들은 조언과 정보 제공 서비스를 확대해 왔으며, 이것이 상담에 대한 타당한 보완이라고 여겼다.

1.3 변화의 주체

모든 연구 참여자들은 그들 자신을 변화의 주체로 생각하였다. 조직 내 변화에 영향을 미친다는 주제가 반복해서 출현하였다. 여섯 명의 연구 참여자들은 이 주제에 적극적으로 헌신한 반면, 다른 이들은 이러한 면을 경계하였다. 조직의 변화를 촉진하는 것은 스트레스에 대한 반사적인 반응을 보완할 수 있는 적극적이고 예방적인 대응으로 인식되었다.

–나는 사람들이 계속해서 절벽 끝으로 다니지 않도록 절벽으로 가는 길을 개선하는 데 기꺼이 참여하고 싶어요. …… 이 작업은 집단 수준의 개입과 매우 큰 관계가 있죠.
–직원과 근무 환경을 대하는 매우 가부장적이고, 전통적이며 보수적이면서 완고한 조직의 접근 방식을 바꿀 수 있는 것이 가장 큰 보상이 되어 왔다고 생각합니다.

1.4 다중 역할에 대한 개인적인 반응

연구에 참여한 모든 상담자들이 개인적으로나 직업적으로 강한 만족감을 나타내었다. 이는 특히 그들의 상담 작업과 관련되었을 때 분명하게 드러났다.

–내담자들이 성장하는 것을 지켜보는 것이 내게 만족감을 주는 것 같아요. …… 그게 내게는 가장 큰 즐거움입니다.
–일관되게 내 열정을 북돋는 것의 하나는 사람들이 변화하는 것을 보는 것이었어요.
–정말 기분 좋죠. 나는 사람들이 나아지도록 만드는 것에서 커다란 만족을 느껴요. 그 사실을 인정하는 것이 부끄럽지 않습니다.

이에 더해, 연구 참여자들은 자신의 직업이 확고한 개인적 신념을 실현할 기회를 제공한다고 생각했다.

–나는 직장에서의 삶이 어떻게 이루어질 수 있는지에 대한 나의 아이디어를 실현해 볼 수 있었어요.
–이 직업은 나의 개인적인 꿈을 실현시켜 줍니다. …… 지적으로, 그리고 전문적으로, 그리고 나의 개인적 관점에서 보았을 때 놀라울 정도로 보람 있죠.
–오랫동안 내가 생각했고, 이야기했으며, 가르치고, 연구했던 것을 실행하는 것이 보상이자 무척 신나는 일입니다.
–내가 사내 상담을 하는 이유들 중 하나는 그 회사에 있는 모든 이들이 문제가 생긴 그 순간에 무료로 서비스를 받을 수 있기 때문이에요. 나는 그 점을 매우 중요하게 생각합니다.

모든 연구 참여자들이 자신이 여러 가지 역할을 담당하고 있다는 사실을 좋아했다. 전문적으로나 개인적으로나 많은 시간과 에너지가 요구됨에도 불구하고, 그들은 이러한 변화를 즐기고 있음을 느꼈다.

–가장 신나는 일은 앞으로 대체 무슨 일이 벌어질지 알 수 없다는 것 …… 특히, 이 직업의 다양한 면이에요.
–나는 저 안에 무엇이 들어 있을까 하는 호기심과 어떤 기쁨을 느끼며 문을 열고 들어서는 심정입니다.
–당신은 부글부글 끓고 있는 많은 솥단지를 가지고 있고, 이렇게 끓고 있는 솥단지에서 눈을 뗄 수 없으며, 그것들을 정확한 순간에 조절을 해 주어야 합니다. …… 그건 엄청난 노력과 주의를 요구하지요.

연구 참여자들이 상담 관계를 방해할 수 있다고 여긴 관계의 종류는 친구 관계와 같은 것이었다.

–만약 내가 회사에 있는 누군가와 친구라면, 다른 누군가는 내게 상담받는 것을 꺼릴 수 있어요. 내가 [그들이 말한 어떤 것을] 나의 친구와 공유할 것이라고 생각할 수 있기 때문이죠.
–사람들이 이용할 수 있는 특화된 상담의 역할을 유지한다는 것은 전문적으로 가까운 관계를 맺되 그것을 넘어서지는 않는다는 것을 의미합니다.

세 명의 상담자는 민간 부문의 회사에서 일함으로써 얻는 물질적 이득에 대해 언급했다. 이러한 이득에는 자원에 대한 접근과 근무 환경이 포함되었다. 그들은 특히 기업 세계에서 일하면서 경험하게 되는 신뢰와 자율성, 그리고 보살핌을 인상 깊게 생각했다. "기업에서 일하는 사람들은 콧대가 높고, 경쟁적이며 공격적이라는 신화들과 달리, 실제로 기업은 소위 말하는 돌봄을 위한 공공 서비스보다 훨씬 더 적극적인 방식으로 직원들을 돌본다"라고 하였다.

2. 상담자 자질

면접에 참여한 사내 상담자들은 전형적으로 여러 전문적이고 학문적인 영역에서 체계적인 훈련을 받았으며, 다양한 배경과 심리문제를 지닌 내담자들과 상담한 경험을 가지고 있었다. 면접 결과, 여러 가지 개인적 자질이 드러났으며 가장 자주 발견된 것은 다음과 같았다.

- 유연성
- 개척정신
- 자기주장 능력

2.1 유연성

연구 참여자들은 유연성과 위기관리 능력이 자신이 지닌 자질이라고 파악하였다. 위기 상황에서 쉽게 겁에 질리지 않고, 적응할 수 있는 방식으로 대응하는 것이 기업상담에 필수적인 것으로 간주되었다. 불안해하는 관리자와 직면하는 것, 스트레스를 느끼거나 우울하고, 정신적 혼란이 있고, 자살을 시도하며, 공포에 휩싸여 있고, 트라우마를 가지고 있거나 사별을 당한 직원들과 작업하는 것이 기업상담자로서의 경험에 포함되었다. 상담 훈련과 경험에서 우러난 차분하고 전문적인 방식으로 대응하고 적합한 개입방법을 선택하는 것이 기업상담자들에게 필수적인 특성들로 생각되었다.

–심리치료사/상담자로서의 역할에 엄격하지 않으면서 유연하고 개방적인 자세를 가질 수 있는 상담자의 능력이 요구됩니다.
–당신은 정말 자신의 발로 뛰어 배울 수 있는 사람이 되어야만 합니다. 나는 그런 사람인 것 같고, 그 방식이 내게 잘 맞는다고 생각해요. 만약 당신이 그런 상황에 처했을 때 겁에 질리는 사람이라면, 때때로 머리털이 곤두서는 느낌을 받을 겁니다. 당신은 보다 안정적이길 원하고, 당신이 체계 안에 있기를 원할 테니까요.
–나는 내가 지닌 한계들이 무엇이며 경계가 어디까지인지, 즉 내 역할이 무엇인지를 알고 있어요. 역할의 경계는 매우 유연하기도 합니다.

두 명의 연구 참여자들은 이러한 유연성을 각자가 일하고 있는 회사의 문화와 연결 지었다.

–그것이 반영하는 건 조직 내에서 담당하는 업무 역할의 유연성입니다. …… 어떤 분야에서 일하게 되더라도 자신이 맡은 업무를 잘 수행해 나가는 젊은이들이 가진 분위기와 비슷한 문화가 회사에는 존재합니다.

–이 조직은 끊임없이 변화합니다. …… 물론 사람들에게는 힘든 일이지만, 끊임없이 혁신하고 변화한다는 사실은 자랑스러운 것이죠. 그것은 사람들에게 도전의식을 불러일으켜요. 즉, 저에게도 도전의식을 불러일으킨다는 말이죠.

2.2 개척정신

일곱 명의 연구 참여자들은 실질적으로 그들이 운영하고 있는 상담 서비스를 직접 설계한 반면, 나머지 연구 참여자들은 새롭게 만들어진 상담 서비스를 자신이 물려받아 발전시켰다고 생각했다. 이러한 생각들은 연구 참여자들로 하여금 '개척정신'이라는 주제를 생각해 보게 만들었다. 그들은 상담 서비스를 운영했을 뿐 아니라 제공하는 상담을 홍보하고, 상담윤리와 경계, 목적을 수립했으며, 조직 내에 거의 문자 그대로 상담의 기초를 세웠다. 몇몇은 정해진 상담 공간도 없었는데, 특히 여러 회사를 이동하며 상담하는 경우가 그러했다. 연구 참여자 중 거의 절반이 필요하다면 어디서 무엇에 대해서건 상담을 진행했다고 보고하였다. 이들은 제공되는 상담 서비스를 보다 적합한 것으로 발전시키기 위해 열심히 일하는 것으로 이러한 상황에 대처했다. 한 숙련된 상담자는 필요하다면 어디에서건 일할 준비가 되어 있었다고 덧붙였다.

–나의 지난 날을 회고해 보면, 나는 계속 무언가를 세워 나가고 있다고 생각됩니다. …… 무로부터 유를 창조하려고 시도하는 것, 그게 바로 나를 흥분시키는 것이죠.

창조자가 된다는 것은 독자적으로 일할 수 있는 능력이 있음을 의미하였다. 집단 안에서건 혼자이건 상담자들은 독립적으로 일할 수 있는 능력을 가지고 있었으며 독립적으로 일하는 것을 선호하였다. 큰 조직에 소속되어 기능하였음에도 불구하고, 이러한 역할은 상담자를 주류로부터 분리되게 하였고 고립된 상태에 대한 인내를 요구하기도 하였다.

–나는 일할 때 합리적인 정도의 자율성을 가지고 있습니다. …… 그건 중요해요.

–당신이 하는 일은 당신이 원하기 때문에 하는 것입니다. …… 당신의 일의 우선순위는 당신의 우선순위이지 회사의 우선순위가 아니에요.
–나는 내 자신이 조직의 구성원이지만 아주 외로운 구성원이라고 생각해요.

2.3 자기주장 능력

많은 연구 참여자가 사내 상담이 지닌 특성인 조직과의 관계적 측면 때문에 자기주장 능력을 이 직업에서 핵심적인 특성으로 생각하였다.

–이 일은 강한 사람이 필요해요. 적어도 자신이 옳다고 생각하는 것을 끈질기게 요구하고 그것을 위해 돌진할 준비가 되어 있어야 해요.
–당신은 정말로 냉정해야 하고, 당신의 직업을 옹호하고 주장할 수 있어야 합니다.
–자신이 옳다고 믿는 것을 옹호하는 데 두려움이 없는 사람이라면 기업상담에 적합해요.
–기업상담자라면 당신은 좀 더 용감해야 해요.

이러한 맥락에서 자기주장 능력은 상대방의 요구를 반영할 뿐만 아니라 자기 자신의 요구를 분명하고 정중하게 전달할 수 있는 능력을 의미하기도 한다. 또한 이해가능한 언어를 사용할 수 있는 능력을 요구하기도 한다.

–돌보고 헌신하는 상담 접근법을 조직에 가져와서 그것을 그들이 이해할 수 있는 기업언어로 바꾸어야 해요.
–당신이 당신의 권한을 강하게 드러내는 건, 글쎄, 우리 역할에서는 그리 도움이 되지 않아요.
–매우 중요한 것은 회사와 협상하거나 심사숙고할 때 인내심을 갖는 것이죠.

2.4 대처 전략: 슈퍼비전과 네트워킹

사내 상담자들이 업무와 관련하여 느끼는 스트레스에는 세 가지 주요한 원인이 있다. 조직구조 안에서의 작업, 많은 업무부담, '혼자 있음'이 그것이었다.

–이 일은 스트레스가 많아요. 어떤 날은 밤에 잠을 못 이루기도 하죠. …… 하지만 대부

분의 스트레스는 조직으로부터의 압력 때문에, 혹은 업무의 특정 구조와 씨름하면서 생겼어요. 괴로운 경험으로부터 나는 적합한 사람들을 어디서 언제 어떻게 상담해야 하는지 배웠죠.

–일상에서 벌어지는 정치적인 부분은 상담자인 나와 그리 쉽게 어울릴 수 없다는 것을 배웠어요.

–당신은 당신 자신이 아니라 다른 사람의 속도에 맞춰서 일해야 하죠. …… 회사의 속도에 맞춰서 일하는 거예요.

–이 일은 완전히 진이 빠지고 대응하기 힘들 수 있어요.

대처 전략은 상담자들의 역할과 결합된 특정 어려움들을 다룰 필요가 있었다. '혼자 있음'은 그러한 어려움 중 하나이다. 심지어 집단으로 일하는 상담자들도 다양한 '혼자 있음'을 경험했다. 그것은 '비밀을 지키는 사람'으로서 필연적으로 수반되는 것이거나 자율성의 이면이기도 했다. 여러 단점에도 불구하고, 대부분의 연구 참여자들은 이 경험을 수용하였다.

–당신은 당신과 내담자, 그리고 고용주라는 삼각구도를 갖게 되지요. 당신은 회사에서 고립된 사람이라고 할 수 있어요.

–내가 경험한 것은 …… 사람들과 아주 가까워지는 것은 어렵다는 것입니다. 나는 일할 때 사람들과 차 한잔하러 간다거나 어떤 사람과도 정기적으로 점심을 같이하지 않습니다. …… 나는 이게 내 직업에서 필수적인 부분이라고 생각해요.

–이건 아주 외로운 직업이에요.

사내 상담자들은 비밀보장을 해야 하는 상당한 양의 정보들로 인하여 부담을 느꼈다.

–내 경험은 어떤 면에서는 꽤 무서웠어요. 조직의 거의 모든 수준에서 듣게 되는 어마어마한 양의 고도의 기밀 정보들에 대해 보안을 유지해야 했거든요. 정말 균형을 잘 잡아야 했어요.

–내 위치에서는 막대한 양의 정보들에 접근할 수 있는 특권이 있지요. 그건 때때로 나에게 아주 무거운 짐입니다.

다년간 조직에서 상담자로서 활동해 온 세 명의 연구 참여자들은 소진 증상을 경험했던 것에 대해 이야기했다. 상담자들을 위해 필수적인 대처 전략으로서 두 가지 주요 방안이 드러났다. 외부에서 받는 슈퍼비전, 그리고 사회적이고 전문적인 네트워크 형성이 그것들이다.

12명의 상담자들 중 10명이 슈퍼비전을 받고 있었다. 오직 한 명의 숙련된 상담자만이 비공식적인 슈퍼비전을 제외하면 공식적인 슈퍼비전은 받은 적이 없었다. 슈퍼비전은 다양한 방식으로 진행되었는데 7명의 상담자들이 외부에서 슈퍼비전을 받았고, 몇몇은 내부에서 슈퍼비전을 받았으며, 외부와 내부 모두에서 슈퍼비전을 받은 사람들도 있었다. 또한 개인 슈퍼비전과 집단 슈퍼비전 형태를 모두 아울렀다. 상담자들은 슈퍼비전이 경계와 관련된 문제를 토론하거나 자기 인식을 향상시키고, 상담의 효과와 윤리적인 의사 결정에 대해 평가하는 토론의 장이라고 생각했다.

–우리는 외부 슈퍼바이저를 두고 있어요. 그럼으로써 균형과 중립성을 갖출 수 있죠. …… 나는 외부 슈퍼바이저가 필수적이라고 생각합니다.
–내부에서 나를 지지해 줄 수 있는 좋은 슈퍼바이저가 있다는 점에서 나는 정말 운이 좋아요.
–슈퍼비전에서 내게 유용한 것은 찾아가서 조직의 문제들과 내가 맞닥뜨린 좌절에 대해 이야기할 수 있는 누군가가 거기 있다는 것이었습니다. 특히, 두 조직에 걸쳐 있을 때 그랬죠.

외부 슈퍼비전이 특별한 가치를 갖는 부분은 상담자가 지쳤을 때 찾아갈 수 있는 '안전한 장소'가 된다는 점이었다. 외부 슈퍼비전은 또한 조직의 문제로 인해 화가 났을 때 찾아갈 수 있는 장소이기도 하였다. 하지만 조직의 맥락에서 슈퍼비전을 진행한 경험이 있는 적절한 슈퍼바이저를 찾는 것은 어려워 보였다.

사회적이고 전문적인 네트워크의 형성은 사내 상담자들에게 중요한 지지를 제공해 주는 것으로 나타났다.

–이 일을 하려고 면접을 봤을 때 나는 동료의 지지가 필요할 것임을 분명히 알 수 있었어요.
–이 일을 관리하는 나의 개인적인 방법은 업무에서 떠나 아주 비공식적인 네트워크를 만

드는 거예요. …… 나는 좌절을 이겨 내기 위해 상담 서비스의 내부와 외부의 동료들을 이용합니다.

–기본적으로, 더 많은 전문적인 지지가 있을수록 좋아요.

–나는 굉장히 사교적인 사람이에요. 운이 좋아서 일 외적으로 아주 확고한 사회적 삶을 누릴 수 있었습니다. …… 나는 일에서는 그러한 종류의 상호작용을 얻을 수 없을 것임을 알았기 때문에 외부에서 그런 관계를 기회로 활용했지요.

3. 조직과 상담의 접점

3.1 조직문화

연구 참여자들이 대표하는 12곳의 회사들 중 8곳은 영국의 전통을 강력한 기반으로 하고 있었고, 4곳은 국제적인 전통을 가지고 있었다. 각 회사들의 사업 영역은 금융 서비스부터 첨단 기술과 마케팅 분야까지 다양했다. 비록 어느 정도 불경기의 영향을 받긴 했지만, 모든 회사들이 성공적으로 운영되고 있었고, 확실히 자리를 잡은 상태였다.

이 회사들을 묘사하기 위해 가장 자주 사용된 단어는 '아버지 같은'이라는 단어였다. 그 밖에 사용된 다른 용어들로는 '보호적이고 지지적인' '관대한' '보살피는'이 있었다.

–사람들을 돌보는 아주 강력한 회사문화

–아주 친절하고 가부장적인 회사여서 훌륭한 복지 서비스를 직원에게 기본적으로 제공하고 있었어요.

하지만 이 회사들은 위계적이고 관료적인 구조에서 보다 열린 의사소통과 의사결정이 가능한 발전된 체계로 '형태'를 변화시키는 과도기에 있는 것으로 보고되었다. 이러한 극적이고 불가피한 변화는 근로자들에게 긍정적인 동시에 부정적인 영향을 주고 있었다. 불확실성이야말로 삶의 모습이었다. 특히, 고용보장의 불확실성과 직무 역할의 불확실성이 높게 나타났다. 현재 유일하게 변함없는 것은 변화한다는 것뿐이었다.

–회사는 빠르게 움직이고 있기 때문에 사람들도 빠르게 변화해야 하거나 아니면 떠나야 하지요. …… 역동적으로 계속해서 진화하는 회사는 사람들에게 불확실성을 느끼게 만듭니다.

3.2 상담 서비스에 대한 이면의 동기

어떤 근로자는 진보와 성취에 대한 내면의 욕구에 응답하며 성공을 만들어 나가는 데 반해, 어떤 근로자는 새로운 기술에 적응하거나 새로운 기술을 학습하는 데 어려움을 겪는다. 이러한 상황 속에서 상처 입는 사람들이 생길 수 있었다.

–나는 사람들이 자신을 입증해야만 하기 때문에 온갖 종류의 스트레스가 심한 역할을 하게 되고 자기 자신을 숨도 못 쉬게 하는 걸 목격하곤 해요.
–그들은 자신의 직업이 얼마나 지속될지 결코 확실히 알 수 없는 문화 속에서 살아갑니다. …… 자신의 역할이 무엇인지 모르고, 자신의 경력이 어떻게 발전되어 갈 수 있는지에 대한 경력개발 체계를 알지 못합니다. 왜냐하면 다른 조직과 마찬가지로 이 조직도 수평적이 되었기 때문이죠.
–이 회사는 사람들을 몰아붙이는 것으로 악명 높지만 사실 제 생각에는 대부분의 사람들이 스스로를 몰아붙이고 있어요.
–변화가 일반적인 것이 되면서 사람들이 받는 스트레스는 엄청날 수 있어요. 때때로 나는 회사가 조직과 함께 변화하고 발전할 수 있는 특정한 개인들의 능력을 과대평가하고 있다고 생각해요.

조직이 상담 서비스를 구축한 까닭은 근로자들의 개인적인 또는 업무와 관련된 필요needs를 책임지고 보살펴야 한다는 전통 때문이라고 믿기도 했다.

–그들[그 조직]은 비용을 절감하기 위해 상담 서비스를 도입한 것이 아니에요. 그들은 직원들에 대한 진심 어린 관심 때문에 상담 서비스를 시행해 왔습니다. …… 결근이나 형편없는 업무 수행 능력 때문이 아니라 직원들의 고통을 다루기 위해서 시행해 왔어요.
–우리를 고용하는 것이 실제로 회사의 이득에 커다란 차이를 만든다는 것을 증명할 수 있는 통계를 설득력 있게 제시한 사람은 없었다고 생각합니다.

이러한 인식은 사업을 성공시키기 위해 필요한 것에 대한 인식에 의해 균형이 맞춰진다.

-회사는 우리가 하는 작업으로부터 부가 가치를 기대할 권리가 분명히 있어요.
-그들은 이익을 내야만 하고 때때로 꽤 냉정한 판단을 내려야만 하는 업계에 있죠.
-하루 일과를 마칠 때쯤엔 반드시 생산되어 있어야 하는 서비스나 생산품이 있지요. …… 그게 조직의 실체입니다.

근로자상담 서비스가 근로자와 조직 양쪽에 모두 높은 가치를 갖는다는 것에 대해서는 연구 참여자들이 전반적으로 동의하였다.

-나는 상담을 통해 내담자가 이득을 얻는 것, 그리고 회사 또한 이득을 얻는 것이 좋습니다. 그건 윈 · 윈 하는 거죠.
-나는 기업상담이 아주 가치 있는 도구라고 생각해요. …… 상담을 제공하지 않는 것은 근로자들에게나 고용주에게나 모두 기회를 놓치는 일이에요.
-만약 근로자들이 이러한 모든 문제들에서 자유로울 수 있다면, 그들은 조직에 훨씬 더 많이 유익한 기여를 할 수 있어요.

3.3 내담자는 누구인가

일반적으로 사내 상담자들은 상담실의 문을 열고 들어오는 개인을 가장 중요한 내담자로 여기고 있었다. 그들이 개인적인 상담을 위해 찾아왔건 혹은 다른 이유들, 예를 들어 조직에 대한 조언이나 부서 간의 연락, 조직의 훈련을 위해 찾아왔건 상관없이 말이다. 그들이 그곳에 오게 된 이유와 상관없이, 중요한 건 상담자들 앞에 있는 개인이었다.

9명의 연구 참여자들은 조직의 맥락을 인식해야 할 필요성에 대해 특별히 언급했고, 개인의 필요와 조직의 필요 사이에서 균형을 맞추는 것에 긴장이 있음을 인정하였다. 연구 참여자들은 대부분 개인의 필요에 주의를 기울이는 것이 회사에도 이득이 된다고 믿었다.

-글쎄요, 이건 매우 어려운 문제입니다. …… 보통 나는 내가 만나고 있는 내담자의 필요

를 가장 우선하려고 노력해요. …… 하지만 나는 회사가 필요로 하는 것과 내담자가 필요로 하는 것 사이에서 균형을 유지하려고 노력하지요. …… 나는 대부분 내담자를 돕는 것과 회사를 돕는 것이 관련되어 있다는 걸 발견합니다.

– 개인은, [잠시 침묵] 나는 조직이 나를 고용했다는 것은 내담자를 돕는 역할을 맡긴 것이라고 생각하기 때문이에요.

– 내 초점은 내담자에게 맞춰져 있어요. 하지만 나는 조직의 맥락에서 수행되는 서비스를 대표하지요.

3.4 중재

11명의 상담자들은 상황이 요구하고, 내담자가 분명히 허락했을 때 내담자와 회사 사이를 중재하는 것이 중요한 역할이라고 생각했다. 최근에 만들어진 상담 서비스에서 활동하고 있는 한 사람만이 이러한 의견에 반대했다. 이 연구 참여자도 몇 개월 후에는 개인적인 연락을 통해 이 연구 결과를 수용하기로 하였다.

중재 역할을 지지한 이유는 상담자가 내담자와 회사 양쪽이 상대의 필요에 대한 현실적인 생각을 발전시키는 것을 돕는 기술과 공평함을 가지고 있기 때문이었다. 이는 커플상담에 비유되었다.

– 만약 당신이 때때로 남편과 아내 사이에서 중재자가 되어야 한다면, 고용주와 근로자 사이에서 중재자가 되지 못할 이유가 없죠.

– 만약 당신이 누군가를 상담해 왔고, 그를 상담한 것이 상당히 오래되었으며, 이제는 업무로 돌아가는 것에 대해 이야기하고 있다면, 당신은 조언을 할 수 있어야 합니다. 나라면 내가 내담자와 작업했던 것에 대해 내담자의 상사인 관리자에게 편지를 쓸 수 있게 해 달라고 내담자를 설득할 거예요. 그렇게 함으로써 관리자가 더 잘 이해할 수 있도록 말이죠.

이러한 상황에서는 내담자의 동의가 구두로 표현되는 것이 필수적이며, 어떤 경우에는 동의를 문서화하는 것이 요구된다. 이렇게 함으로써 내담자에게 선택권을 주고, 내담자는 자신의 개인적 정보를 통제할 수 있기 때문이다.

– 내담자가 서명한 동의 없이는 어떤 정보도 노출되지 않습니다. 그리고 정보를 제공할 때

에는 누구에게 그 정보가 제공되는지, 어떠한 이유에서 언제 제공되는지를 명시합니다.

-내담자가 내가 직접 직속상사와 중재하도록 허락하는 일은 아주 가끔 있습니다.

중재에서 눈에 띄는 특징은 직속상사가 정보를 요청하는 경우는 대부분 간섭을 하기 위해서나 업무에서 필요하기 때문이 아니라 인간적인 염려 때문이라는 점을 상담자가 알아냈다는 것이다.

-사람들이 나에게 내담자에 대해 이야기하는 맥락은 거의 예외 없이, '이 사람이 문제를 가지고 있는데, 내가 어떻게 도울 수 있을까' 하는 것이었습니다.

-관리자는 구성원에 대한 지극히 인간적인 관심으로 상담자에게 도움을 구하는 경우가 대부분이에요.

상담자들은 자신의 위치가 지닌 불안정성을 자각하고 있었고, 내담자나 회사 모두로부터 부당하게 이용되기를 원하지 않았다.

-상담은 직원들을 위해 운영되는 서비스죠. 어떤 면에서는 통제나 조종을 위한 또 다른 술책이라거나 관리 도구처럼 보일 수도 있어요.

-중요한 건 단순한 전달자나 중개자가 되지 않도록 노력하는 겁니다.

3.5 비밀보장

영국상담학회The British Association for Counselling: BAC의 윤리강령에 규정된 원칙들이 기업상담에도 적용된다는 점에는 거의 완전한 만장일치를 이뤘다. 특히, 비밀보장은 서비스의 주춧돌이자 신뢰성을 담보하는 것으로 여겨졌다. 기업상담은 독자적인 윤리강령을 가지고 있었지만, 대부분은 영국상담학회BAC의 강령에 동의하는 내용이었다. 오직 한 측면에서 차이가 났는데, 회사 규정을 심각하게 위반한 경우에는 비밀보장이 지켜지지 않는다는 것이었다.

-나는 내담자들을 만날 때 이 점을 분명히 언급합니다. 내담자들이 내게 말한 내용에 범죄성이 있거나 남용 문제가 있지 않는 한, 내게 말한 내용은 오직 우리 둘 사이의 일이라고요.

– 어떠한 정보도 내담자의 허락 없이는 공개되지 않습니다. 우리는 내담자가 우리에게 그렇게 해 달라고 부탁하지 않는 한, 회사에게 피드백을 제공하지 않습니다.
– 일단 문이 닫히고 나면, 여기서 그 어떤 것도 밖으로 새 나가지 않는다는 것, 결코 어떤 것도 새 나가지 않는다는 것이 가장 중요한 사실이라고 생각합니다.

모든 연구 참여자들이 자신을 내담자가 상처 받기 쉬운 문제를 들고 찾아올 수 있는 안전한 장소를 제공하는 사람으로 생각하였다(나는 만약 회사에도 얼굴이 있다면, 내가 바로 회사의 인간적인 얼굴이라고 생각해요). 만약 내담자(들)가 자신이나 다른 사람에 대한 심각하거나 범죄와 관련되는 위험을 드러낸다면, 상담자는 비밀을 유지해야 한다는 의무로부터 윤리적으로 면제된다고 생각하였다. 그러나 실제로는 비밀보장의 원칙이 파기되어야 하는 경우는 거의 드물었다.

– 12년 동안 내담자와 관련된 정보를 알려 줘야만 했던 경우는 딱 한 번 있었어요. …… 그건 제3자의 생명이 심각하게 위태로운 경우였고, 우리는 다른 대안이 없었습니다. …… 우리는 140,000명의 내담자들과 대화를 나누고 있으니 그중에 한 번이라는 건 그리 나쁜 기록은 아니죠.
– 내가 이곳에서 일하는 동안 결정을 내려야만 했던 경우가 세 번 있었어요. …… 나는 내담자에 대한 내 지식을 상황을 안전하게 만드는 데 사용했습니다.

모든 연구 참여자들이 비밀보장의 한계에 대해 내담자들에게 분명하게 설명하였다. 세 명의 연구 참여자는 비밀보장 원칙에 대해 동의를 받고 이를 문서화하였다.

비밀보장 원칙을 지키는 것은 상담자가 내담자를 회사 건물에서 마주쳤을 때 아는 척하지 않는 것까지 포함되었다(나는 그저 인사를 하고 그들의 이름을 부르는 것만으로도 신뢰를 깨뜨릴 수 있다고 생각해요. 나는 내가 그들을 아는 척하지 않고 지나갈 거라는 것과 그것이 비밀보장을 위한 것임을 미리 알려 줍니다).

경쟁적이고 이익을 추구하는 회사의 본질에도 불구하고, 상담자들은 대개 비밀보장 원칙에 대한 개인적이고 전문적인 존경과 지지를 경험하였다.

– 회사의 경영진은 개인적인 문제에 대한 상당한 자각을 하고 있고, 비밀보장을 해야 하는 이유와 가치에 대해서 상당한 민감성을 가지고 있습니다.
– 대체적으로 말하면, 지지적인 환경에 있다고 할 수 있어요.

–우리와 회사의 상호작용은 꽤 긍정적인 편입니다.

–일단 그들이 당신이 전문적으로 일을 처리하고 있다는 것과 아무것도 말하지 않는 이유를 이해하고 나면, 그들은 그것과 관련해 압박을 가하지 않습니다.

–나의 상사는 결코 내게 직업적 책임과 타협해야만 하는 일을 하라고 요구하지 않을 겁니다. …… 그는 그것에 대해 납득할 때까지 함께 대화할 거예요.

3.6 내담자의 기록은 누가 소유하는가

내담자의 기록은 누가 소유하며, 상담자가 조직을 떠날 때는 어떻게 처리되는가? 이러한 질문들은 비밀보장의 실제와 경계를 규명하려는 의도를 가지고 있다. 대부분의 상담자들은 처음으로 이러한 질문과 맞닥뜨렸고, 각자의 답을 만들어 내야만 했다. 그들은 이 질문들에 관련된 실제적이고 윤리적인 복잡함 때문에 망설일 수밖에 없었다.

7명의 상담자들은 처음에 자신들이 기록을 소유할 것이라고 생각했다. 깊이 생각해 본 후, 2명은 생각을 바꾸어 상담 서비스가 기록을 소유하게 된다고 인정했다.

4명은 자신들과 유사한 윤리적 입장을 가진 상담자가 자신들의 자리를 대신하지 않는다면, 기록을 파기할 것이라고 대답했다. 한 서비스에서는 내담자가 상담을 끝마쳤을 때 자동적으로 기록을 파기했다. 2명의 상담자들은 기록을 넘겨줌으로써 얻을 수 있는 것이 거의 없다고 강하게 주장했다. 각 내담자와의 상담 관계는 고유하고, 많은 경우 사전지식에 영향을 받지 않는 것이 더 낫기 때문이라고 하였다.

법적 지위와 관련해서도 또한 망설이게 되는 부분이 있었다. 상담자들 중 일부는 내담자의 요청에 의해 재판에 관여한 경험이 있었고, 이러한 부분을 알고 있을 필요가 있다고 이야기하였다.

한 상담자는 특히 기업상담을 할 때에는 윤리 지침에 아마도 어떤 여지가 있을 것이라고 언급했다.

–우리는 발전 중인 영역에서 일을 하고 있어요. …… 기업상담은 상담자로서 완전히 새로운 생각과 신념, 자세를 발전시키는 것이 필요합니다.

4. 요구되는 상담 훈련

연구 참여자들이 지닌 폭넓은 분야에서의 전문적이고 학문적인 자격에도 불구하고, 이들 중 누구도 기업상담을 위한 훈련을 받은 적은 없었다. 모든 참여자들이 자신들의 기존의 기술과 지식을 기업 환경에 적용시키는 법을 스스로 알아서 익혀 왔다. 모든 참여자들이 기업상담을 위한 훈련 프로그램이 생기는 것을 지지했다. 사내 상담자들이 그들의 다중 역할에 맞춰 준비할 수 있도록 훈련에서 필요한 것들을 밝혀 달라는 부탁에 무려 73개가 넘는 제안들이 쏟아졌다. 이 제안들은 네 그룹으로 범주화되었다.

- 개인적 자질
- 일반적인 상담 훈련
- 전문 영역 훈련
- 전문적인 자질

4.1 개인적 자질

연구 참여자들은 사내 상담자가 되는 데 필요한 개인적 자질에 특별한 관심을 표명하였다. 그들은 상담자의 성격personality을 주요 치료 도구로 생각하였다. 인간적이되 동시에 전문적일 수 있는 상담자의 능력과 함께 상담 서비스의 신뢰성이 필수적이었다. 요약하면, 인터뷰를 통해 다음과 같은 자질들이 규명되었다.

- 자각 능력
- 자기주장 능력
- 경계에 대한 인식
- 유연성
- 학습에 대한 개방적인 자세
- 위기에 대한 민감성
- 인간성
- 직관력

그 밖에 기업상담자의 개인적 자질을 표현하기 위해 사용된 용어들로는 '따뜻함' '목회자와 같은' '인내력' 등이 있었다. 상담자를 위한 개인상담은 이러한 개인적 자질들을 발전시키는 데 있어서 중요한 요소로 생각되었다.

4.2 일반적인 상담 훈련

일반적인 상담 훈련은 많은 관심을 받지 못했다. 아마도 질문이 표현된 방식이 영향을 미쳤을 수 있다(예를 들어, "만약 당신이 자신을 위한 훈련 과정을 설계한다면, 무엇을 포함시키시겠습니까?"). 9명의 연구 참여자들은 상담에 '숙련'될 필요성에 대해 특별히 언급했다. 4명은 다양한 수준의 지식과 기술이 제공되는 것으로 보이는 특정한 상담 훈련 과정에 대하여 회의적이었다. 상담 훈련 과정에서 획득한 역량 수준을 신뢰할 수 없고, 불확실하기도 하다는 인상을 가지고 있었다. 슈퍼비전을 효과적으로 활용하는 훈련을 받는 것 또한 중요한 요소로 언급되었다.

4.3 전문 영역 훈련

상담자들에게 가장 유용한 분야로 제일 많이 언급된 것은 조직심리학organiza-tional psychology이었다. 연구 참여자들은 조직 내의 강력한 역동적인 관계에 대해 전반적인 인식과 지식을 갖추는 것이 필수적이라고 생각하였다. 그들이 일하는 회사의 특정한 문화와 정책들에 대한 지식은 중요한 요소이지만, 일단 사내 상담자라는 역할을 맡게 되면 그 지식들을 알 수 있게 된다고 여겼다.

- 나는 조직심리학에 대해 좀 더 알고 싶습니다. …… 아마도 내가 조직과 일하는 것을 조금 더 쉽게 만들어 줄 것 같거든요. 하지만 지금까지 경험해 본 결과 …… 나는 조직과 일하는 법을 충분히 배운 것 같네요.
- 당신은 [기업에 대해] 배우고 이해할 수 있는 능력을 지닌 사람들을 만나야만 합니다. …… 조직은 조직만의 성격을 가지고 있어요. 그 성격이 초래할 수 있는 기이한 일들과 문제들을 이해해야만 합니다. 조직은 놀라울 정도로 힘이 있는 유기체예요.

그 밖에 기업상담에서 전문적으로 다뤄지는 문제로 언급된 것들은 스트레스 관리, 실직 문제, 변화 관리, 트라우마, 성과평가, 징계 이슈, 알코올 의존 등이었다.

한편, 부부치료와 체계치료가 추천되었다. 조직 수준의 개입이 적합할 때, 특히 개인과 조직 간에 중재를 해야 하는 상황에서 부부치료와 체계치료가 유용한 상담 모델을 제공하기 때문이었다.

-나는 개인과 개인의 고통에 초점을 맞추는 것으로는 충분치 않다고 생각해요. …… 당신은 체계 안의 사람들에 대해 고려하기 시작할 필요가 있습니다.

한 연구 참여자는 일의 특성, 직무설계, 리더십과 위임, 동기부여, 건강심리학과 같은 전문 영역에 대한 지식을 중요하게 생각했다. 기업 세계에서의 경험이 매우 중요하다는 신념을 나타낸 사람은 없었다. 차이를 만드는 것은 상황으로부터 배울 수 있는 능력이었다.

전문 영역 훈련에서 연구 참여자들의 이야기에 내포된 것은 필요를 규명하고, 관리를 지원하고, 경계를 구축하고, 정책을 만들고, 상담의 위치와 적합한 상담자를 배치하는 것을 포함하는 사내 상담 서비스의 설립과 발전, 모니터링에 대한 내용을 포함하였다. 여기에는 훈련과 발표의 기술도 들어가는데, 특히 서비스를 홍보할 때 필요하였다. 표준화된 형식이나 절차가 없음에도 불구하고, 통계 보고서를 작성하고 보고하는 훈련이 필요하다고 언급한 사람은 없었다.

4.4 전문적 자질

사회복지나 간호와 같은 영역에서 훈련한 전문적인 배경은 사내 상담자에게 필수적인 두 가지 중요한 요소를 제공하는 것으로 나타났다. 하나는 평가에 필요한 지식과 기술이고, 다른 하나는 다양한 어려움과 위기를 겪고 있는 사람들과 작업을 한 폭넓고 실제적인 경험이었다.

-이상적으로 생각했을 때, 사회복지 분야에서 일해 본 사람은 일이 돌아가는 걸 잘 아는 배경을 가졌다고 할 수 있어요. 현장에 나가서 위기로 보이는 상황에서 버티고, 실제적인 의사 결정을 내리는 것과 같은 실용적이고 구체적인 기술을 가지고 있어요.

연구 참여자들은 지식과 기술, 능력에서 이러한 완벽함을 획득하기 위해서는 긴 시간이 필요할 것이라는 점을 인정하였다. 한 연구 참여자는 "당신은 그들이 모두 짜증을 내며 이곳에 휠체어를 타고 들어올 것이라고 생각할지 모르겠네요. …… 그렇지 않습니다. …… 평균 연령은 40대 초반일 것으로 추측되네요."라고 덧붙였다.

논의

연구 참여자와의 면접 내용을 검토해 보면 네 개의 주요 범주(역할과 책임, 상담자 자질, 조직과 상담의 접점, 요구되는 상담 훈련)가 있고, 네 개의 범주 다음에는 계속 반복해서 등장하는 근본적인 두 가지 요소가 있음을 알 수 있었다. 기본적인 두 가지 요소 중의 하나는 기업상담자의 성격 특징이고, 다른 하나는 기업상담자로서 활동한 개인적 경험이다. 이 두 요소는 네 개의 주요 범주들을 설명하는 기초를 이루지만, 면접 내용을 읽을 때 즉각적이고 분명하게 파악되지는 않았다.

사내 상담자들의 성격 특징들은 그들이 긴장상태 속에서 많은 역할을 담당할 수 있는 이유를 설명해 주는 것으로 보인다. 그들은 다중 역할을 수행할 뿐 아니라 그렇게 함으로써 매우 큰 만족을 얻고 있었다. 경험을 통해 그들은 전통적인 상담에서라면 백안시할 경향에 실망하기보다는 이것이 이 맥락에서 일하는 가장 효과적인 방법이라는 것을 통찰하고 있었다. 사내 상담자들은 유연하고, 자기주장을 확실히 하며, 개척하는 법을 배우고, 기업이라는 까다로운 세계에서 살아남을 수 있는 대처 전략을 개발하고 있었다. 그들이 기업상담자가 되기로 선택한 이유에는 그들의 성격 특징과 개인적 경험과 자신이 받은 훈련이 혼합되어 있었다. 이 두 요소는 왜 이 특정한 사람들이 산업상담counselling in industry의 역사에서 지금 이 시점에 기업상담에 종사하고 있는지, 그리고 그들이 어떻게 자신들의 역할과 새롭게 출현하고 있는 윤리적 문제들을 다루고 있는지를 설명해 주는 것으로 생각된다.

기업상담자들의 성격 특징과 조직 안에서 작업한 경험은 다양한 방식으로 표현되었다. 근로자상담자들은 그들의 삶의 거의 모든 측면에서 끊임없이 계속되는 협상에 열린 태도를 가지고 있다. 이러한 태도가 그들의 작업에 유연성을 부여하고, 필요할 때 방향을 바꾸는 자발성을 낳았다. 그들은 개인과 조직, 상담 세계와 기업 세계라는 두 세계의 가치들, 상담과 다른 역할들이라는 양극단의 사이에서 끊임없이 움직이고 있었다. 그들의 역할은 상담과 기업이라는 두 영역에 다리를 놓는 것을 중심으로 발전하고 있다.

결론

사내 상담자들은 그들의 독특한 상담 서비스를 제공함에 있어 일의 세계와 상담의 세계를 연결하려는 공통된 동기와 목적을 가지고 작업하고 있었다. 그들은 자신들이 개인과 회사에 가치 있고 효과적인 상담 서비스를 제공하고 있다는 확고한 신념뿐 아니라 그것을 확인할 수 있는 풍부한 실제적 경험을 가지고 있었다. 이들의 이야기는 낭만주의가 아니라 사실주의에 해당한다. 기업상담자라는 직업은 몹시 고된 노동과 끊임없는 역할 바꾸기, 그리고 외줄을 타는 듯한 위험한 일이라고 할 수 있다. 그런데 그것이 또한 보상의 일부분이기도 하다. 가장 중요한 것은 사내 상담자들이 전문적이고 개인적인 가치들을 현실 세계 속에서 중재하거나 현실 세계의 언어로 번역하며, 내담자들이 자기 존재감을 찾도록 도움으로써 차이를 만들고 있다는 점이다.

나는 이 연구가 겨우 시작점에 불과하다고 생각한다. 더 발전된 통찰들을 산출할 수 있는 많은 영역들이 있다. 예를 들어, 기업상담자들을 위해 바람직한 상담 훈련, 이 분야에 적합한 상담 접근법, 비밀보장의 경계와 적법성 및 유용성, 또는 상담 기록 관리 등이 연구될 필요가 있다. 특히, 사내 상담자로서 어떻게 윤리적 결정을 내리고, 윤리적 딜레마들을 해결해야 하는지에 대해 보다 발전된 연구가 필요하다. 이러한 질문들에 대한 대답은 앞으로 기업상담, 특히 상담 현장의 발전을 이끄는 기초가 될 것이다.

참고문헌

British Association for Counselling (1984). *Code of Ethics and Practice for Counsellors*. Rugby: BAC.

Carrol, C. (1994). 'Building bridges: a study of employee counsellors in the private secor'. MSc dissertation, City University, London.

Strauss, A. and Corbin, J. (1990). *Basics of Qualitative Research: Grounded Theory, Procedures and Techniques*. London: Sage.

14장

공공 부문 관리자를 위한 상담기술 훈련

Peter Martin

공공 부문 근로자를 대상으로 상담기술 훈련의 효과를 연구한 사례는 많지 않다. 지금까지 나는 프리랜서 훈련가로서 그리고 관리자를 위한 자문가로서 여러 공공 분야에서 일해 왔고, 최근에는 상담기술 훈련을 받은 근로자들을 체계적으로 분석하는 자치단체에서 연구를 수행하게 되었다. 그 이유는 이런 연구를 통해 여러 유익한 시사점이 도출될 것이라고 기대했기 때문이다.

맥락

공공 분야는 몇 가지 측면에서 민간 영역과 차이가 있다. 많은 사기업들과 달리, 공공 부문에서 일하는 근로자들은 명령을 내리는 사람들이 많다. 그중에는 중앙정부에서 개입하는 사람들도 있고, 선출직 위원회에 소속된 사람들 또한 여기에 포함된다. 성과 역시 사기업에서보다 더 확산적이다. 가지고 있는 자원을 합리화하라는 압력이 지방정부에 강하게 가해지지만, '성과'는 어느 정도 주요 정책과 정치적 필요, 그리고 언론과 일반 여론의 영향을 받게 된다. 재화와 서비스를 대중에게 전달할 때 공정하려고 노력해야 한다. 예를 들어, 노인들에 대한 서비스를 평가하는 작업은 사기업 주주들을 위한 이윤 계산보다도 훨씬 더 복잡하다. 전통적으로, 공공 부문에서의 서비스는 그것과 관련된 윤리적이고 실제적인 사항들을 함께 고려해야 하는데, 사기업에서처럼 양질의 서비스를 제공해서 이윤을 추구와는 것과는 차이가 있다. 따라서 앞으로 서로 비교하는 연구가 진행되어야 하겠지만, 본 장에서는 공공서비스가 지닌 특징을 조명하고자 한다.

문헌연구

인사개발연구원Institute of Personnel and Development을 샅샅이 검색했지만 상담 훈련에 대한 관리자들의 반응을 연구한 논문은 찾을 수가 없었다. Psychlit(심리학 관련 문헌 데이터베이스)을 검색한 결과, 한 편의 논문(McDonald, 1991)을 발견할 수 있었는데, 공공 부문에서의 훈련에 관한 것이었다. 자격이 없는 사회복지사들에게 상담기술을 훈련시키는 내용이었는데, 본 장 맨 마지막에서 이야기할 것이다.

한편, 직장에서의 상담이라는 보다 포괄적인 주제에 대해서는 더 많은 문헌들에 반영되어 있었다. 레디Reddy는 "상담 영역의 무게중심이 직장 및 업무 현장으로 이동하고 있다"(1993: 15)라고 주장했지만, 어떤 종류의 상담이 우세하게 될지에 대해서는 상세히 언급하지 않았다. 찰스-에드워즈Charles-Edwards(1989: 118)는 생산라인을 관리하는 것이 주된 일인 상담자, '가끔' 상담자로서 일하는 사람, 그리고 외부에서 온 자문가를 구분해서 설명했다. 최근 근로자 지원 프로그램EAP에 대한 관심 때문에, 이전까지 상담자 역할을 했던 관리자들에 대한 열정은 식은 것 같다. '관리자가 과연 상담자가 될 수 있을까?'라고 의문을 제기한 노바라Novarra(1986: 4)의 관점과 유사한 경고들이 제기되어 왔다. 이러한 경고는 회사 내에 윤리를 둘러싼 매우 미묘한 사안들로부터 발생한다. 예를 들어, 이윤 추구에 매우 높은 가치를 부여하는 것은 회사 내 개인의 욕구와는 매우 다를 수 있다. 공공 부문 역시 역할 갈등이라는 문제에 있어서 예외가 아니다. 올랜즈Orlans(1989: 4)는 상담의 전통적인 기반이 기업 환경의 기반과 매우 다르다는 점을 강조하였다. 이런 갈등을 해결하기 위해 여러 시도가 있었는데, 어떤 사람들은 관리자가 '상담'이 아니라 '상담기술'을 발휘할 수 있을 것이라 믿었다(Newby, 1983). 본 장에서 보고할 연구들은 이런 생각을 지지하지 않고 있다.

그러나 선의로 상담을 수행하는 관리자들을 지지하는 목소리 또한 다수 존재한다. 일찍이 스튜어트Stewart는 영국 국민건강서비스NHS의 정신처럼, “상담이 전문가들의 전유물이 되어서는 안 된다. 왜냐하면 행동은 그것이 발생한 곳에서 다뤄져야 하기 때문이다”라고 주장하였다(1979: 18). 휴스Hughes는 비슷하면서도 다른 생각을 제시하였는데, 상담관리자의 존재와 정상적인 전후 맥락이 좋은 성과를 내는 데 중요하다고 주장하였다(1991: 26). 레디(1993: 75)는 훈련을 받은 상담자가 반드시 더 좋을 것이라는 생각에 반대하였다. 메그라나한Megranahan(1989b)과 이건Egan(1986)은 상담을 포함한 대부분의 조력 기술이 상담자가 아닌 사람들에 의해 제공된다는 사실에 주목하였다.

여러 문헌에 다양한 접근들이 잘 소개되어 있는데, 이는 상담기술이 경영의 다른 영역에서도 쉽게 적용될 수 있음을 의미한다. 스코트Scott(Watts, 1982에서 재인용)는 상호 목표설정mutual objective-setting, 평가, 면접, 훈육과 같은 응용 사례들을 상세히 설명하였다. 노바라(1986)는 레디의 1985년 보고서를 인용하면서, 평가 훈련이나 경력개발에 관한 상담은 일반적으로 근로자의 성과를 증진시킨다고 주장하였다. 그러나 피카드Pickard(1993)는 멘토링, 조언 및 평가와 같은 관련 행위들을 명확히 구분해야 한다고 주장하였는데, 상담자가 이러한 개념 또는 활동을 구분해야 한다고 역설하였다. 이 장에서 언급할 연구들은 이와 같은 연구 결과를 지지하고 있으며, 많은 현장 사례들을 증거로 제시하고 있다.

직장에서 상담기술을 훈련하는 것을 다룬 문헌은 상대적으로 많지 않다. 데이비스Davis(1981)는 훈련을 단계로 구분하였는데, 그중 몇 단계가 기술 훈련에도 적용될 수 있다. 이는 또한 역량 접근competency approach과 타협하려는 다양한 노력들과도 관련이 있다(Burgoyne, 1989; Carney, 1992; Crouch, 1993). 상담의 전체 과정과 대비되는 기술 훈련은 역량모델에 더 적합하다. 어떤 방법을 사용하든, 파울러Fowler(1991)는 상담적인 요소가 슈퍼바이저 프로그램 또는 경영 프로그램 안에 존재해야 한다고 주장하였다. 찰스-에드워즈(1989)는 이런 관점을 지지하였는데, 상담기술이 경영 역량 및 훈련 모두에 있어서 중심적인 역할을 해야 한다고 주장하였다. 그러나 불행하게도, 사기업 근로자와 비교해서 공공 부문 근로자들에게 특별히 영향을 미치는 상담기술 훈련의 특징을 밝히는 문헌은 존재하지 않는다. 또한 대중의 감시하에 일하는 공공 부문 근로자들이 경험하는 고양된 민감성을 다루고 있지 않다. 앞으로 더 많은 연구에서 다뤄야 할 분야라고 생각된다.

연구의 배경: 연구 문제 및 연구 방법

본 연구는 주로 옥스퍼드셔 카운티 의회에 초점을 두고 있는데, 나는 이곳에서 관리자들을 훈련하는 트레이너로 일해 왔다. 많은 고위관리자들과 중간관리자들이 두 개의 상담 관련 강좌 중 하나를 수강하였다. 이 중 한 강좌는 인간관계관리 강좌 안에 포함된 상담기술 수업이었고, 다른 강좌는 독립된 상담 강좌로서 이사회의 질병감시체계를 실행하기 위해 기획된 수업이었다. 총 15개월 동안 진행되었고, 강좌당 74명의 수강생이 참여하였다.

나는 스트라우스Strauss와 코빈Corbin(1990)의 질적 연구 방법을 활용하여 연구를 수행하였고, 연구 문제는 '상담 훈련이 공공 부문 관리자들에게 어떤 영향을 미치는가?'였다. 이렇게 연구 문제를 설정한 이유는 "관련 현상을 깊이 있게 탐색하기 위해 가급적 많은 융통성과 자유를 부여하고 싶었기" 때문이다(1990: 37). 설문지에 대한 연구 참여자들의 반응을 분석하였는데, 우선 개방코딩을 하고, 그다음으로 축코딩을 실시하였다. 개방코딩은 자료를 분해하고, 검토하고, 비교하고, 개념화하며, 범주화하는 과정이다. 축코딩은 개방코딩 이후에 새로운 방식으로 자료를 다시 조합하는 일련의 과정을 일컫는다. 이 작업은 조건, 맥락, 행동/상호작용 전략 및 결과를 포함하는 이론적인 틀을 활용해서 진행한다. 이 과정은 이론이 개발되는 기초 또는 근거라 할 수 있다.

모든 수강생들에게 설문지를 배포하였고, 다음과 같은 질문을 제시하였다.

1. 수업을 통해 어떤 이득이 있었는가?
2. 도움이 되지 않은 것이 있었다면 무엇인가?
3. 배운 기술 중에, 일반적으로 상담과는 거리가 먼 다른 영역에서도 사용할 수 있는 기술이 있다면 무엇인가?

반응을 살펴본 결과, 설문에 응한 사람들이 많은 생각을 한 후 설문에 응했음을 알 수 있었다. 77%의 사람들이 설문에 응답하였다. 자료 분석을 마친 후 요약본을 각 응답자에게 보냈다. 70%의 사람들이 요약본에 대해 다시 응답해 주었다. 27%는 보고서가 자신의 관점을 '완벽하게' 대변한다고 말했고, 62%는 '대부분' 반영한다고 말했으며, 10%는 '약간' 반영한다고 응답하였다. 보고서가 자신의 의견을 '전혀 반영하지 않는다'라고 반응한 사람들은 한 명도 없었다. 마지막으로, 자료와 요약본을 기업상담 분야에서 명망이 있는 심리학자에게 보여 주고 연구 결과의 타당성을 확인받았다.

연구 결과

〈표 14-1〉은 자료 분석을 통해 도출된 범주 및 하위범주를 보여 주고 있다. 직접 인용한 응답자 반응은 '붙임표(-)'를 넣은 뒤 고딕체로 표시하였다.

표 14-1 범주 및 하위범주

1. 훈련에서 이로웠던 것
   - 1.1 초점
   - 1.2 지식 습득을 인지함
   - 1.3 기술 습득
   - 1.4 상담의 경계
   - 1.5 경영의 관계적 측면
   - 1.6 조직에서 상담기술 활용하기
2. 도움이 안 된 것
   - 2.1 강좌의 맥락
   - 2.2 학습 경험의 구조
   - 2.3 개념적 혼란
   - 2.4 학습과 교수에 사용된 기법
3. 기술의 전이
   - 3.1 이건의 모델에서 비롯된 기술
   - 3.2 조직의 다른 영역에서 상담기술 사용하기
   - 3.3 개인적인 문제, 관계적인 문제

1. 훈련에서 이로웠던 것

1.1 초점

많은 응답자들은 '초점'을 중요하게 여겼다. 조직 내 '반이성적non-rational인 이슈나 감정에 반하는 행동'을 다룬 점, 즉 이건(1993)이 조직의 '그늘진 면'이라고 부른 것에 대한 이해를 통해 몇몇 수강생들은 조직의 목표와 개인의 목표가 서로 갈등을 일으킬 수 있음을 알게 되었다. 또 다른 이슈는, 관리자와 근로자 간 파트너십에 대한 생각이었다. 사회복지사업 쪽에서 일하는 사람들은 수업을 통해 내담자의 욕구뿐 아니라 동료들의 욕구에 대해서도 생각해 볼 수 있었다고 말했다. 또한 몇몇 사람들은 상담면접의 주요 내용과 의도에 초점을 둔 것이 도움이 되었다고 말했다. 반면, 두 명의 응답자는 그러한 상담면접 내에서 우선순위를 설정해야 할 필요성을 확인한 것이 특히 좋았다고 말했다. 한 응답자는 지금까지 많이 사용된 통찰적 접근과 훈련에서 새롭게 익힌 이건의 접근이 어떻게 다른지를 알 수 있어서 좋았다고 말했다. 이건의 접근이 지닌 제한점 역시 제기되었다.

－이제 사람들이 그것을 어떻게 하는지 안다고 생각해서 두 발로 뛰어들려고 할 텐데, 잘못된 결과가 나타날 뿐 아니라 상황을 더 악화시킬 위험이 있는 것 같네요.

이 응답자뿐 아니라 다른 사람들 역시 지나친 자신감으로 인해 관리자들 스스로 자신을 훈련된 상담자로 인식할 가능성을 우려하였다. 이럴 경우 근로자들에게는 형편없는 결과가 나타날 수 있다.

1.2 지식 습득을 인지함

이 범주에는 이미 상담기술을 가지고 있었지만 그것을 상기시키는 강좌를 들어서 좋았다는 사람들의 반응이 많았다. 이 분야에 생소한 사람들의 경우에는 상담의 가능성을 이해한 것도 있지만 좀 더 구체적으로는 상담에서의 관리적인 작업을 좀 더 많이 이해했다고 보고하였다. 다른 사람들 역시 구조화된 접근의 필요성을 언급하였고, 비구조화된 통찰 지향 접근이 지닌 위험성을 지적한 사람들도 있었다. 잘못 사용될 경우 상담은 최소한 도움이 되지 않을 수 있지만, 최악의 경우 해를 끼칠 수 있다. 몇몇 응답자들은 배운 것을 자신의 내적 과정과 연계하였는데, 지금은 좀 더 잘 관찰할 수 있게 되었고, 근로자가 스스로 자신의 문제를 해결하게 되기를 원하며, 관리자로서 가끔은 '아니오'라고 말하는 법을 배웠다고 말했다. 한 응답자는 내적인 경험을 다음과 같이 진술하였다.

-사실, 저는 수업이 진행되면서 제가 창문 너머로 관찰하는 사람이라기보다는 강좌의 한 부분으로 참여한 느낌이 들었어요.

이 말은 이건이 말한 공감의 기술을 이해하기 시작한 것을 보여 준다.

1.3 기술 습득

기술 습득에 포함된 범주들은 이건(1986)의 모델 세 단계와 잘 부합된다.

단계 1: 탐색(적극적 경청 사용하기)
단계 2: 새로운 이해(우선순위 정하기)
단계 3: 행위(현실적인 목표를 달성하는 것에 대한 지지)

많은 응답자들이 1단계 공감기술, 즉 라포를 형성하고 적극적으로 경청하는 것이 중요하다고 생각했다는 것이 눈에 띈다. 몇몇 수강생들은 2단계와 3단계에서 보조를 맞추는 기술, 즉 '행동으로 옮길 필요를 인식하기'와 같은 기술을 배운 것에 기뻐했다. 몇몇 응답자들은 실제적인 지침으로 '역할놀이'와 같은 기법을 배우게 된 것을 긍정적으로 평가하였다.

1.4 상담의 경계

상담의 영역에서 볼 때, 무엇이 상담기술이고 아닌지에 대해 좀 더 깊이 있게 이해하게 되었다는 반응들이 많았다.

-공적 세계와 사적 세계 사이에 경계를 정하는 방법이 보다 분명해졌고, 직장에서 '사적

인' 문제들을 다루는 몇 가지 방법에 대해서도 이전보다 더 명료해졌어요.

이를테면, 답을 제공하거나 '비전문적인 방식'으로 개입하는 것(예를 들어, 너무 지나치게 개입하거나 또는 너무 사적으로 개입하는 것), 미리 판단하는 것, '적대적으로 반응하는 것' 등은 상담에 포함되지 않는 것으로 이해하게 되었다. 이런 반응들은 상담기술을 긍정적으로 받아들이는 데 있어서 중요하다. 이런 방식으로 참여자들은 공감적 경청이나 재진술 등은 일반적인 대화기술과는 다른 것으로 인식하였다.

1.5. 경영의 관계적 측면

기술 습득이나 개념적인 정의를 넘어 상담 관계의 본질적인 특성과 관련된 반응도 많았다. 다음의 진술은 타인을 한 인간으로 여기는 여러 반응을 요약해서 보여주고 있다.

–그 사람들은 단순히 직장에서 일하는 사람들이 아니라, 자신의 삶을 살아가고 있는 존재들이죠.

어떤 이는 '신뢰할 수 있는 파트너십'이나 '덜 냉정하고 더 호의적으로 경청'하는 배려의 필요성을 언급하였다. 또한 '정서적 협박에 성숙하게 대응하기' '분노 폭발의 상황을 진정시키기' 등 특정한 상황에 적용한 반응도 있었다. 이 범주에 포함된 반응들은 상당히 많았는데, 어느 기관에서든 도움이 될 수 있는 인간관계 측면을 포함하고 있었다. 예를 들어, '어려움이 잠재된 문제를 조기에 다루기'는 그것이 지닌 인간 관계적인 시사점과는 상관없이 조직을 효율적으로 경영함에 있어서 많이 요구되는 기술이다.

1.6 조직에서 상담기술 활용하기

많은 응답자들이 상담기술을 사용하는 것에 관심을 보였다. 학습한 상담기술은 즉각적으로 멘토링, 진급 관련 논쟁 및 반향, 지속적인 개인적 성장 등에 적용되었다. 비록 분류하기 힘들었지만 유용했던 진술은, 직장 내에서 다루기 적절한 것과 적절하지 않은 것이 무엇인지 알게 되어 강좌가 유익했다는 반응이었다. 또 다른 응답자는 강좌를 통해 '근로자가 변화를 일으킬 수 있다는 믿음을 갖게 된 것'이 도움이 되었다고 말했다.

2. 도움이 안 된 것

2.1 강좌의 맥락

조직에서 상담기술을 사용하는 문제와 관련해서 강좌의 맥락에 관한 반응들이 있었다. '지나친 동정과 조직/과업에 대해서는 충분히 강조하지 않음'이 그중 하나였고, 또 다른 응답자는 상담적인 입장과 전체 경영에 대한 책무 사이에서의 역할 갈등의 문제들이 충분히 논의되지 않았음을 지적하였다. 강좌가 너무 짧다는 지적이 많았는데, 한 응답자는 어쨌든 상담 강좌가 너무 늦게 개설되지 않아서 다행이라고 말했다.

–우리가 상담 훈련을 마칠 즈음에 이미 황폐한 길을 떠났을지도 모르죠.

사후 점검에 대한 필요성 또한 언급되었다. 9일 동안의 경영수업 마지막에 상담 강좌를 배치한 점을 비판한 사람들이 있었는데, 사후에 점검할 기회가 없음을 지적하였다. 응답자들은 강좌에서 무엇이 결여되었는지에 관해 매우 구체적으로 언급하였는데, 대부분 조직적인 맥락과 관련이 있었다. 이렇듯 필요함에도 불구하고 생략되었다고 판단한 것에는, 현재의 조직구조와 가용 공간 및 시설 내에서 상담의 기회가 부족하다는 사실과 관련이 있었다. 또한 응답자들은 빠른 변화와 그로 인한 우선순위 재배치로 인해 조직 내에서 그들에게 가해지는 압력에 관해 언급하였다. 노동조합이 질병관리 프로그램에 관여해야 하며, 이것을 이행함에 있어서 협의회가 지원해야 한다고 강조하였다. 일시 해고와 같은 '최근' 사안에 관해서도 언급한 내용이 있었다. '경멸하는' 근로자를 다룰 수 있는 구체적인 기술을 요구했고, '근로자에 의해 촉발된' 관리자의 분노를 다룰 수 있는 방법을 요구하기도 했다. 조직의 가치와 상담의 가치 사이에 늘 잠재적으로 존재하는 갈등을 암시하거나 구체적으로 언급한 경우도 있었다.

2.2 학습 경험의 구조

기본적인 가치와 기법 모두에 관해 학습 구조에 대한 이야기들이 제기되었다. 예를 들어 '기법에 지나치게 의존할 경우 진정성이 결여된다면 인위적이다'라는 반응이 있었다. 또 다른 응답자는 '공감과 헌신이 어느 지점에서 기법 및 행동과 조화를 이루는가?'와 같은 질문을 던짐으로써 좀 더 폭넓은 논쟁을 벌여야 한다고 말했다. 보다 실제적인 적용의 예를 요구하였고 덜 이론적일 것을 요청하였다. 강좌의 수준에 대한 의구심 또한 제기되었는데, 몇몇 경험이 있는 사람들은 더 배울 것이 있어야 한다고 말했고, 경험이 없는 사람들에게는 강좌가 매우 당황스러운 경험일 수 있음을 지적한 사람들도 있었다. 강좌가 스트레스를 많이 유발할 수 있다는 사실을 고려했어야 한다는 지적 또한 제기되었다.

2.3 개념적 혼란

다양한 형태의 면담에서 상담기술이 어떤 위치를 차지하는지를 묻는 사람들이 있었는데, 특히 상담과 멘토링의 공통점이 무엇인지를 묻는 사람들이 있었다. 한 응답자는 '언제 상담을 사용하고 또 언제 다른 접근을 사용해야 하는가?'라고 질문하였다. 또 다른 응답자들은 언제 의뢰를 해야 하는지 질문하였다. '언제 공감이 생산적이지 않는가?'라는 질문 또한 제기되었다. 이 질문은 '조직의 효과성이냐, 아니면 개인의 성장이냐'라는 매우 근본적인 측면을 자극하는 질문처럼 보인다. 이런 혼란들은 처음 훈련 이후에 추후 훈련이 필요함을 시사한다. 훈련이 종료된 이후에도 이런 혼선이 15개월까지 지속된다는 것은 우려할 만한 일이다.

2.4 학습과 교수에 사용된 기법

마지막으로, 교수 및 학습기법과 관련된 범주가 있었다. 많은 응답자들이 역할놀이에 대해 언급하였는데, 특히 역할놀이를 진행할 때 상담기술 경험 및 수준에 있어서 매우 다른 사람들을 짝지어서 진행하는 것을 비판하였다. 그러나 몇몇 응답자들은 더 많은 역할놀이를 원했고, 상업적으로 시판된 훈련용 비디오에 있는 비현실적인 시나리오와 실제 역할놀이를 비교하였다. 역할놀이 이후에 '좀 더 직접적인 피드백'을 원했고, 다른 동료들의 진술보다도 수업을 진행한 강사의 진술에 더 많은 가치를 부여하는 것처럼 보였다. 한 수강생은 다른 수강생과 함께 한 역할놀이보다는 강사가 시연한 것이 더 좋았다고 말했다. 한 응답자는 "경험이 부족한 실습생과의 역할놀이에서는 많이 배우지 못했다."라고 말했다. 이는 기본적으로 학습이 일어나기 위해서는 상담 경험을 재연할 수 있는 방법이 필요함을 의미한다.

3. 기술의 전이

3.1 이건 모델에서 비롯된 기술

많은 응답자는 이건의 관점(본서 pp. 328~329 참조)이 상담 장면 밖에서도 유용하다고 말했다. 한 참여자는 '문제를 확인하기 전까지는 문제를 해결하지 말라.'라는 격언을 인용하면서 자신의 응답을 요약하였다. 다른 응답자들은 덜 일반적이었다. 어떤 응답자는 회의를 조직하고 관리하기 위해 이건의 틀을 활용하였다. 재진술이나 요약과 같은 경청기술은 '새로운 관점 찾기'와 같이 다른 장면에서도 많이 활용될 수 있는 기술로 인식되었다.

3.2 조직의 다른 영역에서 상담기술 사용하기

조직관리 장면에서 상담기술을 적용해 보았다는 반응이 많았는데, 응답자들은 22개 영역을 제안하였다. 이 중에는 변화 관리, 고충상황과 코칭뿐 아니라 팀관리, 슈퍼비전, 위임과 협상이 포함되어 있었다. 좀 더 예측 가능한 것은, 상담기술을 신입사원 채용, 멘토링과 평가에 적용하는 것이었다. 몇몇 응답자들은 상담기술이 구체적으로 어떤 상황에서 유용했었는지를 보고하였는데, 예를 들어 '영역 분쟁'처럼 정서적으로 민감한 사안에 대해 법률이 허용하는 범위 내에서 해결책을 찾는 데 도움이 되었다고 언급하였다. 좀 더 일반적이지만 여전히 조직에 가치가 있는 것에는 '문외한과 전문가 사이에서 발생하는 의사소통 문제를 이해하는 것' '적대적인 상황을 해소하는 것' 등이 포함되어 있었다.

이런 반응들은 매우 긍정적이었고 거의 대부분의 사람들이 제기했기 때문에, 상담이 조직에서 표방하는 가치의 일부분이든 아니면 내부 구조의 일부분이든, 상담기술 훈련을 관리자 프로그램에 포함시키는 것에 대한 매우 설득력 있는 근거를 제공한다.

3.3 개인적인 문제, 관계적인 문제

이 범주 또한 여러 응답자가 제기하였다. 어느 응답자는 '관계에 대해 더 많이 인식하게 되었다'고 말했고, 다른 참여자는 '동정과 이해를 통해 직면의 가능성을 줄였다'고 말했으며, 또 다른 응답자는 '편견을 갖지 말아야' 할 필요성을 깨닫게 되었다고 진술하였다. 관점의 변화가 나타났음을 보여 주는 예이다.

–그건 사람들이 당신에게 무슨 말을 하고 있는지 인식하는 문제이자, 그것에 대해 관리자가 어떻게 반응할 수 있는지에 관한 것이었어요.

몇몇 사람들은 동료에 대해 좀 더 확신을 갖게 되었다고 말했고, 어떤 사람들은 좀 더 인간적으로 참을성 있게 상황을 관리할 수 있게 되었다고 말했다. 응답자의 약 3분의 1은 자신이 직장에서 다른 사람들과 관계하는 모습을 살펴봤을 때 대인 관계 기술이 향상되었다고 말했다. 어떤 이는 가정에서 더 좋아졌다고 말했다. 한 응답자는 훈련에 관해 특히 열정적이었는데 다음과 같이 말했다.

–상담은 모든 직원들이 자신의 개인적 성장을 도모하기에 유익한 것이다.

'개방코딩'을 통해 범주화된 자료를 사용해서 그다음 단계인 축코딩을 진행하였다.

축코딩 결과

세 가지 주요 결과가 나타났다.

1. 단기 상담기술 훈련 과정을 통해 상담기술에 대한 관점과 구조, 핵심에 대한 인식이 높아졌다.
2. 관리자들은 습득한 상담기술을 다른 경영 장면에 자발적으로 적용하였다.
3. 상담기술 훈련은 예상했던 것보다 수련생과 조직에 더 많은 영향을 미쳤다.

논의

1. 상담기술의 관점, 구조 및 초점에 대한 인식 증진

어떤 주제의 강좌든 인식이 높아졌다는 것은 특별히 놀랄 일이 아니다. 그러나 더 중요한 것은 이러한 인식이 훈련이 끝난 후 15개월이 지난 이후에도 유지된다는 사실이다. 그 이유는 아마도 상담기술 훈련이 참여자들의 일과 삶의 다른 영역과 융합되었거나 아니면 그들에게 더 큰 의미로 다가왔기 때문일 가능성이 높다.

(a) 상담기술에 대한 관점: 조직 내에서 상담기술의 위치

상담기술에 대한 인식이 고양된 것에는 참여자들이 학습한 것과 그들이 일하고 있는 조직 사이에서의 대화가 포함되어 있다. 맥도날드McDonald는 이러한 훈련이 "상담의 가치에 부합되는 방식으로 진행되어야" 할 뿐 아니라, 정기적인 피드백을 포함해야 한다고 주장했다(1991: 13). 본 연구에서는 주 의회가 실행하는 절차와 정책으로부터 피드백이 제공되었다.

응답자들은 상담기술과 조직 간의 상호작용에 관해 많이 언급하였는데, 경영진이 직장 내에서 이런 절차들을 지원해야 한다는 지적 또한 제기되었다. 이는 상담기술 자체를 가르치는 것만큼 그러한 기술을 적용하는 것에 많은 시간을 할애할 필요가 있음을 시사하는 것이다. 물론 이것이 가능하지만, 강좌 측면에서 생각하면 강좌에서 다룰 내용의 깊이와 짧은 시간 내에 다룰 기술의 정도 및 종류에 대해서도 시사하는 바가 있다. 분명 더 적은 수의 기술을 가르쳐야 함을 의미하고, 기술을 사용하는 구체적인 목표와 함께 가르쳐야 함을 의미한다.

조직 내에서 상담기술을 사용할 때 발생하는 역할 갈등 조직 내에서 상담기술을 적용할 때에는 역할 갈등이라는 잠재적인 문제를 조명하는 것이 불가피하다. 많은 응답자들이 직장에서 상담행위를 할 때 존재하는 내재적 갈등에 초점을 맞추었다. 이런 갈등이 이론적으로 또는 심지어 실제적으로도 완전히 해결될 수는 없겠지만, 수강생들이 이런 딜레마를 인식하고 자신만의 방식으로 해결해 가는 것이 중요하다. 닉슨Nixon과 캐롤Carroll은 갈등이 직접적으로 해소될 수는 없지만 관리자는 윤리적인 문제를 야기하지 않으면서 상담기술을 활용할 수 있다고 주장하였다. 즉, "관리자가 상담자가 될 수는 없지만 관리자로서의 역할을 온전히 수행하기 위해서는 상담기술을 연마할 필요가 있다."라고 하였다(1994: 7).

많은 사람들이 상담기술, 상담, 심오한 전문적 상담을 위계적인 구조(나는 이것을 '수직적' 범주라고 부른다) 안에 분류하려고 시도하였다. 본드Bond(1989)는 이런 주장에 대해 몇 가지 주의사항을 제시하였다. 그는 '상담기술' 그 자체에 대해서는 매우 다른 이해가 가능함을 지적하였는데, 상담기술이 단순한 의사소통기술로 볼 수도 있지만, 다른 한편으로는 상담과 동의어로 인식된다. 본드의 분류는 피어스Pearce(1989: 194)가 제기한 것과 같이 지위를 덜 의식하는 모델을 지지한다. 여기서 피어스는 훈련과 실습에 따라 상담을 분류하고 있다([그림 14-1] 참조). 어떤 의미에서 이 모델은 '수평적'이다. 동일한 기술이 다른 수준의 전문성을 지니고 있는 상담자들에 의해, 그리고 내담자의 욕구에 따라 사용된다. 피어스는 비교적 기본적인 수준에서 이루어지는 관리자를 위한 상담이 결혼생활상담자에게 요구되는 기술 및 훈련 수준보다 덜 하다고 간주했을 것이다. 관리자에게 필요한 훈련은 사무변호사 수준에서 필요한 훈련과 유사할 것이다. 그러나 이 모든 경우에 있어서 '상담'이라는 용어가 적용될 수 있다. 이 경우 상담의 종류를 이해함에 있어서 조정이 필요한 것은, 그러한 활동들이 완전히 다른 행위 범주가 아니라 훈련이나 상담실습 등 양적인 측면에서 다르다는 점을 이해해야 한다는 것이다.

현실에서 의문을 가질 수 있는데, 만일 관리자가 특정 장소에서 특정 내담자와 특정 문제를 다루면서 상담기술을 사용한다면, 이런 활동을 상담이 아니라고 볼 수 있느냐 하는 것이다. 상담과 상담기술을 구분하려는 시도는 시기상조인 것처럼 보인

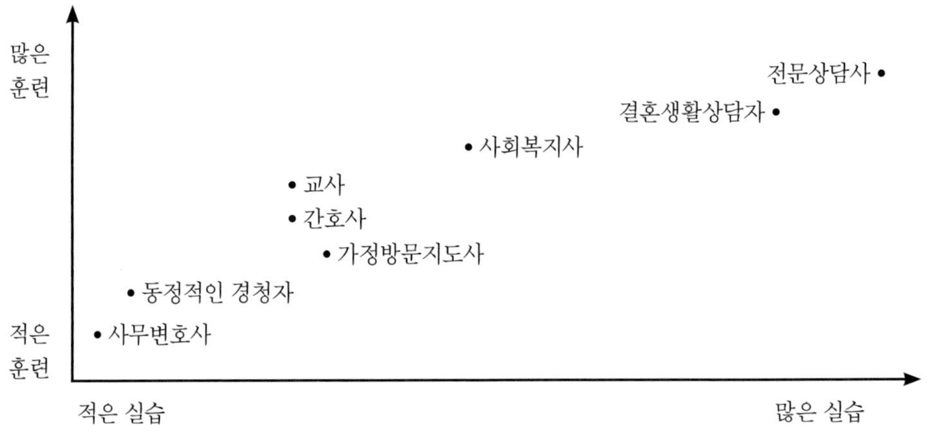

[그림 14-1] 각 분야의 위치(Pearce, 1989)

다. 하지만 훈련생의 경우 잠재적으로 상담이 무엇을 포함하고 있고 자신의 한계는 무엇인지, 그리고 처한 상황에서 자신의 가능성은 어디에 있는지를 인식하는 것이 중요하다.

수용 가능한 역할? 앞에서 제기한 주의 사항을 수용하면서도, 대부분의 응답자들은 상담기술을 갖춘 관리자가 있는 것이 전문적인 상담자가 있는 것보다 유리하다고 생각하는 것 같다. 무가트로이드Murgatroyd(1985: 5)는 상담의 역할을 '탈신비화'해야 한다고 생각했다. 국가적인 재난 현장에서 훈련된 상담자들이 고용되어 활동하고 있다는 신문기사가 많이 보도되고 있고, 주의회의 일상적인 분위기 속에서 상담자들이 아무것도 제공할 것이 없다고 생각하는 응답자는 아무도 없는 것 같았다. 적어도 수강생의 눈에는 상담기술을 포함하고 있는 개입이 어디에 효과가 있음을 말해 주는 사례들이 많이 있었다.

상담기술 사용에 관한 관점은 그것을 주관하는 조직에 잘 부합한 것으로 나타났다(본서, p. 335 참조). 상담기술을 활용함으로써 발생하는 잠재적 가치들을 확인했으므로, 그다음 해야 할 일은 상담기술의 구조를 더 잘 이해하는 것이었다.

(b) 상담기술의 구조

강좌에 참여한 수강생들이 이건 모델을 학습했다는 사실은 응답자들을 통해 확인할 수 있었다. 그런데 그러한 구조를 자신들의 경험 안에 자리 잡게 하기 위해서는 좀 더 많은 실습이 필요하다고 제안하였다. 상담기술을 기업 및 조직의 다양한 장면에 적용하기 위해 이러한 요청이 제기되었을 것으로 추측된다. '개념상의 혼란'이라고 불렀던 대부분의 것들은 자료 자체가 어려워서가 아니라 강좌가 너무 짧았기 때문에 초래된 것으로 보인다. 이것은 특히 상담기술과 다른 관련 활동(예: 평가) 사이의 경계와 관련이 있었다. 비록 이런 문제가 실제 장면에서는 해결되었지만, 수강생들은 훈련을 받는 시점에서 좀 더 명료한 개념을 습득하고 싶어 했다. '면담 유형에 대해 더 많은 토론'을 제안하거나 '언제 상담을 사용하고, 언제 다른 접근을 사용하나요?'와 같은 질문은 숙련된 상담자들에게도 여전히 해당되는 문제이지만, 이러한 논의나 질문은 강좌 초기 단계에서 더 온전하게 다룰 수 있었을 것이다. 그러나 기관에서 더 많은 시간을 할애할 의향이 없다면, 그런 내용은 강좌의 다른 내용을 생략해야만 가능할 것이다.

강좌 기간 쿠퍼스Coopers와 라이브랜드Lybrand(1993)는 일주일이라는 시간이 상담기술을 가르치는 데 이상적인 시간이라고 믿었는데, 조직의 맥락에서도 그렇지 않았을까 생각한다(본서, p. 335 참조). 심지어 스테돈Steddon(1991)은 반나절 정도면 관리자가 유용한 개입을 할 수 있을 만큼 힘을 불어넣을 수 있다고 생각했다. 그런 단기 강좌를 통해 그가 목표로 삼은 것은, 상담면접이 시작되기 전까지는 관리자가 근로자의 문제와 관련된 모든 사안에 대해 섣불리 확신하지 않게 하는 것이었다. 이런 관점에서 상담관리자에게 가장 결정적인 상담기술은 효과적인 경청이었다. 후속 연구에서는 강좌 목표에 따라 다양한 강좌 기간이 다른 성과를 나타내는지를 검토하였다. 최적의 기간이 무엇인지를 정하는 것이 쉽지 않은데, 그 이유는 상담의 가치를 지지하는 데 있어서 조직이 얼마나 준비되어 있느냐가 또 다른 변수이기 때문이다. 본 연구 결과가 시사하는 것은, 단계별 훈련의 필요성이다. 즉, 단계에 따라 훈련이 진행되어야 하는데, 훈련생은 첫 훈련 이후에 적절한 질문을 발전시키고, 두 번째 또는 그다음 번에 다시 그 질문들을 다룰 수 있어야 한다. 앞서 언급한 것처럼(본서, p. 332 참조), 다양한 장면에서 상담 접근을 활용하는 것과 관련해서 강좌 종료 15개월 이후에도 여전히 혼란이 존재했는데, 단계별 훈련을 통해 이런 어려움을 개선할 수 있을 것이다. 파울러Fowler(1991)는 상담기술 훈련을 일반적인 관리자 프로그램의 주요 내용으로 포함시킬 것을 제안하였는데, 강좌가 진행됨에 따라 각 단계마다 상담 관련 개념들도 단계적으로 발달해 갈 수 있고, 관리와 상담이라는 두 영역 간 교류도 촉진될 것이라고 보았다.

실습생의 내적 과정을 고려할 때 강좌 기간을 어느 정도로 할지, 어떻게 학습이 일어나고 이후에 어떤 영향을 미칠지를 고려하는 것은 특히 중요하다. 상담을 하는 관리자에게 중요한 문제 중 하나는, 일이든 아니면 개인적인 문제든 상담 맥락에서 근로자와 관련해서 무엇을 다룰 것인가이다. 어떤 응답자는 강좌가 진행되는 동안 그런 경계가 어디쯤일지 결정할 수 있었다고 말했다. 그 응답자는 일과 관련된 사안에 대해서만 경청할 준비가 되어 있다고 말했다(본서, p. 330 참조). 따라서 일과 관련된 사안에만 집중할 수 있었는데, 이를 통해 편치 않은 문제를 다뤄야 하는 불편감이나 문제를 다루지 않아서 느끼게 되는 죄책감 때문에 부담스러워할 필요가 없었다. 비록 이것이 부분적으로는 인지적인 과정이지만 정서적인 과정이기도 하다. 맥도날드(1991)가 지적한 것처럼, 훈련을 실시하는 전문가가 훈련생을 지지하고 이해하는 것이 필요하다. 비록 본 장의 범위를 벗어나는 것이지만, 이러한 점은 훈련 집단의 크기에 대해 시사하는 바가 있다.

기법 기법과 관련해서는 일관된 응답들이 나왔다. 적극적 경청, 재진술, 요약과 같은 기법에 대해 상당한 열의를 보인 것이 사실이지만, 실습할 시간이 더 필요하다는 의견이 많았다. 본 연구에서는 이런 기법들을 사용한 것이 근로자들에게 어떤 영향을 미쳤는지에 대해서 질문을 던지지 않았다. 그러나 기관에서 상담 전문가를 통해 제공되는 상담이 주목할 만한 성공을 거두고 있다는 연구들이 다수 존재한다(Cooper et al., 1990; Reddy, 1993 참조). 본 연구에 참여한 많은 관리자들이 강좌를 통해 배운 상담기술을 그 이후에도 많이 사용했다고 보고하는 것을 보면, 기술 훈련이 관리자들에게 성공적이었음을 시사한다. 앞으로도 이 분야에서 더 많은 연구들이 진행될 필요가 있다.

의뢰 상담기술을 학습한 관리자와 전문 상담자 사이에 존재하는 간극은 의뢰(referral)라는 전략을 사용함으로써 메꿔질 수 있다. 많은 수강생들이 언제 그리고 어떻게 의뢰를 하는지 알고 싶어 했다. 메그라나한은 관리자들이 의뢰하는 기술이 취약하다고 생각했는데, 그 이유는 관리자들이 의뢰해야 할 필요성을 인식하지 못할 수도 있고, 역량이 없거나, 훈련받지 않은 문제에 대해 상담 관계를 유지하려는 유혹에 빠질 수 있기 때문이다. 이런 과오가 발생하는 이유는 관리자가 받은 훈련 때문일 수도 있고, 언제 그리고 어떻게 의뢰하는지에 대한 내용이 훈련 과정에 포함되어 있지 않아서일 수도 있다. "적절한 훈련을 받고 훈련의 목적을 분명히 아는 관리자라면 자신이 수행하는 상담의 한계를 명확하게 인식하고 있어야 한다." (Megranahan, 1989a: 170)

비생산적인 공감(본서, p. 332 참조)을 염려했던 수강생은 사실 더 나은 의뢰기법에 대한 관심을 표명하고 있었는지도 모른다. 상담의 역할을 잘못 이해하게 되면 보다 일반적인 관리자의 역할 수행 또한 방해받을 수 있다.

(c) 상담기술의 초점

모든 훈련은 특정 기술이나 지식분야에 초점이 맞춰지도록 구성된다. 그러나 본 연구에서 응답자들이 보인 반응을 살펴보면, 상담, 멘토링, 조언의 명확한 경계와 의미를 설명하고 구분하는 것이 쉽지 않음을 알 수 있다. 많은 응답자들이 '부정적인' 방식을 통해 상담기술이 무엇인지, 그리고 어디에 사용할지에 대한 관점을 습득하는 것처럼 보였다. 예를 들어, 상담 성과라는 것이 자기주도적인 것과 관계가 있는 것이지, 관리자의 설득에 반응하는 것이 아니라는 인식이 생겨나게 되었다.

무엇이 상담이 아닌지를 정의함으로써, 응답자들은 상담이 어떤 상황에서 적절히 사용될 수 있을지에 대한 '감'을 발전시킨 것처럼 보인다. 이것은 상담기술이 매우 다양한 방식으로 사용될 수 있다는 점에서 특히 중요하다. 나중에 논의하겠지만, 훈련생들이 상담기술과 다른 관련 기술(예: 평가, 훈육 기술)이 어느 지점에서 교차하는지를 이해할 수 있었지만, 어떤 점에서 다르고 구분되어야 하는지를 명확히 아는 것 또한 중요하다.

상담 접근에서의 '정서' 기반 상담 접근에서 정서에 초점을 맞추게 되었다고 응답한 경우도 있었다. 이는 많은 훈련생들에게 새로운 통찰로 다가왔는데, 많은 근로자와 관리자들이 고수하고 있는 '합리적인' 경영모델과는 다른 접근이었다(March, 1987: 91 참조). 훈련생들이 조직 내에 존재하는 '비합리적인 이슈'나 감정에 대비되는 행동에 더 많은 관심을 보였던 것을 감안하면, 상담기술 훈련을 통해 직장에서 타인들에 대해 보다 폭넓고 심오한 관점을 갖게 되었음을 의미한다.

설문 내용을 살펴보면, 개념적 · 정서적 지뢰밭을 통과하는 싸움이 가치가 있음을 시사한다. 비록 몇몇 사람들은 상담기술을 사용할 기회가 없었다고 말했지만, 그 누구도 상담기술이 쓸모가 없다고 느끼지는 않았다. 실제 현장에서 사용되고 있는 상담기술들은 그것을 둘러싼 논쟁들이 시사하는 것보다 훨씬 더 강력한 것처럼 보인다(Newby, 1983; Hoare, 1984; Novarra, 1986 참조).

각 훈련생에게 적합한 훈련 유형은? 훈련 담당자에게는 몇 가지 문제가 남아 있다. 맥도날드(1991)는 참여적 훈련의 필요성을 강조했지만, 훈련생들에게 잘 맞지 않는다는 지적이 많았다. 특히, 역할놀이 훈련과 관련된 지적이 많았다. 조직 내 다른 학습문화가 그런 문제를 경감해 줄 수도 있었을 것이다. 좀 더 엄격하게 훈련생들을 선발했다면 상담기술과 참여자들의 기존 지식을 보다 생산적으로 조합할 수도 있었을 것이다. 상담기술 강좌가 일반적인 훈련 프로그램의 한 부분으로 포함되어 있었기 때문에 선발에 어려움이 있었고, 각 영역에 대한 역량이나 이해도 측면에서 차이가 나는 훈련생들이 같은 강좌에 포함되어 있었을 것이다. 또한 훈련생들의 자아강도나 자신감 또한 이런 문제와 관련이 있다. 상담기술 강좌가 좀 더 도전적이었으면 좋겠다고 말한 참가자들도 있었지만, 일부는 이 강좌에 수반되는 스트레스 때문에 두려움을 느끼는 경우도 있었다. 이러한 어려움은 상담 훈련이 가지는 속성이기 때문에 과정 중에 극복해야 할 사안이다.

2. 조직의 다른 영역으로 상담기술 전이

응답 내용을 살펴보면, 훈련받은 상담기술을 다른 경영 분야에서도 자연스럽게 적용하고 있음을 확인할 수 있었다. 이러한 의사소통기술은 상담에만 국한되지 않고, 가정이나 사회생활뿐 아니라, 직장에서도 적용해 볼 수 있을 것이다. 일반적으로 다음과 같은 응답이 많았다.

- 어떤 사람을 특정 방식으로 반응하게 하고 싶다면, 생각을 하면서 그 사람과 이야기해야 한다는 사실을 깨달았어요.
- 위험을 감수해야 할 필요성과 노인의 집에서 법적 의무에 민감해야 할 필요성 사이에서 갈등을 느낄 때 상담기술을 사용했어요.

그 밖에 훈련이나 코칭과 같은 특정 영역에서도 적용이 되었는데, 전반적인 경영관리 맥락에서 상담기술을 배운 경우와 마찬가지로 질병관리 분야에 종사하는 사람들에게도 유효했다. 여기서 한 가지 의문이 든다. 왜 사람들은 개인 관리 기술이나 대인 관계 기술이 증진된 이유가 다른 삶의 경험이나 학습 때문이 아니라 상담기술 강좌 때문이라고 생각할까? 아마도 상담 훈련이 딜레마나 불확실성, 탐색과 발견학습 등에 초점을 맞추고 있어서, 광범위한 삶의 기술을 습득하는 데 매우 풍부한 경험을 제공하기 때문이라 여겨진다. 또한 상담은 이자 관계를 중심으로 이루어지므로, 조직 내 다른 파트너십에도 적용이 가능하다. 이러한 파트너십은 관리자와 부하직원, 서비스 공급자와 고객, 한 사람의 관리자와 다수의 부서 구성원들의 관계를 포함한다.

관리자 훈련에서 '중심적인 역할'을 하는 상담기술

'임파워먼트'(권한위임)가 하나의 유행어인 시기에는 내담자 주도적인 행동이 어떤 성과를 가져오느냐가 매우 민감한 문제가 될 수 있다. 조직에서 이를 실행하는 것이 매우 어렵긴 하지만, 상담기술은 매우 다른 종류의 관계를 불러일으키며, 실제 내담자 주도의 행동을 실행할 경우 매우 다른 힘의 관계를 경험하게 된다. 얻은 것이 무엇인지에 대한 답변들을 살펴보면 관리자들의 관계방식과 그 안에서의 힘의 균형에 대한 염려를 엿볼 수가 있다. 관리자 스스로 느끼기에 '다른 사람들에게 다가가기가 이전보다 훨씬 더 수월해졌고' '상대방이 생각을 이야기했는지 확인하게'

된다고 말했다. 이는 관리자들의 접근 방식에 변화가 일어났음을 암시하며, 진정한 의미의 임파워먼트를 실행하기 위해서는 상담기술을 배우는 것이 중요하다는 것을 시사한다.

일반적으로 상담과는 관련이 없다고 생각되는 분야에 상담기술이 자연스럽게 전이된다는 사실은, 상담 **그 자체**를 위해 기술을 사용하지 않았음을 의미한다. 만일 이것이 사실이라면, 개인적 성장과 대화기술 향상, 고양된 동기, 팀수행 향상, 상호 책임, 혁신 및 시너지 등을 훈련의 유용한 성과로 지목한 자비Jarvie와 매튜스Matthews(1989)의 견해와 다르지 않다. 이유와 상관없이 성과는 긍정적인 것 같다. 부정적인 반응을 보인 사람은 없었고, 다만 한 사람이 "첫날 끝 무렵에 내가 기술이 부족하구나라고 느꼈어요. 하지만 이전에도 그렇다고 경고를 받았거든요."라고 말했다. 상담활동에 상담기술을 직접 사용하지는 않지만, 찰스-에드워즈는 상담기술이 관리역량 및 훈련 모두에 있어서 중심적인 역할을 담당한다고 주장했다(1989: 118). 그러나 실제 기관에서 상담 접근을 경험해 보면 매우 고르지 못한 것을 알 수 있다. 이것은 아지리스Argyris와 숀Schon(1984)이 주목한 조직이 '신봉하는 이론'과 '실제 사용하는 이론'의 차이로 설명될 수 있다. 상담의 가치가 조직의 심장 가까이 다가가서 조직의 가치를 바꿀 수 있을 것이라는 기대가 실현되기까지는 갈 길이 매우 먼 것 같다.

조직 전체에 영향을 미치는 상담기술

좀 더 낙관적인 측면은, 이건이 제시한 틀(본서, p. 329 참조)과 같은 상담의 구조가 응답자들에게 열렬히 환영받았다는 것이다. 이것은 아마도 상담기술이 다른 어떤 경영상의 투자와도 유사한 특징을 지녔기 때문일 것이다. 예를 들어, 소비자를 배려하기 위해 투자를 감행할 경우 조직 전체에 걸쳐 반향이 있을 것으로 예상된다. 십여 년 전쯤 상담기술이 처음 소개되던 시기에 '고귀한' 접근처럼 여겨졌던 것도 같은 맥락에서 이해할 수 있다. 이렇듯 상담을 도전적이고 엄격하게 적용하는 것을 받아들이지 않으려고 했던 것은(Pawlik and Kleiner, 1986 참조), 오늘날 더 많이 사용되는 통합적인 접근과는 달리 로저스Rogers의 상담원리를 잘못 이해했거나 잘못 적용한 것과 관련이 있는 것 같다. 이제는 상담이 다른 경영 이론(예: 변화 이론)과 동일한 지위를 획득한 것처럼 보이고, 상담기술을 배우는 사람들 또한 그렇게 생각하는 것 같다.

상담기술이 일의 다른 영역으로 전이될 수 있다는 사실이 놀랄 일은 아니지만, 분명 활용될 필요는 있다. 이러한 전이가능성을 훈련자나 관리자가 인식하지 못할 경우, 상담기술이 지닌 잠재적 가치가 조직의 구조와 경영 실제에 광범위하게 활성화되기보다는 개인적인 반응으로 그칠 가능성이 높다. 파울러(1991: 25)는 일반적인 경영 맥락에서 상담기술을 학습하는 것이 최적이라고 믿었는데, 예를 들어 기억하고 있는 학습 내용을 최대한 활용하고, 아이디어와 행동을 다른 분야에도 생산적으로 적용할 것을 재차 강조하였다(본서, p. 338 참조). 뉴비Newby 또한 초기 논문(1983)에서 '상담'과 '상담기술'을 구분할 것을 제안하였는데, 상담 관계가 진행되는 과정과 상호작용의 기술적인 요소들을 서로 구분할 수 있기 때문에 유용하다고 주장하였다(본서, pp. 335~336 참조). "이렇게 구분하는 정확한 이유는 전통적인 상담 구조와는 맞지 않지만 상담에 기반을 둔 다양한 활동들이 훈련, 경영개발, 팀빌딩, 조직에서의 개입 영역에서 나타날 수 있기 때문이다."(Newby, 1983: 15) 즉, 상담의 요소들이 조직 전반에 걸쳐 활용되지만, 진정한 의미에서의 상담이라고 간주되어서는 안 된다.

가식 없는 상담기술

뉴비는 직장 내 상담을 발전시키기 위해 상담이라는 "의미를 숨길"(1983: 17) 경우, 유용하지 않은 점들을 살펴보았다. 하지만 그는 상담에서 도움을 받거나 상담기술을 사용하는 사람들이 상담의 의미를 명확히 구분할 것을 강조하였다. 지금까지의 연구 결과는 뉴비의 주장을 뒷받침하고 있는데, 상담이 스스로를 가장할 필요가 없을 뿐 아니라, 상담기술이 경영 전반에 걸쳐 학습을 촉진하는 것으로 나타났다. 상담기술은 그 자체로도 존재하지만, 다른 마음가짐으로도 드러나고 활성화되어 정교하게 다듬어지기도 한다. 이러한 성과는 꽤 논리적이다. 상담 접근은 개인으로 하여금 자신의 자원을 인식하고, 잠재성을 발현하며, 창의적 활동을 함양하는 데 그 뿌리를 두고 있다. 이것은 지난 수십 년 동안 상담의 성과로 알려져 왔다. 조직에도 동일한 가능성이 존재한다.

3. 단기 상담기술 훈련은 의도했던 목표보다 훨씬 더 큰 효과가 있다

무질서와 의도치 않은 결과

마치J. G. March(1987)는 조직에서의 선택 및 의사 결정 관련 이론들을 검토하였다. 그에 따르면, 전혀 합리적이지 않은 방식으로, 가끔은 무질서 속에서 의사결정이 이루어진다. 조직의 질서와 관련된 고전적인 관점들은, “사건과 활동은 목적과 수단의 연쇄고리로 배열할 수 있고 높은 수준이 낮은 수준을 통제하고, 정책이 실행을 통제하는 위계적인 구조가 조직이다”라는 견해를 가지고 있다(1987: 95). 그러나 마치는 현실이 훨씬 더 혼란스럽다고 말한다. 실제로 중요한 것은 의사 결정이 가져오는 의도치 않은 결과이다. 본 장에서 검토한 바로는, 협의회와 훈련자 모두 관리자가 업무 현장에서 좀 더 효과적으로 상담 역할을 수행하기 위해서는 상담기술 훈련이 필요하다는 데 동의하였다. 결과가 보여 주듯, 훈련의 부수효과는 원래 의도했던 목표보다 더 중요한 것으로 드러났다.

상담기술과 조직문화

옥스퍼드 주 의회에서 실시한 상담기술 훈련의 의도치 않은 결과는 두 가지를 포함하고 있다. 그중 하나는 상담기술 훈련이 조직문화에 미친 영향이고, 다른 하나는 상담의 가치가 개인의 발전과 관련이 있다는 것이다. 어느 조직의 문화를 살펴보려면 렌시스 리커트Rensis Likert의 체계를 이해하는 것이 좋은 출발점이 될 수 있는데, 그것에 따르면 조직의 모든 측면들은 자연스럽게 서로를 지지하고 강화한다. 올랜즈는 상담이 기업에서 성공하기 위해서는 “고위관리자들의 인식과 헌신”(1989: 6)이 필요하다고 제안하였다. 본 연구 결과는 이 점을 넘어 학습된 상담기술이 문화 자체에 영향을 미칠 수 있음을 시사한다. 즉, 서로 영향을 준다. 디톤Ditton에 따르면, 이것이 가능한 이유는 상담 훈련 이후 “관리자들이 근로자를 전인적인 인간으로 바라보게 되었고, 이성과 감성을 분리하지 않는 등 이로운 점들이 있었기” 때문이라고 주장하였다(1991: 28).

올랜즈(1986)는 조직에서 가장 중요한 스트레스 요인이 변화라고 주장하면서 상담이 하나의 해독제가 될 수 있다고 제안했다. 디톤(1991)은 상담의 역할을 훨씬 더 긍정적인 관점에서 바라보았는데, 에슈리지 대학 컨설턴트들이 변화를 위한 상담 프로그램을 어떤 식으로 개발했는지 설명했다. 자비와 매튜스 역시 이러한 접근이 광범위한 변화를 일으킨다고 주장했는데, “관리자는 개인들이 의사 결정을 할 수 있도록 격려하고 변화와 성장을 위한 잠재적인 에너지를 방출할 수 있도록 도와주어야 한다.”(1989: 10)라고 설명하였다. 맥도날드(1991)는 상담 과정에 내재된 상호 관계적 요소에 초점을 두었는데, 이는 큰 조직 안에 존재하는 파트너 관계, 이를테면, 관리자와 근로자의 관계, 고객과 서비스 제공자의 관계 등을 반영한다. 이러한 상담의 부수효과는 성공적인 조직을 구성하는 데 가장 근본적인 기여를 하는 것으로 보인다.

파트너십은 의사소통을 통해 실현된다. 의사소통은 근로자에 대해 상세하고 진지한 관심을 표명할 때 구현된다. 휴즈(1991: 2)에 따르면, 관리자들이 경영관리 시간의 약 80%를 구두 의사소통에 사용하고 있기 때문에, 이런 만남이 질적으로 깊이가 있고 조직에 대한 '사랑'을 반영하는 것이 매우 중요하다고 강조하였다. 피터스Peters와 오스틴Austen(1985)은 이러한 조직에 대한 사랑이 어떤 영향을 지니고 있는지를 추적하였는데, 이건은 이것을 '어려운(tough) 사랑'이라고 불렀다(Ditton, 1991에서 재인용). 두 경우 모두 '사랑'은 감상적이기보다는 조직의 좋은 성과라는 부산물을 가져온다. 레디(1993)는 이런 의사소통과 기업의 목적이 서로 관련이 있다고 보았다. 기업에서 상담모델을 더 많이 받아들일수록, "…… 상담과 기업의 핵심 업무 간에 깊은 연관이 있음"을 알게 될 것이다(Reddy, 1993: 99). 이러한 관점은 올랜즈의 실용적인 관점에 의해 지지되었는데, 그는 이 관계가 명백하다고 생각했다. "만일 회사가 생산성 증가나 사기진작 등에서 장기적인 이익을 거두지 못한다고 생각한다면, 계속해서 상담 서비스를 대규모로 제공하는 것은 어려울 것이다."(1986: 23) 비록 본 연구에서 상담이 조직의 정신이나 문화를 바꿀 수 있다는 결정적인 증거는 없었지만, 그것이 가능할 수 있다는 징조는 확인할 수가 있었다.

상담기술과 자기개발

관리자 훈련에서 자기개발을 정의하는 것은 쉬운 일이 아니다. 마틴Martin(1995)과 돈Dorn(1992)은 상담을 통해 진로정체성과 개인정체성을 통합하도록 격려할 수 있다고 주장하였다. 이러한 통합을 입증하는 것은 어렵지 않다. 직장 기반의 상담기술을 배울 경우 개인적인 삶에도 영향을 미친다는 점을 깨닫는 것은 놀랄 일이 아니다. 맥도날드(1991)는 상담기술을 통해 다루게 되는 내용들이 참여자들의 개인적인 문제를 건드린다는 점에 주목하였다. 사실, 맥도날드가 '불편한 감정'이라고 불렀던 것들을 유발하지 않으면서 무언가를 제공한다는 것은 쉽지 않은 일이다. 이렇듯 자기개발에 대한 우회적인 방식을 통해 참여자들이 안전감을 경험할 수 있었고, 결국 위협을 느끼지 않으면서 깊은 인간적인 문제들을 들여다볼 수 있었다. 그들은 다른 사람들의 욕구에 부응하는 법을 배움으로써 그들 스스로를 바라볼 수 있었다. 배운 기술을 가정에서 활용한다는 보고도 있었고, 직장 내 다른 사람들의 특징을 이해하는 데 새로운 통찰을 얻었다는 보고도 있었으며, 어떻게 어려운 감정을 다루는지, 그리고 어떻게 하면 다른 사람과 깊이 있게 관계를 맺기보다는 문제를 해결하고 싶어 하는 자신의 성향을 고칠 수 있을지 알게 되었다는 보고도 있었다.

이제 많은 기업들이 복잡한 조직을 운영하기 위해서는 보다 성숙하고 원만한 구성원이 필요하다는 점을 잘 인식하고 있다. 하지만 그런 자질을 지원서류에 요구하는 것은 매우 어려운 일이다. 자기개발의 한 요소를 이끌어 낼 수 있는 훈련이 좋은 대안이 될 수 있지만 그런 강좌들은 자기개발을 위해 고안된 것들이 아니었다. 그러나 당초 예상했던 목표보다도 훨씬 더 많은 이로움이 존재한다는 증거가 존재한다. 본 연구에 대한 레디(1994)의 요약 진술문에 의하면, 훈련은 다음과 같다.

> 훈련을 통해 참여자들이 새로운 자유를 얻게 되었고, 조종당하는 것으로부터 보호받게 되었으며, 다른 사람들을 더 잘 공감하고 다가가기 쉬운 사람으로 변하게 되었고, 어떤 사람들은 이전보다 더 도전적이고 적극적이 되었다(Reddy: Martin, 1994: 27에서 재인용).

이는 상당한 정도의 자기개발이 이루어졌음을 시사하는 것인데, 만일 이것이 사실이라면 참여자들은 원래 강좌가 목표했던 것 이상의 것을 달성했다고 볼 수 있다.

결론

본 연구에서는 공공 부문 관리자들을 대상으로 단기 훈련 강좌를 진행하였고, 이를 통해 새롭고 유용한 학습이 이루어졌으며, 이러한 기술이 즉각적으로 관리자들의 다른 삶의 영역으로 전이되었고, 원래 의도하고 계획했던 것 이상으로 상담 훈련의 파급효과가 큰 것으로 나타났다. 사기업 부문에서 비교연구가 진행될 필요가 있다.

참고문헌

Argyris, C. and Schon, D. (1984). 'What is an organization that it may learn', in B. Paton, S. Brown, R. Spear, J. Chapman, M. Floyd and J. Hamwee (eds), *Organizations*. London: Paul Chapman.

Bond, T. (1989). 'Towards defining the role of counselling skills', *Counselling,* 69: 3-9.

Burgoyne, J. (1989). 'Creating the managerial portfolio: building a competent approach to management development', *Management Education and Development,* Spring.

Carney, P. (1992). 'Deconstructing competencies in counselling', *Counselling,* 3 (4) (November): 237-

238.

Charles-Edwards, D. (1989). 'Counselling as a training resource', *Training Officer,* April: 118-120.

Cooper, C., Sadri, G., Allison, T. and Reynolds, P. (1990). 'Stress counselling in the Post Office', *Counselling Psychology Quarterly,* 3 (1): 3-11.

Coopers and Lybrand (1993). 'Counselling for managers', *Higher Education Briefing,* June.

Crouch, A. (1993). 'Coming out - happy to be humanistic', *Counselling Psychology Review,* 8 (1): 14-19.

Davis, V. (1981). *'Notes on counselling skills'*. Unpublished MA thesis, Keele University.

Ditton, A. (1991). 'Counselling for change', *Training and Development,* July: 28.

Dorn, F. (1992). 'Occupational wellness: the integration of career identity and personal identity', *Journal of Counseling and Development,* 71 (November/December): 176-178.

Egan, G. (1986). *The Skilled Helper*. Monterey, CA: Brooks/Cole.

Egan, G. (1993). 'The shadow side', *Management Today,* September: 33-38.

Fowler, A. (1991). 'How to provide employee counselling', *Personnel Management Plus,* May: 24-25.

Hoare, I. D. (1984). 'Can managers counsel?', *Counselling,* 48: 7-13.

Hughes, J. M. (1991). *Counselling for Managers: An Introductory Guide*. London: Bacie.

Jarvie, D. and Matthews, J. (1989). 'A counselling approach to development management', *Training and Development,* August: 9-10.

March, J. (1987). 'Theories of choice and making decisions', in B. Paton, S. Brown, R. Spear, J. Chapman, M. Floyd and J. Hamwee (eds), *Organizations*. London: Paul Chapman.

Martin, P. A. (1994). *'The effects of counselling training on public sector managers'*. Unpublished MSc thesis, University of Surrey.

Martin, P. A. (1995). 'The secret agenda', *Human Potential,* Summer: 18-19.

McDonald, D. T. (1991). 'Counselling training for staff in homes for elderly people: problems and possibilities', *Counselling,* 2 (1): 12-13.

Megranahan, M. (1989a). 'Counselling skills in professional and organizational growth', in W. Dryden, D. Charles-Edwards and R. Woolfe (eds), *Handbook of Counselling in Britain*. London: Routledge. pp. 168-183.

Megranahan, M. (1989b). *Counselling: A Practical Guide for Employees*. London: Institute of Personnel Management.

Murgatroyd, S. (1985). *Counselling and Helping*. London: Methuen.

Newby, T. (1983). 'Counselling at work-an overview', *Counselling,* 46: 15-18.

Nixon, J. and Carroll, M (1994). 'Can a line-manager also be a counsellor?', *Employee Counselling Today,* 6 (1): 10-15.

Novarra, V. (1986). 'Can a manager be a counsellor?', *Personnel Management,* June: 48-50.

Orlans, V. (1986). 'Counselling services in organisations', *Personnel Review,* 15 (5): 19-23.

Orlans, V. (1989). 'Counselling in the workplace: a review and thoughts for the future', *Employee*

Counselling Today, 1 (1): 3-6.

Pawlik, V. and Kleiner, B. (1986). 'On the job employee counselling: focus on performance', *Personnel Journal,* 65 (11): 31-36.

Pearce, B. (1989). 'Counselling skills in professional and organisational growth', in W. Dryden, D. Charles-Edwards and R. Woolfe (eds), *Handbook of Counselling in Britain.* London: Routledge. pp. 184-206.

Peters, T. and Austen, N. (1985). *A Passion for Excellence.* New York: Random House.

Pickard, E. (1993). 'Designing training for counsellors at work', *Counselling at Work,* Autumn: 7-8.

Reddy, M. (1985). *Counselling Practices Survey* 90 Church Road, Apsley Heath, Woburn Sands NK17 8TR

Reddy, M. (1993). *EAPs and Counselling Provision in UK Organizations: An ICAS Report and Policy Guide.* Milton Keynes: ICAS.

Scott, D. (1982). 'The need for counselling in industry', in A. W. Bolger (ed.), *Counselling in Britain: A Reader.* London: Batsford.

Steddon, P. (1991). 'Dealing with troubled employees', *Training and Development,* January: 14-15.

Stewart, W. (1979). *Health Service Counselling.* Tunbridge Wells: Pitman Medical.

Strauss, A. and Corbin, J. (1990). *Basics of Qualitative Research.* London: Sage.

Watts, A. G. (1982). 'Counselling in work settings', in A. W. Bolger (ed.), *Counselling in Britain: A Reader.* London: Batsford.

15장

EAP 상담자와 스트레스

Annette Greenwood

본 장은 이스트런던대학교University of East London에서의 상담심리학 석사학위논문과 지난 4년간 국민건강서비스National Health Service: NHS에서 EAP 상담자로서 일한 내 자신의 경험에 바탕을 두고 있다. 사실, 지금까지 EAP나 직장 관련 상담자의 스트레스와 대처 능력에 대한 연구는 거의 없었다. 이 연구의 결과는 EAP와 직장상담자의 훈련, 슈퍼비전, 더 나은 개발, 그리고 그들이 일하는 조직구조에 대한 함의를 가진다.

나는 레스터셔Leicestershire 직장건강서비스Occupational Health Services의 근로자 지원프로그램EAP에 선임 상담원직이 새로 생기면서 그곳에 임용되었다. 확실한 혜택 중 하나는 일을 할 때 창의적으로 해 나갈 수 있는 기회를 얻게 된 것이다. 그곳에서 나의 업무는 국민건강서비스와 계약을 맺고 있는 단체들에 상담 서비스를 적극적으로 장려하는 것과 더불어 새로운 이 서비스가 잠재적인 내담자들에게 줄 수 있는 불안을 완화하는 것이었다. 그런데 이 시기에 국민건강서비스는 큰 변화의 과정에 있었는데, 한 병원이 곧 문을 닫게 되어 그 병원의 직원들이 다른 병원으로 옮겨야 하는 상황에 있었다. 양쪽 병원에 대한 자문을 한 뒤에, 나는 '앞으로 나가자 …… 계속 해내자'라는 주제로 간호사팀, 의사팀, 행정가팀을 대상으로 일련의 워크숍을 진행했다. 워크숍은 근로자와 조직이라는 두 개의 서로 다른 욕구를 분명하게 보여 주었다. EAP/직장상담자가 당면하는 문제들은 명백해졌고, 나는 이것을 삼각 갈등으로 나

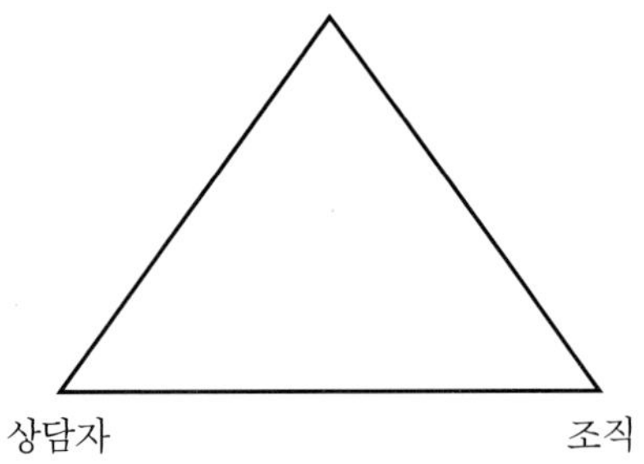

[그림 15-1] 삼각 갈등

타내기로 했다([그림 15-1] 참조).

삼각 갈등

삼각 갈등은 EAP/직장상담자에게는 상반되는 두 기대, 즉 조직과의 계약 그리고 내담자들의 욕구로 인해 발생한다. 예를 들어, 조직은 직장상담자를 통해 스트레스 상황에 처해 있는 내담자들을 가능한 한 빨리 업무에 복귀시키는 것이 목표일 것이다. 반면에, 내담자는 업무에 복귀하는 것 자체가 스트레스인 경우에 이러한 대립이 발생할 수 있다. 이런 상황이 되면 조직 입장에서는 받지도 않는 서비스에 대해 지불을 해야 한다고 여길지도 모른다.

이러한 삼각 갈등의 구조는 상담자에게는 큰 스트레스 요인으로 다가올 가능성이 높다. 경계는 치료적 관계의 기본틀이라 할 수 있는데, 조직 장면에서는 서로 상반되는 기대들이 존재하기 때문에 그 경계가 쉽게 손상될 수도 있다. 더욱이 상담자의 이론적 입장과 관계없이 대부분의 상담 훈련에서 내담자의 욕구에 초점을 맞추도록 하므로, 이러한 삼각 갈등의 맥락에서 상담자는 잠재적으로 반대되는 욕구를 가지 두 명의 내담자가 있다고 느끼게 된다.

직무스트레스

직무스트레스는 복지 관련 직업군과 관련된 연구 분야에서 중요한 요소였다. 매슬랙Maslach의 초기 연구는 "직무스트레스와 소진은 복지 관련 직업군에 고용된 사람들에게 상당한 문제가 될 수도 있다"(1976: 16-22)고 이야기한다. 스트레스는 단 한 번의 유일한 경험이 아니라, 그것에 대처하는 개인의 능력에 의해 영향을 받는 각각의 현상이며, 개인의 자기 지각과 삶의 경험에 의해 영향을 받는다(Cox and Howarth, 1990). 그렇지만 복지 관련 분야의 스트레스에 있어서 공유된 경험들이 있다는 것을 밝히는 연구들이 늘어나면서, 몇몇 이론가들은 이것을 '직무스트레스'(Maslach, 1986; Leither, 1991)라고 일컬었다.

직무스트레스는 실제로 직무 수행에 커다란 영향을 가져올 수 있다. 실제로 직무스트레스의 개념은 영국의 법률 제도를 통해서도 인정되고 있다. 영국산업연맹 Confederation of British Industry: CBI은 스트레스로 인한 결근의 손실 비용을 연간 15억 파운드로 추정하고 있다(Summers, 1990). 1994년 미국에서는 사회복지사인 존 워커John Walker가 건강악화로 인한 퇴직의 원인이 직무스트레스였다고 주장하며 그의 전 고용주인 노섬버랜드 주의회Northumberland Country Council를 고소하였는데, 이 소송에서 승소하여 20만 파운드(원화 약 3억 5천여만 원)를 보상받은 선례Walker v. Northumberland Country Council가 있다.

이런 상황 속에서 EAP/직장상담자들은 조직과 내담자의 상반되는 욕구에서 오는 갈등 상황에 대한 스트레스뿐 아니라, 조직과 내담자 간에 발생할 수 있는 법적인 소송에 대한 '방패막이'로서 조직의 기대에 부응해야 하는 직무스트레스의 위험에 처해 있다.

영국과 미국에서 복지 관련 직업군에서의 스트레스와 소진에 관한 많은 연구들이 수행되어 왔음에도 불구하고, EAP/직장상담자들에게서 발생 가능한 스트레스와 대처 능력에 관련된 연구는 거의 없는 것으로 안다. 이는 EAP/직장상담EAPs and workplace counselling 연구가 아직 발달 초기에 있음을 반영하는 것이다. 나는 처음에는 석사학위논문의 일부로 고안한 연구 프로젝트를 시작하였다. 그것은 표준화된 설문지인 '정신건강 관련 직업인들의 스트레스를 조사MHPSS'를 이용한 것이었는데, 임상심리학자의 스트레스와 대처 능력에 대한 최근 연구에 기반한 것이다(Cushway and Tyler, 1994 참조).

나는 이와 같은 초기 프로젝트를 거쳐 더 체계적인 방식으로 EAP/직장상담자의 스트레스와 대처 능력을 조사하기 위한 연구에 착수했다. 그 연구에서 나는 개인의 대처기제와 조직의 구조를 고려할 뿐만 아니라 전문가 훈련을 위한 함의도 고려하였다. 그것은 스트레스와 대처에 대한 많은 이론에 기반했으며, 스트레스의 다층적 측면을 포함한 가설을 수립하였고, 개인에게 영향을 미치는 개인적 및 조직적 요소들을 고려하였다. 이 연구의 결과는 직장상담자의 역할과 이들을 위한 훈련 및 슈퍼비전과 관련이 있다. 이러한 연구 내용이 본 장의 기초를 이루고 있다.

EAP/직장상담자의 역할

EAP/직장상담에서는 세 가지 역동이 있다([그림 15-2]). 상담자 역할의 관점에서 만들어진 삼각형은 세 가지 다양한 수준에서 서로에게 많은 영향을 준다. 조직에서 일하는 내담자는 조직에 의해 고용된 상담자에게 상담을 받으러 온다. 상담자가 내담자와 상담을 하더라도 어느 정도 조직과도 관련되어 있다(그것이 내부 상담 서비스든, 아니면 외부 상담 서비스든). 그리고 조직은 상담자에게 비용을 지불한다. 세 개의 하위체계들에 의한 이러한 상호작용이 EAP/직장상담자의 스트레스 영역이다(Carroll, 1993).

본질적으로 EAP 상담자는 종종 변화를 위한 촉매 역할을 한다. 상담을 받으러 온 내담자는 무엇을 해야 할지에 관해 막막함 또는 혼란을 느낀다. 이때 상담자의 역할은 내담자가 치료적 관계 안에서 그들이 가질 수 있는 몇 가지 대안들을 탐색할 수 있는 환경을 제공하는 것이다. EAP/직장상담은 내담자가 이러한 자율권을 갖도록 하여 내담자 스스로 변화할 수 있게 해 준다. 이런 관점에서 상담자는 일종의 촉매제 같은 역할을 수행한다고 볼 수 있다. 일반적으로 경영층은 상담을 받지 않는 사람보다 상담을 받는 사람들을 관리하기가 더 쉬울 것이라는 기대를 갖는다. 하지만 상담을 받고 내담자가 내적으로 더욱 힘을 얻게 되면 경영층에서는 이게 문제가 될

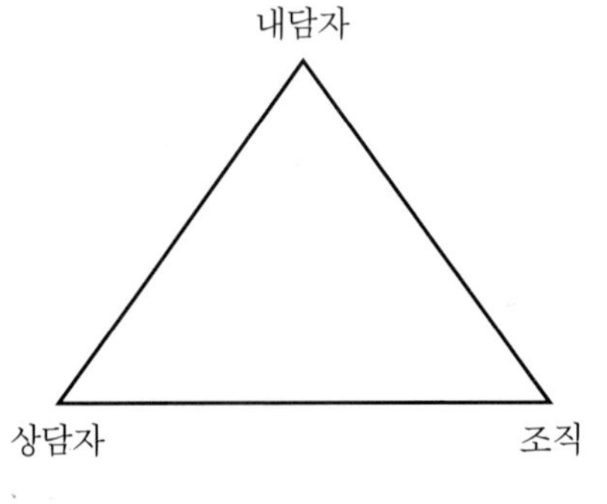

[그림 15-2] EAP/직장상담의 세 가지 역동

수 있다고 볼 수도 있다. 이러한 변화의 결과는 EAP/직장상담자들이 책임을 져야 하는 상황을 가져올 수도 있다. 만약 실제로 상황이 이렇게 된다면, 상담자에게는 힘들고 스트레스를 받는 상황이 될 수 있다. 앞에서 언급했듯이 상담자는 내담자와 조직의 욕구를 동시에 수용해야 하는 이중 계약 관계의 입장이기 때문이다.

이러한 갈등에 대처하기 위해 상담자가 사용하는 전략은 그가 경험하는 스트레스의 정도에 영향을 주는 요인이 될 수 있다. 상담자가 내담자를 덜 소중하게 여기고 조직 편에 선다면, 내담자는 경계심을 가지고 진심 어린 마음을 표현할 수 없게 되어 결국 내담자는 상담자를 조직에 충성하는 사람으로 인식하게 될 수 있다. 연쇄적으로 상담자는 내담자와 조직 양측으로부터 갈등을 더욱 조장하게 되어, 어떤 점에서는 그 갈등에 대한 책임을 느끼게 되는 결과를 초래할지도 모른다. 이러한 결과는 상담자에게 자기 의심을 주게 되어 상담자에게 더 높은 수준의 스트레스를 유발할 수 있다. EAP/직장상담자가 조직에 어떻게 보이는지와 상담자의 갈등 감정, 자기 의심과 스트레스 간에는 상관이 있을 것이다. EAP 상담자에게 추가되는 이러한 긴장감은 다른 분야에서 일하는 상담자들의 긴장감과는 또 다를 것이다.

스트레스

그러면 스트레스는 무엇이고 우리의 직장 생활에 어떤 영향을 주는가? 스트레스의 다각적인 개념을 이해하려고 노력할 때, 우리는 그 영향을 최소화할 수 있는 방법이 있을 수 있다. 많은 이론가들이 직무스트레스의 개념을 인정하고 설명해 왔다(Maslach, 1976; Cooper, 1988; Cox, 1991). 더 중요한 것은 스트레스가 '대인업무'를 하는 사람들에게 특히 문제가 된다고 여겨져 왔다는 점이다(Maslach 1976: 16). 지난 20년 동안, 다양한 보건 전문가들의 업무스트레스의 영향을 조사한 연구들에서 이러한 증거가 많이 도출되었다(예: Payne and Firth-Cozens, 1987).

콕스Cox와 호워스Howarth에 의하면, 업무스트레스의 개념은 "사람들의 업무 환경과의 상호작용과 그 환경의 요구에 대처하려는 그들의 시도를 뒷받침하는 복잡한 지각과 인지 과정으로 간단히 설명할 수 있다."(1990: 109) 사실, 스트레스에 대처할 수 있는 능력은 대처 능력에 대한 자신의 지각과 삶의 다른 측면에서의 대처와 관련이 있다. 업무스트레스는 작업장의 변화로 인해 생기기도 한다. 이를테면, 병원 응급실과 같은 특정 업무와 관련된 스트레스라기보다는, '움직이는 골대'로 표현되듯이 조직이 어떻게 구조화되는지에 따라 발생되는 것이다.

업무스트레스는 사람들이 일과 관련하여 자신에게 요구하는 것에 대한 지각과 그 요구에 대처하는 자신의 능력 간의 불균형 혹은 불일치를 나타내는 심리적 상태로 정의되어 왔다. 이러한 상황에 대한 평가는 대처를 위해 이용 가능한 자원 및 지지, 그리고 상황에 대한 그 사람의 통제 정도를 고려하게 된다(Cox, 1987: 6). 즉, 개인은 요구에 대한 최종 결과를 얻기 위해 노력하는 과정 중에, 이용 가능한 자원과 지지, 상황에서의 통제의 정도를 고려한다. 우리는 라자루스Lazarus와 포크만Folkman(1984)의 초기 연구에서 스트레스와 스트레스 대처 결과에서 개인의 지각된 '통제 소재'가 중요한 요인이라는 것을 알고 있다. 업무스트레스는 종종 부정적 정서의 경험, 불쾌감과 일반적인 불편감, 다소 장기적으로 측정되는 전반적 행복감의 변화로 묘사된다. 이러한 감정은 스트레스 경험뿐만 아니라 대처에 대한 시도의 영향일 수 있다. 쉽게 말하면, 그것은 닭(스트레스)이 먼저인지 달걀(대처하는 것)이 먼저인지의 문제이다. 스트레스와 스트레스 대처에 대한 우리의 이해를 확장하는 데 있어서, 스트레스와 스트레스 대처가 서로 배타적이지 않다는 것을 기억하는 것은 중요하다.

콕스와 호워스(1990: 6)는 업무스트레스에 대한 개념을 다루고 있지만, 그들의 교류모델은 개인의 삶에서 직장 생활과 가정 생활이 완전하게 분리될 수 없다는 점을 설명해 주지 못한다. 왜냐하면 이 모델은 어떤 사람들에게는 직장의 스트레스 경험이 직장의 상황적 측면보다는 가족 구성원 간의 갈등 및 스트레스와 크게 관련되어 있을 수 있다는 점을 간과하고 있기 때문이다. 내담자들은 상담 초기에 실시되는 문제 사정 과정에서, 상담에 오게 된 문제가 업무 수행에 영향을 주는 것인지 아닌지를 질문받게 된다. 많은 사례에서 내담자들은 그렇다고 대답하며, 어떤 사례에서는 상담 초기에는 이것이 불확실했다가 회기 진행 과정을 통해 그런 것으로 밝혀지기도 한다. 예를 들면, 상담 과정을 거치면서, 가정에서 느끼는 압박감은 대처할 수 있다는 인식을 바꿔 놓았고, 이제는 집에서뿐만 아니라 직장에서도 스트레스를 느낀다는 것이 분명해진다. 버크Burke와 그린버글래스Greenberglass(1987)의 연구는 스트레스와 소진의 개념이 가정과 직장 생활의 모든 맥락 안에서 탐색되어야 함을 뒷받침해 준다.

스트레스라는 개념에서 한 걸음 더 나아가게 되면, 즉 스트레스를 오랫동안 받게 되면, 그 결과 '소진burnout'이라는 스트레스 형태가 될 수 있다. '소진'은 프레운덴버거Freundenberger(1974)에 의해 처음 만들어진 용어인데, 원래 번아웃증후군은 대인 서비스 직종에서 요구되는 정서적 요구와 전문가로서의 역할기대를 충족시키는 데 수반되는 어려움에 초점을 두었다. 이러한 분리된 개념이 매슬랙과 잭슨Jackson(1986)에 의해 Maslach Burnout InventoryMBI로 개념화되고 이러한 증상을 측정하기 위한 도구로 개발되었다. 매슬랙의 논문에 의하면, 광범위한 대인 관계 서비스의 기본이 되는 치료적 관계는 서비스 제공자와 수혜자 간의 밀접하고 개인적인 관계를 토대로 형성된다. 소진 증상은 결과적으로 서비스 제공자의 정서적 자원을 고갈시킨다. 치료적 관계는 정서적이고 친밀한 작업 관계를 토대로 하기 때문에 소진에 대한 연구들은 상담자들에게 시사하는 바가 크다. 게다가 소진의 결과, 세상과 거리감을 느끼게 되고, 직장 동료 및 환자/내담자들과 정서적인 유대 관계를 맺을 수 없게 된다. 마치 그들의 개인적 세계에 대처하기 위한 시도로 그들과 세상 사이에 보이지 않는 벽이 생긴 것과 같다. 심리학자들은 이것을 해리disassociation라는 개념으로 설명한다.

업무스트레스에 대한 체계적인 연구들이 진행되어 오면서 많은 연구 결과는 업무스트레스가 실제적인 현상임을 밝히고 있지만, "어떻게 개인이 스트레스 경험을 다루고, 업무스트레스에 효과적으로 대처하는지에 대한 연구, 즉 업무스트레스의 대처 및 관리 방법에 대한 연구는 거의 없다."(Driscoll and Cooper, 1994: 343)

대처 능력

스트레스 현상에 대한 인식은 개인이 여기에 어떻게 대처하는지에 관한 소수의 연구로 이어졌다. 대처 전략은 개인과 조직 차원 둘 다가 될 수 있다. 여러 이론가는 대처기제와 그것의 중요성의 이해를 제시했는데(예: Aldwin and Revenson, 1987; Lazarus and Folkman, 1984; Cox and Ferguson, 1991), 대처 행동이 스트레스의 영향을 최소화하고, 일어날 수 있는 부정적인 결과들을 완화하는 데 도움이 될 수 있다고 언급했다. 더 나아가, 라이터Leiter(1991: 124)는 "장기화만의 부적응적 대처는 궁극적으로 소진이라 불리우는, 몸과 마음을 매우 약화시키는 만성적인 스트레스를 유발할 수 있다"고 보았다. 이 개념은 개인이 상황을 어느 정도로 스트레스로 인식하는지와 관련된 스트레스 교류모델과 관련되어 있다. 드류Drewe 등은 대처를 "스트레스를 유발하는 사건을 경험한 뒤에 뒤따르는 개인이 선택한 인지와 행동으로, 그 경험과 혹은 경험의 결과를 다루기 위해 고안된 방법"이라고 설명했다(1993: 7).

스트레스의 영향을 다룰 수 있기 위해서는 개인이 대처 전략을 개발해서 사용하는 방식을 이해하는 것이 중요하다. 그렇게 함으로써 상담 전문직에서 생각하는 심리적 건강이라는 관점에서 사람들을 지지해 주고 교육할 수 있는 조직구조의 개발에 유용한 시발점이 될 수 있을 것이다.

심리치료자, 심리학자 그리고 스트레스 대처

보건 전문가들 사이에서 스트레스와 대처에 대한 연구는 많은 영역과 분야에서 이루어져 왔다. 미국 심리학자들의 여러 연구(예: Boyer, 1984; Laliotis and Grayson, 1985)에서 심리학자들의 심리적 고통과 손상의 유병률이 적어도 비전문가만큼 높거나 더 높을 수 있음을 암시했다. 몇몇 연구는 심리치료자들(Hellman et al,. 1987)과 임상심리사들(Norcross and Prochaska, 1986a; Cushway, 1992; Cushway and Tyler, 1994)의 업무스트레스의 영향을 고찰해 왔다.

심리치료자 및 상담자를 대상으로 한 초기 연구는 많은 실무자가 직업에 만족감을 갖지만, 이 직업이 개인적이고 직업적인 긴장을 발생시킨다는 것을 시사한다. 이후 연구에서는 나이, 경험, 보다 적은 수의 사례부담이 업무스트레스를 경감시키는데 도움이 된다고 제안하였다(Hellman et al. 1987; Kwee, 1990). 헬만Hellman 등(1987)은 치료적 관계와 관련된 5개의 스트레스 요인을 다음과 같이 제시했다.

1. 치료적 관계의 유지
2. 일정-시간 관리
3. 전문성에 대한 의구심
4. 업무 과잉 관여
5. 개인적 고갈

더욱 최근에 커시웨이Cushway(1992)는 수련 중인 임상심리사를 대상으로 전반적 건강 질문지-28GHQ-28를 실시한 결과, 응답자의 59%가 심리적 장애의 유병률을 보였으며, 75%가 임상 수련으로 인해 중간 정도 혹은 매우 높은 스트레스를 받았다고 보고했다. 이러한 결과는 스코틀랜드에서 진행된 연구 결과와 유사한 것이었다. 샘슨Sampson은 스코틀랜드의 임상심리사들을 대상으로 한 연구에서 연구 대상의 68%가 그들의 직업상 약간 혹은 상당한 정도의 스트레스를 받는다는 것을 발견했다.

GHQ-28에서는 만연한 심리적인 어려움에 있어서 커시웨이의 연구 결과보다 33% 더 낮은 것으로 나타났지만 이러한 차이는 표본 차이에 기인한 것일 수 있다. 즉, 커시웨이의 수련 임상심리사들은 보다 경험이 적고 또한 수련 과정에서 평가를 통과해야 하는 일 때문에 스트레스가 가중되었을 수 있다. 샘슨은 임상 수련 기간에 스트레스 수준이 가장 높을 것이라고 보았다.

경계라는 개념이 치료적 역할 내에서 스트레스와 갈등을 이해하는 데 중요한 요소이다(Hellman et al., 1987 참조). 치료적 역할이라는 속성 자체가 상담자에게 불안을 초래하므로 분명한 경계를 수립하는 것이 상담자 자신의 심리적 안녕을 유지하는 데 필수적이다. 헬만과 모리슨Morrison(1987)은 공공 부문과 사설 부문을 고려했을 때, 공공 서비스의 상담자들이 사설 상담 장면에서 일하는 상담자들보다 스트레스를 덜 받는다는 것을 발견했다. 아마도 그것은 조직에 소속된 데서 오는 혜택인 동료들의 지지와 자문이 있기 때문일지도 모른다. 영국에서는 EAP 상담자들의 소속이 국민건강서비스이든, 공공 부문이든, 사설 부문이든지에 관계없이 고용 형태가 혼자 일하는 경우가 더 많다.

연구 프로젝트의 가설

나는 연구 프로젝트에서 EAP/직장상담자들의 스트레스와 대처 능력에 관한 문헌에서의 격차를 조사하였다. 또한 양적 연구 방법으로, 다음 다섯 가지의 가설(질문)을 조사했다.

1. 경력 상담자들이 더 낮은 수준의 스트레스를 보고할 것이다.
2. 여자들이 남자들보다 더 높은 수준의 어려움을 보고할 것이다.
3. 행동 전략이 더 높은 빈도로 보고될 것이다(예를 들면, 타인과의 대화, 자신의 문제를 공유).
4. 회피적 대처(흡연, 약물 사용, 감정에 대한 억압 등을 통해 긴장을 완화하려는 전략)는 더 높은 수준의 스트레스와 관련이 있을 것이다.
5. 배우자가 있거나 혼자 살지 않는 상담자가 더 낮은 수준의 스트레스를 보고할 것이다.

논의

연구 가설들의 결과는 스트레스 수준을 평가하는 유용한 기준을 제공하였다.

1. 경력 상담자들이 더 낮은 수준의 스트레스를 보고할 것이다

경력 상담자들이 더 적은 스트레스를 보고할 것이라는 첫 번째 가설과는 반대로, 결과는 상담자들의 94%가 경력 상담자였으며 스트레스를 경험했다고 보고했다. 분명 표집 내 편차가 분명히 있었지만, 이 상담자 집단에서 경력이 스트레스 수준을 예측하지 않는다는 사실은 흥미롭다. 이 연구에서 상담자들이 경험한 스트레스는 또한 임상심리학자의 스트레스와는 다를 수 있는데, 임상심리학자와는 달리 직장 내 상담 서비스 제공은 법으로 정한 필수 요건이 아니기 때문이다. 따라서 직장 내 상담자들이 일하는 조직구조는 임상심리학자들이 일하는 곳과는 다르며, 국민건강 서비스 내에서 발전해 온 문화도 아니다. 직장 내 상담은 새롭게 발전하는 영역이라 할 수 있다.

2. 여자들이 남자들보다 더 높은 수준의 어려움을 보고할 것이다

이 가설은 입증되지 않았다. 남자들이 여자들보다 조금 더 높은 빈도로 어려움을 보고하였다(GHQ-28에서 여자들의 45%, 남자들의 51%). 이 연구의 모든 참가자들은 배우자가 있거나, 혼자가 아닌 누군가와 함께 살고 있었다. 롱Long(1984)과 커시웨이(1992)가 제안한 바와 같이 파트너와 이야기하는 것의 완충효과가 이 연구에서 여성 상담자들에게는 중요한 요인으로 작용했을 수 있다. 성별 차이에 관한 이러한 결과는 상담자로 일하는 남성들이 다른 직종의 남성보다 자신의 스트레스 감정을 더 잘 표현할 수 있기 때문일 수도 있다. 이제 남자들이 '더 잘 대처한다'는 지배적인 가설에 의문을 제기할 수 있지 않을까?

3. 행동 전략이 더 높은 빈도로 보고될 것이다

행동 전략이 더 자주 보고될 것이라는 예상과는 반대되는 결과가 나타났다. 적극적 인지대처 전략이 가장 높은 점수를 얻었다. 가장 많이 사용되는 두 개의 대처 전략은 '나는 그 상황을 더욱 이해하려고 노력했다'와 '나는 그것을 이해하기 위해 마음속에서 그 상황을 여러 차례 반복했다' 두 가지였다.

이러한 결과는 타인과 이야기하는 것과 같은 행동대처 전략이 가장 많이 보고되었던 커시웨이(1992) 그리고 커시웨이와 타일러Tyler(1994)의 초기 연구 결과와 일치하지 않는다. EAP/직장상담자가 일하는 조직구조는 대처 전략을 선택하는 데 중요한 요소가 될 수 있다. 만약 당신이 혼자서 일하거나 규모가 작은 팀으로 일한다면, 커시웨이와 타일러(1994)가 제안한 행동전략을 사용하는 것이 가능하지 않을지도 모른다. 단순히 이야기할 사람이 없기 때문일 수도 있다. 그러나 상담자들이 임상심리학자들보다 사회적 지지의 양에서는 더 높은 점수를, 그 지지의 질에서는 약간 낮은 점수를 나타냈다. 이것은 대처 전략의 선택에서 중요한 요소가 사회적 지지의 양이 아니라 질일 수 있음을 시사한다. 임상심리학자들의 훈련이 그들의 대처 전략에 대한 또 다른 예측인자가 될지도 모른다. 임상심리 수련생들은 임상 수련 과정에서 많은 선배 임상심리학자들과 팀 동료들로부터 슈퍼비전과 지지를 받는다. 누군가와 어떤 일에 대해 이야기할 기회를 가지는 초기의 학습 경험이 그들의 대처 전략 모델에 영향을 줄 수 있다.

4. 회피적 대처는 더 높은 수준의 스트레스와 관련이 있을 것이다

회피적 대처가 더 높은 수준의 스트레스와 관련이 있는 것으로 나타났다. 이것은 노크로스Norcross와 프로차스카Prochaska(1986b), 커시웨이(1992), 커시웨이와 타일러(1994)의 결과와 일치한다. 이러한 결과는 극심한 스트레스로 고통받는 사람들은 다른 대처 전략을 사용할 수 없거나 사용하려고 하지 않으며, 이런 극심한 스트레스 수준에서는 다른 대처 전략들이 효과적이지 않을 수 있다. 콕스(1990)는 스트레스가 종종 비효과적인 대처 전략들을 사용하기 때문에 악화된다고 제안한 바 있다.

5. 배우자가 있거나 혼자 살지 않는 상담자가 더 낮은 수준의 스트레스를 보고할 것이다

이 연구에 참여한 상담자들은 모두 배우자가 있거나 누군가와 함께 살고 있었다. 앞에서 이야기했듯이, 이러한 점이 완충 작용하고 있을 수 있다. 그렇지만 연구의 표집 내 모든 상담자가 배우자가 있었지만, 그들은 여전히 스트레스를 느낀다고 보고하였다. 이들이 겪는 스트레스는 다른 연구들과는 달리, 조직의 구조와 프로세스, 전문가로서의 자기 의심, 가정불화와 더 깊은 관련이 있을지도 모른다.

EAP/직장상담자들의 스트레스는 무엇인가

본 연구 결과는 상담자들은 ① 과도한 업무, ② 조직의 구조와 프로세스, ③ 다른 전문가들과의 갈등 등의 요인들로 인해 높은 수준의 스트레스를 보고한다고 밝혔다. 또한 본 연구 결과는 진단 도구로서 MHPSSMental Health and Psycho-Social Support의 유용성을 확인해 준다. 이러한 연구 결과는 EAP/직장상담자들의 스트레스가 개인 차원에서뿐만 아니라 조직 차원에서 다루어질 필요가 있다는 것을 시사한다. 파인스Pines와 아론슨Aronson(1981)은 소진을 예방하기 위한 조직 차원의 전략으로 상담자 1인당 내담자 비율 줄이기, 특별히 스트레스가 많은 상황에서는 작업 중에 '휴식time-out' 취하기, 스트레스가 많은 작업은 시간을 제한하기, 조직적 유연성과 근로조건 향상시키기를 제안하였다. 내담자가 면대면 상담신청을 하면 EAP 상담자는 보통 5일에서 7일 이내에 반응을 하게 되는 반면, 임상심리학자들은 2개월에서 9개월이 일반적인 것임을 고려했을 때 이러한 차이는 EAP 상담자의 스트레스를 가중시키는 요인일 수 있다. 극심한 고통을 겪고 있는 내담자와 작업하는 것이 일부 EAP 상담자들에게는 스트레스가 누적되는 요인일 수 있다. 그러므로 EAP 상담 서비스는 회사의 조직문화를 개발하고 고용한 상담자들을 지원하고자 할 때 이러한 점을 주의해야 한다.

최근에 콕스와 호워스(1990)는 보다 건강한 조직문화를 개발하고 직무스트레스를 경감하는 데 기여할 수 있는 전략을 제안했다. 콕스는 조직 차원에서 업무스트레스 문제를 인식하고 해결할 필요가 있다고 주장하는데, 몇몇 직업군에서 공통적인 스트레스 문제를 공유하고 문제를 해결함으로써 조직은 성장하고 이익을 얻을 수 있다는 것이다. 조직이 얻는 이익은 중요할 수 있다. 개인의 문제해결을 상담 서비스 전반에 걸쳐 공유된 경험의 맥락에서 볼 수 있다면, 기업상담과 관련된 스트레스 요인들은 자원이 될 수 있다. 그러면 조직은 더욱 건강하고 자각하는 문화를 배우고 창출해 나갈 수 있을 것이다.

직무 만족은 조직의 구조와 프로세스, 다른 전문가들과의 관계와 갈등, MHPSS의 평균과 부적 상관이 있었다. 이러한 연구 결과는 커시웨이와 타일러(1994)의 연구와 일관되는 것이다. 직무 만족과 가장 큰 부적 상관은 조직의 구조와 프로세스인데 직업 만족에 이 요인이 중요함을 잘 보여 준다.

MHPSS와 사회적 지지 정도, 내담자 관련 어려움 사이에는 부적 상관이 있었는데 사회적 지지가 내담자 관련 어려움을 경감시키는 데에 중요한 요소가 될 수 있음을 시사한다. 그러나 MHPSS는 사회적 지지에 관한 설문지에서 직장 동료와 또래의 지지를 고려하지 않았다. 직장 동료의 지지는 내담자의 문제와 관련하여 스트레스 수준을 감소시키는 중요한 요소가 될 수 있다. 예를 들어, 직장 동료들은 업무스트레스에 관해 공유할 만한 지식과 경험을 가지고 있다. 사회적 지지의 질은 MHPSS, 조직의 구조와 프로세스, 자원의 부족, 전문적 신념의 상실, 가정과 직장에서의 갈등 및 MHPSS 평균과 유의미한 부적 상관관계를 갖고 있다. 이러한 연구 결과는 남을 돌보는 전문직종의 스트레스 예측요인을 조사할 때, 버크와 그린버글래스(1987)가 제안한 바와 같이 업무 요인뿐만 아니라 가정 생활과 개인적인 관계 또한 포함시킬 필요가 있음을 시사한다.

GHQ-28 평균은 MHPSS 평균과 상관이 있는데, 이는 커시웨이와 타일러(1994)의 초기 연구와 일치한다. 이러한 결과는 스트레스를 평가하는 타당한 도구로서 MHPSS를 지지한다고 할 수 있다. GHQ-28 척도에 의해 확인되었듯이 스트레스를 경험하는 대부분의 사람들은 심리적인 어려움을 가지는 것으로 보인다. 실제로, 표집의 47%에게서 확인되었다. 특히, 하위척도인 사회적 역기능과 자기 의심은 유의미한 상관이 있었다. 이러한 연구 결과는 불안과 불면증의 하위척도에서 밀접한 관계를 보여 준 임상심리학자와는 대조적이다.

매슬랙(1986)과 헬만 등(1987)은 초기 연구에서 치료적 관계 그 자체가 스트레스가 된다는 개념을 발달시켜 왔다. '사람을 만나는 일' 그 자체로는 너무 광범위한 정의이므로 상이한 전문직 간의 구분을 하는 것이 중요하다. EAP/직장상담자가 심리치료사나 임상심리사와 어느 정도 유사점을 공유하고 있긴 하지만, 이 분야에 대한 후속 연구가 더 필요하다.

EAP/직장상담자의 대처 전략

대처 전략이 있다는 것은 스트레스가 있다는 분명한 지표다. 스트레스 수준이 증가함에 따라, 상담자는 그에 대한 반응으로 다양한 대처 전략을 사용할 수 있다. 대처기제를 이해하는 것이 중요함을 여러 연구자(예: Lazarus and Folkman, 1984; Cox and Ferguson, 1991)가 강조해 왔는데 대처행동은 스트레스의 영향을 최소화하고 스트레스의 부정적인 결과를 감소할 수 있다고 제안한다(Driscoll and Cooper, 1994). 어떤 대처 전략을 사용하는가에 따라 긍정적인 결과가 결정될 수 있다. 예를 들면, 술을 더 많이 마시는 것은 회피적 대처 전략으로 간주되는데, 이는 기저의 문제들(그리고 실제로 우울한 반응으로 이끈)을 다루지 않기 때문이다. 본 연구 결과에서 상담자들은 적극적인 인지대처를 가장 많이 보고했는데, 이 결과는 상담자의 역할을 이해하고, 의사 결정의 실제에 적극적인 참여자가 되는 과정이 스트레스를 다루는 데 중요한 요소일 수 있음을 시사한다.

스트레스 대처 전략에 대한 연구를 진행하는 데 방법론적인 어려움이 있지만(Driscoll and Cooper, 1994), 사람들이 스트레스에 어떻게 대처하는지 이해하는 것은 스트레스의 전반적인 개념을 더 잘 이해하는 데 도움이 될 것이다. 이것은 직장 내 상담 서비스가 이루어지는 조직구조의 개발과 기업상담자의 훈련 및 슈퍼비전과 직접적인 관련이 있을 것이다 .

결론

본 연구의 결과는 기업상담에 다양한 함의를 제공한다. 먼저, 기업상담자의 훈련에는 상담자로서 필수적인 기술을 갖추어야 할뿐더러 조직의 행동과 체계에 관한 교육이 포함되어야 한다. 삼각 갈등에 대한 지식은 상담자에게 발생 가능한 갈등과 스트레스의 영역에 대한 통찰을 제공할 수 있다. 많은 연구들은 개인이 정보를 얻고 상황을 이해함으로써, 더 나은 통제감을 갖는다는 것을 보여 주고 있다.

영국에는 오늘날까지 단지 네 개의 교과목만이 직장 내 상담에 맞추어져 있으며, 어떤 훈련도 체계적이지 못하다(Carroll, 1996). 올랜즈(1992)는 기업상담자들에게는 전반적인 상담의 이해와 기술을 넘어서는 다양한 능력들이 갖춰져야 한다고 주장하였다.

기업상담에서의 슈퍼비전은 상담자를 위한 하나의 대처 전략으로 고려되어야 한다. 슈퍼비전은 상담자들이 대안적인 대처 방식을 탐색하는 데 중요한 자원이 될 수 있다. EAP 상담자들이 당면하는 특정한 문제를 다루는 데 도움이 될 만한 훈련 과정은 아직 많지 않다. 좋은 슈퍼비전은 임상적인 작업과 더불어 조직문화를 이해하려는 시도가 되어야 한다. "상담자가 그들이 속한 조직문화를 이해함으로써 그들이 현실적인 기대를 갖도록 도와줄 것이다."(Carroll, 1993: 9)

또한 기업상담에서의 슈퍼비전은 상담자들이 어떻게 EAP가 준비되고 관리될 수 있는지를 이해할 수 있도록 이끌 것이다. 어떤 조직과 상담 서비스 계약을 잘 맺는 것은 상담자들이 그들 자신의 경계에 대한 감각을 갖도록 도와줄 것이다.

마지막으로, 기업상담 외에 자신의 삶이 있다는 것을 말하고 싶다. 이것을 기억하면 다양한 자원들로부터 개인적 · 사회적 지지를 받음으로써 더 많은 개인의 대처 전략이 나올 수 있다.

우리가 대처할 수 없다고 말하는 것은 실패를 의미하는 것이 아니다. 우리는 우리 자신에 대해 책임을 져야 하기 때문에 자신의 스트레스 수준을 점검해야 한다. "자기 돌봄을 가르치는 바로 그 전문가가 정작 그것을 실천하지 못한다"(Nichols, 1988: 50)는 말도 있다. 기업상담 전문 영역에서는 상담자와 슈퍼바이저들의 발달을 위해 더욱 교육에 힘써야 한다. 이와 더불어 건강한 조직문화의 향상을 위한 직접적인 노력 또한 매우 중요하다.

참고문헌

Aldwin, C. and Revenson, T. (1987). 'Does coping help? A reexamination of the relation between coping and mental health', *Journal of Personality and Social Psychology*, 53, 337–348.

Boyer, C.A. (1984). 'The profession's response to distressed psychologists', in R. Kilburg, P.E. Nathan and R.W. Thoreson (eds), *Professionals in Distress*. New York: American Psychological Association.

Burke, R. and Greenberglass, E.R. (1987). 'Work and family conflict', in C. Cooper and L. Robertson (eds), *International Review of Industrial and Organizational Psychology*. New York: Wiley.

Carroll, M. (1993). 'Supervising counsellors in organizational settings', unpublished paper.

Carroll, M. (1996). *Workplace Counselling: A Systematic Approach to Employee Care*. London: Sage.

Cooper, C.L., Copper, R.D. and Eaker, L.H. (1988). *Living with Stress*. London: Penguin.

Cox, T. (1987). 'Stress, coping and problem solving', *Work and Stress*, 1 (1): 5–14.

Cox, T. (1990). 'Stress and organizational health', paper presented at Stress and Mental Health Conference, MIND, Whitehaven, Cumbria.

Cox, T. (1991). Editorial comment, 'Organizational culture, stress and stress management', *Work and Stress*, 5 (1): 1–4.

Cox, T. and Howarth, I. (1990). 'Organizational health, culture and caring', *Work and Stress*, 4, 107–110.

Cox, T. and Ferguson, E. (1991). 'Individual differences, stress and coping', in C. Cooper and R. Payne (eds), *Personality and Stress: Individual Differences in the Stress Process*. Chichester: Wiley. pp. 7-30.

Cushway, D. (1992). 'Stress in clinical psychology trainees', *British Journal of Clinical Psychology*, 31, 169-179.

Cushway, D. and Tyler, P. (1994). 'Stress and coping in clinical psychologists', *Stress Medicine*, 10: 35-42.

Driscoll, M.P. and Cooper, C.L. (1994). 'Coping with work-related stress: a critique of existing measures and proposal for an alternative methodology', *Journal of Occupational and Organizational Psychology*, 67: 343-354.

EAP Association (1995). *UK Standards of Practice and Professional Guidelines for Employee Assistance Programmes*. London: EAPA.

Freundenberger, H. (1974). 'Staff burn-out', *Journal of Social Issues*, 30, 159-165.

Hellman, I.D., Morrison, T.L. and Abramowitz, S.1. (1987). 'Therapist flexibility/rigidity and work stress', *Professional Psychology: Research and Practice*, 18 (1): 21-25.

Hellman, I.D., and Morrison, T.L. (1987). 'Practice setting and type of caseload as factors in psychotherapist stress', *Psychotherapy*, 24 (3): 427-433.

Kwee, M.G.T. (1990). 'Burn-out among Dutch psychotherapists', *Psychology Review*, 60: 107-112.

Laliotis, D.A. and Grayson, J.H. (1985). 'Psychologist heal thyself: what is available for the impaired psychologist?', *American Psychologist*, 40: 84-96.

Lazarus, R. and Folkman, S. (1984). *Stress, Appraisal and Coping*. New York: Springer.

Leiter, M. (1991). 'Coping patterns as predictors of burnout: the function of control and escapist coping patterns', *Journal of Organization Behaviour*, 12: 123-144.

Leiter, M.P. (1992). 'Burn-out as a crisis in professional role structures: measurement and conceptual issues', *Anxiety, Stress and Coping*, 5: 123-144.

Long, P. (1984). *The Personal Professionals: A Comparative Study of Male and Female Careers*. London: IPM.

Maslach, C. (1976). 'Burned-out', *Human Behavior*, 5: 16-22.

Maslach, C. (1986). 'Stress, burnout and workaholism', in R. Kilburg, P.E. Nathan and R.W. Thoresen (eds), *Professionals in Distress*. New York: American Psychological Association.

Maslach, C. and Jackson, S.E. (1986). *Maslach Burnout Inventory Manual* (2nd Edition). Palo Alto, CA: Consulting Psychologist Press.

Nichols, K.A. (1988). 'Practising what we preach', *The Psychologist*, 1: 50-51.

Norcross, J.C. and Prochaska, J.O. (1986a). 'Psychotherapist heal thyself-1. The psychological distress and self-change of psychologist, counsellors and laypersons', *Psychotherapy*, 23 (1): 102-114.

Norcross, J.C. and Prochaska, J.O. (1986b). 'Psychotherapist heal thyself-2. The self-initiated and therapy-facilitated change of psychological distress', *Psychotherapy*, 23 (3): 345-356.

Orlans, V. (1992). 'Counselling in the workplace-Part I: Counsellors' perspectives and training', *EAP International*, 1 (1): 19-21.

Payne, R. and Firth-Cozens, J. (1987). *Stress in Health Professionals*. Chichester: Wiley.

Pines, A. and Aronson, E. (1981). *Burnout: From Tedium to Personal Growth*. New York: Free Press.

Summers, D. (1990). 'Testing for stress in the workplace', *Financial Times*, 6 December.

16장

영국의 근로자 지원 및 기업상담 프로그램에 대한 평가

Carolyn Highley-Marchington and Cary L. Cooper

지금까지 영국에서 기업상담 프로그램을 평가한 연구는 손으로 꼽을 수 있는 정도이다. 우정국의 사내 상담 서비스를 평가한 연구(Cooper et al., 1990)는 그러한 몇 안 되는 연구 중 하나이다. 이처럼 평가 연구가 부족하기 때문에 영국의 보건안전청Health and Safety Executive은 기업상담 프로그램에 대한 평가를 연구자에게 의뢰하였고 맨체스터 경영대학원에 의해 독자적으로 평가 연구가 수행되었다(Highley and Cooper, 1995). 이 연구의 주요 목적은 영국의 근로자 지원 프로그램EAP과 기업상담의 전국 단위의 표본을 추출하고, 이를 개인과 조직의 수준에서 평가하는 것이었다. 자기보고식 설문지가 제작되었고, 결근일 수에 대한 자료가 수집되었다. 이 밖에도 사용된 연구설계와 연구 방법, 그리고 연구 결과를 이 장에 기술하였다. 마지막으로, 연구 결과와 관련한 논의를 하였다.

연구 방법

방법론적 고려 사항

이 연구는 상담의 이득을 개인과 조직 수준에서 모두 평가했다는 점이 매우 중요하다. 조직에서의 상담 서비스는 개인과 조직 양자 간의 접점에서, 양자 모두를 위해 작동하기 때문이다. 개인 수준에서 근로자의 스트레스와 심리적 안녕을 설문지를 사용하여 평가하였다. 정신적 및 신체적 안녕, 직무만족, 직장 내 인간관계, 가정/직장 관계, 주관적으로 보고한 결근일 수, 기타 태도 요인이 측정되었다. 이는 자기보고식 조사에서 평가된 주관적 측정항목이었다. 설문 문항의 세부 사항은 뒤에 제시하였다. 조직 수준에서의 평가를 위해서는 질병으로 인한 결근일 수와 같은 객관적 자료들이 수집되었다.

근로자의 심리적 안녕을 향상시키기 위해 개발된 프로그램의 효과를 평가하는 연구에 대한 흔한 비판 중 하나는 상담 프로그램 이외에 다른 요인이 결과에 영향을 미칠 수 있다는 것이다. 이러한 비판은 비교집단이 없고, 측정이 프로그램 실시 전과 프로그램 실시 직후에 한 번씩만 이루어지는 경우 특히 그러하였다. 상담 프로그램의 효과를 평가할 때 이러한 '사전' '사후' 설계는 몇 가지 문제들을 가지고 있다.

1. 프로그램에 참여한 적이 없는 개인들로부터 얻은 비교 자료가 없다면, 상담을 받은 개인과 관련된 요인이나 조직과 관련된 요인으로 인하여 발생하는 효과와 상담 과정에서 발생하는 효과를 구분하는 것이 매우 어렵다.
2. 어떤 사람이 상담을 받으러 왔을 때에는 상당한 스트레스 상태에 있을 가능성이 높기 때문에, 평균으로의 회귀 효과가 결과에 영향을 미칠 수 있다(통계적인 측면에서 평균을 향하고 극단치에서는 멀어지려는 자연스러운 움직임이 항상 있기 때문이다).
3. 상담이 실시된 시기와 효과가 명백히 나타나는 시기의 시간차를 모르는 경우, 효과의 평가는 즉시적인 영향에 대한 것으로 제한된다.

사실, 고용주(와 개인)의 관점에서 상담 프로그램의 '효과'는 상담이 실시된 시기를 '넘어서'까지 긍정적인 영향을 줄 수 있는 능력이라고 정의될 수 있다. 상담의 효과가 드러나는 것은 개인과 문제 유형, 그리고 시간 경과에 따라 다를 가능성이 높다는 점을 고려하면, '즉시적인 영향'의 유용성에 대한 평가만으로 제한하는 것은 상담자들에게는 불공정한 것으로 인식될 수 있다. 이러한 이유로 비교집단을 두는 것이 바람직하고, 상담이 종료된 몇 개월 후에 추수 연구를 할 필요가 있다고 결정하였다.

이 연구의 긍정적 측면 중 하나는 많은 상담 제공자들과 작업하고자 한 기대 덕분에 다양한 직업과 지역에 있는 근로자들을 상대로 하여 상담의 유용성을 평가할 수 있었다는 점이다(표본 크기는 충분히 컸다). 그 덕분에 연구의 전체적인 외적 타당도가 향상되었고, 그 결과 모든 부분에서 궁극적으로 실용적 가치도 향상되었다. 그러나 이는 '처치 효과'가 결과에 영향을 미쳤을 수 있다는 것을 의미하기도 한다. 상담 프로그램들의 전반적인 목표가 같다(적어도 유사하다)고 하더라도 이 목표들에 도달하는 방법—프로그램의 구조, 실행, 운영방식—은 다르기 때문이다. 따라서 만약 자료 수집이 단일 조직 내로 국한되지 않는다면, 전반적인 결과와 각 EAP/상담 제공자에 대한 평가의 신뢰도는 크게 향상된다. 그렇기 때문에 이 연구에서는 평가를 보다 유의미하게 만들기 위해 각 상담 제공자마다 적어도 두 개의 조직에서 자료를 수집하기로 결정하였다. 이는 표본 크기를 늘리고, 타당도를 향상시키며, 단일 조직 요인이 끼칠 수 있는 영향을 최소화하는 효과를 가져왔다.

이러한 연구 설계와 관련하여 이 연구에 고유한 잠재적 변량이 있을 수 있으며, 이 변량원은 연구 결과가 틀렸음을 입증할 수도 있다. 이 점은 반드시 고려되어야 한다.

앞서 언급된 바와 같이, 상담에서 얻을 수 있는 유용성(결과)은 개인과 문제 유형, 시간 경과에 따라 다를 것이다. 단기로 진행되는 집중적인 상담은 내담자 개인의 요구에 즉각적으로 반응하고 절충적이기 때문에 '처치$_{\text{treatment}}$' 또한 가변적이다. 게다가 관찰된 효과는 상담을 받은 개인의 경험과 개인적 특성에 의해 영향을 받을 뿐 아니라 상담자의 경험과 개인적 자질, 전문성 수준에 의해서도 영향을 받을 수 있다. 이러한 요인들은 통제할 수 없기 때문에 기껏해야 잠재적 변량으로서만 측정될 수 있지만, 잠재적 변량원이라는 것을 인정하는 데 최소한의 의의를 두고자 한다. 이러한 복잡성을 인식했기 때문에 이 연구는 상담 과정에 대한 내담자의 평가 부분에 더해 상담자들이 스스로 답하는 짧은 설문지를 포함시켰다(각 내담자와의 마지막 상담 회기 후에).

마지막으로, 상담 프로그램에 대한 모든 평가와 마찬가지로 상담을 받으려고 하는 개인의 동기와 치료 효과에 대한 개인의 기대가 결과에 영향을 미칠 수 있다(선택 효과). 이러한 서비스를 사용하는 근로자들의 다수가 자발적으로 참여했다고 밝혔기 때문에, 집단을 스스로 선택하는 것을 방지할 수 없었다. 하지만 상담 제공에 대한 근로자들의 태도를 측정하는 문항들이 설문지에 포함되었다. 이렇게 하더라도 선택 효과를 제거할 수는 없지만, 상담의 가치를 어떻게 지각하는지에 관한 자료가 될 것이다. 그리고 상담 프로그램이 조직에 준비되어 있다는 것만으로도 사내 홍보 활동에 도움이 될 수 있다는 주장과 관련된 자료를 얻을 수 있다.

측정항목의 기준 선정

연구가 아무리 창의적으로 설계되고, 잘 통제되어 매끄럽게 수행되었다고 하더라도, 연구의 궁극적 가치는 대체로 자료가 도출된 방식에 의해 결정된다. 무엇을 측정하고, 어떤 측정항목을 사용할 것인가를 선택하는 것은 연구의 목적과 목표를 위해 선정된 변인들, 측정도구의 표준화, 측정도구의 기술적 특징(신뢰도와 타당도), 접근가능성 및 시간과 비용의 제약 등의 실행가능성 등과 관련하여 고려될 필요가 있다.

상담이 가져올 수 있는 다양한 결과를 고려했을 때, 어떤 측정항목과 기준을 가지고 '성공'을 판단할 것인지 정의하기 위해서는 신중한 검토가 필요했다. 때때로 이용률이 성공의 척도로 제안된다. 하지만 이러한 비율은 서비스 수요/필요의 지표이자 근로자의 신뢰를 얻은 프로그램의 성공 지표로 번역되는 것이 보다 적합하다. 그러므로 이용률은 그 자체로 강력한 표현이 된다. 전체 근로자의 10~15%가 앞으로 있을 수 있는 어려움을 다루는 데 전문적 지원이 제공되는 것을 가치 있다고 여긴다면, 고용주는 상담의 제공이라는 선택지를 진지하게 고려하여야 한다. 그러나 이용률은 상담 과정을 통해 얻게 된 이익에 대해서는 아무런 정보도 주지 않는다.

앞서 언급한 바와 같이, 산업 분야에서 EAP/상담 프로그램이 가진 잠재적 가치는 개인과 조직 모두에게 이익을 제공한다는 점에 있다. 그러므로 결과 측정은 개인과 조직 수준 모두를 포괄하는 동시에 개인과 조직의 상호작용을 반영할 필요가 있다. 로만Roman(1987) 등이 평가에 관해 말한 바에 따르면, "상담으로 인한 근로자 개인의 결과만을 배타적으로 주목하면 개인과 조직의 수행 양쪽을 향상시키려고 노력하는 인도적이고 합리적인 기제로서의 EAP의 가능성을 등한시하는 결과를 낳을 수 있다." 진정한 실용적 가치를 갖기 위해, 측정항목은 상담이 가져오는 조직의 기능변화에 대한 결과도 반영해야 한다.

어떠한 평가이든 그것의 기능은 사전에 결정된 목표를 도달하는 데 있어 그 효과성을 평가하는 것이다. EAP를 실행하고 있는 조직과 상담 제공자를 대상으로 예비조사를 한 주요 목적 중 하나는 관련된 이슈에 대한 이해를 심화하고, 상담 제공자와 내담자의 주요 관심사를 누락시키지 않기 위해서였다. 그러므로 무엇을 측정할 것인지에 대한 결정은 EAP/상담 프로그램이 영향을 줄 것으로 예상되는 개인 및 조직 요인들에 따라 이루어졌다. 개인에게 가능한 이익으로는 정신적 안녕과 대처 능력 및 대인 관계의 향상, 직업/생활 만족의 증가 등이 포함되었다. 조직에 가능한 이익으로는 사기 증진 및 직장 내 인간관계의 향상, 결근일 수/병가의 감소, 이직률, 사고 및 공식적 불만의 감소, 성과 향상(질적 측면과 양적 측면 모두에서) 등이 기대되었다.

조직 수준에서의 측정항목–결근 자료

조직 수준에서의 평가를 위해서는 개인의 결근/병가 비율을 이용하는 것이 바람직하였다. 이러한 비율은 고용주에게 중요하며 프로그램의 '효과'를 가늠하기에 적절한 지표였다. 기존의 연구는 스트레스와 결근일 수를 측정하는 주관적 측정항목과 객관적 측정항목 간의 의미 있는 관계를 발견하였으며, 이에 따라 스트레스가 유의미하게 줄어들면, 결국 결근일 수도 줄어든다고 주장하였다(Cole et al., 1982).

이에 더해, 복합적이고 객관적인 측정항목은 주관적인 자기보고식 자료에만 의지하였을 때 생길 수 있는 위험을 최소화함으로써 평가의 엄밀성을 향상시킨다. 그러나 많은 영국 조직들은 결근을 모니터링하지 않는 것으로 알려져 있다. 공인회계사 아서 앤더슨Arthur Anderson에 의해 조사된 1991년 설문에 따르면, 영국 기업들의 40%가 이 범주에 드는 것으로 추정되었다. 이는 근로자의 개인 인사기록을 사용하는 것이 윤리적 이유에서 허용될 수 없었기 때문으로 이해되었다. 그러나 조직의 자료는 요약 형태일지라도 여전히 유용할 것으로 생각되었다. 기존의 성과지표 또한 조직 수준에서 결과의 측정항목으로 사용될 수 있었다. 이를 위해서는 조직과 세부적으로 논의하는 것이 분명히 필요하였다.

개인 수준에서의 측정항목

개인에 대해 복합적 결과를 가져올 수 있는 프로그램들을 평가할 때, 관련된 모든 변수가 하나의 연구에 포함되기는 어렵다. 관련 변수들이 명백하게 밝혀진다 하더라도, 응답자들에게 너무 지나친 요구가 될 것이다. 개인에 대한 결과의 측정항목으로서 이 연구에 포함되어야 하는 것으로 고려된 것들은 조직 몰입/사기, 대처 능력, 직무 만족, 정신적/신체적 안녕이었다. 이 중에서 직무 만족과 정신적/신체적 안녕이 결과 측정항목으로 선택되었다. 이들이 선택된 중요한 이유 두 가지는 다음과 같다.

1. 이 항목들은 산업계에서 제공되는 EAP/상담 서비스로부터 얻은 개인 수준의 이익으로 가장 자주 언급된다.
2. 이 항목들이 이직률, 결근일 수, 직무 성과와 관계가 있음을 나타내는 광범위한 연구 증거가 존재하며(Griffin and Bateman, 1986), 이들 모두는 효과적인 조직 기능과 확실히 관련된다.

앞서 언급한 바와 같이, 측정항목은 개인과 조직 간의 상호작용을 반드시 반영해야 하며, 사전에 언급된 EAP/상담의 목표를 평가해야 한다. 그러나 부정적 스트레스—그것의 원인과 결과—의 경험은 개인마다 고유한 것도 사실이다. 개인적 특성과 환경은 고통의 경험 여부와 경험 방식에 영향을 미칠 것이다. 그러므로 상담에서 얻는 이익은 이러한 요인들로부터도 영향을 받을 가능성이 있다.

'스트레스'에 중요한 영향을 미치는 것으로 알려진 성격 특성에는 A/B 유형type A/B, 통제 소재locus of control, 강인함, 대처 능력, 특성불안이 포함된다. 이 모든 잠재적 영향들 또한 하나의 연구에 포함되기는 어렵다. 게다가 그러한 특성들을 측정하기 위해 설계된 신뢰할 만한 기존의 측정도구들은 너무 긴 경향이 있다. 어떤 사람이 다른 사람보다 스트레스에 더 예민하도록 만드는 것, 그리고/또는 스트레스에 더 잘 대처할 수 있도록 만드는 것이 무엇인지 밝히기 위해 노력하는 것은 의심할 나위 없이 중요하지만, 그것이 이 연구의 목적은 아니었다.

수집하기로 선택된 인구학적 특성은 나이, 성별, 학력, 결혼 및 자녀 사항이었다. 직무 특성과 건강습관 또한 포함되었다. '스트레스'의 주관적 특성을 고려하여 모든 응답자들에게 질문지를 완성한 시점에 자신의 특정 생활 영역에서 스트레스를 경험하고 있는지를 묻고, 만약 그렇다면, 이러한 경험에 주관적으로 스트레스 등급을 매기도록 하였다. 생활 영역의 구분은 EAP/상담 서비스에서 흔히 다뤄지는 문제 유형에 기초하였다. 이렇게 하는 것이 표준 생활사건 척도를 포함시키는 것보다 더 의미 있으면서 시간 소모를 줄일 수 있을 것으로 생각되었다. 표준 생활사건 척도는 너무 길고, 상담 서비스에서 다루는 문제 유형에 정확히 관련되지도 않기 때문이다.

EAP/상담 서비스의 주요한 강점은 개인의 심리적 안녕에 대한 전인적인 접근을 하며 개인적 문제와 일과 관련된 문제가 명확히 구분될 수 없다는 사실을 인정한다는 것이다. 삶의 한 영역에서의 고통은 그것이 효과적으로 다뤄지지 않는다면 다른 영역에도 좋지 않은 영향을 끼치는 경향이 있다. 가정과 직장의 접점에서 기능하는 수준이 중요한 이유는 사람들이 업무와 관련된 문제를 집에 가져가는 것처럼, 때로는 개인적 걱정을 직장에 가져오는 것이 현실이기 때문이다. 그러므로 이 연구에 가정/직장 접점에 대한 측정항목이 포함될 필요가 있었다.

EAP/상담이 조직의 안녕을 위해 적극적인 역할을 수행할 가능성이 있기 때문에, 직무로 인한 압박감을 측정하는 것도 필요했다. 근로자의 직무나 시간당 임금, 또는 조직구조를 바꾸는 것은 상담자의 능력 밖의 일이지만, 대신 EAP/상담 서비스는 근로자 집단 안에서 성과를 저해하는 내적 요인들을 조직에 알리는 중요한 역할을 할 수 있다. 결국, 이러한 요인들은 고용주가 통제하고 바꿀 수 있는 것들이다. 이러한 요인들을 검토하지 않는다면, 효과적인 조직 기능에 중요한 영향을 끼치는 내적 요인들이 간과될 것이다. 개인적 스트레스 요인에만 집중하는 것은 상담 서비스가 개인의 안녕과 조직의 안녕을 증대시키는 촉진 작용을 할 가능성을 충분히 평가하지 않는 것이라고 생각된다.

사용된 측정도구

질문지

이 연구를 위해 설계된 자기보고식 설문지는 인적 사항 부분과 세 개의 하위척도로 구성되어 있다. 질문지가 측정하는 영역은 다음과 같았다.

- 스트레스 경험에 영향을 미칠 수 있는 개인적 변인들
- 개인에게 일어난 심리적 고통의 주요 결과들
- 압박감의 주요 원인(개인과 조직의 접점에서)

어떠한 측정항목을 사용할 것인지는 측정도구의 표준화, 도구의 신뢰도와 내적 일관성, 시간/비용 제약을 고려하여 결정하였다. 이 연구가 다양한 환경에 있는 다

양한 집단과 작업하고 있었기 때문에, 크고 규범적인 데이터베이스를 이용하는 것이 특히 중요하였다. 이 연구에서 사용하기 위해 선택한 측정항목들의 개요는 다음과 같다.

- **현재 건강 상태–정신적 · 신체적 안녕**: GHQ–12(Goldberg, 1972)와 OSI의 정신적/신체적 건강 하위척도(Cooper et al., 1988)를 선택하였다. 두 척도를 결합해 사용함으로써, 정신적 건강에 대한 구체적 맥락(직무 관련)과 전체적인 면에 대한 측정치(OSI와 GHQ–12 각각)를 얻을 수 있다. OSI의 정신건강 척도에서 직무와 관련된 부분은 이 연구에서 특히 중요한 가치를 지닌다. 그러나 심각하지 않은 정신적 장애들을 확인할 수 있는 보다 전체적인 정신적 안녕의 측정 또한 필요하다고 생각되었다.
- **직무 만족**: OSI의 직무 만족 척도(Cooper et al., 1988)가 선택되었다.
- **인구학적 변인들**: 개인적인 인구학적 변인들과 직무 관련 인구학적 변인들로는 나이, 성별, 결혼 및 자녀 사항, 학력, 직급과 재직 기간이 선택되었다. 생활방식/건강습관(음주 및 흡연)에 관련된 질문들 또한 포함되었다. 이 부문에는 생활을 7개의 영역으로 나누어 최근에 경험한 스트레스를 일으키는 상황들을 표시하는 질문과 그러한 상황에 대한 주관적 스트레스 등급을 (적절히) 매기는 질문도 포함되었다. 또한 응답자들이 지각하기에 최근에 자신의 직무에 직접적으로든 간접적으로든 영향을 미치는 조직 내 변화가 있는지에 대해서도 질문하였다. 이 질문의 목적은 해당 조직에 고유한 어떤 요인이 결과에 영향을 주었는지 확인하기 위해서였다.
- **압박감의 원인**: OSI(Cooper et al., 1988)의 '압박감의 원인' 척도의 6개의 하위척도 중 4개가 이 연구의 성격과 밀접히 관련되어 있었다. 이 척도들이 개인과 조직의 접점을 다루고, 조직에서 느끼는 압박감의 원인을 규명할 수 있게 하기 때문이다. 이 하위척도들에 사용된 리커트식 응답지는 개인이 지각한 잠재적 원인들이 어느 정도인지를 평가할 수 있게 한다.

네 개의 하위척도는 다음과 같다.

1. '가정과 일과의 관계': 가정에서의 문제가 일에 영향을 미치는지, 일이 가정 생활에 부정적인 영향을 미치는 것으로 인식되는지를 알아본다. 특정한 가정 문

제나 일 문제를 다루지는 않지만, 개인이 둘 간의 갈등을 경험하는 정도를 평가한다.

2. '다른 사람들과의 관계': 일하면서 맺게 되는 개인적 관계들에서 지각하는 압박감을 평가한다. 이 척도는 대인 관계의 문제를 다루며, 시간이 흐르면서 이 영역에서 일어나는 변화를 평가할 수 있게 한다.
3. '조직의 구조와 분위기': 조직 내의 관료주의와 소통, 사기와 관련하여 일반적으로 발생하는 문제들을 다룬다. 이 척도는 조직 수준에 초점이 맞춰져 있다.
4. '직무 요인들': 이 척도는 업무량, 과업의 다양성, 시간당 임금을 평가하며, 직업 자체의 수준에 초점이 맞춰져 있다.

이 연구에서는 조직과 직무에서 압박감의 원인을 규명하는 것이 중요했다. 개인들이 그들이 느끼는 압박감의 주요 원인이 조직 내에서 발생한다고 지각하는지 혹은 조직 밖에서 발생한다고 지각하는지가 결과에 영향을 미치는 변량의 원인일 가능성이 높기 때문이다.

- 기타 정보: 앞의 척도들에 더해, 상담 서비스의 제공에 대한 의견을 물었다. 설문지에 상담 제공에 대한 근로자의 태도를 측정하는 부분을 짧게 포함시켰다(그러한 서비스가 개인과 조직 전체에 어느 정도의 가치가 있을지). 또한 지난 6개월 동안 결근한 적이 있는지, 만약 있다면, 몇 번이나 며칠 동안 결근했는지도 질문하였다.

  상담을 경험한 응답자들의 경우, 상담에 대한 이들의 견해(상담자가 도움이 된 정도, 제공된 상담의 질, 가정 생활과 직장 생활 양쪽에 이익이 된 정도에 관하여)를 평가할 수 있도록 추가적인 '상담평가' 부문을 포함시켰다.

객관적인 병가 자료

자기보고식 설문지 자료를 수집하는 것에 더해, 상담을 받는 개인들이 조직에 어떠한 영향을 미치는지도 고려되어야 한다. 병으로 인한 결근일 수, 즉 병가 자료는 상담 제공에 영향을 받는 조직의 통계 자료 중 하나일 것으로 생각되어서 선택하였다.

방법론

개인 수준에서의 평가

연구 초기에 계획된 방법론은 '실험(상담)' 집단과 '비교(비-상담)' 집단으로 이루어진 회상설계retrospective design였다. 그러나 상담 서비스를 이용하는 사람들에게서 얻은 자료는 비교집단을 설정하지 못한다 해도 여전히 가치 있고 유용하다고 생각한다.

실험집단에서 상담 전과 상담 후 측정은 8~12개월의 간격을 두고 이루어졌다. 상담 전 측정은 첫 번째 상담 회기에서 이루어졌고, 상담 후 측정은 마지막 회기 후에 이루어졌다(내담자 개인과 상담자 간의 동의하에). 비교집단(실험집단과 같은 크기)은 모든 적절한 근로자들의 목록에서 무작위로 선택되었다. 비교집단 또한 동일한 설문지를 받았다. 그런 다음, 추수 측정은 실험집단과 비교집단 모두 세 달이 지난 후에 이루어졌다. 이 연구에서는 시간상의 제약으로 추수 측정이 더 긴 시간 후에 이루어질 수는 없었다. 이상적으로는 한 번 이상의 추수 측정이 더 오랜 시간 간격—가령 몇 년 후 정도로—을 두고 이루어지는 게 좋다. 이러한 제약에도 불구하고, 우리의 추수 측정은 평균으로의 회귀 효과를 안정화시키고, 상담이 개인에게 준 즉시적인 효과 이상의 이익을 규명하는 데 충분하다고 판단하였다.

근로자 개인 수준에서 상담의 이익을 효과적으로 평가할 수 있었던 것은 연구 설계가 다음과 같은 평가를 가능하게 했기 때문이었다.

1. 상담 서비스를 이용하기로 선택한 근로자들의 개인적 안녕에 상담이 준 즉시적 영향
2. 상담 전과 상담 후를 비교하였을 때, 상담 서비스를 이용한 근로자들의 개인적 안녕에 상담이 준 장기적 영향

그러나 비교집단이 부족했기 때문에 실험집단에서 관찰된 변화가 비교집단에서 관찰된 변화보다 더 긍정적인지를 평가하는 것은 불가능했다.

조직 수준에서의 평가

조직 수준에서 상담의 이익을 평가하기 위해서는 조직 인사 자료를 이용하는 것이 바람직했다. 되도록 상담 6개월 전과 상담 완료 6개월 후에 회고적으로 수집된 개인들의 질병/결근에 관한 인사기록을 확보하고자 하였다. 개인의 질병 및 결근에

대한 어떠한 자료도 개인의 사전 동의하에서만 수집되었다. 결근 자료는 두 가지 형태로 수집되었는데, 하나는 6개월 동안 총 결근일 수였고, 다른 하나는 6개월 동안 결근이 발생한 사건 수였다. 가능한 경우, 같은 시기의 통제 자료도 수집하였다.

설문지의 실시 및 배포

설문지는 응답하는 데 30분 이상 소요되지 않았다. 실험집단에 배포된 설문지는 상담자들이 그들의 내담자에게 약속한 비밀보장 원칙을 엄수하는 방식으로 실행되었다. 설문 실시가 상담 과정을 방해하는 것을 최소화하는 것의 중요성 또한 고려되었다. 그러므로 실험집단(즉, 상담을 한 근로자들)에 설문지를 배포하는 역할은 상담자들이 맡는 것으로 결정되었다. 상담 전 측정은 상담 첫 회기에, 상담 후 측정은 마지막 회기의 끝에 이루어졌다. 그러나 한 사람에게서 받은 상담 전과 상담 후, 그리고 추수 측정이 모두 그 사람의 것임을 식별할 수 있도록 하는 것 또한 필수적이었다. 따라서 각 개인들은 상담의 첫 회기를 시작할 때 상담자로부터 코드번호를 부여받았다. 코드번호를 식별할 수 있는 목록은 상담자들에 의해 극비로 처리되었다. 상담자들은 이 번호를 첫 번째 설문지에 기록하였고, 상담 마지막 회기의 끝에 나눠준 설문지에도 동일한 번호를 사용하였다. 추수 측정을 위한 설문지도 상담자를 통해 배포되었으며, 같은 번호가 사용되었다. 각 설문지를 나눠 줄 때, 연구 개요와 함께 번호를 붙이는 목적에 대해 설명하는 연구 안내서가 첨부되었다.

이러한 접근법을 사용함으로써 비밀보장과 익명성에 대한 개인의 권리가 보호되었다. 상담에 참석한 근로자의 개인 정보에 대해서는 오직 상담자만 알고 있었다. 이렇게 하기 위해서는 각 상담자들의 상당한 헌신과 협조가 요구되었다. 일반적으로 상담자들은 이 접근법을 사용하는 이유에 대해 충분히 이해하도록 안내하였다. 비밀보장을 유지하고, 근로자들의 응답을 촉진하기 위해 연구자들이 직접 받아 볼 수 있는 회신용 무료 우편 봉투도 제공되었다.

결과

설문 자료는 9개의 상담 서비스 및 EAP의 내담자들로부터 세 번의 다른 시점(상담 전, 상담 직후, 상담으로부터 3개월에서 6개월 후)에 수집되었다. 결근 자료는 4개의 회사에서 이용 가능하였다. 이에 더해 9개의 회사 중 2개의 회사에서는 모든 직원들을 표본으로 하여 설문지 자료를 수집하는 것이 가능했다. 두 회사 모두 EAP를 운영하고 있었다. 자료는 두 번의 시점에서 수집되었는데, 첫 번째는 EAP가 소개되거나 다시 시작된 직후였고, 두 번째는 프로그램이 실행된 후 18개월에서 2년이 지난 다음이었다.

개인 수준의 설문 결과

상담 전, 상담 후, 그리고 추수 측정을 비교하여 얻은 핵심적 결과들은 다음과 같았다.

> 상담을 받은 후(그리고 추수 측정에서) 내담자들은 상담 전과 비교하여 분명한 정신적·신체적 안녕의 향상을 보고하였다. 그러나 직무만족도나 압박감의 원인 척도에서는 변화가 보고되지 않았다.

이러한 결과가 놀라운 것은 아니다. 조직 내부의 상담이건 외부의 상담이건 상담은 개인들이 자신의 개인 생활과 직장 생활에 보다 잘 대처하도록 돕는 것을 목표로 한다. 따라서 상담을 받은 후 내담자의 정신적·신체적 건강에서 어떠한 변화를 찾을 수 있을 것으로 기대할 수 있다. 그러나 직무만족도는 직무의 다양한 측면에 대한 만족과 관련되며, 압박감의 원인 척도는 근로자가 조직 내의 어떤 부분에서 스트레스가 발생한다고 인식하는지와 관련된다. 이 중 어느 것도 상담을 받음으로써 변화할 가능성이 높지 않다. 상담 서비스는 조직에 대한 개입이 아니며, 따라서 조직의 문제가 다루어지는 일은 없을 것이기 때문이다. 그 결과, 조직은 그대로 머물고 개인은 변화하게 된다. 이런 이유 때문에 직무만족도나 압박감의 원인에 어떤 영향이 있을 것으로 기대할 수 없다. 사실상, 개인들은 여전히 직장을 상담 전과 동일하게 인식하기 때문에(실제로 상담 전과 동일하므로), 직무만족도나 압박감의 원인에서 아무런 변화도 나타나지 않는다. 그러나 개인들은 좀 더 잘 대처할 수 있게 되었으므로 정신적으로 (그리고 아마도 신체적으로도) 좀 더 건강해질 것이다.

상담 전과 추수 측정 점수를 비교했을 때에도 비교적 유사한 결과를 얻었다. 이러한 결과는 상담에 따른 어떠한 심리적 변화도 상담 후 3개월에서 6개월이 지난 뒤에까지 유지될 수 있음을 시사한다. 이는 예상 가능하다. 사실, 상담의 효과는 상담이 종료된 후에도 지속되며, 따라서 커다란 효과는 몇 단계 후에 확인될 수 있다고 하는 주장은 이전부터 제기되어 왔다.

내담자들은 지난 6개월 동안 결근한 적이 있는지, 만약 있다면 결근일이 총 며칠인지 질문을 받았다. 결과는 상담 후 6개월 동안 결근한 사람이 거의 없으며, 결근한 사람도 이전보다 적은 일수로 결근하였음을 보여 주었다.

상담 전 단계에서 내담자들은 그들에게 상담 서비스를 이용할 것을 제안한 사람이 누구인지 질문받았다. 결과는 관리자 24%, 산업보건과occupational health 21%, 친구 14%, 인사과 5%, 노동조합 3% 순으로 나타났다. 그러나 가장 높은 비율의 응답(36%)은 자기 자신이라고 밝혔다.

내담자들은 또한 상담 서비스의 제공이 직원들에게 가치가 있을 것이라고 생각하는지 질문받았다. 88%가 확실히 가치가 있다고 응답했고, 10%는 아마도 가치가 있을 것으로 믿는다고 응답했으며, 2%는 가치가 없다고 대답했다.

내담자들은 제시된 문제 유형 중에 자신의 문제가 어디에 해당하는지 체크하였다. 38%는 결혼, 29%는 직무, 26%는 건강, 24%는 가족, 18%는 동료, 11%는 법률, 10%는 재무 문제였다. 어떤 내담자들은 자신의 문제를 하나 이상의 유형에 중복으로 표시하였다. 44%의 내담자가 상담을 신청하고 일주일 이내에 상담자를 만났고, 86%가 이 기간이 충분히 빠르다고 느꼈다. 상담의 평균 회기 수는 11주 동안 일곱 번이었고, 74%의 내담자들이 회기 수가 자신들을 돕기에 충분했다고 느꼈으며, 89%는 전체 상담 과정 동안 계속해서 같은 상담자를 만날 수 있었다고 보고했다.

상담이 내담자의 직장 생활과 직장 외의 생활, 업무에 대한 집중력, 동료들 및 가족과 친구들과의 관계, 자신감, 업무능력, 전반적인 삶의 즐거움, 의사결정능력에 미치는 영향은 모두 높게 평가되었다. 74%의 내담자는 상담이 문제를 해결해 주지는 않았지만, 문제를 좀 더 잘 다루게 해 주었다고 믿었으며, 85%의 내담자는 필요할 때 다시 상담 서비스를 이용하겠다고 대답했다.

> 조직 내부의 상담 서비스의 결과와 조직 외부의 상담 서비스의 결과 간에는 차이가 존재했다. 자료에 따르면, 조직 내부의 상담은 정신적 · 신체적 건강과 관련해 최대의 효과를 갖는 것으로 나타났다.

이러한 결과는 어느 정도 조직 내부의 상담 서비스가 직장에서의 문제를 다루는 데 더 큰 능력을 가지고 있기 때문일 것이다. 만약 어떤 개인이 직장에서의 문제로 상담을 받는 데 상담자가 조직의 문화와 정책, 절차들에 대해 잘 알고 있다면, 이 상담자는 내담자가 자신의 직장 생활과 가정 생활 모두에 잘 대처할 수 있도록 보다 효과적으로 도울 수 있을 것이라고 기대된다. 그리고 이러한 보다 효과적인 대처는 내담자의 정신적 · 신체적 건강에 영향을 미칠 것이라고 기대할 수 있다. 이는 조직 내부의 상담 서비스에 관한 한 사실일 것이다.

대조적으로 EAP는 조직의 문제를 다루기가 어려운데, 그 주된 이유는 상담자들이 해당 조직에 대해 충분히 알지 못하기 때문이다. 그러므로 EAP 상담자들을 만나는 내담자들은 직장에서의 문제가 아닌 개인적 문제들에 대해 상담을 할 가능성이 크다. 만약 개인적 문제만이 다뤄지고, 업무와 관련된 문제에서는 대처 능력이 좋아지지 않는다면, 정신적 · 신체적 건강에서 큰 효과가 있을 가능성이 높지 않다.

다소 놀라운 결과는 만약 조직 내부의 상담 서비스가 조직 문제에 대해 회사에 피드백을 할 수 있다면, 설문지에 포함된 다른 변수들(직무만족도와 압박감의 원인)에도 또한 영향을 줄 것으로 기대되었으나, 이에 대한 분명한 결과가 나오지 않았다는 사실이다. 이러한 결과는 최소한 세 가지 방식으로 설명될 수 있을 것 같다.

- 상담 전과 상담 후의 설문지는 상담의 시작과 끝에 실행되었다. 그러므로 두 설문 사이의 시간 간격이 상당히 짧다(내담자들에 따르면, 평균 10주). 상담자가 조직 문제에 대해 듣고 회사에 피드백을 보냈어도 내담자가 상담을 끝마치기 전에 조직 수준에서 어떠한 변화가 시작될 가능성은 높지 않다. 그러므로 직무만족도와 압박감의 원인에 영향을 미칠 것으로 기대할 수 없다.
- 비록 조직 내부의 상담자들이 근로자가 고민하는 문제를 조직에 피드백할 기회를 확실히 가지고 있다고 하더라도 실제로 그 기회를 활용하지는 않을 것이다. 상담자들은 개인 내담자들을 돕기 위해 회사에 대한 자신들의 지식을 사용하겠지만(따라서 개인적 안녕 점수에 영향을 미친다), 그 문제가 다뤄지도록 회사에 피드백을 보내지는 않을 가능성이 높다. 만약 이것이 사실이라면, 직무만족도나 압박감의 원인에 아무런 영향도 없을 것이라고 확실히 예상할 수 있다.
- 만약 상담자가 조직의 문제에 대해 회사에 피드백을 보낸다 하더라도, 조직에서 다루지 않는 내용일 수 있다. 비록 상담자가 이러한 문제에 대해 듣고 피드백을 보내더라도, 조직은 그 문제에 대해 아무것도 하지 않기로 선택했을 수 있다. 이것이 사실이라면, 개인의 직무만족도나 압박감의 원인에 아무런 영향이 없을 것이 명백하다.

그 밖에 조직 내부의 상담 서비스와 조직 외부의 상담 서비스의 차이에 대해 가능한 추가적 설명으로는 표본의 크기가 관련되었을 수 있다. EAP에서보다는 조직 내부의 서비스에서 훨씬 많은 자료를 이용할 수 있으며, 표본 크기 또한 마찬가지였다. 따라서 유의미한 결과가 나타날 가능성도 조직 내부의 상담 서비스가 훨씬 컸다.

> 상담을 받은 근로자들의 정신적 · 신체적 건강 척도에서는 변화가 발견된 반면, 두 회사의 모든 근로자들을 표본으로 하는 일치되지 않은 통제집단unmatched control group의 정신적 · 신체적 건강 척도에서는 아무런 변화가 나타나지 않았다.

이 두 근로자 집단이 통제집단으로서 이상적이지는 않았지만, 내담자가 속한 조직 안에서 일치된 통제집단을 구성해 자료를 수집할 수는 없었기 때문에 이러한 비교에 적합한 것으로 생각되었다. 이러한 통제집단의 척도에서 내담자 집단에서 나타났던 것과 같은 점수 변화가 나타나지 않았다는 사실은 상담을 받은 근로자들에게서 발견된 효과가 어느 정도는 상담 때문에 가능했음을 시사한다.

> 정신적 · 신체적 건강에 대한 상담 직후의 측정과 추수 측정(상담 후 3개월에서 6개월이 지난 뒤) 간에는 유의미한 차이가 존재하지 않았다. 그러나 내담자들은 '조직 구조와 분위기'로 인해 분명히 더 많은 스트레스를 받고 있다고 보고하였다.

앞서 논의된 바와 같이, 상담이 종료된 후에도 어느 정도의 시간 동안 그 효과가 지속될 것이라는 믿음이 있다. 이 연구의 결과는 이와 같은 믿음을 뒷받침하지 않는데, 상담 직후의 측정에서 추수 측정에 이르기까지 어떠한 정신적 혹은 신체적 건강의 향상이 발견되지 않았기 때문이다. 그러나 추수 측정에서 내담자들은 '조직 구조와 분위기'로 인해 분명히 더 많은 스트레스를 받고 있다고 보고하였다. 그러므로 더 많은 스트레스를 지각하게 된 것 때문에 상담의 장기적 영향이 모호해진 것일 수 있다. 사실, 만약 근로자들이 직무로 인해 더 많은 스트레스를 받는다고 보고하지만 그들의 심리적 건강은 영향을 받지 않는다면, 이는 그 자체로 긍정적인 것이다. 더 많은 스트레스를 경험하는 상황에서 정신적 건강은 악화될 것이라고 예상할 수 있기 때문이다.

병가 자료

> 상담 전 측정과 상담 후 측정을 비교했을 때, 총 결근일 수와 결근 사건의 개수 모두 분명한 감소를 나타내었다. 그러나 일치된 통제집단에서는 그러한 감소가 나타나지 않았다.

객관적인 병가 자료로부터 얻은 결과는 설문지에 내담자가 응답한 자기보고식 병가 기록과 일치하였다. 자기보고식으로 이루어진 결근의 통계는 상담 후 6개월 동안 결근한 사람들의 수와 결근일 수가 줄어들었음을 보여 주었다.

> 통제집단과 내담자 집단의 결근 통계(결근일 수와 결근 사건)는 상담 전 단계에서는 동일했으나 상담 직후 단계에서는 분명하게 달라졌다. 내담자 집단이 일치된 통제집단에 비해 분명히 적은 결근율을 보여 주었다.

병가 항목에서 나타난 이러한 결과는 상담이 근본적으로 개인 수준에서 효과를 갖는다는 점에서 심리적 건강에 대한 설문 결과와 함께 고려할 수 있다. 상담에 의해 영향을 받는 것으로 나타나는 것은 조직과 관련된 지표(직무만족도와 압박감의 원인)보다는 개인의 건강(정신적 · 신체적 안녕)과 건강 행동(병가)이다. 이는 예상 가능한 결과로, 상담은 근본적으로 (조직이 아니라) 개인에게 초점을 맞춘 개입이기 때문이다. 상담은 스트레스의 원인이 되는 조직의 문제를 바꾸는 것보다는 스트레스에 대한 개인들의 대처 방식을 바꾸는 것에 역점을 둔다. 그러므로 가장 큰 효과는 개인적 결과들, 즉 결근, 정신적 안녕과 신체적 안녕에서 나타날 가능성이 높다.

회사의 전체 직원들을 상대로 한 설문 자료

회사의 전체 직원들을 상대로 실시한 설문으로부터 얻은 결과는 다음과 같았다.

> EAP의 도입은 전체 근로자들이 아니라 상담을 받은 개인들에게만 영향을 끼쳤다. 상담을 받은 개인들은 정신적 · 신체적 건강과 직무만족도, 압박감의 원인에 영향을 받은 것으로 나타났다.

이러한 결과는 놀랍지 않다. EAP는 조직에 대한 개입이 아닌 개인에 대한 개입이기 때문에 조직에 대한 영향은 기대할 수 없다. 조직 차원에서 효과를 갖기 위해서는 상담뿐 아니라 조직 수준의 개입이 필요하다. 조직 수준의 개입은 조직이 스트레스의 원인을 규명하고, 그 원인들을 적절히 다룰 수 있도록 하는 것이다. 조직과 관련된 지표에 영향을 미치기 위한 시도로서 단지 EAP만을 도입한다면 원하는 결과를 얻기 어렵다. EAP가 개인들에게 심리적인 도움을 주고, 결근율을 줄이긴 하지만, 조직 전반에 영향을 주지는 않기 때문이다.

이 연구가 보다 건강한 근로자들이 보다 건강한 조직을 만들 가능성이 높다는 주장을 뒷받침하긴 하지만(만약 우리가 병가를 이러한 지표로 간주한다면), 회사의 전체 직원에 대한 자료는 EAP가 서비스를 이용하는 사람들의 결근율을 줄이는 것 외에 조직에 다른 효과를 주는지는 입증하지 못하였다. 만약 조직이 스트레스를 효과적으로 다루고자 한다면, 개입은 반드시 개인 수준과 조직 수준 모두에서 이루어져야 한다.

> EAP를 이용할 수 있으나 이용하지 않은 개인들은 심리적으로 이익을 보지 않는다. 즉, EAP가 있다는 것을 아는 것만으로 직무만족도나 압박감의 지각된 원인에서 변화가 나타나지 않았다.

이러한 결과는 몇몇 조직 그리고/또는 상담자들이 믿는 것과 정확히 반대된다. 그들의 믿음은 필요할 때 도움을 받을 수 있다는 것을 단지 아는 것만으로도 스트레스가 줄어들 수 있다는 것이다. 이러한 믿음은 상담을 받은 적이 없는 개인들에게서는 아무런 효과도 나타나지 않았음을 보여 주는 이 연구의 자료에 의해 기각된다. 사실, 연구 대상이 된 회사들 중 한 곳의 근로자들은 EAP의 실행 이후 그들의 직무에 덜 만족하고, '조직 구조와 분위기'로 인한 스트레스를 더 많이 경험하고 있다고 보고하였다.

결론

기업상담은 개인들이 자신들의 개인 생활과 직장 생활 모두에서 받는 스트레스로 괴로움을 겪고 있을 수 있으며, 이러한 괴로움이 근로자의 업무능력과 심리적 안녕에 영향을 미칠 것이기 때문에 매우 중요한 역할을 담당한다고 할 수 있다. 중요한 것은 상담 서비스의 도입이 개인들에게 심리적으로 이익을 줄 수 있지만, 조직 수준에서의 영향은 조직의 변화를 목표로 하는 개입 또한 준비되지 않는 한 발생하기 어렵다는 사실이다. 영국의 기업들은 자신들이 상담 서비스를 구입하는 이유를 보다 면밀히 검토할 필요가 있다. 만약 그들의 목표가 직원들을 지원하는 것이라면, 서비스는 그 점에서는 유용할 것이다. 그러나 만약 조직이 조직 수준에서의 '순이익(bottom line)' 지표에 긍정적 영향을 미치길 바란다면 실망할 가능성이 높다. 증거가 말해 주는 것은 서비스를 이용한 근로자들에게서 병으로 인한 결근일 수가 감소한 것 이상의 조직 수준의 영향은 거의 없다는 사실이다.

참고문헌

Arthur Anderson Survey (1991). 'Absence rate is EC worst', *Independent on Sunday*, 20 October.

Cole, G.E., Tucker, L.A. and Friedman, G.M. (1982). 'Absenteeism, data as a measure of cost effectiveness of stress management programs', *American Journal of Health Promotion*, Spring: 12-15.

Cooper, C.L., Sloan, S.J. and Williams, S. (1988). *Occupational Stress Indicator Management Guide*. Windsor: NFER-Nelson.

Cooper, C.L., Sadri, G., Allison, T. and Reynolds, P. (1990). 'Stress counselling in the Post Office', *Counselling Psychology Quarterly*, 3 (1): 3-11.

Goldberg, D.P. (1972). *The Detection of Psychiatric Illness by Questionnaire*. Oxford: Oxford University Press.

Griffin, R.W. and Bateman, R.S. (1986). 'Job satisfaction and organisational commitment', in C.L. Cooper and I.T. Robertson (eds), *International Review of Industrial and Organisational Psychology*. Chichester: John Wiley.

Highley, J.C. and Cooper, C.L. (1995). 'An assessment and evaluation of employee assistance and workplace counselling programmes in British organisations', Unpublished report for the Health and Safety Executive.

Roman, P.M., Blum, T.C. and Bennett, N. (1987). 'Educating organisational consumers about Employee Assistance Programs', *Public Personal Management*, 16 (4): 299-312.

17장

NHS에서의 근로자상담 연구: 상담이 조직의 결함을 메울 수 있나

Helen Fisher

국민건강서비스National Health Service: NHS[1]의 상담 서비스 매니저로 새롭게 부임한 나로서는 첫 몇 달이 매우 도전적이고 혼란스러운 시기였다. 비록 기업에서 근로자상담을 해 본 경험이 있지만, 새롭게 부임한 복잡한 환경에 적응할 준비가 되어 있지 않았다. 이 점에서 특히 도움이 되었던 것은 NHS 내에 있는 유사한 상담 서비스 부서에서 근무 중이던 매니저들과의 모임이었는데, 그곳에서 우리는 관리자로서의 관점과 운영자로서의 관점에서 발생하는 사안에 대해 정기적으로 논의하고 논쟁하였다. 우리가 제공하는 상담 서비스가 다른 상담 서비스와 공통점이 많지만, NHS 근로자상담에 독특한 영역이 있다는 것을 깨닫게 되었다. 나는 이 점을 염두에 두고, NHS에서 상담 서비스를 제공하고 있는 매니저들이 서비스와 자신의 역할 및 어려움을 어떻게 지각하고 있는지를 파악하고자 연구프로젝트를 구상하였다. 이 연구와 관련해서 자세한 사항을 알고 싶으면 내 박사학위논문을 참고하기 바란다

1) 역주: NHS는 영국의 복지시스템의 하나로 누구나 평등하게 건강서비스를 받을 수 있도록 1948년에 설립된 정부조직으로 공공기관의 형태로 운영된다. 세금을 통해 재원이 조달되며, 국민들이 무료 또는 저비용으로 임상적인 수요에 따라 포괄적인 건강서비스를 이용할 수 있도록 하는 제도로, 1999년 이후에는 잉글랜드, 스코틀랜드, 웨일스, 북아일랜드 등 지역별 관할구역에 따라 NHS 예산과 서비스 기관을 관리하고 있다(NHS 약자 그대로 또는 국민건강서비스로 번역함).

(Fisher, 1995).

물론 이 장에서 하고 싶은 것은 연구 결과를 설명하는 것이지만, 간략하게 연구의 배경을 설명하는 것이 필요하다. 본 연구를 위해 NHS에서 일하는 네 명의 상담 매니저들과 심층면담을 진행하였고, 그것을 바탕으로 결론을 도출하였다. 면담 내용은 축어록으로 작성되었으며, 근거이론을 토대로 자료를 분석하였다. 이 과정에서 기저 범주와 주제에 명칭을 부여하였다. 〈표 17-1〉에 주요 범주와 하위범주를 제시하였다. 이 틀을 가지고 본 장을 기술할 것이며, 구체적인 결론을 내리기 앞서 각 범주를 구체적으로 살펴볼 것이다. 피면담자가 한 말을 직접 인용할 경우 '붙임표(–)'를 넣은 뒤 고딕체로 표기하였다.

표 17-1 네 개 범주에 대한 요약

1. 상담자로서의 자질
   - 1.1 경험
   - 1.2 지향성
   - 1.3 개인적 자질
2. NHS 상담 서비스 제공자의 역할 이해하기
   - 2.1 경계
   - 2.2 위험요인
3. NHS에 적응하기
   - 3.1 문화 이해하기
   - 3.2 운용의 묘를 살려 조정하기
4. 장애물 극복하기
   - 4.1 관계 형성하기
   - 4.2 서비스 발전시키기
   - 4.3 기업 · 조직 상담자/관리자를 위한 지원

1. 상담자로서의 자질

이 연구에 참여한 네 명의 매니저들은 NHS 근로자들에게 상담 및 지지 서비스를 제공하기 위해서는 적절한 기술을 겸비한 직원을 두는 것이 매우 중요하다는 데 동의하였다. 이들은 상담자를 잘못 뽑게 되면 상담을 제공하는 것뿐 아니라 어렵게 쌓아 온 상담 서비스의 명성에 영향을 미칠 수 있음을 경험을 통해 알고 있었다. 주요한 자질 및 특성이 면담 시간 내내 일관되게 나타났다. 이것들은 표준적인 상담기술 이상의 것을 의미하였는데, 특정 환경을 이해하고 그곳에 적응해 가는 상담자의 능력을 의미하였다. 이런 집단적인 학습에 대해 한 연구 참여자가 다음과 같이 표현하였다.

-돌이켜 보면, 이런 환경에서 어떤 상담자로 일을 해야 하는지를 아는 것이 매우 중요한데, 처음 일을 할 때는 잘 몰랐어요. …… 내담자를 위해서라면 지구 끝까지라도 갈 만큼 배려심 많은 사람들이지만, NHS와 조화를 이뤄야 한다는 것은 이해하지 못했죠.

기본적으로 갖추어야 할 자질은 경험, 지향성, 그리고 개인적 자질로 세분화되었다.

1.1 경험

연구 참여자들은 직장 내에서 구체적인 경험을 가지고 있는 상담자가 가장 적합하다는 데 동의했는데, 그 이유는 개인과 조직의 접점에서 발생하는 갈등을 이해하기 때문이었다. 상담 서비스의 신빙성은 조직의 정책과 절차 및 행위, 그리고 이러한 것들이 내담자에게 미치는 영향을 상담자가 이해하고 있다고 내담자가 확신하는 데 달려 있다.

참여자들은 NHS가 다른 기관과 다르다고 느끼고 있었는데, 비록 직장을 기반으로 한 상담 경험보다는 덜 중요하다고 여겼지만 NHS에서의 경험 또한 도움이 될 수 있다고 생각하였다.

-많은 시간 우리는 일과 관련된 문제들을 다루고 있고, 사실 사람들이 일의 맥락을 탐색하고 이해하도록 도와주고 있어요.

캐롤Carroll(1994)은 직업심리학 및 조직역동에 대한 지식 또한 기업·조직 내 상담자들을 위해 매우 중요하다고 언급하였다. 이것은 초기 발달 단계에서 중요한데, 상담 서비스가 수용되고 나름의 정체성을 형성해 나가기 위해서는 특히 그러하다. 맥길McGill(Sugarman, 1992에서 재인용)은 높은 수준의 상담역량뿐 아니라 다음과 같은 기술들이 직장을 기반으로 하는 상담자들에게 필요하다고 주장하였다.

- 조직이 어떻게 움직이고 기능하는지에 대한 인식
- 높은 수준의 사회성기술 및 자기주장 능력
- 지역사회 상담 관련 기관들에 대한 지식
- 구체적인 자료를 분석하는 능력

연구 참여자들은 회사 내 한정된 자원을 대상으로 다른 부서와 경쟁하는 어려움뿐 아니라 분열되고 변화하는 NHS의 특성을 잘 인식하고 있었다. 따라서 상담자가 내담자의 호소문제를 이해하기 위해서는 위계적이고 통제적인 NHS의 경영스타일을 이해할 필요가 있었다.

1.2 지향성

연구를 진행하면서 상담자들의 상담지향성이 다르다는 점을 확인할 수 있었다. 더욱이, 그들은 자신의 상담 직원이 특정 상담 이론을 지향하는 것에 대해 특별히 선호하는 것은 없는 것으로 나타났다. 다만, 문제해결 기법 사용에 초점을 두는 단기상담 경험이 꼭 필요하다는 것에 대해서는 동의하였는데, 이는 캐롤(1994)의 관점과 일치하는 것이다. 연구 참여자들은 상담자를 채용함에 있어서 이 점을 매우 중요하게 간주하였는데, 특히 무의식에 대한 통찰을 상담의 목적으로 하는 장기상담을 주로 접했던 상담자들에게는 반드시 필요한 경험이었다. 또한 연구 참여자들은 내담자 요구에 따라 일을 조정할 수 있어야 한다고 생각했는데, 필요에 따라 위기개입에서부터 단기상담 또는 문제해결 등을 제공할 수 있어야 한다고 생각했다.

–정말 상담을 위해 온 사람들이 있어요. 그러면 단기상담을 제공할 수 있죠. 그런데 어떤 사람들은 문제해결을 위해 상담실을 방문해요. 상담자가 적절하게 조정할 수 있어야 합니다.

단기상담 모델을 활용할 수 있어야 할 뿐 아니라, 연구 참여자들은 가끔은 상담자가 내담자가 관심 있어 하는 조언이나 정보를 제공할 필요가 있다고 생각했다. '순수' 상담자들은 이런 측면에 대해 만족스럽게 여기지 않겠지만, 연구에 참여한 매니저들은 어떤 경우에는 그런 역할을 수행하는 것이 필요하다는 점을 이해하고 있었고, 이런 역할이 내담자에게 힘을 불어넣는 역할과 상충된다고 생각하지는 않았다. "EAP 상담자는 가능케 하는 사람enabler이기도 하다"라고 주장한 커닝햄Cunningham(1992)도 이런 직장 기반 상담의 측면들이 대부분의 상담 훈련 기조에서 벗어나기 때문에 EAP 전문가들에게는 당황스러운 일이라는 점을 인식하고 있었다.

반대로, 단기상담이 때로는 하나의 제약이라고 인식하고 있었는데, NHS 내담자들이 제기하는 고통의 수준이 다른 기업에서보다 더 크다고 생각하고 있었다. 한편으로는 보건 계통에서 일하는 전문직업군이 경험하는 스트레스 때문이고(Payne and Firth-Cozens, 1987; Ramanathan, 1992; Paxton and Axelby, 1994), 다른 한편으로는 NHS가 '손상된 사람들'을 끌어들이기 때문이라고 생각하였다. 내담자가 상당한 정도의 개선이 필요한 문제를 지니고 있다고 판단되면 그들의 재량에 따라 회기 수를 유연하게 조정했는데, 이것은 상담자의 직무만족과 자기개발을 위해서도 중요하게 여겨졌다. 한 참여자가 이런 환경에서는 단기상담의 효과가 유지되지 않는다는 의견을 피력했는데, 이는 라마나단Ramanathan(1992)의 관점과 일치한다.

연구 참여자 및 직원들은 매우 심각한 수준의 장애를 호소하는 내담자를 상담한 경험을 가지고 있었다. 내담자를 즉시 의뢰할 수 있는 전문가, 예를 들어 성적 학대, 알코올, 약물치료센터 또는 정신과 의사 등이 없는 상황에서는 내담자를 '보유'하고 있는 것이 그들의 책임이라고 여겼고, 적절한 처치를 받을 수 있을 때까지 지지를 제공해 주었다.

1.3. 개인적 자질

본 연구에 참여한 사람들은 직장 내 상담 경험이 없거나 조직에 정통하지 않은 상담직원 때문에 부정적인 결과를 경험한 적이 있었는데, 결국 직원이 교체되거나 힘든 역할이나 업무로부터 상담자를 보호해야 하는 부담을 짊어지게 되었다. 또한 상담자에 대한 잘못된 이미지가 전달되지 않을까 염려하기도 하였다.

연구 참여자들은 NHS에서 일하는 상담자들이 갖추어야 할 개인적 자질로 현실주의를 지목하였다. 상담자처럼 누군가를 도와주는 일에 종사하는 사람들이 겪기 쉬운 소진이나 환멸을 피하기 위해서는 특히 그러하다고 생각했다. 웨스트West는 "효과적인 EAP 전문가가 되기 위해서는 자신의 한계를 인식하고 있어야 한다"라고 주장했다(1992: 293-310). 피어슨Pearson(1982)은 60명의 건강관리 전문가들을 대상으로 실시한 연구에서, 직업적 성공과 만족도를 결정짓는 가장 중요한 요인이 환멸, 가치관, 충성갈등을 어떻게 다루느냐에 달려 있다는 것을 확인했다.

–당신이 어떤 차이를 만들어 내고 있는지 알고 싶었다면, 난 잘 모르겠어요. 왜냐하면 그렇게 큰 차이가 아니기 때문이죠. 현실적으로는 그렇게 할 수 없어요. 비록 당신이 근로자의 10퍼센트를 만난다고 하더라도 4,000명 중에서 10퍼센트니까요.

오늘날, 직장을 기반으로 활동하는 상담자들은 문제 직원을 다룸에 있어서 조직에 영향을 미치는 역할을 수행한다는 점에서, 단지 조직 내 금이 간 곳을 메우는 서비스를 제공해서는 효과적이지 못하다는 점을 잘 알고 있다. 로만Roman 등(1987)은 가장 효과적인 EAP는 조직과 경영통제시스템에 완전히 통합된 것이라고 주장하였다. 또한 베리지Berridge와 쿠퍼Cooper(1993)는 개인 심리치료 수준에서 일을 하는 것은 매우 지엽적인 일로서 시간낭비 그 이상도 그 이하도 아니라고 주장하였다. 본 연구에 참여한 상담자들은 그 원칙에는 동의했지만, 그것이 매우 느린 과정이고, 자신들의 힘은 낙숫물처럼 작지만 지속적인 성공에 국한되어 있음을 인정하고 있었다.

서비스 제공자들은 자신뿐 아니라 상담 직원 내에서 십자군에 비유할 수 있는 자질들을 발견하곤 했다. 옥스퍼드 영어 사전에는 "악하다고 여겨지는 것에 대항해서 싸우는 종군자–대의를 따라 실행하는 행동"으로 십자군을 정의하고 있는데, 원래는 중세에 기독교 성지를 회복하기 위해 떠난 원정탐험에서 비롯되었다. 대의명분을 실행하기 위해 전장으로 떠난다는 이 개념은 특히 세 명의 연구 참여자들에게서 엿볼 수 있었다. 이들은 초기에 자신의 상담 서비스를 구축하고 시간이 흐름에 따라 자신의 역할에 대한 관점을 수정했는데, 어떤 전쟁에서도 승리할 가능성은 희박하지만 계속되는 작은 전투에서 승리하기 위해 인내하고 결심하는 것이 곧 승리를 의미한다는 것을 깨닫게 되었다. 한 참여자는 상담자의 이러한 자질이 내담자를 대신해서 기꺼이 무기를 들고자 하는 것으로 나타날 수 있다고 언급하였다. 서비스 관리자들은 지속적으로 경계와 관련된 문제들을 검토하고 윤리적인 문제들을 고려함으로써 이 문제를 담아내는 법을 배우게 되었다. 이런 문제를 수용하는 데 있어서 슈퍼비전 또한 중요한 역할을 담당했다.

2. NHS 상담 서비스 제공자의 역할 이해하기

역할경계role boundaries는 특정 업무나 기능의 한계를 정의하고, 고용주와 서비스를 받는 사람들의 기대를 명시해 준다. 본 연구에 참여했던 관리자들은 시간이 흐르면서 조직 내에서 상담 서비스가 어떤 특징을 지녀야 하는지에 대해 상담자와 경영진 그리고 직원들의 기대가 다를 때 갈등이 발생한다는 사실을 깨닫게 되었다. 이렇게 말하면 그들이 학습한 것을 지나치게 단순화하는 것이 될 수도 있다. 그러나 연구 참여자들에게 이런 깨달음은 자기성찰을 포함한 지속적인 과정을 통해 점진적으로 나타났고, 직무내용설명서를 단순히 이행하는 문제가 아니었다. 즉, 그들의 역할이 다차원적인 것임을 깨닫게 되었다.

2.1 경계

이 역할은 부분적으로는 스틸Steele(1988)이 언급했던 '건설 중개인'의 역할로 묘사되곤 했는데, 가급적 많은 사람들에게 최선의 서비스를 제공하기 위해서는 고용주와 근로자 간의 충돌하는 욕구 사이에서 지속적으로 균형을 맞출 필요가 있다. 어떤 의미에서는 품위 있게 균형을 유지하는 것이 서비스를 제공함에 있어서 핵심적인 것이다. 본 연구에 참여한 사람들은 그들의 역할경계에 대한 정의를 발전시켜 왔다. 그러나 이러한 경계가 정적이라고 이야기하는 것은 아니다. 새로운 변칙과 예외적인 것들이 나타날 때 새롭게 타협하고 다시 정의할 필요가 있다. 연구 참여자들은 주 내담자가 개인이라는 점에 대해서는 동의하였는데, 이는 내담자에게 좋은 것이 결국 NHS에도 좋다는 철학이 포함된 것이다. 실제로 서비스 제공자들은 매번 개입할 때마다 '누가 내담자인가?'를 점검해야 한다고 생각하였다. 상담자를 고용한 회사, 의뢰를 한 슈퍼바이저, 해결해야 할 문제를 지닌 직원 중 과연 누가 내담자인가? 서비스 제공자의 역할에는 개별 내담자를 돕는 것뿐만 아니라, 사회정의를 촉진하고 사회변화를 다루는 책임도 포함되어 있다는 주장이 꾸준히 제기되어 왔다(Levy, 1974). 이는 문제의 소재뿐 아니라 문제해결책이 내담자 개인에게만 달려 있지 않다고 보는 것이 중요함을 의미한다.

– 나는 내담자가 스스로 더 좋아지게 하는 것이지, 조직을 위해 무언가 더 좋아지게 만드는 대리인이 아님을 분명히 알고 있다.

로만 등(1987)은 '이중 피해자'라는 용어를 사용했는데, 이는 내담자가 문제를 가지고 있는 사람이면서 동시에 문제의 원천이라는 것을 의미한다. 상담자들은 이것의 위험성을 인식하고 있었다. "기업 내에 존재하는 미묘한 압력은 승진, 고용 유지,

그리고 미래의 급여 인상과 관련된 은밀한 위협과 연관되어 있다."(Lee and Rosen, 1984: 276-280) 이러한 상황을 피하기 위해서는 고용자 측에서 내담자를 의뢰하는 것보다는 내담자가 자발적으로 상담을 받으러 오는 것이 더 좋다. 그러나 상담자들은 자발적으로 찾아오는 내담자들의 경우에도 자발성의 정도가 다르다는 점을 잘 알고 있었다.

NHS에서 근무 중인 상담자들이 인식한 또 다른 형태의 압력은, 조직이 현 상태를 유지하고 싶어 한다는 것이었다(Berridge and Cooper, 1993). 연구 참여자들은 조직이 그들에게 마치 기계를 매끄럽게 돌아가도록 유지시키는 역할을 담당해 주기를 기대하고 있음을 알고 있었다. 상담자들은 이것을 '문제 직원'에 대한 개념을 강화하는 것으로 받아들였다. 참여자들은 내담자에 대한 서비스 제공자로서의 책임뿐만 아니라 NHS에 대한 그들의 책임을 분명히 함으로써 이러한 압력을 피하고 있었다. 더욱이, 참여자들은 내담자로 하여금 자신의 책임에 대한 인식을 증진시키는 것과 같이, 조직에 대해서도 비슷한 역할을 담당해야 한다고 생각했다. 즉, 내담자의 문제를 유발하는 조직의 관행과 절차 및 실무에 대한 인식을 고양시키고자 하였다.

서비스 제공자와 상담자를 강제로 끌어들이려는 시도는 경영진에게만 국한된 행동이 아니었다. 연구 참여자들은 몇몇 내담자들이 그들 자신의 사안을 처리하기 위해 상담 및 지원 서비스를 이용하는 경향이 있다는 것을 인식하였다. 서비스 제공자들은 초기에 내담자들에 의해 이용당한 부정적인 경험들을 가지고 있었다. 이럴 경우 중립성을 유지하려는 상담자들의 노력에도 불구하고 이들에게 '질서 파괴자'라는 딱지가 붙게 되었다. 연구에 참여한 사람들은 이런 일이 발생하는 것을 예방하기 위한 전략들을 마련하였는데, 경계와 계약을 명료하게 정의하였고, 의견을 표명하는 것에 대해서도 조심스러워하는 태도가 형성되었다.

> –정보도 제공하고, 통계 자료도 제공하죠. 다른 대안적인 분위기에 대해서도 이야기하고요. 하지만 왜 고위관리자에게는 이야기하지 않느냐고 어떤 사람이 물어보면 저는 말하지 않습니다. 대신, 저도 이렇게 물어봐요. 왜 당신은 고위관리자들에게 이야기하지 않느냐?

서비스 제공자들은 초기에 많은 일을 수행하면서 동조해야 하는 압력을 느끼고 있었다. 그런 압력은 부분적으로는 스스로 부과한 것이었는데, NHS 기금을 차지하기 위한 치열한 경쟁 속에서 자신의 서비스를 확립하기 위해 열정적으로 일하는 과정에서 발생한 측면이 많았다. 그들은 필요에 의해 묵묵히 따랐고 그들에게 내재된 위험을 인식하고 있었는데, 공교롭게도 턱없이 부족한 자원 때문에 발생한 내담자들의 소진 증상과 유사한 것을 목도하게 되었다. 행정적인 업무들을 수행하면서 동시에 상담을 제공하기에는 인력이 부족했고, 이와 관련해서 매우 실제적인 압력을 느꼈기 때문에 서비스 관리자들이 그들의 발달과업을 수행하지 못하는 일이 발생하게 되었다. 즉, 계획하고, 홍보하고, 예산을 짜고, 정책과 절차를 수립하며, 연계망을 형성하는 일이 방해를 받았다. 초기에는 서비스 제공자들이 이러한 역할을 모두 수행했는데, 상담을 제공하고, 지지집단을 촉진하고, 훈련 강좌 및 워크숍을 제공하고, 정보를 수집하기 위해 주요 모임에 참석하는 등의 일을 동시에 수행해야만 했다.

–제 스스로와 싸웠던 것은 '아니오'라고 말할 수 있어야 한다는 것이었어요. 하지만 계약을 철회할 경우 어떨까 싶었어요. 따라서 분명 경계에 대한 생각을 가지고 있었지만, 또 한편으로는 취할 수 있는 조치에 한계가 있었죠.

로만 등은 상부에서 프로그램을 실행하기를 기대할 때 이를 이행해야 하는 압력에 관해 논하면서, "자신이 가지고 있는 기술과 받은 훈련 그 이상의 것을 요구하는 활동에 관여하려는" 유혹에 대해서도 경고하였다(1987: 57-90). 특히 이것은 옆에서 주의 깊게 살펴주는 동료 없이 혼자서 일을 해야 하는 경우에는 더욱 그렇다. 이러한 문제는 모든 직업에서 공통적으로 나타나는 윤리적인 문제지만, 새로운 프로그램, 즉 경계가 유동적이고 관리자에 의해 규칙이 잘 세워져 있지 않은 상황에서는 특히 그렇다.

–그게 힘들었어요. 특히 초반에 더 그랬는데, 제가 하는 일이 살아남았으면 하고 바랄 때 더 그랬어요. '제가 이걸 반드시 해야 한다고 생각하지 않습니다'라고 말하는 것이 좋겠다고 판단될 때도 '네'라고 말했어요.

한창 발달하는 시기에는 서비스 제공자들이 부딪히는 딜레마의 중심에 윤리 기준들이 있었지만, 늘 그런 것처럼 시행착오를 겪으면서 진화해 왔다.

몇몇 저자들은 EAP가 조직에서 보다 전향적이고 눈에 띄는 역할을 담당하는 것이 중요하다고 주장하였다(Frost, 1990; Milne et al., 1994). 서비스 제공자들은 이런 역할이 반드시 필요하다고 생각하는데, 상담 서비스의 존재와 그것의 잠재적인 이익에 대해 개인 및 조직을 교육하는 지속적인 과정이 필요하다고 생각하였다. 그러나 로만 등(1987)은 가시적인 역할을 담당하는 것에 대해서는 반대 입장을 표명했는데, 상담 서비스를 적극적으로 홍보해서 서비스를 눈에 띄게 하는 것이 윤리적으로 문제가 있을 수 있다고 경고하였다. 왜냐하면 서비스 제공자들이 해결책과 더불어 '새로운 문제'를 소개할 수 있기 때문이다. 더 나아가 새로운 서비스를 제공하려고 할 때 모든 일이 홍보되고 활기를 띠게 되는데, 이 경우 문제가 꼭 새로운 것이 아니라 다만 다뤄지지 않았던 경우도 많다. 본 연구에 참여한 몇몇 참여자들 역시 NHS에서의 개혁과 이후 취해진 조직적인 변화들이 NHS 내에 상담과 직원 지지 서비스가 존재하게 된 계기가 되었다고 생각했다. 그러나 그러한 욕구가 나타난 곳에서는 일을 홍보하고 활기를 불어넣는 것으로 인식되기보다는 오히려 떠오른 관심사에 대해 적절하게 대응한 것으로 여겨진다. 반면, 약한 사람들을 희생시켜 가면서까지 유명해지려는 것으로 비쳐지는 것 또한 무시할 수는 없었다.

–매우 힘든 조직의 변화 속에서 혜택을 받았던 직원들과는 일을 잘했다고 생각해요. 더 오랜 시간이 걸렸을 일이었지만, 우리가 일했던 다양한 조직에서 우리의 존재가 알려졌어요.

2.2. 위험요인

서비스 제공자들은 조직 내에서 점점 더 자신들의 존재가 알려지면서 불리한 점도 있다는 것을 알게 되었다. 경영자 측과 근로자 측 모두 높은 기대를 갖게 되었는데, 상담 서비스가 정치적으로 그들에게 도움이 될 것이라고 생각하였다. 직원 또는 개별 내담자와 경계에 관해 계약을 체결함에도 불구하고, 근로자들은 그들을 옹호하거나 그들을 대신해서 중재에 나서 줄 것을 요구하였다. 정반대의 상황 또한 발생했는데, 관리자 쪽에서는 상담 서비스 제공자들이 직원들에 대한 가교 역할을 담당해 줄 것을 요구하였다. 어떤 경우든, 관리자나 직원 쪽에서 상황에 대한 책임을 받아들이지 않기 때문에 궁극적으로는 상담 서비스가 잘못한 셈이 되었다. 따라서 상황이 바뀌지 않는 한 양쪽에서 내리는 불가피한 결론은, 그들이 원하는 변화를 가져오지 못한 상담 서비스를 비난하는 것이었다.

–그들이 원한 것을 얻지 못할 경우 우리가 제공한 서비스가 엉망이었다고 말할 겁니다.

> 어떤 것도 좋아진 것이 없고, 아무것도 변한 게 없다 뭐 이런 식이죠. 그리고 아무런 변화가 없는 이유는, 서비스가 나빠서라고 이야기합니다.

한편, 연구 참여자들은 조직 내에서 '문제 직원'과 '문제 고용주'가 서로 관련성이 있음을 알리고 싶어 했다. 또한 그들은 EAP 상담자들이 두 집단으로부터 신용을 잃지 않고 일자리를 유지하면서도, 사람들에게 서비스를 제공하는 것의 가치를 견지하는 것이 어떤 의미와 시사점을 지니고 있는지 잘 인식하고 있었다(Briar and Vinet, 1985).

NHS에서 타인들을 비난하는 경향은, 아마도 멘지스Menzies(1959)가 간호직원들 사이에서 발견했던 방어기제에 그 뿌리를 두고 있는 것처럼 보인다. 간호사들은 죽음, 고통 및 불안에 직면했을 때 이 감정들을 부하 직원에게 투사하는데, 혼자 대처할 수 없는 무력함 때문에 경험하게 되는 무의식적인 두려움이 자신의 동료 때문이라고 생각하는 경향이 있다. 이처럼 다른 사람을 비난하는 경향이 NHS 문화 안에 깊게 자리 잡은 것으로 보인다.

서비스 제공자들은 부적절하거나 상충되는 역할경계의 위험을 최소화하기 위해 평가도구를 개발하였다. 베리지와 쿠퍼(1993)는 여러 역할을 동시에 수행하는 것에 내재된 위험요인으로 과다업무, 역할 내 갈등, 그리고 직업상의 역할 혼미를 제시하였다. 서비스 제공자들은 이런 상황에서 발생할 수 있는 또 다른 위험요인으로 비난에 노출되는 것을 예로 들었다. 경계를 명료하게 설정하고 문제를 평가함으로써 이러한 비난을 피할 수가 있는데, 경계를 명료하게 설정하기 위해서는 정책이나 계약, 정보지 및 책자에 명시적으로 기술할 필요가 있다.

EAP가 효과적으로 기능하는 데 있어서 정확한 평가는 매우 중요하다(Walsh, 1991). 평가에 대한 지침은 EAP 협회에서 발행한 『근로자 지원 프로그램의 실무 및 전문적 지침에 대한 영국 기준』(EAP Association, 1995)을 참고하기 바란다. 실무자의 관점에서 보면, 평가할 때 어려운 점은 개입의 원인과 결과를 예측하는 일이다. 본 연구에 참여한 서비스 제공자들은 경험을 통해 있음직한 사건들을 이해하고 있었지만, 그렇다고 이것이 결코 '절대로 잘못될 수 없는' 것으로 인식하는 것은 아니었다.

평가는 관리자 쪽에서 의뢰하는 문제들과 관련이 많다. 비록 상담자는 내담자가 스스로 상담 서비스를 찾아오는 것을 선호하지만, 사실 스스로 올 경우에도 "슈퍼바이저나 동료 직원들이 재촉했거나"(Roman et al., 1987: 57-90), 더 심각한 경우는 그밖에 다른 조치를 떠올릴 수 없을 때 "인사 담당자들이 휴지통에 던져 버리는"

(Berridge and Cooper, 1993: 89-102) 심정으로 상담인력에게 의뢰하는 경우가 있다. 연구 참여자들에 따르면, 초기에는 지지집단을 촉진하거나 스트레스 관리 워크숍을 진행하는 일이 마치 사자 굴에 들어가는 것과 같았다고 진술하였다. 최근에는 조직 안에서 발견되는 스트레스 요인들에 대한 체계적인 개입을 강조하는데, 이로 인해 서비스 제공자들은 적절한 개입과 온전한 서비스 제공을 담보하기 위해 여러 평가를 실시할 필요성을 느끼게 되었다.

–상담 서비스가 조직 안에서 쓰레기통이라는 인식이 있어요. 적절치 않은 의뢰를 받지 않기 위해 정말 많은 일을 해 왔죠.

3. NHS에 적응하기

본 연구에 참여한 상담자들은 직원들이 어떤 종류의 도움을 주기를 원하는지 분명히 알고 있었다. 또한 그들이 일하고 있는 조직 내에서 어떤 역할을 담당해야 하는지에 대해서도 점점 더 분명해졌다. 그러나 그 기저에는 그들이 몸담고 있는 환경의 특성에 대한 일관된 주제가 깔려 있었다. 이것을 체계이론의 관점에서 살펴보면 그들이 표현한 것을 보다 깊은 수준에서 이해할 수 있다. NHS에 새로 들어간 사람으로서, 나는 내담자의 업무를 보다 맥락적으로 이해하기 위해 NHS를 둘러싼 변화의 역사적 배경을 이해하는 것이 중요했다. 무엇보다도, 현재 NHS가 시장경제에 적응해야 한다는 것을 이해하는 것이 중요했는데, 이것은 지역사회 소비자들에게 좀 더 비용 효과적인 의료 서비스를 제공하기 위해 경쟁하는 것을 의미한다. 중앙정부로부터 받은 재원을 지역에 분배하는 방법상의 변화로 인해 NHS 전체에 걸쳐 변화의 물결이 일고 있었다.

NHS에 효과적인 서비스를 제공하는 상담 서비스 관리자들의 업무를 이해하기 위해서는 그들이 일하고 있는 NHS의 맥락을 이해하는 것이 필요하다. 이는 그들이 제공하는 개입이 NHS에 종사하고 있는 사람들에게 적절한지를 판단하기 위해 필요하다. 이 과정에는 서비스 제공자들이 조직문화에 대한 이해를 발전시키는 것이 포함되어 있다.

–지난 5년간 제가 이해한 것은, 정말 복잡한 조직이라는 것입니다. 이해관계가 정말 다

양하고, 많은 사람들이 함께 일하고 있고요. 그러나 다양한 영역에서 발생하는 모든 문제에 대해 답할 수 있어야 한다는 거예요.

3.1. 문화 이해하기

문화는 개인과 사회구조 모두에 강력하고 체계적인 영향을 미치며, 조직과 공동체의 일상을 형성한다. 그러나 불행하게도 이런 문화의 영향과 활동은 우리가 잘 인식하지 못하는 수준에서 일어나기 때문에, "문화는 인간과 외부세계 사이에 매우 선택적인 가리개"를 제공한다(Egan, 1979). 맥러드McLeod(1993: 132) 또한 문화의 다양한 수준과 층에 대해 논하였는데, 이는 문화를 이해하는 것이 매우 복잡한 과제라는 것을 시사한다. 문화의 층을 검토함에 있어서 체계이론의 개념이 유용한 모델로 기능한다.

하나의 체계로서 NHS는 주요한 변화를 경험하고 있었다. 따라서 서비스 제공자들은 변화의 맥락에 맞는 서비스를 제공하기 위해, 이러한 과도기적 특성 및 변화가 체계의 다양한 수준에 미치는 영향을 이해해야만 했다. 연구 참여자들은 그들이 일하고 있는 기관이 매우 복잡하고, 다양한 임상 전문가 및 행정 전문가들이 주도권을 잡기 위해 경쟁하고 있으며, 모든 직원들은 사실상 불안정만이 유일하게 변하지 않는 것이라고 느끼고 있었다(Traynor, 1994).

직원들에 대한 '공식적인' 지원과 상담 서비스가 확립되기 이전에, 본 연구에 참여한 상담자들은 이미 조직 내에 상담이 존재하고 있음을 알고 있었다. 직업건강사, 채플 목사, 인사과 등에 근무하는 사람들은 그들이 이러한 일을 수행하고 있음을 알고 있었다. 또한 '비공식적인' 상담이 직장 동료들 사이에서 행해지고 있었다. 이러한 상황은 체계적이고 통합된 상담 서비스가 발전하는 데 있어서는 문제가 된다. 우선, 질투와 경쟁이 문제인데, 변화를 경험하고 있는 환경에서는 특히 그렇다(McLeod, 1993: 129). 또한 상담자 역할을 담당하는 사람들에게서 갈등이 발생하는데, 상담자의 주요한 역할이 조직에 대한 관리자로서의 책무를 포함하고 있었기 때문이다(Sugarman, 1992). 이는 '이중 관계'(McLeod, 1993: 169)를 수행할 경우 경계가 불분명해지고 이해관계에 갈등이 발생하기 때문이다. 다른 부서를 소외시키지 않으면서 근로자들에게 독립적인 서비스를 제공하는 이로움을 홍보하기 위해서는 세밀한 행보가 요구되는데, 잠재적인 내담자들에게 상담 서비스를 홍보할 때는 특히 그렇다.

-NHS는 직원들에게 지지를 제공한다는 것을 이해하지 못했어요. 인사과에서 그런 일을 매우 잘 수행하고 있다고 인식하고 있었죠.

연구 참여자들은 NHS가 내부적으로 문화적 방어기제를 가지고 있다고 인식했는데, 이러한 방어기제가 상담 지원 서비스의 발전을 방해한다고 생각했다. 멘지스(1959)는 간호사들 간에 무의식 수준에서 작동하는 두 가지 과정을 언급하였다. 그 중 한 가지는 환자들을 객관화하는 것인데, 환자를 고유한 권리를 지닌 개인으로 간주하기보다는 대상으로 여기는 것이다. 또 하나는 투사인데, 간호사들의 감정이 환자의 책임이라고 생각하는 것이다. 이러한 대처 전략은 NHS에서 적절한 것으로 간주되어 왔는데, 그 이유는 이곳 문화가 취약함이라든지 대처 능력 결여를 일상적으로 부인하고 있기 때문이다.

맥러드(1993: 133)는 멘지스(1959)의 주요 개념들을 '평행과정parallel process'과 연결해서 설명하였다. 본 연구에 참여한 상담자들의 경우, NHS 직원들이 상담 서비스를 활용하는 데 평행과정이 영향을 미쳤다고 생각했다. 어떤 참여자는 그녀가 제공하는 서비스를 분열된 성격으로 묘사했는데, 조직의 정서적인 부분이 논리적이고, 합리적이면서, 의사 결정하는 경영 측면과 분리된다고 느꼈다. 서비스 제공자들이 느끼기에 NHS에는 상담 서비스가 약한 사람들, 대처하지 못하는 사람들을 위한 것이라고 인식하는 문화적 분위기가 깔려 있었다. 만일 심리적 또는 정신적 이유로 도움을 구하는 일에 어떤 낙인이 찍힌다는 것을 내담자들이 알게 된다면(Jenkins and Shepherd, 1993), 대처하지 못하는 사람들을 대하면서 월급을 받는 사람들은 얼마나 더 그러하겠는가? 좀 더 커다란 체제 수준에서, "개인적인 문제는 조직이 관여할 바가 아니라는" 전통적인 관점이 있다(Orlans, 1986: 19-23). 서비스 제공자들이 경험하는 또 다른 어려움은, 과거에는 '상담'이라는 용어가 징계위원회를 완곡하게 표현하는 말로 사용되었기 때문에, 용어 사용과 관련해서 고용주나 직원들을 재교육할 필요가 있다는 것이다.

NHS에서는 직원 상담에 대한 태도의 기저에, '모든 역경을 딛고 성공하고 성취하라'는 태도가 존재하였다.

-의학은 끔직한 경험에서 살아남는 것과 관련이 있는데, 그렇기 때문에 정상에 올라갔을 때 올라오는 사람들을 모두 발로 차 버릴 수 있다.

NHS에서 근무하는 많은 사람은 상담이 걱정하고 염려해 주는 분야라는 생각을 가지고 있는데, 한 참여자는 이것을 "이상적이고 착한 사람들이 하는 업무"라고 표현했다. 세속적이지 않으면서 돌보고 염려해 주는 상담자로서의 이미지는 서비스 제공자들이 포기시키려고 노력하는 이미지였다. 상담자들은 그들이 하는 일에 대해 실용적인 접근을 취하는 것이 필요하다고 생각하였다.

상담자들은 NHS 직원들이 상담을 유사 정신과적 서비스라고 생각하는 것이 상담 서비스를 발전시키는 데 해롭다고 보았다. 스브리글리오Sbriglio 등(1987)은 EAP와 의료계가 함께 일할 수 있는지에 대해 논하였는데, 의사들이 비의료 분야 건강전문가들에 대해 지니고 있는 부정적인 태도를 지적하였다. 이는 의료 직원들 중에는 상담자를 아군으로 간주하는 사람들이 많지 않음을 시사하는 것이다. 의료모델이 지배적인 곳에서는 상담자가 하는 일이 수용되기 어렵다(McLeod, 1993: 129). 이렇듯 거시적인 차원에서 발생하는 가치의 충돌은 미시적인 수준의 상담에 분명 영향을 미치게 된다.

NHS에 적응하는 것과 관련해서 두 명의 연구 참여자와 몇몇 상담 직원들이 보고한 힘든 일은 다르면서도 보다 엄격한 NHS 문화에 적응하고 그 속에서 일하는 것이었다. 근무하기 전에 기대했던 NHS의 가치 및 철학, 즉 사람들에 대한 관심과 배려가 지배적일 것이라는 생각과는 달리, 관찰한 것은 사뭇 달랐다.

–대부분의 사람들이 그렇겠지만, 건강 서비스라는 것이 사람들을 건강하게 만드는 것이고, 사람들을 돌보는 것이라고 생각했는데, 그게 순진한 생각이었던 것 같아요.

'평행과정'은 서비스가 어떤 방식으로 내담자에게 영향을 미칠 수 있는지와 관련해서 자주 인용되어 왔다. 또한 서비스 제공자들은 본인과 직원들 사이에 평행과정이 존재한다는 점을 인식하고 있었는데, 내담자들이 경험하는 동일한 압력과 불안을 반영해 주고 있었다. 심리학자들은 특정 스트레스 유형을 '소진'이라고 칭했는데, 이는 사람들에게 서비스를 제공하는 전문직업인들(예: 간호사, 사회복지사, 경찰, 상담사 등)에게서 나타나는 현상이다. 서비스 제공자들은 그들 또한 같은 압력에 취약하다는 점을 잘 알고 있었는데, 내담자들이 보이는 특징을 나타낸다는 사실을 알고 있었고, 다양한 정도의 소진을 경험하고 있었다.

–우리도 내담자들이 경험하는 것과 동일한 압력과 불안 때문에 힘들어합니다.

마지막으로, 체계이론의 관점에서 보면 NHS의 문화적 규범에 동참하지 않아서 경험하게 되는 어려움은 아무리 강조해도 지나치지 않다. 햄든-터너Hampden-Turner는 "사실 모든 문화는 공동의 딜레마에 대한 반응이다"(1984: 11)라고 말했다. NHS가 처한 딜레마는, 자원이 한정되어 있는 상황에서 소비자들의 건강에 대한 기준은 높아지고 있고 점점 더 비싼 의료 서비스를 제공한다는 데 있었다.

기술과 의학이 진보하면서 더 많은 질병을 치료할 수 있게 되었다. 그러나 우리가 할 수 있는 것과 실제 할 수 있는 것 사이에는 늘 긴장이 존재한다. 결국 NHS도 환자의 욕구와 제한된 예산 사이에서 균형을 맞추어야 한다. 또한 서비스 제공자들은 정해진 자원과 시간 및 인력을 가지고 내담자들에게 늘 더 많은 것을 할 수 있어야 한다고 생각한다. 제한된 자원을 가지고 증가하는 요구를 충족시켜야 하는 문제는, '이것이 우리가 일하는 방식이야'라는 메시지를 조직 내 구성원들에게 미묘한 방식으로 전달하고 있는 NHS의 '바쁜' 문화를 반영해 주고 있었다.

-조직 내에서 일어나고 있는 것을 우리가 반영하고 있는 거죠.

모든 문화에서 그렇듯이, 지배적인 문화적 규범을 무시하려는 시도는 결국 저항에 부딪히고 만다는 사실을 서비스 제공자들 또한 깨닫게 되었다. 문화는 스스로를 규제하는 특징을 지니고 있는데, 그 안에 속한 개인들은 문화가 지향하는 생각과 믿음, 느낌들을 강화하고, 결국 그들이 따르지 않는 말이나 정보는 단념시키거나 억누르게 된다(Hampden-Turner, 1984: 12).

-그 문화의 한 부분이 되고 싶지 않죠. 왜냐하면 그게 도움이 안 된다고 생각이 들어서요. 그런데 그건 순교와 다를 바 없어요.

3.2 운용의 묘를 살려 조정하기

NHS에서 진행된 개혁으로 인해, 이제는 지역사회에 서비스를 제공하면서 NHS의 신탁이 다른 신탁 또는 사업자들과 경쟁하게 되었다. 가장 비용 효과가 높은 제공자로부터 서비스를 받을 수 있다는 것이 구매자들에게는 이로운 것이지만, 매우 어려운 재정 상태에서 NHS 신탁을 운용할 필요가 발생하였다. 본 연구에서는 NHS에서 일고 있는 변화의 바람에 관심을 기울이지는 않았지만, 체계이론의 관점에서 보면 이러한 변화의 바람은 모든 수준에 영향을 미치고 있었고, 궁극적으로는 서비스 제공자와 내담자에게 영향을 미치고 있었다.

맥러드(1993: 138)는 통제할 수 없는 자원에 의존하여 운영되는 자원봉사기관을 언급하면서 재정의 안정성을 논한 바 있다. NHS의 상담 서비스에서도 유사한 점을 발견할 수 있다. 상담 서비스는 개별 NHS 단위, 병원, 신탁위원회 등에 의지하여 운영되고 있기 때문에, 이들이 계약이나 책정된 예산을 철회하면 언제라도 위기에 처할 수 있다. 연구 참여자들은 일상에서 재정적인 불안정성이 압력으로 작용하고 있음을 인식하고 있었는데, 실행하고 있는 활동뿐만 아니라 어떤 서비스가 적절하고 이상적인지를 결정하는 데 있어서도 압력을 느꼈다. 이를테면, 상담 이외의 서비스인 숙소나 전화를 확보하는 일. 늘어나는 서비스 수요를 충족시키기 위해 행정직원이나 추가 상담직원을 고용하기에는 자금이 부족했다. 일차적인 문제는 제한된 자원인데, 서비스 제공자들은 자원의 문제가 더 깊은 의미가 있다고 생각하고 있었다. 맥러드(1993: 129)는 경쟁이라는 측면에서 주로 비상담 조직에서 이런 유형의 문제와 딜레마가 발생할 수 있다고 언급하였다. 전통적으로 NHS에서는 직원들이 내적인 스트레스에 스스로 대처하길 기대하고 있었는데, 이런 형태의 저항은 문화적 규범을 무시한 결과일 수 있다. 하지만 "공공 분야의 사회복지 서비스 안에서도 최선의 서비스를 제공하려는 노력은 늘 이상적인 것일 수 있다."(Briar and Vinet, 1985: 342-359)

-6개월 후에 한 명의 전일제 상담자를 뽑아도 된다는 허락이 떨어졌어요. 저는 더 이상은 사무실을 같이 사용할 수 없다고 말했어요. 제 말은 전화를 같이 사용하고 있었다는 겁니다. 즉, 서비스를 제공하고 있는데, 사람들이 저한테 개인적으로 연락을 취할 수 있는 전화가 없는 거예요.

서비스 제공자들은 최대한 많은 사람들이 상담 서비스에 접근할 수 있으려면, NHS 직원들의 교대근무 패턴을 반영해서 융통성 있게 시간과 자원을 운용할 필요가 있음을 깨닫게 되었다. 버그마크Bergmark(1986)는 효과적인 EAP 운용을 위한 11개의 원칙을 제시하였는데, 1년 내내 24시간 운용되는 프로그램을 제안하였다. 본 연구의 참여자 중 오직 한 사람만이 24시간 서비스를 제공했는데, 나중에서야 장점을 깨달았지만, 서비스 초기 단계에서는 우선순위라고 느끼지 않았었다. 더욱이, 운영하기가 힘들 뿐 아니라 조정하는 데 비용이 많이 들고, 활용 측면에서도 온전히 보장받지 못했다.

모든 서비스 제공자들이 개인 면담 시간을 정하면서 가능한 한 융통성을 발휘하려고 했는데, 그 이유는 워크숍이나 지지집단처럼 집단으로 운영되는 활동의 경우 NHS 직원들에게 문제가 되기 때문이었다. 특히, 환자를 돌봐야 하는 직원들에게는 더 큰 문제였는데, 전체 병동이나 과 전체가 참여하는 것이 불가능했기 때문이다. 연구 참여자들은 경험이 쌓이면서 순환식으로 운영되는 작은 규모의 집단/워크숍의 참여율이 가장 높다는 사실을 알게 되었다. 모임 장소 또한 풀기 힘든 문제였는데, 예를 들어 최소한의 인력으로 상담 서비스가 운영되기 때문에 일하는 장소에서 벗어나기 힘든 과의 요구를 수용하기 위해서는 최적의 조건이 아닌 상황에서 서비스를 제공해야만 했다.

이렇듯 NHS의 작업 환경에 맞추려는 노력에도 불구하고, 서비스 제공자들은 직원들에 익숙해져 갔고, 병동 차원에서는 더욱 그러했다. 약속 시간이 다 되어서 상담을 취소하거나(보통 예상치 못한 직원의 부족 때문에), 불필요하게 준비하느라 시간을 허비해서 좌절하게 만든 것 등이 이에 해당되었다.

4. 장애물 극복하기

4.1 관계 형성하기

조직 내에서 상담 서비스를 제공하는 것은 마치 장애물 경기에 참여한 육상선수가 장애물 하나를 잘 뛰어넘은 후 연이어서 또 다른 장애물을 뛰어넘어야 하는 상황과 매우 유사하다. 직장 안에 상담 서비스를 제공하는 것을 방해하는 장애물이 처음부터 존재할 수 있는데, 상담 서비스 도입 자체를 무용지물로 만들 수 있다(Briar and Vinet, 1985). 브라이어Briar와 비네Vinet는 상담 서비스의 실행 배경을 검토할 때, 경영진의 적대감과 서비스 자체의 비용과 비교해서 서비스가 지닌 이점이 어느 정도 되는지 잘 따져 봐야 한다고 경고하였다. 이는 현재 경영합리화 내지는 변화를 경험하고 있는 NHS와 같은 기관에서는 특히 그렇다. 서비스를 제공하는 사람들은 근로자의 적대감을 직면해야 하고, 그들이 제공하는 서비스에 대한 신뢰를 확립하는 작업에 착수해야 한다. 이 과정에서 기관 전체에 걸쳐 좋은 관계를 형성하고 유지할 수 있는 상담자의 능력이 중요하다.

서비스 제공자들은 상급 관리자들과 좋은 관계를 형성하는 것을 매우 강조했다.

첫째, 다른 직원들로부터 존경받고 있는 상사 직원의 경우 다른 관리자나 직원들로 하여금 상담 서비스를 활용하도록 격려할 수 있기 때문이다. 둘째, 만일 응급처방과 같은 '미봉책' 그 이상의 것을 제공하기를 원한다면, 적어도 이론상으로는 상급 관리자로부터 적극적인 지지를 이끌어 냄으로써 상담자들이 좀 더 예방적인 일을 수행할 수 있고 환경적인 변화를 촉진시킬 수 있다(Orlans, 1986). 또한 서비스 제공자들은 상급 관리자들과 긍정적인 관계를 형성함으로써 안전감을 획득할 수 있는데, 상담자들은 상급 관리자들이 재정적인 문제나 자원 활용과 같은 문제에서 상담 서비스를 위한 대사 또는 옹호자로서 기능한다고 생각했다.

–상담 서비스가 어떤 것인지를 최고위 경영진들이 인식할 필요가 있어요. 따라서 가장 기본적인 제 역할은 가능한 많은 이해당사자들에게 제 존재를 알리는 것이라고 생각했어요.

이런 상황에서 힘든 일은 내담자의 욕구와 조직의 욕구를 균형 있게 다루는 것이다. 중립을 유지하면서 어느 쪽에도 편중되지 않아야 하는데, 상담 서비스가 두 당사자들에게 가치 있는 것이어야 하기 때문이다. 그러나 이렇게 균형을 이루려고 할 경우 실제로는 노동조합과 직원연합회 및 개별 근로자들의 불신만 초래할 수 있는데, 조직이 변하고 있거나 갈등 상황에 처해 있을 때 특히 그렇다. 이럴 경우 노동조합이나 직원들에게는 상담 서비스가 일시적으로 완화시키는 제스처로 인식될 수 있다. 이와 관련해서 레비Levy(1974: 207-16)는 "상담자는 반대편을 대변하고 있다는 인상을 주지 않으려고 매우 조심해야 한다"라고 조언하였다. 이런 갈등은 요구 조사나 프로그램을 실행하는 단계에서 노동조합을 개입시킴으로써 예방할 수 있는데, 이를 통해 상담 서비스가 경영진에 편향되었다는 인식을 줄일 수 있다.

본 연구에 참여한 상담자들은 조직에 관여하는 것에 대해 매우 조심스러워했는데, 중립적인 이미지를 보전하는 데 도움이 되는 위원회나 모임을 택했다. 마찬가지로, 징계위원회나 청문회 같은 곳에서 특정인을 대변하는 것은 문제가 있다고 인식하였다. 따라서 조직 내에서 활동할 경우 심사숙고해서 결정했다.

–어떤 모임에 참석할지는 매우 조심스러워요. 왜냐하면 우리가 관리자들 편에 너무 가까이 있는 것처럼 비쳐지면 우리가 누구에게 충성한다고 보이겠어요?

다른 관계를 형성하는 것처럼, 직원들로부터 신용과 확신을 얻기까지는 시간과 노력이 필요하다. 결국, 상담 서비스의 품격은 지향하는 철학과 정책 및 실무가 실제 행동과 일치될 때 보장받을 수 있다. 이는 비밀보장에 대한 근로자들의 권리를 보호하고, 관리자가 직접 의뢰하는 것을 피하고, 조직에 피드백을 제공하는 것에 있어서 주의를 기울이는 행동을 통해 조성되어야 한다. '누구의 욕구를 충족시켜야 하는가?'라는 질문(Roman et al., 1987)은 직장 내 상담자에게는 핵심 주제인데, 이는 슈퍼바이저의 지도 아래 명시된 계약이나 명확하게 정의된 경계를 일관되게 유지함으로써 잘 관리될 수 있으며, 필요한 경우 법률전문가 및 상담자협회의 자문을 구할 수도 있다.

상급 관리자와 개별적인 관계를 형성하는 문제는, 체계이론의 관점에서는 중간 수준, 즉 다른 전문 집단과의 관계를 포함한 개인 관계망 수준에서 검토되어 왔다. 베리지와 쿠퍼(1993)는 EAP가 사회학과 심리학에서의 다양한 내용들이 결합된 '교차학문'이라고 묘사하였다. 또한 그들은 EAP 서비스가 인사과, 전문 상담사, 경리부 등 매우 다른 가치와 방법으로 운용되는 영역, 즉 '분쟁지역'에 위치해 있다고 생각하였다. 따라서 이런 집단 사이에서 인정받는 것이 어렵다고 깨닫는 것은 그리 놀라운 일이 아니다. 본 연구에 참여한 사람들 역시 직업적으로 시기하는 문제 뿐 아니라 분쟁지역을 목도하였는데, 이것은 불확실한 NHS 분위기뿐 아니라 사업영역을 확장하려는 부서 간 경쟁으로 인해 악화되었다. 서비스의 물리적인 위치 또한 갈등의 소지가 될 수 있기 때문에, 정하기 전에 주의를 기울여야 한다.

실제로 이런 어려움을 극복하기 위해서는, 상담 서비스가 기존의 직원 서비스를 대체하는 것이 아니라 선택한 추가 서비스라는 점을 확인시켜 주고, 상호 협력하는 태도로 중첩되는 전문 분야와의 경계를 주의 깊게 검토해야 한다. 이건Egan(1994)에 따르면, '사정에 밝은 관리자'란 인간의 조건을 이해하고 그러한 이해를 바탕으로 사람들이 일을 더 잘 수행할 수 있도록 돕고 직장 생활의 전반적인 질을 향상시켜 주는 사람, 상담기술을 갖추고 있는 서비스 제공자 또는 관리자들이 필요한 것을 더 잘 갖출 수 있도록 도와주는 사람이다.

–그 사람들은 그들이 하는 일의 일부분을 우리가 빼앗아 간다고 생각했어요. 그것을 극복하는 방법은, 우리가 제공하는 것이 그들의 일을 조력하는 것임을 보여 주는 것이었죠.

4.2. 서비스 발전시키기

본 연구에 참여한 사람들은 시간이 흐를수록 상담 서비스가 어떻게 발전했는지, 그리고 NHS 공동체 안에서 어떻게 받아들여졌는지 알게 되었다. 이런 전환은 십자군의 역할에서 좀 더 안정적이고 일상적인 역할로 변화해야 할 필요성을 불러일으켰다. 서비스 제공자들은 그들의 통제권을 상담직원들에게 이양해야 할 시기를 알게 되었고, 그들이 학습한 것을 더 공고히 하는 데 몰두하게 되었다. 이것은 연구 참여자들이 대응적인reactive 단계라고 경험했던 실시 단계로부터 발전 단계로 이동하기 위함이었다. 이를 공고히 하기 위해서는 중간휴식 시간을 가지면서 공식적인 정책과 절차 등을 계획하고 문서화하며 확장해야 할 영역들을 생각해 보고 행정체계를 세우는 일이 필요했다. 이런 전환은 맥러드(1993: 34)에 의해 확인되었다.

서비스를 공식화하면서, 참여자들의 역할은 순전히 내담자를 만나 상담을 진행하는 것에서 벗어나 관리와 행정 기능을 담당하는 것으로 이동하였는데, 기관에 피드백을 제공하는 적극적인 기능을 담당하게 하였다. NHS 상급 관리자들은 양적인 피드백뿐만 아니라 질적인 피드백 또한 요구하였는데, 이러한 피드백은 상담 서비스의 존재 및 투자 가치를 인식시키기 위해서뿐 아니라, 잠재적인 문제 영역에 대한 통찰을 제공하기 위해서도 필요했다. 서비스 제공자들은 이러한 기능이 좀 더 예방적인 업무의 기초로서 중요하다고 인식하였다. 그러나 비밀보장에 대한 문제에 대해서는 아주 분명한 입장을 취했는데, 상담 서비스를 받은 개인들의 신상을 보호하는 방식으로 정보를 제공하였다. 본드Bond(1994: 129)는 직장에서 상담 서비스를 제공하는 상담자들이 경험하게 되는 상충되는 의무들에 대해 기술하면서, 상담을 진일보시키기 위해서는 고용주, 상담자, 그리고 근로자 간에 비밀보장의 범위에 대한 의견일치가 이루어져야 한다고 권고하였다. 이를 통해 상담자들이 "아무런 지침 없이 혼자서 비밀보장에 대한 결정을 내려야 하는" 상황을 사전에 예방할 수 있게 된다(Bond, 1994: 129). EAP를 옹호하는 사람들 또는 상담 서비스가 외부기관에 의해 제공되어야 한다고 주장하는 사람들은 역할 갈등의 가능성이 줄어들기 때문에 이를 옹호해 왔다. 그러나 단점은 상담자들이 기관에 대해 잘 모르고, 따라서 예방적인 조치들을 실행할 가능성이 그만큼 줄어들게 된다는 데 있다(Orlans, 1986).

–비밀보장을 해치지 않으면서 내담자들이 어떻게 서비스를 활용하는지를 알게 하려고 합니다. 이를 위해서는 최소 하루의 준비 기간이 필요한데 …… 1년에 60번 정도 모임을 하

니까요. 저희가 제공하는 서비스에 대한 전체적인 인식은 기관 내에서 훨씬 더 강력해지고 있고, 단순히 개인적인 일들을 어설프게 다루고 있는 것이 아니라는 인식을 심어 주죠.

4.3 기업 · 조직 상담자/관리자를 위한 지원

본 연구에서는 NHS에서 근무하고 있는 상담 서비스 관리자들의 경험을 탐색하였는데, 그들이 맡고 있는 역할이 매우 복잡하다는 점과 그들이 일하고 있는 조직에 대한 통찰을 제공해 주었다. 끔찍하면서도 기분을 들뜨게 하는 경험을 하는 와중에도 살아남기 위한 중심에는 지지에 대한 강렬한 욕구가 자리하고 있었다. 서비스 제공자들은 내담자 집단이 호소하는 '소진'의 영향을 잘 인식하고 있었다. 그들 또한 취약하다는 점을 인식하고 있었는데, 자신들이 발전시킨 지지망, 특히 전문적인 슈퍼비전과 또래로부터의 지지 등을 정기적으로 활용하지 않는다면 더 취약해질 수 있다는 사실을 잘 알고 있었다.

특히, 세 명의 연구 참여자들은 고립의 문제를 언급하였다. 조직 내에서 자신들의 독특한 역할과 비밀보장에 대한 욕구 때문에 특히 그럴 수 있는데, 이런 역할 때문에 직장 내에서 친구를 사귀는 것에서 배제되는 경향이 있었다. 이런 상황은 다른 상담자를 고용할 수 있을 때 감소하는 경향이 있었다. 또한 직업적인 고립은 기업 내 상담 서비스의 선봉에 있을 때 경험하는 것으로 나타났다. 계약을 위한 경쟁이 현안이 아닌 경우에도 상담자는 동료들 사이에서 비밀보장의 문제로 인해, 자신이 하는 일이 정확히 어떤 특징을 지녔는지에 대해 말을 조심하는 경향이 있었다.

—어떤 의미에서는 꽤 고립되어 있어요. 필요에 의해 조직의 주류로부터 고립되어 있는 거죠. 그래서 우리 자신을 위한 훈련과 발달 및 지원에 대한 요구들이 간과되기가 매우 쉬워요.

상담에서 슈퍼바이저의 역할은 감시자 또는 관리자로서 통제하는 것이 아니라 오히려 교사나 자문가로서의 역할에 더 가깝다(McLeod, 1993: 215). 슈퍼비전의 세 가지 주요 기능은 교육, 지지 및 관리인데, 상담기술을 적절히 사용하도록 조언하거나 상담 관계 발달을 점검하는 것뿐 아니라 상담의 질과 내담자의 안전을 보장하기 위해 필요하다. 본 연구에 참여한 상담자들은 슈퍼바이저가 조직의 문제를 이해하는 것이 필수적이라고 생각했는데, 이는 조직이 내담자에 미치는 영향을 탐색하기 위해서뿐만 아니라 상담자가 직면하게 되는 딜레마를 탐색하기 위해서도 필요했다. 연구 참여자들은 슈퍼바이저의 이런 역할이 특히 역할 갈등, 정책 및 절차, 그리고 조직문화와 관련된 문제들을 탐색할 때 필요하다고 생각했다.

–저희는 조직의 문제에 대해 경험이 있는 분으로부터 개인 슈퍼비전뿐 아니라 집단 슈퍼비전도 받습니다. 도움이 많이 되었어요.

또한 연구 참여자들은 시야가 협소한 것이 위험하다고 인식했는데, 다른 상담 전문가들과 '연계망'을 형성하려고 노력할 것을 권고하였다. 학회에 참석하고, 위원회에서 적극적으로 역할을 수행하고, 훈련과 교육을 통해 지속적인 발달을 도모하는 것 모두, 비록 이러한 비용을 고용주에게 설명하고 승인을 받아야 하지만, 필요하다고 인식하였다. 본 연구에 참여한 상담자들은 자신이 맡은 역할로 인해 개인적으로든 직업적으로든 성장하고 발전했다는 데 동의하였다. 이들은 주로 내담자와의 상담을 통해 매우 큰 개인적인 만족을 얻었다고 생각하고 있었는데, 가장 가시적인 성과일뿐 아니라 가장 긍정적인 피드백을 받은 부분이라고 생각했다. 조직과 일하는 것이 가장 좌절스러운 경험이면서 사기를 가장 많이 떨어뜨리는 것이라고 생각했다. 연구 참여자들은 그들이 맡고 있는 역할의 복잡성과 한정된 자원을 가지고 사용자의 욕구를 충족시켜야 하는 부담이 가중되는 상황은 결국 손해라고 인식했다. 상담자들은 이 상황에서 서비스 관리자로서의 수명에 한계가 있다고 결론 내렸는데, 상담자들의 '진로career paths'는 조직 내에서 한계가 있기 때문이다. 슬프게도, 본 연구에 참여한 세 명의 상담자들은 계속해서 조직 근로자상담에 종사할지 회의가 든다고 진술하였다.

–이런 환경에서 일하려면 아주 괜찮아야 하고, 에너지 수준 또한 매우 높아야 합니다.

본 연구에 참여한 사람들은, 원하는 만큼 양질의 서비스를 제공하지 못하고 있어서 힘들어하는 NHS 구성원들의 갈등을 본인들 또한 많이 경험하고 있음을 잘 알고 있었다. 내담자 집단처럼 서비스 제공자의 역할 또한 엄청나게 무거운 것이었는데, 상대적으로 단순한 문제에서부터 내담자의 생계나 목숨이 위험에 처한 문제까지 다루고 있었다(Walsh, 1991). 이러한 연구 결과는 민간 분야에서 일하고 있는 EAP 상담자들의 경험과 대조적인 것이다. 가장 큰 차이는 조직 및 조직 구성원들에 대한

EAP 제공자들의 믿음일 것이다(Carroll, 1994: 53). 슬프게도, NHS 상담자들은 종종 자신이 하나의 제스처(금이 간 곳을 메우는 역할) 그 이상이 아니라고 느끼고 있었다.

결론

본 연구를 통해 영국 내에서 주목받고 있는 기업·조직상담 영역 중 NHS라는 환경에서 일하고 있는 상담 서비스 관리자들의 경험에 대해 통찰을 얻을 수 있었다. 본 연구에서 일관되게 흐르는 주제는, 상담 서비스와 그들이 몸담고 있는 환경 간에 발생하는 평행과정에 대한 기저의 인식이었다. 본 연구에서는 이러한 현상을 체계이론의 관점에서 살펴보았는데, 상담자가 숙련된 기술과 적응능력을 가지고 있어야 할 뿐 아니라 조직행동이론과 실무에 대해 훈련이 되어 있어야 함이 분명해졌다. 좀 더 겉으로 드러난 사실은, 고용의 주체인 조직과 개별 내담자의 욕구가 충돌할 때 균형을 맞춰야 한다는 것이다.

본 연구에서 명백하게 드러난 사실은, 때때로 연구 참여자들이 환상에서 깨어나는 경험을 한다는 것이었다. 즉, 그들이 생각하는 이상적인 상담의 모습과 NHS에서의 현실 사이에서 타협하고 조정하는 것이 필요해 보였다. 일반적으로 상담 훈련자들은 사설 상담소나 기관에 부합하는 기준과 실무를 토대로, 즉 직장을 기반으로 하는 상담과는 동떨어진 것을 교육한다. 이런 현실로 인해 본 연구에 참여한 상담자들이 '상담계'로부터 더 큰 거리감을 느낄지도 모른다. 역할을 수행하면서 직업적인 소외와 개인적 소외를 경험하게 되면, 다른 상담자들의 지지가 필요함을 이해하게 되고, 조직의 문제와 자신의 역할에 포함된 복잡성을 이해할 수 있는 사람으로부터 슈퍼비전을 받아야 할 필요성을 느끼게 된다.

본 연구를 통해 우리가 알게 된 연구 참여자들의 역할이 한 참여자의 이야기 속에 담겨 있었다.

> –모든 것이 경계와 수용containment과 관련된 것 같습니다. 전 이 단어들을 계속해서 쓰거든요. 이 부서에서 내담자의 문제와 상담자의 문제를 담아내는 것, 그래서 조직과 내담자 모두를 대상으로 명료하게 정의된 계약과 경계를 갖는 것이 절대적으로 필요해요.

비록 본 연구에서 밀도 있는 면담을 통해 자료를 수집했지만 보다 큰 표본에서도 본 연구 결과가 재연되는지 확인해야 한다. 또한 본 연구 결과는 기업 · 조직상담에 입문하려는 상담자들에 대한 훈련의 필요성 또한 시사하고 있는데, 기업 · 조직상담에 종사하려고 하는 상담자들의 경우 조직행동, 체계이론, 회계관리와 같은 지식뿐 아니라 행정 기술, 통계 및 자료 분석 기술, 발표 및 촉진 기술 등을 가지고 있으면 도움이 된다. 물론 내담자의 욕구에 부응하기 위해 다양한 수준에서 직장에 적응할 수 있는 숙련된 상담자이어야 한다. 마지막으로, 이런 환경에서 일하고 있는 상담자들은 상담의 전문가이면서 조직이 어떻게 기능하고 조직이 조직 내 활동 및 서비스에 어떻게 영향을 미치는지를 잘 알고 있는 사람으로부터 슈퍼비전을 받을 필요가 있다. 또한 다른 상담 전문가들로부터 지지가 필요한데, 학회나 회의에 참석해서 자신의 경험을 공유하고, 기업 · 조직상담 전문직을 발전시킨다는 의식을 서로 공유하는 것이 중요하다.

참고문헌

Bergmark, R. Edward (1986). 'Employee Assistance Programmes: trends and principles', *Journal of Business and Psychology*, 1 (1): 59-65.

Berridge, S. and Cooper, C. (1993). 'Stress and coping in US organizations: the role of the Employee Assistance Programme', *Work and Stress*, 7 (1): 89-102.

Bond, Tim (1994). *Standards and Ethics for Counselling*. London: Sage.

Briar, K.H. and Vinet, S. (1985). 'Ethical questions concerning and EAP. Who is the client (company or individual?)', in S.H. Klarreigh, J.L. Francek and C.E. Moore (eds), *The Human Resource Management Handbook: Principles and Practice of EAPs*. New York: Prager. pp. 342-359.

Carroll, C. (1994). 'Building bridges: a study of employee counselling in the private sector', MSc dissertation, City University, London (unpublished).

Cunningham, G. (1992). 'The EAP counsellor: attributes, knowledge and beliefs', *Employee Assistance Quarterly*, 8 (1): 13-25.

EAP Association (1995). *UK Standards of Practice and Professional Guidelines for Employee Assistance Programmes*. London: EAP Association.

Egan, G. (1979). *People in Systems: A Model for Development in the Human Service Professions and Education*. Belmont, CA: Brookes/Cole.

Egan, G. (1994). *Working the Shadow Side: A Guide to Positive Behind the Scenes Management*. San Francisco: Jossey Bass.

Fisher, H. (1995). 'Plastering over the cracks: employee counseling in the NHS', MA dissertation, University of Keele.

Frost, Abbie K. (1990). 'Assessing employee awareness – a first step to utilization', *Employee Assistance Quarterly*, 16 (1): 45-55.

Hampden-Turner, C. (1984). *Corporate Culture.* London: Hutchinson Business Books.

Jenkins, R. and Shepherd, M. (1983). 'Mental illness and general practice', in Bean, P. (ed.), *Mental Illness: Changes and Trends.* Chichester: Wiley.

Lee, S. and Rosen, E. A. (1984). 'Employee counselling services: ethical dilemmas', *The Personnel and Guidance Journal,* January: 276-280.

Levy, C. S. (1974). 'On the development of a code of ethics', *Social Work,* March: 207-216.

Menzies, I. (1959). 'A case study in the functioning of social systems as a defense against anxiety: a report on a study of the nursing services of a general hospital', *Human Relations,* 13: 95-121.

Milne, S.H., Blum, T.C. and Roman, P.M. (1994). 'Factors influencing employees' propensity to use the EAP', *Personnel Psychology,* 47 (1): 123-145.

McLeod, J. (1993). *An Introduction to Counselling.* Milton Keynes: Open University Press.

Orlans, Vanja (1986). 'Counselling services in organizations', *Organizational Personnel Review,* 15 (5): 19-23.

Paxton, R. and Axelby, S. (1994). 'Is stress your occupation', *Health Service Journal,* November: 30-31.

Payne, R. L. and Firth-Cozens, J.A. (eds) (1987). *Stress in Health Professionals.* Chichester: John Wiley.

Pearson, J.M. (1982). 'The transition into a new job: tasks, problems and outcomes', *Personnel Journal,* 61: 286-290.

Ramanathan, Chathaphuran, S. (1992). 'EAP's response to personal stress and productivity: implications for occupational social work', *Social Work,* 37 (3): 234-239.

Roman, Paul, Blum, M. and Terry, C. (1987). 'Who is served?', *Health Education Quarterly,* Special Issue, 14: 57-90.

Sbriglio, R., Livingston, S.T. and Millman, R.B. (1987). 'Can an EAP and a medical community work together for the benefit of both?' *Employee Assistance Quarterly,* 2 (4).

Steele, P.D. (1988). 'Employee Assistance Programmes in context', *Journal of Applied Behavioural Science,* 24: 365-382.

Sugarman, L. (1992). 'Ethical issues in counselling at work', *Employee Counselling Today,* 14 (4): 23-30.

Traynor, Michael (1994). 'Stormy Weather', *Health Service Journal,* June: 22-23.

Walsh, Stephen, M. (1991). 'Employee assistance and the helping professional, the more things change, the more they stay the same', *Employee Assistance Quarterly,* 7 (2): 113-118.

West, Michael (1992). 'Innovation, cultural values and the management of change in British hospitals', *Work and Stress,* 6 (3): 293-310.

5부

기업 · 조직상담자의 과제

5부는 지금까지 다루지 않았던 기업 · 조직상담과 관련된 여러 문제를 한데 모았다. 존 닉슨John Nixon은 '현업관리line management와 상담은 어떤 관련성이 있는가?' 그리고 '관리자는 자신의 직원들을 상담할 수 있는가?'라는 주제를 다루고 있다. 19장에서 에일린 피카드Eileen Pickard는 기업상담자 훈련에 대한 현황을 알아보고 향후 발전을 위한 몇몇 이론과 제안을 제시한다. 마지막 장에서 브리지드 프록터Brigid Proctor는 슈퍼비전과 관련된 주제를 기업 · 조직상담자에게 적용하고 있다.

18장

상담과 현업관리

John Nixon

현업관리자line manger는 상담자, 다시 말해서 진정한 상담자가 될 수 있는가? 두 가지의 역할이 서로 공존할 수 있는가 그렇지 않은가? 이 장에서는 바로 이 주제에 대해서 다룰 것이며 현대의 현업관리자는 절대 상담자가 될 수 없다는 입장을 견지할 것이다. 이러한 입장은 어머니가 자신의 딸에게 상담자가 되어 줄 수 있는가, 혹은 자신의 친한 친구가 전문적인 상담자가 되어 줄 수 있는가라는 질문에 대한 대답보다도 훨씬 더 완고하게 부정적인 입장에 서 있다고 할 수 있다. 윤리규정에 의하면, 어떤 역할들은 서로 공존할 수 없으며 그 자체로 비윤리적임을 강조한다. 이 장에서는 관리자가 상담이란 무엇이고 어떤 것이 상담이 아닌지에 대해 명료하게 이해할 필요가 있음을 밝힐 것이다. 또한 관리자가 자신의 역할을 혼용하면서 일어나는 역할혼란이 왜 발생해서는 안 되는 것인지, 그리고 상담기술을 어떻게 주의 깊게 사용해야 관리자의 직무 안에서 중요한 자리를 차지하게 되는 것인지에 대해 논의할 것이다. 이렇게 함으로써 관리도구로서의 상담기술에 수반되는 위험과 책임을 밝히고, 상담기술 훈련 과정의 필수적인 요소를 정확히 짚어 보고자 한다.

모든 관리자는 성과에 대한 부담감으로 인해 실패를 용인할 수 없는 위치에 있다고 볼 수 있다. 이들은 과중한 책임감을 느끼면서 위로는 상사의 지시를 만족시켜야 할 뿐 아니라 부하직원들로부터는 효과적인 팀을 꾸려 나가도록 요청받는, 중간에

낀 샌드위치와 같은 존재이다. 직원들의 수가 줄어들고 비정규직이 늘어날수록 관리자는 자신의 프로젝트가 성공을 거둘 수 있도록 팀워크의 핵심인 새로운 업무 관계를 지휘해야 할 임무로부터 자유로울 수 없다(Peters, 1993). 관리자가 대인 관계 기술을 충분히 발휘할 수 있다면, 상부의 지시 사항을 곧바로 업무에 반영되도록 하고 문제를 해결하여 목표에 도달할 수 있도록 이끌 수 있을 것이다. 또한 분위기 형성forming, 규범정립norming, 협의 및 조정storming, 성과구현performing, 그리고 정리mourning와 같은 일련의 집단의 발달 과정[1] 안에서 팀을 안전하게 관리할 수 있도록 해 준다.

이러한 주제를 다루기 위해 다음과 같은 사례를 들어 보겠다.

사례연구

팀의 새로운 일원이 된 진은 자신에게 주어진 평판 때문에 스트레스를 받아 관리자에게 면담을 요청했다. 관리자인 짐은 그날 중으로 마쳐야 할 일이 있었기에 무척 바쁜 날이었다. 자칫 생산 일정에 차질이 생길 수도 있으므로 도저히 여유가 없는 상황이었다.

이때 짐은 어떤 선택을 할 것인가? 그는 진을 안심시키려 노력하거나 그녀의 문제는 그리 중요한 문제가 아니라고 설득할 수도 있을 것이다. 혹은 회사일이 급선무이니 그녀의 문제는 다음에 다루기로 약속하거나 아니면 심지어 진에게 알아서 혼자 잘 대처해 달라고 요청할 수도 있을 것이다. 짐이 이러한 가능성 중에서 어떤 것을 선택했다 하더라도 그 마음속에는 문제를 곧바로 해결해야 한다는 내적인 부담이 숨어 있었을 것이고 따라서 '빠른 해결quick fix'의 방식을 찾고 있었다고 말할 수 있다.

가끔은 이런 경우에 관리자는 도움을 청하는 팀원에게 상담을 받도록 제안하는 것이 적절한 대처 방법일 수 있다. 그러나 불행하게도 직장에서 이루어지는 상담이 과연 어떤 의미인가에 대한 이해가 전혀 없는 상황이기에 상담의 가능성을 평가하는 과정은 명확하지 않을 수밖에 없다.

---

1) 역주: 브루스 W. 터크먼Bruce W. Tuckman은 소규모 집단의 발달 과정을 5단계로 구분하여 설명했는데, 형성기(forming, 오리엔테이션 단계)–격동기(storming, 갈등 단계)–규범기(norming, 구조화 단계)–수행기(performing, 작업 단계)–휴지기(adjourning, 변화와 애도)로 명명하였다.

상담은 무엇을 의미하는가

가장 중요한 문제는 바로 이 용어 자체에 있다. '상담counseling'이란 용어는 두 사람 사이에서 일어나는 행동이나 언어, 즉 '말하고' '공감하며' '토론하는' 것이라는 일반적인 의미만을 지니고 있는 것이 아니다. 학자들은 상담의 주제를 기술하면서 수많은 동의어를 함께 사용함으로써 이미 상담이 정확히 무엇인지를 잘 알지 못하도록 만들었다. 넬슨-존스Nelson-Jones(1988)는 '도움helping'이란 용어를 더 선호했고, 손Thorne(1992)은 '상담'과 '심리치료psychotherapy'란 단어의 의미를 구별하였다. 성경의 사마리아 사람을 상담자의 모델로 생각하는 사람은 내담자에게 '친구가 되어 주는 것be friend'을 상담이라고 생각할 것이다. 하지만 에이즈 환자를 돌보는 봉사자들에게 있어서 상담은 정보 제공의 활동 그 이상의 개념이 아닐 수 있다. 일부 상담자들은 정보 제공information-giving의 기능을 상담의 중요한 역할 중 하나로 간주하고 있으며, 상담과 관련된 책들도 상담을 우선적으로 '교육과정educational process'의 하나로 설명하고 있다(Nelson-Jones, 1993a). 이러한 저서들은 심지어 업무를 하면서 발생하는 모든 일상의 대화들도 사실은 상담으로 보아야 한다고 주장하기도 하지만 대부분의 사람들은 그렇게 인식하고 있지 않다(Redman, 1995). 불Bull(1994)은 이러한 문제에 대해 "[직장에서 발생하는] 거의 대부분의 도움의 형태는 자격이 없는 사람에 의해 이루어지고 있으며, 상담을 조언해 주거나 훈계해 주는 과정이나 활동"으로 언급하고 있다.

만일 현업관리자가 상담을 깊이 있는 이해가 별로 필요하지 않은 매우 자연적인 현상이고 자발적인 일상활동으로 생각하고 있다면 분명한 오류를 범하고 있는 것이다. 내가 직접 관찰한 바로는 상담은 사람들에게 엄청난 영향을 미치는 목적 지향적인 활동이다. 비록 상담 전문가라 하더라도 지속적으로 광범위한 훈련을 받는 이유는 상담이 매우 강력한 과정이기 때문이다. 상담은 너무도 강한 영향력을 지니고 있기 때문에 상담의 결과로 사람들은 자신의 삶 안에서 매우 중요하고 가끔은 근본적인 변화를 이루어 낼 수 있는 것이다. 이러한 상담의 본질과는 다르게 상담을 이해하고 있다면 반드시 재조정되어야 한다. 그렇지 않다면 현업관리에서 상담의 가치가 잘못 받아들여질 수 있다.

상담의 본질에 대해 가장 널리 알려진 정의를 살펴보는 것이 도움이 될 것이다. 영국상담학회British Association for Counseling: BAC의 『상담자를 위한 윤리 및 실천 강령Code of

Ethics and Practice for Counsellors』에 의하면, "상담은 단순히 '상담기술'을 사용하는 행위가 아니라, 반드시 '상담'을 하는 사람과 상담을 받으려는 두 사람이 명확하게 상담 관계를 맺겠다는 동의가 전제되어야만 가능할 수 있는 행위이다."(1992: 3.2) 이렇게 '상담'과 '상담기술을 사용하는 것'에 대한 명백한 구별은 특별히 현업관리에서 중요하게 적용되는 사안인데, 이 부분에 대해서는 이후에 설명하도록 하겠다. 여기에서는 '상담 관계가 무엇인가?'라는 더 유용한 질문에 대해 좀 더 살펴보도록 하겠다.

첫째, 영국상담학회BAC의 상담활동의 정의는 상담 관계를 맺겠다는 당사자들의 명백한 동의가 있어야 비로소 상담이 발생하게 된다는 것을 강조한다(1992: 3.2). 실제로, 이 말의 뜻은 상담자와 내담자 두 사람이 모두 언어적으로 동의를 표현해야 하고, 동시에 두 당사자가 이 사실을 분명히 인지하고 있어야 한다는 것을 의미한다. 둘째, 영국상담학회의 윤리규정은 이러한 상담 관계 안에서 상담자는 상담의 가장 중요한 원리로서 진실integrity, 공평성impartiality, 그리고 존중respect의 태도를 가지고 내담자를 대해야 한다고 명시하고 있다(1992: A.1). 실제로, 이 말은 상담자가 어떤 상황에서도 내담자를 편견을 가지고 대해서는 안 된다는 것을 의미한다. 셋째, 특별히 현업관리자와 관련이 있는데, 이 강령은 상담자가 내담자와의 관계 안에서 어떤 애매모호한 관계가 발생하지 않도록 경계선을 명확하게 설정할 책임을 지고 있다는 것을 강조하고 있다(1992: B.2.2.5).

이제 진의 예로 돌아와서 방금 우리가 살펴본 상담 관계의 이해가 짐에게 어떻게 적용될 수 있는지를 살펴보자. 아마 관리자로서의 짐은 이러한 상담 관계의 요건을 거의 충족시키지 못할 것으로 보인다. 사실, 그는 다음과 같이 진에게 말하도록 요청받고 있는 형국이라고 볼 수 있다. "지금 당신의 문제를 들어 주고 있는 나는 관리자가 아닌 상담자이기 때문에 당신이 어떤 결정을 내리든지 그것에 대해 편견을 가지지 않고 대할 것입니다. 그러나 우리의 대화가 끝나고 나면, 나는 곧바로 당신의 관리자가 되어 당신이 내린 결정에 대해 책임을 묻게 될 것입니다."

이러한 말은 마치 자식들의 결정은 가족의 삶에 영향을 미치지 못할 것이라고 말하는 부모의 주장처럼 아주 터무니없어 보인다. 영국상담학회의 강령은 분명하게 상담이 상담 관계를 통해 이루어지는 활동임을 밝히고 있다. 따라서 인력관리의 책임을 지는 관리자가 만일 전문적인 상담자가 될 수 있는 것처럼 보인다 할지라도, 현업관리자에게 상담자와 관리자 사이의 역할 갈등은 필연적으로 따라올 수밖에 없다.

반면에, 상담은 어떤 이익을 제공한다는 점에서 아주 매력적인 활동이다. 기업에 종사하는 사람들을 대상으로 한 최근 연구 결과에 의하면, 이들은 현업에서의 상담이 스트레스를 줄이고 효율성을 높이며 업무 수행 능력을 증진시키고 기업의 변화의 과정에 한 부분을 담당하고 있음을 믿고 있었다(TDA, 1994). 이러한 사실은 상담이 현업관리자에게 부정할 수 없는 이익을 가져다준다는 것을 말해 주는 것이다. 따라서 관리자는 '만일 내가 이러한 이익을 얻고자 한다면 내 직원들을 어떻게 상담해야 하는가?'라고 질문을 던지게 될 것이다. 영국상담학회는 자신의 상담 정의를 바탕으로 이러한 질문에 대해 다음과 같이 간략한 대답을 제시할 것이다. '당신은 상담자가 될 수 없다' 혹은 좀 더 정확하게 '만일 당신이 상담자가 되려고 한다면 당신은 중대한 위험에 직면할 것이다'.

현업관리에서 상담의 위험성

미국과는 달리 영국에서는 관리자가 자신의 부하직원의 상담자의 역할을 수행함으로써 해를 끼칠 가능성을 미리 방지하는 법률이 없다. 이러한 법률은 반드시 마련되어야 한다. 다음에 설명하고 있는 쉴라의 이야기는 관리자가 부하직원의 상담자가 될 경우 어떤 피해가 발생할 수 있는지를 알려 주고 있다.

사례연구

최근에 업무량이 많은 행정 부서의 관리직을 맡은 쉴라는 이 부서의 직원들 중 한 사람이 며칠 전 일을 하다가 공황발작을 일으켰다는 사실을 알게 되었다. 쉴라는 (개인적인 시간을 이용하여) 마침 상담에 필요한 과목들을 이수하였던 참에 그 직원이 병가에서 돌아오면 상담자로서 상담을 해 줄 수 있을 것이라 생각했다. 그녀는 자신의 직원이 또 다른 공황 상황에 노출되지 않도록 타고난 민감성에 바탕을 둔 통찰력을 가지고 도와주었다. 마침내 쉴라는 회사로부터 현업관리자이면서 동시에 상담자로서 직원들의 심리적 문제들을 해결해 줄 수 있는 사람으로 기대를 한몸에 받게 되었다.

쉴라가 상담자의 역할을 수행함으로써 발생한 피해가 있다면 그것은 무엇일까? 가장 우선적으로 고려해야 할 사항은, 전문적인 상담은 분명히 일반적인 도움과는 거리가 있다는 것을 알아차리는 것이다. 직장에서 전문적인 상담을 받는다는 것은 거의 불가능에 가깝다는 것이 지론이다. 전문적 상담은 일정한 시간, 즉 최소한 한 시간이라는 업무의 공백을 감안한 상담 시간이 요청되는 과정이다. 만일 직원이 이러한 물리적 시간을 소요하면서 상담을 받게 되면, 그 시간 동안의 업무는 고스란히 다른 동료들이 몫으로 떠넘겨진다. 이러한 일이 계속 벌어지면 동료들은 이 직원을 헐뜯고 뒷담화하며 괴롭히게 될 것이고 결국 이 직원은 개인적으로 아주 큰 해를 입게 될 것이다. 방금 예를 들었던 그 직원도 예외는 아니었다. 쉴라는 그 직원의 공황발작이 결국 직장 동료들로부터의 집단 따돌림과 같은 수치심 때문에 근원적으로 발생한 현상임을 알게 되었다. 그러나 비밀보장을 포함한 전문 상담계약을 맺고(BAC, 1992: B.4.1) 상담자가 통제하지 않는다는 윤리규정을 지키면서(BAC, 1992: 2.2.3) 직장 안에서 심리상담을 수행해야 하는 쉴라는 결국 부하직원인 내담자에게 어떤 도움도 줄 수가 없었다. 왜냐하면 상담계약과 윤리규정에 따라 이 직원으로부터 들은 내용을 바탕으로 직장 내에서 어떠한 실천적 행동을 계획할 수 없었기 때문이다. 이러한 이유로 쉴라는 내담자 직원에게 어떠한 대안행동도 수립해 주지 못했고 결국 자기 부서의 업무 수행 수준은 기대치 이하로 떨어지게 되었다. 이러한 결과는 자연적으로 회사에 대한 충성심과 그녀의 상담자로서의 책임 사이에서 심리적 갈등을 만들어 냈다. 또한 부서 안에서 어떠한 조치가 내려지지 않은 관계로 직원들의 괴롭힘은 계속되었고 내담자였던 직원의 공황발작은 전보다 더 심해졌다. 게다가 전문적인 상담은 일반적으로 내담자에게 문제에 대한 충고를 해 주지 않는 것을 원칙으로 하기에(BAC, 1992: 2.2.2), 쉴라는 자신의 내담자 직원에게 어떠한 충고도 하지 않았다. 쉴라에게 찾아온 결과는 오직 자신의 내담자 직원을 똑바로 가르치도록 추궁하는 자신의 상사와의 심화된 갈등뿐이었다. 최종적으로 이 모든 상황이 쉴라 자신의 직무경력에는 오점만 남기는 결과로 이어지게 되었다.

방금 이야기한 내용은 현업관리자가 상담자가 되는 경우 공평성impartiality에 대한 문제를 반드시 동반하게 된다는 것을 암시하고 있다. 의심의 여지 없이 많은 일반 관리자들은 자신의 동료 직원들에 대한 진실integrity과 존중respect의 마음을 가지고 있다. 하지만 현업관리자에게 있어서 공평성이란 선택의 여지가 없는 덕목인데, 그 이유는 관리자의 직무 자체가 힘, 권위, 그리고 통제를 수반하기 때문이다. 따라서 '상담'이란 용어의 수많은 정의들을 차치하고서라도 관리자들은 절대 '상담'을 좋은 취지의 말을 해 주거나 조언을 해 주는 것, 혹은 문제해결을 위해 논의하는 과정으로 혼동해서는 안 된다는 사실을 근본적으로 깨달아야만 한다. 또한 관리자들은 상담에 대한 이해를 우리가 이후에 살펴볼 내용이지만 상담기술을 사용하는 것과 혼동해서는 안 된다. 좀 더 생동감 있게 상담을 정의한다면, 상담이란 규정된 상담의 실천과 윤리 강령 안에서 자신의 모든 활동을 안전하게 수행할 수 있도록 훈련된 개인으로부터 실시되는 전문적인 활동이라고 할 수 있다. 이러한 상담의 핵심을 이해하고 있다면 왜 현업관리자가 자신의 부하직원들의 상담자가 되어서는 안 되는지에 대한 이유 역시 명확히 이해할 수 있을 것이다.

나는 현업관리자가 상담을 시도한다는 것은 비실용적이고 비윤리적인 행위라는 사실을 예를 들어 설명하였다. 그러나 관리자는 상담기술을 필요로 한다고 말할 수 있다. 왜냐하면 우선적으로 관리자는 자기 직원들의 사기진작과 원활한 업무 수행을 유지하도록 돕기 위해 더욱 효과적인 의사소통을 필요로 하기 때문이다. 두 번째로 관리자는 상담기술을 통해 부하직원들이 스스로 근로자로서의 자신을 인식하고 위기 상황에 대처하여 어떻게 행동해야 할지를 알 수 있도록 도와줄 수 있어야 하기 때문이다. 이러한 일들은 상담기술에 대한 이야기이지 우리가 다시 언급하게 될 상담 그 자체에 대한 이야기는 아니다.

어떤 관리자라도 상담기술을 통해 유익을 얻을 수 있다

현업관리자들은 업무 상황에서 실제로 자신이 상당한 문제를 일으키고 있는 장본인이라는 사실을 거의 모르고 있는 경우가 대부분이다. 관리자로서 현업관리자들과 함께 일해 보았던 나의 경험에 비추어 보면, 거의 많은 문제의 원인이 관리자와 직원들과의 관계에서 비롯된다. 사람들을 다루는 능력이 부족한 사람이지만 그보다 다른 일을 잘하기 때문에 현업관리자로 임명되는 경우가 종종 있다. 이건Egan은 이러한 사실에 대해서 신랄하게는 아니지만 다음과 같이 꼬집어 이야기하고 있다.

> 거의 대부분의 회사들은 관리자를 선발할 때 이들이 무엇인가를 잘하기 때문에 선택하는 경우가 대부분이다. 이들은 훌륭한 회계사이거나 엔지니어 혹은 숙련된 선반공이거나 그 이외의 어떤 일에 능력을 인정받은 사람들일 수 있다. 이러한 선발이 이루어지고 나면 회사들은 이들 관리자들에게 명확한 관리직 기술을 훈련할 수 있는 기회를 주지 않는다. 당신은 관리 부서에서 뛰어난 능력을 보여 주었다는 이유로 외과의사로 선발된 사람에게 뇌수술을 받고 싶겠는가?(1993: 34)

이건은 사람들의 기술이 반드시 관리직으로 승진하기 위해 갖추어야 할 전제조건이 될 필요는 없다고 피력하고 있다. 오히려 대화기술, 관계 형성 기술, 그리고 대인 관계 기술 등이 관리 직무를 전문적으로 수행하기 위한 기초가 된다. 이러한 기술들은 미래의 성공을 위해서는 결코 간과될 수 없는 요소들이다. 사람과의 관계에 대한 기술이 없다면 현업관리자는 고립되고 무능력해지며 자신의 직책에 대해 두려움을 가지게 된다.

겉으로 드러난 직위나 직함은 관리자가 자신의 능력을 넘어서 사람들을 관리할 수 있다는 망상을 심어 주어 상황을 더 악화시킬 수 있다. 관리자의 이러한 착각은 대체로 '난 분명히 사람들을 관리할 수 있어! 내가 그렇지 않다면 그들이 나에게 이러한 승진을 허락했겠어?'라는 방식으로 이루어진다. 더 나쁜 것은 승진한 후 시간이 흐를수록 지위를 더욱 의식하게 되어 사람을 다루는 기술을 훈련해야 할 필요성을 점점 받아들이지 않는다는 것이다. 이러한 기술적 결핍은 관리자를 괴롭히는 사람들과의 수많은 관계문제의 근원이 된다.

그렇다면 대인 기술의 결핍이 어떻게 문제를 일으키는 것일까? 지나치게 단순화해서 말하는 것일 수도 있지만, 사람들이 서로를 존중하지 못할 때 문제가 생긴다. 사회적인 맥락에서 우리는 누구와 어울리고 시간을 보낼지 선택할 수 있다. 그러나 직장에서는 이러한 선택이 불가능하다. 이상적으로 관리자는 자신의 모든 부하직원들과 '잘 지내고 있으며' 자신이 좋아하는 사람이든 그렇지 않은 사람이든 간에 공평하게 모든 사람을 존중한다고 볼 수 있다. 그러나 존중은 서로 간의 이해와 좋은 관계를 증진시키는 양 당사자의 노력으로 이루어지는 것이다. 상호 간의 좋은 관계가 깨져 버리는 경우는 관리자이든 아니면 부하직원이든 어느 한편에서 '상대가 나를 위해 시간을 내주지 않는다' '내 말을 들어 주지 않는다' '내 상황을 이해해 주지 않는다' '나를 돌보아 주지 않는다' 등과 같은 느낌을 가질 때 발생한다. 이러한 감정은 어느 편에서든 원치 않는 반응들이지만, 상담기술을 통해 미연에 방지할 수 있다.

상담기술은 신비로운 것도 아니고, 그렇다고 상담 활동에만 국한되어 사용되는 기술도 아니다. 이러한 기술을 일부 사람들은 선천적으로 타고나기도 하고, 타인을 돕기 위해 사용하는 일반적인 기술일 수도 있다. 적지 않은 관리자들은 직원들의 말을 주의 깊게 경청하고 그들과 좋은 인간관계를 형성하는 능력을 가지고 있다. 많은 관리자가 이미 훌륭한 의사소통기술을 지니고 있고 자신의 직원들을 지원해 주는 건설적인 관계를 형성하고 있으며 직원들이 자신의 결정을 잘 내릴 수 있도록 도와주는 능력을 발휘한다. 그러나 정확히 말한다면, 이러한 능력은 사실 '타고난'(IPM,

1992) 능력으로 보이며, 사람들을 성장시키는 이러한 특별한 기술들은 배워서 익힐 수 있는 것이 아니라는 인식이 깊다. 동시에 자신에게 이러한 기술이 부족하더라도 그것이 자연적으로 인식되는 것도 아니다. 따라서 요점은 많은 관리자들이 무의식적으로 대인 관계 기술에서 유능한 반면에 동시에 무능하다고 볼 수 있다. 즉, 이들 관리자들은 대인 관계 분야에서 능력이 부족하다는 것을 알지 못하고 있다.

이 같은 도움기술은 상담에 기본이 되므로, 상담자들은 상담을 효과적으로 이끄는 요소가 무엇인지를 밝히고자 했다. 분석을 통해 특정한 '핵심' 기술을 확인했고, 이를 '상담기술'이라는 용어로 제시했다. 상담기술이 밝혀지면서, 다른 영역의 기술들처럼 관리자가 배우고 익히고 능숙하게 사용할 수 있도록 하는 교육과정들이 하나둘 생겨나기 시작했다.

핵심 기술: 전체 상담의 한 부분

다행히 효과적으로 사람을 돕는 핵심 기술에 대해서는 대다수 사람들의 의견이 일치하고 있다(Reddy, 1987; Megranahan, 1989; Culley, 1991; Egan, 1994; Redman, 1995). 컬레이Culley는 상담기술에 대해 "훈련 안에서 얻어지거나 개발되는 의사소통의 능력 혹은 성취"(1991: 3)라는 유용한 정의를 내렸다. 그녀가 이야기하고 있는 '근본적인 기술'에는 주의를 기울이기, 관찰하기, 경청하기, 반영하기, 탐색하기, 그리고 구체화하기 등이 있다.

본 장에서는 각 기술을 자세히 설명하거나 능숙해지는 방법을 알려 주는 것이 목적이 아니므로, 이에 관해서는 관련 문헌을 참고하면 좋을 것이다(예: Murgatroyd, 1985; Culley, 1991; Hughes, 1991; Nelson-Jones, 1993b). 그 대신, 나는 〈표 18-1〉처럼 관리자가 일반적으로 직원을 만나 이야기하는 것과 상담기술을 사용하면서 만나는 것에 대한 차이점에 대해서 설명하고자 한다.

표 18-1 두 접근 방식의 비교

권위적 접근	기술	대안적 접근
직원은 면담 약속을 지키기 위해 자신의 작업장을 떠나야만 한다(권위주의적 경영모델).	주의를 기울이기	관리자는 직원의 작업 현장에서도 종종 만남을 할 수 있다.
관리자는 책상 뒤에 앉아서 직원을 만나며 문은 열려 있고 면담 시간을 정해 놓고 만난다.		상대와의 사이에 권위를 나타내는 장벽을 없애고 동등한 의자에 앉는다. 문을 닫고 전화기 수신을 전환시켜 놓으며 면담시간을 어느 정도로 설정할지에 대해 서로 의논한다.
관리자는 팔짱을 끼고 직원을 주시하면서 "문제가 무엇입니까?" 하고 묻는다.	관찰하기	열린 신체언어를 사용하면서 편안하게 바라보고 직원이 신뢰할 수 있는 만남이 되기를 원하는지를 묻는다. 관리자는 비밀보장 원칙의 한계성과 상담의 경계선에 대한 이야기를 해 준다.
관리자는 전화가 오면 전화를 받으면서 안절부절못하는 감정을 표출하고 거의 눈을 마주치지 않는다.	경청하기와 라포 형성	관리자는 직원이 말하고 싶을 때 시작할 수 있도록 기다려 준다. 이야기를 듣는 데 방해가 되는 요소를 제거하고 편안한 눈맞춤을 계속 유지한다.
관리자는 직원의 문제를 듣고 이성적으로 그것에 대해 이야기를 시작한다.	반영하기와 공감적 반응하기	관리자는 적극적인 경청기술을 사용하여 직원으로 하여금 자신이 그의 말을 정확히 공감적으로 이해했음을 알게 해 준다.
관리자는 자기 자신 혹은 부서의 필요에 미칠 영향력을 고려한다. 그리고 이성적으로 이러한 필요에 가장 잘 부합할 수 있는 가장 편리한 해결책을 강구하기 시작한다.	탐색하기	최소한의 필요한 질문들만 사용하면서 관리자는 직원 자신이 스스로의 문제와 관련된 감정의 깊은 차원을 표현하고 명료화할 수 있도록 촉진한다.
관리자는 자신이 인지한 해결책 그리고/혹은 다음 단계를 위한 선택에 대해 설명하기 위해 직원의 말을 가로막는다.	반복하기와 재진술하기	중립적인 감정 유지와 직원의 문제 및 그로 인해 예상되는 결과들을 염려하면서, 관리자는 직원이 자신의 문제에 대한 관점과 감정을 다시 들을 수 있도록 관리자의 언어를 통해 재진술해 준다. 이러한 과정은 내담자로 하여금 과도한 감정에 희생양이 되지 않도록 해 주며 자신에 대한 이해를 증진시켜 준다.
관리자는 직원에게 자신이 제안한 해결책이 직원의 문제에 적용되어야 할 당위성을 권위적으로 설명하면서 강요한다.	객관적 관점 유지하기, 진단하고 명료화하기	자신에게 떠오르는 판단과 해결책을 유보한 채, 관리자는 직원에게 자신의 문제에 대한 명확하고 자세하며 가장 중요한 요소들이 무엇인지에 대해 스스로 발견하도록 촉진한다.
관리자는 직원이 모르는 자신만의 계획을 가지고 있다.	일치성을 유지하기	만일 직원의 욕구가 관리자의 계획과 상충한다면, 관리자는 서로 동의한 비밀보장의 경계선 안에서 적절한 방식으로 이러한 갈등을 개방적으로 이야기한다.

관리자는 직원에게 처방을 내리거나 앞으로 어떻게 하라는 강력한 권고를 제시한다.	개입하기	너무 섣부른 충고나 지도를 삼가면서 관리자는 직원이 스스로의 길을 찾을 수 있도록 도와준다. 가능하다면 직원이 스스로 발견한 해결책이 위험성은 없는지, 또 다른 대안과 예상되는 결과들 그리고 그 해결책을 둘러싸고 있는 어려움들은 무엇인지를 함께 고민하는 과정을 통해 그 해결책을 받아들인다.
	자신을 인식하고 의뢰하기	관리자는 직원의 관심 사항(및 관리자 자신의 관심)이 인사, 담당 간호사, 전문 상담자 등의 다른 자원에 의해 더 나은 서비스를 받을 수 있을지 여부를 판단한다. 만일 그렇다면 적절한 방식으로 의뢰한다. 이때 전달할 정보의 범위에 대해 내담자와 의논하고 동의를 구한다.
관리자는 면접을 종료한다.	요약하기	관리자는 직원이 원하면 다음에도 다시 만나 도움을 청할 수 있음을 약속하면서, 시간과 날짜를 정하는 데 동의하고 비밀보장의 원칙을 다시 한 번 재확인한다.
	마치기	관리자는 직원에게 상담을 효과적으로 마칠 수 있는 때가 되었는지를 묻고 이에 대한 긍정적인 답변을 얻은 후 상담을 종료한다.

공감: 효과적인 직원 돌봄의 또 다른 차원

현업관리자는 자신의 직원을 전문적으로 돌보아야 할 의무가 있지만, 직원들의 위기 상황 징후를 어떻게 포착해야 하는지, 위기 상황에 처해 있거나 위기가 임박한 직원을 발견하는 방법을 대부분 잘 알지 못한다. 상담기술은 단순히 의사소통을 잘해서가 아니라, 대인 관계가 능숙해지면서 드러나는 산물이기에, 실제로 효과적으로 직원을 도울 수 있는 방법이다.

캐롤Carroll(1995)은 관리자와 관련하여 이러한 점을 강조하기 위해 기업상담에 관한 인사관리협회IPM의 지침서『Statement on Counseling in the Workplace』(1992)에서 다음과 같이 설명하고 있다.

> 상담의 현대적 정의에 비추어 본다면 직장에서 이루어지는 상담은 사실 상담이라고 볼 수 없지만 상담기술이 필요한 상황과는 관련이 있다. 이러한 기술은 직원들의 문제를 더 쉽고 빠르게 다룰 수 있는 능력을 향상시켜 주고, 스트레스나 업

무곤란의 징후를 더 빨리 인식할 수 있게 해 주며, 자신의 직원들과 좀 더 인간적인 방식으로 관계를 맺도록 만들어 준다(Carroll, 1995: 23-29).

관리자에게 이러한 능력을 향상시켜 주는 상담기술은 도대체 어떤 점에서 특별한 것일까? 반복해서 말하지만 훌륭한 의사소통, 좋은 인간관계의 형성, 그리고 대인 관계의 기술들은 모두 핵심적인 관리기술이다. 그러나 상담기술 안에는 관리자가 종종 인식하지 못하지만 중요한 측면이 더 있다. 관리자들은 상담기술 훈련 과정에서 이 접근 방식을 접하면서 경이로운 효과에 종종 놀라곤 한다.

이들이 놀라움을 금치 못했던 효과는 바로 상담자가 내담자의 **감정**에 의식적인 주의를 기울이자 내담자의 마음 안에 깃든 문제들이 밖으로 개방되어 나온다는 것이었다. 이러한 방식의 접근은 내담자들로 하여금 자신의 문제들에 대한 새로운 통찰을 가질 수 있도록 만들어 주었다. 어떤 관리자들에게는 감정의 차원이 완전히 새로운 접근 방식이었으며, 직장에서 서로 소원했던 사람과 관계를 맺을 수 있게 되었다. 그러나 이 주제와 관련된 모든 학자들이 감정의 장점에 모두 동의하는 것은 아니다. 인간관계 기술을 잘 정리해 놓은 한 저술에서는 감정에 주의를 기울이는 것이 기업 환경에서는 현실적으로 어렵다고 밝히고 있다(Honey, 1988). 이 책에서의 요지는 문제를 이해하고 행동에 대해 논의하는 것은 기업의 상식적인 관리방식이지만, 한 사람의 감정에 주의를 기울이는 것은 기업의 관리방식과는 전혀 다르다는 것이다. 적극적으로 경청하고 개방적인 신체언어를 사용하며 요약하고 질문하는 모든 행동들은 이해를 명료화하는 효과적인 기술들이다. 그러나 관리자가 "그것에 대해 어떻게 느끼십니까?"라고 말하면서 그 상황의 **감정적** 측면을 탐색하게 되면, 토론의 내용이 논리적인 업무 관련 내용(즉, 상황의 세부 사항)이 아닌, '과정process'을 알아보는 질문이기에 너무도 낯설고 새로운 방식이 될 것이 분명할 것이다. 여기서 말하는 과정은 한 사람이 자신의 문제를 탐구해 나갈 때에 감정적인 차원에서 경험하는 것을 의미한다. 평상시 관리자가 직원과 상호작용하는 방식은 대개 이러한 정서적인 측면에는 주의를 기울이지 않고, 직원의 생각과 행동에만 집중하게 된다. [그림 18-1]은 감정 영역이 추가될 때 영향을 보여 준다.

요점은 우리가 생각하거나 행동하는 것에 영향을 미치는 감정을 고려하지 않으면, 우리에게 일어나는 일을 제대로 이해하지 못할 뿐 아니라, 의사 결정의 질도 떨어진다는 것이다. 따라서 이건이 제시한 상담의 3단계[탐구exploration, 이해understanding, 실행action] 모델을 기초로 한 상담기술 강좌에 참석한 관리자들은 그나마 일찍 감정

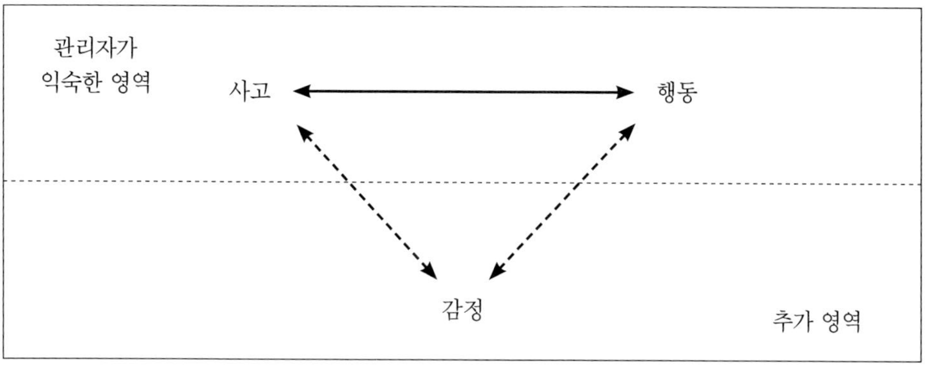

[그림 18-1] 사고, 행동, 감정의 상호 관계

의 차원에 대해 알게 될 것이다.

이러한 훈련은 전형적으로 다른 사람에게서 일어나는 정서적인 과정에 대한 단서가 되는 핵심 단어, 신체적 사인, 억양 등에 주의를 기울이도록 가르친다. 관리자들은 다른 사람의 감정을 자신이 느낄 수 있는 능력인 공감에 대해 배우게 되는데, 이는 마치 다른 사람의 신발이 얼마나 불편하고 아픈지를 느낄 수 있는 것과 같다.[2] 공감은 라포와 신뢰를 형성하는 데 아주 효과적이어서, 공감을 사용하는 데는 책임이 따르게 되는데, 이 주제에 대해서는 나중에 살펴보고자 한다. 직장에서는 보통 감정을 억누르게 되는데, 이는 감정 억제가 자연스러운 것이고, 특히 자신의 관리자 앞에서 감정을 드러낸다는 것은 나약함의 표현으로 여기기 때문이다. 그러나 관리자가 라포와 상호이해, 그리고 신뢰의 분위기를 조성하는 데 숙련된다면, 표면적인 문제를 넘어서서 진짜 원인과 고민에 가장 공감적인 대응을 할 수 있을 것이다. 이는 일반적인 인간관계 기술을 넘어서 상담기술을 필요로 하는 또 다른 차원이며, 그렇기 때문에 상담기술을 사용하면 관리자와 직원이 문제와 상황에 대해 더 깊고 명확한 이해를 돕는 데 매우 효과적이다.

2) 역주: 흔히 역지사지易地思之로 생각해 보라는 뜻의 영어 속담으로 "put yourself in his/her shoes."라는 표현이 있는데, 저자는 이 표현을 전제하면서 상대방의 처지가 되어 보라는 뜻에서 한 발 더 나아가 상대방의 처지에서 발생하는 감정을 함께 느껴 보라는 뜻으로 이러한 말을 한 것으로 보인다.

상담기술: 효율성과 성과를 위한 강력한 도구

관리자는 직원을 관리하는 방법의 하나로 상담기술을 정당하게 사용할 수 있다. 사실, 상담기술은 어떤 상황에서 사용되든 성공적인 관리직무를 위한 기초기술이라 할 수 있다. 영국상담학회의 윤리 및 실천 강령은 상담과 '상담기술을 사용하는 것의 차이'를 구분하는데, '내담자의 기능적인 역할 수행 능력을 향상시키려는 의도를 가지고 상담기술을 사용하는지 여부'로 구별된다(1989: B.1.1). 나는 관리자가 상담기술에 관한 자신의 자원을 개발하면, 직원들의 더 나은 업무 성과를 이끌어 갈 수 있다고 믿는다.

이러한 접근 방식 기저에 바탕이 되고 있는 심리학을 이해하기란 그리 어렵지 않다. 간단하게 말하자면, 사람들이 어린아이가 아닌 한 사람의 성인으로 대우받는다면, 그리고 사람들이 자신의 자원을 이용하여 문제를 해결할 수 있도록 비판단적이고 무조건적인 지지를 받을 수만 있다면, 자신감을 키우고 그들 스스로 미래 문제를 해결하는 능력을 향상시킬 수 있을 것이다. 만일 관리자가 비방어적으로non-defensively 반응하고, 라포 형성, 공감적 반응과 명료화, 그리고 반영과 요약 등과 같은 상담기술을 사용할 수 있으면, 각자가 서로 더 잘 이해할 수 있을 것이며, 더 명료하고 더 개방적인 쌍방향 의사소통이 가능하게 될 것이다. 실제로, 이러한 과정은 전문지식을 전하거나 대화를 하는 것과는 확연히 다른데, 그 이유는 상담기술을 사용하는 관리자의 대화는 80%가 상대방의 말을 듣는 데 할애되며 오직 20%만 말하는 데 사용되기 때문이다(Bond, 1993). 상담기술을 사용하는 관리자와 대화를 하는 직원들은 일반적으로 생소한 체험을 하게 된다. 즉, 직원들은 자신을 창조적으로 사고하고 스스로 변화할 수 있는 최상의 동기를 가진 능력 있는 직원으로 바라보는 관리자의 시선에 의해 주눅이 들기보다는 오히려 기분 좋은 감동을 받을 것이다.

상담기술은 관리자가 자신의 직원에게 어떤 해결책을 강요하지 않으면서도 직원 스스로 자신의 문제를 통찰하고 이해하며 문제의 해결을 위해 행동하도록 촉진하기 때문에 강력한 도구가 된다. 효율성과 성과를 향상시키는 변화는 때로 아주 쉽게 발생할 수 있다. 행동을 실천에 옮겨야 할 당사자가 자신이 무엇을 할지 결정하고 스스로 동기유발이 되기 때문이다. '변화를 이루어 내기 위한' 책임성은 조직의 목표 달성이 관리자와 함께 바로 자기 자신들에게 부여된 사명임을 직원들이 스스로 깨닫게 될 때 발생하게 된다.

그런데 이러한 상황이 관리자가 진정으로 원하는 것일까? 아마 아닐지도 모른다. 이것은 관리자가 어떤 관리모델을 생각하고 있느냐에 따라 달려 있다. 선천적으로 통제하기를 좋아하는 사람들은 흔히 말하길, 만일 직원들에게 스스로 무엇을 할 수 있는 역량을 허락하거나 아니면 제멋대로 행동하도록 내버려둔다거나 또는 스스로 결정을 하도록 자율성을 준다면 그들의 일에 대한 무능력과 무관심 혹은 심지어 앙심을 품는 행동으로 말미암아 온통 대혼란이 발생할 것이고, 이에 대한 모든 책임은 결국 관리자에게 돌아갈 것이라고 주장한다. "하나를 허락하면 열 개를 달라고 할 것이다Give them an inch and they'll take a mile"라는 말에 동의하는 관리자들은 흔히 '마초적 경영macho-management'이라고 불리는 통제적 경영스타일을 선택하려는 경향이 있다(Dutfield and Eling, 1990). 그러나 이러한 관점이 문제가 있음을 이야기해 주는 설득력 있는 증거들이 있다. 세믈러Semler는 이 두 가지 방식 모두를 자신의 책에서 제시하면서, 자신의 브라질 회사인 셈코Semco가 어떻게 사업적인 성공을 거두었는지 그리고 어떻게 통제적 문화를 지양하고 직원들을 격려하며 자율성을 허락함으로써 눈에 띄게 직원들의 사기를 진작시키고 업무만족도를 향상시켰는지를 설명하고 있다.

> 셈코에서 우리는 '어떻게 하라'는 명령조의 비난들을 없애고 서로의 차이를 존중하기 위한 비옥한 토양을 창조해 냈다. 우리는 직원들에게 실험해 보고 의문을 제기하며 동의하지 않을 수 있는 기회를 주었다. 우리는 그들에게 스스로 어떤 훈련이 필요한지를 결정하고 자신의 미래를 설계하도록 자율성을 허락하였다(Semler, 1994: 281).

또 다른 예로서 우리는 관리자들에게 경제 회복을 위한 협조자로서의 역할을 처음으로 부여했던 대규모 컴퓨터 회사인 ICL의 성공사례를 꼽을 수 있다. 이 회사는 관리자들에게 효과적인 사업 관리자로서의 역할과 동시에 인력 관리자로서의 역할을 요구하였다(Incomes Data Services, 1992: 10-11). ICL의 성공의 비결은 '조직적인 경영문제'와 '관계적인 인간문제' 사이에서 균형을 맞추었고 관리자가 갖추어야 할 능력의 조건들 안에 상담기술에 대한 명확한 역할을 포함시켰던 점에 있었다. 한편, 레인Lane(1990)은 관리자의 높은 업무 수행 능력을 위해 세워진 관리경영연구소The Business Institute of Management가 제시한 여섯 가지의 중요한 능력들(자기인식, 자기경영, 의사소통, 타인경영, 문제해결, 재정정보)을 설명하고 있는데, 이 여섯 가지의 능력들 중 한 가지, 즉 재정정보만 제외하고는 모든 능력들이 전부 사람에게 지향점을 두고 있다는 것도 깊이 생각해 보아야 할 요소라고 생각한다.

마지막으로, 업무 성과적인 측면에서 관리자는 상담기술과 성공적인 경영 사이에 어떤 연결점을 찾지 못할 수도 있다. 정확히 말하면 상담기술은 냉혹한 결과 지향적인 환경 안에서도 똑같이 적용될 수 있다. 그렇다면 어떻게 이러한 기술들이 도움을 줄 수 있을까? 만일 판매자가 소비자의 욕구와 관심사를 정확히 이해할 수 있다면 그리고 상품 혹은 서비스가 소비자의 욕구에 부합하는지에 대해 관심을 두고 소비자들의 의문 사항에 대해 충분히 설명해 줄 수 있다면, 안정감을 느끼게 된 소비자는 그 상품을 구매할 정당성을 가질 수 있게 된다. 오직 판매자들은 라포를 형성하고 주의 깊게 소비자의 말에 경청하며 문제해결의 과정을 함께 고민하는 지원자로서의 역할만 수행할 뿐이지 절대 문제해결 주체로서의 역할을 하지 않을 때에 소비자들의 구매의지는 생겨날 수 있을 것이다. 영업 분야의 코치이자 경영계의 지도자라고 일컬어지는 버치Burch는 다음과 같이 말하고 있다.

> 당신의 손님과 함께 앉아라. …… 그리고 그 손님의 상황을 이해하기 위해 당신 자신을 착실하고 철저하게 준비시켜라. 이 작업은 수많은 사려 깊은 탐색, 감각적이며 활동적인 질문, 그리고 손님들의 열망과 관심뿐 아니라 대화의 밑바탕에 숨어있는 어떤 불안, 잠재적인 문제와 어려움들까지도 모두 들을 수 있는 관심 어린 경청의 자세를 요구한다(Burch, 1994: 248).

버치가 제시하는 이러한 접근법은 상담기술과 유사하고 그와 상응한 방식에 의해 촉진되는 기술이라고 할 수 있다. 그러나 나는 상담기술에 대한 신비를 벗기고 상담기술의 가치를 직원관리, 업무 수행, 효율성, 그리고 문제해결과 같은 용어를 사용하여 현업관리자에게 쉽게 설명하기를 원하지만, 현업관리자가 이를 어떻게 사용할지는 그들의 책임에 달려 있다.

상담기술에는 윤리적 책임이 따른다

현업관리자는 상담의 기술을 비윤리적으로 사용할 때 자신의 경력에 치명적인 손상을 입을 수 있음을 반드시 명심해야 한다. 이미 사전에 강조한 바 있지만, 현업관리자의 직책은 명확하다. 관리자는 절대 상담자의 역할을 명시적으로 수행하려해서는 안 되는데, 그 이유는 관리자와 상담자의 두 역할이 본질적으로 충돌하기 때문이다. 그러나 만일 관리자가 상담기술을 합리적으로 그리고 숙련되게 사용하길 원하면서 전문적인 상담 때문이 아니라 상담기술을 사용하여 자신의 직원을 만나고자 한다면 과연 어떠한 일이 일어날 것인가? 결과적으로 직원의 편에서 보면 관리자가 상담의 기술을 사용하여 얻어지는 효과와 실제로 전문 상담을 실시하여 얻어지는 효과는 거의 똑같다고 볼 수 있다. 상담을 받는 사람, 즉 관리자의 직원은 상담 상황에서 실제로 전문적인 상담을 받는 것과 거의 똑같은 경험을 하게 된다. 이러한 상황이 바로 윤리적인 문제의 핵심이 된다. 직원이 자신의 관리자에게 자신의 문제를 이야기하는 과정에서 관리자가 직원이 편안하게 이야기할 수 있도록 배려하고 자신을 믿을 수 있도록 느낌을 전하며 어떤 내용이라도 비밀이 보장된다는 안전함을 확인해 주는 것은 직원이 상사에게 그동안 자연스럽게 말하지 못했던 억제된 모든 것을 극복할 수 있도록 도와주는 과정처럼 보인다. 이러한 과정 자체가 문제해결, 직원 돌봄, 그리고 업무 수행 관리를 위해 양 당사자 모두가 진정으로 원하는 것처럼 보일 수 있다. 왜냐하면 이러한 과정 안에는 문제의 실제적인 원인이나 관심 사항들이 숨겨져 있기 때문이다. 그러나 여기에 모순이 존재한다. 현업관리자에게 있어서 이렇게 인지된 내용들은 그것으로 끝나지 않고 미래의 상황에 영향을 미치게 될 것이며, 자신이 관리자로서 들었던 사실들은 이후 역할의 충돌을 만들어 낼 것이다. 상담을 받은 직원은 점차로 자기가 관리자에게 털어놓은 사실들로 인해 방황하는 자신을 경험하게 될 것이며, 이러한 관리자 밑에서 향후 자신의 미래가 어떤 영향을 받을 것인지에 대해 혼란스러워 할 것이다.

다음은 이러한 모순을 경험하게 된 핵심 관리 직무를 맡고 있는 캐럴의 이야기이다.

사례연구

부서장인 데이비드는 사내 공지된 새로운 직무에 관해 의논하고 싶어 하는 캐럴의 면담 요청을 받았다. 캐럴은 회사규정상 새로운 직무에 지원할 경우 해당 부서장에게 지원서를 제출해야 한다는 것을 잘 알고 있기에 자신의 업무 능력에 대해 피드백을 받고 싶다고 했다. 데이비드는 면담하면서 캐럴에게 상담기술을 사용하여 편안한 분위기를 유도하였고, 개방적이며 진실한 대화를 성공적으로 이끌어 나갔다. 공감을 잘한 데이비드는 캐럴이 얼마나 더 많은 수입이 필요하다고 생각하는지를 알게 된다. 그는 캐럴이 새로운 직무로 부서 이동을 하게 되면 결국 자기 부서에 유능한 인재 한 사람을 빼앗겨 버린다는 것을 잘 알고 있음에도 불구하고 그녀가 새 부서로 갈 수 있도록 도와주고 싶은 마음이 들었다. 그는 누구에게든 이러한 부서 이동은 있을 수 있는 일이고 또한 경력개발을 위해서는 도움이 필요하다고도 생각했다. 그러다가 그녀의 재정 상태에 대한 관심이 생기면서, 그녀의 포부에 대해서도 탐색하게 되었다. 이 과정에서 캐럴은 남자친구로부터 가정을 꾸리자는 강한 압박을 받고 있지만 버티고 있는 중이라고 속내를 밝혔다. 일단은 돈을 모으는 게 우선이지만, 그 압력에 굴복하여 2년 안에 언제라도 직장을 떠나야 할지도 모른다고 염려했다.

데이비드는 딜레마에 직면하였다. 사실상, 그는 캐럴과의 관계가 관리자/직원의 관계에서 상담자/내담자의 관계로 넘어가도록 허용한 것이다. 캐럴은 애초에 예상했던 것 이상으로 자신의 개인문제를 공개함으로써 데이비드에게 영향을 미치게 되었다.

신뢰할 수 있는 조언자인 데이비드는 캐럴이 새로운 직무를 잘 수행할 수 있으리라 믿고 있고, 그녀의 경력을 지원하고 싶은 마음이 있기에 그녀의 새 직무에 지원하는 것을 격려해야 한다고 생각한다. 그러나 결과를 생각해 보면, 그는 캐럴이 2년 안에 회사를 완전히 떠나게 될지도 모른다는 것을 알면서도 그녀를 다른 부서로 보내는 것은, 결국 회사에 피해를 끼치는 범죄적인 시간낭비를 허용하는 꼴이 될지도 모른다는 생각을 하게 되었다. 차라리 그녀가 현재 부서에서 자신의 뛰어난 업무 능력을 이어 나갈 수 있도록 하는 것이 회사의 입장에서는 훨씬 더 바람직한 선택이 될지도 모른다. 이러한 생각에 이르자 데이비드는 그녀가 현재 부서에 남아 있도록 월급인상을 제안할까도 생각해 보았지만, 예산을 기획하고 집행하는 담당자로서 타인의 시선과 예상치 못한 비용문제가 또한 걱정이 되었다.

데이비드는 장차 캐럴의 상사가 될 수도 있는 동료에게 캐럴의 의도를 비밀로 하는 것과 그녀가 곧 그만둘 경우 새로운 직무 훈련을 하는 데 회사재원이 낭비될 수도 있는 상황을 막아야 하는 것 사이에서 갈등을 느낀다. 데이비드는 캐럴의 팀 리더였지만, 장차 일어날지도 안 일어날지도 모르는 미래 상황을 같이 알게 되면서 두 사람 간의 업무 관계가 손상되었다.

데이비드가 어떤 결정을 내리느냐는 그렇게 중요하지 않다. 중요한 것은 자신이 원하지 않았던 새로운 정보를 알게 됨으로써 그의 신뢰도와 부서의 성과, 팀원과의 관계에 위험요소가 생겼다는 사실이다. 이 모든 것은 데이비드의 경력에 영향을 미치게 될 업무 수행 능력의 기준이 될 것이다.

데이비드가 캐럴에게 처음에 '관계의 규칙'이나 소위 상담에서 말하는 '경계선'에 대한 설명을 해 주었다면 이런 문제들은 거의 피해 갈 수도 있었을 것이다. 처음부터 분명히 밝혀야 할 중요한 경계선이란, 관리자가 가능한 모든 지원을 다 하겠지만, 직원이나 관리자가 공개한 내용을 지키는 데는 한계가 있다는 점을 알리는 것이다. 특히, 이러한 자기공개가 그들 사이의 기존 업무 관계나 그들 중 한 사람의 전문적인 역할 수행 능력에 영향을 미칠 가능성이 있다면, 이러한 정보는 공개해서는 안 된다. 비슷한 맥락에서 관리자에게도 비밀보장의 한계가 있다는 것을 명확하게 알려 주어야 한다.

깊이 있는 상담기술 훈련이 중요하다

관리자들은 앞서 언급한 바처럼 상담 전에 미리 명확한 경계선을 설정해야 한다는 의견에 동의하지 않을 수도 있다. 그들은 아마 이렇게 미리 경계선을 설정해 버리면 직원들은 마음을 열지 않을 것이라고 주장할 것이다. 또한 자기공개가 자신의 직책에 영향을 끼칠 수도 있다는 것을 알고 있기 때문에 항상 자신을 드러내는 데 주의를 기울이고 있다고도 할 것이다. 이러한 반대의견은 일리가 있지만 항상 옳은 것은 아니다. 어떤 직원은 신중하게 자기공개를 하겠지만 대부분의 많은 직원들은 그렇지 않다. 이들은 사실상 자신의 자기공개가 안전하다고 믿으면서 자신의 경계심을 잃어버리거나 주의를 기울이지 않을 수 있다. 그만큼 상담기술이 지닌 힘이 강력하기 때문이다. 따라서 상담기술을 훈련할 때 다음과 같은 세 가지 요소를 충분히 철저하게 다루어야만 한다.

1. 관리자는 자기공개와 비밀보장에 관한 주의 사항을 해당 직원이 잘 이해하고 본인이 감당할 수 있을 만큼 받아들일 수 있게 하기 위해 어떻게 전달해야 할지를 훈련받아야 한다.
2. 관리자는 상담 회기를 계속하는 것이 비윤리적이 될 수 있는 지점, 즉 경계선을 넘어서는 교차지점이 어떻게 발생하는지 잘 인지할 수 있도록 교육받아야 한다.
3. 관리자는 경계선을 넘는 교차지점에서 적절한 대안적인 행동을 취할 수 있도

록 교육받아야 한다.

훌륭한 코칭을 통해, 대부분의 관리자들은 자기 스타일에 맞게 효과적으로 경계를 설정하는 방법을 발견하고 개발할 수 있게 될 것이다. 경계선 교차지점에 대한 문제는 결코 쉬운 사안이 아니다. 이론적으로는 두 당사자가 면담 과정 동안 도움 관계가 시작된 기반이 관리자/직원의 관계에서 상담자/내담자 관계로 변하는 것을 충분히 인지할 수 있다고 본다. 그러나 사실 직원의 입장에서는 이러한 인식이 거의 가능하지 않다. 왜냐하면 그가 말하는 내용과 감정에 몰두하게 되고, 도움과 조언을 구하게 되면 관계에서 취약한 사람이 되기 때문이다.

이러한 상황에서 내담자 입장에 있는 사람에게 무슨 일이 일어나는지 관찰하도록 하고, '이제 그만요, 더 이상 상담하고 싶지 않습니다.'라고 말하길 기대하는 것이 과연 정당한가? 이것은 정당하지도 않을 뿐 아니라 현실적이지도 않은 요구이다. 따라서 경계선을 넘는 교차지점을 인식할 책임은 관리자에게 있다. 관리자는 충분히 훈련을 받아 상담의 내용과 분리하여 상담 과정에 의식적 주의를 기울이는 상태를 유지할 수 있어야 하는데, 즉 두 사람 모두에게 정서적으로 어떤 현상이 일어나고 있는지, 그리고 역할 갈등을 일으킬 위험이 있는 내용이 드러나고 있지는 않은지에 항상 민감하게 주의를 기울일 수 있어야 한다는 것이다. 경계선을 넘는 교차지점을 알 수 있는 단서는 다음과 같다.

- 직원의 마음 안에 감정이 고조된다.
- 관리자의 마음 안에 감정이 고조된다.
- 관리자 개인의 의견이 침범하게 된다.

실제로든 잠정적으로든 정서적 곤란이 개인사에 영향을 미치게 되면 그 순간 이후로는 현업관리자가 상담기술을 계속 사용해서는 안 된다. 자칫 비윤리적이 될 가능성이 있기 때문이다. 이러한 경우에 관리자는 상담을 중지하고 자신의 직원을 공정하고 전문적인 상담 기관에 의뢰하는 것이 적절하다(IPM, 1992).

개인적인 의견이 침범한다는 것은 내담자 직원의 문제가 관리자의 문제로 전환되고 있음을 의미한다. 즉, 내담자의 문제가 아니라 상담자인 관리자의 문제로 우선순위가 뒤바뀌고 있는 것이다. 이 상황에서 계속 상담기술을 사용한다면 상담의 우선순위인 직원을 돕는 역할을 더 이상 할 수 없게 된다. 사실상, 관리자가 조정하게 되기 때문이다.

게다가 현업관리자는 애초부터 상담기술을 교묘하게 사용할 가능성도 있다. 많은 관리자들, 특히 신임관리자들은 자신의 주요 역할이 성과 달성에 있다고 생각하고 업무에 집중한다. 만일 일이 잘못되면 누군가가 그 일을 끝내는 데 영향을 미치는 뭔가를 하였거나, 하지 않았기 때문이다. 따라서 이들은 직원의 문제를 해결하려는 것이 아니라, 그 직원이 야기하고 있는 문제를 해결하려는 접근 방식을 취하게 된다. 만일 이런 의도로 상담기술을 사용하게 되면, 당사자는 마음을 열고 이야기를 하겠지만, 관리자는 상황을 교묘하게 이용한 것에 대해 일말의 죄책감을 느낄 가능성이 있다.

결론

전문 상담에 깔려 있는 가치와 신념은 상담기술을 사용할 때도 없어서는 안 되는 부분이다. 전문 상담과 상담기술을 사용하는 과정은 동일하다. 상담이란 두 사람의 관계에서 성립되는데, 앞서 살펴보았듯이, 현업관리자가 상담 관계를 유지한다는 것은 불가능하다.

현업관리자가 상담기술을 윤리적으로 사용하기 위해서는 일단 훈련을 받은 후에, 다음과 같은 요건에 맞춰 사용하는 것이 바람직하다.

- 상담의 기본가치를 '인정한다.'
- 상담기술을 언제 사용할지를 선택할 때 절제력을 발휘하여 조정하려고 하지 않는다.
- 상담을 시도할 때 명확한 경계선을 설정한다.
- 비윤리적 상담이 시작되는 경계선을 넘는 교차지점을 관찰한다.
- 더 바람직한 도움을 주기 위해 도움을 청할 상담기관과 연계하여 내담자를 의뢰할 수 있는 능력을 기른다.

현업관리자는 만일 부하직원, 동료 및 상사들이 상담기술을 믿을 만한 도구라고 받아들인다면, 다음에 제시한 영국상담학회의 『상담자를 위한 윤리 및 실천 강령』이 자신의 회사에서도 제대로 준수되고 있는지 다시 한 번 되돌아볼 필요가 있다.

특정한 기능적 역할을 수행하기 위해 상담기술을 사용하는 사람들은 윤리 및 실천 강령을 준수해야 한다(1989: C.1.1, 1.2).

상담기술을 적절하게 사용하기 위해서는 충분하고 지속적인 훈련이 이루어져야 한다(1989: C.2.1, 2.3).

상담기술은 사용자의 기능적 역할 범위 안에서 타당한 실행기준에 부합되게 사용되어야 한다(1989: D.1.1).

상담기술 훈련 과정의 유용성은 점차 증가하고 있으며, 특히 현업관리자에게 더욱 필요하다. 현업관리자는 부하직원과의 관계에서 영향력이 있기 때문에 조직은 이러한 관계 이슈를 심도 있게 다룰 수 있는 훈련 과정을 받아들여야 할 것이다. 상담기술을 능숙하게 사용할 수 있으면서, 책임 있고 양심적인 현업관리자라면 직원들에게 그들 자신, 관리자, 궁극적으로는 회사 전체가 성공을 이루도록 힘을 북돋우므로, 관련된 모든 사람에게 이익이 된다.

참고문헌

Bond, T. (1993). *Standards and Ethics for Counselling in Action.* London: Sage.

British Association for Counselling (1989). *Code of Ethics and Practice for Counselling Skills.* Rugby: BAC.

British Association For Counselling (1992). *Code of Ethics and practice for Counsellors.* Rugby: BAC.

Bull, A. (1994). 'How effective is counselling in the workplace?', *Evaluation of Counselling Selected References:* 5. Rugby: British Association for Counselling.

Burch, G. (1994). *Resistance is Useless.* London: Headline.

Carroll, M. (1995). 'The counsellor in organizational settings: some reflections', *Employee Counselling Today,* 7 (1): 23-29.

Culley, S. (1991). *Integrative Counselling Skills in Action.* London: Sage.

Dutfield, M. and Eling, C. (1990). *The Communicating Manager.* Shaftesbury: Element Books.

Egan, G. (1993). 'The Shadow Side', *Management Today,* September: 33-38.

Egan, G. (1994). *The Skilled Helper* (4th Edition). Monterey, CA: Brooks/Cole.

Honey, P. (1988). *Improve your People Skills.* London: Institute of Personnel Management.

Hughes, T. (1991). *Counselling for Managers.* London: Bacie.

Incomes Data Services (IDS) Ltd (1992). *Performance Management.* London: IDS Study 518.

Institute of Personnel Management (1992). *Statement on Counselling in the Workplace.* London: IPM.

Land, David A. (1990). 'Counselling psychology in organizations', *The Psychologist,* 12: 540-544.

Megranahan, Michael (1989). *Counselling: A Practical Guide for Employers.* London: Institute of Personnel Management.

Murgatroyd, S. (1985). *Counselling and Helping.* Leicester: British Psychological Society.

Nelson-Jones, R. (1988). *Practical Counselling and Helping Skills.* London: Holt, Rhinehart and Winston.

Nelson-Jones, R. (1993a). *You Can Help: Introducing Lifeskills helping.* London: Cassell.

Nelson-Jones, R. (1993b). *Training manual for Counselling and Helping Skills.* London: Cassell.

Peters, T. (1993). *Liberation management.* London: Pan Books.

Reddy, M. (1987). *The Manager's Guide to Counselling at Work.* London: Methuen.

Redman, W. (1995). *Counselling Your Staff.* London: Kogan Page.

Semler, R. (1994). *Maverick.* London: Arrow Business Books.

TDA (1994). *Counselling at Work Surveys 1993.* Brentford: TDA Consulting Ltd.

Thorne, B. (1992). 'Psychotherapy and counselling: the quest for difference', *Counselling,* 3 (4): 244-248.

19장

기업 · 조직상담 수련[1)]

Eileen Pickard

기업 · 조직상담은 상담의 새로운 적용 분야로, 여러 학문 분야에 뿌리를 두고 있으며 그 정체성은 여전히 변화 중이다. 직업심리학자들은 주로 진로상담과 밀접하게 관련된 상담 분야에 종사한다. 또한 이들의 직무 수련에는 주로 상담기술을 강조하는 요소가 포함되기도 한다. 상담과 심리치료는 그 자체로 기업 · 조직상담에 기여했고, 주로 근로자 지원 프로그램EAP 형태로 기업과 조직에 확대되었다.

이 분야의 수련 프로그램 개발 담당자들에게 창의적이고도 문제가 되는 점은 조직 내에서 상담이 매우 다양한 의미일 수 있다는 사실이다. 기업 · 조직상담은 종종 진로상담과 관련이 있기도 하고, 다른 한편으로 문제해결 개입으로 간주되기도 한다(Lane, 1990). 어떤 조직에서는 기업상담을 아웃소싱을 통해 즉각적으로 구매할 수 있는 것으로 보기도 하고, 또 다른 조직에서는 이를 HR 담당자나 심지어 관리자의 역할에 포함하기도 한다(Nixon and Carroll, 1994). 그러나 이러한 다양성은 아직까지는 확정된 것은 아니며, 이 또한 기꺼이 토론해야 할 주제이다. 여전히 우리는

---

1) 역주: '수련'은 영어 'training'을 번역한 것으로 기업 · 조직상담에 관한 훈련을 의미한다. 통상 'training'을 훈련으로 번역하나, 국내 상담 교육 현장에서는 '수련' '수련생' '수련감독' 등이 익숙한 용어이므로, 본 장에서는 training을 '수련'으로 통일하여 번역하였다.

조직이라는 장면에서 상담의 본질과 목적에 대하여 논쟁 중이다.

기업상담에서 조직이라는 맥락

응용 분야에서 교육과정을 설계하기 위한 첫 번째 과제는 교육과정이 적용되는 맥락에 대하여 탐색하는 것이다. 왜냐하면 그 맥락은 교육과정이 어떠한 성격이어야 하며 어떻게 제시되어야 하는지를 규정하는 배경이 되기 때문이다. 이를 기업 · 조직상담에 적용해 보면, 기업상담자 수련을 위해 명확하게 합의된 교육철학이나 교육방법이 마련되지 않은 상태에서는 수련감독자 자신이 기업상담 수련의 교육철학과 방법 자체를 만들어야 하기 때문에 기업상담이 적용되는 맥락에 대한 탐색은 그 자체로 매우 큰 영향력이 있다. 교육과정 설계자에게 교육과정이 적용되는 장면에 대한 초기의 탐색은 기업상담자에게 새롭게 요구되는 역할에 대한 단서를 모으는 일종의 탐문 작업이다. 이를 위하여 몇 가지 질문이 제기될 수 있다. 즉, 기업 · 조직상담자가 하는 일은 무엇인가? 조직은 이들에게 무엇을 요구하는가? 해당 조직 환경은 어떠한 특성을 가지고 있는가? 마지막으로, 무엇이 이러한 환경과 요구를 만들어 냈는가?

맥러드McLeod는 상담자 수련에 관한 문헌이 많지 않다는 점과 관련하여 "교수자와 학습자가 개인적 및 전문적 경험을 통해 습득한 지식조차도 출판물로 기록되는 경우가 거의 없다"고 논평하였다(1993: 205). 기업상담의 경우에는 더욱 제한적이기는 하지만, 기업 · 조직상담의 활용을 다룬 일부 문헌들은 수련 프로그램의 개발에 관한 기초적인 지식을 제공하고 있다. 캐롤Carroll(1995)은 멘토링, 상담 서비스 관리, 컨설턴트 역할, 진로지도 등과 같은 상담 관련 개입전략을 담당해야 하는 기업상담자의 복합적인 역할에 대해 기술한 바 있다. 기업상담자는 또한 수련, 변화관리, 심지어는 마케팅까지 책임을 맡아야 할 수도 있다. 이렇게 뒤섞인 역할로 인해 기업상담자는 다양한 경계와 역할 전환에 대응해야 한다. 이들은 다양한 활동에 적절히 대응해야 하고, 이러한 활동들이 조직의 맥락에서 어떻게 이해되고 의미가 부여되는지를 이해해야 한다.

독립적인 개업모델을 기반으로 수련 받은 전문 상담자나 심리치료자에게 이러한 뒤섞인 역할은 역할경계의 혼동이나 비전문성을 의미할 수도 있다. 기업상담자의 이러한 복합적인 역할은 조언, 지도 및 심리치료와 같은 상담 관련 개입에서 직장 기반의 상담 국가직업자격National Vocational Qualifications: NVQs[2] 교육을 개발하는 이들에게는 보다 창의적이고 덜 전통적인 방식의 상담이 출현하는 것으로 보일 수 있다.

기업 · 조직상담자의 모호한 역할

기업 · 조직상담자의 모호한 역할은 다음의 몇 가지 이유로 인해 발생할 수 있다. 첫째, 조직이 상담자를 고용하는 이유가 항상 분명한 것은 아니다(Reddy, 1993). 상담 서비스 구매자는 상담 서비스를 공급하는 다양한 상담자들의 철학과 상담 역량에 대해서도 항상 명확히 이해하고 있지는 않을 것이다. 하일리Highley와 쿠퍼Cooper(1994)는 보건안전청Health and Safe Executive에서 지원하는 프로젝트를 통해 조직이 상담을 도입하는 이유에 대하여 탐색하였다. 그 이유들로 조직은 고용주로서 근로자를 위한 지원제도를 시행함으로써 근로자들이 변화에 적응하고 높은 직무스트레스에 적절히 대처하도록 한다는 것이다. 그러나 조직이 스스로의 요구를 무엇으로 인식하고 있건 간에 조직은 상담 서비스 제공의 속성에 거의 영향력을 발휘하지 못해 왔다. 조직이 상담 속성에 대해 이해하지 못하고 상담 서비스를 외부 모델에 두거나 주변적인 서비스로 간주했다는 것은 상담 서비스와 수련 또한 주로 조직 외부에 의해 고안되었다는 것을 의미한다. 조직 개발의 이러한 측면을 만들어 가고 있는 이는 바로 기업상담 교수자와 현장 상담자 자신들이다. 조직은 아직까지 상담 수련의 담론에 적극적으로 참여하지 못하고 있다. 그래서 조직의 문화와 필요가 기업상담 수련과 서비스의 제공에 항상 반영되지 않을 수 있다.

둘째, 조직은 종종 상담이 자리매김할 수 있는 인적자원관리에 관한 통합되고 일관적인 시스템이 결여되어 있기도 하다(McKenna and Beech, 1995). 근로자 지원 제도의 철학과 과정이 잘 정리되지 않을 수도 있고 상담 또한 이러한 시스템과 무관하거나 부차적인 것으로 치부될 수도 있다. 테라니Tehrani(1995)는 이러한 근로자 지원에 관한 일관된 내적 제도의 결여를 인식하였다. 그녀가 담당했던 조직인 우정국Post Office은 '근로자 지원에 관한 조직 차원의 통합적 접근'을 추구하는 몇 안 되는 조직 중의 하나이다(Tehrani, 1994).

셋째, 상당히 많은 기업 · 조직상담이 다양한 배경, 철학, 현장 출신의 비전문가에

2) 역주: 영국의 국가 공인 직업 자격

의해 수행되고 있다는 사실은 전문적으로 합의된 수련 시스템의 발달과 정립에 부정적인 영향을 미치곤 한다. 상담이 전문가에 의해 이루어지는 경우 이들은 상담을 적용하는 데 서로 다른 차이가 있는 다양한 전문가 단체에 소속되어 있을 수 있다. 영국상담학회British Association for Counseling: BAC의 분과 중 하나인 직장상담학회Association of Counseling at Work: ACW는 최근에서야 수련규정을 명시하기 시작하였다. 그리고 영국심리학회British Psychological Society: BPS 산하에 있는 상담심리학과 직업심리학 분과는 기업상담과 관련이 있을 법한데도 아직까지는 기업상담자를 위한 명시적인 인준 절차가 마련되어 있지 않다. 따라서 현재로서는 기업상담 교육과정 개발자는 전문 단체로부터 이렇다 할 수련 지침을 얻을 수 없는 실정이다.

기업 · 조직상담의 발달 단계

기업 · 조직상담의 역사와 현재는 다음의 세 가지 발달 단계로 표현할 수 있을 것이다. 이 발달 단계는 기업 · 조직상담에 대한 대략적인 이해를 위한 잠정적인 단계이기는 하지만 현재로서는 기업 · 조직상담자를 위한 수련 프로그램의 목적을 설정하기 위한 근거가 될 수 있을 것이다(〈표 19-1〉).

먼저, 첫 번째 단계는 조직 안에서의 상담counseling in organizations으로 이는 상담 서비스에 대한 가장 외현화된 접근을 의미한다. 상담자가 조직의 방식으로 수련받지는 않았지만, 상담 전문성 자체를 조직 안으로 끌어온다. 이들에 대한 수련은 기본적으로 독립적인 상담자 모델에 근거하는데, 상담자들은 상담철학, 상담경향, 치료 회기와 상담 장소 등을 선택할 수 있는 비교적 자유로운 활동가라고 할 수 있다. 따라서 상담자의 목표와 조직의 목표 간에는 갈등이 존재할 수도 있다. 조직은 종종 내담자를 억압하는 존재처럼 인식될 수도 있다. 이 단계는 외부 상담 서비스 제공 모델의 형태로서 상담 서비스가 조직의 철학과 목적과 통합되지 않을 수도 있고 상담의 실제도 또한 독립 활동가 모델에서 도출된 것이다.

두 번째 단계는 조직을 위한 상담counseling for organizations으로 소위 EAP와 같은 개인 차원의 서비스와 조직 차원의 서비스를 모두 아우르며, 상담 서비스와 조직의 철학 및 현장에서의 요구를 통합하려고 한다. 상담 이론과 실제는 실용적인 방식으로 조정된다. 상담자는 현장의 요구에 따라 상담개입 방법을 선정하고 근로자의 근무 시스템과 상담 개입방식을 조율해야 한다(Dryden, 1992). 이 단계는 기업 · 조직상담을

표 19-1 기업 · 조직상담의 발달 단계

조직 안에서의 상담	조직을 위한 상담	기업 · 조직상담
독립 활동가 수련	조직에 대한 약간의 지식	통합된 수련
특별한 제공	조직 특성에 맞게 실용적으로 조정된 서비스	조직을 위해 고안된 서비스
부차적인 서비스	조직과 약간 통합됨	조직체제 내에, 조직 간에 완전히 통합됨

향한 진일보를 의미한다. 그러나 이 단계에서도 개념적 및 이론적 통합이 결여되어 있고 상담자가 독립 활동가 모델에 뿌리를 두고 있기 때문에 여전히 조직문화와 상담문화 간에 갈등이 존재할 수 있다.

세 번째 단계는 **기업 · 조직상담**organizational counseling으로 일종의 이상적 형태라고 할 수 있다. 이는 조직의 철학과 실제에 개념적으로나 이론적으로 실제와 완전히 통합된 형태라고 할 수 있다(Dryden, 1992). 상담 이론과 실제는 조직 이론 및 실제와 완전히 동화된 형태로 변형되고 그 성과물은 통합된 형태의 근로자 지원 제도라고 할 수 있다.

기업 · 조직상담의 범위는 1단계 조직 안에서의 상담 단계나 2단계 조직을 위한 상담 단계보다 좁을 수 있다. 기업 · 조직상담은 주로 조직 내 업무 수행에 영향을 미치는 문제뿐만 아니라 조직에 의해 야기되거나 악화된 문제들에 주로 관심을 갖는다. 또한 기업 · 조직상담은 조직생활의 외부에 뿌리를 두고 있는 근로자의 개인 문제에 관한 상담을 포함하지 않을 수 있다. 물론 어떤 기업 · 조직상담에서는 근로자 지원 정책의 일환으로 개인 문제에 관한 상담 서비스를 포함하기도 한다.

이상과 같은 기업 · 조직상담의 세 단계는 기업상담 수련 프로그램뿐만 아니라 수련생들의 경력에서 반영된다. 기업 · 조직상담 프로그램이 개념적 및 이론적 통합을 위해 고군분투하는 정도는 각양각색일 것이다. 그러나 일단 교육과정 설계자가 조직 수준에서의 개념적 및 이론적 통합을 추구하고자 한다면 보다 세밀한 수준에서 조직 체계 및 하위체계의 통합이 각기 무엇을 의미하는지에 대하여 탐색해 볼 필요가 있다. 이러한 작업은 기업 · 조직상담자가 무엇을 해야 하는지 그리고 이들이 다루어야 할 개입의 속성은 무엇인지에 대한 의문들을 제기한다.

조직 지원 체제와 통합

AGCPLB The Advice, Guidance, Counseling and Psychotherapy Lead Body[3)]의 근로자 지원의 연속체에서는 상담이 조언이나 지도와 같은 여타 개입과 중복된다는 것을 보여 준다. 근로자 지원에 관한 문헌을 살펴보면 상담은 코칭이나 멘토링과 같은 다른 범위의 개입들과도 중첩된다는 것을 명확히 알 수 있다. 더욱이, 이러한 모든 접근들은 상담기술의 사용을 요구한다. NVQ 연속체([그림 19-1])는 근로자 지원 개입방법상의 중첩을 보여 주고 있다.

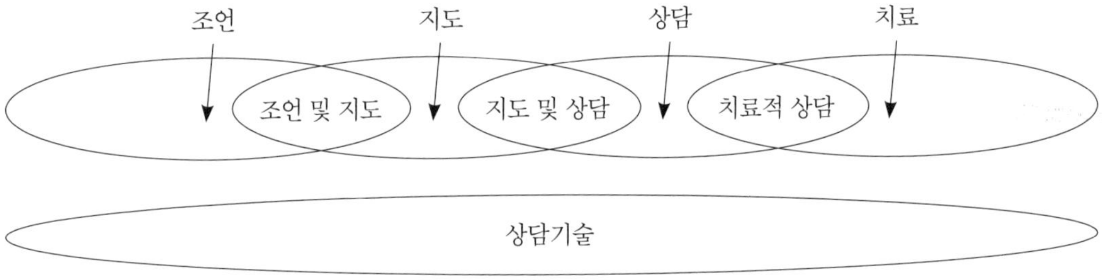

[그림 19-1] 근로자 지원 개입의 발달을 보여 주는 NVQ 연속체(Janes, 1992)

이러한 중첩을 보면, 그동안 상담과 전통적으로 구분했던 활동들의 속성과 구분에 대하여 재고할 필요가 있음을 알 수 있다. 이러한 지식과 실제의 경계에 대한 재구분을 통해 조직의 필요에 보다 잘 부합하는 상담 접근 전략을 창출할 수 있을 것이다.

상담기술 및 직장 내 개입

본 절에서는 상담기술을 검토하고, 직장 내 개입 방안에 대하여 탐색해 보자. 상

---

3) 역주: AGCPLB는 'The Advice, Guidance, Counseling and Psychotherapy Lead Body'의 약자로 자문, 지도, 상담, 심리치료 등에 종사하는 이들의 자격 기준을 수립하고자 하는 목적으로 1994년에 설립된 영국의 민간기구이다.

담기술 수련은 조직에서 인기가 많다. 수련의 목표는 주로 사람들이 타인과 보다 효과적으로 응대하도록 하는 것이다. 그런데 문제는 개인이 단기적으로 습득한 상담기술을 전문 상담기술과 동일시하거나 스스로를 상담자로 인식하기 시작하면서 발생한다. 이는 특히 전문 상담의 실제에 부적절한 영향을 줄 수 있다. 또한 이는 기업·조직상담의 정체성에 흠집을 낼 수 있다. AGCPLB가 제시한 바와 같이, 우리가 상담기술이라고 부르는 것들은 일정한 범위의 활동들을 갖추고 있으며 또한 일련의 기준을 따른다. 만약 우리들이 상담이라는 용어를 전문 상담자를 위해 남겨두고 상담기술이란 '사람을 다루는 기술'로 재명명하는 데 동의할 수 있다면, 우리들은 상담기술이란 다양한 활동 중의 요소로, 그러나 전문 상담과는 구분되는 것으로 인식하기 시작할 것이다(Pickard, 1994). 이러한 작업은 현재의 혼란에서 벗어나 보다 명료한 구분과 통합을 위한 첫걸음이 될 수 있을 것이다.

때때로 전이 다루기와 같이 높은 수준의 상담기술은 치료적 상담에 속한다고 보는 것이 더 적절하다고 주장할 수 있다. 그러나 창의적인 실행을 통해 통합이 이루어짐에 따라 이러한 경계조차도 넘어설 수 있게 된다. 오브라이언O'Brien(1995)은 정신역동적 멘토링 모형을 제안하였다. 오브라이언의 모형은 그 자체로 매우 흥미롭다. 이는 또한 이제 막 발생하기 시작한 근로자 지원 제도의 창의적 통합의 한 예라고 할 수 있다(Clarkson, 1995). 분명한 점은 우리가 개입하는 방법, 그들의 정체성과 경계를 이해하는 방식이 변하고 있다는 것이다. 이러한 변화는 성찰적 연습과 창의적 통합의 결과이며 기업·조직상담 수련의 내용과 과정에 시사점을 제공하고 있다.

근로자 지원 개입의 통합

맥케너McKenna와 비치Beech(1995)는 상담이 조직 맥락에서 다른 개입과 함께 사용될 수 있는 여러 가지 방안을 제안한다. 이러한 방안에는 조직의 변화에 개인이 대응하도록 하는 것을 포함하고 있다. 또한 일찍이 맥케너(1994)는 상담이 사람 중심 조직 개발의 한 부분으로 사용될 수 있다고 제안한 바 있다. 그러나 실제 기업 현장에서는 서로 다른 근로자 지원 개입을 통합하거나 결합할 수도 있지만 여전히 이들 결합의 속성, 목적, 효과 등에 대한 분명한 분석은 거의 이루어지지 않은 실정이다. 기업상담자 수련이 적절히 이루어지기 위해서는 이러한 이해가 선행될 필요가 있다. 예를 들어, 멘토링과 상담은 일부 과정에서 중첩되는 면이 있기는 하지만, 이들의 목적이나 전체적인 과정에는 분명한 차이점이 있다. 또한 훈육면담은 대부분의 상담관계와는 분명히 다르지만 상담이 일정 정도 도움이 될 수 있으며 보상관리는 상담에서의 인지행동 접근 방식과 결합될 수 있다. 그러나 아직까지는 이러한 가능한 관련성은 가설적일 따름이며 이같이 상이한 근로자 지원 제도들은 서로 상이한 철학과 과정에 의해 운영될 수 있다는 사실로 인해 보다 복잡한 문제들이 제기될 수 있다. 이러한 복잡한 실타래를 풀어 내는 것이 현재 당면한 수련 과제라고 할 수 있다. 이를 통해 수련생들은 새로운 제도에 대한 감각을 습득하고 개입방안 간의 관련성을 고려할 기회를 갖게 된다.

상담과 멘토링 간에는 중첩되는 면이 있다. 양자 모두 개인의 잠재력과 관련된 관계적인 활동이다. 또한 양사 모두 상담기술이 활용되며 각각은 일련의 철학적 바탕을 두고 일정한 업무의 형태로 표현된다. 그러나 이들은 각기 명백히 구분되는 개입전략이다. 멘토링의 목적은 조직의 가치와 업무를 전달하는 것이며 그런 의미에서 본질적으로 훈육적이다. 멘토링은 관계적인 활동이지만 일반적으로 멘토와 멘티 사이에는 회사 내에서의 지위나 경험 면에서 분명한 수준의 차이가 있다. 반면에, 상담에서는 관계상에서의 동등성이 보다 더 분명한 것 같다. 멘토링은 조직과 관련되면서도 개인에게 초점을 맞추는 것으로 조직의 요구와 관련하여 개인의 잠재력 성취나 개인 문제의 해결에 초점을 둔다. 멘토링은 학습과 적응, 심지어 모방까지도 요구한다. 반면, 기업상담은 조직의 문제와 관련되기는 하지만 멘토링보다는 개인의 입장에서 개인의 잠재력 실현과 개인 문제의 해결을 보다 강조한다. 결론적으로 조직 내에서 이 두 가지 근로자 지원 제도는 서로 다른 부서에 배속될 수도 있다. 멘토링은 HR 부서에, 상담은 복지나 교육 파트에 배속될 수 있다. 실제 현장에서 이들 간의 중첩을 탐색하려 하거나 이러한 제도를 경험하는 개인에게 이 개입들이 어떻게 처리되는지를 이해하려는 시도는 없는 것 같다.

코칭과 같은 다른 개입들처럼 **기업상담**은 **인사평가**나 **인력개발**과 겹치는 점도 있고 뚜렷이 구분되는 점도 있다. [그림 19-2]에 제시된 바와 같이 개입방식 간 관련성은 연속선상의 한쪽 끝에서 다른 한쪽 끝에 이르기까지 다양하다. 이러한 중첩과 차이점은 상담 수련 프로그램에 관한 지식적인 측면과 수련생 실습 슈퍼비전 모두에 시사하는 바가 있다. 하지만 어떤 의미에서는 교육과정 개발자와 연구자들이 수련 시스템에 관한 아이디어를 만들어 내고 수련생에게 이를 적용해 나간다. 수련 프로그램을 뒷받침하는 것은 바로 실제와 연구의 반영이다. 실제로는 수련 시스템을 제공하는 수련생들이나 프로그램 수혜자를 위한 시스템도 일관성도 통합성도 없을지

개인상담 / 기업상담 / 멘토링 / 코칭 / 평가 / 수련

← - →

경계 구분/비평가적/개인적 관계　　　　조직적/비개인적/전문적 관계 변화

[그림 19-2] 근로자 지원 개입방식의 관계적 연속성

모른다(Noon, 1992).

교육과정 개발자들의 수련 시스템에 대한 성찰은 수련 프로그램의 내용에 영향을 미친다. 이는 수련지도자가 조직에 메시지를 전달하는 방식이자 시스템에 가치를 부여하는 방식이다. 그러나 그것은 또한 현장의 실제를 반영하고 최대한 많은 자원을 얻어 내기 위하여 조직을 고무시키는 방식이 될 수도 있다. 예를 들어, 근로자 지원 서비스가 반복적으로 이루어지는 지점에서 다시 근로자 지원 요소들이 중첩되거나 충돌하게 되면 자원의 낭비가 발생할 수 있다. 따라서 조직 차원에서의 서비스 개념화는 교육과정 설계자를 위한 작업일 뿐만 아니라 조직의 발전 자체를 위해서도 매우 중요하다.

교육과정을 위한 시사점

젠킨스Jenkins는 "상담자 수련의 핵심 요소는 대략적인 합의에 의해 수렴되고 여러 세력에 따라 확장되고 형성된다"(1995: 203)고 강조하였다. 기업·조직상담을 위한 교육과정은 조직, 조직철학, 구조, 그리고 특히 근로자 지원 시스템을 심사숙고한 결과이다. 이는 또한 조직을 반영하는 수련생과의 작업 경험에 의해 영향을 받기도 한다. 대부분의 교육과정과 마찬가지로, 기업상담 수련 교육과정에는 내용, 구조, 과정이라는 세 가지 핵심적인 측면이 있다. 이들 모든 측면에서 지식과 경험의 통합은 기업·조직상담 정체성의 형성과 발전에 매우 중요하다. 본 절에서는 기업상담자 수련의 두 가지 방식을 고려할 것이다. 즉, 상담자 전문성 개발에 기여하는 것을 목표로 하는 장기 수련 과정과 더불어 장기 수련을 보완하는 단기 수련 프로그램이 그것이다.

교육과정 내용

기업상담자의 수련 요구는 일반상담자와 비슷한 점이 많다. 기업상담자나 일반상담자 모두에게 있어서 상담 수련의 목적은 수련 프로그램이 아무리 포괄적이라 해도 지속적인 과정임을 인식하고, 개인의 전문성 개발을 계속해서 추구하는 성찰적인 전문가가 되는 것이다(Skovholt and Ronnestad, 1995). 일반상담자와 마찬가지로, 기업상담자의 개인적 전문성 개발은 다양한 모델로 표현될 수 있다(예: Hogan, 1964; Grater, 1985; Hess, 1987 참조). 이 모델들은 서로 다른 방식으로 상담자의 발달단계를 반영한다. 기업상담자 수련모델도 이와 동일한 발달 단계에서 운영되지만, 이들은 기업상담 수련 프로그램의 내용과 과정 모두에 영향을 미치는 조직적인 맥락 안에서 표현된다.

기업상담자를 위한 수련 프로그램에는 상담 과정과 상담 서비스의 영향을 탐색할 수 있도록 **조직 상황** 자체를 다루는 수업 내용이 포함될 필요가 있다. 조직 변화의 추진체로서 상담의 영향도 추가적으로 고려해야 할 사항이다. 수련생들은 그들의 일상 업무 방식을 반성하고 즉각적인 실용성으로부터 벗어날 수 있는 시간이 필요하다. 학습조직 개념(Pedlar et al., 1998)은 개인 및 조직 발달과 창의성이 육성될 수 있는 성찰과 인식을 의미한다. 이러한 학습 환경을 지원하는 조직 내에서 상담 수련생들은 상담의 성찰 과제에 보다 쉽게 몰입할 수 있다.

기업상담 수련생은 조직에서 **상담 실습의 구축**과 관련된 쟁점들을 고려할 필요가 있다. 분명히 이러한 쟁점들은 전통적인 상담 교육과정을 넘어선다. 계약 관계를 맺는 것은 보다 복잡한 문제이다. 이는 고객으로서의 조직을 이해하고 탐색해야 하는 세 주체 간의 계약 관계를 포함하고 있다. 기업상담자의 고객은 조직과 근로자 모두라고 할 수 있다. 이러한 상황은 새로운 경계에 관한 문제를 야기한다. 특히, 비밀보장에 대해서는 분명하게 명시되어야 할 필요가 있다. 서비스의 위치와 접근성은 신중한 설계를 요구한다. 기업 · 조직상담자는 독립적인 현장 상담자로서의 자유가 상당히 결여되어 있으며, 조직의 제약은 어느 정도가 적절한지, 전문적 및 윤리적 이슈가 무엇인지 학습해야 한다.

상담 및 직장 내 개입에 대한 분석은 기업상담자 수련에서 핵심이라고 할 수 있다. 그것은 여타 개입 프로그램들의 속성, 역동, 경계, 상호관련성 등과 관련되어 있으면서 근로자 지원 제도에 관한 새로운 이해를 위한 개념의 용광로라고 할 수 있다.

수련생은 먼저 시스템의 구성 요소를 이해할 필요가 있다. 일반상담 배경의 수련생들은 멘토링, 코칭, 직업 탐색에 대하여 대체로 거의 아는 바가 없는 반면, 직업 관련 분야에서 주로 수련을 받은 이들은 상담에 대하여 기술 기반 접근만을 따르는 경향이 있다. 교육과정의 보급 형태는 이와 같은 서로 다른 요구를 충분히 고려하기 위하여 다양해질 필요가 있다.

이론은 실제에 의미를 제공하기 때문에 모든 상담 수련의 핵심 요소이다. 따라서 의미의 탐색은 조직 이슈와 상담 이슈 양쪽 모두와 관련하여 이루어질 필요가 있다. 이론이나 추상적인 것에 저항을 보이면서 즉시적이고 실용적이며 실제적인 것에 대해서는 잘 인식하는 수련생들에게 의미 있는 출발점은 그들 자신의 암묵적인 이론일 수 있다. 자신이 속한 조직의 가치와 가정, 그리고 자신의 상담 실제에 대해 탐색함으로써 수련생들은 이론 개발의 가치를 인식하게 되고 주요 상담 이론과 관련된 상담 실제에 대하여 평가하는 과업을 수행하게 된다. 많은 수련생의 배경인 HR 영역에서는 이론적 인식과 일치성이 낮은 경향으로 인해(Noon, 2002), 수련생들은 조직 이론에 대해서도 지식이 부족할 수 있다.

일반상담자와 마찬가지로, 기업상담자들은 결혼 문제, 우울, 사별 등과 같은 내담자의 다양한 문제들에 익숙하지만, 조직과 직장은 특정한 조직의 문제를 내놓기도 하기 때문에 수련생들은 이에 대비할 필요가 있다. 이러한 문제들은 직장 내 해고자 및 생존자 상담, 전환과 변화, 승진과 좌천 등을 비롯하여 경우에 따라서는 중대한 사건들을 포함한다. 이러한 문제들은 일반상담 수련에는 통상적으로 포함되지 않으며, 이것이 강조되는 경우라도 대개 특정 상황에 처한 개인보다는 개인의 내적 욕구를 강조한다. 기업상담자는 이러한 사건들이 그 조직 자체의 이념에 미치는 영향을 이해하고 고객으로서의 조직과 협력할 수 있어야 한다.

마지막으로, 기업상담자는 조직의 요구 사정, 서비스 및 조직의 철학, 조직 내 및 조직 입장에서의 서비스 평가 및 자문 등 상담 서비스 전반에 대한 관리 능력을 갖출 필요가 있다. 일반상담 수련에서는 이와 같은 사전준비가 포함되는 경우가 거의 없지만 기업상담자에게는 매우 필수적이라고 할 수 있다. 왜냐하면 상담 운영은 다른 기업 내 운영과 마찬가지로 그 속성을 이해하는 사람들이 관리할 필요가 있기 때문이다. 바로 이러한 기업상담의 특성을 이해해야만 계량적인 관리 과정이 주요한 특징이라고 할 수 있는 기업 장면에서 본질적으로는 질적인 특징을 가진 기업상담의 산출물에 대한 관리가 적절히 이루어질 수 있다.

일반상담과 기업·조직상담의 수련 프로그램 모두에서 기술 요소는 핵심이라고 할 수 있다. 기업상담자에게 기술 요소는 일련의 기업상담 프로그램 내에서 사람을 다루는 기술을 의미한다. 이들은 종종 상담기술이라고 불리는데, 이의 활용은 프로그램에 따라 다양하게 나타난다. 기술 작업의 완성은 상담 이론 및 조직에 대한 지식과 결합함으로써 실현될 수 있다. 일반상담자와 마찬가지로, 기업 · 조직상담 기술의 목표는 통합된 개인 스타일에 있다(Hill et al., 1981). 조직 내에서 인기 있는 MBTI는 이러한 개발 작업에 중심점이 될 수 있다. 기업상담자에게 있어서 개인적 및 치료적 스타일의 개발은 조직에 대한 지식과 경험, 개인의 이론적 선호, 그리고 조직 장면에서 개인의 발달과 활용 등의 융합이라고 할 수 있다.

일반상담 수련에서와 마찬가지로, 슈퍼비전 하의 상담 실습과 개인 발달은 기업상담자의 수련 프로그램에서 핵심 요소이다. 조직에서는 다양한 개입에서 상담 실습이 발생하며, 이는 직장 내 개입의 속성과 정체성, 그리고 계약, 경계, 비밀보장 등에 관한 새로운 문제들을 야기한다. 슈퍼바이저는 전통적인 상담 장면을 넘어서는 상담 지식을 확보해야만 한다. 예를 들어, 이들은 상담뿐만 아니라 멘토링 슈퍼비전도 함께 수행할 수 있어야 한다. 또한 이들은 그들 자신의 슈퍼비전 스타일에 영향을 미치게 될 수 있는 상담 모델 및 실습과 관련해서뿐만 아니라 조직 장면과 관련해서도 수련생들의 전문성 발달을 이해할 수 있어야 한다. 대부분의 수련생들은 발달 작업을 경험하겠지만 이는 주로 이들이 불안과 저항을 느낄 수 있는 개인 발달보다는 전문성 발달을 주로 강조하는 단기 교육과정에 한정되어 있는 경우가 많다.

따라서 아직은 기업상담 수련으로 잘 정립된 프로그램이 갖추어져 있지는 않지만 기존 운영 프로그램들을 고려해 볼 때 관련 지식과 경험을 기업상담에 새로이 적용하고 통합해 나갈 필요가 있다.

교육과정 구조

수련 프로그램을 언제 그리고 어떻게 착수할 것인가는 교육과정의 요소를 통합하는 과제만큼이나 모든 교육과정 기획자들의 고민이라고 할 수 있다. 기업상담 수련생의 대부분이 실제 현장에 있기 때문에 실용적이고 직접 해 볼 수 있는 해법에 대한 요구가 종종 최우선시된다. 그렇기 때문에 수련지도자는 이러한 요구를 잘 인식하고 충족시킬 수 있도록 프로그램을 구성해야 하지만, 동시에 수련생 스스로도 보다 더 성찰적인 태도로 나아갈 수 있도록 해야 한다. 또한 수련생들이 이러한 개

표 19-2 조직 및 상담 체계의 모든 요소들과 각각의 요소 간 연결 필요성

통합	
조직	상담
• 역사, 조직	• 역사, 조직
• 철학, 이론	• 철학, 이론
• 개입(예: 멘토링, 코칭)	• 개입(예: 상담, 치료)
• 멘토링, 코칭 등의 조직적 개입의 실습과 슈퍼비전	• 상담 및 치료의 실습과 슈퍼비전
• 개인 및 전문성 발달	• 개인 및 전문성 발달

념화를 인식할 수 있도록 조직의 구조, 제도, 운영 등을 상담의 조직, 제도 및 운영과 통합하여 프로그램을 구조화할 필요가 있다. 또한 모든 요소는 전체 시스템의 정체성과 그 안의 영향력을 탐색할 수 있도록 다른 모든 요소들과도 관련이 있어야 한다. 예를 들어, 인적자원 이론은 상담 이론과 관련해서 탐색할 필요가 있으며 두 이론에 의해 도출된 개입, 실제, 개인 발달 등과 연결할 필요가 있다. 멘토링과 코칭은 프로그램의 내용 영역뿐만 아니라 기술 작업과 슈퍼비전 등에서도 자리매김할 필요가 있다. 어떤 의미에서는 통합의 중요성을 드러내기 위해서 '모든 것이 포함된' 프로그램을 착수하고 지속하며 모든 회기에 모든 요소를 반영하는 것이 중요하다(〈표 19-2〉).

프로그램 과정

기업상담 수련은 일반적인 상담 프로그램과 동일한 과정을 필요로 한다. 전문적 개별화(Skovholt and Ronnestad, 1995)는 중대한 목표이지만 조직 상황에서는 조율이 필요하다. 또한 우리가 고려해야 하는 여타 요인들도 존재한다. 드라이든Dryden과 손Thorne은 **전환**transition에 대하여 논하면서 "자기탐색은 새로운 내적인 발견으로 이어지고, 종종 미지의 심리 지형 안으로의 갑작스런 이동을 유도한다."(1994: 4)고 주장하였다. 자기탐색은 탐색하는 사람과 그와 관련된 사람 모두에게 영향을 미친다. 수련생이 그가 속한 조직의 지원을 받는다면, 수련지도자는 수련생 개인뿐만 아니라 그가 속한 조직에도 책임감을 가진다. 전환은 개인적이고 전문적인 변화로 이어지는데, 이로 인해 때로는 자신을 지원하는 조직의 철학이나 운영방식과 상충될 수도 있다. 프로그램의 공간과 경험은 두 문화, 즉 수련 세계의 문화와 후원하는 조직의

문화 사이에서 일종의 피난처가 될 수 있다.

기업 · 조직상담 수련에서는 초기 학습 해소intial unleraning의 시기가 필요한데, 이때는 조직적인 기대와 태도가 멈추고 새로운 관점이 존중 받는다. 기업상담 수련생들은 처음에는 프로그램 과정에 대한 저항을 유발하는 태도와 기대를 가질 수 있다. 이들은 속도, 경쟁, 이미지, 스트레스, 직업 불확실성 등에 관한 세계에서 일한다. 앞으로 어떻게 전개될지 알 수 없는 불확실함과 모호함을 안은 채 속도를 조절하고 일해 나간다는 것은 어려울 수 있다. 또한 개인 및 집단역동보다는 유인물 프로그램으로 수련을 해 왔던 이들에게 수련 회기 내의 즉시성에 대한 이해를 하는 것은 어려운 일일 수 있다.

기업상담 프로그램 수련생들은 일반적인 상담 프로그램에 참여한 수련생들과는 다른 발달 패턴과 속도를 보일 수 있다. 이들의 조직에 대한 태도와 경험은 전문성 발달 작업에서 저항을 낳을 수 있다. 이들은 개인적 문제에 대한 탐색을 거부할지도 모른다. 이들의 발달 작업에 대한 기대는 개인적인 종류라기보다는 전문적인 것일 수 있다. 이들은 자신을 성찰하는 데 익숙하지 않을 수 있다. 프로그램 참여 승인을 위한 면접 과정은 향후 발생할 수 있는 문화적 전이를 제대로 전달하지 못할 수도 있다. 이들은 자기성찰을 경험해야 한다. 이는 수련생이 문화적 전이를 공고히 하기 전까지는 교육과정의 주요 부분이 될 것이다. 그리고 나서 수련지도자는 수련생 개인을 위하여 수련을 연기할 것인지 지속적으로 지원할 것인지 발달작업 등에 대한 결정을 해야만 한다.

마지막으로, 수련지도자를 위한 슈퍼비전이 필수적이다. 기업상담은 현재도 여전히 만들어 가는 과정이기 때문에 수련지도자들은 독창성과 불확실성, 창의성을 가지고 수련을 이끌어야 하며, 실제적인 수련을 지원할 수 있는 지속적인 슈퍼비전이 필요하다. 수련지도자들은 커리큘럼의 내용과 과정 그리고 자신의 수련에 대한 또래 슈퍼비전의 기회에 관하여 수련생뿐만 아니라 수련지도자 동료들과 함께 살펴볼 수 있는 구조가 필요하다.

수련생과 수련지도자

수련은 매우 구체적인 작업이다. 이는 분명한 목적, 뚜렷한 목표와 과정, 그에 대한 효능감을 가지고 있다. 따라서 일반적으로 수행 성과나 변화를 측정하는 것이 가능하다. 반면에, 교육은 매우 다른 작업일 수 있다. 이는 한 개인에 대한 이끌어 냄과 펼쳐 나감에 관한 것이다. 교육의 과정은 종종 통제와 측정이 어려운 인간발달의 차원과 맞물려 있기도 하다. 교육의 목표와 과정은 수련의 목표와 과정보다 덜 명확할 수 있다. 개인은 늘상 변화하고 발달하기 때문에 종종 교육자를 놀라게 하기도 하고 측정의 경계를 넘어서기도 한다. 수련과 교육은 수련생과 수련지도자 모두에게 매우 이질적인 문화와 태도를 야기할 수 있다. 상담자를 위한 프로그램을 개발하는 데 익숙한 수련지도자에게 조직 출신 사람들의 수련 태도는 종종 함께 협력하기 어려운 것일 수 있다.

장기 교육과정의 수련생들은 일반적으로 일정한 형식의 입학과정을 충족시킬 필요가 있다. 이들은 보통 학사학위나 동급의 자격을 보유하고 있을 것이다. 이들은 일종의 전문 수련을 받고 사람을 다루는 직위에서 적절한 경험을 가지고 있을 것이다. 간단히 말해서, 이들은 나름 자격이 있으며 유능할 것이다. 이들이 제기하는 도전은 이들의 조직문화가 바탕이 된다. 조직 세계 출신의 수련생들은 종종 정식 과목 등록보다는 단기 교육, 수련 매뉴얼, 청강 등을 편안해한다. 더욱이, 이들은 일이나 회사의 요구에 의해서라면 기꺼이 수련을 중단할 수도 있다. 말하기보다는 듣고자 하고 침묵을 채우기보다는 침묵 속에 머무르고자 하고, 불협화음과 개방형 질문을 인내하는 수련지도자와 마주하는 것은 이들에게 좌절스러울 것이다. 마찬가지로, 짧은 인내심을 가지고 있으면서, 수련 일정의 조용한 시간들을 팩스 보내기와 전화 걸기를 위해 활용하고자 끊임없이 종료를 요구하는 수련생들을 마주하는 것도 수련지도자들에게는 어려운 일이다. 이러한 모습들은 고정관념이기도 하지만 한편으로는 조직 세계와 상담 세계를 기업상담이라는 하나의 틀에 통합하려는 시도에서 존재할 수밖에 없는 필연적인 갈등에 관한 통찰을 제공한다. 프로그램의 초기 단계에서는 이러한 차이가 가볍고 재미있게 인식될 수도 있다. 한쪽에서 수련생은 휴대폰을 들고 조직 축소, 조직 효율화, 기술개발 등의 전문적인 용어를 사용하고 있고 다른 한쪽에서 치료자는 경청하고 함께하면서 내면세계에 대한 뚜렷한 관심과 동시에 기업 세계에 대해서는 순진함을 보이고 있다. 그러나 실제로 이러한 피상적인 차이는 수련에 영향을 미치는 보다 깊은 분열을 예고할 수 있다.

수련지도자는 때때로 이러한 수련생들을 대하면서 숙련된 기분이 들지 않는다고 호소한다. 성찰할 준비가 되어 있지 않으면 아무리 검증된 수련 프로그램이라도 도움이 되지 않으며, 개인 발달에 저항하는 수련생들에게 수련지도자는 이들이 '진짜 상담자'인가 하고 되묻는 것으로 불쾌감을 드러낸다. 스코볼트Skovholt와 로니스태드

Ronnestad(1995)는 전문가로서의 정체성을 획득하기 위한 전제조건은 유능하다고 느끼지 못하는 것에 대한 불편함 경험이라고 말한다. 기업상담의 경우에 이는 기업상담 수련과 수련 슈퍼비전이 전문적 정체성을 추구해 감에 따라 수련생과 수련지도자 모두가 경험할 수 있는 불편함이다. 새로운 교육과정을 제공하기 위해서는 끊임없는 창의성과 수련생에 대한 개방성이 필요하다. 수련생들의 질문과 태도에는 조직 세계의 요구가 반영되어 있기 때문이다. 프록터Proctor는 "개인적으로 그리고 집단적으로 구조, 의식, 경험을 고안하고 창조해야 했던 경험"(1994: 53)에 대하여 회상하였다. 이러한 창조의 도전은 수련지도자에게 에너지와 힘을 요구한다.

기업상담의 프로그램에서 대부분의 수련생들은 중요하고 전문적인 책임이 있는 지위에 있다. 이들의 이전 수련, 전문성 발달, 실무 경험은 수련 과정 안으로 가져와서 수련 경험과 통합될 수 있는 장점이다(Dryden and Feltham, 1994). 많은 수련생은 이미 자기 분야에서 숙련된 지도자이고 강연자이기도 하며, 결과적으로 강사에게도 높은 기대를 가진다. 하지만 유능한 상담자라고 하더라도 항상 최상의 유능한 강연자는 아니다. 강연과 상담은 서로 매우 이질적인 특성을 가지고 있다. 이는 수련생들을 좌절시킬 수도 있고 또한 경청하지 않게 할 수도 있다. 수련 과정에서 경험할 수 있는 이러한 대조적인 취약성은 매우 심각한 불안을 야기할 수 있으며 슈퍼비전, 사례연구, 에세이와 논문 등의 경험을 쓸모없게 만들 수 있다.

수련생들은 새로운 통찰로 흥분하고 개인의 삶에 견고히 구축되어 있던 자기부정에서 벗어나서, 조직의 관점을 거부하고 싶어 할 위험이 있다. 조직에 익숙하지 않은 수련지도자들은 기업상담이 조직의 목적을 추구하고 상담 세계와 조직 세계를 조화롭게 통합한다는 점을 망각한 채 수련생들을 새로이 발견한 개인의 자유로 이끌고자 하는 유혹에 빠질 수 있다. 피아제Piaget(1952)의 지능 모형에서와 같이 항상성이 와해되고 성장이 일어나는 새로운 수준의 통합을 위한 갈망이 발생하는 순간이다. 이때 수련지도자의 과업은 이러한 비항상성을 존중하고 새로운 수준의 통합을 향해 갈망하는 수련생을 잘 보듬어 주는 것이다. 또한 조직을 고객으로 인식하고 이를 존중하는 것이 수련지도자의 과업이며, 따라서 권한을 갖도록 하는 임파워먼트empowerment의 의미가 조직에 포함되어야 한다. 임파워먼트는 피고용인을 고용인에 대항하도록 하는 과정이 아니다.

기업상담자 평가

기업상담자 평가는 근로자 지원이라는 조직 업무에 근거를 두어야 한다. 교육과정 그 자체와 마찬가지로, 기업상담자 평가는 기업상담의 상담적 측면과 조직적 측면의 통합을 필요로 한다. 그 적용 방법들은 사례연구, 저널, 보고서, 동료평가 및 자기평가와 같이 모든 상담 교육과정에서 확인될 것이다. 차이점은 평가 과정에 관련된 사람들이 기업상담에 적응할 필요가 있다는 점이다. 일반 숙련된 평가자와 외부 평가자들이 항상 조직의 관점을 가지고 기업상담자 평가 과업에 임하는 것은 아닐 수 있다.

기업상담 교육과정에 대한 평가자들은 수련지도자들이 경험했던 것과 동일한 문화 충격을 경험하게 될 것이지만 수련지도자들과는 달리 이들은 수련생들과 가까이 상호작용하지는 않을 것이다. 결과적으로, 그들 자신의 세계관이 조직의 관점에 의해 도전받게 되는 경우가 덜할 것이며 기업상담에 대한 이들의 이해 수준이 수련지도자들의 수준에 이르지 못할 수도 있다. 이상적으로는 일반 숙련된 평가자들이 기업상담에 관한 평가 작업을 하기 위해서는 사전 준비로서 일정한 형태의 수련이나 교육이 필요하다.

기업상담자를 위한 단기 교육과정

지금까지의 논의는 장기 교육과정에 관해서이다. 그러나 일반적으로 조직 근로자들에게 보다 익숙한 것은 단기 교육과정이다. 장기 프로그램, 특히 상담 프로그램과는 달리, 단기 교육과정에서는 개인적이고 발달적인 역동이 일반적인 상담 프로그램의 수준으로 발생하기 어렵다. 또한 대개의 경우 그러한 개인적이고 발달적인 역동이 측정되지도 않는다. 교육과정에 출석하고 참여해 주는 것만으로 충분한 경우도 있다. 단기 교육과정은 종종 특정 영역에 특화된 맞춤형 패키지인 경우가 많고, 매력적이면서도 사용자가 이용하기 편한 수련 교재와 함께 제공된다. 이들 중에 어느 것도 그 자체로는 잘못된 점은 없지만, 이러한 것들은 오랜 기간의 발달적 역동을 다루고 출석 이상의 성실함을 요구하는 기업상담 프로그램으로는 준비가 부족할 수 있다. 단기 수련 프로그램만 주로 경험한 수련생은 발달피드백, 결석시 대체과제, 일정 요건에 도달하지 못할 경우 심화수련이나 개인 발달을 위해 부과되는 과제의 필요성을 선뜻 수용하기 어려울 수 있다.

하지만 단기 교육과정은 기업상담에서 핵심 수련을 기반으로 하는 이상적인 방법이 될 수 있다. 발달적으로 일을 하도록 배워 왔고 기업상담을 이해하는 사고의 틀을 가진 수련생들은 단기 교육과정의 지식을 통합하기에 좋은 위치에 있다. 이러한 포괄적인 관점이 결여된 경우에 수련생들은 성찰적이고 발전하는 현장 전문가라기보다는 잡다한 정보수집가로 끝날 위험에 처하게 될 수도 있다. 많은 기업상담 수련생들이 시간제 수련을 추구한다는 점을 고려한다면, 적절한 단기 교육과정을 파트타임 혹은 모듈식 수련 방식으로 조정할 수 있도록 기업상담의 구성 요소에 관한 전문적 합의를 이루는 것이 이상적일 것이다.

NVQ와 기업상담

전문 수련은 보통의 경우에는 기존의 국가직업표준 요건에 맞추어 구성되어 있다. 그런데 이같은 국가직업표준이 부재한 경우나 위기 상황에서는 통찰적인 예측이 필요하다. 자문, 지도, 상담 및 심리치료 영역에서 NVQ의 발달은 비록 논란이 많기는 하지만, 기업상담의 정체성에 지대한 공헌을 하였다. NVQ는 직장이라는 맥락에 뿌리를 두고 있으며, 하나 이상의 전문가 집단이 인정하거나 보유한 역량에 초점을 맞추어, 기존 전문 영역의 경계를 무시하거나 뛰어넘는다. 기존의 전통 지식과 전문 분야의 경계를 뛰어넘는 것은 기업상담의 발달에 중요한 의미가 있다. 나아가 자문, 지도, 상담 및 심리치료와 같은 개입에서의 역량 기반 접근이 많은 비판을 불러일으키기도 했지만, 그러한 역량 기반 접근은 상담을 직장 안으로 들여왔고, 이 분야의 수련 개발 담당자들로 하여금 서로 중첩되는 많은 개입들을 정의하고 측정하는 문제들과 씨름하도록 하였다. The City and Guilds, The Local Government Management Board with the Institute of Careers Guidance, The Open University Validation Service and the Scottish Vocational Education Council 등 네 개 심사 기구는 직업 분야의 경험을 다룬다. 이 경험은 기업상담 발전에 도움이 될 것이다.

상담 수련 개발에서 조직의 역할

이상적인 세계에서 조직의 수련과 개발은 조직 전체의 문제로 생성되고 심의될 것이다. 이는 조직 개발의 핵심 요소이며 이사회의 중요한 의제로 구성될 수도 있다. 조직은 수련 요구를 확인하고 이들 요구에 부응하도록 기업상담 서비스를 구성해 갈 것이다. 전체 조직의 목적과 마찬가지로, 문화적 및 맥락적 요소 또한 수련을 선택하는 데 영향을 미칠 것이다. 이렇게 선택된 수련은 조직을 반영할 것이다.

실제로, 상담이나 여타 근로자 개발 서비스의 선정이 이사회와는 무관하게 이루어질 수 있다. 또한 상담 서비스를 조직의 문화와 맞추려는 시도조차 없을 수 있다. 어떤 경우에는 근로자 지원 프로그램이 필요한 것처럼 보일 수 있지만 한편으로는 조직 개발의 통상적인 측면보다 덜 중요한 것으로 비춰질 수도 있다.

이와 같이 조직에서 상담의 활용이나 상담 수련 프로그램이 과소평가되거나 중요하게 다루어지지 않는 관행은 이들이 자신들의 필요를 위해 고안된 상품의 개발에는 거의 직접적인 영향을 가하지 않는다는 것을 의미한다. 또한 필요하면 언제든지 주문하여 구매할 수 있다고 생각하는 상담에 대한 태도는 기업상담 수련을 통해 조직에 대한 통찰과 문화를 넘어서 진보한 수련생들에 대한 조직의 지원, 수용과 재통합을 제한할 수 있다.

조직이 기업상담을 위한 수련 개발에 참여할 수 있는 수많은 방법들이 있다. 첫째, 교육과정 개발자와 조직 간 긴밀한 대화가 구축될 필요가 있다. 어느 정도까지 NVQ 활동은 이들 간의 대화를 촉진해 왔다. 또한 조직이 수련에 헌신하는 것도 중요하다. 많은 조직이 수련에 선뜻 재정지원을 하기도 하지만 만약 영리적인 목적을 위해 필요하다면 언제든지 장기 혹은 단기적으로 수련 참여자들을 수련에서 배제하는 것을 주저하지 않을 것이다. 이러한 문제는 수련 프로그램을 붕괴시키며 수련생들에게 부정적인 롤모델을 제공하고 참여한 부서들 간에 갈등을 야기하기도 한다.

조직 내에 수련 프로그램을 내부모델로 장착하는 것은 조직을 위해서나 수련 개발을 위해서나 가치 있을 수 있다. 수련은 조직 변화의 주체로서 상담 및 관련 개입 프로그램을 활용한 조직 개발에 있어서 핵심 요소가 될 수 있다. 상담이 조직의 훈련 부서에 위치할 때, 이는 기술개발이나 경력 및 일반 훈련개발과 연관을 맺기 쉽다. 이러한 지원 중 어떤 경우에는 사내에서 자체 제공되기도 하고 또 어떤 경우에는 외주를 받기도 한다. 상담이 HR 부서에 위치하거나 또는 이러한 부서가 상담자 수련과 긴밀하게 운영되는 경우라면 이는 조직 변화의 주체자로서의 역할을 수행하는 데 적절하게 자리매김할 것이다(McKenna, 1994). 인적자원(HR)은 기업상담의 소속부서로 이상적인데 그 이유는 기업상담은 조직 내 구조적이거나 개인적인 문제를 모두 다루기 때문이다(McKenna and Beech, 1995). 달리 표현하자면, 이는 인간의 성향과 욕구를 고려하여 조직의 요구의 균형을 이루고자 하는 것이다. 잘 조율된 조직에서 이러한 성찰은 조직을 위한 상담 수련 프로그램의 개발에 적절한 정보를 제공할 것이다. 하지만 이와 같은 조직 시스템과의 조화로운 통합은 근로자에 대한 명확한 인식, 그리고 수련 및 개발 프로그램이 잘 선정될 경우 개인과 조직의 잠재력을 성장시킬 것이라는 분명한 인식을 기반으로 한다.

결론

기업 · 조직상담은 개인과 조직의 발달을 촉진하고 지지하도록 고안된 상담의 응용 형태이다. 이는 상담 및 조직에 관한 이론과 실제에 뿌리를 두고 있다. 이 두 분야를 새롭고 응집력을 가진 응용 형태로 잘 조율하는 것이 현재의 과업이다. 또한 수련의 개발은 창조적인 과업이다. 이는 시스템과 실제에 대하여 성찰하고 이를 해석하는 사람들의 통찰의 결과물이다. 기업 · 조직상담에서는 기업 · 조직상담의 개발, 보급, 평가에 대한 조직과 수련 시스템 간의 보다 긴밀한 협력이 요구된다. Roehampton Institute London TDA, BT, 우정국 등의 협력적 수련 사업들은 이러한 수련 동반자 관계를 달성하기 위한 노력이라고 볼 수 있다. 수련의 설계와 보급에 관한 사항들을 공유함으로써 상담과 조직 상황에 대하여 새롭게 이해하게 되며 이로써 현장 전문가들은 상담을 근로자 지원 시스템의 한 분야로 관리하고 보급하게 된다.

참고문헌

Carroll, M. (1995). 'The counsellor in organizational settings: Some reflections', *Employee Counseling Today*, 7 (1), 23-29.

Clarkson, P. (1995). *The Therapeutic Relationship*. London: Whurr.

Dryden, W. (1992). *Integrative and Eclective Therapy*. Milton Keynes: Open University Press.

Dryden, W. and Feltham, C. (1994). *Developing Counsellor Traning.* London: Sage.

Dryden, W. and. Thorne, B. (eds) (1994). *Training and Supervision for Counselling in Action.* London: Sage.

Grater, H.A. (1985). 'Stages in psychotherapy supervision: from therapy skills to skilled therapist', *professional Psychology: Research and Practice*, 16: 601-610.

Hess, A.K. (1987). 'Psychotherapy supervision: stages, buber and a theory of relationship', *Professional Psychology: Theory, Research and Practice*, 18: 251-259.

Highley, J. and Cooper, C. (1994). 'An assesment of UK EAPs and workplace counselling programmes.' Project funded by the Health and Safety Executive.

Hill, C.E., Charles, D. and Reed, K.G. (1981). 'A longitudinal analysis of counseling skills during doctoral training in counseling psychology', *Journal of Counseling Psychology*, 28: 428-436.

Hogan, R.A. (1964). 'Issues and approaches in supervision', *Psychotherapy: Theory, Research and Practice*, 1: 139-141.

Janes, J. (1992). 'Advice Guidance and Counselling Lead Body Feasibility Study'. Welwyn, Herts: Julie Janes Associates.

Jenkins, P. (1995). 'Two models of counsellor training: becoming a person or becoming a skilled helper', *Counselling,* 6 (3), 203-206.

Lane, D. (1990). 'Counselling psychology in organization', *The Psychologist*, 12: 540-544.

McKenna, E. (1994). *Business Psychology and Organizational Behavior.* Hove: Lawerence Erlbaum.

McKenna, E. and Beech, N. (1995). *Essence of Human Resource Management.* London: Prentice Hall.

McLeod, J. (1993). *An introduction to Counselling.* Milton Keynes: Open University Press.

Nixon, J. and Carroll, M. (1994). 'Can a line manager also to be counsellor?' *Employee Counselling Today*, 6 (1), 10-15.

Noon, M. (1992). 'HRM, a map, model or theory?', in P. Blyton and P. Turnbull (eds), *Reassessing Human Resource Management.* London: Sage.

O'Brien, J. (1995). 'Mentoring as a change agency-a psychodynamic approach'. *Counselling,* 6 (1), 51-54.

Pedlar, M., Boydell, R. and Burgoyne, J. (1988). *Learning Company Project.* Manpower Services Commission.

Piaget, J. (1952). *The Origins of Intelligence in Children.* New York: International University Press.

Pickard, E. (1994). 'Skills training: the beginning or end of counselling?', *Counselling at Work*, 6: 9.

Proctor, B. (1994). 'On being a trainer', in W. Dryden and B. Thorne (eds), *Training and Supervision for Counselling in Action.* London: Sage.

Reddy, M. (1993). *EAPs and counselling Provision in UK Organization: An ICAS Report and Policy Guide.* Milton Keynes: ICAS.

Skovholt, T. and Ronnestad, M. (1995). *The Evolving Professional Self.* Chichester: John Wiley.

Tehrani, N. (1994). 'Business dimensions to organizational counselling', *Counselling Psychology Quarterly*, 7 (3), 275-285.

Tehrani, N. (1995). 'The development of employee support: an evaluation', *Counselling Psychology Review*, 10 (3), 2-7.

20장

기업 · 조직상담 슈퍼비전

Brigid Proctor

상담 슈퍼비전이란 무엇인가

> 상담 슈퍼비전은 경험이 많고 유능한 상담자이며 동시에 상담 슈퍼비전 과정에 대해 숙련된 누군가에게 정기적으로 자신의 상담 내용에 대하여 토의하는 공식적이면서도 상호 동의된 협의 과정이다. 이때의 과업은 슈퍼바이지의 상담실습의 효율성을 보장하고 개발하도록 함께 작업하는 것이다. …… 슈퍼비전은 슈퍼바이지의 실습 상황을 고려해야 한다. …… 내담자의 욕구가 다루어지도록 보장하고 상담개입의 효과성을 모니터하기 위한 것이다(BAC, 1995: 2.3).

앞의 인용문은 영국상담학회의 상담자 슈퍼비전을 위한 윤리규정에서 발췌한 것으로 슈퍼비전에 관한 상담자의 과업과 정신이 무엇인지를 간접적으로 말해 주고 있다. 일반적인 직업의 세계에서 슈퍼비전이라는 단어는 감독, 통제, 관리의 책임을 내포하는 것으로 상담이라는 맥락에서 이를 사용하는 경우 자주 오해의 소지가 있으며, 다른 전문가 집단에서는 신비감을 느끼게 한다. '일단 확실하게 훈련을 받았다면, 당신은 독립적으로 실천해 나갈 수 있겠는가?'라고 질문한다. 동시에 작업과 작업 환경에 대한 이해가 있으면서도 객관적이고도 상당히 독립적일 수 있는 누군가에게 정기적으로 자문을 구한다는 개념은 매력적이다. 최근에 내가 뉴질랜드에 있을 때에 나는 슈퍼비전에 해당하는 과정에 대해 더 나은 단어가 없냐는 질문을 수 없이 받았다. 숙련된 상담자들은 슈퍼비전 서비스를 의사, 기업인, 수석 교사 등에게 제공할 수 있냐는 요청이 점차 증가한다는 점을 발견하게 되었다. 그러면서도 슈퍼비전이라는 단어 자체가 슈퍼비전 서비스의 마케팅에 오히려 방해가 된다는 점도 알게 되었다. 따라서 빈번하게 '자문 슈퍼비전'이라는 단어가 보다 적절한 표현으로 사용될 수도 있으며 또는 관리 및 훈련 슈퍼비전과 구분하기 위해 '비관리 슈퍼비전'이라는 단어가 사용될 수도 있다.

따라서 본 장에서 '슈퍼비전'이라는 단어는 자문 슈퍼비전, 즉 '공식적인 협력 과정'을 의미한다. 또한 이는 전문 상담자가 신뢰할 수 있고 경험이 많은 동료와 반드시 정기적으로 만나도록 되어 있는 과정이다. 이때 '반드시'라고 표현한 이유는 전문상담이나 심리치료의 윤리규정에 따르면 현장 전문가들은 다음의 규정을 준수해야 하기 때문이다. "상담자가 정기적인 상담 슈퍼비전이나 자문 없이 상담 수행을 하는 것은 윤리적 요건을 위반하는 것이다."(BAC, 1992)

먼저, 이미 자격을 갖추고 있고 고도로 숙련되어 있으며 명백히 유능하고 믿음직할 수도 있는 전문직 종사자에게 왜 이와 같이 유일하지는 않지만 특별한 요구 사항이 필요한지에 대하여 질문할 가치가 있다. 이와 동시에 이러한 슈퍼비전 자문의 목적이 무엇인지에 대하여 보다 분명히 하게 될 것이다. 끝으로 본 장에서는 다음과 같은 사항들에 대하여 검토할 것이다.

- 조직 내에서 상담자, 슈퍼바이저, 고용주 간에 목적, 목표, 책임의 경계에 대한 이해가 공유되는 것의 중요성
- 다음 사항에 대한 특별한 고려
  - 조직 내에서 활동하는 상담자를 감독하는 슈퍼바이저
  - 관리자에게 책임이 있을 뿐만 아니라 전문적인 슈퍼비전을 받아야 하는 상담자
- 서로 다른 슈퍼비전 방식의 이용 가능성
- 조직 내에서 슈퍼비전을 수행하고 슈퍼비전을 받는 데 필요한 자질

기원: 견습 훈련

역사적으로 이러한 종류의 슈퍼비전은 '기술 견습(Craft Apprenticeship)' 훈련 모형에 기원을 두고 있다. 이러한 훈련 모형은 직접적인 경험을 얻는 과정에서 감독과 검열을 받는 견습으로, 현재 널리 보편화된 것이다. 이러한 맥락에서 슈퍼바이저는 기껏해야 훈련지도자, 관리자, 멘토나 가능한 경우라면 교사의 역할을 혼합한 것이다. 이는 심리치료 훈련에서 채택되는 모형이기도 한다.

슈퍼비전은 건설 견습과 다르며, 심지어 간호직과 같이 사람에게 더 관련이 있는 기술을 연마하는 것과도 아래와 같이 다른 면이 있다.

- 슈퍼비전은 흔히 생생한 형태로 관찰되는 것이 아니다. '심리치료를 수행한다'는 임무는 치료자와 내담자 간의 관계의 질과 비밀보장에 토대를 두고 있는 것으로 이해할 수 있다. 제3자의 존재는 치료의 과업에 방해가 되며 도움이 되지 않는 것으로 간주된다.
- 슈퍼비전은 구체적이거나 바로 쓸 수 있는 실용적인 것이 아니다. '올바르게 수행하라'는 것은 건축의 절차에서나 또는 많은 간호 절차에서는 그것이 무엇을 말하는지 분명히 알 수 있다. 그러나 심리치료 작업은 '관계와 의사소통이 올바르게 되는 것'에 훨씬 더 의존한다. 이러한 수행은 포착하기 쉽지 않은 행위이며, 단지 점진적으로 개념화되는 것이다.
- 슈퍼비전은 특히 개인적으로 관여하는 작업이다. 관계의 속성과 내담자 및 내담자의 문제가 인식되는 방식은 각 상담자마다 독특하게 다르다. 문제에 대한 인식과 해석이 상담자, 슈퍼바이저 혹은 다른 수련생들에 의해 어느 정도로 합의되든지 간에 오직 이 심리치료 수련생은 바로 이 인식에 근거하여 현재의 이 내담자와 이 관계를 맺게 된다.

이러한 모든 이유 때문에 수련 슈퍼비전은 대개 '두 명 혹은 그 이상의 수행자들이 항상 실재하는 것은 아닌 제3의 인물에 대하여 이야기하는' 포럼이다. 이는 수련생들에게 내담자에 대하여 이야기하고 내담자와 함께 작업을 했던 자신의 경험, 즉 수련생이 내담자와 어떻게 작업하였는지, 그가 내담자와 어떻게 관계하는지 등에 대한 경험을 성찰하고 내담자 및 내담자 문제에 대한 슈퍼바이저의 견해인 피드백을 받을 수 있는 기회이다.

과정과 관계

슈퍼바이저에게 요구되는 마지막 작업 영역은 수련생이 내담자의 세계관과 경험에 과도하게 동일시하여 효과적으로 객관적이지 못하게 되거나, 또는 덜 공감적이어서 지나치게 비판적으로 객관적이게 됨으로써 내담자가 안전감이나 이해받았다고 느끼지 못하게 된 점을 수퍼바이저가 알아차려야 하는 것이며, 또한 수련생이 알아차림 없이 못마땅해 하거나 비판적으로 느껴질 때 슈퍼바이저는 간접적으로 무언의 비판을 듣거나 감지할 수 있어야 하는 것이다. 수련생은 내담자가 자주 외부 세계의 지인으로부터 도출하는 것처럼 보이는 비슷한 행동과 감정으로 내담자에게 우연히 반응하고 있는가? 또는 그 내담자에게 마치 내담자가 수련생 자신의 관계망에 있는 비슷한 사람인 것처럼 지각하고 반응하고 있는가? 시간이 경과함에 따라 그리고 슈퍼비전을 하고 슈퍼비전을 받는 경험을 통해서 의심할 여지 없이 상처가 있는 다른 사람과 사적으로 친밀하게 작업을 하면서 동시에 존경, 이해, 온화함과 객관성을 유지한다는 것은 복잡하고 혼란스러운 활동이 될 수 있다는 점은 분명하다.

슈퍼바이저의 기술과 경험에 의존하는 정기적인 슈퍼비전 수련의 과정은 지극히 보람 있는 작업이 될 수 있다. 포럼을 통해 수련생은 어떻게 보다 효과적으로 작업할 수 있을지에 대한 본연의 수련 과업에 대하여 배울 수 있다. 그들은 또한 자신과 내담자들에게 어떤 일이 발생하는지에 대하여 살펴볼 수 있다. 즉, 처음에는 슈퍼비전의 성찰 공간 내에서 그리고 이후에는 치료 회기 내에서 어떤 일이 발생하는지를 점차 검토할 수 있게 될 것이다.

슈퍼비전 책임

그러나 발전의 기회가 제공되는 동안 슈퍼바이저는 또한 감독자로서의 책임을 수행해야 한다. 수련생이 내담자와의 상담 내용에 대하여 얘기할 수 있도록 도와주는 과정에서 슈퍼바이저는 자신이 들은 것에 대하여 검토해 주고 질문을 해야 할지, 피드백을 줘야 할지 또는 상담 과정에서 제공한 지혜나 개입의 효율성에 대하여 의

문을 제기할지에 대하여 결정하게 될 것이다. 종종 슈퍼바이저는 수련생이 무지 혹은 무능으로 인해 내담자와 잘 협력하지 못한다고 느낄 수도 있다. 이러한 내담자 옹호의 역할은 수련생이 진행하는 상담사례에 대해서도 슈퍼바이저가 전반적인 '임상적 책임'을 지기 때문이다. 사례 관리자로서 슈퍼바이저는 내담자가 기대하는 도움을 받고 있는지를 확인해야 할 궁극적인 책임을 지고 있다.

또한 심리치료 전문직의 수호자로서 수련 슈퍼바이저는 필요한 표준적이고 윤리적인 수행감각을 길러야 한다. 상담의 표준과 윤리에 대한 생각은 슈퍼바이저와 다른 수련지도자 등에 의해 서로의 생각과 느낌을 공유하면서 집단적으로 개발되고 있다. 따라서 슈퍼비전은 신참 전문가가 효과적이거나 비효과적이거나 해로운 수행에 대한 정보를 수집하고, 작업에 대한 적절한 가설을 개발하기 위한 주요 도구가 될 수 있다.

힘든 이야기 듣기

또한 분명한 점은 정서적으로 힘들게 하는 심리치료의 속성이다. 심리치료자(여기서는 상담자)는 일정 정도의 괴롭고, 마음을 따뜻하게 하고, 격분하게 하기도 하는 삶의 이야기와 경험을 들을 수 있도록 허락받은 자이다. 이러한 이야기들 중 어떤 것도 강한 감정을 유발하거나 호기심을 불러일으키는 이야기를 털어놓는 전통적인 방식의 수다로는 풀어낼 수 없다. 점차적으로, 이러한 보듬어 안는 과업은 피곤한 일이 되며, 특히 심리치료와 상담의 실제는 적극적인 개입보다 '옆에 함께 있어 주기'를 수반하는데, 이로 인해 상담자는 '도움이 되는 구체적인 무언가를 하기'의 정서적 표출을 거부한다.

형식적, 규범적, 회복적

따라서 수련생과 슈퍼바이저는 일련의 다양한 과제들을 달성하게 된다. 슈퍼바이저와 수련생은 실제 상담실 내에서 일어났던 개별적인 상호작용에 대한 접근을 주고받는다. 이렇게 이야기를 공유함으로써 슈퍼바이지는 내담자가 원했던 것, 그리고 자신이 내담자에게 행했던 것에 대하여 점점 더 객관적으로 생각하고 이를 통해 성찰적인 실천가가 되는 방법에 관한 학습기회를 얻게 된다. 동시에 수련생은 경험을 통해서뿐만 아니라 피드백과 정보, 슈퍼바이저 모델링을 통해서 자신의 수행에 대해서도 배울 기회를 얻게 된다. 이러한 학습은 수련 슈퍼비전의 **형식적**(formative) 과제라고 불릴 수 있다.

또한 슈퍼바이저는 앞과는 다른 수준의 학습을 착수하는데, 이는 자신이 선택한 직업의 가치와 가정, 그리고 이러한 관점에서 윤리적 또는 비윤리적 수행이라고 판단할 만한 것이 무엇인지에 대한 것들이다. 또한 이러한 직업세계에 들어갈 수 있는지는 앞의 관점에서 검열되고 지도를 받으며 윤리적으로 적절해 보이는지에 달려 있다. 이는 슈퍼비전의 **규범적**(normative) 과제라고 불린다.

객관성을 방해하고 활력과 몰입을 잃게 하는 축적된 좌절과 감정을 해소할 기회가 슈퍼비전의 세 번째 과제로서, 이는 은밀한 **회복적**(restorative) 포럼이다. 규범적, 형식적, 회복적 등 이 모든 세 가지 과제는 중첩되기도 하고 서로의 성취에 기여하기도 한다. 슈퍼비전의 대안적 정의는 이 복잡한 과제들을 다음과 같이 요약하고자 한다. 즉, "슈퍼비전은 슈퍼바이저와 상담자 간의 작업동맹이다. 이 동맹의 목적은 상담자가 윤리적 역량, 신뢰, 창의성을 획득할 수 있도록 함으로써 그가 내담자에게 최상의 서비스를 제공할 수 있도록 하는 것이다."(Inskipp and Proctor, 1993)

지속적인 슈퍼비전

앞의 지원과 도전의 필요는 상담 자격증을 취득했다고 해서 사라지는 것은 아니다. 따라서 영국에서는 자격 취득 이후에도 계속 슈퍼비전을 받는 전통이 심리치료자들에 의해 채택되었으며 유사 전문직인 상담에서도 받아들여졌다(임상사회사업가들도 이러한 제도를 채택하였으며 청소년지도자들도 관리 슈퍼비전뿐만 아니라 비관리 슈퍼비전도 부분적으로 받아들이고 있다). 그러한 의미에서 미국의 경우에는 상담자에게 필수적으로 요구되는 자문 슈퍼비전이 자격증을 취득함과 동시에 끝나게 되는데 이는 왜 그러한지 고려해 볼 만하다. 아마도 그 차이점은 애초부터 두 나라는 수련의 특성에서 차이가 나기 때문일 것이다. 미국의 경우 수련은 통상적으로 전일제로서 대학을 배경으로 하는 학위 취득과 연결되어 있고 후속적으로 주정부 등록으로 귀결된다. 반면, 영국에서의 수련은 대개 시간제로 자격 기준이나 자격 소요 시간 등이 보다 다양하고 1980년대 중반까지도 등록제나 허가제가 아니었다. 따라서 정기적인 슈퍼비전을 통해 직업에 대한 책임을 다함으로써 자격의 표준을 유지할 수 있게 되었다.

현재의 목적

예를 들어, 영국상담학회의 인가에 있어서나 '상담자 및 심리치료자 등록협회'의 설립 과정에서 현재 슈퍼비전이 필수 요건으로 유지된 데에는 다음의 몇 가지 현실적인 부분에서 비롯된다. 첫째, 상담이란 현장실천가로서는 매우 개인적으로 관여하는 사적이고도 친밀한 직업이기 때문이다. 이는 객관성의 결여와 심지어 내담자 착취의 가능성으로 이어질 수도 있다. 의무적인 정기 슈퍼비전이 엉터리 상담자의 수행을 사전에 막을 수는 없지만 이를 통해 선의의 상담자는 확실히 수행 과정에서 지원과 도전을 받을 수 있다. 둘째, 상담은 빠르게 진화하는 기술로서 직장에서의 상담이나 일차 의료기관에서의 상담과 같이 새로운 상황은 새로운 반응을 필요로 한다. 슈퍼비전은 상담자가 내담자에 대한 최상의 서비스, 전문가 윤리 준수, 서비스가 실행되는 맥락에 대한 민감성 등 모든 측면을 아우를 수 있도록 다른 사람이 적어도 한 명 돕고 있다는 점을 보장한다. 셋째, 많은 상담자들은 여전히 독립적으로 그리고 종종 상대적으로 고립된 상태에서 상담을 하고 있으며 이때 슈퍼비전은 지속적으로 전문성 발달을 수행하도록 하고 새로운 생각과 실천을 유지하는 데 몰입할 수 있도록 상기시키는 역할을 수행한다.

좋은 슈퍼바이저와의 정기적인 자문의 기회를 일단 경험한 상담자라면 슈퍼비전이 대부분의 경우에 가치 있다고 여길 것이다. 슈퍼비전은 또한 동료 간 책임과 내담자 및 관련 전문가와의 신뢰에 대한 전문적 요구를 충족시키는 장치이기도 하다. 슈퍼비전이 적절히 이루어진다면 이는 권위적이고 구속적인 형태로 제공되는 것과는 반대로 오히려 점차 상담자의 신뢰성과 자율성에 대한 자극제가 된다. 슈퍼비전은 전문적인 경로를 통해 효과가 있는 것이 무엇이고 그렇지 않은 것은 무엇인지에 대한 정보를 피드백해 주는 또 다른 방법이기도 하다. 관리자가 직접적으로 접근할 수 없는 작업을 어떻게 관리해야 할지를 모르는 기업의 상황에서는 신뢰할 수 있고 전문적인 슈퍼바이저는 상담자의 수행을 평가하고, 상담자에게 그리고 필요한 경우라면 관리자에게 역량에 대한 조건이나 전문성 발달을 위한 제안 사항에 관한 피드백을 제공할 수 있을 것이다.

내담자는 이득을 얻는가

연구 수행의 어려움으로 인해 현재까지 알려지지 않은 영역은 내담자가 상담자의 슈퍼비전을 통해 이득을 얻는가라는 점이다. 슈퍼바이저와 상담자들은 내담자가 이득을 얻는다는 풍부한 일화적 및 경험적 증거들을 가지고 있다. 1990년대에 슈퍼비전이라는 기술은 많은 관심을 받았다. 상담 직업의 확장과는 대조적으로 슈퍼비전이 고유한 직업으로 불리게 된 것은 최근의 일이다(Carroll, 1996). 바라건대, 슈퍼비전 과제와 기술에 대한 합의가 더욱 발달함에 따라 이 중대한 질문을 해명할 연구가 수행될 수 있을 것이다.

그동안 슈퍼비전이 바람직한 것이라는 인식이 증가하고 있다는 증거가 있다. 상담심리학자들은 자문적 슈퍼비전을 전문성 유지의 필수 요건으로 채택하였고 많은 임상심리학자들은 이의 채택을 요청하고 있는 중이며, 현재 보건부처에서는 모든 간호사에게 재교육 임상 슈퍼비전을 필수 요건으로 삼고 있다. 본드Bond(1993)는 미국에서도 상담자와 심리치료자들을 위한 지속적인 슈퍼비전에 대한 관심이 늘어나고 있다고 하였다. 영국의 참관보고서에 따르면, 많은 미국의 상담기관들이 현재 상담자를 위한 지속적인 슈퍼비전을 수립하였다고 보고한다. 이 모든 것들은 실제로 상담자들이 정기적인 자문을 가치있게 여기며 관리자들은 고용된 상담자를 위한 슈퍼비전의 가치를 인식하기 시작하였음을 보여 준다.

조직 내 슈퍼비전

한 상담자가 조직 내에 고용되어서 슈퍼비전을 받고 있는 상황에는 적어도 상담자, 상담자의 관리자, 슈퍼바이저 등 적어도 세 명의 관련자가 존재한다. 슈퍼바이저는 조직의 외부에 존재하거나 또는 내부의 피고용인일 수 있다. 또한 상담 작업이 발생한 보다 넓은 맥락에 대하여 어느 정도 이해를 하고 있는 상태에서 서로 상호작용하고 있을 것이다([그림 20-1] 참조).

본서의 1장에서 마이클 캐롤Michael Caroll이 기술한 바와 같이, 상담자들은 다양한 조직 내에서 활동하고 있을지도 모른다. 따라서 전문적인 자문 슈퍼비전을 조직의 구조 및 과정과의 관계로 일반화하는 것은 비현실적이다. 예를 들어, 내부형 자원봉사

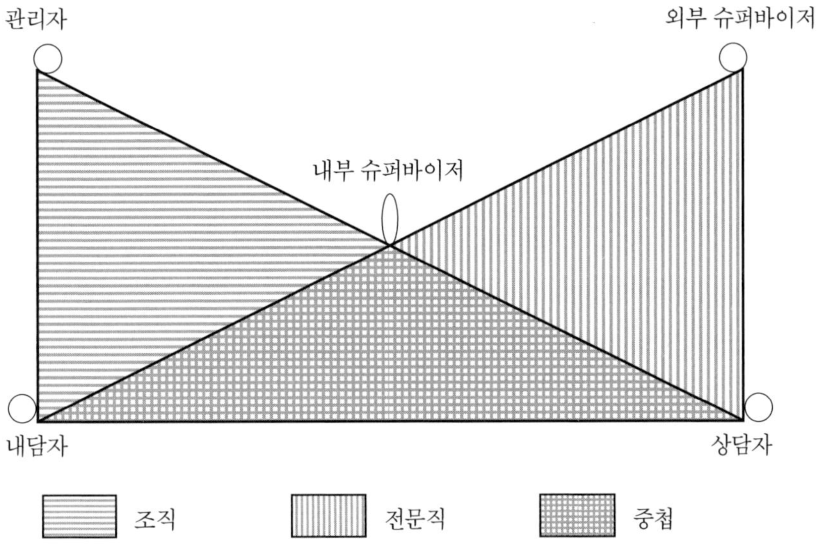

– 관리자는 서비스의 질과 비용의 효과성에 대하여 자신의 상사에게 설명할 수 있다.
– 내부 슈퍼바이저는 전문가와 기관 또는 서비스 윤리규정 내에서 상담자와 자신의 전문적 수행을 설명할 수 있다. 그는 또한 전문가 협회에게는 내담자의 옹호자로서 설명할 수 있다.
– 외부 슈퍼바이저는 관리자에게 설명할 수도 있고 없을 수도 있다. 그는 내담자의 옹호자로서 전문가에게 설명할 수 있다.

[그림 20-1] 책임의 구역

슈퍼바이저가 기관 자체의 상담 훈련을 통해 승진해 왔으며 여전히 자원봉사 상담자로 근무하고 있을지도 모르는 자원봉사 상담기관과, 의료센터에서 일하는 두 명의 상담자들을 슈퍼비전하기 위해 프리랜서 슈퍼바이저를 고용하는 사설 영리기관 간에는 문화적으로 커다란 차이가 있다. 그럼에도 불구하고 모든 조직 맥락에서 적용될 수 있는 좋은 수행에 대한 어떠한 원칙이 존재한다. 실제에서의 차이는 이러한 원칙들이 이해되고 신중하게 받아들여지는 정도의 차이이다. 또한 어느 정도건 간에 원칙 정립의 책임은 상담자, 관리부서, 또는 슈퍼바이저에게 주어져 왔다.

인스킵Inskipp과 프록터Proctor는 『슈퍼비전 최대한 활용하기Making the Most of Supervision』(1993)에서 〈표 20-1〉에 제시된 지침을 작성하였다. 이는 상담자에 해당하는 것으로 상담자와의 근로 계약 시에 모든 관련자 간의 명확한 근로 합의서를 수립할 책임에 대해 명시되어 있다. 인스킵과 프록터는 『슈퍼바이저 되기Becoming a Supervisor』(1995)에서 이 원칙으로 돌아와 상담자, 관리 부서, 슈퍼바이저 등 세 영역 간 책임과 의사소통의 적절한 노선을 상담자와 관리부서와 함께 공식화해야 할 책임을 슈퍼바이저들에게 상기시켰다.

〈표 20-1〉의 지침은 매우 다양한 조직의 맥락에서 유효하다. 영국상담학회의 『슈퍼바이저 윤리규정』(1995)은 슈퍼바이저와 상담자에 관한 정보가 명시적이지는 않다. 그럼에도 불구하고 규정은 다음과 같이 기술되어 있다.

> 3.3.6 슈퍼바이저는 조직 및 기관 내 근무하는 슈퍼바이지와 함께 다음의 책임 계통이 분명히 명시되어야 한다: 슈퍼바이지와 내담자, 슈퍼바이저와 슈퍼

표 20-1 조직 책임에 관한 상담자 지침(Inskipp and Proctor, 1993)

상담자는 다음의 내담자들에게 전문적인 서비스를 제공하기 위해 조직에 고용된다.

- 조직의 근로자 또는
- 소비자(학생, 환자 등) 또는
- 대중
  - 일반인 또는
  - 젊은층, 커플, 중독처럼 특별한 어려움을 겪고 있는 사람과 같은 특정 범주

상담자는 전문적인 윤리규정을 준수한다.

조직은 상담자의 내담자에 대하여 책임이 있다. 또한 조직 소속 근로자와 그 업무를 관리해야 할 책임이 있다.

좋은 관리 업무는 모든 근로자가 관리 슈퍼비전과 평가를 받아야 한다는 것을 시사한다. 상담자의 경우에 그러한 평가는 관리자 또는 다음의 역할을 수행할 수 있는 대체인력에 의해 이루어져야 한다.

- 상담자 및 상담자 업무를 지지하고 돕기
- 현실적으로 평가하기
- 업무에서 발생하는 윤리적 딜레마를 인식하고 평가하기

이러한 평가는 기관 및 조직 부서(예: 상담 서비스 부서)를 위한 윤리 규정에 따라 수행되어야 하며 다음의 사항이 포함되어야 한다.

- 부서의 목적과 상담철학의 진술
- 기록하기와 같은 행정 업무의 기술
- 사례 부담, 사례 배정, 업무 경계 등과 같이 일상의 업무 또는 시간 외 업무에 관한 관리 운영
- 관리적 및 비관리적 슈퍼비전의 운영
- 앞의 운영 내용과 평가와의 관련성

바이지, 슈퍼바이저와 내담자, 조직과 슈퍼바이저, 조직과 슈퍼바이지, 조직과 내담자. 이와 같이 현업 관리와 슈퍼비전 간에는 뚜렷한 차이가 있다.

3.3.7 최상의 수행은 동일한 인물이 슈퍼바이저와 현업 관리자를 동시에 수행하지 않는 것이다. 특히, 상담 슈퍼바이저가 현업 관리자인 경우에는 슈퍼바이지는 독립적인 상담 슈퍼비전을 받을 필요가 있다.

3.3.8 슈퍼바이지에 대한 책임과 슈퍼바이저 자신을 고용한 기관 간의 갈등을 인식하게 된 슈퍼바이저는 관련된 충성과 책임의 속성을 분명하게 해야 한다 (BAC, 1995).

관리자의 동조적 태도와 인식

슈퍼비전을 조직할 때 두 가지 중요한 차원은 상담 일반에 대해서뿐만 아니라 자문 슈퍼비전에 대하여 관리자 측이 얼마나 동조적인지, 그리고 상담에 대해 얼마나 알고 있는지 정도이다. [그림 20-2]에 제시된 매트릭스는 상담자와 슈퍼바이저가 조직의 작업 문화를 도식화하기에 유용한 방법이다. 이 도식은 상담자와 상담 제공기관에게 최대한의 실행가능한 조직적 지원을 위해 필요한 행동이 무엇인지를 진단할 수 있게 한다.

상담자가 근무하는 조직이 매우 다양하다는 점과 관리 및 자문 슈퍼비전이 다양한 형태라는 점을 고려할 때 서로 간의 관련성은 구체적일 것이다. 다음의 가상 시나리오는 발생할 수 있는 인식과 문화의 범위를 보여 주는 데 도움이 될 것이다. 각

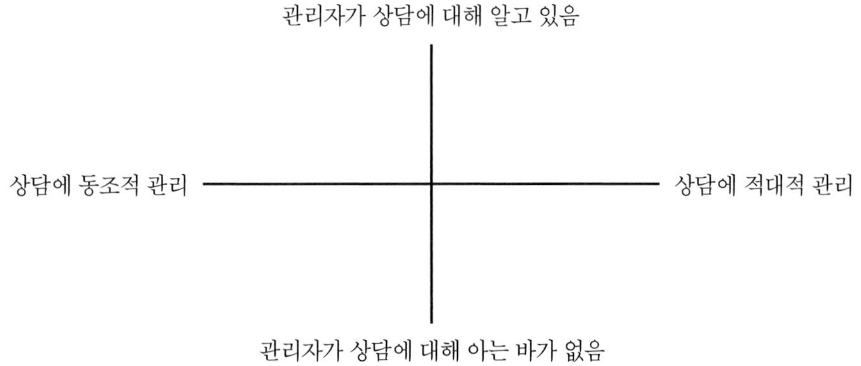

[그림 20-2] 상담 슈퍼비전에 대한 관리자의 동조적 태도와 인식 매트릭스

사례는 [그림 20-2] 매트릭스의 서로 다른 각 위치에 처한 경우라고 할 수 있다. 이는 상담자와 슈퍼바이저가 상담 문화를 촉진하기 위해 최대한의 노력을 기울일 경우에 해당한다고 볼 수 있다. 시나리오들은 또한 몇몇 또는 모든 이해 집단의 입장에서 필요한 몇 가지 고려 사항을 지적하고 있다.

사례연구 1

메리 존스는 대학학생상담센터의 상담자팀에 소속된 학생 상담자이다. 그녀는 선임상담자에 의해 관리를 받고 있는데 동료들과 함께 2주일에 한 번 동료 슈퍼비전을 갖고 있다. 그녀는 위기 상황에서 선임상담자와 정기적으로 만남을 가지고 있으며 1년에 네 차례 관리 슈퍼비전을 위해 선임상담자와 면담을 갖고 있다. 또한 그녀는 3주에 한 번 개인 프리랜서 슈퍼바이저를 만나는데 그녀의 슈퍼바이저는 메리 자신이 선택하였다. 그리고 대학은 그녀의 슈퍼비전 비용을 지불한다. 메리의 관리자는 슈퍼바이저를 조사하고 싶어 하지 않으며 또한 그녀의 현업 관리자에게 그렇게 하도록 요구받지도 않았다. 메리의 프리랜서 슈퍼바이저와 조직 간에는 어떠한 계약도 없으며 메리의 관리자는 어떠한 피드백도 기대하지 않는다. 그녀는 자신의 관리책임은 조직 밖의 슈퍼비전이 상담자의 요구에 부합하는지를 상담자에게 확인하는 것이라고 생각한다.

앞의 경우에 관리자는 상담자와 슈퍼비전의 과정 모두를 이해하고 신뢰한다. 그녀[관리자]는 상담자의 작업을 관리 슈퍼비전과 일상의 접촉을 통해 충분히 접근하고 있으며 논의할 만한 사례에 대하여 상담자를 지원할 수 있고 상담자의 작업과 전문성 발달에 관련하여 그녀[상담자]를 지원하고 도전할 수 있는 점에서 만족하고 있다. 이러한 운영방식은 효과가 있다. 그러나 관리자가 상담자의 역량이나 윤리적 수행에 관하여 확신하지 못할 때가 있을 수 있다. 만약 관리자가 슈퍼바이저의 적합성에 대한 정보를 가지고 있지 않고 슈퍼바이저와 직접 계약한 것이 아니라면 관리자는 상담자가 슈퍼비전 중 문제를 제기하더라도 이를 신뢰하지 못하게 될 수 있다. 또한 관리자는 정말 필요시에 상담자의 동의가 있건 없건 간에 슈퍼바이저와 그 문제를 제기할 수 없을 것이다. 또한 슈퍼바이저는 만약 상담자가 그의 피드백이나 비판에 제대로 응하는 것처럼 보이지 않더라도 자신의 의구심을 관리자와 소통할 수 있는 합의된 방법을 갖고 있지 못하다.

사례연구 2

존 데이비스는 NHS 신탁 내에 근로자 상담 서비스를 설치하도록 요청받았다. 그는 운영위원회에 접근할 수 있으며 위원회가 처음에 상담 서비스 아이디어를 제안하였다. 대부분의 구성원들은 그 아이디어에 관심을 갖고 있었으나 대부분 그와 같은 서비스에 대한 경험은 없었다. 존은 일주일에 두 차례 상담 서비스를 운영하기로 하였다. 그는 사무실 공간, 자금, 상담 시간, 슈퍼비전 비용 등을 위해 싸워야 했다. 그의 관리자는 상담 서비스 아이디어에 전혀 동조하지 않았으며 운영위원회의 제안에 분개하였다. 그는 존의 슈퍼비전 요구를 조롱하였으나, 존이 슈퍼바이저를 찾고 나서는 더 이상 문제를 제기하지 않았다. 슈퍼바이저는 관리자와 어떠한 접촉도 없으나 슈퍼바이저와 존이 정기적인 자문에 추가하여 월례 점검모임을 6개월 동안 가지기로 했다는 것을 존의 동의하에 운영위원회에 보고하였다. 점검모임 때마다 이들은 공동으로 운영위원회에 존의 상담 경험과 진행 상황에 관한 보고서를 작성할 것이다(이는 존이 수행한 연간 상담 실적 보고서와는 다름).

앞의 경우에 존과 슈퍼바이저 모두 조직과 전문직 세계 간의 공식적인 접촉의 필요성을 느끼고 있다. 그러나 그러한 일은 피곤한 것이며 슈퍼바이저는 현시점이 관리자와 대화를 가질 만한 적절한 시간과 장소라고 생각하지 않는다. 오히려 운영위원회와의 접촉이 상담자, 상담 작업, 그리고 내담자에 대한 지지를 강화해 줄 수 있는 최선의 희망처럼 보인다.

사례연구 3

이안 파퀴는 대형 영리조직 내의 유일한 상담자이다. 그는 유능한 전임자로부터 서비스 운영을 인계받았다. 그는 자율적인 운영을 허락받았지만 인사관리자에게는 보고하였다. 관리자는 그의 슈퍼바이저가 누구인지와 슈퍼바이저의 자격이 어떠한지에 대하여 문의하였다. 슈퍼바이저는 이력서를 발송하는 데 동의하였으며 관리자는 이안에게 슈퍼바이저가 적합한지에 대하여 상담 계통에서 일하는 친구에게 문의할 것이라고 말하였다. 이안은 약간 놀라서 불안하기도 했지만 기쁘기도 하였다. 이력서는 검열을 통과하였으며 슈퍼바이저에게는 관리자에게 피드백을 제공하는 시점, 방법, 내용에 대하여 명시되어 있는 업무 계약서가 발송되었다. 동시에 슈퍼바이저는 이안과 관리자와 함께 미팅을 갖게 되었다. 이 단계에서 슈퍼바이저는 관리하에 피드백을 제공할 준비가 되어 있지 않다고 말하면서 사직하였다. 이안은 인사관리자와의 미팅을 마련하여 그에게 다른 가능한 슈퍼바이저를 찾을 경우에 이력서가 인가된 직후 슈퍼비전 미팅을 갖을 수 있는지 그리고 보고 라인과 비밀보장의 한계에 대하여 함께 얘기할 수 있는지에 대하여 문의하였다. 관리자는 이에 동의하였으며 두 번째 슈퍼바이저와 이안은 관리자와 적절히 만족스러운 계약에 동의할 수 있었다.

앞의 상황은 문화적 기대들이 충분히 이해될 만한 수준에서 충돌하였음을 보여준다. 관리자는 적절한 책임을 확립하고자 하는, 상담에 관한 한, 정말로 좋은 사람이었다. 그러나 그는 다소 상이한 전문적 문화에 민감할 필요성을 느끼지 못하였다. 첫 번째 슈퍼바이저는 사례연구 1의 슈퍼바이저와는 달리 주도적이지 않고 반응적인 상황에 자신이 처해 있음을 알아차렸다. 이안은 관리자와의 개입을 통해 각 영역이 자신들의 이해 정도를 말하고 서로에게 유익한 계약의 타결을 자유롭게 행할 수 있는 분위기를 위한 길을 열어 주었다.

사례연구 4

독립적이면서 영리목적의 어느 근로자 지원 프로그램EAP에서는 상담자가 자신들의 사례에 대해 자비로 독립적인 슈퍼비전을 받도록 요구하였다. EAP에서는 상담자가 아닌 전일제 사례 관리자를 제공하였으며, 그 사례 관리자는 상담자가 조직과 관련이 있는 모든 쟁점에 대하여 얘기할 수 있는 사람이다. 조직은 또한 월례 집단 슈퍼비전을 제공하였으며 상담팀은 서로 상담 작업을 공유할 수 있는 시간을 갖게 되었다. 집단 슈퍼바이저는 EAP가 직접 채용하였다. 사례 관리자는 슈퍼비전에 출석하였으며 상담자는 슈퍼비전 집단이 참석한 관리자와 어떤 문제들을 공유하기에 충분히 안전하지 않다고 슈퍼바이저에게 개인적으로 불평하였다. 슈퍼바이저는 상담자에게 상담자 스스로가 관리자에게 직접 이 문제를 제기해야 한다고 말하였다. 슈퍼바이저는 집단 구성원들과 더 이상의 사적인 의사소통을 갖지 않았고, 문제가 제기되었다는 얘기도 듣지 못했다. 관리자는 계속 집단 슈퍼비전에 참석하였다. 슈퍼바이저는 작업을 계속하고 구성원들에게 가능한 한 개방적으로 말하도록 격려하기로 결정하였다. 계약의 재갱신이 예정되었을 때 관리자의 출석이 주는 영향에 관하여 관리자와 얘기 나누었다. 그녀는 요즘 계속 출석하기에 너무 바빠졌다고 응답하였다.

앞의 경우에 슈퍼바이저는 EAP 근무 계약을 작성하기 전에 관리자가 참석하는 문제를 명확히 하지 않았다는 점을 후회했다. 그는 관리자에게 그 문제를 제기하는 책임을 집단원들에게 남겨 둔 것에 대해서는 후회하지 않았다. 그는 슈퍼비전에서 제기된 많은 쟁점들이 상담자 파견회사의 정책과 간접적 또는 직접적으로 관련이 있다는 것을 깨달았다. 관리자의 존재는 이들 쟁점이 진행 중인 관리 슈퍼비전 회기에서보다는 좀 더 성찰적인 공간인 포럼에서 제기되고 논의될 수 있음을 의미한다. 비록 토론할 주제를 제기했지만, 그는 만약 관리자가 여전히 참석하는 것이 중요하다고 생각한다면 조직 중심의 슈퍼비전을 계속할 것이라고 결정했다. 그의 결정요인은 각 상담자가 개별적인 자문 슈퍼비전도 받는다는 점이었다. 만약 그 집단이 비관리 슈퍼비전이었다면, 그는 사례 관리자에게 영국상담학회 윤리강령에서 무엇으로 되어 있냐고 지적했을 것이고, 만약 그녀가 동의하지 않는다면 계약 갱신을 거부했을 것이다.

공통의 쟁점과 원칙

이상의 예를 통해 다양한 원칙과 쟁점들이 제기됨을 알 수 있다. 첫째, 조직과는 명확한 계약을 맺을 필요가 있으며, 이로써 내담자, 고용인, 전문가 윤리강령 등에 책임을 다할 수 있게 된다. 둘째, 이해의 부족은 관리적 책임과 전문적 책임 간의 요구가 충돌할 때 발생할 수 있다(이러한 긴장은 또한 여타 전문직 종사자들이 영리조직에서 일할 때도 나타난다. 드라마에서 심심치 않게 등장하는 돈에 대한 탐욕으로 가득찬 병원에서 일하는 환자 중심의 의사, 마피아와 결탁한 부정직한 변호사 등을 생각해 보라). 셋째, 상담자는 다양한 방식으로 상당한 정도의 슈퍼비전 공간을 필요로 한다. 이는 보통 우호적으로(또는 견해에 따라서는 비우호적일 수도 있다) 조직 내에서 다른 근로자에게 제공되는 제도적 지원 및 도전과 비교된다. 이는 관리자나 동료들에 의해 경멸을 받을 수도 있고 부러움을 살 수도 있다.

조직의 단계

앞의 사례연구에서 기술된 바들은 조직마다 상담자 고용 기간에서나 상담 작업을 관리하는 세부 시스템에서 다양한 차이점이 있음을 시사한다. 개략적이나마 나는 다음을 제안하고자 한다. 즉, 상담 서비스를 위해 서로 다른 영역 간 의사소통의 올바른 경로와 경계가 무엇인지를 윤리강령 내에서 찾아볼 기회를 갖는 게 좋다. 사례연구 2에서 제시된 바와 같이 지나치게 경직된 정책은 시간낭비를 초래할 것이다. 그러나 사례연구 1에서 지적한 바와 같이 서비스가 확대되기 전에 무언가를 정리하지 않는다면 정책은 활동 중에 압박을 받게 될 것이다. 이러한 상황은 관련된 어느 누구에게도 만족스럽지 못한 것이다. 한 예로, 빠르게 성장하는 조직의 선임 상담자는 여전히 개방적인 관리정책에 의존하면서도 외부 슈퍼바이저와의 소통 체계를 구축하지 않았다. 내담자에 의해 상담자에 대한 불만이 야기되었을 때 책임감 있고 유능한 관리자는 스스로 어리석었다고 느끼면서 내담자, 상담자, 상담 서비스 모두가 위기에 처해 있음을 깨닫는다. 그는 즉각적인 정책을 수립해야만 했다.

슈퍼바이저 명확성

또한 슈퍼바이저마다 조직 슈퍼비전을 수행할 때 윤리적이거나 바람직하다고 이해하는 바와 관련하여 매우 상이한 관점을 취하기도 한다. 이 또한 나는 다음과 같이 제안하고자 한다. 슈퍼바이저는 슈퍼비전을 동의하기 전에 상담자 및 관리자와 조심스럽게 상의해야 한다(이는 외부 슈퍼바이저뿐만 아니라 조직 내부 슈퍼바이저에게도 적용된다. 상담이 잘 돌아가리라고 생각하기 쉽지만, 내부에 사각지대가 있기 마련이다). 만일 슈퍼바이저가 자문하기 전에 자신의 원칙을 주의 깊게 확인한다면, 그녀는 자신이 해야 할 것과 하지 말아야 할 것을 결정하기에 좋은 위치를 점하게 될 것이다. 한 예로, 상담기관의 관리자가 정규 집단 슈퍼바이저에게 집단 내 각 상담자에 대한 연간 근무평가를 수행하도록 요구했다. 이때 비밀보장과 책임의 경계 문제는 슈퍼비전과 평가 모든 면에서 윤리적인 쟁점이 되었다. 어떤 슈퍼바이저는 계약에 동의하였다. 그러나 일부 슈퍼바이저는 그들이 관리책임을 맡을 것으로 기대하는 상담기관과 일하지 않기로 결정하였다.

상담자는 무엇을 추구해야 하는가

상담기관 내에서 상담자는 슈퍼바이저를 선택할 수 없을 것이다. 그러나 대부분의 다른 상황에서라면 이들은 자신에게 적절하다고 여겨지는 슈퍼바이저에 접근하거나 배치될 수 있는 기회를 갖게 될 것이다. 슈퍼바이저들은 상담자로서의 이론적 경향에서, 내담자 경험의 영역에서, 조직 경험에서, 슈퍼비전 스타일에서, 또는 상담료, 유연성, 이동성 등에서 매우 상이할 수 있다. 그러나 조직 내에서 일할 때 상담자의 요구라는 특정한 쟁점에 초점을 맞추도록 하자.

캐롤C. Carroll(1994)은 자신의 연구에서 많은 기업 · 조직상담자들에게 유연성, 자율성, 다재다능함이 매우 많이 요구된다고 시사하였다. 이는 특히 직장상담자Workplace counselor에게 들어맞는 말일 것이다. 그러한 상황에 처한 상담자에게 슈퍼바이저는 유연성과 자율성을 잘 반영할 필요가 있을 것이다. 마이클 캐롤(근간 논문)은 다음과 같이 슈퍼바이저의 과업을 명시하였다.

- 슈퍼바이지가 조직 내에서 삶을 영위하고 근무할 수 있도록 하기
- 슈퍼바이지가 조직 내에서 정보의 흐름을 통제할 수 있도록 돕기
- 슈퍼바이지가 상담 서비스를 관리할 수 있도록 돕기
- 개인과 조직 사이에서 슈퍼바이지의 편에서 일하기
- 슈퍼바이지가 조직 내에서 근무하는 결과로서 스스로를 되돌아볼 수 있도록 하기

다음의 사항이 추가될 수 있다.

- 상담자와 행정직원으로 구성된 팀을 상담자가 관리하도록 돕기
- 상담기록, 상담통계 등을 포함하는 상담 서비스의 영역들로 슈퍼바이지를 지원하기

슈퍼바이저가 상담자에게 요청된 모든 과업을 할 수 있다는 것은 그다지 본질적이지 않다. 어떤 사람은 자신의 전문지식 영역 밖의 업무를 잘 수행하도록 촉진할 수 있다. 그러나 개인 내담자 업무 이상의 책임을 맡고 있는 상담자를 공감하는 것

은 매우 중요하다. 또한 슈퍼바이저는 복잡하고 가끔은 서로 모순되는 시스템과 함께 그리고 그러한 시스템 내에서 일을 하는 어려움과 기회에 대해 생각할 준비가 되어 있어야 한다. 사례연구 3은 이러한 '시스템의 기민함'에 관한 좋은 예이다.

내담자의 복지와 직접적으로 연관된 현장에서 끊임없이 제기되는 또다른 쟁점들이 있다. 비록 엄밀하게 말해서 상담에 대해서라고 하기는 어렵지만, 이는 윤리적 딜레마라고 할 수 있다. 예를 들어, 종종 상담자와 슈퍼바이저가 항상 관리자 및 관련 전문가들과 비밀보장의 경계를 잘 구축했다고 아무리 자주 생각하더라도 또 다른 새로운 윤리적 문제는 항상 제기된다는 공통된 경험을 갖고 있을 것이다. 이는 규범적인 쟁점이라고 할 수 있는데, 상담자들은 이러한 결정을 할 때는 전문적 자문을 받을 필요가 있다.

상담자에게 부과된 스트레스나 어떤 조직적 · 행정적 문제에 대한 상담자의 지식 부족은 슈퍼바이저가 주목할 필요가 있는 또 다른 쟁점들이다. 이러한 예로는 이중역할 수행하기(예: 복지직원이자 상담자), 피드백 양식과 통계정보 기획하기, 상담 수요가 상담자의 가능한 근무시간보다 많을 때의 운영정책(제한된 작업, 의뢰, 보충 서비스 등) 등이라고 할 수 있다. 이때 슈퍼바이저와 상담자는 내담자의 요구가 최우선이 되어야 한다는 점을 명확히 할 필요가 있다. 그러고 나서 슈퍼비전 시간에 이러한 추가적인 쟁점을 다루는 것이 적절한지 결정할 수 있다. 이들은 또한 슈퍼바이저가 이러한 작업 영역에서 **형성적인** 자원이 되는 데 필요한 전문성을 보유하고 있는지 명확히 할 필요가 있다.

대안적으로, **회복적** 과제의 일부로서 슈퍼바이저는 상담자가 슈퍼비전이 아닌 다른 곳에서 지원과 도움에 대한 이러한 요구에 부응할 필요가 있음을 알게 될 것이다. 조직은 서비스의 발전을 위해 별도의 자문 비용을 지불할까? 업무스트레스가 상담자의 개인 생활에 악영향을 미칠 정도인가? 이때 어떤 상담 혹은 심리치료가 추가적인 개인 지원이 될 수 있을까? 상담자는 시간 경계를 보다 엄밀하게 준수해야 하는가, 또는 상담자는 개인 및 전문적 자원의 제한에 대한 관리에 보다 강경하게 도전해야 하는가? 이들 경우에 만약 슈퍼바이저가 적어도 슈퍼비전의 절반 이상을 내담자 작업에 대한 슈퍼비전이라는 일차적인 과업에 사용했다면 그는 우선순위 결정하기의 모범이라고 할 만하다.

따라서 상담자는 유연성이 충분한 슈퍼바이저를 섭외하는 것이 중요하다. 이때 상담자가 작업할 때 설정해 놓은 것보다 훨씬 엄격하게 설정해 놓은 경계는 부가적인 스트레스가 될 것이다. 다른 한편으로는 조직에서 근무하는 흥분과 도전에 지나치게 심취한 슈퍼바이저는 조직에서의 모든 도전에 부응해야 한다고 생각하는 상담자의 신념을 이용할지도 모른다.

다음 기업상담자의 예는 앞의 경우를 잘 드러낸다고 할 수 있다.

> 최근까지 지방정부당국에서 상담 서비스를 설립하기 시작했을 때부터 슈퍼비전을 받았는데, 슈퍼바이저는 슈퍼비전 시간에 자신이 듣고 싶은 모든 얘기는 내담자들에 대해서라고 말했다. 그러한 원칙은 내가 내담자에 대하여 깊게 생각할 수 있도록 하였다. 이것들은 내 상담 작업 중 가장 쉬운 부분이었고, 너무 많은 고민이 필요하지 않았다. 나는 조직 문제에 너무나도 압도되어서 아무 사전 준비 없이 상담일을 시작했고, 그 때문에 나는 상담 모델조차 가지고 있지 않았고 어제만 해도 나에게 자잘한 문서 작업을 요구하는 상사와 여러 가지 문제를 씨름하고 있었다. 그러나 나는 스스로 슈퍼비전을 매우 두려워하고 있었고, 상담 현장 이외의 일에 시간을 허비해야 한다는 것에 대해 매우 분개하고 있었다. 나는 스스로 매우 초보적인 상담 훈련만을 받았고, 슈퍼비전이라는 방식으로 나에게 제공된 것이 바로 '그것'이라는 점을 분명히 깨닫게 되었다. 슈퍼비전에 대한 설명회에 다녀오고 나서 나는 아마도 다른 슈퍼바이저는 다르게 작업을 하리라는 점을 깨달았다. 나는 적어도 2회 이상 슈퍼비전을 받기로 하고 슈퍼비전에서 제공되는 것들이 무엇인지 알아봤다. 어떤 슈퍼바이저는 기업상담에 대해 많은 것을 아는 것 같았다. 그러나 나는 그 사람에게 슈퍼비전을 받게 되면 또 다른 요구적인 상사를 만나게 될 것만 같았다. 그는 마치 시험을 치듯이 나에게 상담 착수 작업, 작업 방식 등에 대하여 수많은 질문을 하였다. 두 번째 사람은 나를 경청하였고, 내가 원하는 것을 정리할 수 있도록 도왔다. 그리고 자신의 전문 영역이 무엇이고 무엇을 해 줄 수 없는지에 대하여 사려 깊게 타협하였다. 그녀는 내담자들에 대해 얘기할 여유를 남겨 두고 싶어 했으나, 내가 내담자들을 제대로 관리하고 있음이 만족스러운 경우, 내가 일의 어려움에 대해 생각할 시간을 갖는 것에 대해 즐거워했다. 그녀는 내가 전략적인 발전에 집중할 수 있도록 한 달의 추가 슈퍼비전을 받을 수 있는지 상사에게 요청해 보라고 제안하였다. 그녀는 또한 매 슈퍼비전 회기마다 10분 정도 슈퍼비전 경험으로부터 내가 배운 점들을 복습하도록 하였다. 이는 나로서는 새로운 아이디어였다. 그녀와 슈퍼비전을 시작한 이래로 나는 확실히 덜 스트레스를 받았고, 내 자신의 문제가 내담자와의 상담에 영향을 미치는 순간이 언제인지를 더 잘 인식할 수 있게 되었다.

상담자의 연령과 전문성 단계

앞의 경험은 상담자들이 경험과 전문성 발달에서 서로 다른 발달 단계에 있으며 또한 서로 다른 요구 사항을 가지고 있다는 점을 다시 한 번 일깨워 준다. 일단 서비스가 착수되어 운영 중이라면 내담자에 전적으로 주의를 집중하는 슈퍼바이저는 생기를 북돋우며 발달적으로 도움이 될 수 있다. 특히, 상담 서비스를 위한 추가 자문이 주어지는 경우에는 더욱 그러하다. 한편, 잘 구축된 상담 서비스 시스템에 있으며 해야 하는 일들의 다른 방식들이 있다는 점을 잊은 채 슈퍼비전에 온 상담자에게도 조직적으로 정교한 슈퍼바이저는 청량제와 같은 역할을 했을 것이다.

슈퍼비전 모형

개인 슈퍼비전을 '표준'이라고 말하는 것이 일반적으로 더욱 용이할 것이다. 그러나 슈퍼바이저뿐만 아니라 동료 상담자와의 미팅 또한 조직 내에서 일하는 상담자에게 많은 이점이 있다. 인스킵과 프록터(1993)는 상담자들에게 유용한 풍부한 가능성들을 검토하였다. 그들은 또한 지원, 도전, 발전을 위한 다양한 요구들을 체계적으로 탐색할 수 있는 틀을 제공하였다. 이것들은 은밀히 울분을 토로하기, 특정한 전문성(예: 조직 내 혹은 특정 내담자 집단), 작업을 개방적으로 공유하기, 새롭게 생각하기, 비슷한 생각을 가진 실천가 만나기, 다른 방식으로 일하는 상담자 만나기, 공감하기, 도전받기 등을 포함한다. 슈퍼바이저 한 개인이 이 모든 요구 사항에 부응하기는 현실적이지 않다. 그러나 패키지형 슈퍼비전을 기획함으로써 이들 중 많은 부분에 부응하는 것은 가능할 것이다. 이러한 패키지형 슈퍼비전의 예는 다음과 같다.

- 직장 내 상담자—1개월에 1회 2시간 외부 슈퍼바이저의 슈퍼비전, 유사 조직에서 근무하는 상담자들로 구성된 2개월에 1회 3시간 동료 집단 슈퍼비전
- 학생상담센터의 선임 상담자—조직 경험이 있는 슈퍼바이저와 1개월에 1회 1시간 개인 슈퍼비전, 슈퍼바이저 1인이 이끌며 다양한 근무 여건의 유경험 상담자 4인으로 구성된 격주로 2시간 슈퍼비전 집단, 격주로 운영되는 회사 내부 슈퍼비전 집단 활성화하기

- 두 명의 직무분담 상담자–두 사람이 함께 외부 슈퍼바이저와 격주로 1시간 30분 미팅을 갖는 동시에 서로 상담 작업을 검토하기 위해 매주 정기적으로 미팅을 갖기
- 다양한 기업 장면에서 활동 중인 매우 능숙한 상담자–장거리에 거주하는 개인 슈퍼바이저와 2개월에 한 번 1시간 30분 정도 미팅을 갖으며, 슈퍼바이저를 만나지 않는 달에는 동일한 슈퍼바이저와 일주일에 2회 1시간 정도의 전화 슈퍼비전을 받으며, 현지에서는 매주 정기적으로 함께 일하는 동료들과의 또래 슈퍼비전을 갖기

또한 앞서 소개한 사례연구들도 상담 서비스가 어떻게 집단, 개인, 관리 슈퍼비전을 혼합하고 상응할 수 있는지를 시사한다.

주의 사항

만약 상담자가 앞의 혼합형 슈퍼비전을 조직했다면 그녀는 어떠한 상담 작업을 어디서 그리고 어느 정도까지 슈퍼바이저에게 보고할 수 있을지를 협상해야 할 책임이 있다. 이러한 사항들을 명확하게 하지 않을 경우, 특히 동료 슈퍼비전은 회기의 구조화나 도전을 허용하지 못할 수도 있다. 상담자의 슈퍼바이저를 위한 영국상담학회의 윤리강령에서는 슈퍼비전 양식의 설명을 위해 특별 섹션(제5장)을 할애하였다(BAC, 1995).

그러나 상담자의 연령과 전문성 단계가 어떠하든지 간에 그리고 그가 활용한 슈퍼비전이 어떤 모형이건 간에 좋은 슈퍼비전에는 몇 가지 기본 원칙이 있다. 상담자는 그의 슈퍼바이저로부터 다음과 같은 사항들을 기대해야 한다.

- 상담자 자신과 내담자에 대한 존중과 공감적 이해
- 상담자의 근무 여건에 대한 존중
- 고용주, 상담자, 내담자의 요구에 부응하는 명확한 근무 합의점을 타협할 수 있는 능력
- 상담자의 상담 모델에 대한 존중과 적절한 질문을 제기하기 위해 상담 모델에 대한 충분한 이해(예: 시간제한이 있는 상담만이 서비스 내에서 제공되는 경우 슈퍼

바이저는 그와 같은 상담 방식의 기회와 제한점에 대하여 개방적일 필요가 있다)
- 솔직함과 진실성의 능력, 즉 내담자의 옹호자로서 확고부동하게 행동하며 조직 내에서 좋은 상담 모델을 개발하기 위해 상담자와 지적으로 소통하기

기업 · 조직상담은 현재 발전 중이다. 직장이나 보건소와 같이 새로운 상담 현장에서 근무하는 상담자들이 점차 증가하고 있다. 또한 전통적인 상담기관과 기존의 서비스들은 새롭고 긴축경제 분위기에서 운영되고 있다. 학교, 대학, 의료 및 사회복지 서비스 기관과 같은 공공 분야에서 여전히 상담자들을 고용하고 있지만, 상담자들은 조직 내부에서 가치 있다는 점을 보여 주든지 아니면 외부의 일자리를 찾아야 할지도 모른다. 상담자들은 이러한 비전통적인 문화에서 일해야 한다는 점을 인지하고 이에 보다 능숙해질 필요가 있다. 또한 상담자들은 전통적으로 고유하고도 가치 있는 것에 충실할 필요가 있다. 따라서 슈퍼바이저들도 이러한 환경의 압박과 기회들에 적절히 맞출 수 있어야 한다. 이러한 환경은 변화, 혼란, 고난의 시대에 더 많은 사람들을 상담에 접근할 수 있도록 한다는 점을 슈퍼바이저들은 유념해야 한다. 즉, 이러한 서비스가 없더라면 상담자에게 갈 생각을 해 본 적이 없을 수도 있는데, 아주 조그마한 상담으로도 많은 도움을 받을 수 있으며, 개인상담이나 심리치료를 받을 수 있는 여건이 안 되는 사람들에게는 특히 큰 도움이 될 것이다. 동시에 슈퍼바이저는 복잡하고 압박적인 근무 환경이 상담자에게 초래하는 대가에 대해서도 인지하고 있어야 하며 이들이 스스로에 대해서나 내담자에 대하여 전문적인 신뢰를 유지할 수 있도록 도울 준비를 할 필요가 있다.

이러한 환경에서 슈퍼바이저들에게 요구되는 것은 오로지 숙고하고 함께 토의하고 개념화하고 연구하는 것이다. 슈퍼바이저와 상담자는 연구자인 동시에 개념화를 수행하는 사람이다. 만약 이들의 경험이 내담자를 이롭게 하고자 한다면, 조직과 상담 전문가들은 토론의 장을 마련함으로써 비슷한 생각을 공유하는 동료들과 함께 자신들의 경험을 나눌 필요가 있다.

참고문헌

Bond, T. (1993). *Standards and Ethics for Counseling in Action.* London: Sage.

British Association For Counselling (1992). *Code of Ethics for Counsellors.* Rugby: BAC.

British Association For Counselling (1995). *Code of Ethics and Practice for Supervisors of Counsellors.*

Rucby: BAC.

Carroll, C. (1994). 'Building bridges: a study of employee counsellors in the private sector', MSc dissertaton, City University, London.

Carroll, M. (1996). *Counselling Supervision: Theory, Skills and Practice.* London: Cassell.

Carroll, M. (1996). *Workplace Counselling: A Systermatic Approach to Employee Care.* London: Sage.

Inskipp, F. and Proctor, B. (1993). *Making the Most of Supervision.* Twickenham: Cascade Publications.

Inskipp, F. and Proctor, B. (1995). *Becoming a Supervisior.* Teickenham: Cascade.

찾아보기

인명

내용

편저자 소개

Michael Carroll (서문, 1, 9장)
공인 상담심리학자로, 런던 Roehampton Institute의 상담 및 심리 분야 연구책임자였으며, 현재는 런던 Cavendish(재취업 지원 회사)의 상담 및 교육 이사로 있다.

Michael Walton (서문, 1, 8장)
애슈리지경영대학원을 졸업하였고, 조직 및 관리 개발 컨설팅 업체(People in Organization Ltd) 이사이며, 공인 직업 심리사/상담심리사이다.

집필자 소개

Andrew Bull (2장)
상담심리학으로 석사를 받았으며, 국민건강서비스(NHS)와 Lucas Industry의 근로자 지원 프로그램(EAP) 구축에 참여하였다. 직장 내 상담에 관한 책을 출간하였으며, 현재는 개인상담 및 슈퍼바이저로 활동 중이다.

Annette Greenwood (15장)
상담심리학자이자 국민건강서비스(NHS) 근로자 지원 프로그램(EAP)팀의 수석으로 있으며, 직장 건강 및 외상 후 스트레스와 심리경험보고에 관한 연구를 수행하고 있다.

Brigid Proctor (20장)
사우스웨스트런던대학 상담전공 학과장을 역임하였으며, 영국상담학회 집행위원, 이사 겸 공인 슈퍼바이저로 활동 중이다.

Carolyn Highley-Marchington (12, 16장)
심리학 학사, 직업심리학 석사를 받았으며, Highley-Marchington 상담소 운영, 근로자 지원 프로그램(EAP)과 직장상담 프로그램 감사 및 평가 활동을 하고 있다.

Cary L. Cooper (12, 16장)
맨체스터경영대학원 조직심리전공 교수이며, 맨체스터대학교 과학기술대학(UMIST) 부총장보(대외 교류)이다. 『Journal of Organizational Behavior』의 주 편집자이고, 『Medical Journal of Stress Medicine』의 공동 편집자이며, 영국심리학회와 왕립예술학회, 왕립의료학회 회원으로 있다.

Catherine Carroll (13장)
Shell International의 사내 상담자였으며, 현재는 영국상담학회(BAC) 공인 상담자로 있다.

Catherine Shea (11장)
상담학 강사이자 부부 및 중독상담 분야의 상담전문가로 활동 중이며, 현재 '자아'의 활용에 대한 질적연구 및 연극과 치료의 연계에 관해 집필 중이다.

Eileen Pickard (19장)
공인 상담심리학자, Roehampton Institute London의 컨설팅 및 교육담당 매니저이며, TDA 컨설팅회사 컨설턴트로 일하고 있다.

Geetu Orme (4장)
기업상담사, 교육훈련가, 컨설턴트로 활동 중이며, 컨설턴트 회사인 Forward 경영자이고, 인사 및 발달 협회 회원이다.

Helen Fisher (17장)
기업상담사이자 국민건강서비스(NHS) 직원상담센터의 센터장으로 있고, 직장내 스트레스의 원인과 적절한 개입 제공에 관심을 가지고 있다.

John Nixon (18장)
기업상담가이자 자문가, 컨설턴트로서, 영국 카운트다운 회사(Countdown UK Ltd)의 인력 개발 및 경영자 교육을 수행하고 있다.

John Towler (10장)

고등전문학교의 상담센터장이자 수석교사였으며, 현재는 Humanitas 컨설턴트, 런던 Roehampton Institute 부교수로 재직 중이다.

Michael Reddy (5장)

ICAS(Independent Counseling & Advisory Services)의 대표이며, 직업기준과 제도에 대한 기여와 다양한 저술활동을 하였고 기업 · 조직상담을 도입하고 널리 알리는 데 영향을 끼쳤다.

Michèle Deverall (7장)

사회학으로 학사를 받은 뒤 산업관계와 인사관리로 석사, 상담심리로 석사를 받았다. 영국과 미국에서 인적자원 관리, 경영 개발, 경영 관련 컨설팅을 하였으며, 기업 내 심리치료사/코치로 활동 중이다.

Noreen Tehrani (3장)

공인 기업 상담심리학자이며, 우정국(Post Office) 임직원 지원 서비스의 수장, 국민건강서비스(NHS)의 의료연구자를 역임하였다. 현재는 기업체 조직 관리자, 부부상담가 그리고 근로자 지원 프로그램(EAP)의 감독자로 활동 중이다.

Peter Martin (14장)

프리랜서 경영코치이자 자문가로, 사설 상담소 운영 및 근로자 지원 프로그램(EAP)에 관여하며, 스트레스 및 수행관리에 관한 훈련과 상담이 전문분야이다.

Tim Bond (11장)

대학상담센터의 전임상담사, 영국 카운슬링협회의 회장을 역임하였고, 상담과 다학제 간의 연구와 관련된 전문적인 쟁점들에 대한 저서와 연구들이 있다.

역자 소개

이상희 (Lee, Sang Hee / 1, 10장)
서울대학교 교육학과 교육상담전공 박사
삼성그룹 생활문화센터 상담실장
한국기업상담학회 초대회장
현 한국기업상담학회 고문
한국게슈탈트상담심리학회 윤리위원장/이사

김봉환 (Kim, Bongwhan / 11장)
서울대학교 교육학과 교육상담전공 박사
현 숙명여자대학교 교육학부 교수
한국카운슬러협회 회장

김혜경 (Kim, Hye Kyung / 18장)
한양대학교 교육학과 상담심리전공 박사
현 LG전자 가산심리상담실 상담실장
한국기업상담학회 자격관리위원장

류희영 (Ryu, Heeyeong / 6, 7장)
서울대학교 교육학과 교육상담전공 석사
현 LG전자 본사 심리상담실 상담실장

서영석 (Seo, Young Seok / 14, 17장)
미국 미네소타대학교 상담심리학 석사, 박사
현 연세대학교 교육학부 교수
한국상담심리학회 부회장

손진희 (Son, Jinhee / 4, 12장)
서울대학교 교육학과 교육상담전공 박사
현 선문대학교 상담심리사회복지학과 교수
한국기업상담학회 이사

왕은자 (Wang, Eun Ja / 13, 16장)
서울대학교 교육학과 교육상담전공 박사
현 한국상담대학원대학교 상담학과 교수
한국상담학회 학술위원장
한국기업상담학회 기업교육위원장

유현실 (Yoo, Hyunsil / 19, 20장)
서울대학교 교육학과 교육상담전공 박사
미국 버지니아대학교 영재교육전공 박사
현 단국대학교 상담학과 부교수
한국기업상담학회 상담연수위원장

이동훈 (Lee, Donghun / 2, 15장)
미국 플로리다대학교 정신건강 상담전공 박사
한국대학상담학회장
전국대학교학생생활상담센터협의회 회장
현 성균관대학교 교육학과 교수

이윤주 (Lee, Yoonjoo / 8, 9장)
서울대학교 교육학과 교육상담전공 박사
현 영남대학교 교육학과 교수
한국기업상담학회 회장

전재영 (Jun, Jaeyoung / 3, 5장)
서울대학교 교육학과 교육상담 석사
숙명여자대학교 박사수료
삼성전자 열린상담센터 소장
현 LG전자 사이언스파크 심리상담실 실장

기업·조직상담 핸드북
-직장에서의 상담적용-
Handbook of Counselling in Organizations

2019년 1월 20일 1판 1쇄 인쇄
2019년 1월 25일 1판 1쇄 발행

엮은이 • Michael Carroll · Michael Walton
옮긴이 • 이상희 · 김봉환 · 김혜경 · 류희영 · 서영석 · 손진희
왕은자 · 유현실 · 이동훈 · 이윤주 · 전재영
펴낸이 • 김진환
펴낸곳 • (주)학지사
04031 서울특별시 마포구 양화로 15길 20 마인드월드빌딩
대표전화 • 02-330-5114 팩스 • 02-324-2345
등록번호 • 제313-2006-000265호

홈페이지 • http://www.hakjisa.co.kr
페이스북 • https://www.facebook.com/hakjisabook

ISBN 978-89-997-1719-2 93180

정가 22,000원

역자와의 협약으로 인지는 생략합니다.
파본은 구입처에서 교환해 드립니다.

이 도서의 국립중앙도서관 출판시도서목록(CIP)은 서지정보유통지원시스템 홈페이지(http://seoji.nl.go.kr)와 국가자료공동목록시스템(http://www.nl.go.kr/kolisnet)에서 이용하실 수 있습니다.
(CIP 제어번호: CIP2018038305)